立法と判例による
著作権法条文の解説

石川　健太郎　著

発明推進協会

はじめに

　近年の情報技術の多様化等に伴い、わが国著作権法は頻繁に法改正を繰り返す状況にある。時代の趨勢を考えた場合、技術立国を目指し実現するわが国にあっては、それは当然の成り行きともいえるであろうが、そこには「時代の変化に追いつかない法律」という深刻な問題が横たわることにもなる。法が真に機能するには、判例の確立など、どうしてもある程度の時間を要するものであるが、今の時代はそれを待ってはくれない。したがって、我々は、法の趣旨を常にその時代に合わせた形にアレンジして適用する柔軟な姿勢が求められるであろう。しかし、その一方で現代は、企業コンプライアンスが叫ばれるなど法の遵守がより重んじられる時代でもあり、また、国際情勢という一国家の枠を超えた事情を優先的に考慮する必要性にも迫られる。このような状況下で法律に関わる者に求められる姿勢とはいかなるものか難しいテーマであろうが、明らかにいえることは、まずは法の根本的理解というものがすべての前提になるということであろう。変化する状況に合わせた法解釈にしろ、条文の厳格な解釈にしろ、法の根本的な理解なしに改正点のみを眺めていたのでは、いずれも実践し得ないのである。

　本書は、現代の我々に求められる究極の法解釈を即実践するためのものではないが、その前段階となる根本的理解の一助となるべく書かれたものである。当たり前の内容の実践、つまり、既存のわが国著作権法の立法の趣旨と、具体的問題としての裁判事例を、学説を交えながら条文に沿って検討することで、実効性ある法的判断のより強固な基盤を築くことをねらいとするものである。ただし、必ずしも最初から通読することを念頭に置いたわけではなく、必要な条文についての辞書的な活用をも想定している。したがって、本書の読者対象は、法の専門家に限らず、著作権に関わるすべての者ということがいえよう。特に、知的財産権を学ぶ学生諸氏や各種資格試験の著作権法履修者にはうってつけの一冊になるものと信じている。

　本書の副題は「立法と判例による」となっているが、これは、著作権法について、立法と判例という二つの公的側面からアプローチすることを象徴的に表現したものであり、実際の解説の中では、多くの学説によるアプローチがも

う一つの重要な側面として登場することは想像に難くないであろう。なお、争点が生じにくい形式的な規定等について裁判例の検討がなされていない点や、辞書的利用を考慮した結果、同様の説明内容が重複する点などについてはご理解いただけるかと思う。また、最新の技術事情に対応しきれていない点など、至らぬ点は多々あると思うが、読者の皆様の暖かいご理解の上、忌憚なきご意見等いただければ幸いである。

　最後に、本書出版にあたり、多大なご尽力をいただいた一般社団法人発明推進協会の出版チーム及び橋岡智和氏には心より感謝する次第である。また、筆者を支援し出版の道筋を立ててくれた木宮直樹弁理士に、この場を借りてお礼を申し上げたい。

2014年10月

石川健太郎

本書の記載について

　本書は、わが国著作権法の 1 条から124条までを逐条的に解説するものであるが、その記載方法は、条文を 1 条ずつ掲げ、各条文の下にその規定の解説を加えるという形をとる。ただし、項数や号数の多い条文等については、適宜、項ごとにあるいは号ごとに条文を分けて掲げ、その都度解説を加えることとした。条文と解説が離れるのをなるべく防ぐためである。

　本書の記載に当たっては、形式的な体裁は捨て感覚的な読みやすさを優先したつもりである。例えば、解説は全て箇条書きに近い形で記すことで、大まかな情報の束が一見して分かるようにし、各解説に小見出しや番号を振ることはせず、必要以上に情報間の優劣や順序を設けることはしなかった。基本的な情報（解説）の頭には・印を記し、各解説に関わる具体的判例や補足的内容のものについては、その直後に※印を付して述べることとした。ただし、一応の基本的な記載順序としては、条文→条文の概略→立法趣旨→語句説明→学説・判例等→関連事項といった流れになってる。（・印と※印の使い分け等による、多少の順序の入れ替わりについては、流れ上やむを得ないものとして目をつむっていただきたい。）

　解説文中、他の文献等を引用した箇所は「　」の中に示し、そのうち、筆者が加筆した部分は《　》で括ってある。また、条文中には存在しない重要なキーワードについて、《　》で示し説明を加えた。

　その他、引用した主な文献や他法の略語表記については以下の通りである。

主な引用文献　　＜　＞内は略語

加戸守行著「著作権法逐条講義〔六訂新版〕」（著作権情報センター）＜加戸＞
斎藤博著「著作権法〔第 3 版〕」（有斐閣）＜斎藤＞
半田正夫著「著作権法概説〔第15版〕」（法学書院）＜半田＞
作花文雄著「詳解著作権法〔第 4 版〕」（ぎょうせい）＜作花＞
中山信弘著「著作権法」（有斐閣）＜中山＞
田村善之著「著作権法概説〔第 2 版〕」（有斐閣）＜田村＞

岡本薫著「著作権の考え方」（岩波書店）＜岡本＞
半田正夫・紋谷暢男編「著作権のノウハウ〔第6版〕」（有斐閣）＜ノウハウ＞
斎藤博・半田正夫編「著作権判例百選〔第3版〕」（有斐閣）＜百選3版＞
中山信弘・大渕哲也・小泉直樹・田村善之編「著作権判例百選〔第4版〕」（有斐閣）＜百選4版＞
文化庁ホームページ　＜文化庁HP＞

法令　　＜　＞内は略語

民法　＜民＞
民事訴訟法　＜民訴＞
民事執行法　＜民執＞
刑事訴訟法　＜刑訴＞
特許法　＜特＞
著作権法施行令　＜施行令＞
著作権法施行規則　＜施行規則＞

※法令名を示さず条文番号を挙げているものは、全て著作権法とする。

目　次

はじめに

本書の記載について

第1章　総　則　（第1条～第9条の2）……………………………………… 1
第2章　著作者の権利　（第10条～第78条の2）
　第1節　著作物　（第10条～第13条）……………………………………… 77
　第2節　著作者　（第14条～第16条）……………………………………… 104
　第3節　権利の内容　（第17条～第50条）………………………………… 113
　第4節　保護期間　（第51条～第58条）…………………………………… 269
　第5節　著作者人格権の一身専属性等　（第59条・第60条）…………… 280
　第6節　著作権の譲渡及び消滅　（第61条・第62条）…………………… 282
　第7節　権利の行使　（第63条～第66条）………………………………… 287
　第8節　裁定による著作物の利用　（第67条～第70条）………………… 299
　第9節　補償金等　（第71条～第74条）…………………………………… 314
　第10節　登　録　（第75条～第78条の2）………………………………… 320
第3章　出版権　（第79条～第88条）………………………………………… 333
第4章　著作隣接権　（第89条～第104条）
　第1節　総則（第89条・第90条）…………………………………………… 363
　第2節　実演家の権利（第90条の2～第95条の3）……………………… 366
　第3節　レコード製作者の権利（第96条～第97条の3）………………… 402
　第4節　放送事業者の権利（第98条～第100条）………………………… 414
　第5節　有線放送事業者の権利（第100条の2～第100条の5）………… 420
　第6節　保護期間（第101条）……………………………………………… 423
　第7節　実演家人格権の一身専属性等（第101条の2・第101条の3）… 424
　第8節　権利の制限、譲渡及び行使等並びに登録（第102条～第104条）… 426

第5章　私的録音録画補償金　（第104条の2～第104条の10）……… 443
第6章　紛争処理　（第105条～第111条）……………………………… 461
第7章　権利侵害　（第112条～第118条）……………………………… 469
第8章　罰　則　（第119条～第124条）………………………………… 521

資料
　判例・裁判例索引……………………………………………………… 549
　用語索引………………………………………………………………… 554

ベルヌ条約………………………………………………………………… 573
WIPO著作権条約………………………………………………………… 598
実演・レコード条約……………………………………………………… 602
実演家等保護条約………………………………………………………… 609
許諾を得ないレコードの複製からのレコード製作者の保護に関する条約…… 617

著者略歴

第1章 総則

第1節　通　則
　　　（第1条～第5条）
第2節　適用範囲
　　　（第6条～第9条の2）

第1章　総　則

第1節　通　則

> （目的）
> 第1条　この法律は、著作物並びに実演、レコード、放送及び有線放送に関し著作者の権利及びこれに隣接する権利を定め、これらの文化的所産の公正な利用に留意しつつ、著作者等の権利の保護を図り、もつて文化の発展に寄与することを目的とする。

- 1条は、この法律の目的を規定する。
- 本条は、現行法（昭和45年法）において新設された規定であり、著作権制度の意義を明確にし解釈上の疑義をなくすために法目的を掲げることとしたものである。旧法と比べその目的に本質的な違いはないが、それを明文化することで向かうべき方向性がより明らかになり、逸脱のない制度運用が可能となる。つまり、著作権法上の問題を考える際、本条の正しい理解に則って解釈を行えば、概ね適切な結論を導くことができるということである。
  - ※ただし、本条の内容は画一的に定まるものではなく、最終的な法目的である文化発展実現のためには、著作物を取り巻く環境の変化を充分踏まえ、権利者保護と著作物の公正利用の適正なバランスを常に意識してこれを解釈する必要がある。特に近年、経済財としての価値が大きいデジタル著作物が出現したことにより、権利者保護の規定がそれらを扱うコンテンツビジネスの足枷となり、結果的にその分野における文化発展が妨げられるといった状況も見受けられるため、今後は、ビジネス・ローとして本法が機能することを意識した解釈が求められよう。
- 本法の根拠は、憲法29条1項及び2項であるとされる（加戸13頁）。すなわち、「財産権は、これを侵してはならない。」（同1項）、「財産権の内容は、公共の福祉に適合するやうに、法律でこれを定める。」（同2項）とされる「財産権」の一つとして、著作権等の権利を概念し規定したのが本法であるということになる。ただし、著作物等の知的創作物に係る私的権利については、人格的

利益も含まれるものである点は留意が必要である。
- 本条で掲げる法目的とは、①著作者等の権利の保護、②文化的所産の公正な利用、③文化の発展に寄与、である。
- ①の著作者等の権利保護を図るため、法は、主な権利として著作物については著作財産権及び著作者人格権を、実演、レコード、放送及び有線放送についてはそれぞれ著作隣接権（更に実演については実演家人格権）を個別具体的に定め、一定の独占権（実質は禁止権）を与えることとした。
- また、②の文化的所産の公正な利用のために、著作物の特性を考慮した規定を設け、更に、著作者等の権利についての例外規定及び制限規定を設けることで、適切な著作物の利用と、権利者と利用者との調和を図ることとした。
- ③の「文化の発展に寄与」という表現は抽象的であり、定まった解釈を与えるのは難しいが、著作物を取り巻く状況下にあって、本法による客観的な法的整備がなされることにより、結果として健全かつ自由な著作行為が可能となり、よって「文化の発展」が図られる、という意味に解することができる一方で、本法の規定そのものが「文化の発展」を念頭に置いて定められたものであり、したがって、本法を解釈し実践していく上での目的意識を示したものが「文化の発展に寄与」という表現であるとも解し得る（半田55頁、斉藤54頁参照）。いずれにしても、学術性や芸術性の優れた著作物のみを保護して文化の発展を図るというものではなく、著作物を一様に保護することで創作を促し、究極目的として文化の発展を図るとするものである。

※本法でいう「文化」の概念について、「必ずしも国語的な意味に捕らわれることなく、著作権法の思想から導かれるべきであり、具体的には著作権法が著作物をどのような方法で規整しているのか、という観点から帰納的に探りだされるものである」とし、「著作権法は人の情的ないし精神的な側面を中心とした表現を著作物とし…このような著作物が豊富化することを、著作権法は『文化の発展』と称している」と説明される（中山15～16頁）。

（定義）
第2条 この法律において、次の各号に掲げる用語の定義は、当該各号に定めるところによる。

- 2条1項は、同項各号で掲げる用語の定義は、本法においては、当該各号に定めるところによる旨を規定する。
- 本項各号は、著作権法上用いられる特定の用語について独自の定義を規定したものである。いずれも本法を理解する上で重要な用語であり、特に日常用語としての意味との違いに留意する必要がある。

> 一　著作物　思想又は感情を創作的に表現したものであつて、文芸、学術、美術又は音楽の範囲に属するものをいう。

- 1号は、「著作物」について定義する。著作物の要件を満たすことが、著作者の権利発生の要件となるので、本号は、本法の中核をなす重要な定義規定である。
- 著作物の要件として、①思想又は感情を表現したものであること、②創作的に表現したものであること、③文芸、学術、美術、音楽の範囲に属するものであること、を挙げる。著作物性の立証にはこれらの要件の立証を要する。
  ※「表現したもの」を独立要件とし、全体で4要件とする場合や、更に「表現」と「もの」とを分けて5要件とする場合などもある。

- 著作物と認められるには①の「思想又は感情」つまり著作者の考えや思いが、精神的活動を通じて表現されていることが必要であり、したがって、それらを表現しない単なる事実やデータを並べただけのものは著作物に当たらない。著作者の作成意図（何を目的に作成したか）については原則不問とされるが、応用美術については、作成者が鑑賞目的で作ったのか、実用目的で作ったのかにより、著作物性の判断が変わるとする解釈がある（仙台高判平14.7.9「ファービー人形事件」控訴審等）。
- 著作物とは「表現したもの」であり、したがって、著作者の内部にとどまっているアイデアや表現の背後にある思想又は感情そのものは著作物とはならず、著作権法上の保護対象とはならない（思想・表現二分論）。例えば、薬の製法についての論文がある場合、その製法はアイデアであり、表現物としての論文が著作物であるので、その製法で薬を製造しても著作権侵害とはならないが、当該論文を無断でコピーして販売した場合は著作権侵害となり得る。

※《思想・表現二分論》思想自体は保護されず、具体的に表現されて初めて保護対象となるとする思想・表現二分論は、TRIPS協定9条2項、及びWIPO著作権条約2条においても同旨の規定が設けられており、著作権の分野では伝統的・普遍的考え方となっているが、それを正当付ける論理的根拠としては、①表現の自由（思想や情報を発表・伝達する自由）や学問の自由との抵触の回避、②思想自体の開放による文化発展への貢献、③実務における著作物の同一性・類似性判断の実効性の確保（思想の同一性・類似性の判断は裁判では困難）、などが挙げられる（中山44～47頁）。ただし、「表現」を保護するといっても、形式的な外形のみを対象としたのでは充分な保護とはいえないため、どこまでその内側についても保護を与えるのかが問題となる。この点、従来の有力学説では、著作物を「内容」（思想・感情）と「形式」（表現）とに分け、さらに「形式」を「外面的形式」（著作者の思想を客観的存在たらしめる知覚可能な外部的構成）と「内面的形式」（著作者の内心に一定の秩序をもって形成される思想体系で、外面的形式に対応するもの）との側面で捉え、外面的形式が変わっても、内面的形式が維持されているのならば同一性は維持されるとし、著作権（翻案権）侵害が成立すると解してきた。しかし、この場合、外面的形式と内面的形式、あるいは、内面的形式と内容の境界は明確に定まるものではなく、実質的機能を期待できる理論とはいい難いため、近年の判例においては、内容・形式に分けるより、既存の著作物の創作的表現部分である「表現上の本質的特徴」を、対比する作品から「直接感得」し得るか否かで判断するケースが多い（最判昭55.3.28「パロディ事件」第一次上告審、最判平13.6.28「江差追分（北の波濤に唄う）事件」上告審等）。

- 言語の著作物等の場合、翻案権による保護範囲（著作物性が認められる範囲）に関し、表現された文言そのものというより内容の独自性について保護が求められるケースも多いが、その場合でも、ストーリーなどのアイデアそれ自体は、たとえそれがどんなに独創的であっても保護対象とはならないとするのが原則である。判例では、著作物の翻案について、「表現上の本質的な特徴」の維持と「直接感得性」を要件とし、アイデア等の「表現それ自体でない部分又は表現上の創作性のない部分」において同一性を有するに過ぎない場合は翻案に当たらないとする（前出「江差追分事件」上告審、同旨東京高判平12.9.19「赤穂浪士事件」控訴審）。

※数理科学論文における命題の解明過程はアイデアそのものであるとして、著作物

性を否定した裁判例がある（大阪高判平6.2.25「数学論文野川グループ事件」控訴審）。同裁判例では、科学における出版目的は、実用的知見（アイデア部分に当たる）を一般に伝達し、それを他者が展開する機会を提供することにあるとし、解明過程を独占的に保護するとその展開機会を奪うことになり妥当でない旨を示す。

- 「表現されたもの」である「著作物」とは、創作表現について観念される無体物であって、それが体現された有体物としての原作品や複製物とは明確に区別される点留意を要する。著作物の原作品の所有者がその著作物の著作権を持たないときは、無体物としての著作物に係る排他的支配権能を主張することはできない（ただし、美術・写真の著作物の原作品の所有者に、一定の展示行為は認められている（45条1項））

※判例では、著作権の保護期間が経過するとその著作物の利用については公有（パブリック・ドメイン）に帰することになり、その原作品の所有者であっても、無体物である著作物に基づく使用収益について排他的支配権能はないとされた（最判昭59.1.20「顔真卿自書建中告身帖事件」上告審）。これに関連し、著作権が現存しない著作物の原作品（古典的絵画の原作品等）について、美術館等が観覧料金を徴収したり撮影を制限したりできるのは、原作品の有体物の面に対する所有権に縁由するものであり、著作物を体現している有体物としての原作品を所有していることから生じる反射的効果に過ぎないと説明される（同判例）。

※「顔真卿自書建中告身帖事件」上告審判決の趣旨を受け、物の所有権は「その物の名称等の無体物の面を直接排他的に支配する権能に及ぶものではない」とし、所有権者の主張するいわゆる物のパブリシティ権（競走馬の名称等が有する顧客吸引力などの経済的価値を独占的に支配する財産的権利）が否定された（最判平16.2.13「ギャロップレーサー事件」上告審）。

- 本号の「表現」については、その表現手段は問わず、支持物への固定も不問である（ただし、映画の著作物については対立がある（10条1項7号解説（→82頁～）参照））。

- ②の「創作的に表現」の創作的とは、著作者の個性・独自性が表われていることをいう。表現が独自的という場合、通常は表現方法が独自的であることではなく、表現物が著作者独自の考えに裏打ちされていることを意味するも

のである。創作性の判断においては、そのレベルの高低は問題ではなく、何らかの個性、つまり、著作者なりの創意工夫があれば足りるとするのが原則である（例外的に、建築の著作物や応用美術の著作物等では、芸術性や鑑賞目的の意図などを要するとされる）。この点、著作者の内面的作用を直接見て取るのは困難なため、実際には、誰が表現しても同様となるようなありふれた表現かどうかで判断される場合が多い。

※例えば、キャッチフレーズやスローガンなどの簡単で短い言語表現は、一応アイデアを表現したものともいえるが、文化的所産とするに足りるだけの創作性自体がない（加戸23頁）とか、平凡かつありふれた表現であって創作性は認められない（東京地判平11.1.29「古文単語語呂合わせ事件」）などとして著作物性が否定される場合が多い。

※表現方法という場合、表現行為の手段（絵の具を水で溶いて筆で塗る等）をいう場合と、行為の結果物としての表現内容のあり方・工夫（図の配置や寸法の注記法等）についていう場合とを分けて捉えなければならない。前者の独自性は創作性の直接の根拠とならないが、後者の独自性は、図面の著作物等の場合に創作性の根拠となり得るものである。後者にいう「表現方法」と「表現物」の境界は必ずしも明確ではなく、場合によっては表現物の一部と考えるのが妥当な場合もあろう。学説では、「著作物の創作性は、表現物の独自性であって、表現方法そのものに焦点を合わせたものではない」とするが（斉藤78頁）、裁判例では、例えば設計図について、「その表現方法に独自性、創作性は認められない」として（つまり、表現方法に注目して）著作物性を判断（否定）したもの（東京地判平9.4.25「スモーキングスタンド事件」）があり、また、「《表現方法ではなく》表現内容（寸法及びその寸法に基づき図示された形状）には創作性がある」として著作物性を認めたもの（大阪地判平4.4.30「丸棒矯正機械設計図事件」）もある。いずれにせよ、「表現方法」の意味は事案に即して吟味する必要がある。

• 近年、プログラム著作物に代表される機能的著作物が保護対象とされるようになったが、機能追及の側面が強いプログラムに思想・感情の流出としての個性を観念することには違和感があることから、「創作的に表現」の解釈を従来のように著作者の個性の発露と捉えるのではなく、表現の選択の幅として、つまり、他人の創作の途を残しつつ表現をした場合をいうものとして捉える考え方が提唱されている（中山52頁）。独占の弊害に配慮したものである。著

作権法の目的が、表現の豊富化に資することにあるのだとすると、この考え方のように十人十色の表現の場が結果的に確保されることで足りるわけであり、マージ理論（下記参照）による結論とも符合する。また、プログラム著作物だけ創作性の判断方法を変えるといった二重基準による不都合な解釈や、表現の自由の理念との抵触などを避ける意味でも合理的な解釈といえる。ちなみに、建築の著作物や応用美術の著作物について、創作性のレベルの違いが問われるとされるが（要件の加重）、この場合は、実用目的部分と鑑賞目的部分の棲み分けの必要性からそのような扱いがなされるのであり、実用的部分にも創作性が求められるプログラム著作物の解釈で問題となる二重基準とは次元が違うものといえよう。

※創作性を「個性の発露」と捉える考え方と「表現の選択の幅」と捉える考え方とは、主観的立場の著作者と客観的立場の第三者のそれぞれの立場の違いによるもので、実質的には同じ内容であるとする見方もできるだろうが、前者の判断基準時は先行者（先の創作者）の創作時であり、後者の判断基準時は後続者（利用者等）の創作時・利用時である点、明確な違いはある（百選4版13頁）。

- 《マージ理論》 創作性の判断に際し、あるアイデアの表現の選択の幅が極めて限られている場合には、思想と表現が混同し、表現を保護すると結果的に思想を保護することになってしまうことから、そのようなものについては創作性がないとして著作物性を否定する考え方（マージ（混同）理論）が、学説・判例で多く用いられる。このような混同が生じる場合、結果的に選択されるのはありふれた表現であり、ありふれた表現は創作のインセンティブを与えずとも広く用いられるものであって、却ってそれに独占権を与えると、他者の表現の選択の幅を著しく狭め創作活動を阻害することになり妥当でない、というのがマージ理論の根拠である。短い言語表現等の創作性を排除する際にも有効な理論であろうが、創作性が表現の選択の幅で測られることが多いプログラムのような、表現方法が限られる機能的著作物についての創作性否定のより直接的な論理的根拠となり易い。

※マージ理論に関連する見解として、著作権は依拠性がなければ同一内容に権利を認める相対的権利であって、その意味では、マージ理論に拠らずとも後発創作者の保護も可能なのであるから、当該理論を広く認め過ぎてプログラム著作物等の保護が不当に狭くなることのないよう、当該理論の適用には慎重を期すと共

に、ありふれた表現であっても相当の創作性を認めるべきであるとの指摘がある。それに対し、たとえ著作権が相対的権利であっても、ありふれた表現に創作性を認めると、その表現に接した者がその後それを利用できなくなりひいては文化発展の妨げになることから、ありふれた表現の創作性はなるべく認めるべきではないとする指摘もある（中山60頁）。

- 著作物性の要件としての創作性の判断においては、創作のレベルは問われず、何らかの個性があれば足りるとするのが一般的見解だが、複製権（翻案権）の及ぶ範囲の判断においては、創作性の高いものはその範囲は広く認められ、創作性が低いものは狭くなるという解釈もなされる（東京高判平14.10.29「ホテル・ジャンキーズ　電子掲示板事件」控訴審等）。

- 他人の先行著作物を機械的に模倣した場合は、侵害の話とは別に当該模倣物の創作性自体が否定されるが（参考：東京地判平11.9.28「新橋玉木屋事件」）、作成されたものが既存の著作物等と同一・類似の場合であっても、先行する著作物等に依拠することなく善意で作成されたものであれば創作性が認められる（最判昭53.9.7「ワン・レイニー・ナイト・イン・トーキョー事件」）。

- ③の「文芸、学術、美術又は音楽の範囲に属する」とは、「知的、文化的精神活動の所産全般」に含まれることを意味するものと解されており（東京地判昭59.9.28「パックマン事件」、東京高判昭62.2.19「当落予想表事件」等）、著作物がこれらのどのジャンルに属するのかを明確に求めるものではない。むしろ、実用目的の工業製品等を排除する趣旨の規定と考えるのが主流の見解といえる。例えば発明品の場合、自然法則を利用した技術的思想の創作（発明）を製品として表現したという意味では思想の創作的表現に当たるが、知的文化的精神活動の所産ではなく実用的な技術の範囲についてのものなので、原則、著作物とはならない（この点、応用美術やプログラム著作物等の場合、当該要件についての明確な判断が困難なため議論の対象となる）。

  ※実用目的品等の排除の趣旨とは関係なく、パソコン通信のオンライン会話サービスで交わされた会話文について、日常会話と変わらないことから「文芸、学術の範囲に属するものとは到底認められない」として著作物性を否定した判決がある（東京地判平9.12.22「PC-VAN OLT名誉毀損事件」）。

- なお、本号による定義は抽象的であるので、より明確な解釈のため、法は10条1項各号において具体的な著作物を例示している。

> 二　著作者　著作物を創作する者をいう。

- 2号は、「著作者」を定義する。著作物を創作する者を著作者とするが、この場合、創作者から見て作品が未完成であっても、客観的に著作物と認められるならば、その創作者が著作者となる（半田57頁）。
- 著作権法の保護対象となる表現の創作行為に実質的に関与した者が著作者ということになるが（中山163頁）、表現の内面的部分をどこまで保護するのかにより（1号参照）、著作者についての判断も変わってくる。
- 単に創作の動機付けをした者や単なる創作機会の提供者、あるいは、単に資金や情報を提供した者などは、自ら実質的な創作をする者ではないので著作者とは認められない。また、著作物の創作依頼があったとき（職務著作の場合は除く）は、その依頼を受けた者が著作者となるのが通常であるが、依頼者が創作の細部にまで具体的な指示を出し、それに対し依頼を受けた者が単なる創作の補助者の役割を果たすに過ぎないときは、実質的創作活動の観点から、その依頼者が著作者であると解するのが妥当である。この場合、著作物の種類も考慮した上で、その著作物における創作的要素がいずれの者の行為に見出せるかによって判断がなされることになる。
  - ※いずれの者が著作者なのかを示した具体的裁判例としては、編集著作において、素材の選択、配列を確定した者を編集者（著作者）とし、企画案ないし構想の域にとどまる者は編集者に当たらないとした「智恵子抄事件」上告審（最判平5.3.30）、地図の著作において、依頼を受けて具体的表現をした画家を著作者とし、資料を集め、記入事項を指定した出版社（依頼者）の著作者としての地位を否定した「高速道路パノラマ地図事件」（東京地判昭39.12.26）、同様に地図の著作でも、具体的に資料の収集・提供をし、製図依頼をした出版社に著作者としての地位を認め、依頼通りに製図作業に従事した者についての創作行為性を否定した「現代世界総図事件」（東京地判昭54.3.30）などがある。
- なお、著作行為は精神的活動であり、客観的に誰が著作者であるのかを立証するのが困難な場合も多いことから、法は、著作者の推定規定を設け、挙証

責任の転換を図っている（14条参照（→99頁～））。
- 著作物を創作する者といえば通常は自然人を指すが、著作物の範囲が拡大し創作性の幅が広がる傾向などに合わせ、法は、自然人による著作以外に職務著作を規定し、一定条件の下で法人等に著作者の地位を認めている（15条参照（→101頁））。また、法は、映画著作物の著作者についてもその特殊性に鑑み例外的規定を設けている（16条参照（→107頁））。更に、2人以上の者の共同による創作について共同著作物を規定し、複数の者が著作者となる場合を認めている（本項12号参照）。

> 三　実演　著作物を、演劇的に演じ、舞い、演奏し、歌い、口演し、朗詠し、又はその他の方法により演ずること（これらに類する行為で、著作物を演じないが芸能的な性質を有するものを含む。）をいう。

- 3号は、「実演」を定義する。
- 「実演」とは、著作物を演じたり、歌ったりする行為（又はこれらに類する行為）のことであり、その行為の成果物をいうものではない。「実演」と認められると、著作隣接権による保護が与えられる（4章2節等）。
- 「著作物を」とあるが、著作権法上保護されている著作物である必要はない。保護期間が経過した著作物を演じた場合でもその実演自体は保護される。
- 「演劇的に」は「演じ」にのみかかるもので、「舞い」以下の行為にはかからない。実演がすべて演劇的なものと解してはならない。
- かっこ書の「著作物を演じないが芸能的な性質を有するもの」とは、奇術、曲芸、道化などをいう。これらを実演に含めるとするのは、演じる対象が著作物でなくとも、演じ手の行為に著作物を演じたのと同じくらい芸能的効果が認められる場合は保護対象とするということである。これらが「実演」であるか否かの判断では、即興部分も含めて演技の経過（ストーリー）が概ね決まっているかどうかが1つの基準であり、スポーツの試合のようにその経過や結果が予測できないようなものは「実演」ではないとする（岡本73頁）。なお、体操のようにその内容がほぼ決まっているスポーツもあるが、この場合は、競技としての演技は「芸能的」でないという理由で「実演」から外されるものと考えられる（ただし、これには競技用の振付には著作物性が認められ

ないとする見解が前提となる（10条1項3号解説参照（→75頁）））。したがって、同じ動きの演技を体操の選手が試合でやるのとサーカスの団員がショーでやるのとではその判断が分かれることになり、1人のフィギュアスケート選手が、同じ演技を、競技会で演じるときとアイスショーで演じるときとではその扱いが異なってくることになる（加戸26〜27頁）。

※ただし、体の動きによる表現というものを競技目的か否かで色分けするのは、実務上好都合な点はあるだろうが、理論上は無理があるともいえる。振付の著作物性について「競技を目的とするということだけで著作物性を否定することはできまい。」（斎藤82頁）との指摘がなされるのと同様、芸能的か否かの判断についても競技目的か否かで画一的に行うことには反論のあるところである。理論的にはその演技自体の内容で評価するのが妥当といえよう。同じ競技会の中でも、芸術性の高い振付を完璧に演じる選手もいれば、振付のことより成功率の低い高難度の技への挑戦に重きを置く選手もいる。いずれも高得点を狙うという競技会ならではの目的はあるものの、芸能的表現の有無やストーリー性といった観点からは両者を同一に扱うべきではないだろう。

四　実演家　俳優、舞踊家、演奏家、歌手その他実演を行う者及び実演を指揮し、又は演出する者をいう。

- 4号は、「実演家」を定義する。
- 「俳優、舞踊家、演奏家、歌手」とあるのは、職業を示したものではなく、該当する実演行為を行う者の例示的記載である。したがって、本号に掲げる者は、素人や小学生であっても実演家である。
- 「実演を指揮し、又は演出する者」は、直接的に実演を行う者と同視し得る者という意味で掲げられている。
- なお、実演家の権利については、4章（著作隣接権）2節（90条の2〜95条の3）に規定がある。

> 五　レコード　蓄音機用音盤、録音テープその他の物に音を固定したもの（音を専ら映像とともに再生することを目的とするものを除く。）をいう。

- 5号は、「レコード」について定義する。
- 「レコード」とは音の固定物であり、市販目的に複製される「商業用レコード」とは区別される。「商業用レコード」は具体的な物品であるが、「レコード」は音が媒体に固定され再生可能な状態にあるものといった観念的・抽象的な存在である。音が固定された媒体が「レコード」なのではなく、媒体に固定されている状態の音が「レコード」の本質といえる。
- 音が固定される媒体（支持物）としては、蓄音機用音盤（ディスク・レコード、CD等）や、録音テープのほか、メモリカード、ROM、ソノシート、さらにはオルゴールなども該当する。
- 「音を固定したもの」には、楽器演奏による楽音や虫の音・風の音といった自然音など元々存在する音を録音したようなもののほか、元の音が存在しないが、固定箇所について音源が対応して存在するオルゴールのようなもの、さらにはプログラムとコンピュータにより電子音を生じさせるようなものも含まれる。音の固定とは、必ずしも鳴っている音を収録することではなく、再生可能な状態で音を媒体にとどめることを指すものだからである。
- かっこ書の「音をもっぱら映像とともに再生することを目的とするもの」とは、映画のサウンドトラックやDVDの音声部分等を指し、これらは映画の著作物として保護を受けるため本号では除外されている。

> 六　レコード製作者　レコードに固定されている音を最初に固定した者をいう。

- 6号は、「レコード製作者」を定義する。
- 一般的にレコード製作者というときは、商業用レコードの製造業者（リプレッサー）を指す場合が多いが、著作権法上の「レコード製作者」とは、レコードとして固定されている音を最初に支持物に固定した者をいう。

- 「固定されている音」を「最初に固定した」とあることから、既に音が固定されているレコードについて、その音を遡って最初に固定したとされる者が「レコード製作者」であり、既に固定されている音を再生して録音する者などは「レコード製作者」とはならず、また、未だ固定されていない音を録音しようとしている者などは、その時点では「レコード製作者」ではない。
- 「レコード製作者」は、物理的な意味で音を最初に支持物に固定した者のほか、レコード原盤製作者も意味するとされる。「固定した者」というのが録音行為に法律的主体性を有する者のことであり、それには物理的に音を固定した者のほか、従業者に音を固定させた法人等も含まれることによる。
- なお、レコード製作者の権利については、4章（著作隣接権）3節（レコード製作者の権利）（96条～97条の3）に規定がある。

> 七　商業用レコード　市販の目的をもつて製作されるレコードの複製物をいう。

- 7号は、「商業用レコード」を定義する。
- 「市販の目的をもつて製作される」とは、営業上の採算ベースに乗った販売を目的として製作されることである。また、「レコードの複製物」とあるように、「商業用レコード」とは蓄音機用音盤（ディスク・レコード、CD等）や録音テープ等の有体物自体を指すものである。この点、抽象的な概念である5号の「レコード」との違いに留意が必要である。
- 市販目的でない、例えば有線放送専用に製作された背景音楽等のレコード複製物は、「商業用レコード」ではない。
- 「商業用レコード」は、他の商業用レコードへの録音の強制許諾（69条）、商業用レコードの二次使用（95条、97条）、商業用レコードの貸与（95条の3、97条の3）の規定において主に扱われる。

> 七の二　公衆送信　公衆によつて直接受信されることを目的として無線通信又は有線電気通信の送信（電気通信設備で、その一の部分の設置の場所が他の部分の設置の場所と同一の構内（その構内が二以上の者の占有に属している場合には、同一の者の占有に属する区域内）にあ

> るものによる送信（プログラムの著作物の送信を除く。）を除く。）を行うことをいう。

- 7号の2は、「公衆送信」を定義する。公衆による直接受信を目的とした無線通信又は有線電気通信の送信を行うことをいうとする。
- 「公衆送信」は平成9年法改正において、それまでの「放送」と「有線送信」とを統合した概念として規定されたものであり、現行では、次号以下で規定される「放送」、「有線放送」及び「自動公衆送信」を合わせた上位概念である。

  ※従来からの流れを見ると、戦前においては、無線による「放送」にのみ権利が認められていたのであるが、戦後の音楽有線放送事業者の登場で権利解釈が難しくなったことを受け、新法（昭和45年法）において「有線放送」を別途概念し権利を付与することとした。更にその後、ビデオテックスやビデオオンデマンド等のインタラクティブ型の有線送信が登場するが、それらを「有線放送」の概念に含めることには疑義があったため、インタラクティブ型送信も含めた「有線送信」という概念が導入された。更に、近年では無線によるインタラクティブ型の送受信や、有線と無線とを自在に併用する形の送受信形態が普及してきており、有線・無線の区別のないより上位の概念として権利化するのが便宜であることから、「放送」と「有線送信」を統合した概念である「公衆送信」について定義規定が設けられたのである。

- 「公衆送信」は、「公衆によって直接受信される」ことが要件となるので、1対1の送信である特定人への電話やEメールなどはこれに該当しないが、ピア・ツー・ピア方式のファイル交換サービスにおける送信については、公衆送信（自動公衆送信）に当たるとされる（参考判例：東京地決平14.4.11「ファイルローグ仮処分事件」）。また、公衆送信を文言上解釈すると、公衆からのアクセスに対し自動的でない形で情報を送信するもの（顧客からの要求に応じたファクシミリでの返信等）も含まれることになる。なお、ツイッターもその送受信形態上開かれた関係のものなので公衆送信に当たるといえるが、字数制限があることから送られる情報の著作物性が問題となるところである。更に、フェイスブック等のいわゆるSNSについては、友達と認め合う者同士の閉じた関係の中での情報交換が原則であるので、その人数により著作権法上

の「公衆に」当たるか否かが問題となるであろう。
- 「無線通信」とは、伝送路に線を使わない電気通信であり、通常、電波による通信を指す。一方「有線電気通信」とは、電線や光ファイバー等の固定伝送路を用いる通信を指す。
- かっこ書の「電気通信設備で、その一の部分の設置の場所が他の部分の設置の場所と同一の構内のあるもの」とは、コンサート会場におけるマイクで収音された音信号がスピーカーによって受信されるシステムのように、送信装置（マイク）と受信装置（スピーカー）が同一の構内にある電気通信設備を指し、このような設備により送信される音等についてはその元となる生の音等と同様に扱うのが自然であることから、そのような送信については公衆送信から除くこととしている。これにより、コンサートにおいてスピーカーから出力される音を、それについてのみ公衆送信権を適用するような面倒な扱いをすることなく、生の音と併せて演奏権で処理することが可能となる。
- ただし、「同一の構内」について、最初の二重かっこ書で「その構内が2以上の者の占有に属している場合には、同一の者の占有に属する区域内」とあることから、雑居ビルのように同一の構内（ビル）であってもフロアによって別の事業者等が占有している場合などには、同一の事業者が占有する区域に限り「同一の構内」とすることにしている。異なる事業者間での送受信であれば、公衆送信と捉える方が妥当といえるからである。
- 更に、電気通信による送受信設備が同一構内にあるものによる送信であっても、プログラムの著作物の送信については、公衆送信として扱うこととしている（第2の二重かっこ書）。電気通信設備にはいわゆる構内LANなども含まれるが、この場合にプログラム著作物の同一構内での送信についてまで公衆送信権を認めないとすると、プログラムの著作権者が受ける経済的損失が大きくなり過ぎるからである。
- なお、かっこ書の「電気通信設備」とある部分は、従来「有線電気通信設備」とされていたのだが、近年の構内LANにおいては有線LANのほか無線LANが普及してきており、両者の利用形態・利用目的等に実質的な差異もないことから、本条が無線LANにも対応できるように平成18年法改正において「電気通信設備」と改められた。

> 八　放送　公衆送信のうち、公衆によつて同一の内容の送信が同時に受信されることを目的として行う無線通信の送信をいう。

- 8号は、「放送」について定義する。
- 「放送」とは、「公衆送信」のうち、公衆により同一内容の送信が同時に受信されるような送信であり、かつ、無線通信によるものをいう。具体的には、地上波のテレビ・ラジオ放送や衛星放送などが該当する。
  ※従来、公衆に対する送信行為については無線か有線かで区分けをし、無線のものはすべて「放送」とし、有線のものについては、「有線放送」と「インタラクティブ型の（有線）送信」とを併せて「有線送信」と概念付けし、権利と結びつけてきた。しかし、近年、インタラクティブ型の無線送信が登場し、更に無線と有線を併用した送信形態も表れるようになったことから、こうした無線・有線による区分を見直す必要が生じ、平成9年法改正において、インタラクティブ型のものは無線・有線のものを併せて「自動公衆送信」とし、公衆に対して同一内容を同時に送信するもののうち、無線によるものを「放送」、有線によるものを「有線放送」とすることとした。以上の経緯から、「放送」の要件は、「公衆によって同一の内容の送信が同時に受信されることを目的として行う」ものであることと「無線通信の送信」であることになった。
- 「公衆によって」受信されるものに限るので、キー局とネット局間を結ぶマイクロ・ウェーブや、スポーツ中継での試合会場から放送局へ送られるポイント・ツー・ポイント送信などは「放送」に該当しない。
- 「同一の内容…が同時に」受信されるものに限るので、受信者が個別にアクセスするビデオオンデマンドなどのインタラクティブ送信は「放送」に該当しない。また、実質的にリアルタイムでの送信を可能とするストリーミング方式のインターネットテレビなども、著作権法上の「放送」には該当しない（これらは「自動公衆送信」に当たる）。これらの送信形態では、番組の送信はサーバまでしか行われず、そこから先は受信者が個別にアクセスする形を採るので、その点、放送事業者が公衆へ送信していることにはならないからである。
- 「無線通信の送信」には、テレビやラジオ放送のほか、データ放送・文字放

送・静止画放送なども当てはまる。

> 九　放送事業者　放送を業として行う者をいう。

- 9号は、「放送事業者」について定義する。
- 「放送」は、前号の定義に従う。
- 「放送を業として行う者」といえば、電波法による放送局の免許を受けた者（NHKや民間放送局）が典型的なものとして挙げられるが、「業として」とは、営利非営利を問わず事業としての意であるから、当該免許を受けた者のほか、安保条約に基づく特例法により放送を実施するAFN（米軍放送網）や微弱電波によるミニFM放送局（競馬場や両国国技館での場内実況をするものなどがある）なども、本号の「放送事業者」に該当する。なお、アマチュア無線のようなものでも、事業として反復継続して放送を行う場合は「放送事業者」に該当するとされる（加戸38頁）。

> 九の二　有線放送　公衆送信のうち、公衆によつて同一の内容の送信が同時に受信されることを目的として行う有線電気通信の送信をいう。

- 9号の2は、「有線放送」を定義する。
- 「有線放送」とは、「公衆送信」のうち、公衆により同一内容の送信が同時に受信されるような送信であり、かつ、有線電気通信によるものをいう。具体的には、有線音楽放送やCATVなどが該当する。
- 従来、「有線放送」は「インタラクティブ型（有線）送信」と併せて「有線送信」の概念に組み込まれていたが、平成9年法改正でインタラクティブ型の送信をすべて「自動公衆送信」としたことから、「公衆送信」の下位概念として別途「有線放送」について規定が設けられた。なお、平成9年法改正までの経緯については、本項7号の2及び8号の解説を参照されたい。
- 本号でも、8号と同様に「公衆によって」「同一の内容が同時に」受信されるのが要件である。

> 九の三　有線放送事業者　有線放送を業として行う者をいう。

第1章第1節

- 9号の3は、「有線放送事業者」を定義する。
- 「有線放送」は前号の定義に従う。
- 「業として」は、9号の場合と同様である。

> 九の四　自動公衆送信　公衆送信のうち、公衆からの求めに応じ自動的に行うもの（放送又は有線放送に該当するものを除く。）をいう。

- 9号の4は、「自動公衆送信」について定義をする。
- 公衆送信のうち、個々の受け手からのリクエストに対し自動的に行うインタラクティブ送信を「自動公衆送信」とした。
- 平成9年法改正により、それまでの「放送」と「有線送信」を併せて「公衆送信」とし、その下位概念として、同一内容が同時に受信される目的で行なわれる公衆送信のうち、無線によるものを「放送」、有線によるものを「有線放送」と、そして、無線・有線を問わずインタラクティブな公衆送信全体を「自動公衆送信」と定義付けた。平成9年法改正までの経緯は本項7号の2及び8号を参照されたい。
- 「公衆からの求めに応じ自動的に行うもの」であっても、例えば、それに対し、同一内容を同時に公衆に送信する場合は「放送」又は「有線放送」に該当するため、そのようなケースは「自動公衆送信」から除かれることを確認するためにかっこ書が設けられた。
- 電話で受けた注文に対し人が手動によりファクシミリで送信するような場合は、「自動的」とはいえないので「自動公衆送信」に該当しない。
- 公衆送信権について自動公衆送信という場合は、次号の送信可能化を含む概念となる点留意する（23条1項）。
  ※「インタラクティブ送信」は、以前は「オンデマンド送信」と呼ばれることが多かったが、その後登場した「ニア・オンデマンド送信」（これ自体は放送又は有線放送に当たる）等について「オンデマンド」の語が用いられるようになったことから、混乱を避けるため、1996（平成8）年頃より「インタラクティブ送信」の呼び方が主流になったとされる（加戸39頁）。ちなみに、本来的な意味からすると「オンデマンド」とは、必要なものを必要なときに入手できる仕組みをいい、「インタラクティブ」とは、一方の働きかけに対し他方の反応が返ってくるよう

な双方向性の仕組みをいうと解される。そうすると、「自動公衆送信」とは、インタラクティブでかつオンデマンド型の送信であるといえる。

> 九の五 送信可能化 次のいずれかに掲げる行為により自動公衆送信し得るようにすることをいう。
> 　イ　公衆の用に供されている電気通信回線に接続している自動公衆送信装置（公衆の用に供する電気通信回線に接続することにより、その記録媒体のうち自動公衆送信の用に供する部分（以下この号及び第47条の5第1項第1号において「公衆送信用記録媒体」という。）に記録され、又は当該装置に入力される情報を自動公衆送信する機能を有する装置をいう。以下同じ。）の公衆送信用記録媒体に情報を記録し、情報が記録された記録媒体を当該自動公衆送信装置の公衆送信用記録媒体として加え、若しくは情報が記録された記録媒体を当該自動公衆送信装置の公衆送信用記録媒体に変換し、又は当該自動公衆送信装置に情報を入力すること。
> 　ロ　その公衆送信用記録媒体に情報が記録され、又は当該自動公衆送信装置に情報が入力されている自動公衆送信装置について、公衆の用に供されている電気通信回線への接続（配線、自動公衆送信装置の始動、送受信用プログラムの起動その他の一連の行為により行われる場合には、当該一連の行為のうち最後のものをいう。）を行うこと。

- 9号の5は、「送信可能化」について定義する。
- 自動公衆送信の準備段階の行為である「送信可能化」について規定したものであり、インターネット上のいわゆるサーバに情報をアップロードするケースを主に想定したものである。
- インターネットのように、複数のネットワークでインタラクティブに情報が送受信される状況下において著作物等を確実に保護するには、アップロードされた段階で権利行使を認めるのが得策であることから定義された概念であり、それに対応する形で、著作者の公衆送信権の規定では自動公衆送信についての送信可能化が保護の対象行為とされ（23条1項）、また、実演家とレコー

ド製作者にはそれぞれ送信可能化権が与えられた（92条の2、96条の2）。
- イで掲げられる行為は、既にネットワークに接続された自動公衆送信装置について、①公衆送信用記録媒体への情報の記録、②情報が記録された媒体の公衆送信用記録媒体としての追加、③情報が記録された他目的の媒体の公衆送信用記録媒体への変換、④自動公衆送信装置への情報の入力、をする行為である。このうち①は公衆送信用記録媒体への複製を伴うものであり、④は公衆への送信過程において情報を一切蓄積しないものである点留意する。
- ロでは、⑤公衆送信用記録媒体に情報が記録されあるいは情報が入力された（ネットワークに未接続の）自動公衆送信装置を、ネットワークに接続する行為を挙げる。「接続」は情報を流れるようした最後の行為を指す。
- 「送信可能化」は自動公衆送信をすることができない状態からできる状態にすることなので、そのような送信可能な状態を作出したのであれば、上記①ないし⑤のいずれに該当するのかに拘泥することなく「送信可能化」に当たると解するべきである（作花270頁）。
- 「公衆の用に供されている電気通信回線」とは、公衆のためのネットワーク回線をいい、インターネットやパソコン通信などのほか特定多数の者が使う社内LANなども該当する。
- 「自動公衆送信装置」とは、それに蓄積・入力される情報を自動的にネットワーク回線に流す機能を有する装置であり、サーバやホストコンピュータ等が該当する。ファイル交換ソフトによる場合は、個人のパソコンがこれに該当することになる。

※入力される情報を受信者からの求めに応じ自動的に送信する機能を有する装置であっても、1対1の送信機能しか持たないものは「自動公衆送信装置」に当たらないとする原判決に対し、「あらかじめ設定された単一の機器宛に送信する機能しか有しない場合であっても、当該装置を用いて行われる送信が自動公衆送信であるといえるときは、《当該装置は》自動公衆送信装置に当たる」とした判例がある（最判平23.1.18「インターネット経由テレビ番組視聴サービス『まねきTV』事件」）。この場合、当該装置による送信が1対1の形によるものであっても、送信者からみた受信者は契約のみでつながれた不特定の者なのでその受信者は「公衆」に当り、よってその送信は、公衆からの求めに応じ自動送信機能を有する装置により行われるもの、すなわち自動公衆送信に当たると解している。

- 「公衆送信用記録媒体」とは、サーバ等のコンピュータの記録媒体のうち、公衆送信用に割り当てられた領域のことであり、この場合、情報を記録・入力すれば自動的に公衆送信されるような機能を伴う領域のことである。

> 十　映画製作者　映画の著作物の製作に発意と責任を有する者をいう。

- 10号は「映画製作者」について定義する。
- 「発意」とは、映画製作を行うか否かを決定する意思であり、自ら企画する場合のみならず他人からの委託を受けて決定する場合も含む。「責任」とは、映画製作に係る最終的な経済的負担についての責任、及び、権利義務帰属主体としての法的責任である。つまり、映画製作のための経済的リスクを負担し、(自らの意思で) 権利義務の主体となる者が「映画製作者」である（中山196頁）。具体的に経済的リスクを負担するとは、自ら映画製作の費用を支出することであり、権利義務の主体となるとは、自ら映画製作のための契約を締結する等をいう。
    ※裁判例では、「発意を有する」の意義について、他人からの働きかけを受けた場合を含め「製作の意思を有する」こととし、企画者側からテレビアニメ製作の依頼を受けたアニメーション製作会社が、放送局に対しそのアニメ製作義務を負うことを内容とする契約を締結したことを根拠に、当該アニメーション製作会社が「製作の意思」を有する者であるとした。また、「責任を有する」の意義について、映画製作自体についての法律上の権利義務の帰属主体であること、及び、その反映として製作自体につき経済的な収入・支出の主体となることをいうとした（東京高判平15.9.25「マクロス事件Ⅱ」）。
- 「映画製作者」は、映画の著作物について、原則、著作権者とされる者である（29条1項）。

> 十の二　プログラム　電子計算機を機能させて一の結果を得ることができるようにこれに対する指令を組み合わせたものとして表現したものをいう。

- 10号の2は、「プログラム」について定義をする。

- 「プログラム」は、電子計算機に一定の仕事をさせるために、順次具体的に与えられる指令を組合せたものとして表現されたものである。
- 「電子計算機」（コンピュータ）は、高速でデータ処理をする電子機器で、記憶・演算・制御の3つの装置を最低限備えたものをいう。
- 「指令」はコンピュータを直接作動させる二進法による機械語や、その前段階で用いられるプログラミング言語（C言語やJava等）により表現されるが、本号のプログラムには、機械語によるオブジェクト・プログラムも、プログラミング言語によるソース・プログラムも両方含まれる。
- 「一の結果を得る」とは、コンピュータにより一定のまとまった作業がなされることであり、したがって、利用者レベルでの目的を果たすアプリケーション・プログラムのほか、その前段階の作業に係るOSやコンパイラなども、「一の結果を得る」ように作成された本号のプログラムに該当する。
- コンピュータの作動を直接の目的としないシステム設計書やフローチャートなどは、本号のプログラムには当たらない。また、バーコードなどは、コンピュータに作動はしても、指令の組合せではないのでプログラムに該当しない。

> 十の三　データベース　論文、数値、図形その他の情報の集合物であつて、それらの情報を電子計算機を用いて検索することができるように体系的に構成したものをいう。

- 10号の3は、「データベース」を定義する。
- 著作権法上の「データベース」の要件として、論文や数値等に代表される「情報」の「集合物」であることが挙げられるが、この場合の「情報」とは、利用者である人間にとって意味のある中身をもったものを指す（加戸48頁）。「データ」とせずに「情報」としたのは、データベースとはそもそも、利用者の求めに応じて必要な事実や知識などを提供するためのものだからである。また、「集合物」とされるのは、データベースが、多数の情報の蓄積により初めて有効に機能するものだからである。
  ※「情報」と「データ」は同義で使われる場合もあるが、通常、「データ」は単なる客観的事実をいうものであり、「情報」は受け手に何らかの価値をもたらすデー

タや事象、知識などをいうものとされる。

- もう一つの要件である「電子計算機を用いて検索することができるように体系的に構成したもの」とは、コンピュータと連動して検索できるよう、情報を体系付けて整理・加工したものであることをいう。この場合の「体系的に構成」とは、フォーマットの作成やコーディングなどのコンピュータ処理ならではの手段が伴ったものをいい、その点、通常の編集物とは一線を画するものである。

※従来、コンピュータで事務処理を行なう場合、業務ごとにデータ管理がなされていたため（各業務用のアプリケーションプログラムにデータ構造の記述がある状態）、業務間のデータが整合せずデータの多角的利用ができないとか、データ構造を変えるとアプリケーションプログラムも変更しなければならない等の問題が生じていた。データベースは、それらの問題を解決するため、最初から複数の処理目的に適用できるようデータの関連付けをし、不要な冗長性を排除するなどしてデータ項目を集約させたものである（データはアプリケーションプログラムから独立した状態にある）。通常、データベースは二次記憶装置である磁気ディスク等に格納され、具体的処理を行なうアプリケーションからのアクセス要求に応じデータが主記憶装置に読み出され処理されることになるが、これらデータベースの管理・運用するのが、データベースマネージメントシステム（DBMS）と呼ばれるソフトウェアである。データベースの作成は、概ね、①情報の収集・選定、②体系の設定（収集された情報の整理・統合のためのフォーマットの作成等）、③情報の分析・加工（情報の補正、信頼性の確認、キーワードの付加、コーディング等）、④情報の蓄積（磁気ディスク等への固定等）の手順でなされるが（半田110頁）、具体的にデータベースを制御するのはDBMSであり、したがって、「体系的に構成」とは、実質的にはDBMSにより処理されるよう整理・加工された状態のことともいえる。なお、データベースが有効に機能するには、情報集合物であるデータベースの他、アプリケーションやDBMSの機能が不可欠であることから、これらを併せた全体のシステムをデータベースという場合もあるが、著作権法上の「データベース」とは、あくまで情報集合物として独立した狭義のものを指す。したがって、データベースを稼働させる側のプログラムについては、別途著作権の検討が必要である。

※コンピュータで検索されるよう整理・加工された情報の集合体がデータベースで

あるが、著作権法上のデータベースの定義では、最終的な媒体への固定は要件とはなっていないので、磁気ディスク等に固定された状態でなくとも、コンピュータに機械的に入力していきさえすればよい状態になっている紙の段階からデータベースが存在するものと解される（作花117頁）。

- なお、データベースの著作物性については、12条の2第1項で規定する。

> 十一　二次的著作物　著作物を翻訳し、編曲し、若しくは変形し、又は脚色し、映画化し、その他翻案することにより創作した著作物をいう。

- 11号は、「二次的著作物」について定義する。
- 「二次的著作物」とは、原著作物を翻訳し、編曲し、変形し、又は翻案（脚色・映画化を含む）することにより創作された著作物をいうとするが、つまりこれらは、既存の著作物である原著作物を基にして新たに創作された著作物である。従来の理論では、内面的形式を維持しつつ、外面的形式を変えた著作物と説明されてきたものである。最近の判例・学説では、原著作物に新たな創作的表現が付与され、かつ、原著作物の表現上の本質的特徴が感得し得るものとされる。
    - ※裁判例では、既存の著作物を利用して作品を作出する態様を、①既存の著作物と全く同一の場合、②既存の著作物に修正増減を加えるが、その修正増減に創作性が認められない場合、③既存の著作物の修正増減に創作性が認められるが、原著作物の表現形式の本質的特徴が失われるに至っていない場合、④既存の著作物の修正増減に創作性が認められ、かつ、原著作物の表現形式の本質的特徴が失われてしまっている場合、に分類した上で、①②は複製権（21条）の侵害（複製物の作出）、③は翻案権等（27条）の侵害（二次的著作物の作出）、④は非侵害（全く別の著作物の作出）にそれぞれ該当するとした（京都地判平7.10.19「アンコウ行灯事件」）。
    - ※言語著作物の翻案について判決で示された「翻案とは…既存の著作物に依拠し、かつ、その表現上の本質的な特徴の同一性を維持しつつ、具体的表現に修正、増減、変更等を加えて、新たに思想又は感情を創作的に表現することにより、これに接する者が既存の著作物の表現上の本質的な特徴を直接感得することのできる別の著作物を創作する行為をいう」（最判平13.6.28「江差追分事件」上告審）

とする定義は、二次的著作物の一般論として通用するとされる（中山128頁等）。

- 「翻訳」とは、言語で表された著作物を別の体系の言語（通常は他国の言語）で表すことである。よって、点字や速記を訳す場合は、言語体系自体が異なるとはいえないので翻訳には入らない。翻訳では、原作のニュアンスや背景等を考慮し適切な訳語を選択し文章をまとめる点などに著作物性が発揮される。なお、古語を現代語に直す行為は翻案とされる（加戸49頁）。

- 「編曲」とは、既存の楽曲をアレンジすることである。通常は原曲の主旋律は変えずに、そのリズムや和声、演奏スタイルなどを変えて、曲調に新たな効果を生み出すことであり、その新たな効果に創作性が生じ得る。クラシックの曲をジャズ風に変えるなどが典型例であるが、楽曲を機械的に移調するなどは編曲とはいい難い。
  ※裁判例では、前出「江差追分事件」上告審で判示された翻案についての定義に合わせ、「『編曲』とは、…原曲…に依拠し、かつ、その表現上の本質的な特徴の同一性を維持しつつ、具体的表現に修正、増減、変更等を加えて、新たに思想又は感情を創作的に表現することにより、これに接する者が原曲の表現上の本質的な特徴を直接感得することのできる別の著作物である楽曲を創作する行為をいう」とし、「依拠」と「類似性（直接感得性）」が要件であることを示した（東京高判平14.9.6「どこまでも行こう事件」控訴審）。判決では、「類似性（直接感得性）」の判断について、対象となる楽曲の表現上の本質的特徴が、旋律・和声・リズム・形式等のいずれの側面に見い出し得るのかを検討し、その特徴を基礎付ける主要な要素に重点を置きつつ判断するとする。そして、少なくとも旋律を有する楽曲においては、旋律が相対的に重視される要素として主要な地位を占めるとする。また、「依拠」については、依拠した以外に合理的説明がつかない程の顕著な類似性と、原曲に接した可能性を示す客観的事情の有無により判断するとする。

- 「変形」とは、美術や写真の著作物など有形的・可視的に表現される著作物について、その表現形式を変えて表現することである。写真から絵画へ、絵画から彫刻へ変える等であるが、複製物とは異なり変形物に新たな創作性が要求される。

第1章第1節

- 「翻案」とは、既存の小説等を基に脚色し、映画化する行為等がその代表的なものであるが、法上の概念はより広いものであり、既存の著作物の創作性のある表現部分を維持しつつ、新たな精神的作業を加えることをいう。従来は、著作物の内面的形式の利用が「翻案」であるという説明がなされていたが（本項1号解説参照）、現在の判例・学説では、原著作物に依拠し、かつ原著作物の表現形式上の本質的特徴を直接感得し得る別の著作物を創作する行為と説明され（中山128頁等）、更に、当該別の著作物と原著作物の創作的部分について表現が共通することを要件として挙げる（東京高判平12.9.19「赤穂浪士事件」控訴審、前出「江差追分事件」上告審等）。新たな創作性を要するため、原作品を劣化させたような場合は翻案とはならない（この場合は、複製権侵害となるかどうか問題となるが、一方で、改変が認められるならば同一性保持権の侵害が肯定されよう）。なお、「翻案」の中の例示として「脚色し、映画化」する行為が挙げられている（加戸50頁）。

※「依拠」については、本項15号（→31頁）及び21条（→137頁）の解説を参照のこと。

※前出「江差追分事件」上告審では、「既存の著作物に依拠して創作された著作物が、思想、感情若しくはアイデア、事実若しくは事件など表現それ自体でない部分又は表現上の創作性のない部分において、既存の著作物と同一性を有するにすぎない場合は翻案に当たらない」とする。したがって、単に原作からヒントを得ただけの創作や原作紹介のための要旨作成などは翻案とはならない。なお、原作のダイジェスト版を作成する要約行為は翻案に当たるとされる。

※模写作品がその原著作物とモチーフが異なるとしても、原著作物に存しない創作的表現が新たに付与されていないのであれば、そのことのみをもって、原著作物と別個の二次的著作物が創作されたものとは評価されないとする（知財高判平18.9.26「江戸考古学研究事典事件」控訴審）。

- 「脚色」は、既存の著作物を基に演劇的著作物を作成することであり、「映画化」は既存の著作物を基に映画の著作物を作成することである。

- 本号の規定からは、翻案と、翻訳・編曲・変形は並列の関係にあるものと解されるが、これら全てを合わせて「翻案」とする場合もある。

- なお、二次的著作物と原著作物との関係については、11条（→92頁）及び28条

（→154頁～）を参照のこと。

> 十二　共同著作物　２人以上の者が共同して創作した著作物であつて、その各人の寄与を分離して個別的に利用することができないものをいう。

- 12号は、「共同著作物」を定義する。共同著作物の成立要件は、①２人以上の者が創作したこと（創作的関与）、②共同してなされたこと（共同性）、③各人の寄与を分離して個別的に利用することができないこと（分離利用不可能性）の３つである。

- ①の創作性関与について、「２人以上の者」とは、自然人のほかに法人等が含まれる場合や、複数の法人等のみによる場合も指すものである。
- 「創作した」とは、単一の著作物の作成に「２人以上の者」が創作的に寄与していることであり、その各人の全てがそれぞれ精神的作業としての表現物の創作に実質的に関与していることをいう。したがって、表現の前段階である素材の提供や原案の提供、更には、表現物作成に関わる行為でも、その独自性に直接寄与するものではない補助的参画や助言、校訂などで関わる場合はこれに該当しない（斉藤111頁）。
  ※共同著作物の要件として創作的に寄与という場合、創作行為自体への関与が必要か否かについては争いがある。表現に直接影響を与えるほどに本質的な素材を提供している場合には、その提供者も共同著作者となるとした裁判例もある（大阪地判昭60.3.29「商業広告事件」）。
  ※事前に用意されたインタビューへの回答を内容とし、執筆者が表現上の加除訂正を加えて作成された記事について、当該回答をした口述者が何らそこに手を加えていない場合、その口述者は、その記事の文書表現の作成に創作的に関与したとはいえないとして共同著作者の地位が否定された（東京地判平10.10.29「SMAPインタビュー事件」）。

- ②の「共同して創作」の共同性要件は、二次的著作物と区別するための要件とされる。当該要件がなければ、二次的著作物は、そのほとんどが共同著作

物となってしまい、二次的著作物の概念の存在意味が失われるからだとされる（田村371頁）。これについては、著作者間の共同創作の意思の有無で判断するとする説と、創作が同時になされたか否かで判断するとする説がある。前者の説によれば、遺著補訂型の著作物（著作者の死後に弟子らが改訂するもの）は、故人と弟子の共同著作物と解し得るが、後者の説では、弟子単独の二次的著作物となり得るに過ぎないことになる。

※共同創作の意思の有無で図るとする説は、更に、客観説、意思説、心情説等に分かれるとする（百選4版67頁）。

- ③の「各人の寄与を分離して個別的に利用することができないもの」とは、各人が担当した著作部分を独立して利用できないような場合を指す。各章で担当者が異なる執筆や、作詞と作曲が別人によって作られた歌謡曲などは、分離利用が可能なので「共同著作物」には当たらない。ちなみに、分離利用可能な複数の著作物からなる著作物のうち、個々の著作物がたまたま集合しているようなもの（短編集など）は集合著作物であり、本来的には一体のものとして創作されたもの（歌詞と楽曲等）は、結合著作物である。

※座談会における各人の発言部分は、物理的に分離できても、当該部分に経済的利用可能性がないことから、分離利用不可能とされる。更に、分離利用不可能性について、「著作物を構成する個々の表現部分が『思想・感情の創作的表現』としてまとまりを有し、当該創作者独自の思想感情を他の部分と切り離して感得できるか否かによって決せられるべき」とされる（百選4版65頁）。

- 共同著作物と認定される場合とそうでない場合とでは、権利関係に差異が生ずる。つまり、共同著作物と認められると、著作物全体について複数の著作者が権利を共有することとなり、持分の譲渡や質権の設定、及び積極的権利行使について、共有者全員の合意を要することになる（64条1項、65条1項・2項）。一方、結合著作物や集合著作物と認定されると、分離し得る個々の著作物ごとに処理がなされる。
- なお、実質的には共同著作物であっても、15条の要件を満たす場合には、職務著作として法人等の単独著作者による著作物となる場合がある。

> 十三　録音　音を物に固定し、又はその固定物を増製することをいう。

- 13号は、「録音」を定義する。
- 「音を物に固定」とは、再生可能な状態に音を媒体にとどめることであるが、「録音」は、音の固定のほかに、その固定物を増製（リプレス等）する行為も含んだ概念である。

> 十四　録画　影像を連続して物に固定し、又はその固定物を増製することをいう。

- 14号は、「録画」を定義する。
- 「影像」とは、通常は静止画像に表わされる人や物の姿形のことであり、よって、その静止画像を動画として再生できるように時間的に連続した形で媒体に固定（記録）し、又はその固定物を増製する行為が「録画」といえる。

> 十五　複製　印刷、写真、複写、録音、録画その他の方法により有形的に再製することをいい、次に掲げるものについては、それぞれ次に掲げる行為を含むものとする。
>   イ　脚本その他これに類する演劇用の著作物　当該著作物の上演、放送又は有線放送を録音し、又は録画すること。
>   ロ　建築の著作物　建築に関する図面に従つて建築物を完成すること。

- 15号は、「複製」について定義する。
- 有形的な再製が複製であるが、著作物の原作品と同じ形式によらない場合でも、例えば、建築物や立体的作品を写真で表す場合などもこれに該当し得る。
- 判例では「著作物の複製とは、既存の著作物に依拠し、その内容及び形式を知覚させるに足りるものを再製すること」とし、「依拠」と「類似性」を要件とした（最判昭53.9.7「ワン・レイニー・ナイト・イン・トーキョー事件」）。ちなみに、従来学説では、著作物の外面的形式の利用が複製であるとされる（2

条1項1号解説（→5頁〜）参照）。

- 「依拠」について、「他人の著作物に接し、それを自己の作品の中に用いること」をいうとする説（中山460頁等）と、「既存の著作物の表現内容の認識と、その自己の作品への利用の意思」をいうとする説（西田美昭「複製権の侵害の判断の基本的考え方」斎藤博・牧野利秋編「裁判実務体系（27）知的財産関係訴訟法」127頁等）があるが、現在では前者が有力とされる（百選4版87頁）。無意識の依拠の場合の立証の困難性や、近年の創作性概念が選択の幅を基準とする、より客観的な方向に向かいつつあることなどを考慮すれば、前者の説が妥当かと思われる。なお、「依拠」の立証については、21条解説（→137頁）を参照されたい。

  ※「ワン・レイニー・ナイト・イン・トーキョー事件」最高裁判決では、「既存の著作物の…存在、内容を知らなかったことにつき過失があると否とにかかわらず」独自に創作した場合には著作物性を認めるとする。既存の著作物の存在を知るべき立場にありながら、知らなかったことについての過失の有無にかかわらずということであろうが、当該判決当時（昭和53年）の創作性概念が個性の露出にあったとすると、真の創作としての個性と関係しないはずの概念である過失を要求しなかったことにも肯ける。ただし、近年有力視されつつある創作性概念を選択の幅として捉える見解に立てば、過失の元となる客観的事実、つまり既存の類似作品が存在していたことにより創作性が判断されることにもなるため、解釈の修正が必要となろう。

- 「その内容及び形式を知覚させるに足りる」とは、翻案における「原著作物の表現形式上の本質的特徴を直接感得し得る」と同旨の内容と考えられるが、結果的に製作されたものが、新たに創作性が認められる別の著作物である場合は「翻案」であり、創作性がないものの場合は「複製」ということができる。つまり、原著作物と完全に同一でなくとも著作物の同一性があれば複製たり得るということである。例えば、アナログ形式からデジタル形式への変更、句読点を追加する等は、通常、著作物の同一性に影響を与えない。

  ※対象作品と既存の著作物との実質的同一性（類似性）の判断は、翻案の場合と同様、当該作品から既存の著作物の表現形式上の本質的特徴を直接感得し得るか否かによるとされるが（東京高判平12.9.19「赤穂浪士事件」控訴審等）、類似部分における「複製」と「翻案」の棲み分けは、必ずしも明確になされているわけで

はないので、裁判実務上、複製権侵害と翻案権侵害は一の訴訟物として扱われている。ただし、理論上は、具体的表現に同一性がある場合は複製権侵害で、抽象的表現にのみ同一性がある場合は翻案権侵害であるとされ、また、具体的表現と抽象的表現の同一性箇所が併存する場合には、新たに修正増減等を加えた部分に創作性がある場合は翻案権侵害であり、そこに創作性がない場合は複製権侵害であるといった説明がなされる（百選4版101頁）。

※複製権侵害の同一性判断についての傾向として、純粋美術等の創作性の範囲が広い著作物については、同一性判断が広く認められ、直訳的な翻訳や文字を素材とする表現物等の創作性の範囲が狭い著作物については、同一性判断が狭くなる（時にはデッドコピーに限られることもある）ということがいえる（21条解説参照）。

- 「有形的に再製」という場合、複製物がそのまま目に見える形で再製される方法（印刷、写真又は複写等）によるものと、媒体に再生可能な形で固定される方法（録音、録画等）によるものがある。以前は無形的な再製（放送、演奏等）も複製の概念に含めていたが、現行法では「有形的」再製に限っている。再製を施す媒体は限定されない。
- 再製物の数量は問わず、また、部分的な再製でもそれが著作物の本質的部分であれば複製となる。

- イは、「複製」に含まれる行為として、脚本等の演劇用著作物についてその上演等を録音し、又は録画する行為を掲げる。
- 脚本等の演劇用著作物は、本来言語の著作物であり、その印刷等が直接的な複製として概念されるが、権利の実体的機能に鑑みた場合、その著作物の内容を上演等したものを録画等する行為についても複製として捉えるのが便宜であるとして設けられた規定である。

- ロは、「複製」に含まれる行為として、建築の著作物をその設計図面に従って完成する行為を掲げる。
- 設計図面上の建築物が未だ出来上がっていない場合でも、その図面通りの建築物を別に完成させた場合は、その図面上観念される建築物の複製に当たるとする（ただし、当該建築行為は建築設計図の複製にはならない）。設計図面

に表わされた建築の著作物については、実際に建てられていなくともその建物が存在するのと同然に扱うということである。美術の著作物の美的形象が、完成作品ではなく下図等で抽象的に表されている場合でも保護されるべきであるとされるのと同様である。

※ただし、図面段階で保護されるとはいっても、本規定が発動されるのは実際に建築物が完成した場合であるので、当初より実現が不可能なものとして図面に表されたアンビルト（建築が実現していない建築物）などについては、結果的に本規定の適用対象とはならないこととなる。

※設計図面に表された建築物に芸術性が認められない場合、その建築物は著作物性が否定されるため（10条1項5号）、その設計図面に従って建築物を完成させても複製権侵害にはならない。また、設計図面自体には芸術性は求められないため、その設計図面に表された建築物に芸術性がなくともその図面自体に一定の創作性があればその設計図面についての著作物性は認められるが、設計図面から建築物を完成させる行為は設計図面の複製ではないため、当該完成行為が設計図面についての複製権侵害となることもない。ただし、その設計図面を図面として複製する場合は、その設計図面について複製権の侵害となる（参考：福島地決平3.4.9「シノブ設計事件」）。

※設計図面自体の複製概念には、その建物を完成する行為は含まれないとするのは、仮に、建築物の完成行為を設計図面の複製権の効力範囲に含めるとすると、設計図自体の著作物性には芸術性が求められないことから、後に造られる通常のありふれた建築物の多くが著作権侵害となってしまう可能性があるからである。また、図面に表された内容物の完成行為を図面の複製権に含めることは、実質的に実施権をその複製権の中に認めることとなり、工業所有権制度との関係で問題も生じ得るからである（百選3版37頁）。

- なお、本号イ及びロは、複製行為と同視すべき行為についてのみなし規定的性格のものとされる（加戸54頁）。

> 十六　上演　演奏（歌唱を含む。以下同じ。）以外の方法により著作物を演ずることをいう。

- 16号は、「上演」について定義する。
- 「上演」は、本項3号の「実演」のうち、音楽を演ずる行為である「演奏」を除いたものとされるが、この場合「著作物を演ずる」とあることから、同号かっこ書の「これらに類する行為で、著作物を演じないが芸能的な性質を有するもの」も除かれるべきであると解する。「上演」とは著作権である「上演権」につながる概念であり、著作隣接権と関わる「実演」とは異なり、あくまで著作物を対象とする行為と捉えるべきだからである。

  ※ちなみに、「口述」は「実演」を除くものであり（本項18号）、「上演」は「実演」に包摂される概念なので、「上演」に「口述」は含まれないものとなる。

> 十七　上映　著作物（公衆送信されるものを除く。）を映写幕その他の物に映写することをいい、これに伴つて映画の著作物において固定されている音を再生することを含むものとする。

- 17号は、「上映」について定義する。
- 従来は、映画の著作物についてのみ用いられていた利用態様であるが、平成11年法改正により、あらゆる著作物を映写幕等に映写する行為を指すものとして概念されるものとなった。本号における「上映」そのものの概念規定は改正前後で変わりがないが、上映権の規定（22条の2）においてその保護対象が「映画の著作物」から「著作物」に変更されたことで、間接的に「上映」概念の範囲が変わったこととなる。
- 現行法上「上映」には、通常の映写幕に映し出す行為のほか、①公衆送信以外の行為で、上映内容を電気通信設備を用いて伝達する行為（同一構内で別途モニターで映し出す等）と、②映画以外の美術作品等の著作物をスクリーン等に映し出す行為の双方が含まれる。従来、②については現実には存在しない事例であり、①についてのみ問題視されていたので、その点を明確にするために上記改正前2条7項において、①の行為も「上映」に含まれる旨が規定されていた。しかし、その後の映像表示技術の進歩により送信（公衆送信を除く）されてきた美術や写真の著作物を大型スクリーンに映し出す利用態様が普及したことで、②についても対応が必要となり、「上映権」の対象をあらゆる著作物を手段の如何を問わずスクリーンやディスプレイに映し出す行為に

まで拡大することとしたのである。結果、「上映」には①も②も当然に含まれることとなったため、同改正前2条7項中の上記規定が不要となり、その規定箇所から「上映」が除かれることになったことを受け、それまで当該箇所で「上映」に付されていた「公衆送信に該当するものは除く」とする条件を、代わって本号において著作物の条件という形で規定することとした（かっこ書）。

- 上述の通り、「著作物」には、映画のほか、写真、美術、言語、音楽などあらゆる著作物が該当する。
- 「公衆送信に該当するものを除く」とするのは、公衆送信された著作物を更に映写等する行為については「公の伝達権」（23条2項）が働くからである。
- 「映写幕その他の物」には、スクリーンやパソコンのディスプレイ等のほか、ビルの壁面のディスプレイなども該当する。
- 「これに伴つて映画の著作物において固定されている音を再生することを含む」とあるように、映画等の映像とシンクロナイズして流される音については「上映」の概念に含めて取り扱われる。よって、映画のサウンド・トラックについては、演奏権ではなく上映権が働くこととなる。

> 十八　口述　朗読その他の方法により著作物を口頭で伝達すること（実演に該当するものを除く。）をいう。

- 18号は、「口述」について定義する。
- 「著作物を口頭で伝達すること」であるが、言語の著作物を口頭で伝えるもののうち、「実演」に属する「口演」や「朗詠」など「演じるもの」は除かれる。
- 「著作物」を伝達するものなので、単なる事実やデータを読み上げる場合などは該当しない。

> 十九　頒布　有償であるか又は無償であるかを問わず、複製物を公衆に譲渡し、又は貸与することをいい、映画の著作物又は映画の著作物において複製されている著作物にあつては、これらの著作物を公衆に提示することを目的として当該映画の著作物の複製物を譲渡し、又は貸

与することを含むものとする。

- 19号は、「頒布」について定義する。
- 通常は、有償・無償を問わず、複製物を公衆に譲渡又は貸与することを指すが、映画の著作物又はそこで複製されている著作物（この号の解説で「映画の著作物等」とする）の場合は、公衆提示目的であれば、その映画著作物の複製物の譲渡又は貸与を公衆以外の者に行った場合も該当する。
- 「公衆」とは「不特定人」又は「特定かつ多数の者」を指すが（2条5項）、映画の著作物等の場合は、公衆提示目的で「特定かつ少数の者」にその映画著作物の複製物をたった1つ譲渡又は貸与するケースでも「頒布」に該当するということである。
- 映画の著作物等のうち「映画の著作物において複製されている著作物」について「頒布」という場合、公衆提示の目的物がその「複製されている著作物」であっても、譲渡・貸与するのはその「複製されている著作物」の複製物ではなく当該「映画の著作物」の複製物である。
- なお、頒布権（26条）は専ら映画の著作物等を頒布する権利であるが、「頒布」の語は他の著作物の譲渡・貸与も意味するものである点に留意する。映画の著作物等以外の著作物に係る頒布については譲渡権（26条の2）・貸与権（26条の3）が別途規定されている。

> 二十　技術的保護手段　電子的方法、磁気的方法その他の人の知覚によつて認識することができない方法（次号において「電磁的方法」という。）により、第17条第1項に規定する著作者人格権若しくは著作権又は第89条第1項に規定する実演家人格権若しくは同条第6項に規定する著作隣接権（以下この号、第30条1項第2号及び第120条の2第1号において「著作権等」という。）を侵害する行為の防止又は抑止（著作権等を侵害する行為の結果に著しい障害を生じさせることによる当該行為の抑止をいう。第30条第1項第2号において同じ。）をする手段（著作権等を有する者の意思に基づくことなく用いられているものを除く。）であつて、著作物、実演、レコード、放送又は有線放送（次号において「著作物等」という。）の利用（著作者又は実演家の同意を得

> ないで行つたとしたならば著作者人格権又は実演家人格権の侵害となるべき行為を含む。）に際し、これに用いられる機器が特定の反応をする信号を著作物、実演、レコード若しくは放送若しくは有線放送に係る音若しくは影像とともに記録媒体に記録し、若しくは送信する方式又は当該機器が特定の変換を必要とするよう著作物、実演、レコード若しくは放送若しくは有線放送に係る音若しくは影像を変換して記録媒体に記録し、若しくは送信する方式によるものをいう。

- 20号は、「技術的保護手段」について定義する。
- 条文を短縮すると、「電磁的方法により、著作権等を侵害する行為の防止又は抑止をする手段であって、著作物等の利用に際しこれに用いられる機器が特定の反応をする信号を著作物等に係る音若しくは影像とともに記録媒体に記録等する方式又は当該機器が特定の変換を必要とするよう著作物等に係る音若しくは影像を変換して記録媒体に記録等する方式によるもの」が「技術的保護手段」であるということになる。
- 「技術的保護手段」は、近年の情報技術の発展に伴って生じる新たな権利侵害態様に対処するために編み出された技術的対抗手段といえる。なお、従来の信号付加方式に加え、暗号化方式によるもの（DVDに用いられるCSSなど）も「技術的保護手段」の対象となった（平成24年法改正）。暗号化方式では、本来侵害行為ではない視聴行為（アクセス）を制限することで、結果的に権利侵害（違法コピー）を抑えることをねらいとする。
- 「電磁的方法」とは、媒体に信号を付す光学的方法・磁気的方法や、媒体に付された信号に録音機器を反応させる電子的方法など、人の知覚で認識することができない方法を指す。
- 本号における「著作権等」には、著作者人格権、著作（財産）権、実演家人格権及び著作隣接権が含まれる。この場合、実演家・レコード製作者が有する貸与報酬及び放送二次使用料を受ける権利（94条の2、95条の3第3項及び97条の3第3項に規定する報酬並びに95条1項及び97条1項に規定する二次使用料を受ける権利）は除かれる（89条6項かっこ書）。
- 「侵害する行為の防止又は抑止」のうち「防止」とは、権利侵害行為そのものを防ぐことであり、その手段として例えば、SCMS（Serial Copy Manage-

ment System）や CGMS（Copy Generation Management System）などがある。「抑止」とは、権利侵害行為の結果に著しい障害を生じさせることによりその行為を間接的に抑えることであり、具体的手段としては擬似シンクパルス方式などがある。

- 「著作権等を有する者の意思に基づくことなく用いられているもの」とは、例えば、著作物を扱う流通業者が、著作権者の意思と関係なく自らの利益のために独自に用いている複製防止手段などである。著作権者等の意思に基づいているか否かについては個別に判断されるが、著作権者等自身により用いられている場合のほか、著作権者等の意思が、契約、指示、慣習化等により明確に表されている場合も、基本的にその意思に基づいていると判断される。
- 「利用…に際し、これに用いられる機器」とは、録音・録画機器のほか、認証技術により複製等を制御するパソコンや再生機器なども視野に入れたものである。
- かっこ書で「著作者又は実演家の同意を得ないで行つたとしたならば著作者人格権又は実演家人格権の侵害となるべき行為を含む」とあるのは、複製ではないが著作者人格権等を侵害する改変等の行為も、当該利用に該当することを明示したものである。
- 「機器が特定の反応をする信号を著作物…に係る音若しくは影像とともに記録媒体に記録し、若しくは送信する方式…によるもの」とは、VHS等に用いられるいわゆる信号付加方式によるものを指し、デジタルコピーを1世代についてのみ認め孫コピー（2世代）を認めないSCMS（音楽用）やCGMS（映像用）方式などのほか、将来新たに誕生する方式をも対象とするものである。この方式は、複製行為自体を技術的に防ぐもの（狭義のコピーガード）であり、記録された信号を除去等しないとコピーできない仕組みによるものである。
- 「《信号を》著作物…に係る音若しくは影像とともに記録媒体に記録し、若しくは送信する」とは、信号等の記録・送信と著作物等に係る音等の記録・送信が一体的になされるものであることを指す。
- 「機器が特定の変換を必要とするよう著作物…に係る音若しくは影像を変換して記録し、若しくは送信する方式によるもの」とは、DVDやハードディスク等による録画再生機器に用いられる暗号化方式によるものを指す。いわゆる暗号型のアクセスガードのことであり、この方式は、複製自体を技術的に

防止するのではなく、コピーしたものを視聴できないようスクランブルを施すなどして複製を無意味なものとすることで、結果的に権利侵害を防ぐものである。家庭用の録画再生機器等におけるプロテクト方法の主流が、信号付加方式から暗号化方式に変わったことに対応し平成24年法改正で保護対象とされたものである。具体的には、記録媒体用 CSS（DVD を対象）や AACS（主に Blu-ray を対象）、機器間伝送路用の DTCP や HDCP、衛星放送の B-CAS 方式等に用いられる暗号型技術である。

※従来は、本号は著作権等の侵害行為を防止・抑止する手段を対象としているので、（侵害行為ではない）著作物にアクセスする視聴行為を制限する CSS や衛星放送のスクランブル等、更には、海賊版ゲームソフトの個人的使用の防止策として ROM に施される信号（当該信号がないとゲームを起動できないもの）等については、多方面への影響も考慮した上で「技術的保護手段」に該当しないとされてきた。しかし、そのような解釈では十分なコピーガード（広義のコピーガード）が実現困難となったため、このうち暗号型のアクセスガードについては、その機能的側面を評価して「技術的保護手段」の対象とすることとし、それを回避して行う悪意の複製行為は、たとえ私的使用目的であっても権利侵害に当たるとした（30条1項2号）。なお、「技術的保護手段」の対象について、従来からの信号付加方式はコピーを直接ガードするものを指し、平成24年法改正で加えられたアクセスガードは暗号化方式のものを指すと解すると、ゲームソフトで用いられるような、アクセス（ゲームの起動）に必要な信号を正規品のソフトにのみ付加するようなタイプのアクセスガードは対象外ということになる。その場合、いわゆるマジコン（マジックコンピュータ）のように、当該信号がないソフトにその信号を付することで可動を実現させるような機器を用いて、不正コピーによる海賊版ソフトに不正に必要な信号を付してゲームを楽しむ行為が侵害の対象とならないのか、疑義の残るところである。

- なお、技術的保護手段の回避は、業として公衆からの求めに応じて行った場合についてのみ刑事罰の対象とされる（120条の2第2号）。

二十一　権利管理情報　第17条第1項に規定する著作者人格権若しくは著作権又は第89条第1項から第4項までの権利（以下この号において「著作権等」という。）に関する情報であつて、イからハまでのいずれ

> かに該当するもののうち、電磁的方法により著作物、実演、レコード又は放送若しくは有線放送に係る音若しくは影像とともに記録媒体に記録され、又は送信されるもの（著作物等の利用状況の把握、著作物等の利用の許諾に係る事務処理その他の著作権等の管理（電子計算機によるものに限る。）に用いられていないものを除く。）をいう。
> 　イ　著作物等、著作権等を有する者その他政令で定める事項を特定する情報
> 　ロ　著作物等の利用を許諾する場合の利用方法及び条件に関する情報
> 　ハ　他の情報と照合することによりイ又はロに掲げる事項を特定することができることとなる情報

- 21号は、「権利管理情報」について定義する。
- 条文を短縮すると、「著作権等に関する情報であって、イからハまでのいずれかに該当するもののうち、電磁的方法により著作物等に係る音若しくは影像とともに記録媒体に記録され、又は送信されるもの」が「権利管理情報」であるということになる。
- 「権利管理情報」は、近年の情報技術の進展により、特にインターネット上で著作物等が情報データとして流通するようになった状況下で、その著作物等の違法複製物を容易に発見し権利処理を自動的に行うなど、著作権等の管理の実効性を高めるために「電子透かし」技術などを用いて付される情報である。
- 「著作権等」には、著作者人格権、著作（財産）権、実演家人格権及び著作隣接権が含まれる。この場合、実演家・レコード製作者が有する貸与報酬及び放送二次使用料を受ける権利（94条の2、95条の3第3項及び97条の3第3項に規定する報酬並びに95条1項及び97条1項に規定する二次使用料を受ける権利）も含まれる点は前号と異なるので留意が必要である。WIPO新条約での合意声明やISRC等に対応したものである。ISRC（International Standard Recording Code）とは、音源を特定するために音楽CDに付される国際規格コードであり、放送二次使用料の分配等を自動的に管理するためのものである。
- イの情報とは、著作物・実演・レコード・放送・有線放送の名称や著作者・実演家・著作権者・著作隣接権者の名称等のことであり、今のところ政令で

- ロの情報とは、著作物等の利用許諾に際しての利用形態や使用料などの情報である。
- ハの情報とは、上記イ・ロの情報を他のデータベースで検索する際のコード情報などを指す。
- 「電磁的方法」、「著作物…に係る音若しくは影像とともに記録媒体に記録され、又は送信される」については、前号と同様の意味であるが、本号の場合の「電磁的方法」とは主に「電子透かし」によるものを指す。「電子透かし」技術とは、画像などのデジタルデータに紛れるように変換された形で情報を付すものであり、著作物等に係る音等とともに記録・送信されるのは、その情報である。
- かっこ書の「著作物等の利用状況の把握」とは、主に違法な利用の発見のことであり、「著作物等の利用の許諾に係る事務処理」とは、主に自動的な権利処理を指すものであるが、本号でいう「情報」とは、これらに例示される権利の管理に係るものをいう。また、「電子計算機によるものに限る」とあるので、映画のタイトルバックなどは「権利管理情報」には該当しない。

> 二十二　国内　この法律の施行地をいう。

- 22号は、「国内」を定義する。
- 「施行地」とは法令の効力が発揮される地域であり、本法ではそれを「国内」とする。
- 具体的には、日本国の領域をいう。

> 二十三　国外　この法律の施行地外の地域をいう。

- 23号は、「国外」を定義する。
- 本法の効力が発揮される地域以外の地域を「国外」とする。
- 日本国の領域以外の地域である。

> 2　この法律にいう「美術の著作物」には、美術工芸品を含むものとする。

- 2項は、本法で保護する「美術の著作物」とは、美術工芸品を含むものであることを定義する規定である。
- 従来より、美術の著作物について、鑑賞目的の純粋美術のほか実用目的物へ応用される応用美術がそれに含まれるのか議論されてきたが、本項は、応用美術のうち「美術工芸品」については「美術の著作物」に含まれることを明記したものである（ただし、保護対象を「美術工芸品」に限定する表現は避けたため、他の応用美術の保護については不明確である）。
- 応用美術について条文上の明確な定義はないが、裁判例では、「実用品に美術あるいは美術上の感覚・技法を応用した」ものとし、更に、それを（イ）純粋美術として製作されたものをそのまま実用品に利用する場合、（ロ）既成の純粋美術の技法を一品製作に応用する場合、（ハ）純粋美術に見られる感覚あるいは技法を画一的に大量生産される実用品の製作に応用する場合等に細分し、そのうち（ロ）によるものが「美術工芸品」であるとする（神戸地姫路支判昭54.7.9「仏壇彫刻事件」）。
  ※文化庁の見解によると、応用美術とは、実用に供されあるいは産業上利用される美的な創作物で、概ね、①実用品自体であるもの（美術工芸品、装身具等）、②実用品と結合されたもの（家具の彫刻等）、③量産される実用品のひな型として用いられるもの（文鎮のひな型等）、④実用品の模様として利用されるもの（染色図案等）をいうとする。
- 応用美術をいかに保護するかについては、純粋美術との境界や著作物性の基準が曖昧で判断が難しいとされるが、特に、著作権法と意匠法の適用範囲の棲み分けが問題とされる。両法の保護対象は理念上別であり、その意味では重畳的適用がなされても構わないとの見方も可能であるが、実質的にほとんど同一の価値内容について、異なる要件や期間による保護がなされると、一方（特に意匠法）の制度趣旨が没却されることになるため（例えば、意匠権の存続期間満了後でも著作権により第三者が自由利用できないとか、著作者人格権の処理を要する等）、できる限り両者の重畳的適用は避けるべきであるともいえる（田村30頁、中山142頁）。この点、ベルヌ条約では、当該問題については各同盟国の法令に委ねるとされており（同条約2条（7））、それを受けて立法されたのが本項ということになるが、本項規定が、応用美術のうち美術工芸品のみを著作物としたもの（限定説）なのか、例示的に美術工芸品を挙げたもの（例

示説)なのか文言上は不明であり、更に、「美術工芸品」が一品製作品に限るのか否かも不明であるため、応用美術の扱いについて立法による明確な解決がなされたとはいえず、著作物と意匠の交錯領域の問題は依然存在する状態にある。

※立法者は、意匠法等他法域とのより明確な棲み分けを図るため、応用美術については一品製作物としての美術工芸品に限定して著作物性を認めることにしたかったようであるが、図案関係権利者等の反対を受け、限定的保護規定として本項で明言するのは避けたとされる。その結果、美術工芸品を保護することは明らかにし、図案その他量産品のひな型または実用品の模様として用いられることを目的とするものについては、原則意匠法等に保護を委ね、それが純粋美術としての性質を有する場合には美術の著作物として扱うとする案に沿って立法が行なわれたとされる（百選3版35頁）。

- そもそも、応用美術を著作権法で保護することが問題とされる理由としては、純粋美術が思想・感情の表現そのものが目的であるのに対し、装飾美術である応用美術の場合、その実用的側面である用途・機能による制約を受けるため、自由な表現ができないからということが挙げられる（参照：有斐閣 高田忠「意匠」83頁）。だとすれば、「美術工芸品」が「美術の著作物」に含まれるとした本項規定の性格を、例外事項を示した創設的規定（上記限定説）であると解するのが妥当であるということになるが、しかし、逆にいえば、実用品に応用されたものであっても、その用途・機能からの制約を受けないのであれば純粋美術と同様の保護を与えても構わないということにもなり、そうすると、本項規定を、「美術工芸品」を例示的に掲げた確認的規定（上記例示説）と解することも可能となる。実際の裁判例では、創設的規定と捉えたものとして「博多人形事件」（長崎地佐世保支決昭48.2.7）があるが、その後「仏壇彫刻事件」（神戸地姫路支判昭54.7.9）判決が出されてからは、確認的規定と捉える見解が主流となっている。

※「博多人形事件」では、著作権法で保護される応用美術は美術工芸品に限られるとする前提の下、美術的作品が量産目的で製作され、現に量産されたことのみを理由にその著作物性を否定するべきではないとし、更に、当該作品が意匠法の保護を受け得ることをもって著作権法による保護を否定するべきではないとして、量産品であっても美術工芸品として著作権法上の保護を受け得る旨、及び、意匠

法と著作権法の重畳的適用が可能である旨を示した。当該結論は、確認的規定と捉える説とも一致し妥当なものといえようが、創設的規定と捉える見解自体は、下記の「公平の原則」等の考えに照らした場合、やや説得力に欠けるものといえよう。

- 裁判例、学説共に本項を確認的規定と捉えるものが多く存在するが、その論理的根拠にはいくつかの問題点とそれに対する解釈が見受けられる。まず、本項が確認的規定である、つまり、美術工芸品以外の応用美術についても著作権法で保護するべきであるとする理由が問題となる。これについては、実用品に利用される美術作品であっても、その実用面からの制約を受けずに独立して表現されている場合は純粋美術と同視し得るものであって、そのようなものについてまで、単に実用品に利用されていることを理由に著作権法上の保護を否定するのは「公平の原則」に反する、という点と、応用美術のうち、産業上の利用目的に創作され、かつ、物品と一体化して評価され独立して美的鑑賞の対象とならないものは意匠法等で保護し、実用品に利用されたものであっても美術的に鑑賞することに主目的があるものは著作権法で保護するのが制度相互の調整として妥当である、という点が、主に挙げられる（前出「仏壇彫刻事件」等）。そして、そのような理由付けから、応用美術のうち「純粋美術と同視し得るもの」には著作物性を認めるという結論が導き出されることになる。次に、「純粋美術と同視し得る」のか否かの判断基準が問題となる。上記理由に沿って考えるならば、応用美術の美的創作が物品の実用面から分離独立しているかどうかで判断するべきであろうが、しかし、応用美術の実用的側面について産業上の利用促進を図ろうとする産業財産法上の政策理念を犠牲にしてでも美的側面に対する保護を優先するとするには、それ相応な「高度の美術性・芸術性」や、創作の本質的な目的を検討すべきであるとする（前出「仏壇彫刻事件」、東京高判平3.12.17「木目化粧紙事件」等）。この場合、純粋美術と応用美術の境界は明確ではないため、1つの基準だけで判断するのは困難であるといえる。したがって、まず、実用面からの分離独立性を判断し、その結果独立性が高いと認められたものについては美的表現の程度は比較的緩やかに解し、独立性が低く実用性と一体となって表現されていると認められたものについては高度な美術性を要求する、といった判断手法に拠るのが合理的であると考えられる（百選4版33頁）。

※高度な美術性や創作目的の判断については、いくつか問題点が指摘される。まず、その判断が創作者の主観的意図に基づくとするならば、客観的判断が難しく第三者に不測の不利益を与えかねないという点である。これについて、「純粋美術と同視し得る程度の美的創作性」の有無の判断主体を「一定の美的感覚を備えた一般人」とした裁判例がある（大阪高判平17.7.28「チョコエッグ事件」）。一方、応用美術であっても、著作物として保護されるためには、通常の著作物要件により判断されるべきであり、応用美術についてのみ、高度の美術性や鑑賞目的といった特別な創作性要件を課すのは妥当でないとの指摘がなされる（斉藤85頁等）。これに対し、応用美術の特殊な創作性を創作性要件の解釈ではなく、「文芸、学術、美術又は音楽の範囲に属するもの」の要件の方で対処する考え方が示される（百選4版37頁）。つまり、応用美術の場合、高度の美術性や鑑賞目的を備えたものが「美術の範囲に属する」ものであるとする。当該著作物要件が実用目的品の排除にあるとすると、妥当な解釈であるともいえる。なお、応用美術のうち、高度の美術性や鑑賞目的といった特別な創作性を有するもののみ著作権法で保護するという解釈は、それを有しない応用美術は意匠法で保護するということを前提としてなされるものであるとすると、意匠法による保護対象を需要者からみた混同の有無で判断するいわゆる混同説を採用した場合に問題が生ずる。その場合、通常の創作性は有しているにもかかわらず、高度の美術性が足りないとして著作権法の保護から外された応用美術が、意匠法では混同を理由に保護を拒絶され、結局どちらの法によっても保護されないという事態が生じ得る。この点、著作権法と意匠法の制度間調整の余地があるといえる（百選4版37頁）。

※著作物性を創作目的で判断するとする見解によると、元々絵画として描かれた三越の包装紙は著作物となるが、実用目的で作られた高島屋の包装紙は著作物とはならないとされる。この見解に対しては、製作意図についての立証が現実的に困難であることや、当初から両方の目的で創作されるものもあるといった批判がある。この点、実務上は、製作者の職業や立場で判断されることもやむ無しとされる（加戸69頁）。

• なお、確認規定と捉える見解によるならば、応用美術が「純粋美術と同視し得るもの」なのか否かが問題であり量産目的か否かは問題とされないため、量産品については、結果として著作権法と意匠法等の重畳的適用を肯定するものとなる。

2条

> 3　この法律にいう「映画の著作物」には、映画の効果に類似する視覚的又は視聴覚的効果を生じさせる方法で表現され、かつ、物に固定されている著作物を含むものとする。

- 3項は「映画の著作物」を、そこに含まれる著作物の観点から定義するものである。
- 「映画の効果に類似する視覚的又は視聴覚的効果を生じさせる方法」とは、時間的に連続させて影像を映し出す方法であり、その「方法で表現され」たものとは、テープやディスクに収録された連続影像、更にはビデオゲームの影像などを指す。この場合「映画の効果に類似する…」と定義されているので、文理上、本項で「映画の著作物」に含まれるとされる著作物は映画ではないことになるが、定義に用いられている「映画」とは、伝統的な劇場用映画のことであり、劇場用映画のほかビデオ等に収録された連続影像による著作物を併せて「映画の著作物」とするものである。
- 「映画の著作物」であるためには、連続して映し出される影像であることのほか、カメラ・ワークやフィルム編集等について著作物要件である創作性が当然要求される。したがって例えば、自動的に店内を写しただけの防犯ビデオテープ等は、創作性が認められないので、映画の著作物ではなく単なる録画物とされる。
- 更に、「物に固定されている」とあることから、連続影像が媒体に固定されたもの（ビデオソフト等）が、劇場用映画と共に映画の著作物に含まれるとされる著作物になる。したがって、連続影像で表現された著作物でも、固定せずに生の放送で流す場合等は「映画の著作物」として保護はされない。ただし「固定」が、影像を連続して映し出すための技術的手段としての要件なのか、「映画の著作物」の本質的要件なのかについては、今後の映像技術の変化への対応等を含め重要な解釈となるので議論の余地のあるところである。
  - ※固定性の要件について裁判例は、「映画の著作物の要件としての固定は、単に放送用映画の生放送番組の取扱いとの関係で、これを映画の著作物に含ましめないための要件として設けられたもの」とし、「その存在、帰属等が明らかとなる形で何らかの媒体に固定されているものであれば」当該要件を満たすとする（大阪地

判平11.10.7「中古ソフト（大阪）事件」）。また、「物に固定されているとは、著作物が、何らかの方法により物と結びつくことにって、同一性を保ちながら存続しかつ著作物を再現することが可能である状態」とする（東京地判昭59.9.28「パックマン事件」）。

※ゲーム影像を映画の著作物と解する場合、プレイヤーの操作により影像等が変化するのでその固定性が問題となるが、これについて裁判例では、プレイヤーが影像等を創作しているわけではなく、同一の操作を別のプレイヤーが行なえば同一の変化をするのだから固定要件は満たしている（東京地判昭60.3.8「ディグダグ事件」）であるとか、「プログラム（データ群）中から抽出したデータをブラウン管上に影像として映し出し再現することが可能」な場合、その「影像は、ROMの中に電気信号として取り出せる形で収納されることにより固定されているということができる」（前出「パックマン事件」）などとされた。また、当該変化について、ゲームソフトのプログラムによってあらかじめ設定された範囲のものだから、常に同一の影像等が連続して現われないことをもって固定性を否定することはできないとする（前出「中古ソフト（大阪）事件」）。

※「《生放送のための》影像が送信と同時に録画されている場合には、固定性の要件を満たす」とされる（東京高判平9.9.25「全米女子オープン事件」）。

- なお、一定のコンピュータゲームのソフトについて、判例は、「映画の著作物」に当たるとしたが、頒布権（26条）の消尽については、劇場用映画の著作物と家庭用ゲーム機用の映画の著作物とで異なる扱いをするとした（最判平14.4.25「中古ソフト事件」上告審）。

> 4　この法律にいう「写真の著作物」には、写真の製作方法に類似する方法を用いて表現される著作物を含むものとする。

- 4項は、「写真の著作物」について、そこに含まれる著作物の観点から定義する。
- 「写真の製作方法」とは、カメラレンズ等を通し結像される対象物によって反射等された光を感光材料に焼付けし、現像処理等により画像を得る方法であり、その方法に類似の方法で表現される著作物も「写真の著作物」に含まれるとする。具体的には、グラビア、コロタイプ、写真染め、写真織りなど

であり、また、デジタルカメラで撮影されたものも該当すると解する（ノウハウ129頁）。
- 「類似する方法を用いて表現される著作物」を含めたのは、新たに開発される技術によるものも対象とすることができるよう配慮したものである。
- なお、本項では製作方法が類似の場合を対象としており、結果物の視覚的効果の類似を問題としている前項とは異なる点に留意する。

> 5 この法律にいう「公衆」には、特定かつ多数の者を含むものとする。

- 5項は、「公衆」について、そこに含まれる者の観点から定義する。
- 通常、「公衆」という場合、不特定人を指すことが多いが、著作権法上は「特定かつ多数の者」も含むとする。つまり、特定かつ少数の者以外の者が「公衆」である。
- 著作権等が及ぶ範囲を画定する際、「公衆」への提供等が判断基準となるケースが多くあるが（22条、26条の2等）、多数の特定人に対する提供等を「公衆」に対する行為ではないとすると、例えば、簡単な入会手続きにより多数の者を特定人であるとすることにより不当に公衆への提供等の要件を免れ得ることになるので、実質的に著作物利用による経済的効用が認められるような「特定かつ多数の者」については、合目的的に解し、「公衆」に含めることとしたのである。
    - ※著作物の公衆に対する使用行為に当たるか否かは、著作物の種類・性質や利用態様を前提として、著作権者の権利を及ぼすことが社会通念上適切か否かという観点をも勘案して判断するのが妥当である（このような判断の結果、著作権者の権利を及ぼすべきでないとされた場合に、当該使用行為は「特定かつ少数の者」に対するものであると評価されることになる）とする判決がある（名古屋高判平16.3.4「社交ダンス教室事件」控訴審）。
- 「特定」とは、行為者との間の個人的結合関係をいう。その関係性の程度については、個々の事案により判断される。
    - ※1対1の形で提供されるサービスであっても、サービス提供者と利用者の個人的関係等にかかわりなく利用契約の締結により当該サービスを利用することができる場合には、その利用者はサービス提供者からみて不特定の者であり「公衆」

第1章第1節

に当たるとする（最判平23.1.18「インターネット経由テレビ番組視聴サービス『まねきTV』事件」、同旨東京地判平19.5.25「MYUTA事件」）。
- 「多数」についても、何人なら該当するのかはケースバイケースで決められる。例えば、小中学校の教師から見た場合、数十人の生徒は「特定かつ多数の者」といえる（作花263頁）。

> 6　この法律にいう「法人」には、法人格を有しない社団又は財団で代表者又は管理人の定めがあるものを含むものとする。

- 6項は、「法人」について、そこに含まれる団体の観点から定義する。
- 「法人」とは、法律の規定により権利能力を付与された自然人以外の人であり、国・地方公共団体等の公的法人、株式会社・持分会社・特許業務法人等の営利法人あるいは一般社団法人・一般財団法人・公益法人・各協同組合等の非営利法人などが該当する。
- 本法では、「法人格を有しない社団又は財団で代表者又は管理人の定めがあるもの」も「法人」に含めるとする。○○研究会や○○同好会などの社団・財団で、代表者等が自身の名義で対外取引を行うもののことであり、これらは実質的に法人としての機能を果たしていると考えられることからこのように規定されたものである。
- これら法人格なき団体も、著作者や著作権者等として権利帰属の主体となるものであり、また、権利を侵害する者ともなり得る存在である。

> 7　この法律において、「上演」、「演奏」又は「口述」には、著作物の上演、演奏又は口述で録音され、又は録画されたものを再生すること（公衆送信又は上映に該当するものを除く。）及び著作物の上演、演奏又は口述を電気通信設備を用いて伝達すること（公衆送信に該当するものを除く。）を含むものとする。

- 7項は、「上演」、「演奏」又は「口述」について、それに含まれる行為の観点から定義をする。
- 生の「上演」等と、それらを録音・録画したものを再生する行為、及びそれ

らを電気通信設備により伝達する行為を同視して捉え、それらの行為を「上演」等の概念に含めるとする規定である。
- 録音・録画物の再生のうち、「公衆送信又は上映」については、それぞれ公衆送信と上映の概念で捉えることができるので本項からは除外されている（前のかっこ書）。
- 電気通信設備による伝達とは、マイクとスピーカーのように、演奏される音等を電気通信により送受信する設備により伝える行為であり、この場合も「公衆送信」に該当するケース（別の事業者間で送受信がなされるような場合等）は除かれる（後のかっこ書）。

> 8　この法律にいう「貸与」には、いずれの名義又は方法をもつてするかを問わず、これと同様の使用の権原を取得させる行為を含むものとする。

- 8項は、「貸与」について、それに含まれる行為の観点から定義する。
- 「貸与」とは、契約の一方当事者が対象物について有する所有権を留保しつつ、他方当事者にその対象物の使用等を認め（貸し与え）、その後の返還を約する行為をいう。契約態様としては賃貸借（民601条）、使用貸借（民593条）等によるのが通常であるが、本項では、その契約上の名義あるいは方法がそれぞれ貸主・借主、貸借方式ではなく、売主・買主、売買方式であっても、使用後の返還特約がある場合のように、結果的に生ずる効果が貸与の場合と同様なものであれば「貸与」の概念に含めるとする。
- 本項の趣旨は、例えば、貸レコード店が利用者にCDを売却し、一定期間後にレンタル料相当額の買戻料を差し引いて買い戻すいわゆる買戻し特約付譲渡方式のように、形式的な譲渡による権利の消尽の効果をねらったものや、会員によるCDの共同購入を装い、会費としてレンタル料金相当額を回収するいわゆる共同購入方式のように、譲渡でも貸与でもない形式を作出して権利行使を免れようとするものなど、これら脱法行為を防止することにある。
- なお、「貸与」についての著作権は、映画の著作物については頒布権（26条）が、その他の著作物については貸与権（26条の3）が与えられる。

第 1 章第 1 節

> 9　この法律において、第 1 項第 7 号の 2、第 8 号、第 9 号の 2、第 9 号の 4、第 9 号の 5 若しくは第13号から第19号まで又は前 2 項に掲げる用語については、それぞれこれらを動詞の語幹として用いる場合を含むものとする。

- 9 項は、本条で定義をする名詞形の用語のうち特定のものについて、動詞形についてもその定義内容をあてはめて用いることを規定する。
- 例えば、「公衆送信する」の「公衆送信」の定義には、1 項 7 号の 2 の意味内容がそのまま適用されるということである。
- 「語幹」とは、用言の用法において変化しない部分のことであり、「公衆送信する」なら「公衆送信」の部分をいう。
- 本項で特定されるのは、公衆送信、放送、有線放送、自動公衆送信、送信可能化、録音、録画、複製、上演、上映、口述、頒布、演奏及び貸与である。

> （著作物の発行）
> 第 3 条　著作物は、その性質に応じ公衆の要求を満たすことができる相当程度の部数の複製物が、第21条に規定する権利を有する者又はその許諾（第63条第 1 項の規定による利用の許諾をいう。以下この項、次条第 1 項、第 4 条の 2 及び第63条を除き、以下この章及び次章において同じ。）を得た者若しくは第79条の出版権の設定を受けた者若しくはその複製許諾（第80条第 3 項の規定による複製の許諾をいう。第37条第 3 項ただし書及び第37条の 2 ただし書において同じ。）を得た者によって作成され、頒布された場合（第26条、第26条の 2 第 1 項又は第26条の 3 に規定する権利を有する者の権利を害しない場合に限る。）において、発行されたものとする。

- 3 条 1 項は、著作物の発行について規定する。
- 本項は、著作権法上発行地や発行日が著作物等の保護における重要な判断基準となることから、ベルヌ条約 3 条(3)の規定に則する形で「著作物の発行」

の意義を明確にしたものである。
- 「その性質に応じ公衆の要求を満たすことができる相当程度の部数」とは、著作物の種類・性質によって個別に判断される公衆への必要部数であり、例えば、印刷物であれば数十部以上が必要と考えられるが、映画著作物の複製物であれば数本でも足り得ると解される。

  ※中学校の教諭及び卒業生ら300人余全員に配布された「学年文集」について、当該卒業生等は、特定はされるが300人という多数者なので「公衆」であり、当該文集の複製物は、それらの者が全員受け取れるだけの部数が発行されているので「その性質に応じ公衆の要求を満たすことができる相当程度の部数の複製物」に当り、また、各著作者（生徒）は「学年文集」に掲載されることを承諾していたといえるので、当該文集の作成・配布は「発行」に該当し、よって、当該文集掲載の詩を公衆に提供・提示しても、未公表要件（18条1項）を満たさないことから公表権侵害とはならないとした裁判例がある（東京地判平12.2.29「中田英寿事件」）。

- 「第21条に規定する権利を有する者又はその許諾…を得た者若しくは第79条の出版権の設定を受けた者若しくはその複製許諾…を得た者によつて」とあるように、複製権者又はその許諾を受けた者若しくは出版権者（複製に係る権利を有する者に限る）若しくはその複製許諾を受けた者によって作成等されていることが要件となる。

  ※平成26年法改正により、出版権者に一定条件の下での複製許諾権原が与えられたため（80項3項）、その許諾を得た者が本項複製の主体に加えられた。なお、出版権者には、新たに公衆送信（放送・有線放送を除く）を行う権利も認められることとなり（80条1項2号）、公衆送信についてのみ権利を持つ出版権者も存在し得ることとなったが、本項の主体となる出版権者は、複製に係る権利（80条1項1号）を有する者であることが必要である。

- 「作成され、頒布された場合」の記載について、作成のみでは足りず頒布されて初めて発行と認められるのであるから、例えば、複製物の作成と頒布がそれぞれ別の国で行われた場合には、後ろの「頒布された」に重きを置いて発行地および発行日を判断することとなる。ただし、いずれの行為も、頒布権、譲渡権又は貸与権を有する者の権利を害しない適法なものであることが前提である。

- なお、万国著作権条約における「発行」の対象からはレコード複製物は除かれているので、本条で発行が認められるレコードであっても、万国著作権条約上は未発行とされることがある点には注意を要する。

> 2　二次的著作物である翻訳物の前項に規定する部数の複製物が第28条の規定により第21条に規定する権利と同一の権利を有する者又はその許諾を得た者によつて作成され、頒布された場合（第28条の規定により第26条、第26条の2第1項又は第26条の3に規定する権利と同一の権利を有する者の権利を害しない場合に限る。）には、その原著作物は、発行されたものとみなす。

- 2項は、翻訳物の原著作物の発行について規定したものである。
- 翻訳による複製を原作の複製と同視するものであり、したがって、例えその原作品が未発行であっても、翻訳物の方が国内で発行されれば原作品についても発行されたものとみなされることになる。ただし、翻訳物以外の翻案物等の発行については、本項は適用されない。
- 「第28条の規定により第21条に規定する権利と同一の権利を有する者」とは、二次的著作物の利用に関し、二次的著作物の著作者が有する複製権と同一の権利を有する原著作物の著作者のことである。
- 部数の解釈及び作成・頒布の適法性については、基本的に前項と同様である。

> 3　著作物がこの法律による保護を受けるとしたならば前2項の権利を有すべき者又はその者からその著作物の利用の承諾を得た者は、それぞれ前2項の権利を有する者又はその許諾を得た者とみなして、前2項の規定を適用する。

- 3項は、本法が直接適用できない場面において、本法が適用されると仮定したなら前2項の権利者等に該当することになる者は、前2項の権利者等とみなして、前2項の規定の適用をすることを規定する。
- 具体的には、わが国と条約関係にない国の国民が創作した著作物について、その者の承諾を得てわが国出版社等が日本で印刷・発売する場合等の不都合

を解消するためのものである。

> （著作物の公表）
> **第4条** 著作物は、発行され、又は第22条から第25条までに規定する権利を有する者若しくはその許諾（第63条第1項の規定による利用の許諾をいう。）を得た者若しくは第79条の出版権の設定を受けた者若しくはその公衆送信許諾（第80条第3項の規定による公衆送信の許諾をいう。次項、第37条第3項ただし書及び第37条の2ただし書において同じ。）を得た者によつて上演、演奏、上映、公衆送信、口述若しくは展示の方法で公衆に提示された場合（建築の著作物にあつては、第21条に規定する権利を有する者又はその許諾（第63条第1項の規定による利用の許諾をいう。）を得た者によつて建設された場合を含む。）において、公表されたものとする。

- 4条1項は、著作物の公表について規定する。
- 著作物の発行と同様に「著作物の公表」も著作権保護等における重要な判断基準であることから、その意義を明確にする規定である。
- 著作物が発行された場合、又は、22条から25条までに規定する権利を有する者若しくはその許諾を得た者若しくは出版権者若しくはその公衆送信許諾を得た者により、上演等の無形的利用の方法で公衆に提示された場合に公表されたものとされる。いずれも、著作物が著作権者自身又はその許諾を得た者等によって、つまり権利行使によって、公衆に提供・提示されたことを要件とするものであるが、無形的利用の全てについて適用されるものではない。例えば、美術・写真以外の著作物を展示する場合（文芸作品の展示等）は、25条の展示権の対象となっていないので、展示権を有する者もその許諾を得た者も存在しないことになり、よって、当該展示をしてもその著作物を公表したことにはならないのである（加戸80頁）。
- ※平成26年法改正により、出版権者に公衆送信（放送・有線放送は除く）を行う権利が認められたこと（80条1項2号）、及び一定条件の下での他人への利用許諾権原が与えられたこと（同条3項）により、本項の提示主体に、出版権者（公衆

送信に係る権利を有する者に限る）とその公衆送信許諾を得た者が加えられた。
- 「提示」とは、著作物を無形的な形で世間に知らしめることであり、有形的複製により世に出す場合は「提供」という。ちなみに「展示」は、その意味を、著作物をその原作品により公に示すことと解する限り、複製物による提供ではなく無形的利用方法による提示の一形態ということになる。
- 建築の著作物については、複製権者又はその許諾を得た者によって建設された場合を、無形的利用方法による提示に含むとする（かっこ書）。
- なお、本項規定の「公表」は、著作財産権者の意思に基づくものであり、著作者人格権としての「公表権」にいう「公表」とは異なる点に留意する。

> 2　著作物は、第23条第1項に規定する権利を有する者又はその許諾を得た者若しくは第79条の出版権の設定を受けた者若しくはその公衆送信許諾を得た者によって送信可能化された場合には、公表されたものとみなす。

- 2項は、自動公衆送信される著作物の公表についてのみなし規定である。
- 公衆送信権者又はその許諾を得た者若しくは出版権者若しくはその公衆送信許諾を得た者により送信可能化された場合、その著作物は公表されたものとみなされる。インターネット等でインタラクティブ送信される著作物が、具体的に利用者の手元に送られたかどうかを確認することは困難であり、また、公表の概念が著作物を知覚できる状態に置くことであるならば、アップロードされた状態をもって足りるといえることから、送信可能化された時点で公表されたとみなすことにした。

※平成26年法改正により、出版権者に公衆送信（ネット送信における送信可能化を含む）を行う権利が認められたこと（80条1項2号）、及び一定条件の下での他人への利用許諾権原が与えられたこと（同条3項）により、本項の送信可能化の主体に、出版権者（公衆送信に係る権利を有する者に限る）とその公衆送信許諾を得た者が加えられた。

> 3　二次的著作物である翻訳物が、第28条の規定により第22条から第24条までに規定する権利と同一の権利を有する者若しくはその許諾を得た者

> によつて上演、演奏、上映、公衆送信若しくは口述の方法で公衆に提示され、又は第28条の規定により第23条第1項に規定する権利と同一の権利を有する者若しくはその許諾を得た者によつて送信可能化された場合には、その原著作物は、公表されたものとみなす。

- 3項は、翻訳物の原著作物の公表についてのみなし規定である。
- 翻訳物についての上演権・演奏権・上映権・公衆送信権・口述権のいずれかを、28条を介して有する原著作物の著作権者又はその許諾を得た者が、当該有する権利の対象となる行為により著作物を公に提示又は送信可能化した場合、その原作品も公表されたものとみなす旨の規定である。

> 4　美術の著作物又は写真の著作物は、第45条第1項に規定する者によつて同項の展示が行われた場合には、公表されたものとみなす。

- 4項は、美術の著作物又は写真の著作物の公表についてのみなし規定である。
- 25条の展示権は、その美術の著作物又は写真の著作物の原作品の所有者又はその同意を得た者による展示行為には及ばないとされるが(45条1項)、本項はそれを受けて、当該所有者又はその同意を得た者によりその原作品が公に展示された場合には、著作権者の許諾を得て提示されたものと解して当該美術又は写真の著作物の公表とみなす旨の規定である。

> 5　著作物がこの法律による保護を受けるとしたならば第1項から第3項までの権利を有すべき者又はその者からその著作物の利用の承諾を得た者は、それぞれ第1項から第3項までの権利を有する者又はその許諾を得た者とみなして、これらの規定を適用する。

- 5項は、本法が直接適用できない場面において、仮に本法が適用されるとしたなら1項ないし3項の権利者等に該当することとなる者は、それぞれ1項ないし3項の権利者等とみなしてこれらの規定の適用をすることを定める。
- 3条3項と同旨の規定である。

> （レコードの発行）
> **第４条の２** レコードは、その性質に応じ公衆の要求を満たすことができる相当程度の部数の複製物が、第96条に規定する権利を有する者又はその許諾（第103条において準用する第63条第１項の規定による利用の許諾をいう。第４章第２節及び第３節において同じ。）を得た者によつて作成され、頒布された場合（第97条の２第１項又は第97条の３第１項に規定する権利を有する者の権利を害しない場合に限る。）において、発行されたものとする。

- ４条の２は、レコードの発行について規定する。
- 平成14年法改正で、レコードの保護期間をその発行日を基準として扱うこととしたのに伴い設けられた規定である。
- 「その性質に応じ公衆の要求を満たすことができる相当程度の部数」とあるのは、３条１項と同様であり、個々のケースごとに相当程度と判断される部数である。
- 本条においても、複製権者又はその許諾を得た者により作成され、譲渡権者又は貸与権者を侵害しない形で頒布されたことが「発行」の要件とされる。
- なお、レコードの発行は、複製物の作成・頒布をもって認められるものなので、専らインターネットでの配信による販売をしても「発行」されたものとはならないとされる（加戸86頁）。

> （条約の効力）
> **第５条** 著作者の権利及びこれに隣接する権利に関し条約に別段の定めがあるときは、その規定による。

- ５条は、著作者の権利等に関する条約の効力についての規定である。
- わが国が条約上保護の義務を有する著作者、実演家、レコード製作者及び放送事業者の権利については、条約の規定が優先して適用されることを定める。わが国著作権法とわが国が加盟する条約とで異なる規定がある場合、その条

約に加盟する外国の著作物等に関しては、条約の規定に従って判断するということである。

第2節 適用範囲

> （保護を受ける著作物）
> 第6条　著作物は、次の各号のいずれかに該当するものに限りこの法律による保護を受ける。

- 6条は、本法の著作者人格権及び著作（財産）権により保護される著作物について規定する。
- 著作者人格権による保護を定めていない万国著作権条約やTRIPS協定の締約国・加盟国の著作物についても、著作者人格権による保護を与えるとする点に留意する。

> 一　日本国民（わが国の法令に基づいて設立された法人及び国内に主たる事務所を有する法人を含む。以下同じ）の著作物

- 1号は、「日本国民の著作物」を保護対象として挙げる。創作地、発行地あるいは居住地等にかかわらず、日本国民が創作した著作物であれば保護されることになる。
- 共同著作物の場合は、著作者のうち1人が日本人であれば「日本国民の著作物」とする著作物主義を採る。したがって、本号は、本来著作者主義を採るベルヌ条約・WIPO著作権条約に係る共同著作物について、条約より広い範囲での保護を与えることとなる。
- かっこ書は、「日本国民」には、設立準拠法又は主たる事務所所在地についてわが国が拠りどころとなっている「法人」が含まれることを規定する。「法人」には、国、地方公共団体及び法人格なき団体も含まれる（2条6項）。

第1章第2節

> 二　最初に国内において発行された著作物（最初に国外において発行されたが、その発行の日から30日以内に国内において発行されたものを含む。）

- 2号は、「最初に日本国内において発行された著作物」を保護対象として挙げる。いわゆる発行地主義によるものである。
- 発行地主義は、著作物を最初に発行した出版社の利益を確保するために、その出版社の属する国について保護を与えるとするものである。そうすると、最初の出版後に領土が変更され、その出版社が新領土国に属することとなる場合には、新領土国の著作物として保護するのが妥当といえる（加戸92頁）。
- かっこ書は、国外と国内とにおいて「同時発行」された著作物も保護対象とすることを規定する。「同時発行」とは、「最初の発行の国を含む二以上の国において最初の発行の日から30日以内に発行された著作物は、それらの国において同時に発行されたものとみなす」と規定したベルヌ条約3条(4)で認められるみなし発行のことである。

> 三　前2号に掲げるもののほか、条約によりわが国が保護の義務を負う著作物

- 3号は、条約上わが国が保護義務を負う著作物を、本条の保護対象として挙げる。
- 具体的には、ベルヌ条約、TRIPS協定、万国著作権条約又はWIPO著作権条約上の著作物である。
  ※ベルヌ条約に加入した未承認国（わが国が国家として認めていない国）である北朝鮮（朝鮮民主主義人民共和国）の著作物は、本号にいう「条約によりわが国が保護を負う著作物」には当たらないとされた（知財高判平20.12.24「北朝鮮事件」控訴審）。同判決では、「未承認国は、国家間の権利義務を定める多数国間条約に加入したとしても、同国を国家として承認していない国家との関係では、国際法上の主体である国家間の権利義務関係が認められていない以上、原則として、当該条約に基づく権利義務を有しないと解すべきことになる」とする。

(保護を受ける実演)
第7条 実演は、次の各号のいずれかに該当するものに限り、この法律による保護を受ける。

- 7条は、本法により保護される実演について定める。これらは原則として、著作隣接権により保護される。
- 「この法律による保護を受ける」とあるが、本条で挙げられる実演が全て等しい保護を受ける訳ではない。なぜなら、本条5号以下で規定の根拠となっている各条約では、内国民待遇の原則を採用するが、これら著作隣接権に関する条約では国内法で付与する権利すべてについて内国民待遇を保障する必要はなく、各条約で規定する権利についてのみ内国民待遇を保障すれば足りるとされるからである(ローマ型内国民待遇)。具体的な例でいうと、TRIPS協定にはわが国著作権法95条の商業用レコードの二次使用料請求権に相当する規定が存在しないため(本条で関わる他の条約には存在する)、本条7号で掲げる実演については、商業用レコードの二次使用料請求権による保護は与えられないことになる(95条1項かっこ書)。
- なお、本条では、レコード保護条約によりわが国が保護義務を負うレコードに固定された実演を保護対象とはしていない。同条約では、「レコードにその実演が固定されている実演家」の保護については各国法令に委ねるとしているため(同条約7条(2))、わが国では保護範囲が拡大し過ぎるのを懸念し、そのような実演については保護対象から除外したためである。

※平成26年法改正において、「視聴覚的実演に関する北京条約」締結のため、本条に「視聴覚的実演に関する北京条約の締結国の国民又は当該締約国に常居所を有する者である実演家に係る実演」が加えられた(7条8号)。

一 国内において行なわれる実演

- 1号は、わが国国内で行われる実演を本法の保護対象として挙げる。行為地主義によるものである。
- 国内で行われる実演であれば、実演家の国籍を問わずに保護されるが、外国

第1章第2節

で行われる日本人の実演は本号では保護されない。
※ちなみに、わが国が実演家等保護条約に加入し他国との相互保護関係が確立される以前は、経過措置により、常居所を有しない外国人が日本国内で行う実演に対しては保護を与えないこととしていた（原始附則2条5項→後に削除）。日本人が外国で行なった実演が保護されないのに、外国人が日本で行なった実演が保護されるのは不合理であるとされたからである。

> 二　次条第1号又は第2号に掲げるレコードに固定された実演

- 2号は、日本国民をレコード製作者とするレコード又は日本国内で最初に音が固定されたレコードに固定された実演を、本法保護対象として挙げる。
- 実際の立証問題は別として、国内で行われた実演全てについて前号で保護するとすれば、本号が保護する範囲の実演とは、外国で日本人のレコード製作者により固定された実演ということになる。
 ※日本人のレコード製作者によりレコードに固定された実演についても、わが国の実演家等保護条約加入前は、その実演が常居所を有しない外国人によるものの場合は保護しないとしていた。前号と同様の理由によるものである。

> 三　第9条第1号又は第2号に掲げる放送において送信される実演（実演家の承諾を得て送信前に録音され、又は録画されているものを除く。）

- 3号は、日本国民である放送事業者の放送又は日本国内の放送設備から行われる放送において送信される実演を、本法保護対象として挙げる。
- かっこ書において、適法に録音・録画されている実演が除かれているので、本号の保護対象は基本的に、放送される生の実演ということになる。ただし、違法に録音・録画され、その後適法に放送された実演については保護対象とされることになるので、この点は、あくまで生の実演のみを保護するとする実演家等保護条約・TRIPS協定より保護が厚いということになる。
- 立証の問題は別として、国内で行われた実演についてすべて1号で保護するとすれば、本号が保護するのは、外国からの衛生中継による送信をそのまま

7条

日本の放送局が流す形の放送において送信される実演等である。

> 四　第9条の2各号に掲げる有線放送において送信される実演（実演家の承諾を得て送信前に録音され、又は録画されているものを除く。）

- 4号は、日本国民である有線放送事業者の有線放送又は日本国内の有線放送設備から行われる有線放送において送信される実演を、本法保護対象とする。
- かっこ書により、原則、送信される生の実演を対象とする点、及び、違法な録音・録画による場合は保護対象となる点は、前号と同様である。
- 立証の問題は別として、国内で行われた実演をすべて1号で保護するとすれば、本号が保護するのは、衛生放送による送信を介して日本で有線放送される生の実演等である。
- なお、本号の有線放送からは、難視聴解消のために行われる放送の再送信は除かれる（9条の2第1号かっこ書）。

> 五　前各号に掲げるもののほか、次のいずれかに掲げる実演
> 　イ　実演家、レコード製作者及び放送機関の保護に関する国際条約（以下「実演家等保護条約」という。）の締約国において行われる実演
> 　ロ　次条第3号に掲げるレコードに固定された実演
> 　ハ　第9条第3号に掲げる放送において送信される実演（実演家の承諾を得て送信前に録音され、又は録画されているものを除く。）

- 5号は、実演家等保護条約上わが国が保護義務を負う実演を、本法の保護対象として同号イ～ハにおいて掲げる。
- 実演家等保護条約は、正式には「実演家、レコード製作者及び放送機関の保護に関する国際条約」といい、「ローマ条約」とも呼ばれる。本法では、便宜上本号以下の条文において「実演家等保護条約」というとした。
- イは、実演家等保護条約の締約国で行われる実演を挙げる。1号と同様の行為地主義によるものである。
- ロは、実演家等保護条約締約国の国民（法人を含む）を製作者とするレコード又は同条約締約国国内で音が最初に固定されたレコードに固定された実演

を挙げる。
- ハは、実演家等保護条約締約国の国民である放送事業者の放送又は同条約締約国にある放送設備から行われる放送において送信される実演を挙げる。この場合も、基本的には生の実演が対象であるが、無許諾で録音・録画され適法に放送された実演も保護される（かっこ書）ので、同条約上保護の義務を負う範囲より広い範囲で保護を与えることになる。
- 実演家等保護条約では、自国について条約の効力発生前はその適用の義務を負わないとし（同条約20条2項）、わが国でもそれを受けて不遡及とする旨を定めているので（平成元年改正法附則2項）、同条約加入前の本号実演には本法の保護が与えられない。

> 六　前各号に掲げるもののほか、次のいずれかに掲げる実演
> 　　イ　実演及びレコードに関する世界知的所有権機関条約（以下「実演・レコード条約」という。）の締約国において行われる実演
> 　　ロ　次条第4号に掲げるレコードに固定された実演

- 6号は、実演・レコード条約上わが国が保護義務を負う実演を、本法の保護対象として同号イ、ロにおいて掲げる。
- 実演・レコード条約は、正式には「実演及びレコードに関する世界知的所有権機関条約」といい、「WIPO実演等条約」とも呼ばれる。本法では、便宜上本号以下の条文において「実演・レコード条約」というとした。
- イは、実演・レコード条約の締約国で行われる実演を挙げる。行為地主義によるものである。
- ロは、実演・レコード条約の締約国国民（法人を含む）を製作者とするレコード又は同条約締約国で音が最初に固定されたレコードに固定された実演を挙げる。

> 七　前各号に掲げるもののほか、次のいずれかに掲げる実演
> 　　イ　世界貿易機関の加盟国において行われる実演
> 　　ロ　次条第5号に掲げるレコードに固定された実演
> 　　ハ　第9条第4号に掲げる放送において送信される実演（実演家の承

諾を得て送信前に録音され、又は録画されているものを除く。）

- 7号は、TRIPS協定上わが国が保護義務を負う実演を、本法の保護対象として同号イないしハにおいて掲げる。
- イは、WTO加盟国で行われる実演を挙げる。行為地主義によるものである。
- ロは、WTO加盟国国民（法人を含む）を製作者とするレコード又はWTO加盟国で音が最初に固定されたレコードに固定された実演を挙げる。
- ハは、WTO加盟国国民である放送事業者の放送又はWTO加盟国にある放送設備から行われる放送において送信される生の実演を挙げる。ただし、3号、5号と同様、実演家の承諾を得ずに録音・録画され、適法に放送された実演についても保護の対象とする。
  ※TRIPS協定14条1項では、実演家の保護について権利の付与までは求めていないが、これは、実演家に著作権法上の権利を認めていない米国を念頭においたものといえる。なお、TRIPS協定における内国民待遇は、実演家等については同協定に規定する権利についてのみ適用するとされることから（同協定3条1項）、権利付与の形で規定されていない加盟国の実演家の実演固定等の保護（同協定14条1項）について、わが国では内国民と同様の著作隣接権による保護が必要なのか否か、疑義の生じるところではある。
  ※TRIPS協定では商業用レコードの二次使用料請求権についての規定がないので、本条1号から6号までの実演には認められている同請求権が、本号の実演には認められない点には留意する（95条1項かっこ書）。
- TRIPS協定ではベルヌ条約18条（遡及的保護の規定）を準用するので、本号の実演に対しては、保護期間が満了したものを除き、協定発効前のものについても保護が与えられる。
  ※従来わが国は、ベルヌ条約18条について、著作隣接権制度の創設以降のものについて保護することで足りるとする解釈を採っていたが、米国・ECからの提訴を受け、平成8年法改正において50年前までの遡及的保護を行うことにした（原始附則2条3項の削除）。

第1章第2節

> 八　前各号に掲げるもののほか、視聴覚的実演に関する北京条約の締約国の国民又は当該締約国に常居所を有する者である実演家に係る実演

- 7条8号は、本法により保護を受ける実演として、視聴覚的実演に関する北京条約（以下、「視聴覚的実演条約」とする）の締約国の国民等である実演家に係る実演を掲げる。同条約締結に伴う法整備のため、平成26年法改正で新たに設けられた規定である。

- わが国著作権法では既に、実演家等保護条約、実演・レコード条約の締約国、及びTRIPS協定加盟国において行われる実演を保護対象としており（7条5号～7号）、したがって、平成26年の改正で新たに保護を受ける対象は、これら条約のいずれにも加入等していない視聴覚的実演条約締約国の国民等に係る実演と、上記実演家等保護条約等のいずれにも加入等していない国で行われる視聴覚的実演条約締約国の国民等に係る実演ということになる。ここで留意すべきは、従来から保護対象とされていた実演は、各条約の締約国等において行われることが条件であったが（行為地主義）、同改正後は「…締約国の国民又は当該締約国に常居所を有する者である実演家に係る実演」とあるように、視聴覚的実演条約の締約国の国民等に係る実演であればその行為地に関わらず保護が受けられる（国籍主義）点であろう。したがって、わが国国民等を含め同条約締約国の国民等に係る実演であれば、同条約締約国以外で行われる実演でも保護されることとなる。

- 視聴覚的実演条約が定める保護内容については、既にわが国著作権法で保護されている内容と同様のものなので、本法で直接保護を受ける実演に関する実演家の権利内容については，同改正において特段の変更はない。

  ※視聴覚的実演条約は、音についての実演のみを対象とする実演・レコード条約の課題部分とされていた視覚的実演の保護を実現する条約である。既に2000年には、草案がまとまっていたにもかかわらず、採択に時間を要したのは、俳優団体の権利を優先するヨーロッパとハリウッドの利益を優先するアメリカの対立が一因とされる。アメリカはワンチャンス主義規定の義務化を主張し、ヨーロッパ側は実演家に不利なワンチャンス主義を一掃し音と影像を同等に保護することを主張した。結果的に、ワンチャンス主義の規定は各締約国の選択に委ねるとい

う妥協案で解決した（視聴覚的実演条約12条）。

> （保護を受けるレコード）
> 第8条　レコードは、次の各号のいずれかに該当するものに限り、この法律による保護を受ける。

- 8条は、本法により保護されるレコードについて規定する。これらは原則として、著作隣接権により保護される。
- 前条と同様に、本条各号すべてについて等しい保護が与えられるものでない点には留意が必要である。3号以下でそれぞれ規定の根拠とされる著作隣接権に係る条約のうち、実演家等保護条約、実演・レコード条約及びTRIPS協定では内国民待遇について規定するが、著作隣接権に係るこれらの条約では、内国民待遇といっても国内規定すべてを保障するのではなく、各条約で規定されている権利についてのみ保護を与えれば足りるとしているため（ローマ型内国民待遇）、例えば、TRIPS協定には規定のない商業用レコードの二次使用料請求権による保護（97条）は、WTO加盟国について規定する本条5号で掲げるレコードには与えられないことになる（同条1項かっこ書）。また、レコード保護条約の場合、内国民待遇は採っておらず、公衆への頒布目的の無断複製等から保護することを専ら制度目的とするため、本条6号で掲げるレコードに対しては、当該目的達成のための国内規定のみ適用すれば足りることとなる。つまり、わが国著作権法規定により何らかの保護が与えられるレコードであれば、本条の対象として掲げられるということである。
- なお、3号以下の条文の冒頭に「前〇号に掲げるもののほか」とあるのは、例えば3号の場合であれば、1号又は2号に該当し、同時に本号にも該当するレコードについては、該当する1号又は2号で読むということである。

> 一　日本国民をレコード製作者とするレコード

- 1号は、日本国民をレコード製作者とするレコードを、本法で保護されるレコードとして挙げる。国籍を基準とするものである（国籍主義）。

- 自然人である日本人が音を最初に固定したレコードのほか、レコード会社等の日本の法人等により最初の音の固定がされたものも該当する。固定されたのが国外であっても構わない。

> 二　レコードでこれに固定されている音が最初に国内において固定されたもの

- 2号は、音の最初の固定が日本国内で行われたレコードを本法の保護対象として挙げる。行為地を基準とするものである（行為地主義）。
- 録音されたのが日本国内であれば、外国人により製作されたものでも構わない。

> 三　前2号に掲げるもののほか、次のいずれかに掲げるレコード
> 　　イ　実演家等保護条約の締約国の国民（当該締約国の法令に基づいて成立された法人及び当該締約国に主たる事務所を有する法人を含む。以下同じ。）をレコード製作者とするレコード
> 　　ロ　レコードでこれに固定されている音が最初に実演家等保護条約の締約国において固定されたもの

- 3号は、実演家等保護条約上わが国が保護義務を負うとするレコードを、本法の保護対象として同号イ・ロにおいて掲げる。
- イは、実演家等保護条約締約国の国民（法人も含む）をレコード製作者とするレコードを保護対象として挙げる。同条約5条1項(a)の「国籍の基準」によるものである。
- ロは、音の最初の固定が実演家等保護条約締約国において行われたレコードを保護対象として挙げる。同条約5条1項(b)の「固定の基準」によるものである。
- 実演家等保護条約5条1項では「発行の基準」についても規定しているが（同項(c)）、同条3項で、「締約国は…発行の基準又は固定の基準のいずれかを適用しない旨を宣言することができる」とあり、それを受けてわが国は「発行の基準」は適用しない旨の宣言をしているので、同条約締約国で最初に発行されたレコードは保護対象とされていない。わが国著作権法では、国籍の基準及び固定の基準によりレコードを保護してきた経緯があり、また、発行時

を正確に把握するのは現実には困難な場合が多い等の理由による。

※ちなみに、著作物についての6条3号では、「条約によりわが国が保護の義務を負う著作物」とまとめて規定するのに対し、実演やレコード、放送についての7条ないし9条ではケースごとに分けて規定するその理由については、固定の基準と発行の基準の適用の有無を明らかにするためであるとされる（加戸110頁）。

- 本号該当のレコードのうち、実演家等保護条約加入前にその音が最初に固定されたレコードは、保護対象から除かれる（平成元年改正法附則2項2号）。

> 四　前3号に掲げるもののほか、次のいずれかに掲げるレコード
> 　イ　実演・レコード条約の締約国の国民（当該締約国の法令に基づいて設立された法人及び当該締約国に主たる事務所を有する法人を含む。以下同じ。）をレコード製作者とするレコード
> 　ロ　レコードでこれに固定されている音が最初に実演・レコード条約の締約国において固定されたもの

- 4号は、実演・レコード条約（WIPO実演等条約）上わが国が保護義務を負うレコードを、本法の保護対象として同号イ・ロにおいて掲げる。実演・レコード条約では、レコード製作者ついて、実演家等保護条約に規定する保護の適格性の基準と同一内容の基準を満たす者を保護するとするので（実演・レコード条約3条(1)(2)）、わが国が本号で保護するレコードは、実演家等保護条約による場合と同様の範囲のものとなってる。
- イは、実演・レコード条約締約国の国民（法人を含む）をレコード製作者とするレコードを保護対象として挙げる。実演家等保護条約の場合と同様、「国籍の基準」によるものである。
- ロは、実演・レコード条約締約国において、音が最初に固定されたレコードを保護対象として挙げる。実演家等保護条約の場合と同様、「固定の基準」によるものである。
- 実演・レコード条約においても、締約国で最初に発行されたレコードについてレコード製作者に内国民待遇を与えるとするが（発行の基準）、この場合も、実演家等保護条約5条3項の「発行の基準」又は「固定の基準」のいずれかを適用しない旨を宣言できるとする規定の適用を受けることができ、それに

対しわが国は、「発行の基準」は適用しない旨の宣言を行っているので、本号では、最初に発行されたレコードを保護対象とはしていない。その理由については、前号と同様である。

> 五　前各号に掲げるもののほか、次のいずれかに掲げるレコード
> 　イ　世界貿易機関の加盟国の国民（当該加盟国の法令に基づいて設立された法人及び当該加盟国に主たる事務所を有する法人を含む。以下同じ。）をレコード製作者とするレコード
> 　ロ　レコードでこれに固定されている音が最初に世界貿易機関の加盟国において固定されたもの

- 5号は、TRIPS協定上わが国が保護義務を負うレコードを、本法の保護対象として同号イ・ロにおいて掲げる。
- イは、WTO加盟国の国民（法人を含む）をレコード製作者とするレコードを保護対象として挙げる（国籍の基準）。
- ロは、WTO加盟国において、音が最初に固定されたレコードを保護対象として挙げる（固定の基準）。
- 国籍の基準及び固定の基準については、本号と前3号・4号とで差異はなく、TRIPS協定においても、実演家等保護条約及び実演・レコード保護条約と同様に内国民待遇を規定しているが、具体的な保護内容には違いも生じる。本条柱書でも説明した通り、著作隣接権に係るこれらの条約では、条約に規定する権利についてのみ内国民待遇を与えればよいとされることから、97条の商業用レコードの二次使用料請求権は、本号で保護されるレコード製作者には認められないことになるのである（97条1項かっこ書）。実演家等保護条約では12条で、実演・レコード条約では15条(1)において、商業用レコードの二次使用料請求権に相当する権利について規定されているが、TRIPS協定にはそのような規定がないからである。
- TRIPS協定14条(6)では条約の遡及的効力について定めるベルヌ条約18条を準用することから、わが国について協定の効力が生じる前に製作された本号該当のレコードについても、わが国著作隣接権制度の施行時に遡及して保護が認められることになり、更に平成8年法改正において、50年前まで遡及

して保護が与えられることとなった（附則2条3項、法101条2項2号）。

> 六　前各号に掲げるもののほか、許諾を得ないレコードの複製からのレコード製作者の保護に関する条約（第121条の2第2号において「レコード保護条約」という。）により我が国が保護の義務を負うレコード

- 6号は、レコード保護条約上わが国が保護義務を負うレコードを本法の保護対象として掲げる。
- レコード保護条約では、各締約国は、公衆への頒布目的でのレコードの無断複製及び無断複製物の輸入並びに無断複製の公衆への頒布といったものから他の締約国国民であるレコード製作者を保護するとし（同条約2条）、その具体的手段については各締約国の国内法令に委ねるとする（同条約3条）。したがって、わが国の保護義務としては、レコード保護条約締約国国民をレコード製作者とするレコードについて、レコード製作者の複製権（96条）や無断複製物の輸入等に対するみなし侵害規定（113条1項）による保護を与えることが必要であり、またそれで足りる。
- なお、レコード保護条約では、内国民待遇の原則は採られていないので、各締約国は前号のような内国民待遇の解釈をするまでもなく、条約で定められた規定内容についてのみ保護を与えればよいこととなる。
- 本号該当のレコードのうち、レコード保護条約の効力がわが国で生じる前に音が固定されたレコードについては、保護対象から除かれる（昭和53年改正法附則2項）。

> （保護を受ける放送）
> 第9条　放送は、次の各号のいずれかに該当するものに限り、この法律による保護を受ける。

- 9条は、本法により保護される放送について規定する。これらは原則として、著作隣接権により保護される。
- 本条においても、条約上の保護義務を負う放送については、いわゆるローマ

型の内国民待遇（6条、7条（→56・57頁）参照）が適用されることから、本条で掲げる放送すべてが同等の保護を受けるとするものではない点留意する。

> 一　日本国民である放送事業者の放送

- 1号は、日本国民である放送事業者による放送を本法の保護対象として挙げる。国籍主義によるものである。

> 二　国内にある放送設備から行なわれる放送

- 2号は、日本国内にある放送設備から行われる放送を本法の保護対象として挙げる。発信地主義によるものである。
- 1号に該当せず本号に該当するものとして、AFN（AMERICAN FORCES NETWORK）などが挙げられる。

> 三　前2号に掲げるもののほか、次のいずれかに掲げる放送
> 　イ　実演家等保護条約の締約国の国民である放送事業者の放送
> 　ロ　実演家等保護条約の締約国にある放送設備から行われる放送

- 3号は、実演家等保護条約上保護義務を負う放送を、本条の保護対象として同号イ・ロにおいて挙げる。
- イは、同条約の締約国国民である放送事業者による放送を保護対象として掲げる。
- ロは、同条約の締約国にある放送設備からなされる放送を保護対象として掲げる。
- わが国は、放送事業者の主たる事務所・放送設備のいずれもが同条約の締約国内にある場合のみ保護対象とする旨の宣言（実演家等保護条約6条2項）はしていない。
- 同条約加入前の放送は、本号の対象とはならない（平成元年改正法附則2項3号）。

> 四　前3号に掲げるもののほか、次のいずれかに掲げる放送
> 　イ　世界貿易機関の加盟国の国民である放送事業者の放送
> 　ロ　世界貿易機関の加盟国にある放送設備から行われる放送

- 4号は、TRIPS協定上保護義務を負う放送を、本条の保護対象として同号イ・ロにおいて挙げる。
- イは、WTO加盟国の国民である放送事業者による放送を保護対象として掲げる。
- ロは、WTO加盟国にある放送設備からなされる放送を保護対象として掲げる。
    ※ TRIPS協定14条3項では、その第1文で、放送機関が放送の固定等についての禁止権を有するとするが、同第2文では、加盟国が当該権利を放送機関に与えない場合には、放送対象物の著作権者への保護で対応する旨が規定されている。これは、放送機関に著作権法上の権利を認めていない米国の同項受け入れを可能とするためのものである。なお、TRIPS協定における内国民待遇は、放送機関等については同協定に規定する権利についてのみ適用するとされることから（同協定3条1項）、同協定14条3項に規定のある加盟国の放送機関の放送の固定等の権利については、わが国では内国民と同様に著作隣接権による保護が認められるということになる。
- TRIPS協定上保護対象とされる放送については、50年の遡及的保護が与えられる。

> （保護を受ける有線放送）
> 第9条の2　有線放送は、次の各号のいずれかに該当するものに限り、この法律による保護を受ける。

- 9条の2は、本法により保護される有線放送について規定する。具体的には著作隣接権による保護である。
- 有線放送については、条約上の保護義務を負っていないため、条約に対応し

た保護対象は規定されていない。

> 一　日本国民である有線放送事業者の有線放送（放送を受信して行うものを除く。次号において同じ。）

- 1号は、日本国民である有線放送事業者による有線放送を、本法の保護対象として挙げる。国籍主義によるものである。
- 難視聴解消のための放送の再送信としての有線放送については、創作性に準ずる性格が認められない等の理由により、従来から著作隣接権は認められておらず、本号においても保護対象から除かれている（かっこ書）。

> 二　国内にある有線放送設備から行われる有線放送

- 2号は、日本国内にある有線放送設備からなされる有線放送を、本法の保護対象として掲げる。発信地主義によるものである。

第2章 著作者の権利

Chapter 2

第1節 著作物
　　　（第10条～第13条）
第2節 著作者
　　　（第14条～第16条）
第3節 権利の内容
　　　（第17条～第50条）
第4節 保護期間
　　　（第51条～第58条）
第5節 著作者人格権の一身専属性等
　　　（第59条～第60条）
第6節 著作権の譲渡及び消滅
　　　（第61条～第62条）
第7節 権利の行使
　　　（第63条～第66条）
第8節 裁定による著作物の利用
　　　（第67条～第70条）
第9節 補償金等
　　　（第71条～第74条）
第10節 登　録
　　　（第75条～第78条の2）

第2章　著作者の権利

第1節　著作物

> （著作物の例示）
> 第10条　この法律にいう著作物を例示すると、おおむね次のとおりである。

- 10条1項は、本法の保護客体である著作物を具体的に例示する規定である。
- 2条1項1号は、著作物をその属する範囲を掲げて定義するが、本項は更にその表現形式による分類を例示することで、著作物の範疇についてより明確な判断基準を設けるものである。いずれの範疇に含まれるかにより法上の扱いが異なるケースもあることから（2条1項15号、25条、26条等）、重要な規定であるといえる。
- 本項はあくまで例示規定であるので、各号のいずれにも該当しない著作物や、複数の分類に該当する著作物も存在する。
- 各号いずれの形式による場合であっても、思想又は感情を創作的に表現したものであることが前提となるのは当然である。

> 一　小説、脚本、論文、講演その他の言語の著作物

- 1号は、言語の著作物を挙げる。思想・感情が言語により表現された著作物であり、これには、文字やこれと同視し得る記号（暗号、点字等）による有形的な文書著作物と、口述、手話等による無形的な演述著作物が含まれる。
- 小説、脚本、論文、講演のほか、詩歌、手紙、カタログ、契約約款、特許出願書、大学教授の講義、牧師の説教などもこれに該当する。浪曲や落語等は、通常、予め決まっている内容を話すものなので、そのストーリー自体は著作物であるが、語り手の口頭による伝達行為は実演となる。漫才などで自作のネタを話す場合には、口述による著作物となり得る。
  ※三島由紀夫が自己の作品に対する感慨や相手作品に対する感想等を述べた個人

宛の手紙について、「本件手紙を読めば、これが、単なる時候のあいさつ等の日常の通信文の範囲にとどまるものではなく、三島由紀夫の思想又は感情を創作的に表現した文章であることを認識することは、通常人にとって容易であることが明らか」としてその著作物性を認めた判決がある（東京高判平12.5.23「剣と寒紅事件」控訴審）。

- 一般的に、キャッチフレーズやスローガン、書籍の題号などの簡略で短い言語表現は、表現の選択の幅が狭く創作性を発揮する余地が少ないことから、創作性要件が厳格に判断され著作物性を否定されることが多いが、それでも、思想・感情が創作的に表現されていれば、文の長短にかかわらず著作物性は認められる（参考裁判例：東京高判平13.10.30「交通安全スローガン事件」控訴審等）。

  ※「交通安全スローガン事件」の一審（東京地判平13.5.30）では、原告スローガン「ボク安心　ママの膝よりチャイルドシート」については、3句構成（5・7・5調）でリズミカル、対句的表現が効果的などの理由で創作性が認められたが、被告スローガン「ママの胸よりチャイルドシート」については、2句構成で簡潔、事務的などの理由で創作性なしとされた。また、記事の見出しの著作物性が争点となった裁判例では、その実用的性質上表現の選択の幅は狭くなるとする見解の下、ありふれた凡俗な表現であったり事実関係そのままの表現であると認められるものの創作性は否定されたが、あくまで各見出しを個別具体的に検討して創作性を判断すべきとし、記事見出しの創作性の可能性は認められた（知財高判平17.10.6「YOL事件」控訴審）。

- 挨拶文の創作性について、通常の挨拶文の内容となるであろう事項を掲げ、それらの事項についてありふれた表現で記述しているものは創作性なしとした裁判例がある（東京地判平7.12.18「ラストメッセージin最終号事件」）。

- 「定義」の創作性について、定義は一定の思想に基づき対象事物を必要かつ十分な形で説明したものであり、同一の学問的思想による定義は同様の文言となるのが必然なので、思想内容の正確性や独創性が問われることはあっても、表現上の独創性が認められる場合は少なく著作物性は認められ難いとされる。

  ※裁判では「城の定義」について、「城の概念の不可欠の特性を簡潔に言語で記述したものであり、原告の学問的思想そのものと認められる」とし、マージ理論（2

条1項1号解説（→7頁）参照）により「同じ思想に立つ限り同一又は類似の文言を採用して記述する外はなく…表現形式に創作性は認められ」ないとして著作物性が否定された（東京地判平6.4.25「城の定義事件」）。
- デジタル環境下での0、1の組み合わせ表示も、言語著作物たり得ると解される（斉藤79頁）。
- なお、事実の伝達に過ぎない雑報及び時事の報道については、本号に該当しない旨次項に規定がある。

二　音楽の著作物

- 2号は、音楽の著作物を挙げる。思想又は感情を音によって表現したものであり、器楽曲、オペラ、歌曲、長唄等多岐にわたる。
- 音の出し方は不問なので、生の歌声・楽器によるものであっても、電子装置を介したものであっても構わず、思想・感情を創作的に表現しているのであれば、波や風等の自然の音であっても音楽の著作物と認められる。
- 楽譜に記されたもののみならず、即興演奏による音楽も該当する。
- 歌曲や歌謡曲等の歌詞も、楽曲と同時に利用されている場合には、音楽の著作物に含まれる。この場合、歌曲等は言語と音楽の結合著作物と考えられる。

三　舞踊又は無言劇の著作物

- 3号は、舞踊又は無言劇の著作物を挙げる。身体の動きによって、思想又は感情が表現される著作物である。
- この場合、身体を動かす行為である演技自体は実演であり、その演技の型・振付といったものが舞踊又は無言劇の著作物となる。
  ※「舞踊」は、実演者による言語的表現を伴わない点で「演劇」と区別され、リズム・BGM等にあわせて行なわれる点で「無言劇」と区別されるとされる（百選4版92頁）。
  ※「舞踊の著作物」として保護されるのは、実演家の実際の身体の動静の連なりではなく、どの順番で、どのタイミングで、どのように身体を動静させるのかということの観念的な組合せであって、通常、舞譜、振付指導、即興演技等により表

現されるものをいうとされる（百選4版92頁）。この点は、無言劇の著作物の場合も同様であると解される。

- 即興による演技の場合は、その演技から見出される型について著作物性が認められることとなる。
- 身体を動かす行為には、身振り、ステップ等のほか、愛嬌などの表情を伴うものも該当し得る。
- スポーツについては、思想又は感情の表現とはいえない動作であるので通常は著作物として認められないが、フィギュアスケートや新体操などの振付については、美的表現としての思想又は感情が認められるのであれば著作物たり得るとする見解も有力である。

※従来より、競技としてのフィギュアスケートや新体操の振付についてはその著作物性に否定的な見解が多かった。その根拠としては、競技目的であればより得点を得るための振付になり、純粋な思想・感情の表現としての文化的所産には当たらないからといった理由が挙げられようが、それに対して、「競技を目的とするということだけで著作物性を否定することはできまい」との指摘もなされる（斎藤82頁）。確かに、実質的に舞踏と何ら変わらない美的表現を有する競技上の演技もあり、また、振付師と選手が得点よりもルールの限界の中での表現というものを目指して競技に参加することもあり得る。例えそれが競技会の中での演技であっても、思想・感情の創作的表現に当たるものであれば著作物として認めるのが本法の本来の趣旨に副うものといえる。仮に一連の動作や技について権利が発生し、他の競技者がそれと同じ動きができないといった競技上の不都合が生じた場合でも、権利濫用等の一般法理で解決し得る（中山73頁）。

四　絵画、版画、彫刻その他の美術の著作物

- 4号は、美術の著作物について定める。線や形状、色彩などにより、平面や空間に美を表現したものである。
- 本号に例示される、絵画、版画、彫刻のほか、書や生け花、漫画、舞台装置なども該当する。
- トレードマークやシンボルマークが美術の著作物に該当するかについては、その図案模様自体が美的要素を備え、見る側に美的感情を与えるか否かでそ

の創作性が判断されると解する（加戸122頁）。

※オリンピックマークが一般に広く認識され、国際的に尊重されていることなどからその著作物性が問題となった事案では、当該マークは、オリンピック行事が意義ある国際的行事として広く知られるようになるにつれて、その象徴として認識されるに至ったものであり、比較的簡単な図案模様である五輪マーク模様自体の美術性により高い認識が生まれたものではないとして、その著作物性に否定的見解を示した判決がある（東京地決昭39.9.25「オリンピック標章事件」）。

- 漫画や小説に登場する架空の人物等の姿態や役柄などの総称であるキャラクターについては、キャラクターの定義を明確にしないまま、それが、直接保護対象となるかのような見解を示した裁判例もあったが（東京地判昭51.5.26「サザエさん事件」、東京地判昭52.11.14「ライダーマン事件」等）、その後、キャラクターは漫画等の具体的表現から昇華した登場人物の人格ともいうべき抽象的概念であって、思想又は感情の具体的な創作的表現ではないとする判決（最判平9.7.17「ポパイ・ネクタイ事件」上告審）が出されてからは、キャラクターの著作物性を否定する見解が定着している。この場合、登場人物の姿態が具体的に漫画に表現されていれば、美術の著作物として保護される。

※ただし、登場人物の絵が利用された場合の依拠の立証において、その漫画に依拠したことが明白であれば、多数あるコマのうち、具体的にどのコマの絵に依拠したのかを特定することまでは要しないとするのが通説的見解であり、その意味では、利用者が描いた登場人物らしき者の絵について、その漫画の中における普遍的な姿や人間像を想定して判断すること、つまりは（抽象的な）キャラクターを意識して判断することを認めていることにもなる。

※近年のいわゆる「ゆるキャラ」ブームなどで見られるように、キャラクターがグッズや着ぐるみなど具体的な表現物として最初から認識されるケースが増えているが、この場合の「キャラクター」は、上記最高裁判決にいう抽象的概念の「キャラクター」とは分けて捉える方が自然ともいえる。「キャラクター」が具体的表現を離れず、明確にその表現を示すものとして捉えらるのであれば、キャラクターの著作物性は必ずしも否定はされないであろう。いずれにしても、著作権法上保護されるのは、絵画や図形などの具体的な表現である点には変わりがない。

- 文字を素材とする造形表現物について、裁判例では、平均的一般人の審美感を満足させる程度の美的創作性を持ち、かつ、保護を与えても情報伝達手段

として自由利用に供されるべき文字の本質が害されない場合には、美術の著作物と認め得るとした。ただし、文字自体は情報伝達手段として万人の共有財産とされ、同一文字であれば字形が似るのは当然であることから、著作物性が認められたとしても保護範囲は狭く、単に字体や書風が類似しているというだけでは権利侵害にならないとする（大阪地判平11.9.21「装飾文字『趣』事件」）。

※文字を素材とする表現物について、「文字」（この場合、特定の記号としての抽象概念である）そのものは情報伝達手段や言語著作物創作手段としての万人共有の財産とされるべきものであることから、著作物としての保護は否定され、また、文字が具体的に書き記されたときにその文字と認識させる形として表される「字体」（他の文字との区別の限りにおいてその文字が有する固有の形）についても、通常、特定の意味や音を伝達する機能を発揮するために記されるものであることから、その著作物性は否定されるとするが、字体を基に創作的表現をすることは可能であるから、文字の表現形態である「書体」（タイプフェイス、ロゴ、装飾文字、書道作品としての「書」等）については一部保護が認められるとする。例えば、字体についてその筆遣いや筆勢、墨の濃淡などの要素が加わり表現された「書」については、知的・文化的精神活動の所産としての創作性が認められ、この場合の文字は芸術的精神の視覚的表現手段であり、実用性は度外視されるのが通常なので、美術の著作物として保護されるとする（前出「装飾文字『趣』事件」（百選3版35頁、同4版41頁）、東京高判昭58.4.26「ヤギ・ボールド事件」等）。

- 印刷用書体であるいわゆるタイプフェイスについては、従来よりその著作物性については否定的な見解が多いが、①従来の印刷用書体に比して顕著な特徴を有するといった独創性、②それ自体が美術鑑賞の対象となり得る美的特性、の2点を備えている場合には、例外的に美術の著作物と認め得るとされた（最判平12.9.7「ゴナ書体事件」上告審）。

※印刷用書体のデザインの著作物性が否定される根拠として、文字は万人共有の文化財であり独占を認めるべきではないからということがよく言われるが、それはあくまで文字自体の特性であり、印刷用書体の場合、他の書体の選択により解消され得ることなので説得力に欠ける根拠といえる。実質的なところでは、文章の伝達ツールであるタイプフェイスに著作権が認められると、文章の著作権のほかにタイプフェイスの著作権の処理も必要となり、権利関係が複雑化するからと

いった理由が挙げられる（中山156頁）。なお、文字は万人共有の文化財産であり、情報伝達という実用的機能を有することから、文字の字体を基礎として含むデザイン書体の表現形態に創作性を認めるのは困難であるとして、ロゴマークの著作物性を否定した判例があるが（最判平10.6.25「『Asahi』ロゴマーク事件」上告審）、当該判決に対し、情報伝達に名を借りて文字の字体と書体デザインとを区別しない認識不足などの指摘を挙げ、ロゴマークはそれ自体で完結したグラフィックデザインであり、広く美術の著作物と認められるべきであるとする意見がある（百選3版33頁）。ロゴマークはタイプフェイスと違い、特定の文字列固有のデザインであり、文字そのものの実用的機能を有するものではないので、応用美術のように美的創作性を特に求めることなく著作物性が認められるべきであるとする見解は一理あるといえる。

- 美術の著作物と認められる場合の法的効果として、展示権（25条）が与えられる点が挙げられる。美術の著作物か否かの判断においては、特に本項6号の図形の著作物との関係で慎重な判断が要求される。
- 無体物である「美術の著作物」についての著作権と、有体物であるその原作品についての所有権とは区別される。著作物の原作品の所有者がその著作物の著作権を持たないときは、無体物としての著作物に係る排他的支配権能を主張することはできない（参考判例：最判昭59.1.20「顔真卿自書建中告身帖事件」）。ただし、美術・写真の著作物の原作品の所有者に、一定の展示行為は認められている（45条1項）。

五　建築の著作物

- 5号は、建築の著作物を挙げる。思想又は感情が三次元空間を占める建造物により表現されている著作物であり、いわゆる建築芸術というものを対象としたものである。
- 本号の著作物性の判断においては、建造物の使用目的は関係せず、美的で芸術的な創作性があるか否かが問題となる。その意味では、創作性の高低を問わない純粋美術の著作物等とは異なる。知的活動による芸術的な創作であることが条件となるので、通常のありふれたビルや一般住宅等の実用本位の建築物の場合はこれに該当しないことになる。

第2章第1節

- ※一般住宅について、「『建築の著作物』であるということができるのは、…居住用建物としての実用性や機能性とは別に、独立して美的鑑賞の対象となり、…文化的精神性を感得せしめるような造形芸術としての美術性を備えた場合と解するのが相当」とする（大阪高判平16.9.29「グルニエ・ダイン事件」控訴審）。
- ※建築の著作物に芸術性が求められるのは、建築物の美的形象を保護し、一方で、ありふれた通常の建築物を建てる行為が複製権侵害となるのを避けるためである。したがってこの場合の芸術性は、社会通念上美術の範囲に属することで足りるとされる。ちなみに、建築物の設計図（次号の対象）の創作性は、設計図面作成上の技術的制約等により極めて狭い範囲にのみ認められるが、創作性のレベルは問題とされず（芸術性は不要）、建築士の知識や技術を駆使した作成に何らかの独自性があれば足りると解される（百選3版37頁）。
- ※いわゆるアンビルト（建築が実現していない建築物）が本号の建築の著作物に当たるのかについては一考を要するであろう。著作物は創作的表現であり完成物ではないので、図面等からであっても建築物が観念し得る以上、他の要件を満たせばその観念される表現は建築の著作物ということになろう。そうすると、図面同士の比較においても、建築の著作物の複製権侵害ということが観念し得ることとなる。しかし法は、設計図面から建築の著作物を複製したとするのは、あくまでその図面から建築物を完成した場合であるとする（2条1項15号ロ）。
- 本号の対象となる建造物には、教会、博物館、学校などの建物のほか、橋や塔、記念碑なども該当する。更に、建造物の一部である、出窓、階段部分、建造物を組み込んだ広場、庭園なども含まれると解される。
  - ※建物とそれに隣接する庭園及びその庭園に設置された彫刻について、当該建物と庭園は有機的に一体となった一の建築の著作物を構成し、また、当該彫刻は独立した美術の著作物であると同時に、当該庭園の構成要素の一部として建築の著作物を構成するものである旨が示された（東京地決平15.6.11「ノグチ・ルーム移築事件」）。

六　地図又は学術的な性質を有する図面、図表、模型その他の図形の著作物

- 6号は、地図又は学術的な図形の著作物を定める。

- 本号でいう地図とは、地形を図形によって表現し、かつ諸記号等をその図形内に記入したもので、学術的要素を持つものをいうとされる（加戸124頁）。条文の「学術的な」の文言は、文理上「地図」には係っていないが、本号は、「地図」が学術的なものを指すことを前提に、それと横並びで学術的な性質の図形等を掲げた規定といえる。
  ※それに対し、「地図」を地球上の現象を所定の記号により客観的に表現するものとし、学術性を要求することなく、各種素材の選択、配列及び表現方法を総合したところに創作性が認められる場合に著作物とする見解もある（富山地判昭53.9.22「富山住宅地図事件」）。
- デフォルメされ美的な要素や趣が加わった地図の場合、その美術的側面については美術の著作物に当たるので、本号と美術の著作物の両方の性格を持つものと解される（参考裁判例：大阪地判昭51.4.27「パリー市鳥瞰図事件」）。
  ※美術の著作物と認められないまでも、「《地図上に、胸像や石碑を》実物に近い形にしながら適宜省略し、デフォルメした形で記載した点には創作性が認められ、この点が同地図の本質的特徴をなしている」とした裁判例がある（東京地判平13.1.23「ふぃーるどわーく多摩事件」）。
- 地形をそのまま表しただけの地図は知的創作性が否定されるといえるが、現実の地図の作成においては、地表のあらゆる情報のうちから取捨選択された情報が限られたスペースに、配列、表示されることとなるので、その一連の行為において作成者の思想や感情が表れていれる限り著作物性は認められる（同旨判決：大阪地判昭26.10.18「学習用日本地図事件」、前出「富山住宅地図事件」）。
- 既存の地図を素材として作成される編集地図の場合も、各種素材の選択等に編集者の思想又は感情が認められ、「他の類似の作品と対比して区別しうる独自の創作性を有する」ものであれば著作物に該当するとした（東京高判昭46.2.2「地球儀用世界地図事件」）。
- 「図面、図表、模型その他の図形の著作物」には、平面的な設計図、分析表、グラフ等、及び、立体的な人体模型などが該当する。なお、建築物の設計図も本号の著作物に該当するが、この場合、その設計図自体には建築の著作物に要求される芸術性は求められない。
  ※積算システムのアプリケーションソフトにおける書式を表すディスプレイ画面（いわゆるユーザーインターフェイス）について、学術的な性格を有する図面、図

表の類であり、書式であっても著作者の知的活動が介在し著作者の個性が表れることもあり得るとし、また、他のアプリケーションソフトへの物理的制約も無制限であるとして、著作物性を認めた判決がある（大阪地判平12.3.30「積算くん事件」）。ちなみに同判決では、当該ソフトによる積算についての出力結果（印刷された計算表や集計表等）については、使用者のデータ入力行為によるもので、著作者の表現行為ではない点などを挙げ、著作物性を否定している。

- 本号の著作物は、学術的又は技術的内容を表現するものであるが、著作権法は学術的又は技術的思想を保護するものではないので、設計図面に従って自動車を製造したり、機械模型に従ってその機械を製作したりしても、本号の著作物に係る著作権を侵害したことにはならない。侵害となるのは、設計図面や模型自体のコピーである。なお、建築物については例外的に、設計図に従って建築物を完成させることがその設計図に表現された観念的建築物の複製に当たるとする（2条1項15号ロ）。

※工業製品の設計図の著作物性に関し、設計図が表現するものとしての設計（技術）思想と表現方法のうち、その表現方法（2条1項（→3頁）参照）についてのみ独創性、創作性を求め、共通のルールに従って表現された通常の設計図について、表現方法の独創性の余地を否定した裁判例がある（東京地判平9.4.25「スモーキングスタンド事件」）。この場合、設計図の著作物性は設計対象物の著作物性とは別個に判断するべきとする（百選4版21頁）。

※一方、技術思想を表現したものとして設計図面に創作性を認めた裁判例があるが（大阪地判平4.4.30「丸棒矯正機械設計図事件」）、それに対し、技術思想の著作権法による保護を否定したうえで、「設計図面に著作物性が認められるとすれば、それは、機械等の構造を二次元の図面に表記するための作図上の諸工夫に創作性が認められるからに外ならない」との主張がなされる（田村93頁）。なお、同判決では、図面に表された表現内容（寸法及びそれに基づき図示された形状）についても創作性が認められたが、機械の設計図に従って機械を製作する行為が図面の複製に当たるかについては否定された。

七　映画の著作物

- 7号は、映画の著作物を挙げる。時間的に連続した画像により表現されたも

のである。
- 伝統的な意味での劇映画や記録映画、アニメーション映画等のみならず、「映画の効果に類似する視覚的又は視聴覚的効果を生じさせる方法で表現され、かつ、物に固定されている著作物」であれば本号に該当する（2条3項（→45頁）参照）。
- 一般に「映画の著作物」となる要件として、①知的創作性（内容の要件＝通常の著作物性要件）、②映画の効果に類似する視覚的又は視聴覚的方法での表現（表現方法の要件）、③物への固定（存在形式の要件）、が挙げられる（百選3版49頁）。
  ※「固定」が映画著作物の要件か否かについては、ベルヌ条約上も争いがあるが、映画か否かの判断をその効果のみによって下すのは現段階では問題があるとして、2条3項には「固定」が盛り込まれた。ただし、それが映画著作物を定義する上での要件ではないとの見解もある（斉藤92頁）。裁判例では、「映画の著作物の要件としての固定は、単に放送用映画の生放送番組の取扱いとの関係で、これを映画の著作物に含ましめないための要件として設けられたもの」とし、「その存在、帰属等が明らかとなる形で何らかの媒体に固定されているものであれば」当該要件を満たすとしている（大阪地判平11.10.7「中古ソフト（大阪）事件」）。
  ※固定性の要件について、生放送のための影像が送信と同時に録画等されている場合には当該要件を満たすとされた（東京高判平9.9.25「全米女子オープン事件」）。
- ビデオゲームの影像について、2条3項の要件を満たすのであれば映画の著作物に該当するとし、劇場用映画と取引実態が異なるものであっても上映権等を認めるとした（東京地判昭59.9.28「パックマン事件」）。
  ※ビデオゲームについて、プログラム著作物の側面から権利を主張する場合と、その影像について映画の著作物の側面から権利主張する場合とを比較すると、後者の場合に以下の利点が認められる。すなわち、①上映権（22条の2）、頒布権（26条1項）による保護が可能となる（ただし頒布権については、家庭用テレビゲームの場合は複製物譲渡により消尽するとされた）、②影像自体の類似性を問える、③付加的基板（ゲームのレベルを変える等の目的のもの）の取り付け等について、映画の改変であるとして翻案権（27条）、同一性保持権（20条1項）の主張がし易くなるといった点である（百選3版59頁）。なお、一のビデオゲームにおけるプログラムと画面に表示される影像は、相互に関連はしているものの別個の著作物

- であるので、プログラムの著作物と映画の著作物それぞれの著作権に基づく法的保護が同時に認められるとされる（東京地判昭60.3.8「ディグダグ事件」）。
- ゲームソフトについても、映画の著作物に当たるとする見解が多いが（静止画像が圧倒的に多いものについては否定される（東京高判平11.3.18「三国志Ⅲ事件」控訴審））、公衆に提示することを目的としない家庭用テレビゲームの映画著作物については、複製物の譲渡により頒布権は消尽するとされた（最判平14.4.25「中古ソフト事件」上告審）。

八　写真の著作物

- 8号は、写真の著作物を挙げる。思想又は感情を一定の影像によって表現する著作物である（半田98頁）。
- これには、「写真の製作方法に類似する方法を用いて表現される著作物」を含むとする（2条4項）。ベルヌ条約の2条1項に合わせたものである。
- 写真の場合、作成において機械装置に依存する側面が大きいが、精神的創作行為である点においては美術の著作物等と共通するものなのだから著作物性を認めるべきとされる。この場合、被写体の選定、構図の決定、露光、シャッター速度、現像の処理等の各要素において、撮影者の創作性が認められるものといえる（同旨判決：東京地判平11.3.26「Dolphin Blue事件」、知財高判平18.3.29「スメルゲット事件」控訴審等）。ただし、これらの要素は、結果物である写真に客観的に現れていなければならないとされる。創作性とは芸術性の高低をいうものでない点は、美術の著作物と同様である。

※モデル写真や静物写真（人為的に構成された被写体を撮影したもの）における、上記、創作性の根拠となる各要素について、被写体側の要素（モデルへのポーズの指示、被写体の選定、組合せ、配置等）を含める考え方（加戸125頁）と、それらは含めずに撮影者側の創意工夫についての要素（カメラアングルや構図、露光、現像処理等）だけを対象とする考え方（中山93～94頁）がある。両者の違いは、例えば、被写体の配置等を他人の写真と同様に設定して撮影した場合、前者の解釈では被写体についても保護対象とされるため、その他人の写真の著作物の著作権侵害となる可能性があるが、後者の場合は、被写体の態様に権利は及ばないため、そのことのみをもっては侵害問題とはならないといった点にある（百選4版

29頁）。前者の論拠としては、①観者にまずもって個性を感得させるものである被写体は、写真著作権の存立基盤であること、②被写体の創作者と撮影者が別の場合は、それぞれ美術の著作権、写真の著作権の権利者として扱うのが妥当であることなどが挙げられる。一方、後者の論拠として、①被写体の保護がアイデア保護につながってしまう点、②被写体の創作者と撮影者が別の場合に権利関係が複雑化する点などが挙げられるが（百選4版103頁）、被写体の構成自体に創作性がある場合にそれを評価しないのは問題でもあるため、被写体が人為的に構成されたものの場合に限定するならば、前者の説が妥当と思われる。この場合、写真著作物は、美術の著作物を原著作物とする二次的著作物となるか、全体で共同著作物となることが考えられる。

- 絵画など平面的な作品をを忠実に表した写真や、全自動装置で撮影した証明写真等（プリクラ写真も含まれよう）は、著作物に当たらないとされる。裁判例では、版画を撮影した写真について、「（撮影上の）技術的な配慮も、原画をできるだけ忠実に再現するためにされるものであって、独自に何かを付け加えるものではない」として、著作物性が否定された（東京地判平10.11.30「版画の写真事件」）。

- ※被写体を忠実に再現しただけの写真に著作権法上の保護を与えてしまうと、事実の保護を著作権法が認めること、あるいは、著作権が存しない被写体について著作権法上の実質的保護を認めることにもつながるため妥当でないとされる（百選3版43頁）。

- ※被写体が立体物の場合について、商品を紹介するための平凡な写真（商品を2個並べて撮影したもの）でも、立体物である商品の組合せ・配置、構図・カメラアングル等にそれなりの独自性が表れているとして、著作物性が認められた裁判例がある（前出「スメルゲット事件」控訴審）。

- ※肖像写真でも、タレントのブロマイド写真の場合、被写体の魅力を引き出すための工夫などに撮影者の個性、創造性が表れているならば、著作物性が認められるとされた（東京地判昭62.7.10「真田広之ブロマイド事件」）。

- 上記、写真著作物の創作性の根拠となる各要素（被写体の選定、露光等）は、結果物である写真に客観的に表現されていなければならないとする建前ではあるが、現実問題としてその判別は困難な場合も多い。これについて、単なる複製手段として写真が用いられると認められる場合には、明らかに著作物

第2章第1節

性は否定され、写真に経済的価値が認められる場合には、著作物性が肯定的に捉えられるとする見解がある（加戸125頁）。

九　プログラムの著作物

- 9号は、プログラムの著作物を挙げる。コンピューターに対する指令を組み合わせたものとして表現されるものである。「プログラム」については、2条1項10号の2に定義がある。
- プログラムは、プログラム言語による言語の著作物の1つともいえるが、人間に直接認識させるためものではなく、電子計算機に対し働きかけるものであるという特殊性から別途規定されたものである。
- プログラムの著作物の創作性は、指令の組み合わせ方等に作成者の独自性が表れているかどうかで判断される。
    ※プログラムの創作性について裁判例では、「…解法の発見及び命令の組み合わせの方法においてプログラム作成者の論理的思考が必要とされ、また最終的に完成されたプログラムはその作成者によって個性的な相違が生じるものであることは明らかであるから、本件プログラムは、その作成者の独自の学術的思想の創作的表現であり、著作権法上保護される著作物に当たると認められる。」とする（東京地判昭57.12.6「スペース・インベーダー・パートII事件」）。
- 高級言語（コボル、C等）やアセンブル言語で作られるソースプログラムも、それをコンピューターに直接機能するよう言語処理プログラムにより処理されたオブジェクトプログラムも、いずれも本号の対象となる（参考裁判例：東京地判昭60.3.8「ディグダグ事件」）。思想又は感情を創作的に表現したものであれば表現方法は問わないとするのが著作物性の考え方であり、人間が直接感得できるのか、機械に直接働きかけるのかといったことは基本的に問われない。
- ソースプログラムが、アセンブラやコンパイラ等の言語処理プログラムにより変換されたオブジェクトプログラムは、翻訳物や翻案物ではなく、ソースプログラムの複製物に当たると解する（上記「スペース・インベーダー・パートII事件」）。
    ※「スペース・インベーダー・パートII事件」判決では、言語処理プログラムによ

る、ソースプログラム（記号語）からオブジェクトプログラム（機械語）への変換は、機械的な置き換えによって可能であり、そこには何ら個別の著作物たるプログラムを創作する行為は介在しないことから、変換後のオブジェクトプログラムがROMに収納等されるのであれば、その変換は、ソースプログラムの有形的な再製である複製に該当するとした。また、ROMに収納されているオブジェクトプログラムを別のROMに収納する行為は、原著作物であるソースプログラムの複製物を複製する行為であり、つまり、ソースプログラムの複製に当たるとした。

- プログラム著作物が、コンピュータへの指令の組み合わせとしての表現である以上、同時にそこにはアイデアが存在することになるが、著作権法が保護するのはあくまで表現である点に留意する。プログラムに一定の結果を求めさせる論理的手段であるアルゴリズムはアイデアに当たるので、本法では保護されない。その点本条3項では、プログラム言語、規約及び解法には本法の保護が及ばないと規定する。

※データ部分がプログラム著作物に当たるか否かについて、データ・ファイルは「電子計算機に対する指令の組合せを含むものではない」として否定した事例（東京高決平4.3.31「IBFファイル事件」）と、「データ部分を読み込む他のプログラムと協働することによって、電子計算機に対する指令を組み合わせたものとして表現したものと見ることができる」として肯定した事例（東京地判平15.1.31「電車線設計用プログラム事件」）とがある。事案に即した判断が必要であろうが、プログラムによりコンピューターを稼働させるには、指令とデータの双方が必要であることからすると、指令部とデータ部が同一ファイル内にあるかどうかが問われることは少なく、後者による解釈が妥当するケースが多いと思われる（百選4版31頁）。

※プログラムによる指令が一の結果を出すためにはデータ処理が前提となるという関係にあることから、データ・ファイルの書式はプログラムの一部となって動作するものと認めるべきとし、データ・ファイル内の情報を改変することがプログラム著作物の改変に当たるものと評価される場合もあるとした判決がある（東京高判平11.3.18「三国志Ⅲ事件」控訴審）。

- プログラム著作物の特殊性から、職務著作（15条2項）、改変（20条2項3号）、創作年月の登録（76条の2）、間接侵害（115条2項）等において特別な規定が

第 2 章第 1 節

設けられている。
- プログラムの保護について、国際的には、TRIPS協定10条1項、WIPO著作権条約4条に規定がある。

> 2　事実の伝達にすぎない雑報及び時事の報道は、前項第1号に掲げる著作物に該当しない。

- 2項は、単に事実を伝達するだけの雑報等は、言語の著作物には当たらない旨を規定する。前項1号の例外を定めたというのではなく、そもそも同号に該当していないものであることを確認する注意規定である。
- 「事実の伝達にすぎない雑報及び時事の報道」とは、起こった事件について時、場所、主体・客体等を伝えるだけのニュースや人事異動、死亡記事のように、事実を忠実かつ簡潔に伝えるだけもので、誰が書いても同様の表現内容となるであろうものをいう。これらのものは、思想・感情を表現したものとはいえないから著作物に当たらないということであるが、表現の選択の余地が限られるという意味で、創作性欠如をその理由とすることも可能である（百選4版13頁）。
   ※裁判の傍聴記について、専ら事実を格別の評価、意見を入れることなくそのまま叙述する場合は、記述者の思想又は感情を表現したことにはならない、とした上で創作性の有無を判断し、著作物性を否定した判決がある（知財高判平20.7.17「ライブドア裁判傍聴記事件」控訴審）。
- 通常の新聞記事のように記者の個性が、記載する事項の選択、展開方法、主観的側面の内容等から見て取れる場合には、著作物性が認められるとされる（参考裁判例：福岡地大牟田支判昭59.9.28「日刊情報事件」）。
- 本項は言語の著作物に当たらないものであることを確認する規定であり、その趣旨からその判断対象は当然言語体系で表現されたものとなるので、報道された写真については本項の対象とはならない。報道写真の著作物性については、前項8号の問題となる。

> 3　第1項第9号に掲げる著作物に対するこの法律による保護は、その著作物を作成するために用いるプログラム言語、規約及び解法に及ばない。

> この場合において、これらの用語の意義は、次の各号に定めるところによる。
> 　一　プログラム言語　プログラムを表現する手段としての文字その他の記号及びその体系をいう。
> 　二　規約　特定のプログラムにおける前号のプログラム言語の用法についての特別の約束をいう。
> 　三　解法　プログラムにおける電子計算機に対する指令の組合せの方法をいう。

- 3項は、プログラムの著作物に対する著作権法上の保護は、プログラム言語、規約及び解法には及ばない旨と、これらの用語の定義について規定する。
- 「プログラム言語、規約及び解法」は、表現するための原理や約束事、アイデアといったものであり、いずれも表現したものとしての著作物そのものには当たらないということを確認的に規定したものである（逆にいえば、著作権法がアイデアを保護しないことをプログラム著作物において確認した規定ともいえる）。プログラム著作物が、表現とアイデアの観念的境界の判断が容易でないという特性を持つことから設けられた注意的規定である。

- 1号は、「プログラム言語」を定義する。表現手段としての記号と、その用法体系の双方を意味するものである。
- 具体的なプログラム言語として、コボル、フォートラン、ベーシック、プロローグ、C言語、Javaなどが挙げられる。

- 2号は、「規約」について定義する。特定プログラムにおけるプログラム言語の用法についての特別な約束を指すとする。
- 複数のプログラムにより処理をする場合等において、その処理上、連結する特定のプログラムの用法に合わせるために必要となる特別なルールが本号の「規約」である。同一コンピュータ内における場合と、通信回線で結ばれた複数のコンピュータ間における場合のいずれも前提となる。

- 3号は、「解法」について定義する。プログラムにおけるコンピュータに対す

第2章第1節

る指令の組合せの方法をいうとする。
- プログラムは、一定の結果を得るために必要な処理手順を、コンピュータに対する指令の組合せとして表現したものであり、この処理手順が解法（アルゴリズム）である。処理手順自体はあくまでアイデアであり、プログラム著作物における具体的表現ではないことに留意する（参考裁判例：東京地判平15.1.31「電車線設計用プログラム事件」）。
- 処理手順である解法が保護対象とならないということは、処理手順が同じでも表現が異なるプログラムについては、複製権や翻案権が及ばないということである。ただし、アイデアとしての処理手順の利用と、それを表現したものの利用との区別は非常に難しい問題である。

（二次的著作物）
第11条 二次的著作物に対するこの法律による保護は、その原著作物の著作者の権利に影響を及ぼさない。

- 11条は、二次的著作物に対する保護は、原著作物の著作者の権利に影響を及ぼさない旨規定する。二次的著作物につて権利が発生しても、原著作者の権利は一切制限を受けず、当該二次的著作物についても原著作者の権利が及ぶことを意味する。つまり、二次的著作物については、原著作者の権利と二次的著作者の権利が個別に存在し、両方が重畳的に働くということである。なお、「二次的著作物」については、2条1項11号で定義されている。
    ※二次的著作物の作成については、原著作者の同意等の適法要件の具備が要求されていないため、原著作物の権利者に無断で作成された二次的著作物であっても著作権法上の保護対象となる。この場合でも、当該二次的著作物を利用する者は、原著作物と二次的著作物の両方の権利者の許諾を要する。また、原著作者であっても当該二次著作物を無断で利用することはできない。
- 第三者が二次的著作物を利用する場合の許諾に関し、判例では、原著作物の著作者は二次的著作物の著作者と同一の種類の権利を専有し、両者の権利が併存することになるので、二次的著作物の権利者は、原著作物の権利者の合意によらなければ当該二次的著作物についての権利行使（複製の許可等）がで

きないとされた（最判平13.10.25「キャンディ・キャンディ事件」上告審）。
　※28条との関係で、原作者に無断で作成された二次的著作物を原著作物の権利者が自由に利用できるのか問題となるが、28条は、第三者が当該二次的著作物を利用する場合、どんな利用形態であっても必ず原著作物を利用することになるとする解釈の下、「この款に規定する権利で当該二次的著作物の著作者が有するものと同一の種類の権利を専有する」としたものであるので（同一の範囲とは言っていない）、原著作物の権利者が、原作品の創作範囲を超えた内容の二次的著作物を無断利用することまで認めたものではないと解するのが妥当と思われる。二次的著作物の著作者が別途権利を有する以上、原著作物の権利者であっても、自らその二次的著作物を利用する場合は当該二次的著作物の権利者の許諾を要すると解する。ちなみに、二次的著作物の著作権の権利範囲について判例では、「二次的著作物の著作権は、二次的著作物において新たに付与された創作的部分のみについて生じ、原著作物と共通しその実質を同じくする部分には生じないと解する」とされた（最判平9.7.17「ポパイネクタイ事件」上告審）。

- 原著作者の二次的著作物に関する権利範囲については、28条（→153頁）参照のこと。

（編集著作物）
第12条　編集物（データベースに該当するものを除く。以下同じ。）でその素材の選択又は配列によつて創作性を有するものは、著作物として保護する。

- 12条1項は、編集著作物について規定する。データベースを除く編集物で、素材の選択又は配列によって創作性を有するものは、著作物として保護するとする。
- 編集著作物は、素材を収集し、選択し、配列するという一連の行為について知的創作性を認めるものであり、表現形態を問うものではないので、10条1項各号に例示はされていない。編集著作物それぞれが、同項各号のいずれかに該当し得るという関係が成立する。
　※ただし、同項各号で例示されるいずれの著作物にも当てはまらない編集著作物も

存在する。例えば、著作物以外の、住所や電話番号を素材として編集した場合、その選択又は配列に創作性があったとしても住所等を示す言語により思想感情が表されてるとはいえないだろうから、その編集著作物を言語の著作物とするのは問題があろう。

- 素材の選択又は配列による創作性という場合、アイデアとしての選択又は配列の方法が問題なのではなく、あくまで素材の選択又は配列により表現されたものが判断対象となるので、例えば、東京都の職業別電話帳の編集方法を真似て大阪府の職業別電話帳を作成したとしても表現における素材自体は全く別なものなので、著作権侵害にはならないとされる（加戸133頁）。
- 現行法では、著作物以外のデータや事実も「素材」として認めることとしたため、編集される素材が著作物である場合とそうでない場合が生じるが、いずれにせよ、素材の選択又は配列について創作性があれば編集著作物となる。前者の例としては、百科事典、新聞、詩集などがあり、後者の例としては、職業別電話帳、英単語集などが挙げられる。
- 「選択又は配列」とあるので、形式的には選択か配列のいずれかに創作性があれば足りることになる。

  ※本項の性格について、本項の「素材の選択又は配列」による「創作性」は2条1項1号の「創作性」に含まれると解し、本項は、編集著作物の創作性は素材の選択又は配列に見出せることを確認した確認的規定であるとする説と、本項の「創作性」は2条1項1号の「創作性」とは別の判断基準を示すものであり、「素材の選択又は配列」という新たな概念で編集著作物の創作性要件を判断するとした創設的規定であるとする説がある。以下、編集著作物の創作性判断について順を追って検討するが、概ね創設的規定説の立場による。

  ①本項を検討するに際し、まず、「編集物」の概念が問題となる。多くの学説・判例では「おおむね、素材の選択・配列のみに創作性を見いだせそうなもの」を「編集物」と呼んでいるとされるが（百選4版47頁）、素材の選択又は配列以外の部分に創作性がありそうだからといって編集物でないとする理由はないであろうし、逆に、純粋美術的な作品について、何かしらの素材の選択や配列を見いだし、無理やり編集物だとする主張を認めるのも不自然な話である（絵画作品が色彩のある点や小片を素材にして配列された編集物だとするのは通常無理がある）。この場合、その製作物の本質的特徴が素材の選択又は配列にあるものを「編集物」と

するのが妥当と思われる。

② 次に、「素材」の認定作業が必要か否かが問題となる。確認的規定説では通常の創作性判断で足りることになるので、そのような認定作業は不要ということもいえようが、いずれの説に立つとしても、編集物の本質を素材の選択又配列に求める考えによるならば、何が素材なのかを検討することは必要であろう。この場合、選択・配列の方法自体を保護するとアイデア保護に繋がる危険性があるが、具体的表現内容中のどれが素材なのかを明確にし、具体的表現から見て取れる選択・配列を検討することで、その危険性を回避し得ると考えられる。

③ 素材の認定は、その著作物の性質及び内容に基づいてなされる。性質とは主にその著作物の創作目的・用途を指し、内容とは具体的表現として示されているものを指す。裁判例では、用語辞典について、具体的用語の解説や各項目の記述等が素材であるとし、レイアウトに関する要素（柱、ノンブル、ツメの態様等）は素材に当たらないとした（東京高判平11.10.28「知恵蔵事件」控訴審）。その理由は、用語辞典の目的はその用語の解説等を読まれることにあり、レイアウト等は本質的な要素に該当しないからとされる。それに対し、会社案内のパンフレットについての事案では、イメージ写真の配列や余白等のレイアウトに関する要素が素材と認定された（東京高判平7.1.31「永禄建設事件」控訴審）。会社案内のパンフレットの場合、視覚的印象への訴えが創作目的の一部といえるからとされる（百選3版77頁）。

＊「知恵蔵事件」控訴審では、柱、ノンブル、ツメの態様等及びそれらが配置されるレイアウト・フォーマット用紙について、「編集著作物である知恵蔵の編集過程における紙面の割付け方針を示すものであって、それが知恵蔵の編集過程を離れて独自の創作性を有し独自の表現をもたらすものと認められるべき特段の事情のない限り、それ自体に独立して著作物性を認めることはできない」と判示する。

④ 具体的表現内容から認定された素材について階層性が認められる場合、その次元ごとに素材として捉えること（素材の抽象化）が許されるのか問題となる。新聞の紙面を構成する各記事の選択・配列に創作性が認められる場合、各記事原稿を要約したものを同一の配列で印刷された文書が当該新聞の編集著作権を侵害するのか争われた事案では、記事の元となる事件自体を素材と認め、記事の具体的文章表現まで同一でなくとも、事件の選択・配列が共通してれば翻案権侵害に当

たるとした(最判平7.6.8「ウォール・ストリート・ジャーナル事件」)。この場合、あくまで記事原稿が素材であると考えるならば、両者は素材が異なることになり非侵害という結論になるが、当該新聞の本質的特徴が事件の重要度等に応じて記事が選ばれ配列されることにあるのであれば、要約等により対象となる具体的事件が特定されることでその本質的目的は果たされるわけであり、また、その選択・配列自体、具体的紙面内容から見て取れるのであるから判決は妥当と考えられる。ただし、素材を一般的な抽象概念(経済記事や社会記事等)の次元で共通する種類のものに置き換えた場合についてまでその選択・配列を保護すると、アイデア保護となり得る。上記、職業別電話帳の例の場合、東京都の電話帳の素材を具体的会社名や電話番号と認定した上で大阪府の電話帳作成行為の侵害性を認めると、アイデア保護となり得るが、素材を、分類された職業と認定するならば、侵害を認めてもアイデア保護とはならないと解する。

⑤素材が認定されると、その選択又は配列の創作性が判断されるが、この場合の選択・配列とは、アイデアとしての編集方法ではなく、具体的な編集物に具現化された編集方法としての選択又は配列である。創作性判断は、その選択・配列が、当該編集物の性質・用途等に照らし当然の内容かどうか、ありふれたものかどうかといった観点からなされる(例えば電話帳について、50音順に全ての氏名を並べたものは、素材の選択にも配列にも知的活動を要しない単純なものなのでそこに創作性は認められないが、職業別に並べる場合には、職種の選択や分類、配列順に創意工夫があるといえるので創作性が認められる(加戸133頁))。更に、素材の次元を抽象化する場合、編集物の性質・内容から明確にその許容範囲を割り出すのは困難な場合も多く、常にアイデア保護の危険性を孕んでいるため、その弊害対策として、マージ理論や選択の幅、権利濫用の法理等の判断手法を併用することが有効となる。近年の著作権法が機能保護の側面及び財産法的傾向が強くなっていることからすると、これら競争法的要素による判断を取り入れるのも理に適ったものといえよう(中山110～116頁)。

• 編集著作物の著作者について、判例では、素材の選択・配列を確定した者が著作者であり、企画案ないし構想を提示したにすぎない者はそれに該当しないとされた(最判平5.3.30「智恵子抄事件」上告審)。

> 2 　前項の規定は、同項の編集物の部分を構成する著作物の著作者の権利に影響を及ぼさない。

- 2項は、編集著作物についての保護は、その一部に利用される著作物の著作者の権利に影響を及ぼさないことを規定する。
- 素材が著作物である編集著作物の場合、素材の著作者の権利と編集著作者の権利の関係は、二次的著作物における原著作物の著作者の権利と二次的著作物の著作者の権利の場合と同様、各権利は重畳的に存在し、また、各々が独立してその主張ができることとなる。この場合、編集著作物の著作者の権利はあくまで編集著作物としての利用に対して働くものなので、素材部分の利用には権利が及ばないとするのが原則であるが、部分的利用であっても、素材の選択又は配列の創作性が認められる範囲のものであれば編集著作者の権利が及ぶものと考えられる。
- なお、この場合も、編集著作者が複製許諾等するに際しては、素材の側の著作者の合意が必要であると解す。

> （データベースの著作物）
> 第12条の2　データベースでその情報の選択又は体系的な構成によつて創作性を有するものは、著作物として保護する。

- 12条の2は、データベースの著作物について規定する。情報の選択又は体系的な構成について創作性が認められるデータベースは、著作物として保護する旨を規定する。
- 編集著作物の場合は「素材の選択又は配列」の創作性を問題とするが、データベースの場合は「情報の選択又は体系的な構成」についての創作性が問題となる。従来は、データベースも編集著作物に含めて扱われていたが、データベースの場合、コンピュータでの検索が前提となるので素材はすべて有用なデータとしての情報であり、また、ファイル内での情報の配列よりコンピュータによる効率的な検索のための体系的構成が重要であるので、別途「情

報の選択又は体系的な構成」を創作性の判断対象とした規定を設けたものである。

- データ等が選ばれ編集されているという意味では、データベースも編集著作物と同様であり、したがって、その創作性判断において著作物の性質・内容を考慮したり、選択の幅等の基準を用いたりするといった基本的な考え方は編集著作物と共通するものといえる（前条１項参照）。

  ※ただし、違いも当然ある。編集著作物における「素材」の認定作業では、著作物の創作目的・用途に基づいて判断される場合が多いが、データベースはそもそも多様な処理目的に供されることを念頭に作成されることから、その目的・用途を特定して「情報」か否かを判別するのが困難な場合も多く、むしろ情報としての有用性等を考慮して判断するのが妥当な場合もあり得る（有用性の少ないデータは「情報」と判断しない等）。また、データベースでは情報の「配列」ではなく「体系的な構成」に創作性を見い出すことになるので、DBMS（２条１項10号の３（→22頁）解説参照）による処理の効率化に係る創作的行為（キーワードの付加、コーディング等）について創作性を判断することが多くなろう。なお、情報の「選択」の解釈について、全データの中からどれを選んだのかが主要なポイントとなる点は、編集著作物の場合と同様である。

- データベースの作成においては、情報収集や調査に多大な費用と労力が費やされる場合が多いが、その点を根拠に著作物性が認められることはない。ただし、情報集積物のへの投下資本に対する法的保護を図るため、データベースからのデータ流用行為について不法行為法による救済を認めた判決がある（東京地中間判平13.5.25「自動車データベース事件」）。

- データベースが表現形態上の分類である10条１項に例示されない点、情報の選択や体系付けの方法自体を保護するものではない点、及び構成する情報が著作物であるか否かは問わない点については、創作性判断と併せ前条１項と同様に解する。

2　前項の規定は、同項のデータベースの部分を構成する著作物の著作者の権利に影響を及ぼさない。

- ２項は、データベースの著作物についての保護は、その一部に利用される著

- 収集された情報が著作物であるデータベースの著作物の場合、個々の情報の著作者の権利とデータベースの著作者の権利の関係は、二次的著作物における原著作物の著作者の権利と二次的著作物の著作者の権利の場合と同様、権利は重畳的に存在し、また、各々が独立して権利主張をすることができることとなる。この場合、データベースの著作物の著作者の権利はあくまでデータベースの著作物としての利用に対して働くものなので、個々の情報部分の利用には権利が及ばないとするのが原則であるが、部分的利用であっても、情報の選択又は体系的な構成についての創作性が認められる範囲のものであれば、データベースの著作者の権利が及ぶものと考えられる。
- なお、この場合も、データベースの著作者が複製許諾等するに際しては、個々の情報の著作者の合意が必要であると解す。

（権利の目的とならない著作物）
第13条　次の各号のいずれかに該当する著作物は、この章の規定による権利の目的となることができない。

- 13条は、その性質上著作権等の保護対象とならない著作物について、類型別に本条各号に掲げて規定する。
- いずれも公益的見地から国民に広く知らしめ自由に利用させることが妥当といえる著作物が掲げられており、それらの円滑利用を図ろうとするものである。
- 本条各号に掲げられるものは、あくまで著作物であり、本条は、それらが政策的理由により権利保護を受けないことを規定するものである。つまり、本条は、本来的に著作物に当たらないものを掲げるようないわゆる確認規定ではないということである。
- 「この章の規定による権利の目的となることができない」とは著作（財産）権及び著作者人格権の双方の保護を否定するものである。

> 一　憲法その他の法令

- 1号は、著作権等の目的とならない著作物として、憲法その他の法令を挙げる。法令は国民の権利義務に直接関わるものであり、その正確な知識と理解を促すべきものだからである。
- 具体的には、法律、政令、省令、条約（未批准のものも含む）、外国の法令などが該当する。
- 立法過程にある政府作成の法律案・法律草案も本号に該当すると解される。本条は、国民に周知させ利用可能とすることが妥当な著作物の利用促進を図るものであり、国民の権利を制限しない方向の趣旨内容である点において拡大解釈になじむ規定といえるので、法令となる前段階のものについてもそれに準じて扱い、自由な利用を認めるのが妥当な解釈といえるからである。
- 同様に、廃止された法令についても自由利用が認められると解する。
- 私的に作成された立法案などは、本号に該当しない。法令の前段階のものとはいい難いので、拡大解釈の対象とならないからである。

※法令を素材とした図表について、その内容が法令規定の内容を出ないものであっても、略図化、ブロック化等に法令説明のための創意工夫が認められる場合には著作物として保護するとした判決がある（東京高判平7.5.16「出る順宅建事件」控訴審）。

> 二　国若しくは地方公共団体の機関、独立行政法人（独立行政法人通則法（平成11年法律第103号）第2条第1項に規定する独立行政法人をいう。以下同じ。）又は地方独立行政法人（地方独立行政法人法（平成15年法律第118号）第2条第1項に規定する地方独立行政法人をいう。以下同じ。）が発する告示、訓令、通達その他これらに類するもの

- 2号は、著作権等の目的とならない著作物として、行政機関や独立行政法人等が発する告示、訓示、通達等を挙げる。これらは、公権力の行使として行政庁の意思を伝える公文書であり、法令に準じ国民に広く知らしめるべきものだからである。

- 行政庁の所管権限の下に発せられる通知、行政実例など、国民の利益に直接又は間接的に関わる文書が該当する。
- 白書や報告書の類は、行政機関等が作成したものであっても権限行使に関する側面より商品的価値としての側面が大きいことから、通常の著作物として権利保護を受けると解する。ただし、32条2項においてこれら白書や報告書の自由転載を認めている。

> 三　裁判所の判決、決定、命令及び審判並びに行政庁の裁決及び決定で裁判に準ずる手続により行われるもの

- 3号は、著作権等の目的とならない著作物として、裁判所の判決等、及び準司法的手続きによる行政庁の裁決等を挙げる。これらは法令解釈の実例としての意義等、国民の利益に深く関わる情報であるため、広く知らしめるべきものといえるからである。
- 「行政庁の裁決及び決定で裁判に準ずる手続により行われるもの」とは、行政不服審査における決定又は裁決、特許審判での審決、海難審判での裁決などを指す。「裁決」又は「決定」でなくとも、行政庁が準司法の手続きにより下す裁断であれば「審決」や「裁定」なども該当する。
- なお、判決文等に鑑定人の意見書が収録されている場合、その部分には鑑定人の著作権が別途発生している可能性が高いので留意が必要である（加戸140頁）。

> 四　前3号に掲げるものの翻訳物及び編集物で、国若しくは地方公共団体の機関、独立行政法人又は地方独立行政法人が作成するもの

- 4号は、著作権等の目的とならない著作物として、行政機関や独立行政法人等が作成する本条1号から3号までに掲げる著作物の翻訳物・編集物を挙げる。前3号の趣旨を考慮した場合、各号著作物の翻訳物・編集物についても自由利用を認めるとするのが目的に適った考え方だからである。
- 民間ベースで作成されたこれら翻訳物（外国の法令の翻訳物等）・編集物（法令集、判例集等）については、権利の対象となる。

- なお、「編集物」にはデータベースは含まれないので（12条1項）、本号で「データベース」を掲げていない以上、行政機関等が作成した法令等に係るデータベースについては権利が及ぶこととなる。法令等のデータベースは、公衆利用のためよりも主に行政庁内部での利用目的のために作成されるものであり、また、その開発には相当の費用を要することとのバランスからこのように判断されたものである。

第2節　著作者

> （著作者の推定）
> 第14条　著作物の原作品に、又は著作物の公衆への提供若しくは提示の際に、その氏名若しくは名称（以下「実名」という。）又はその雅号、筆名、略称その他実名に代えて用いられるもの（以下「変名」という。）として周知のものが著作者名として通常の方法により表示されている者は、その著作物の著作者と推定する。

- 14条は、著作者名として一定の要件を満たす形で氏名や変名等が表示された場合、その者を著作者と推定する旨の規定である。
- 本条の実質的意味は、著作権侵害訴訟等において誰が著作者であるかを証明する場合の立証責任を転換した点にある。実際問題として、誰が真の著作者であるかを積極的に立証することは困難であるので、原作品に氏名等が表示してある場合などにはその者を著作者と推定し、それを否定する者が反証を挙げて推定を覆すという形を採った。例えば、複製権侵害訴訟の場合、原告が推定される著作者であれば、その者は自分が著作者であることについて何ら立証する必要はなく、真の著作者は他の者であることの主張立証は被告がしなければならない。逆に、改ざんされた嘘の著作者名表示に対し真の著作者が訴えるような場合には、原告である真の著作者が挙証して推定を覆さないといけない。

※訴訟において本条と75条3項（実名登録による著作者の推定）の推定が衝突した

場合について、「両当事者から、14条と75条の推定が主張されれば、結局、双方とも推定されるということになり、それは双方とも推定されないのと同じであり、通常の挙証ルールに戻り、主張する者が挙証責任を負うと考えるべきであろう」とする（中山170頁）。

- 著作権侵害について刑事告訴する場合には、告訴権者の推定についても本条の効力が及ぶ。
- 「著作物の原作品」という場合、版画や鋳物品など、版木や鋳型により複数作成された同一作品であるいわゆるオリジナル・コピーもこれに含まれると解する。この場合、原作品が複数存在するものとして扱う。
- 著作物について、「提供」という場合は、頒布等の有形的利用による場合であり、「提示」という場合は、上演等の無形的利用による場合である。
- 「氏名」とは、自然人を、「名称」は法人等の団体を示すものであり、これらを「実名」とする。
- 「雅号、筆名、略称」などの「変名」は、「実名」に代えて用いられるものでなければならない。したがって、通称や愛称であっても該当する場合があるといえるだろうが、「一市民」とか「20才フリーター」などの表示は、通常の使い方の場合、実名レベルで人を特定するものではないので「変名」には当たらない。
- 「《変名》として周知のもの」とは、その変名が特定の著作者を示すことが明確であり、かつ、その著作者が実在する者として社会的に認識されているような状況にあるものをいう。これは、特に、権利の存続期間に関わる著作者の死亡時の判断において意義を持つ要件である。
- 「通常の方法により表示」とは、一般に社会慣行として行われている表示場所に、それが著作者であると一般人が認識できる表記方法で表示する場合をいう。著作者の氏名等が、書籍の表紙や奥付、CDのジャケットなどの一般的な表示場所に、「著者」・「編集者」・「作曲者」といった、著作者の立場を示す表記と共に表示されている場合（「著者○○」等）であり、無形的著作物の場合について当てはめていえば、例えば放送で音楽を流す際に、アナウンスでその著作者を称呼する場合などが該当する。
  ※複数の表示が競合するような場合には、いずれがより表示として通常の方法と認められるかにより決められるとされる（百選4版219頁）。

> **（職務上作成する著作物の著作者）**
> **第15条** 法人その他使用者（以下この条において「法人等」という。）の発意に基づきその法人等の業務に従事する者が職務上作成する著作物（プログラムの著作物を除く。）で、その法人等が自己の著作の名義の下に公表するものの著作者は、その作成の時における契約、勤務規則その他に別段の定めがない限り、その法人等とする。

- 15条は、職務著作（法人著作）について規定する。法人等の発意に基づき被用者が職務上作成する著作物については、一定条件の下、使用者である法人等を著作者とする旨の規定であり、この場合、著作者人格権も法人等に帰属することになる。
- 被用者が職務上作成する著作物について、実質的に使用者である法人等がその利用についての社会的責任を負い対外的信頼を得ているような場合には、当該法人等を著作者とする旨の規定であり、元々は、法人の団体内部での創作に複数の著作者が関わることでその態様が複雑となり、具体的な創作者を被用者である自然人の中に求めるのが実状に反するようになったことから認められた規定である（半田65頁）。映画の著作物における場合と同様、権利の集中がねらいの規定ともいえる。
  ※著作物の財としての性格が強くなったことを受け、創作者の人格的側面より、その利用・流通の側面を重視したのが職務著作制度であるともいえる。著作権の場合、特許権のような登録主義は採用されないため、著作物の利用者にとっては、法人等が著作者となることで権利の帰属主体が比較的把握し易いものとなり、一方、法人等の使用者の立場からすると、契約では処理に限度がある著作者人格権を最初から自らに帰属させることで財産としての活用がし易くなるということがいえる。職務著作制度はこれらを実現する制度ということである（中山172頁）。
  ※法人等が著作者となり得ることに関連し、法人の著作行為が認められるのかについて旧法下より争いがあった。法人実在説を根拠とする肯定説と、法人擬制説を根拠とする否定説が対立したが、現行法下においては、「法人等が自己の著作の名義の下に公表するもの」に限り法人を著作者と認めている点や、「その作成の

時における契約、勤務規則その他に別段の定め」があれば被用者も著作者となり得るとしている点などから考えると、従業者等の著作は法人の機関・手足による法人の著作であるとする肯定説には無理があり、精神的創作行為である著作行為は自然人のみが可能であり、著作権取引等の便宜上一定条件の下で法人を著作者と擬制とする否定説が妥当であるといえる。

※一般に、新法施行後における旧法下での作品については、経過規定がある場合にのみ旧法が適用されるものであるところ、現行法（昭和45年法）の経過規定（附則4条）を受け、旧法（明治32年法）下で創作された映画著作物（監督等として自然人の著作者名が示されている）に係る著作権が、現行法施行時に存続していたのかが問われた事案では、旧法下での団体名義著作物についての保護期間の規定（旧6条、興行より30年とする）は、法人著作自体を認めたものではなく、よって、当該映画の著作者は、映画製作会社ではなくその全体の形成に創作的に寄与した監督等であり、当該映画著作物ではその実名が示されているのであるから、その保護期間については著作者の死後38年（旧3条・52条）が適用されることになり、当該施行時におけるその著作権の存続が認められるとされた（最判平21.10.8「チャップリン事件」上告審）。

- 法人等が著作者と認められるための要件としては、①法人等の発意に基づき作成された著作物であること、②法人等の業務に従事する者が作成したものであること、③従業者が職務上作成した著作物であること、④法人等が自己の著作の名義で公表する著作物であること、及び⑤著作物作成の時における契約、勤務規則その他に別段の定めがないこと、が挙げられる。以下、各要件について説明を加える。

要件①（法人等の発意に基づき作成された著作物であること）について
- 条文中、「発意に基づき」とは、その著作物作成の意思が、直接又は間接に法人等である使用者側の判断にかかっていることを指す（加戸146頁）。使用者からの具体的命令がなくとも、当該雇用関係からみて使用者の間接的な意図の下に創作をした場合も含むと解される（中山175頁）。
  ※「法人等の発意」は、下記「職務上作成」の要件に吸収されるため、独立した要件にはならないとする説がある（田村380頁）。
- 条文の「法人等」のうち、「法人」には、法人格を有しない団体も含まれ（2

条6項)、「法人その他使用者」には、個人の使用者も含まれると解する。

要件②（法人等の業務に従事する者が作成したものであること）について
- 条文の「法人等の業務に従事する者」とは、著作行為において会社等との間に支配・従属の関係にある従業者とされ、労働法上の労働者概念と同様とされる（加戸146頁）。判例は、「法人等と雇用関係にある者」であれば「法人等の業務に従事する者」に当たるとした上で、雇用関係の有無は、「法人等と著作物を作成した者との関係を実質的にみたときに、法人等の指揮監督下において労務を提供するという実態にあり、法人等がその者に対して支払う金銭が労務提供の対価であると評価できるかどうかを、業務態様、指揮監督の有無、対価の額及び支払い方法等に関する具体的事情を総合的に考慮して判断すべき」とした（最判平15.4.11「RGBアドベンチャー事件」上告審）。
  ※「RGBアドベンチャー事件」最高裁判決は、雇用関係の認定について、労働契約の認定における考慮要素により判断するとしたものであり雇用関係以外の場合の職務著作の成立については判断していないとされるが（百選4版68頁）、雇用関係以外の場合でも、雇用関係類似の指揮命令等を重視する同様の基準で判断すべきとする見解が多いことから（下記参照）、結果的に、全てのケースに適用し得る基準を示したものともいえよう。なお、同判決は、形式的事由（在留資格の種別（同事案の作品作成者は外国籍の者であり、就労ビザ取得前に観光ビザで来日し当該作成を行っていた点が問題視された）、雇用契約書の存否、雇用保険料、所得税等の控除の有無等）を主たる根拠として雇用関係の存在を否定した原審を覆し、具体的事情により雇用関係の存在を認定し直したものである。
- 雇用関係のない部外者への委託、委嘱等については、原則的に本条は適用されず受託者等が著作者になるとされるが（加戸147頁）、雇用関係以外の地位にある者であっても、法人等との間に著作物作成に関する指揮命令関係があり、当該著作に係る著作権の原始的帰属先を法人等とする前提にあるような関係が認められる場合には「法人等の業務に従事する者」に当たるとする（東京地判平10.10.29「SMAPインタビュー（大研究）事件」、東京高判平10.2.12「四谷大塚問題解説書事件」控訴審では、それぞれ、フリーライターと塾講師が本項の対象とされた）。
- 労働者派遣の場合、派遣元の雇用関係と派遣先の指揮命令関係のいずれを優

先するのか問題となるが、形式的身分関係より具体的指揮命令を重視すべきであるとされる（加戸147頁）。対外的信頼関係を重視し、著作物を有効利用するために権利を集中させるとする職務著作の趣旨からすると、直接的に従業者を支配し、より著作物利用に近い立場にあると思われる派遣先を使用者と認定するのが妥当であろう。

- なお、雇用関係以外の場合の指揮命令の性格については、具体的創作行為についての指揮命令でなくとも雇用関係類似の指揮命令があれば足りるとする（中山178頁）。外観上の信頼を重視するものである。

要件③（従業者が職務上作成した著作物であること）について

- 条文の「職務上作成」とは、被用者が自分に与えられた仕事の範囲内で著作物を作成することであり、勤務時間外や勤務場所以外での作成であっても、自己の職務に基づいている限りそれに該当するとされる（半田68頁、斉藤128頁）。

  ※「職務上作成する著作物」に該当するかどうかは、法人等の業務の内容、著作物を作成する者が従事する業務の種類・内容、著作物作成行為の行われた時間・場所、著作物作成についての法人等による指揮監督の有無・内容、著作物の種類・内容、著作物の公表態様等の事情を総合勘案して判断するのが相当であるとし、特許所事務所勤務の弁理士が勤務時間外に執筆したものについて、「職務上作成する著作物」に当たらないとした判決がある（東京地判平16.11.12「創英知的財産権入門事件」）。

- 職務との関連で作成されたものが「職務上作成した著作物」に含まれるか否かについては、見解が分かれるが、ケースに応じて客観的かつ合理的に判断されるべきであろう。

  ※このうち、含まれないとする見解によれば、例えば国立大学の教授が作成した講義案は、職務との関連上の著作物であって職務そのものにより作成されたものとはいえないので、この講義案は当該大学教授の著作物となり国の著作物とはならないとする（加戸147頁）。当該事例の結論自体は妥当とも思われるが、職務に関連して作成されたもの全てが職務上の作成から除かれるのは狭すぎて現実的ではないといえる（中山180頁）。裁判例でも、「職務上作成する著作物」について「業務に従事する者に直接命令されたもののほかに、業務上従事する者の職務上

…作成することが予定又は予期される行為も含まれるものと解すべき」としており（知財高判平18.12.26「宇宙開発事業団プログラム事件」控訴審）、解釈を拡げる傾向にある（ただし、予定又は予期されていたか否かの判断を含めこれらは、事案に即し客観的かつ合理的に判断されるべきである（百選4版75頁））。

要件④（法人等が自己の著作の名義で公表する著作物であること）について
- 公表名義を要件とするのは、その著作物についての使用者の社会的責任を明確にし信頼を得るためとされる。
  - ※社会的責任・信頼は、使用者と第三者との問題であり、実際に公表されて意味をなすものであることから、未公表であっても職務著作と認められるべき場合（公表しない秘密文書の著作等）の根拠としては弱いとされる（中山181頁）。
- 条文中「自己の著作の名義の下に」とあるように、法人等が、発行者等としてではなく、あくまで著作者として表示されていなければならない。
  - ※新聞等の編集著作物において、全体が法人等の著作名義表示となっていても、各分担部分に担当執筆者名が記されている場合などは、その執筆者名表示の意図が単なる内部分担責任を示したものか、執筆者の人格権まで含めた著作者としての表示なのかにより判断が分かれることになる。
- 「公表したもの」ではなく「公表するもの」としたのは、実際に法人等名義で公表したもののみならず、法人等名義で公表予定の著作物も「法人等が自己の著作の名義の下に公表するもの」に該当することを意味するものである。著作者は創作時に決せられるべきことから規定されたものである。例えば、新聞掲載のために新聞社のカメラマンが撮影した複数の写真のうち実際に掲載された写真以外のものについても、本来的に新聞社名義で公表予定のものでありその意図で撮影されたものなので、これらは新聞社の著作物ということになる。また、企業の機密文書などは通常公表予定にないものであるが、それをもって法人著作を否定し、作成者個人に著作権を帰属させ公表権を与えるのは不合理となることから、「『その法人等が自己の著作の名義の下に公表するもの』には、公表は予定されていないが、仮に公表されるとすれば法人等の名義で公表されるものも含まれると解する」とした裁判例がある（東京地判昭60.2.13「新潟鉄工事件」）。

要件⑤（著作物作成の時における契約、勤務規則その他に別段の定めがないこと）について
- 上記①から④までの要件を満たす著作物については自動的に法人等が著作者となるが、例外的に勤務規則等により別段定めがある場合には、被用者である個人がその著作者となる。この場合注意が必要なのは、当該著作物の作成時に勤務規則等による取り決めがなされていることを要する点である。法人等を著作者とする本条規定は法定主義によるものと考えられており、したがって事後的に当事者間の意思により著作者を動かすことはできないものだからである。

> 2　法人等の発意に基づきその法人等の業務に従事する者が職務上作成するプログラムの著作物の著作者は、その作成の時における契約、勤務規則その他に別段の定めがない限り、その法人等とする。

- 2項は、前項の職務著作規定の特例として、プログラムの著作物の場合を規定する。この場合、公表名義については法人著作の要件としないこととする。
- プログラム著作物は、法人等において多数の従業員により組織的に作成されることが多く、その一方で、公表を予定していない場合や公表名義が不特定な場合が多いため、そのようなプログラム著作物の特性を考慮し1項の「その法人等が自己の著作の名義の下に公表するもの」の要件を外したものである。他の要件については、1項と同様である（別段の定めによる例外も同様である）。
  ※具体的には、①公表されないプログラム、②無名で公表されたプログラム、③他の法人等名義で公表されたプログラム、④被用者個人の名義で公表されたプログラムのいずれであっても、他の要件を具備するプログラム著作物であれば本項法人等が著作者となる。

第2章第2節

> （映画の著作物の著作者）
> 第16条　映画の著作物の著作者は、その映画の著作物において翻案され、又は複製された小説、脚本、音楽その他の著作物の著作者を除き、制作、監督、演出、撮影、美術等を担当してその映画の著作物の全体的形成に創作的に寄与した者とする。ただし、前条の規定の適用がある場合は、この限りでない。

- 16条は、映画の著作物の著作者について規定する。
- 「制作、監督、演出、撮影、美術等を担当してその映画の著作物の全体的形成に創作的に寄与した者」が映画著作物の著作者、つまり「映画の著作物を創作する者」（2条1項2号）である。これら映画自体の著作者をモダンオーサーと呼ぶ。
  ※「制作」はプロデューサー、「監督」は映画監督、「演出」はディレクター、「撮影」は撮影監督、「美術」は美術監督のそれぞれの役割を示したものであり、このほか、フィルムエディターや録音監督などもモダンオーサーに含まれる。映画の著作物は、これらモダンオーサーの共同著作物といえる。
- 「全体的形成に創作的に寄与」とあるので、部分的な創作に寄与するに過ぎない助監督やカメラ助手等は含まれない。
  ※映画の製作において、形式的に監督であっても設定デザイン等の一部作成に関与したのみで製作過程の統括や製作スタッフへの細部にわたる指示をしていない者はその映画の著作者ではないとし、企画書の作成から映画完成に至るまでの全製作過程に関与し、具体的かつ詳細な指示をして最終決定をして本件映画の全体的形成に創作的に寄与したゼネラル・プロデューサーが著作者であるとした判決例がある（東京地判平14.3.25「宇宙戦艦ヤマト事件」）。
- 「その映画の著作物において翻案され、又は複製された小説、脚本、音楽その他の著作物の著作者」は、映画の著作物を二次的著作物と見た場合の原著作物の著作者であり、映画の原作品である小説や脚本あるいは映画中に収められている音楽や美術作品の著作者である。こちらは、クラシカルオーサーと呼ばれる。
  ※モダンオーサーとして担当する「美術」と、クラシカルオーサーが作成する「美

術作品」は別の概念であることに留意する。
- 映画会社が職務として従業員に作成させる記録映画等は、職務著作（15条）の適用を受けるため、本条の対象とはならない旨をただし書で規定する。
- なお、映画の著作物の著作権は、通常「映画製作者」に帰属するので（29条）、本条で映画の著作物の著作者となる者は、著作者人格権についての実益を有するということになる。

第3節　権利の内容

第1款　総　則
（第17条）
第2款　著作者人格権
（第18条～第20条）
第3款　著作権に含まれる権利の種類
（第21条～第28条）
第4款　映画の著作物の著作権の帰属
（第29条）
第5款　著作権の制限
（第30条～第50条）

第1款　総　則

> （著作者の権利）
> 第17条　著作者は、次条第1項、第19条第1項及び第20条第1項に規定する権利（以下「著作者人格権」という。）並びに第21条から第28条までに規定する権利（以下「著作権」という。）を享有する。

- 17条1項は、著作者が、著作権法上、著作者人格権と著作権を有することを規定する。
- このうち、著作者人格権（18条1項、19条1項、20条1項）は、著作者の人格的

な利益を保持する精神的権利であり、著作権（21条～28条）は、著作物の利用についての経済的価値を有する財産権である。いずれも、著作者の思想・感情についての無形の排他的権利である。なお、113条の侵害擬制行為に係る内容についても、著作者の権利の一内容と考えられる（加戸154頁）。

- わが国著作権法においては基本的に、本条で挙げた権利に係る人格的利益や利用についてのみ排他的な保護を与えるという形を採るので、逆にいえば、本条規定の権利がカバーしない範囲についてはそのような保護が受けられないことになる。例えば、展示権の場合、美術作品と写真の原作品以外には権利が及ばないため（25条）、文芸や学術の原作品については保護が受けられないことになる。

※このような限定が設けられるのは、わが国の国内事情や時代背景を考慮し著作物の利用と保護の妥当なバランスを図って保護範囲が定められたことによる。ちなみに海外では、作品価格の値上がり分を享受し得る「追求権」や、公表した作品を絶版にし得る「撤回権」を認める国もある。

※本法規定の権利と関連し、著作物の創作・利用において人の氏名や肖像が関わる場合に問題となる「氏名権・肖像権」及び「パブリシティ権」について説明を加えておく。いずれも、法上の明文規定は持たないが、学説・裁判例上認められている権利である。裁判例では、「氏名権・肖像権」について、人が濫りにその氏名を第三者に使用されたりその肖像を他人の目にさらされることは、精神的苦痛であるとし、「かかる精神的苦痛を受けることなく生きることは、当然に保護を受けるべき生活上の利益」であり、それは「法の領域においてその保護が図られるまでに高められた人格的利益（それを氏名権、肖像権と称するか否かは別論として。）というべき」とする（東京地判昭51.6.29「マーク・レスター事件」）。一方、「パブリシティ権」については、「著名人がその氏名、肖像その他の顧客吸引力のある個人識別情報の有する経済的利益ないし価値を排他的に支配する権利」とする（東京高判平11.2.24「キング・クリムゾン事件」控訴審）。パブリシティ権の侵害の成否について、従来は、商品使用と広告宣伝への使用という典型的使用に該当する場合以外は否定されることが多かったのであるが（その理由として、当該権利の法的性質が、顧客吸引力のある氏名・肖像が持つ標識性にあり、標識の典型的使用行為が商品使用と広告宣伝への使用であることが挙げられる（百選4版181頁））、その後、他人の肖像等の使用目的、態様等を全体的に観察し、その使用が当該肖像等の顧

客吸引力に基づく経済的利益・価値に着目しその利用を目的とするものであるかどうかで判断すべきとする総合的判断基準が示され（上記「キング・クリムゾン事件」他）、非典型的使用についても検討の余地が残されるようになった。例えば、出版物において芸能人の肖像をグラビア的に使用する場合のパブリシティ権等の侵害の成否の判断について、表現の自由の保障との関係を顧慮し、その芸能人の名声、社会的評価等のほか、その肖像等が出版物の販売、促進のために用いられたか否か等を検討するなどとする判決もみられる（東京高判平18.4.26「ブブカスペシャル7事件」控訴審）。なお、プロ野球選手のパブリシティ権等が球団に属するとする統一契約書の解釈が争われた事案では、「純然たる私人としての行動についての権利は選手個人に留保されているから、選手から球団に上記権利が譲渡されたとまでは解することはできない」とし、当該契約書の性格について、選手から球団への独占的使用許諾であるとされた（知財高判平20.2.25「プロ野球選手パブリシティ事件」控訴審）。

> 2 著作者人格権及び著作権の享有には、いかなる方式の履行をも要しない。

- 2項は、著作者人格権も著作権も、無方式で権利の享有ができる旨を規定する。ベルヌ条約の無方式主義に倣ったものである。
- 無方式主義による場合、著作物の創作と同時に権利が発生するが、創作された時というのは、著作者の思想・感情が客観的に認識できる形で表現された時点であり、創作者の完成か未完成かについての主観的判断は関係しない。
- なお、万国著作権条約では方式主義が認められており、その方式主義国で保護を受ける場合には、日本人による著作物であっても©表示を付する必要がある（万国著作権条約3条1項）。ただし、ベルヌ条約と万国著作権条約の双方が適用される場合にはベルヌ条約が優先適用されるため（万国著作権条約17条1項）、米国をはじめとするかつての方式主義国が、無方式主義を原則とするベルヌ条約に加盟した現在においてはその必要性は薄れている。
- ※©表示は、無方式主義国に係る著作物であっても、その最初の発行時より複製物の全てに同表示を付していれば方式主義国において著作物の保護要件を満たしたものとして扱うとする、いわば方式主義国と無方式主義国をつなぐ間の架け橋

としての役割を担うものであり、その構成は、Cマーク（©）と著作権者名及び最初の発行年の3つからなる。これら3要素の全てが付されることが要件となる。CマークはCopyrightの略符である。

第2款　著作者人格権

> **（公表権）**
> **第18条**　著作者は、その著作物でまだ公表されていないもの（その同意を得ないで公表された著作物を含む。以下この条において同じ。）を公衆に提供し、又は提示する権利を有する。当該著作物を原著作物とする二次的著作物についても、同様とする。

- 18条1項は、著作者人格権の1つである「公表権」について規定する。著作者は、未公表の著作物を、その二次的著作物を含め、公衆に提供・提示する権利を有するとする。公衆への提供・提示が公表である（4条参照）。
- 本項は、未公表の著作物を公表するか否かの決定がその著作者の名声や地位に影響することに鑑み、その決定は著作者の意思に委ねられるべきとする趣旨によるものである。
- 公表するか否かの決定という場合、作品を世に出すか否かの決定の他、どういう形で出すかという公表の方法についての決定や、いつ公表するかという時期的な決定も含まれる。
- 「その同意を得ないで公表された著作物を含む」とあるのは、著作者より著作権を譲り受けた者等がその著作権を根拠に当該著作物を公表した場合（4条）でも、著作者人格権を有する著作者の同意を得ていないのであれば、その著作物は、本項の「公表されていないもの」に含まれるということである。

> 2　著作者は、次の各号に掲げる場合には、当該各号に掲げる行為について同意したものと推定する。

- 2項は、本項各号に掲げる場合について、著作者の公表意思を推定するとする規定である。公表権による過度の制約を抑える趣旨のものである。

- 各号において、まず、対象となるケースを挙げ、その場合に同意が推定される行為を次に掲げる。

> 一　その著作物でまだ公表されていないものの著作権を譲渡した場合　当該著作物をその著作権の行使により公衆に提供し、又は提示すること。

- 1号は、未公表の著作物の著作権を譲渡した場合を挙げる。この場合は、その譲渡された著作権を行使して当該著作物を公衆へ提供又は提示する公表行為について同意が推定される。
- 著作権の譲渡は、著作物の利用による財産的活用を実質的に認めたものであるにもかかわらず、著作物の公表を認めないのでは矛盾した意思表示と考えられることから同意が推定されるものである。ただし、推定規定であるので、特約により本号の規定は除外し得る。
- 本号の公表行為とは、本号でいう譲渡に係る著作権の行使によるものである。例えば、譲渡した著作権が演奏権であれば、演奏によりその著作物を公に提示することについて同意が推定されるということである。
- なお、いかなる種類の行為によるものであれ、一度適法に公表された著作物については公表権は消滅し、その後の別の方法による利用についても著作者人格権としての公表権は及ばない。

> 二　その美術の著作物又は写真の著作物でまだ公表されていないものの原作品を譲渡した場合　これらの著作物をその原作品による展示の方法で公衆に提示すること。

- 2号は、未公表の美術又は写真の著作物の原作品を譲渡した場合を挙げる。この場合は、これらの著作物をその原作品の展示の方法で公衆へ提示することによる公表行為について同意が推定される。
- 本号は、原作品の物品としての側面に係る所有権を尊重したものである。原作品の所有権を譲り受けた者は、その原作品を展示することも認められたと解するのが通常取引における当事者の合理的な意思といえるからである。

- ただしこの場合も、特約により推定規定は働かないものとすることができる。

> 三　第29条の規定によりその映画の著作物の著作権が映画製作者に帰属した場合　当該著作物をその著作権の行使により公衆に提供し、又は提示すること。

- 3号は、29条規定により、映画著作物の著作権が映画製作者に帰属した場合を挙げる。この場合、当該著作物をその著作権の行使により公衆に提供又は提示する公表行為について同意が推定される。
- 29条は、映画製作の目的や態様等に鑑み映画著作物の著作権（同条2項・3項ではその一部）が映画製作者に帰属する場合について定めるが、著作者の公表権により当該映画の公開ができないとすると、同条が掲げる映画の円滑利用の趣旨を蔑ろにしかねないので、本号で公表の同意を推定したものといえる。
- ただしこの場合も、特約により推定規定を抑えられるので、著作者は、映画の出来ばえを見てから公開の決断をすることも可能である。

> 3　著作者は、次の各号に掲げる場合には、当該各号に掲げる行為について同意したものとみなす。

- 3項は、同項各号に掲げるケースにおいて、所定の公表行為についての同意が擬制される旨の規定である。2項は「同意したものと推定する」規定なのに対し、こちらは「同意したものとみなす」規定である。
- いずれも、情報公開法等の円滑な運用の観点によるものである。

> 一　その著作物でまだ公表されていないものを行政機関（行政機関の保有する情報の公開に関する法律（平成11年法律第42号。以下「行政機関情報公開法」という。）第2条第1項に規定する行政機関をいう。以下同じ。）に提供した場合（行政機関情報公開法第9条第1項の規定による開示する旨の決定の時までに別段の意思表示をした場合を除く。）
> 　行政機関情報公開法の規定により行政機関の長が当該著作物を公衆に提供し、又は提示すること（当該著作物に係る歴史公文書等（公文

書等の管理に関する法律（平成21年法律第66号。以下「公文書管理法」という。）第2条第6項に規定する歴史公文書等をいう。以下同じ。）が行政機関の長から公文書管理法第8条第1項の規定により国立公文書館等（公文書管理法第2条第3項に規定する国立公文書館等をいう。以下同じ。）に移管された場合（公文書管理法第16条第1項の規定による利用をさせる旨の決定の時までに当該著作物の著作者が別段の意思表示をした場合を除く。）にあつては、公文書管理法第16条第1項の規定により国立公文書館等の長（公文書管理法第15条第1項に規定する国立公文書館等の長をいう。以下同じ。）が当該著作物を公衆に提供し、又は提示することを含む。）。

- 1号は、本項同意擬制の対象となる行為として、著作者が未公表の著作物を国の行政機関に提供した場合（所定の開示決定までに開示に同意しない旨の意思表示をしたときを除く）の、行政機関情報公開法の規定に従って当該行政機関の長がする当該著作物の公衆への提供・提示を掲げる。

  ※行政機関情報公開法2条1項に規定する「行政機関」とは、同項各号に掲げる以下のものをいう。

  一　法律の規定に基づき内閣に置かれる機関（内閣府を除く。）及び内閣の所轄の下に置かれる機関

  二　内閣府、宮内庁並びに内閣府設置法第49条第1項及び第2項に規定する機関（これらの機関のうち第4号の政令で定める機関が置かれる機関にあっては、当該政令で定める機関を除く。）

  三　国家行政組織法第3条第2項に規定する機関（第5号の政令で定める機関が置かれる機関にあっては、当該政令で定める機関を除く。）

  四　内閣府設置法第39条及び第55条並びに宮内庁法第16条第2項の機関並びに内閣府設置法第40条及び第56条（宮内庁法第18条第1項において準用する場合を含む。）の特別の機関で、政令で定めるもの

  五　国家行政組織法第8条の2の施設等機関及び同法第8条の3の特別の機関で、政令で定めるもの

  六　会計検査院

  ※行政機関情報公開法9条1項では、「行政機関の長は、開示請求に係る行政文書

の全部又は一部を開示するときは、その旨の決定をし、開示請求者に対し、その旨及び開示の実施に関し政令で定める事項を書面により通知しなければならない。」と規定する。

- 本号の行政機関情報公開法の規定に従った提供・提示には、本号著作物に係る歴史公文書等が、行政機関の長から公文書管理法8条1項の規定により国立公文書館等に移管された場合（所定時までに著作者の別段の意思表示があった場合は除く）の、国立公文書館の長による一定の公衆への提供・提示も含む（かっこ書）。

  ※公文書管理法2条6項に規定する「歴史公文書等」とは、「歴史資料として重要な公文書その他の文書」である。

- 公文書管理法8条1項では、「行政機関の長は、保存期間が満了した行政文書ファイル等について、第5条第5項の規定による定めに基づき、国立公文書館等に移管し、又は廃棄しなければならない。」とする。同法5条5項では、行政機関の長は、行政文書ファイル等について保存期間満了前できるだけ早期に、満了後の措置として、歴史公文書等該当のものについては国立公文書館等への移管措置を、それ以外のものについては破棄の措置をとるべきことを定めなければならない旨を規定する。

  ※公文書管理法2条3項では、国立公文書館等について「この法律において「国立公文書館等」とは、次に掲げる施設をいう。一　独立行政法人国立公文書館（以下「国立公文書館」という。）の設置する公文書館、二　行政機関の施設及び独立行政法人等の施設であって、前号に掲げる施設に類する機能を有するものとして政令で定めるもの」とする。2号の政令で定めるものとは、宮内庁や外務省等の施設であって、特定歴史公文書等の保存や利用促進のための管理施設として宮内庁長官や外務大臣等がそれぞれ指定したものをいう（公文書管理法施行令2条1項参照）。

  ※公文書管理法では「特定歴史公文書等」について、歴史公文書等のうち、同法8条1項や11条4項等の規定により国立公文書館等に移管されたものをいうとする（同法2条7項）。

- 公文書管理法16条1項の規定とは、国立公文書館等の長は、国立公文書館等において保存されている特定歴史公文書等について所定の目録（その保存・利用等について記載されたもの）に従った利用請求があった場合には、原則それ

- 公文書管理法15条1項では、「国立公文書館等の長」について「国立公文書館等が行政機関の施設である場合にあってはその属する行政機関の長、国立公文書館等が独立行政法人等の施設である場合にあってはその施設を設置した独立行政法人等をいう」とする。

> 二　その著作物でまだ公表されていないものを独立行政法人等（独立行政法人等の保有する情報の公開に関する法律（平成13年法律第140号。以下「独立行政法人等情報公開法」という。）第2条第1項に規定する独立行政法人等をいう。以下同じ。）に提供した場合（独立行政法人等情報公開法第9条第1項の規定による開示する旨の決定の時までに別段の意思表示をした場合を除く。）　独立行政法人等情報公開法の規定により当該独立行政法人等が当該著作物を公衆に提供し、又は提示すること（当該著作物に係る歴史公文書等が当該独立行政法人等から公文書管理法第11条第4項の規定により国立公文書館等に移管された場合（公文書管理法第16条第1項の規定による利用をさせる旨の決定の時までに当該著作物の著作者が別段の意思表示をした場合を除く。）にあつては、公文書管理法第16条第1項の規定により国立公文書館等の長が当該著作物を公衆に提供し、又は提示することを含む。）。

- 2号は、本項同意擬制の対象となる行為として、著作者が未公表の著作物を独立行政法人等に提供した場合（所定の開示決定までに開示に同意しない旨の意思表示をしたときを除く）の、独立行政法人等情報公開法の規定に従って当該独立行政法人等がする当該著作物の公衆への提供・提示を掲げる。
  ※独立行政法人等情報公開法2条1項では、「独立行政法人等」とは、独立行政法人通則法2条1項に規定する独立行政法人及び別表第1に掲げる法人をいうとする。同法2条1項では、「独立行政法人」について、「国民生活及び社会経済の安定性等の公共上の見地から確実に実施されることが必要な事務及び事業であって、国が自ら主体となって直接に実施する必要のないもののうち、民間の主体にゆだねた場合には必ずしも実施されないおそれがあるもの又は一の主体に独占して行わせることが必要であるものを効率的かつ効果的に行わせることを目的と

第2章第3節

して、この法律及び個別法で定めるところにより設立される法人をいう」とし、別表1では、「沖縄科学技術大学院大学学園」をはじめとする16の法人が、その設立の根拠法と共に掲げられている。

- 独立行政法人等情報公開法9条1項では、「独立行政法人等は、開示請求に係る法人文書の全部又は一部を開示するときは、その旨の決定をし、開示請求者に対し、その旨及び開示の実施に関し政令で定める事項を書面により通知しなければならない。」とする。

- 本号の独立行政法人等情報公開法の規定に従った提供・提示には、本号著作物に係る歴史公文書等が、当該独立行政法人等から公文書管理法11条4項の規定により国立公文書館等に移管された場合（所定時までに著作者の別段の意思表示があった場合は除く）の、国立公文書館の長による一定の公衆への提供・提示も含む（かっこ書）。

- 公文書管理法11条4項では、「独立行政法人等は、保存期間が満了した法人文書ファイル等について、歴史的公文書等に該当するものにあっては政令で定めるところにより国立公文書館等に移管し、それ以外のものにあっては廃棄しなければならない。」とする。

- 公文書管理法16条1項の規定については、前号（→120頁）を参照されたい。

三　その著作物でまだ公表されていないものを地方公共団体又は地方独立行政法人に提供した場合（開示する旨の決定の時までに別段の意思表示をした場合を除く。）　情報公開条例（地方公共団体又は地方独立行政法人の保有する情報の公開を請求する住民等の権利について定める当該地方公共団体の条例をいう。以下同じ。）の規定により当該地方公共団体の機関又は地方独立行政法人が当該著作物を公衆に提供し、又は提示すること（当該著作物に係る歴史公文書等が当該地方公共団体又は地方独立行政法人から公文書管理条例（地方公共団体又は地方独立行政法人の保有する歴史公文書等の適切な保存及び利用について定める当該地方公共団体の条例をいう。以下同じ。）に基づき地方公文書館等（歴史公文書等の適切な保存及び利用を図る施設として公文書管理条例が定める施設をいう。以下同じ。）に移管された場合（公文書管理条例の規定（公文書管理法第16条第1項の規定に相当す

> る規定に限る。以下この条において同じ。）による利用をさせる旨の決定の時までに当該著作物の著作者が別段の意思表示をした場合を除く。）にあつては、公文書管理条例の規定により地方公文書館等の長（地方公文書館等が地方公共団体の施設である場合にあつてはその属する地方公共団体の長をいい、地方公文書館等が地方独立行政法人の施設である場合にあつてはその施設を設置した地法独立行政法人をいう。以下同じ。）が当該著作物を公衆に提供し、又は提示することを含む。）。

- 3号は、本項同意擬制の対象となる行為として、著作者が未公表の著作物を地方公共団体又は地方独立行政法人（以下「地方公共団体等」）に提供した場合（所定の開示決定までに開示に同意しない旨の意思表示をしたときを除く）の、情報公開条例の規定に従って当該地方公共団体等がする当該著作物の公衆への提供・提示を掲げる。
- この場合の、情報公開条例の規定に従った提供・提示には、本号著作物に係る歴史公文書等が、当該地方公共団体等から公文書管理条例に基づき地方公文書館等に移管された場合（所定時までに著作者の別段の意思表示があった場合は除く）の、地方公文書館の長による一定の公衆への提供・提示も含む（かっこ書）。
- 「公文書管理条例」、「地方公文書館等」、「地方公文書館等の長」については、条文かっこ書の定義規定を確認のこと。
- 公文書管理法16条1項については、1号（→120頁）を参照されたい。

> 四　その著作物でまだ公表されていないものを国立公文書館等に提供した場合（公文書管理法第16条第1項の規定による利用をさせる旨の決定の時までに別段の意思表示をした場合を除く。）　同項の規定により国立公文書館等の長が当該著作物を公衆に提供し、又は提示すること。

- 4号は、本項同意擬制の対象となる行為として、著作者が未公表の著作物を国立公文書館等に提供した場合（所定の開示決定までに開示に同意しない旨の意思表示をしたときを除く）の、公文書管理法16条1項の規定に従って国立公文書館等の長がする当該著作物の公衆への提供・提示を掲げる。

第 2 章第 3 節

- 1 号及び 2 号のかっこ書では、国立公文書館等への移管があった場合の国立公文書館等の長の公表行為を本項の対象に含める旨が規定されているが、本号は、著作者が自ら国立公文書館等へ未公表著作物を提供した場合の規定である。
- 公文書管理法 16 条 1 項については、1 号（→120 頁）を参照されたい。

> 五　その著作物でまだ公表されていないものを地方公文書館等に提供した場合（公文書管理条例の規定による利用をさせる旨の決定の時までに別段の意思表示をした場合を除く。）　公文書管理条例の規定により地方公文書館等の長が当該著作物を公衆に提供し、又は提示すること。

- 5 号は、本項同意擬制の対象となる行為として、著作者が未公表の著作物を地方公文書館等に提供した場合（所定の開示決定までに開示に同意しない旨の意思表示をしたときを除く）の、公文書管条例の規定に従って地方公文書館等の長がする当該著作物の公衆への提供・提示を掲げる。
- 3 号のかっこ書では、地方公文書等への移管があった場合の地方公文書館等の長の公表行為を本項の対象に含める旨が規定されているが、本号は、著作者自らが地方公文書館等へ未公表著作物を提供した場合の規定である。
- 公文書管理法 16 条 1 項については、1 号（→120 頁）を参照されたい。

> 4　第 1 項の規定は、次の各号のいずれかに該当するときは、適用しない。

- 4 項は、同項各号に掲げられるケースに該当する場合には、公表権の規定が適用されない旨を規定する。
- 著作者個人の権利利益より、公益を優先するものである。

> 一　行政機関情報公開法第 5 条の規定により行政機関の長が同条第 1 号ロ若しくはハ若しくは同条第 2 号ただし書に規定する情報が記録されている著作物でまだ公表されていないものを公衆に提供し、若しくは提示するとき、又は行政機関情報公開法第 7 条の規定により行政機関の長が著作物でまだ公表されていないものを公衆に提供し、若しくは提示するとき。

- 1号は、行政機関の長が、行政機関情報公開法における義務的開示、裁量的開示、又は公務員等の職務遂行に係る情報開示により未公表著作物を公開する場合を、1項の公表権が働かないケースの1つとして挙げる。
- 義務的開示とは、人の生命等の保護のため開示が必要であると法定されている個人又は団体等に関する情報（行政機関情報公開法5条1号ロ・2号ただし書）の開示を、裁量的開示とは、不開示情報を含むもので行政機関の長が公益上特に開示の必要性を認めた情報（同法7条）の開示を、そして、公務員等の職務遂行に係る情報開示とは、公務員等が個人である場合の職務遂行上の情報のうち、その者の職及び職務遂行の内容に係る部分（同法5条1号ハ）の開示をいうものとする。
- ※行政機関情報公開法5条1号・2号では、特定個人を識別できる個人情報等を、同法同条の開示対象から除かれるものとして掲げるが、更にその例外として、人の生命等保護のため公開することが予定されている情報等を開示できるものとして掲げる（同条1号イ～ハ及び同条2号ただし書）。また、同法7条では、開示請求に係る行政文書に不開示情報が記録されている場合であっても、公益上特に必要性が認められるときは当該行政文書を開示できるものとする。本号は、これら例外（開示できないもの）の例外として開示ができるとされる情報が記録されている著作物で未公表のものを行政機関の長が公衆に提供・提示する場合には、公表権は働かないとするものである。

> 二 独立行政法人等情報公開法第5条の規定により独立行政法人等が同条第1号ロ若しくはハ若しくは同条第2号ただし書に規定する情報が記録されている著作物でまだ公表されていないものを公衆に提供し、若しくは提示するとき、又は独立行政法人等情報公開法第7条の規定により独立行政法人等が著作物でまだ公表されていないものを公衆に提供し、若しくは提示するとき。

- 2号は、独立行政法人等が、独立行政法人等情報公開法における義務的開示、裁量的開示又は公務員の職務遂行に係る情報開示により未公表著作物を公開する場合を、1項の公表権が働かないケースとして挙げる。
- 義務的開示とは、人の生命等の保護のため開示が必要であると法定されてい

る個人又は団体等に関する情報（独立行政法人等情報公開法5条1号ロ・2号ただし書）の開示を、裁量的開示とは、不開示情報を含むもので独立行政法人等が公益上特に開示の必要性を認めた情報（同法7条）の開示を、また、公務員等の職務遂行に係る情報開示とは、公務員等が個人である場合の職務遂行上の情報のうち、その者の職及び職務遂行の内容に係る部分（同法5条1号ハ）の開示をいうものとする。

※独立行政法人等情報公開法5条では、公開できない個人情報等（独立行政法人等情報公開法5条1号・2号）の例外として、人の生命等保護のために開示が予定されている情報等（同条1号ロ・2号ただし書）を掲げる。また、同法7条では、開示請求に係る法人文書に不開示情報が記録されている場合であっても、公益上特に必要性が認められるときは当該法人文書を開示できるものとする。本号は、これら開示できない情報の例外として開示ができるとされる情報が記録されている著作物で未公表のものを、独立行政法人等が公衆に提供・提示する場合には、公表権は働かないとするものである。

> 三　情報公開条例（行政機関情報公開法第13条第2項及び第3項の規定に相当する規定を設けているものに限る。第5号において同じ。）の規定により地方公共団体の機関又は地方独立行政法人が著作物でまだ公表されていないもの（行政機関情報公開法第5条第1号ロ又は同条第2号ただし書に規定する情報に相当する情報が記録されているものに限る。）を公衆に提供し、又は提示するとき。

- 3号は、地方公共団体の機関又は地方独立行政法人が、情報公開条例に従い、行政機関情報公開法5条1号ロ又は2号ただし書規定の情報に相当する情報が記録されている未公表著作物を公開する場合を、1項の公表権が働かないケースとして挙げる。
- この場合の「相当する情報」とは、不開示情報の例外としての人の生命等の保護のため開示が必要であると認められる個人又は団体等に関する情報、に相当する情報である。
- 行政機関等情報公開法では、開示請求に係る行政文書に第三者に関する情報が記録されている場合には、開示決定に先立ち当該第三者に意見書提出の機

会を担保しているが（同法13条2項・3項）、本号の情報公開条例についても同様の担保規定が設けられていることを要求している（かっこ書）。

> 四　情報公開条例の規定により地方公共団体の機関又は地方独立行政法人が著作物でまだ公表されていないもの（行政機関情報公開法第5条第1号ハに規定する情報に相当する情報が記録されているものに限る。）を公衆に提供し、又は提示するとき。

- 4号は、地方公共団体の機関又は地方独立行政法人が、情報公開条例に従い、行政機関情報公開法第5条第1号ハに規定する情報に相当する情報が記録されている未公表著作物を公開する場合を、1項の公表権が働かないケースとして挙げる。
- この場合の「相当する情報」とは、不開示情報の例外である公務員等が個人である場合の職務遂行上の情報のうちその者の職及び職務遂行の内容に係る部分、に相当する情報をいう。

> 五　情報公開条例の規定で行政機関情報公開法第7条の規定に相当するものにより地方公共団体の機関又は地方独立行政法人が著作物でまだ公表されていないものを公衆に提供し、又は提示するとき。

- 5号は、地方公共団体の機関又は地方独立行政法人が、情報公開条例における行政機関情報公開法第7条の規定に相当するものにより未公表著作物を公開する場合を、1項の公表権が働かないケースとして挙げる。
- この場合の「相当するもの」とは、開示請求に係る文書に不開示情報が記録されている場合の、公益上の理由による裁量的開示についての規定をいう。

> 六　公文書管理法第16条第1項の規定により国立公文書館等の長が行政機関情報公開法第5条第1号ロ若しくはハ若しくは同条第2号ただし書に規定する情報又は独立行政法人等情報公開法第5条第1号ロ若しくはハ若しくは同条第2号ただし書に規定する情報が記録されている著作物でまだ公表されていないものを公衆に提供し、又は提示すると

第 2 章第 3 節

> き。

- 6号は、国立公文書館等に移管された行政機関情報公開法5条1号ロ等に規定する情報が記録されている未公表著作物を、公文書管理法16条1項の規定により国立公文書館等の長が公衆に提供・提示する場合を、1項の公表権が働かないケースとして挙げる。
- 本号は、1号で義務的開示として公表権の適用を免れるとされる行為を、公文書管理法16条1項の規定により国立公文書館等の長が行う場合を掲げたものである。したがって、本号対象の開示情報については、1号の解説を参照されたい。
- ※行政機関情報公開法5条1号・2号では、特定個人を識別できる個人情報等を、同法同条の開示対象から除かれるものとして掲げるが、更にその例外として、人の生命等保護のため公開することが予定されている情報等を開示できるものとして掲げる（同条1号イ～ハ及び同条2号ただし書）。同様に独立行政法人等情報公開法においても、公開できない個人情報等の例外として、人の生命等保護のために開示が予定されている情報等を掲げる。本号は、これら例外の例外として開示ができるとされる情報が記録されている著作物で国立公文書館等に移管されたものを国立公文書館等の長が公衆に提供・提示する場合には、公表権は働かないとするものである。

> 七　公文書管理条例（公文書管理法第18条第2項及び第4項の規定に相当する規定を設けているものに限る。）の規定により地方公文書館等の長が著作物でまだ公表されていないもの（行政機関情報公開法第5条第1号ロ又は同条第2号ただし書に規定する情報に相当する情報が記録されているものに限る。）を公衆に提供し、又は提示するとき。

- 7号は、地方公文書館等に移管された行政機関情報公開法5条1号ロ又は同条2号ただし書に規定する情報が記録されている未公表著作物を、公文書管理条例の規定により地方公文書館等の長が公衆に提供・提示する場合を、1項の公表権が働かないケースとして挙げる。
- 公文書管理法では、第三者に関する行政機関情報公開法5条1号ロ又は同条

2号ただし書に規定する情報が記録されている特定歴史公文書等の利用をさせる場合に、当該第三者の意思確認（意見書提出）の機会を担保しているが（同法18条2項・4項）、本号の公文書管理条例についても同様の担保規定を設けていることを要件としている（かっこ書）。

※公文書管理法16条1項では、国立公文書館等の長は所定の請求に対し特定歴史公文書等を利用させなければならない旨を規定するが、行政機関情報公開法5条1号・2号に掲げる情報が記録されているものについてはその利用（公開）対象から除外している（公文書管理法16条1項1号イ・ロ）。当該除外対象として行政機関情報公開法5条1号で掲げる情報とは、特定個人を識別し得る個人情報であるが、同号では更にその例外として、人の生命等保護のため公開が予定されている情報等を掲げる（同号ロ）。また、同条2号で掲げる情報とは、法人等に関する情報で公開すると当該法人等の権利等を害するおそれがあるもの等をいうが、同号ではその例外として、人の生命等保護のため公開が予定されている情報等を掲げる（同号ただし書）。したがって、同条1号ロ及び同条2号ただし書に掲げる情報については公開できるということである。本号は、これらの情報に相当するものが記録されている未公表著作物を、公文書管理条例の規定に基づき地方公文書館等の長が公衆に提供・提示する場合を対象としたものである。

八　公文書管理条例の規定により地方公文書館等の長が著作物でまだ公表されていないもの（行政機関情報公開法第5条第1号ハに規定する情報に相当する情報が記録されているものに限る。）を公衆に提供し、又は提示するとき。

- 8号は、地方公文書館等に移管された行政機関情報公開法5条1号ハに規定する情報が記録されている未公表著作物を、公文書管理条例の規定により地方公文書館等の長が公衆に提供・提示する場合を、1項の公表権が働かないケースとして挙げる。
- この場合の「相当する情報」とは、不開示情報の例外である公務員等が個人である場合の職務遂行上の情報のうちその者の職及び職務遂行の内容に係る部分、に相当する情報をいう。

> （氏名表示権）
> 第19条　著作者は、その著作物の原作品に、又はその著作物の公衆への提供若しくは提示に際し、その実名若しくは変名を著作者名として表示し、又は著作者名を表示しないこととする権利を有する。その著作物を原著作物とする二次的著作物の公衆への提供又は提示に際しての原著作物の著作者名の表示についても、同様とする。

- 19条1項は、2つ目の著作者人格権として「氏名表示権」を規定する。
- 著作者は、その著作物について、自身の実名・変名を著作者名として表示し、又は表示しないことを決定する権利を有する。権利対象となるのは、その著作物の原作品への表示、又はその著作物の公衆への提供・提示の際の表示についてである。
- 著作者と著作物を結び付ける機能を持つ著作者名について、それを表示するのか否か、表示するとしたら実名にするのか変名にするのかの決定意思を著作者の人格的利益として権利を認めるものである。
- 「原作品に…表示する」とは、絵画の落款などのように原作品そのものに名を表示することであり、「提供に際し…表示する」とは、有形的利用に係る出版物の奥付や複製物のパッケージ等に名を表示することを、「提示に際し…表示する」とは、無形的利用に係る実演や演奏の際にアナウンス等で名を示すことをそれぞれ指すものである。
- その著作物を原著作物とする二次的著作物を公衆へ提供・提示する際の原著作物の著作者名の表示についても、同様に扱われる。

> 2　著作物を利用する者は、その著作者の別段の意思表示がない限り、その著作物につきすでに著作者が表示しているところに従つて著作者名を表示することができる。

- 2項は、著作物利用者がその利用に際し、著作者による既表示の著作者名をそれと同じ形で表示することができる旨を定める。
- 著作者自身によりなされた表示通りに著作者名を表示して著作物を利用する

のであれば、著作者の人格的利益を損なうものではないと考えられることから認められる規定である。ただし、著作者の別段の意思表示があればそれに従う。

> 3　著作者名の表示は、著作物の利用の目的及び態様に照らし著作者が創作者であることを主張する利益を害するおそれがないと認められるときは、公正な慣行に反しない限り、省略することができる。

- 3項は、著作物の利用目的・態様から著作者の利益等を勘案し、著作者名の表示を省略することができる場合について規定する。
- 「著作物の利用の目的及び態様に照らし」とは、その利用の目的及び態様が、著作者名表示を省略しても問題が生じないものなのかどうかを判断材料としてということであり、具体的には、その利用目的が個人の娯楽用のコピーのように内部的利用目的のものであるのか、利用態様が音楽をBGMで流す場合のように著作者名を示さないのが通例のものであるのかなどといったものが省略の適否の判断材料となる。
- 「著作者が創作者であることを主張する利益を害するおそれがないと認められるとき」とは、著作者名表示を省略しても、著作者の誤認や無名著作物であるとの錯覚を引き起こすなどのおそれがないと認められる場合をいう。
- 「公正な慣行に反しない限り」とは、上記判断により著作者の利益を害しないと認められる場合でも、公正な慣行に反するならば著作者名表示の省略はできないとするものであり、例えば、楽曲のメドレー演奏において、曲ごとに作曲者のアナウンス紹介はしない場合でも、その演奏会のプログラムに各作曲者名を載せるのが公正な慣行なのであれば、それに従って著作者名の表示をしなければならないということである。この場合、「慣行」は、あくまでも「公正」なものであることが重要であり、業界内での悪しき慣行までを含むものではない（中山382頁）。
- ※広告誌掲載のための写真撮影に関する請負契約を当該広告企画担当の会社と締結していた写真家が、当該写真を新聞広告に無断で掲載した同社らに対し氏名表示権及び複製権の侵害等を訴えた事案では、裁判所により一般的判断基準が示されることなく、「一般に、広告に写真を用いる際には、撮影者の氏名は表示しない

のが通例である」などとする原告（当該写真家）の本人尋問における陳述内容を根拠に、新聞広告に原告氏名を表示しなかったことは「公正な慣行」に反していないものと判断され、本項の適用が肯定された（大阪地判平17.1.17「セキスイツーユーホーム事件」）。同事案で原告は、無断使用（複製権侵害）の場合には、19条3項の氏名表示権制限規定は適用されない旨を主張したが、裁判所は、著作者人格権と著作権は別個の権利であり、著作物の使用（複製）が著作権者の許諾を受けたものであるか否かは同項の適用の可否とは関係がないとしてそれを退けた。これについては、50条とのバランス上妥当とする指摘がある（百選4版165頁）。

※実演家の氏名表示権の制限規定（90条の2第3項）では、「…実演家がその実演の実演家であることを主張する利益を害するおそれがないと認められるとき又は公正な慣行に反しないと認められるとき…」とあり、本項に比べ省略可能な範囲が広くなっている点留意が必要である。実演の円滑利用を優先する趣旨によるものとされる（加戸560頁）。

4　第1項の規定は、次の各号のいずれかに該当するときは、適用しない。
　一　行政機関情報公開法、独立行政法人等情報公開法又は情報公開条例の規定により行政機関の長、独立行政法人等又は地方公共団体の機関若しくは地方独立行政法人が著作物を公衆に提供し、又は提示する場合において、当該著作物につき既にその著作者が表示しているところに従つて著作者名を表示するとき。
　二　行政機関情報公開法第6条第2項の規定、独立行政法人等情報公開法第6条第2項の規定又は情報公開条例の規定で行政機関情報公開法第6条第2項の規定に相当するものにより行政機関の長、独立行政法人等又は地方公共団体の機関若しくは地方独立行政法人が著作物を公衆に提供し、又は提示する場合において、当該著作物の著作者名の表示を省略することとなるとき。
　三　公文書管理法第16条第1項の規定又は公文書管理条例の規定（同項の規定に相当する規定に限る。）により国立公文書館等の長又は地方公文書館等の長が著作物を公衆に提供し、又は提示する場合において、当該著作物につき既にその著作物が表示しているところに従つて著作

者名を表示するとき。

- 4項は、同項各号のいずれかに該当するときは、氏名表示権の規定は適用しない旨を定める。情報公開法等の円滑運用の観点によるものである。
- 情報公開法等とは、行政機関情報公開法、独立行政法人等情報公開法又は情報公開条例をいう。

- 1号は、氏名表示権の規定を適用しないケースとして、情報公開法等の規定により行政機関の長などが、著作物提供時等に、著作者が既に表示したところに従って著作者名を表示する場合を挙げる。
- この場合は、2項でいう「著作者の別段の意思表示」の有無にかかわらず、著作者名を表示できることとなる。

- 2号は、氏名表示権の規定の適用をしないケースとして、情報公開法等の規定により行政機関の長などが、個人に関する記述等を除いて著作物を提供等する場合に、その著作物の著作者名表示を省略することとなる場合を挙げる。
- 行政機関情報公開法6条2項及び独立行政法人等情報公開法6条2項は、共に、開示請求に係る文書に個人に関する情報（個人の権利利益を害するおそれがあるもの）が記録されている場合に、その記録部分等を除くことで公開による当該個人の権利利益の損害が生じないのであれば、その残りの部分を開示文書とする旨の規定であり、したがって、その不開示とされる部分に著作者名が含まれている場合には、権利者の意思にかかわらず著作者名を示さずにその著作物が公衆へ提供されるということである。

- 3号は、氏名表示権の規定を適用しないケースとして、公文書管理法16条1項の規定等により国立公文書館等の長等が、公衆への著作物提供時等に、著作者が既に表示したところに従って著作者名を表示する場合を挙げる。
- 公文書管理法16条1項の規定とは、国立公文書館等の長は、国立公文書館等において保存されている特定歴史公文書等について所定の目録（その保存・利用等について記載されたもの）に従った利用請求があった場合には、原則それを利用させなければならないとする内容の規定である。

> （同一性保持権）
> 第20条　著作者は、その著作物及びその題号の同一性を保持する権利を有し、その意に反してこれらの変更、切除その他の改変を受けないものとする。

- 20条1項は、3つ目の著作者人格権として「同一性保持権」を規定する。
- 著作者は、自身の著作物及びその題号についての同一性を保持する権利を有し、これらについて意に反した改変は受けないことを規定する。
  ※本項では、ベルヌ条約6条の2(1)のような名誉声望要件が課されていない点、同条約における同一性保持権規定より保護範囲が広い規定内容となっている（いわゆるベルヌプラス）。名誉又は声望を害する方法による利用については、113条6項で対応している。
- 著作物は著作者の人格が、表現として具現化されたものなので、その完全性・同一性を維持することがその人格的利益を保護することとなり、更に、国民にとっての文化的所産としての価値を維持することにもなることから認められたのが本権利である。また、題号がその著作物内容を端的に表したものであることからすると、その表示の変更によっても著作者の人格的利益が損なわれると考えられることから、著作物の題号についても同一性保持権が認められた。この場合の題号とは、著作者自身により付けられたものを指す。
- 本項の趣旨からすると、著作者の人格的利益を害しない程度の改変には同一性保持権は働かないと解するのが妥当といえるが、「その意に反して…改変を受けない」とあるように、改変の可否については、客観的・画一的にのみ解するのではなく、著作者の意思としての主観的判断基準や価値観といったものを反映した判断がなされるべきものといえる。著作者人格権が一身専属的に認められるものであることからしても、著作者の個人的な同意意思が尊重されるべきだからである。なお、著作者の意思にかかわらず許容されるやむを得ない改変については、次項において法定されている。
- 同一性保持権に関する最高裁判決としては、モンタージュ写真に一体的に取り込み利用されている原写真の本質的特徴が、そのモンタージュ写真において直接感得することができるとして当該利用の同一性保持権侵害を認めたも

の（最判昭55.3.28「パロディ事件」第一次上告審）や、他人の著作物に対する評論における当該著作物の一部要約について、表現形式上の本質的な特徴を感得させないような態様において他人の著作物を利用する行為は、改変があったとしてもその著作物の同一性保持権を侵害しないとしたもの（最判平10.7.17「本多勝一反論権事件」上告審）などのほか、近年のデジタル技術が関わったものとして、ゲームソフトのパラメータを不当な数値まで改変可能とするメモリカードの使用について、当該ゲームソフトのストーリーが本来予定された範囲を超えて展開され、ストーリーの改変をもたらすとして同一性保持権侵害を認め、当該メモリカードを輸入・販売し、流通に置いた者の当該侵害惹起行為について不法行為責任を認めたもの（最判平13.2.13「ときめきメモリアル事件」上告審、類似の下級審判決として、東京高判平11.3.18「三国志Ⅲ事件」、東京高判平16.3.31「DEAD OR ALIVE 2事件」等）などがある。同一性保持権の保護領域に関しても、「表現形式上の本質的な特徴を感得」させるか否かが基準とされる点十分な留意が必要である。

※「本多勝一反論権事件」の控訴審では、「改変」を形式的に捉え、同一性保持権の対象となることを前提に次項4号の「やむを得ないと認められる改変」に当たるか否かを検討したのに対し、上告審では、そもそも対象となる要約部分は、元の著作部分を極端に短く要約したもので当該著作部分の表現形式上の本質的特徴を感得させる性質のものではないのだから同一性保持権の対象とならない、として侵害を否定した。なお、控訴審では、当該要約部分について、表現の自由保障の観点から適法な引用（32条1項）であるとして同一性保持権の違法性阻却に結び付けているが、それに対して、著作権制限規定である引用の適法性を根拠に著作者人格権を判断するのは、著作権制限規定は著作者人格権に影響を及ぼさないとする50条への配慮に欠けるものであるとの指摘がなされる（百選4版175頁）。

※相当な長さの文章による忠実な要約引用については、32条適用を認めた上で、「やむを得ないと認められる改変」（次項4号）に当たるとして同一性保持権の侵害を否定した判決例がある（東京地判平10.10.30「血液型と性格事件」）。

※「ときめきメモリアル事件」上告審判決は、ゲームソフトが第三者により改変される全ての場合について同一性保持権侵害を認めるものではないとされる。つまり、ゲームソフトにおいて本来予定されている表現態様について、許容された一定の範囲を逸脱した場合に侵害を認めるとするものである。なお、当該事件で

は差止請求はなされなかったため、侵害主体についての具体的解釈は示されていないが、その点について学説上、①ユーザーによる直接侵害を認め、ツール提供者を幇助者とする説と、②ユーザーはツール提供者の手足であり、ツール提供者が直接の侵害者であるとする説が挙げられる。この場合、家庭用ゲーム機でプレイするユーザーとツール提供者の管理支配性を認めるのは困難であるので、①説が妥当と思われる（百選4版167頁）。

- 原作品を破棄したような場合には、同一性保持権の問題ではなく、民法の不法行為や刑法上の器物損壊罪の問題として対処されるものと解される。

> 2　前項の規定は、次の各号のいずれかに該当する改変については、適用しない。

- 2項は、著作物利用においてやむを得ないと認められる本項各号列挙の改変については、同一性保持権が制限されることを規定する。
- 本項は1項の例外規定であるので、拡張解釈は許されない。

> 一　第33条第1項（同条第4項において準用する場合を含む。）、第33条の2第1項又は第34条第1項の規定により著作物を利用する場合における用字又は用語の変更その他の改変で、学校教育の目的上やむを得ないと認められるもの

- 1号は、教科用図書への掲載・複製や学校向け放送番組に係る著作物の利用において、学校教育目的上やむを得ないとされる改変を、同一性保持権の制限対象として挙げる。
- 33条1項は、公表著作物を必要限度で教科用図書に掲載できる旨を、33条の2は、教科用図書に掲載された著作物を視聴覚障害者用に拡大方式等により複製できる旨を、そして34条1項は、公表著作物を学校向け放送番組等において放送等し、又は当該番組用教材に掲載できる旨をそれぞれ規定する。
- 「用字又は用語の変更」とは、常用漢字や現代仮名遣いへの変更、学年レベルに合わせた漢字や単語の変更など、学校教育上不可欠とされる改変を指す。
- 「その他の改変」には、道徳上不適切な表現部分を削除する場合や、文字拡

大に伴うページレイアウトの変更等が該当する。

> 二　建築物の増築、改築、修繕又は模様替えによる改変

- 2号は、建築の著作物に係る増改築等による改変を、同一性保持権の制限対象として挙げる。
- 建築の著作物の場合、通常、建造物としての実用性を伴うものであり、したがって、その実用性の維持・拡大に係る増築、改築、修繕又は模様替えによる改変は許容されるべきであるとして規定されるものである。
- 実用性とは関係のない専ら美的観点からなされる改変については、同一性保持権が及ぶものと解される。
  ※大学キャンパス内にある、建築家と彫刻家（いずれも故人）の共同設計に係る建築物を、同大学の法科大学院開設のために解体・移設する工事について本号該当性が問題となった事案で、裁判所は、「同号（20条2項2号）が予定しているのは、経済的・実用的観点から必要な範囲の増改築であって、個人的な嗜好に基づく恣意的な改変や必要な範囲を超えた改変が、同号の規定により許容されるものではない」とし、当該工事が、法科大学院開設という公共目的のためのものであり、また、著作者の意図を保存するための検討を経てなされていることから「可能な限り現状に近い形で復元するもの」であるとして、本号該当性を認め、同一性保持権の侵害を否定した（東京地決平15.6.11「ノグチ・ルーム移築事件」）。同決定では、60条ただし書の「著作者の意を害しないと認められる場合」への該当性も認めている。
- 建築物全体の取壊しについて同一性保持権が問題とはならないのは、原作品の破棄の場合と同様である。

> 三　特定の電子計算機においては利用し得ないプログラムの著作物を当該電子計算機において利用し得るようにするため、又はプログラムの著作物を電子計算機においてより効果的に利用し得るようにするために必要な改変

- 3号は、プログラム著作物の利用において避けられない独自の改変を、同一

- 「特定の電子計算機において…利用し得るようにするため…に必要な改変」とは、バグの修正や他機種のコンピュータで利用できるようにするためのプログラムの修正などをいう。
- 「電子計算機においてより効果的に利用し得るようにするために必要な改変」とは、処理速度を向上するバージョンアップなどの修正をいう。

> 四　前3号に掲げるもののほか、著作物の性質並びにその利用の目的及び態様に照らしやむを得ないと認められる改変

- 4号は、前3号までのもののほかに、著作物の性質などからやむを得ないとされる改変を、同一性保持権の制限対象として掲げる。前3号が、具体的適用除外規定であるのに対し、本号は、それらの包括規定・一般条項であるとされる（百選4版171頁）。

  ※本号の「やむを得ないと認められる改変」に該当するというためには、著作物の利用の目的及び態様において著作権者の同意を得ない改変を必要とする要請が本項1号ないし3号で法定された例外的場合と同程度に存することが必要であるとされた（東京高判平3.12.19「法政大学懸賞論文事件」控訴審）。

- 「著作物の性質並びにその利用の目的及び態様に照らし」とあるように、やむを得ない改変か否かは個別具体的に判断されるものといえる。具体的な例としては、印刷技術の都合上オリジナルの色彩が完全には表せない場合や、録音技術上収録可能な周波数が限られるために厳密には同一の音とはならない場合など、複製技術の限界から生じてしまう改変のほか、演奏者が許容範囲でオリジナルに色付けして演奏する場合や、演奏者のミスにより結果的に改変される場合なども挙げられる。

  ※学生が書いた大学懸賞論文を当該大学が当該大学発行の雑誌に掲載するに際し、送り仮名や句読点等を53箇所にわたり削除・変更したことについて、当該論文及び雑誌の性質上、当該削除・変更は利用目的上必要な改変とは解しがたく、他の掲載論文との表記の統一が要請されるべき理由も不明であることから、「…やむを得ないと認められる改変」に当たらないとして、同一性保持権侵害を認めた裁判例がある（前出「法政大学懸賞論文事件」控訴審）。なお、同判決のように本項

を厳格に適用する見解に対し、立法時とは異なる現在の状況下では、一般条項性を持つ本号の解釈によって情報化時代における情報利用に対応する等の柔軟な適用が再検討されるべきとの指摘がなされる（中山404頁等）。

※漫画のコマの配置を変更して引用したことにつき、引用書籍のレイアウトの都合を不当に重視し、当該漫画著作者の表現を不当に軽視したもので、「やむを得ない改変」には当たらないとして、同一性保持権侵害が認められた裁判例がある（東京高判平12.4.25「脱ゴーマニズム宣言事件」控訴審）。漫画著作物の場合、言語著作物に比べ引用のために改変が認められる範囲が狭くなるとされる（百選173頁）。ただしこの場合も、改変が引用に該当することと、「やむを得ない改変」であることの判断は個別になされるべきとされる。

- 氏名表示権の制限対象とされる情報公開法6条等の規定による著作物の部分開示のケース（19条4項2号）も、やむを得ない改変に該当するものといえる。
- なお、例外規定である本号の適用については、従来より、制限的に厳しく解釈するべきであるとする見解が支配的であったが、著作物を取り巻く状況が多様化した現在においては、本号を適用するか否かの法技術的問題は別としても、広い解釈が求められる傾向にある（中山404頁）。

※学習用雑誌に投稿された俳句を添削し改変した行為について、裁判所は、本号の適用に拠らず「俳句界における事実たる慣習に従ったものであり、許容されるところであって、違法な無断改変と評価することはできない」と判示し同一性保持権侵害を否定した（東京高判平10.8.4「俳句添削事件」控訴審）。

第3款　著作権に含まれる権利の種類

> **（複製権）**
> 第21条　著作者は、その著作物を複製する権利を専有する。

- 21条は複製権を規定する。著作者は、その著作物の複製について排他的権利を有する旨定める。
- 複製とは「印刷、写真、複写、録音、録画その他の方法により有形的に再製すること」（2条1項15号）であり、その「権利を専有する」とは、著作者のみが複製についての排他的権利を有しその利益を得ることができるとする物権

的権利について定めたものである。
- 著作物の複製について、判例では、「既存の著作物への依拠」と「既存の著作物の内容・形式の知覚」（＝類似性）を要件としており（最判昭53.9.7「ワン・レイニー・ナイト・イン・トーキョー事件」）、複製権侵害事件ではこれらを立証・認定する必要があるとされる。「依拠」とは、「他人の著作物に接し、それを自己の作品の中に用いること」とする見解が有力であり、「既存の著作物の内容・形式の知覚」とは、翻案における「類似性」でいうところの「原著作物の表現上の本質的な特徴を直接感得できる」ことと同旨と考えられる。

※「依拠」についての厳格な立証は困難な場合が多いため、経験則上、依拠したことが明らかであれば足りるとされる（中山151頁）。この場合、著作権者側は「依拠」について、①被告が原告著作物の存在と内容を知っていたこと、②被告著作物と原告著作物が類似していること、の２点を間接事実として立証するとされる。原告著作物に接する機会があったことは、①の要件を推認させる間接事実となり、また、表現上の各要素の一致について、経験則上依拠があったのが明らかであることを立証することで②の要件が推認され得る（百選４版87頁）。なお、この場合の、依拠を立証するための間接証拠としての「類似性」は、複製権侵害の要件である「類似性」とは別の概念である点留意する。

※複製権・翻案権が及ぶ範囲である「類似性」の判断においては、原著作物の表現形式上の本質的特徴を直接感得し得るかどうかを基準とする直接感得性説による場合が多いが（最判昭55.3.28「パロディ事件」第一次上告審、東京高判平12.9.19「赤穂浪士事件」控訴審等）、これに対し、端的に原著作物の創作的表現の再生の有無を基準とする創作的表現説もある（百選４版91頁）。また、創作性の高い著作物では類似性の範囲が広く認められ、創作性の低い著作物では類似性を認める範囲が狭くなるという解釈がなされるが（東京高判平14.10.29「ホテル・ジャンキーズ　電子掲示板事件」控訴審等）、これに対し、創作性の高低は関係なく、創作性のある部分を再製すれば侵害であり、それを再製していなければ非侵害であるとする説もある（百選４版15頁）。

※著作物の「類似性」の判断では、既存の著作物との表現上の類似性（表現形式上の本質的特徴についての直接感得性）が問われるが、「依拠」の立証において合理的推測を引き出すための間接証拠となる「類似性」の判断に関しては、表現に至らないアイディア部分の類似性の判断でも構わないとされる（百選３版9頁）。

※複製権侵害の判断手法として通常は、原告の著作物の創作性を判断した上でそれと被告著作物との同一・類似性を判断するいわゆる二段階テストの手法が採用されるが、それとは逆に、両者の著作物の共通要素を取り出してから、それが創作的表現と認められるかどうかを判断するいわゆる濾過テストの手法が採られることもある（大阪地判平12.3.30「積算くん事件」）。

- 本条複製権は、著作物の一部分の複製であっても当該部分に実質的な著作物性が認められるならばその効力が及ぶものと解される。

  ※複製権（翻案権）を侵害する場合とは、既存の著作物の創作性のある表現部分と共通性がある場合であり、したがって、共通している部分に創作性が認められない場合や表現部分ではないアイデア等のみが共通している場合は、著作権侵害とはならない。

  ※創作性の高い著作物では同一性の範囲が広く認められ、創作性の低い著作物では同一性を認める範囲が狭くなるのと同様に、一の著作物中においても、著作者の見解を独自の文章で表現した部分等の創作性の範囲が広いものについては複製権侵害の同一性を広く認め、直訳的な翻訳部分等の創作性の範囲が狭いものについては、その同一性を相対的に狭く評価するといった解釈がなされる（東京地判平10.11.27「壁の世紀事件」）。

- 複製には、演劇用の著作物の上演等を録音・録画すること（2条1項15号イ）、及び建築の著作物をその図面に従って完成させること（同号ロ）も含む。

- 本条では、次条等に見られる「公に」の要件がないので、私的使用目的で一部だけ複製するような場合であっても、建前上は本条複製権の対象となる。それは、その複製物が将来的に公衆に利用される可能性がないとはいえないからである。この場合、私的使用目的の複製行為については著作権の制限規定（30条1項）により権利行使は制限され、その複製物が私的使用目的以外で利用された場合には、本条規定に戻り、複製権侵害とみなす（49条1項1号）という法律構成を採る。

- 本条複製権は、著作物を実質的にそのままの形で再製する場合を対象とし（版画を写真で再製する等、再製の形態が原作品と異なるのは問題としない）、小説を翻訳したり、映画化したりする場合については翻訳権・翻案権（27条）の対象とする。この場合、その翻訳物等の利用について原著作者は、二次著作物の著作者である翻訳者等と同一種類の権利を専有するので（28条）、当該翻訳物

等の複製利用に対して複製権を行使し得ることになる。
- 小説等の著作物に出版権を設定した場合であっても、無断複製等に対しては、著作権者による権利行使も可能と解する。
- 他人の著作権を侵害している著作物を出版する場合の出版社側の複製権侵害の判断においては、依拠性を問うのではなく、一般不法行為（民709条）の原則により故意過失の有無が検討される。出版社の責任に関する判例では、出版社が責任を負うべき事情、出版社の過失を基礎づける事実を検討し過失の有無が判断されている（百選4版208、209頁）。
  ※最近の実務では、民法709条の「過失」とは、損害発生の予見可能性があるのに、これを回避する行為義務を怠ったことであるとし、「行為義務」については、「損害発生の蓋然性と被侵害利益の重大さ、そして、それを回避するためのコストとの相関によって決まる」とされる（内田貴「民法Ⅱ債権各論（第3版）」341頁以下）。
  ※複製権を侵害する内容の原文や資料をその原文等の作者より交付を受け、それを基に文章化して出版した出版社の責任が問われた事案では、出版社側が当該複製権侵害について善意であったことにつき、その作者がその地方で知名度が高いことや、当該出版社が当該地方の小規模会社であること等を勘案した上で過失は認められないとし、著作権及び著作者人格権侵害が否定された（東京地判平7.5.31「ぐうたら健康法事件」）。

> （上演権及び演奏権）
> 第22条　著作者は、その著作物を、公衆に直接見せ又は聞かせることを目的として（以下「公に」という。）上演し、又は演奏する権利を専有する。

- 22条は、上演権・演奏権について規定する。著作者は、公衆に鑑賞させる目的で行う上演・演奏について、排他的権利を有することを定める。
- 「公衆に直接見せ又は聞かせることを目的として」を「公に」の定義とし、本条以下の無形的利用権についての要件とする。したがって、公衆に直接聞かせることを目的としない自室での鼻歌などは、本来的に本条の権利対象にはならないことになり、30条のような権利制限規定もいらないということに

なる。この点、前条複製権とは論理構成を異にする。

- 「上演」とは「演奏以外の方法により著作物を演ずること」（2条1項16号）であり、「演奏」とは音楽的な実演であって歌唱を含むものである。

  ※舞踊の著作物についての上演権侵害事件における、原告・被告の舞踊の同一性（類似性）判断では、①動作の基本的な移動を同じくすること、②特徴的な姿勢を同じくするものであること、の2点を同一性維持を基礎付ける事情であるとし、③一連の基本的に同じ動作の中でその一部分が一方に存するが他方に存しないことによる違いがあること、④一連の基本的に同じ動作の中での瞬間的な姿勢の違いがあること、の2点については、同一性維持の評価を妨げるものではないとする（東京地判平10.11.20「ベジャール事件」）。同判決では、バレー公演の形式上の管理者である公演主催者（実質的には管理権原は有していなかった）を上演権及び氏名表示権の侵害主体とするが、これについて、上演主体とみなされる者は上演される客体を決定し得る程の影響力がある者に限られるべきであるとされ、上演権の侵害者について著作者人格権侵害をも認める場合は、現実の利用行為についてより密接に関与していたことを要件とするべきであるとの指摘がある（百選4版93頁）。

  ※舞踊著作物についての上演権侵害を主張する権利者側は、その舞踊著作物の内容を具体的に特定する必要がある場合には、舞譜等の形式で特定するのが望ましいとされる（百選4版93頁）。

- 上演・演奏には、それらが録音・録画されたものを再生すること、及び、上演・演奏を電気通信設備を用いて伝達することも含まれる（2条7項）。この場合、再生により公衆に著作物を見聞かせする行為は「直接見せ又は聞かせること」を目的とした行為に当たるが、後日公衆に見聞かせするためにスタジオ等の密室で録音・録画される上演・演奏自体はそれには当たらず、本条権利の対象とはならない。なお、録音・録画物の再生が公衆送信や上映に該当するものである場合、及び上記伝達が公衆送信に該当するものである場合は、上演・演奏には当らない（同項かっこ書）。

  ※カラオケスナックにおける客の歌唱について、経営者が演奏主体であるとされ、経営者による演奏権侵害が認められた（最判昭63.3.15「クラブキャッツアイ事件」）。

> （上映権）
> 第22条の2　著作者は、その著作物を公に上映する権利を専有する。

- 22条の2は、上映権について規定する。著作者は、著作物を公衆に向けて上映する権利を専有する旨定める。
- 「上映」とは、「著作物（公衆送信されるものを除く。）を映写幕その他の物に映写することをいい、これに伴つて映画の著作物において固定されている音を再生することを含むもの」（2条1項17号）と規定される。
- 上映も著作物の無形的利用の一形態であり、その場合の権利発生要件となる「公に」は、前条規定による。
- 従来、映画の著作物にのみ認められていた上映権であるが、映像技術の発展により、映画以外の写真や美術等のあらゆる著作物について上映による利用形態が可能となったこと、及び、WIPO著作権条約締結のために、公衆送信以外の送信後の公衆への伝達等にも権利を認める必要が生じたことなどから、平成11年法改正であらゆる著作物について認められる権利となった。ただし、公衆送信される著作物については伝達権が、音楽の著作物については演奏権が、言語著作物については口述権が、演劇等の著作物には上演権がそれぞれ働くので、実際上これらの著作物は本条の対象とはならない。

> （公衆送信権等）
> 第23条　著作者は、その著作物について、公衆送信（自動公衆送信の場合にあつては、送信可能化を含む。）を行う権利を専有する。

- 23条1項は、公衆送信権について規定する。著作者は、その著作物を公衆送信する権利を専有すると定める。
- 「公衆送信」とは、「公衆によつて直接受信されることを目的として無線通信又は有線電気通信の送信（かっこ内略）を行うこと」（2条1項7号の2）であり、放送、有線放送、自動公衆送信等を指す。公衆に当たらない特定人への電話やEメール等による送信は公衆送信ではないが、ピア・ツー・ピア方式

のファイル交換における送信について裁判所は、公衆送信権の侵害を認めている（東京地決平14.4.11「ファイルローグ仮処分事件」）。

※近年の情報通信技術の発達に伴い、侵害者の範囲が広く解される傾向にある。例えば、ファイル交換サービスについて、いわゆるカラオケ法理（112条1項解説参照）の拡張解釈により、サービス提供者についても公衆送信権の侵害を認めた事例（東京地判平15.1.29「ファイルローグ事件中間判決」）や、ファイル共有ソフトのユーザーについての公衆送信権侵害罪を認めた事例（京都地判平16.11.30「Winnyファイル交換事件」）、更にはそのソフト提供者についての当該侵害行為の幇助罪を認めた事例（京都地判平18.12.13「Winny幇助事件」）などがある。

- 公衆送信も著作物の無形的利用の一形態であり、その概念中に「公に」の意味が含まれている。
- 自動公衆送信の場合には、送信可能化（インターネット送信の場合のアップロード段階）も公衆送信に含むとする（かっこ書）。著作物が実際に送信された日時・場所等の特定が困難なことからその事実の立証ができないという不都合を解消するための規定である。

※インターネット上の電子掲示板に著作権侵害となる書き込みがあったにもかかわらず何らの是正措置を取らなかった当該掲示板の設置・運営者について、その放置自体が著作権侵害行為であるとし、送信可能化等の差止及び損害賠償を認めた判決がある（東京高判平17.3.3「2ちゃんねる事件」控訴審）。なお、同判決は、管理支配性と利益性を要件とするいわゆるカラオケ法理によるものではなく、侵害状態にあるものを放置したこと自体を侵害行為と認めたものとされる。

2　著作者は、公衆送信されるその著作物を受信装置を用いて公に伝達する権利を専有する。

- 2項は、伝達権について規定する。著作者は、公衆送信されるその著作物を受信装置により公衆へ伝達する権利を専有するとする。
- 本条は、公衆送信された著作物を同時に公に伝達する場合を対象とするものであり、録音・録画を介して伝達する場合等は含まれない。
- 本条「伝達」も著作物の無形的利用の一形態であり、その場合の権利発生要件となる「公に」は22条の規定による。

- なお、通常の家庭用テレビ等での受信については、社会実情等を考慮し本条伝達権は制限される（38条3項）。

> （口述権）
> 第24条　著作者は、その言語の著作物を公に口述する権利を専有する。

- 24条は、口述権についての規定である。著作者は、その言語著作物について公衆に口述する権利を専有すると定める。
- 「口述」とは、「朗読その他の方法により著作物を口頭で伝達すること」（2条1項18号）をいい、小説や論文の朗読・読み上げ等が該当するが、「実演に該当するものを除く」とあることから（同号かっこ書）、演劇的に著作物を演ずる口演に該当する場合は本条の対象とはならず、上演権（22条）が働くこととなる。
- 「口述」も著作物の無形的利用の一形態であり、その場合の権利発生要件となる「公に」は22条（→142頁）の規定による。
- なお、「口述」には、録音したものの再生及び電気通信設備を用いた伝達も含まれることから（2条7項）、公衆送信に該当する場合等を除き、これらの行為に対しても本条権利が働く。

> （展示権）
> 第25条　著作者は、その美術の著作物又はまだ発行されていない写真の著作物をこれらの原作品により公に展示する権利を専有する。

- 25条は展示権について規定する。著作者は、その美術の著作物又は未発行の写真の著作物を原作品により公衆に展示する権利を専有する旨を定める。
- 「展示」とは、現物を提示して見せることをいう。美術館で絵画を壁に掛けて見せる行為が典型であり、行為の類型からすると、漫画喫茶で漫画本を見せる行為も「展示」に当たることになる（岡本156頁）。ただし、漫画本は複製物であり「原作品」ではないので、本条の対象からは外される。

- 写真の著作物について未発行を要件とするのは、写真の場合、原作品とコピーの概念上の区別が困難であり、ネガから最初に製作されたオリジナルコピーを全て原作品とみなすことにしているため、その数が発行（3条1項）の要件を満たすような大量の場合にまでそれら全てが本条の原作品となってしまう不都合を避けるためである。なお、美術の著作物のうち、版画や彫像（鋳型によるもの）のように複数の同一作品（オリジナルコピー）が製作されるものについても、それらオリジナルコピーを原作品として概念するが、この場合は発行の有無は問題としない。
- 未発行の写真についてのオリジナルコピー、あるいは版画などの美術の著作物のオリジナルコピーが複数ある場合には、それぞれの展示について展示権が働くことになる。
- ディスプレイ装置による美術作品の公衆への映写などが展示権の対象となるのかどうか問題となったが、これについては、平成11年法改正により保護範囲が拡大された上映権（22条）の対象とされることになった。
- 「公に」は22条の規定による。

（頒布権）
第26条 著作者は、その映画の著作物をその複製物により頒布する権利を専有する。

- 26条は、頒布権について規定する。著作者は、映画著作物をその複製物により頒布する権利を専有する旨規定する。
- 「著作者は」とあるが、映画著作物の場合、通常その著作権は映画製作者に帰属することになるので（29条1項）、本条はあくまで原始的帰属段階での話ということになる。
- 「頒布」とは、有償・無償を問わず、複製物を公衆に譲渡・貸与することであり、映画の著作物等については、公衆への提示目的であれば、特定かつ少数の者にその複製物を譲渡・貸与することも含むものである（2条1項19号）。本条は、専ら映画著作物に係る規定であることから、複製物を特定かつ少数の者に1本だけ譲渡する場合でも、それが公衆への提示目的であれば本条「頒

布」に該当し権利が働くということである。
- WIPO著作権条約・WIPO実演等条約（実演・レコード条約）における「頒布権」に該当する権利は、わが国著作権法では「譲渡権」であり、そこには貸与する権利は含まれない。一方、本条「頒布権」は、映画著作物にのみ係る譲渡・貸与についての権利であり、「譲渡権」のように消尽の原則規定（26条の2第2項）は設けられていない。
- 「『映画の著作物』には、映画の効果に類似する視覚的又は視聴覚的効果を生じさせる方法で表現され、かつ、物に固定されている著作物を含む」とあるので（2条3項）、ビデオソフトやゲームソフトも映画著作物たり得るということになり、よって頒布権の対象にもなるものであるが、家庭用のビデオソフトやゲームソフトの場合、製作に多額の資金が投下され公衆提示を目的とする劇場用映画とは異なり、複製物の譲渡についての市場における円滑な流通の確保がむしろ重要な観点であり、また、著作権者等に二重の利得機会を認める必要性もないことから、それらについて適法な譲渡がなされた場合には頒布権は消尽するものとされた（最判平14.4.25「中古ソフト事件」上告審）。
   ※「中古ソフト事件」上告審では、26条の2第2項は、消尽の原則を確認的に規定したものであり、（そのような規定のない26条について）その反対解釈に立って頒布権の消尽を否定するのは相当でないとし、「頒布権が消尽するか否かについて、何らの定めもしていない以上、消尽の有無は、専ら解釈に委ねられていると解される」とする。

> 2　著作者は、映画の著作物において複製されているその著作物を当該映画の著作物の複製物により頒布する権利を専有する。

- 2項は、映画の著作物中に複製されている著作物の著作者は、その複製されている著作物をその映画著作物の複製物により頒布する権利を専有することについて規定する。
- 「映画の著作物において複製されているその著作物」とは、映画に収録されている音楽作品・美術作品などであり、本項は、これら作品が映画の構成素材として利用されている場合のその映画的利用について、これら作品の著作者にも映画の頒布権を認めるというものである。

> （譲渡権）
> 第26条の2　著作者は、その著作物（映画の著作物を除く。以下この条において同じ。）をその原作品又は複製物（映画の著作物において複製されている著作物にあつては、当該映画の著作物の複製物を除く。以下この条において同じ。）の譲渡により公衆に提供する権利を専有する。

- 26条の2第1項は、譲渡権について規定する。著作権者は、自らの著作物をその原作品又は複製物の譲渡により公衆へ提供する排他的権利を有することを定める。

  ※わが国では、従来より映画著作物以外については頒布権を認めず、一般著作物については、複製許諾の際の契約により頒布についてのコントロールが可能であると解してきた。しかし、そのような規定の下では、仮に契約に反して頒布されたとしても、複製自体が許可されている場合に権利者は契約責任を問うことまでしかできず、それでは著作物利用の主要な利用手段である頒布（譲渡）の場面における著作権者の関与の仕方としては不十分であると思われていたことから、一般著作物全般についても頒布権（譲渡に関する権利）を認めるべきとする声が多かった。本項は、そのような状況の中、既に先進諸国が譲渡に関する規定を導入していたこと、及び、1996（平8）年に採択されたWIPO著作権条約（以下本条解説では「条約」）において頒布権が設けられたことに対応して、平成11年に規定されたものである。

- 本項により、映画著作物以外の一般著作物全般について、複製行為とは個別に譲渡行為についての権利行使が可能となり、譲渡の際の著作権者の意思を反映させる機会が与えられることとなった。

  ※ただし、従来よりわが国で規定されていた「頒布」の定義や「頒布権」の内容において条約の「頒布権」とは相容れない部分があり、条約に合わせてこれまでとは別の「頒布権」を国内法に規定すると幾多の問題が生じるため、従来の「頒布権」はそのままに、新たに条約の「頒布権」に対応した「譲渡権」を設けることにしたのである。

- 映画の著作物については従来通り頒布権が認められるため、譲渡権の対象からは外される（かっこ書）。

- 譲渡の目的物を「原作品又は複製物」とするが、これは条約の規定に合わせたものであり、譲渡権の趣旨が、著作物が固定された有体物を最初に公衆へ提供する際の権利者の関与を可能とすることにあるとすれば、原作品と複製物とを別に扱う理由はないだろうと考えられることによるものである。
- なお、映画著作物に複製されている著作物（映画著作物を除く）の新たな複製物のうち、その映画著作物自体の複製による複製物は、本項の「原作品又は複製物」にいう複製物には該当しない（かっこ書）。
- 「公衆に提供」とあることから、特定かつ少数の者への譲渡の場合、譲渡権は働かない。
- 「著作物を公衆に譲渡」とせずに「著作物をその原作品等の譲渡により公衆に提供」とするのは、「譲渡」が有体物を対象とする行為であり、「頒布」についての２条１項19号のような著作物とその行為との関係を定義付ける規定もないので、「著作物の譲渡」が厳密には正確な表現とはいえないものだからである（ただし、以下の解説においては、便宜上「著作物の譲渡」の表現も用いる）。

> ２　前項の規定は、著作物の原作品又は複製物で次の各号のいずれかに該当するものの譲渡による場合には、適用しない。

- ２項は、譲渡権の消尽について規定する。本項各号に該当する原作品又は複製物による譲渡の場合、前項の規定は適用しないとする。いったん適法に譲渡された著作物の原作品又は複製物については、その後の更なる公衆への譲渡について譲渡権が及ばないということである（ファースト・セール・ドクトリンの適用）。
- 当該消尽規定は強行規定であり、したがって、当事者間の契約で消尽を否定することはできない。また、消尽の有無は個々の有体物について判断されるものであり、一の複製物について譲渡権が消尽していても、他の複製物については別途判断されることになる。

> 一　前項に規定する権利を有する者又はその許諾を得た者により公衆に譲渡された著作物の原作品又は複製物

- 1号は、国内で譲渡権者又はその許諾を得た者により公衆に譲渡された著作物の原作品又は複製物を、譲渡権が消尽する場合の対象物として挙げる。
- この場合、譲渡権者は、著作物の公衆への譲渡に係る許諾の機会、つまり譲渡権行使の機会が一度与えられているので、その後の譲渡についてはもはや権利行使は認められないとするものである。権利者の保護と著作物の円滑な流通確保の調和を図るものである。

> 二　第67条第1項若しくは第69条の規定による裁定又は万国著作権条約の実施に伴う著作権法の特例に関する法律（昭和31年法律第86号）第5条第1項の規定による許可を受けて公衆に譲渡された著作物の複製物

- 2号は、文化庁長官の裁定又は許可を受けて公衆に譲渡された著作物の原作品又は複製物を、譲渡権が消尽する場合の対象物として挙げる。
- 著作権者に代わって行政庁が出した代位的な許諾をもって適法な譲渡がなされたと解し、譲渡権を消尽させるものである。
- 67条1項（著作者不明等の場合の裁定による著作物利用）及び69条（商業用レコード製作における裁定による録音・譲渡）で定める裁定、並びに、万国著作権条約の実施に伴う著作権法の特例に関する法律5条（翻訳物発行についての許可による発行）での許可は、いずれも譲渡行為を認める内容を含むものなので、本項消尽規定の対象とされたということである。

> 三　第67条の2第1項の規定の適用を受けて公衆に譲渡された著作物の複製物

- 3号は、67条の2（67条1項の裁定申請中の著作物利用）の適用を受けて公衆に譲渡された著作物の原作品又は複製物を、譲渡権が消尽する場合の対象物として規定する。
- 67条の2は、著作者不明の場合の利用についての裁定（67条1項）を申請した者が、その申請中であっても一定条件の下でその著作物の利用ができるとするものであり、著作物利用の円滑化促進のために平成21年法改正で追加され

第2章第3節

た規定である。本号はそれに合わせて設けられた規定である。
- 基本的な解釈は、2号と同様である。

> 四　前項に規定する権利を有する者又はその承諾を得た者により特定かつ少数の者に譲渡された著作物の原作品又は複製物

- 4号は、国内で譲渡権者又はその承諾を得た者により特定かつ少数の者に譲渡された著作物の原作品又は複製物を、譲渡権が消尽する場合の対象物として掲げる。
- 譲渡権は、公衆への譲渡に係る権利なので、特定かつ少数の者への譲渡行為には当該権利は及ばず、したがってそのような譲渡の場面では権利行使の機会が与えられている訳ではないのだから、本来、権利は消尽しないはずである。しかし、通常の経済取引が、有体物の所有という外形への信頼によりその安全が図られることからすると、最初の譲渡先が公衆か特定かつ少数の者かによって権利消尽の判断が変わってしまうのでは、当該取引の安全は図られないことになる。したがって、譲渡の相手が誰であれ、権利者が譲渡の意思を適法に示した場合には譲渡権を消尽させるのが妥当であるとして本号が設けられたのである。

  ※また、原作品による譲渡の場合、特定かつ少数の者への譲渡が多いことから、いつまでも譲渡権が消尽しないという不都合を解消するためには、特定かつ少数の者への譲渡によっても権利を消尽させることが必要であり、更に、特定かつ少数の者への譲渡を介在させることで再度譲渡権を主張可能とするような脱法行為を防止するためにも、本号のような消尽規定は必要であると解される。

- なお、本号の譲渡は権利の及ばない範囲での行為なので、それに対する譲渡権者の許諾権は存在しないことになり、よって「許諾」ではなく「承諾」という表現になっている。「承諾」の機会をもって事実上権利者の意思反映の機会は与えられたものとし、譲渡権を消尽させるものである。

> 五　国外において、前項に規定する権利に相当する権利を害することなく、又は同項に規定する権利に相当する権利を有する者若しくはその承諾を得た者により譲渡された著作物の原作品又は複製物

- 5号は、国外において、譲渡権に相当する権利を害することなく、又は当該権利を有する者若しくはその者の承諾を得た者により譲渡された著作物の原作品又は複製物を、譲渡権の消尽に係る対象物として掲げる。
- 本号は、いわゆる国際消尽を認める規定である。国際的な経済活動が日常化した現代においては、厳格な権利保護よりも、国際取引の安全と円滑な流通を優先し、国外での譲渡が適法になされた場合にはその後の国内での譲渡については譲渡権が及ばないとするのが妥当であるとして平成11年に設けられた規定である。
- 国外での適法な譲渡の具体的なケースとしては、①譲渡権に相当する権利を認める外国において、当該権利者又はその許諾(承諾)を得た者により公衆(特定かつ少数の者)に譲渡された場合、②譲渡権に相当する権利を認める外国において、制限規定の適用等により当該権利を害することなく公衆に譲渡された場合、③譲渡権に相当する権利を認めない外国において譲渡された場合がある。これらの譲渡がなされた後の譲渡については、譲渡権が働かないこととなる。
- このうち、①には、行政庁の代位的許諾を得たものとする裁定等による場合も含まれる。また、②に該当するケースとしては、47条の9(複製権の制限により作成された複製物の譲渡)のような、譲渡権の制限規定により譲渡が認められる場合などが挙げられる。
  ※なお、外国において権利者の承諾を得ずに特定かつ少数の者への譲渡がなされた場合、その国の譲渡権に相当する権利が公衆への提供を条件としているならば、そのような特定かつ少数の者への譲渡は、譲渡権に相当する権利を害することなく行われた譲渡ということになるので、その場合も権利が消尽するのではないかとの疑問も生じ得る。この点、WIPO著作権条約6条2項では、消尽に係る最初の譲渡について「譲渡(著作者の許諾を得たものに限る)」とあり、その意味するところは、適法に著作者(著作権者)の意思に沿ってなされる譲渡ということであろうから、特定かつ少数の者への譲渡の際に事実上の許諾に当たる承諾がないのであれば、権利は消尽せず、当該特定かつ少数の者が次に公衆に譲渡する際には、やはり権利者の許諾が必要になるとするのが妥当な解釈といえる(この場合、特定かつ少数の者への譲渡について「承諾」を権利消尽の条件とする規定(本項4号のような規定)を設けることが、「許諾を得たものに限る」とする条約規定に

違反するものではないのか疑問ではあるが、取引の実情等を考えた場合、販売等の場面で一旦権利者が譲渡を認めたのであれば、一律譲渡に係る権利を消尽させるとするのが制度目的に適うものであるといえる)。ちなみに、②の制限規定等により権利が消尽する場合の、同条約規定の著作者の許諾の有無の解釈については、著作者(著作権者)の許諾権を制限するケースなのだから、許諾を得る必要はないということになろう。

> (貸与権)
> 第26条の3　著作者は、その著作物(映画の著作物を除く。)をその複製物(映画の著作物において複製されている著作物にあつては、当該映画の著作物の複製物を除く。)の貸与により公衆に提供する権利を専有する。

- 26条の3は、貸与権について規定する。著作権者は、自らの著作物をその複製物の貸与により公衆に提供する排他的権利を有するとする。
- 本条は、貸レコード業の急速な発達によるレコード売り上げの減少から著作者等の利益確保の必要性が生じたことを受け、昭和58(1983)年に議員立法により設けられた「商業用レコードの公衆への貸与に関する著作者等の権利に関する暫定措置法」を実質的に継続する形で、昭和59(1984)年に規定されたものである。「貸与」は、通常「頒布」に含まれる行為と考えられるが、わが国では「頒布権」を映画の著作物にのみ認めていたので、映画以外の著作物についての「貸与権」は、従来からの「頒布権」とは関係なく規定することができた。前条の譲渡権より先に規定されていたものである点は留意するべきである。
- 上記暫定措置法とは異なり、本条では、商業用レコードに固定された著作物のみならず、映画以外の全ての著作物を保護対象とする。映画の著作物については、26条で頒布権が働くため本条の対象からは除かれる。
- 有償・無償を問わず貸与行為全般について権利が働くのが原則であるが、非営利かつ無償の貸与については権利が制限される(38条4項)。
- 「貸与」については、「いずれの名義又は方法をもつてするかを問わず、これと同様の使用の権限を取得させる行為を含む」(2条8項)とされるので、著

作物の複製物を、買い戻し特約付きで売買する等の行為も「貸与」に該当することになる。

※立法当時は、貸本業関係者の既存の利益を考慮し、書籍と雑誌の複製物の貸与については当分の間本条を適用しないとされたが（附則4条の2）、大規模な「レンタルブック店」が多く出現したことや、「21世紀のコミック作家の著作権を考える会」などが、書籍等についての貸与権行使を主張したのを受け、平成16年より、書籍・雑誌についても貸与権が及ぶこととなった。なお、これに関連し、レンタルブック店と同様にコミック作家の利益を不当に害するとされる「漫画喫茶」が問題視されたが、漫画喫茶において客に漫画本を読ませる行為は、店外に本を持ち出さないことから著作権法上は「展示」に当たるため、貸与権の改正では対応できないとされる。また、展示権の範囲を「美術の原作品」から文字を含む複製物にまで拡げると、飲食店や病院の待合室に置いてある漫画や雑誌にまで権利が及ぶことになり、慣習上行き過ぎの感があるため、展示権の改正はされることなく漫画喫茶は従来のまま認められている。

- 「著作物をその複製物により公衆に貸与」とせずに「著作物をその複製物の貸与により公衆に提供」とした理由は、「譲渡」の場合と同様である（前条1項解説参照）。

- 「公衆」とは、不特定の者又は特定かつ多数の者であり（2条5項）、そのうち「特定」とは、貸与者と被貸与者との間に人的な結合関係が存在することを意味するので、そのような関係にない者（つまり不特定な者）への貸与であれば貸与権侵害となり得る。

※プログラム著作物の使用権設定契約において、使用権を得たリース業者が、貸与先が特定の者に限定されていたにもかかわらず他の者に貸与した行為が貸与権侵害に当たるか否かが争われた事案（当該他の者が、そのリース業者と同一グループの企業であったため、「公衆」に該当するか否かが特に問題視された）では、当該リース業者と当該他の者との関係が、同一グループ内の企業であったとしても、当該他の者は「リース業者との関係では単なるリース先であり」、「リース先は専ら営業行為の対象であって、いかなる意味においても人的な結合関係を有する関係と評価することはできないから」、当該他の者は、特定かつ少数の者ではない「公衆」に該当し、よって貸与権侵害が成立するとされた（東京地判平16.6.18「NTTリース事件」）。

> **（翻訳権、翻案権等）**
> **第27条** 著作者は、その著作物を翻訳し、編曲し、若しくは変形し、又は脚色し、映画化し、その他翻案する権利を専有する。

- 27条は、翻訳権、翻案権等について規定する。著作者は、その著作物の翻訳、編曲、変形又は翻案についての権利を専有すると定める。
- 本条は、二次的著作物を創作するための原著作物の利用・転用行為について原著作者に排他的権利（許諾権）を認める規定であり、その二次的著作物の利用についての原著作者の権利（許諾権）は次条で規定されている。
- 「翻訳」、「編曲」、「変形」及び「翻案」のそれぞれの意義内容については、2条1項11号を参照されたい。
- 翻案権が及ぶ範囲に係る「類似性」の判断においては、原著作物の表現形式上の本質的特徴を直接感得し得るかどうかを基準とする直接感得性説による場合が多いが（最判昭55.3.28「パロディ事件」第一次上告審等）、これについて、端的に原著作物の創作的表現の再生の有無を基準とする創作的表現説の立場からは、原著作物の思想・感情を利用しているに過ぎない場合であっても原著作物を直接感得することが可能であり、したがって、直接感得性説はアイデア保護につながる危険性があるとの指摘がなされてきた（百選4版91頁）。それに対し、その後の判例では、「直接感得性」に「著作者の思想又は感情を創作的に表現したものとしての独自の創作性の認められる部分についての表現が共通」していることとする要件を加え、創作的表現が共通することで原著作物の本質的特徴を直接感得することができる場合が類似であるとしたもの（東京高判平12.9.19「赤穂浪士事件」控訴審）や、「表現それ自体でない部分又は表現上の創作性がない部分において、既存の著作物と同一性を有するにすぎない場合は、翻案に当たらない」とし、アイデア段階やありふれた表現部分で共通することのみにより直接感得性が生ずる場合は「類似性」が否定されることを示したもの（最判平13.6.28「江差追分事件」上告審、知財高判平17.6.14「武蔵事件」控訴審）など、アイデア保護を回避する内容の説明が加えられたものが見られる。
- ※原告著作物と被告著作物において共通して登場し又は描かれるキャラクター（年

配男性の博士）の絵柄について、そのキャラクターの年齢や容姿、服装などの設定はアイデアに過ぎず、また、そこに示されている具体的表現は創作性のないありふれたものであるとし、結局両者は表現でない部分あるいは表現上の創作性のない部分において同一性を有するに過ぎないため、翻案権侵害とはならないとした判決例がある（東京地判平20.7.4「博士イラスト事件」）。

※「類似性」の判断においては、創作性の高い著作物では類似性の範囲が広く認められ、創作性の低い著作物では類似性を認める範囲が狭くなるという解釈がなされるが（東京高判平14.10.29「ホテル・ジャンキーズ　電子掲示板事件」控訴審等）、これに対し、創作性の高低は関係なく、創作性のある部分を再製すれば侵害であり、それを再製していなければ非侵害であるとする説もある（百選4版15頁）。

　また、作品中の一部が類似する場合の作品全体の翻案権侵害の判断に関し、原告作品と被告作品の類似部分と非類似部分の分量や重要性を考慮した上で、全体として柔軟な判断をするべきであるとの主張がなされる（参考裁判例：大阪高判平14.6.19「コルチャック先生事件」控訴審）。翻案の場合、デッドコピーに比べれば原作品の再製利用の程度は低く一方で付加価値をもたらす場合が多いことから、法の趣旨に照らし、その侵害性は緩やかに判断するとするものであり、その判断手法として、被利用要素が新たな創作的付加要素により被告作品中において埋没（希釈化）している場合には、「表現上の本質的特徴を直接感得することができない」として翻案の成立を否定するとするもの（本質的特徴説）や、被利用要素と付加要素の各作品における創作性の高低や、それら要素の存在箇所の翻案における重要性などの相関関係を考慮して侵害の成立性を判断するとするもの（相関関係説）がある。更に、それら要素の見た目上の存在感についての創作的価値のみではなく、その作品の目的上の創作的価値（例えば、対象となるキャラクター絵画を、それを含む絵画全体から探し出すゲームを供するための作品等の場合、当該キャラクター絵画が作品中で埋没していることに高い創作性が生じ得る）により判断がなされる場合も考えられる。これらのケースでは、「類似性」そのものを否定することで侵害を否定することも可能ではあろうが、具体的局面においては、形式的には類似性（翻案）を認めつつ実質的違法性を欠くとする解釈や、権利濫用の法理などを適用することで妥当な結論がより導き出され易くなる場合もあると考えられる（百選4版111頁）。

※翻案における原著作物が著名であることは、直接感得性の判断に差異を生じさせるものではなく、不正競争防止法の適用等の保護のあり方についても著名性は影響しない旨が示されている（前出「武蔵事件」控訴審）。著名性により保護範囲が変わると、法的安定性が損なわれ、創作活動が萎縮するからであるとされる。

- 複製権の侵害と翻案権の侵害は、法的効果において差異はなく、訴訟物としても通常一個のものとして扱われるので両者の区別が問題となることは少ないが、商業利用される音楽著作物の場合、複製権と翻案（編曲）権が別人に帰属することが多いため、複製と翻案の判断には慎重を要するとされる（百選4版105頁）。

※作曲家が音楽出版社に著作権譲渡する場合は、編曲権も込みで譲渡されるのが通例であるが、音楽出版社から著作権管理事業者（JASRAC等）に信託される場合には、編曲権は音楽出版社に留保されるため、複製権者と翻案（編曲）権者が別人に帰属することとなる。

（二次的著作物の利用に関する原著作者の権利）
第28条　二次的著作物の原著作物の著作者は、当該二次的著作物の利用に関し、この款に規定する権利で当該二次的著作物の著作者が有するものと同一の種類の権利を専有する。

- 28条は、二次的著作物の利用についての原著作者の権利を規定する。二次的著作物の利用に関し、その原著作者は、当該二次的著作物の著作者が有する本款規定の権利と同じ種類の権利を専有すると定める。
- 本条規定の権利は、二次的著作物が利用されると必然的に原著作物も利用されると考えられることから認められる権利であり、よって、二次的著作物を利用する者は、二次的著作物の著作者のみならず原著作物の著作者の許諾も要することになる。

※二次的著作物の利用に関し、二次的著作物の著作者が許諾をしているにもかかわらず、原著作物の著作者がそれを拒む場合、共有著作権に係る65条3項の類推適用により、原作の著作者は正当理由なく拒むことはできないとする解釈があるが（斉藤187～188頁）、これに対し、原著作物の権利者の与り知らぬところで二次的

著作物が成立する場合もあり、一定の事由があるゆえに認められる共有関係の規定を類推するのは原著作物の権利者の不利益が大き過ぎるとし、また、二次的著作物に対する保護は原著作物の著作者の権利に影響を与えないとする規定（11条）があることからしても、当該類推適用は妥当でないとする批判がある（中山131頁）。事案に即した判断が必要となろう。

- 「この款に規定する権利で当該二次的著作物の著作者が有するものと同一の種類の権利」とあることから、判例では、原著作物が小説で、二次的著作物がその小説を基にした漫画である場合について、原著作物の著作者は、本来の原作についての権利範囲を超えた当該漫画のコマ絵等に係る本款規定の権利（展示権も含まれることになる）まで有することを認めた（最判平13.10.25「キャンディ・キャンディ事件」上告審）。これに対しては、表現の感得に係る実務上の判断の困難性は別としても、理論上、二次的著作物のうち原著作物の創作的表現が感得できない部分（原作者の創作と関係のない部分）にまで原著作物の著作者に権利を認めるのは妥当でないとの指摘がある（中山133頁）。

※原作小説の著作物を基にした漫画著作物のコマ絵や表紙絵等から原作小説の本質的特徴を感得すること自体は、理論上は可能と解する。

※「キャンディ・キャンディ事件」控訴審判決では、28条が、二次的著作物における原著作物の創作性に依拠しそれを引き継ぐ要素と、二次的著作物の著作者の独自の創作性のみが発揮されている要素とを区別することなく規定している理由として、①両者の区別が現実的に困難であり、その区別を要求すると権利関係が不安定になってしまう点と、②二次的著作物である以上、それを形成する要素で原著作物に依拠しないものはありえないとみることも可能である点を挙げる（これらは、最高裁判決でも是認されていると推測される（百選4版115頁））。ただし、本条の意義について学説では、原著作物と二次的著作物の種類が異なる場合（例えば、小説と映画の著作物）に、原著作物の本質的特徴を感得し得る二次的著作物の該当部分については、二次的著作物に係る権利と同種の権利を原著作物の著作者にも認めるとするものであり（今の例でいうならば、小説の内容が映画化された部分については、小説家にも上映権や頒布権を認めるとするもの）、原著作物と全く関係のない部分（例えば、原作小説には全く示されていない映画中の背景美術等）にまで、原権利者に権利を認めるとするものではないとする（百選4版115頁、中山133頁）。この見解によれば、「キャンディ・キャンディ事件」最

高裁判決の射程範囲を更に拡張して捉え、二次的著作物に係る全ての権利を原著作物の著作者に認めるような解釈をするべきではないとする。
※一話完結形式の連載漫画について、「後続の漫画は、先行する漫画を原著作物とする二次的著作物と解される」とし、「二次的著作物の著作権は、二次的著作物において新たに付与された創作的部分のみについて生じ、原著作物と共通しその実質を同じくする部分には生じないと解する」とした判例がある（最判平9.7.17「ポパイネクタイ事件」上告審）。上記「キャンディ・キャンディ事件」上告審では、原著作物の著作者の権利を広く解釈し、「ポパイ・ネクタイ事件」上告審では、二次的著作物の著作者の権利を限定的に解していることについて、後続の創作活動を過度に制約することになるのではないかという疑問が示される（百選4版57頁）。

- 「同一の種類の権利」とは、著作物の種類との関係上、原著作物には認められないが二次的著作物には認められる権利（原作が小説で、二次的著作物が映画の場合の頒布権等）をいうとする場合（中山132頁）と、二次的著作物の利用に係る二次的著作物の著作者と原著作物の著作者の権利について、権利内容は同一だが存続期間はそれぞれ異なるものであることを表したものとする場合（加戸217頁）がある。
- 三次的、四次的著作物については、それぞれの段階の利用に本条を累積的に適用して原著作物と関連させる解釈と、各次元の著作物と最初の原著作物との1対1の関係について本条を適用する解釈が可能である。

第4款　映画の著作物の著作権の帰属

> **第29条**　映画の著作物（第15条第1項、次項又は第3項の規定の適用を受けるものを除く。）の著作権は、その著作者が映画製作者に対し当該映画の著作物の製作に参加することを約束しているときは、当該映画製作者に帰属する。

- 29条1項は、映画の著作物の著作権の帰属について規定する。著作者がその映画著作物（法人著作の場合等を除く）の製作への参加を約束している場合は、その映画著作物の著作権は映画製作者に帰属する旨定める。
- 本条は、映画著作物の利用についての権利行使が映画製作者によりなされる

のが通常であることや、映画製作者の責任において巨額の製作費用が投下されるのが映画著作物の特徴であること、更に、複数の著作者が関係する映画著作物の場合、各自に権利行使を認めるのは流通の円滑化の観点からは妥当でないことなどから、映画製作者である製作会社に著作権を帰属させるのが最も合理的であるとして定められたものである。なお、「映画製作者」とは「映画の著作物の製作に発意と責任を有する者」と定義される（2条1項10号）。

- 「映画の著作物」のうち、法人著作によるもの（15条1項）又は放送・有線放送用の録画物等（本条2項・3項）は除かれる。法人著作の場合は著作者と映画製作者が同一のため本項適用は不要であり、また、放送・有線放送用録画物等の場合は、映画製作者となる放送・有線放送事業者に帰属する権利を放送・有線放送に係る権利に限定する必要があるからである。

- 「その著作者が映画製作者に対し当該映画の著作物の製作に参加することを約束しているとき」との要件は、通常の劇場映画の場合は特に問題とはならないが、例えば舞台美術について、その著作者はテレビの生放送でのみ利用されるものと認識していたにもかかわらず、実は録画され映画著作物が作成されていたといったような場合には、当該要件である映画製作への参加意思は認められないことになり、本項は適用されないという解釈もされ得る。

- この場合の「約束」には、文書によるもののほか、口頭での約束も含む。
 ※参加約束の解釈については、著作権を映画製作者に移転させる意思表示を含む法律行為であるとする意思表示説と、単に映画製作への参加の意思を表明する事実行為であるとする事実行為説が対立する。映画著作物には多額の資金や多数関係者が関わることを考えると、著作者の意思の欠如等により権利移転（ひいては製作活動）について事後的な影響（無効、取消等）を受け易い前者より、そのような影響の少ない後者の見解が妥当かと思われる（百選4版83頁）。これらの見解の相違は例えば、当該製作が中止された場合等の法的効果（約束の解約か撤回か等）に表れる。事実行為説では、参加の契約があればそれが法律行為となる。

- 「帰属する」とは、法定帰属を意味し、著作者において原始的に発生した著作権が本項の要件を満たす場合には、自動的に映画製作者に移転するということである。ただし、著作者人格権については、当然、著作者帰属のまま残ることとなる。
 ※著作者の意思によらずに製作についての参加約束でもって権利まで移転する本

- 本条の適用が認められるためには、映画著作物の完成が要件となるとした判決例がある。ただし、完成した映画が当初の予定通りの内容のものであることまでは要しないとされる（東京高判平5.9.9「三沢市勢映画製作事件」）。
※「三沢市勢映画製作事件」判決では、映画製作のためにフィルムに撮影された映像のうち未使用部分の著作権の帰属が争われ、「映画」としては未完成な状態であるが創作性のある映像（映像著作物）の著作権は、映画製作者ではなく著作者である映画監督に帰属するとされた。ただし当該判決に対しては、参加約束の法的効果について検討されていない点や、映画著作物の完成とはどの時点をいうのか不明な点、更に、「映像著作物」という著作権法上にない概念を導入している点などにおいて論理構成に無理があるとの指摘がある（百選4版83頁）。

> 2　専ら放送事業者が放送のための技術的手段として製作する映画の著作物（第15条第1項の規定の適用を受けるものを除く。）の著作権のうち次に掲げる権利は、映画製作者としての当該放送事業者に帰属する。
> 　一　その著作物を放送する権利及び放送されるその著作物について、有線放送し、自動公衆送信（送信可能化のうち、公衆の用に供されている電気通信回線に接続している自動公衆送信装置に情報を入力することによるものを含む。）を行い、又は受信装置を用いて公に伝達する権利
> 　二　その著作物を複製し、又はその複製物により放送事業者に頒布する権利

- 2項は、専ら放送事業者が放送のための技術的手段として製作する映画著作物の権利帰属について規定する。本項各号規定の権利は、映画製作者である放送事業者に帰属するとする。つまり本項は、映画製作者が放送事業者である場合についての、前項の例外規定である。
- 「専ら」は、「放送事業者」及び「放送のための技術的手段」の双方に係り、よって放送事業者以外の者による製作（放送事業者との共同製作も含む）、及び放送目的以外の技術的手段（放送目的を兼ねる場合も含む）として製作される映画著作物は、本項の対象とはならないことになる。

- 「放送事業者が…製作する映画の著作物」とは、放送事業者が映画製作者としてその製作に発意と責任を有する著作物のことであり、放送事業者である放送局のスタッフだけで製作する映画を指すものではない。後者は、法人著作であり放送事業者が著作者となるケースである（かっこ書）。
- 「専ら…放送のための技術的手段として製作する映画の著作物」とあるのは、専ら放送上の技術的な問題解決手段として製作する映画著作物という意味ではなく、専ら放送利用のための技術的手段（録画等）として製作する映画著作物の意味である。「専ら…放送のため」とは放送することのみを念頭にした場合を指すので、例えば、放送以外にもDVD化を予定しているような録画物は、本項の対象とはならない。

- 1号では、本項に該当する場合に放送事業者に自動的に帰属する権利として、柱書でいう映画著作物（以下本項解説では「放送用映画」とする）を放送する権利、その放送される放送用映画を有線放送し、自動公衆送信し、又は伝達する権利を挙げる。

- 2号では、本項に該当する場合に放送事業者に自動的に帰属する権利として、放送用映画を複製する権利、又はその複製物により放送用映画を他の放送事業者に頒布する権利を挙げる。
- 本号「複製」についてはその利用目的は問われないので、全ての複製について放送事業者の権利行使が可能であるが、「頒布」については他の放送事業者への頒布に限られるため、それ以外の頒布については放送事業者ではなく、残りの頒布権を持っている元の著作者により権利行使がなされることになる。

3　専ら有線放送事業者が有線放送のための技術的手段として製作する映画の著作物（第15条第1項の規定の適用を受けるものを除く。）の著作権のうち次に掲げる権利は、映画製作者としての当該有線放送事業者に帰属する。
　一　その著作物を有線放送する権利及び有線放送されるその著作物を受信装置を用いて公に伝達する権利

> 二　その著作物を複製し、又はその複製物により有線放送事業者に頒布する権利

- 3項は、専ら有線放送事業者が有線放送のための技術的手段として製作する映画著作物の権利帰属について規定する。本項各号規定の権利は、映画製作者である有線放送事業者に帰属すると定める。
- 本項は、前項の「放送事業者」を「有線放送事業者」に、「放送」を「有線放送」に替えたものであり、基本的な趣旨・解釈は前項と同様である。
- 1号では、柱書でいう映画著作物（以下本項解説では「有線放送用映画」という）を放送・自動公衆送信する権利について規定されていないが、それは、前項1号の放送事業者が有線放送・自動公衆送信する場合と違って、有線放送事業者が有線放送用映画を放送・自動公衆送信することは、元々認められていた行為よりも大規模な行為になるという意味において通常の有線放送の業務で行う範囲を超える行為といえるものであり、そのような行為について権利を与えるのは妥当ではないとされることによる。
- その他については、前項解説を参照されたい。

第5款　著作権の制限

> （私的使用のための複製）
> 第30条　著作権の目的となつている著作物（以下この款において単に「著作物」という。）は、個人的に又は家庭内その他これに準ずる限られた範囲内において使用すること（以下「私的使用」という。）を目的とするときは、次に掲げる場合を除き、その使用する者が複製することができる。

- 本条1項は、本項各号に掲げる例外を除き、著作物の私的使用目的での複製を認めるとする規定である。家庭内等の閉鎖的範囲内での零細な著作物利用を許容する趣旨であり（加戸231頁）、そのような範囲での利用であれば権利者の受ける不利益は少なく、また、個人や家庭内での利用の捕捉が困難であることなどを考慮して設けられた規定である。
- 「著作権の目的となっている著作物」とあるように、原則として著作物の種

類や性質は限定されず、公表の有無も問題とならない（ただし、映画の盗撮の場合は例外となる）。

※映画の盗撮による複製については、「映画の盗撮の防止に関する法律」の4条1項において、それが私的使用目的のものであったとしても本条の適用はされない旨が規定されており、その複製は侵害行為として扱われることになる。

- 複製の手段や態様についても、原則、限定はないが、複製技術の発展に伴い一部の例外を規定した（1号、2号）。また、ベルヌ条約9条（2）における「当該著作物の通常の利用を妨げず、かつ、その著作者の正当な利益を不当に害しないこと」とする要件を満たす必要上、私的使用目的とはいっても一定の限界はあるものと解される（例えば、家庭にビデオライブラリを設ける等は問題となる）。

- 「私的使用」とは「個人的に又は家庭内その他これに準ずる限られた範囲において」の使用であるが、ここでいう「限られた範囲」に属するためには、メンバー相互間の強い個人的結合関係を要すると解され、職業上での使用目的の場合や、非職業的であっても密接な人間関係の範囲を超える使用の場合はこれに該当しないとされる（作花314頁）。

※「個人的」な使用とは、個人が趣味に興じたり教養を深めたりするために使用することであり、「家庭内」とあるのは、同一家計で同居している家族に使用させるために複製することを許容する趣旨とされる（百選4版117頁）。

※裁判例では、「企業その他の団体において、内部的に業務上利用するために著作物を複製する行為」について、「その目的が個人的な使用にあるとはいえず、かつ家庭内に準ずる限られた範囲内における使用にあるとはいえない」とし、私的使用が否定された（東京地判昭52.7.22「舞台装置設計図事件」）。

- 「私的使用」の「使用」とは、「利用」とは異なる概念であり、著作物の複製物をいわば消費する側の立場において使うことを意味するものである。そのような使い方を私的に行うことを目的とするならば、その著作物の複製は許されるということである。

- 「使用をする者が複製することができる」とあるように、使用者自身による複製が原則であるが、使用者の支配下にある者が具体的複製行為をする場合も「使用をする者」による「複製」に該当するものと解される。

- 本項規定の適用により作成された複製物を頒布し、又はその複製物による公

衆提示を行った場合には、複製権の侵害とみなされる（49条1項1号）。未公表著作物の場合であれば更に公表権の侵害も構成する。

> 一　公衆の使用に供することを目的として設置されている自動複製機器（複製の機能を有し、これに関する装置の全部又は主要な部分が自動化されている機器をいう。）を用いて複製する場合

- 1号は、本項柱書の私的使用目的の複製から除外されるものとして、公衆使用に供するために設置されている自動複製機器を用いてする複製を挙げる。これについては権利が働くということである。
- 近年発達してきた簡易に複製物を作成し得る自動複製機器を用いて使用者自身が著作物を複製する場合、私的使用目的の複製であれば権利行使を免れることも可能となるが、大量複製を可能とするこのような自動複製機器が、公衆の使用に供する形で設置されている場合にまで権利行使を免れ得るとしたのでは著作権者等の利益が不当に害されるため、そのような形で設置されている自動複製機器を用いた複製については著作権制限規定の対象から除外することとした。
- 「公衆の使用に供することを目的として設置」という場合、営利目的での設置が要件となっているわけではないので、営利業者が客に使用させるために自動複製機器を店内に設置する場合のほか、公共施設（公民館や市民ホール等）に設置する場合も含まれる。なお、図書館に設置されたコピー機の可否については争いがある。
- 「自動複製機器」とは、「複製の機能を有し、これに関する装置の全部又は主要な部分が自動化されている機器」（かっこ書）であり、複写機器（ゼロックス等）、録音・録画機器（オーディオ・ビデオ等）などである。本号に該当するものの典型例としては、貸レコード店に設置された音楽テープやディスクの高速ダビング機が挙げられる。
  ※ただし、文献複写に係る分野においては、複写機の利用ニーズが高く、一方で完全なコピーには手間がかかることや権利行使についての集中処理体制が不十分であることに鑑み、文献複写機器（専ら文書又は図画の複製に供するもの）については本号の自動複製機器から除外するとする暫定措置が設けられた（附則5条

の2)。したがって、コンビニエンスストアに設置されているコピー機での文書・図面の複製は許される。

> 二　技術的保護手段の回避（第2条第1項第20号に規定する信号の除去若しくは改変（記録又は送信の方式の変換に伴う技術的な制約による除去又は改変を除く。）を行うこと又は同号に規定する特定の変換を必要とするよう変換された著作物、実演、レコード若しくは放送若しくは有線放送に係る音若しくは影像の復元（著作権等を有する者の意思に基づいて行われるものを除く。）を行うことにより、当該技術的保護手段によつて防止される行為を可能とし、又は当該技術的保護手段によつて抑止される行為の結果に障害を生じないようにすることをいう。第120条の2第一号及び第2号において同じ。）により可能となり、又はその結果に障害が生じないようになつた複製を、その事実を知りながら行う場合

- 2号は、本項柱書の私的使用目的の複製から除外されるものとして、技術的保護手段の回避により実質可能となる複製であって、それと知りながら行われるものを挙げる。
- 本号は、技術的保護手段の回避装置（キャンセラー）の出現に対処するために平成11年法改正で加えられた規定であり、そのような装置を用いて行う悪意の複製は、たとえそれが私的使用目的であったとしても、著作権者における著作物提供の前提を覆す不当なものであり、権利制限の対象範囲から外されるべき行為であるとして設けられたものである。
- 「技術的保護手段」に該当するものとして、従来からの「電磁的方法により著作権等を侵害する行為の防止又は抑止をする手段であって、著作物等の利用に際しこれに用いられる機器が特定の反応をする信号を著作物等に係る音若しくは影像とともに記録媒体に記録し、又は送信する方式によるもの」（いわゆる信号付加方式　例えば、磁気的・光学的方法で付した信号に、録音機器が電子的に反応することで複製を抑えるSCMS（Serial Copy Management System）など）のほか、「当該機器が特定の変換を必要とするような著作物等に係る音又は影像を変換して記録媒体に記録し又は送信する方式によるもの」（いわゆる

暗号化方式　コンテンツを暗号化することにより機器での視聴・複製を抑えるCSS（Content Scramble System）など）が平成24年法改正で加えられた（2条1項20号）。この場合、著作権等を侵害する行為（複製や公衆送信等）に関する手段であることが要件である。

- 「回避」とは、①技術的保護手段に用いられる信号の除去・改変、又は②特定の変換を必要とするよう変換された著作物等に係る音・影像の復元により、当該技術的保護手段による防止・抑止効果を実質無効にすることである。①は、信号付加方式の技術的保護手段におけるコピー制御の信号を（不正コピーのために）除去・改変することであり、②は、暗号化によりスクランブルをかけられた不正コピーに係るコンテンツ等の音・影像を（当該不正コピーを実効あらしめるために）復元することを指す。
  ※この場合、ゲームソフトに見られるようなゲーム起動のために必要な信号をソフト等に付す方式が「技術的保護手段」に該当するのか、該当するとして、その信号の付されていないコピーソフトに信号を付する行為が「技術的保護手段の回避」に当たるのか、については検討の余地があろう。
- 「記録又は送信の方式の変換に伴う技術的な制約による除去又は改変を除く」とは、例えば、CDからカセットテープにダビングする際に、CDに記録されていた信号（SCMS）がテープ側の音においては除去されてしまうなどのケースを除外することを想定したものである。著作物の円滑な利用・流通を図るためのものである。
- 「回避により可能と…なつた複製」とは、一度技術的保護手段を回避して作成された複製物から更に複製する場合も含むものであるが、この場合、過去に回避して作成された複製物を、それと知らずに入手して私的使用目的の複製をする場合にまで権利を及ぼすとしたのでは、著作物の円滑な利用・流通を阻害するおそれがあることから、「その事実を知りながら行う場合」を本号適用の要件とした。
  ※ちなみに「技術的保護手段」の回避自体が違法なのではなく、あくまで「技術的保護手段」の回避による複製が違法となる点は留意されたい。したがって、衛星放送のスクランブルを回避して個人的に視聴するだけの行為は著作権法上の侵害とはならないものと解する。

> 三　著作権を侵害する自動公衆送信（国外で行われる自動公衆送信であつて、国内で行われたとしたならば著作権の侵害となるべきものを含む。）を受信して行うデジタル方式の録音又は録画を、その事実を知りながら行う場合

- 3号は、本項柱書の私的使用目的の複製から除外されるものとして、違法なインターネット配信からの音楽・映像の複製（ダウンロード）であって、それと知りながら行われるものを挙げる。そのような複製が正規の配信市場を圧迫するほどの膨大な規模となっていることに鑑みて、平成21年法改正で設けられたものである。
- 本項柱書の適用対象から外れるのは、違法な配信と知りながら受信し、デジタル方式で録音・録画する行為である。権利者に与える不利益が特に大きいものだからである。
- 「著作権を侵害する自動公衆送信」には、翻訳・翻案権（27条）を侵害するネット送信も含まれる。
- 国外で送信された場合についても、国内法でその侵害性が判断される（かっこ書）。
- 動画投稿サイト等の動画を視聴する際の一時的な情報の蓄積（キャッシュ）については、47条の8の権利制限規定により侵害とはならないものと解されるが、そのキャッシュをキャッシュフォルダから取り出して別のソフトウェアで視聴したり、別の媒体に保存したりする行為については同条制限規定は働かず、よって本号に該当する侵害行為として扱われるものと考えられる。

> 2　私的使用を目的として、デジタル方式の録音又は録画の機能を有する機器（放送の業務のための特別の性能その他の私的使用に通常供されない特別の性能を有するもの及び録音機能付きの電話機その他の本来の機能に附属する機能として録音又は録画の機能を有するものを除く。）であつて政令で定めるものにより、当該機器によるデジタル方式の録音又は録画の用に供される記録媒体であつて政令で定めるものに録音又は録画を行う者は、相当な額の補償金を著作権者に支払わなければならない。

- 2項は、私的使用目的でデジタル方式により著作物を録音又は録画する場合には、補償金の支払い義務が生じることを規定する。
- 近年の録音・録画技術の発達により、個々の個人や家庭内での著作物の録音・録画が可能となり、特にデジタル方式による場合には元の著作物と質的に同程度の複製物が多数作成され得ることなどから、その場合にまで1項の制限規定をそのまま適用するのは、著作権者等と利用者の利益バランスを崩すものと考えられる。そこで、本項において補償金の支払いによる両者の利益調整を図ることにしたのである。
- 本項の対象となるのはデジタル方式による場合に限定されるが、その理由は、①録音・録画が高品質であり複数回の複製による劣化がほとんどないこと、②円滑な制度導入には、デジタル方式に限定する方が関係者の理解が得られやすいこと、③アナログ方式については既得権が大きいこと、などが挙げられる。
- 「デジタル方式の録音又は録画の機能を有する機器であつて政令で定めるもの」とは、施行令1条に規定されるものであり、録音機器として、DATレコーダー、DCCレコーダー、MDレコーダー、CD-R方式CDレコーダー、CD-RW方式CDレコーダーが、録画機器として、DVCR、D-VHS、MVDiscレコーダー、DVD-RW方式DVDレコーダー、DVD-RAM方式DVDレコーダー、更に、平成21年よりBlu-rayDiscレコーダーがそれぞれ挙げられている。
- 「デジタル方式の録音又は録画の用に供される記録媒体であって政令で定めるもの」とは、施行令1条の2に規定されるものであり、上記政令規定のデジタル方式機器に対応した記録媒体を指す。
- 「補償金」とは、著作権制限の代償として支払われる経済的対価をいう。本項の場合、補償金を受ける権利を有するのは著作権者である。
- 「相当な額」とは、「通常の使用料よりは安いが利用に見合ったある程度それに近い額」とされる（加戸242頁）。

（付随対象著作物の利用）

第30条の2　写真の撮影、録音又は録画（以下この項において「写真の撮影等」という。）の方法によつて著作物を創作するに当たつて、当該著作

物（以下この条において「写真等著作物」という。）に係る写真の撮影等の対象とする事物又は音から分離することが困難であるため付随して対象となる事物又は音に係る他の著作物（当該写真等著作物における軽微な構成部分となるものに限る。以下この条において「付随対象著作物」という。）は、当該創作に伴つて複製又は翻案することができる。ただし、当該付随対象著作物の種類及び用途並びに当該複製又は翻案の態様に照らし著作権者の利益を不当に害することとなる場合は、この限りでない。

- 本条1項は、写真等著作物の創作に当たり、当該著作物に係る付随対象著作物は、当該創作に伴って、原則、複製・翻案することができる旨を規定する。
- 本項は、写真撮影の際に目的の被写体の後ろの壁に掛けられていた絵画が偶然その写真の背景に小さく写ってしまう場合などのいわゆる「写り込み」について、このような形で撮影された背景の著作物が当該写真の著作物の創作過程で複製等がなされたとしても、通常その背景に写った著作物の著作権者の利益を不当に害するものではないため、形式的には違法である当該複製等行為について著作権侵害とはならない旨を明確にしたものである。いわゆる日本版フェアユースの1つとして、著作物等利用の円滑化を図る目的で平成24年法改正で設けられた規定である。
- ※《フェアユース》 フェアユースとは「公正利用」のことであり、著作権の分野では、著作権者の許諾なしに著作物を利用してもそれが公正な利用と判断されるならば著作権侵害とはならないとする法理をいう。著作権侵害の主張に対する抗弁事由となるものである。同法理を認める米国著作権法では、批評・解説・報道・研究・調査の目的であれば無許諾で著作物利用が認められるとする包括規定が設けられ（同法107条）、その裁判においては、①著作物利用の目的・性格、②著作物の性質、③著作物全体との関係における利用部分の相対的量・実質的比重、④著作物の利用が潜在的市場や価値に及ぼす影響、の4つの要素を基準に公正利用の成否が判断されるといわれる。わが国でも近年の情報技術の急速な発達・変化などの状況下にあって、従来の限定列挙方式の権利制限規定では対応が追い付かないとの声もあり平成24年法改正ではフェアユース規定の設立が期待されたが、裁判で決着するまで無断利用（居直り侵害行為）を抑えられない点などが実定法主義のわが国には馴染まないとする反対意見も特に権利者側から多く上がり、結

局、権利制限の一般規定の導入（公正利用の趣旨を踏まえつつ新たに具体的制限規定を設ける）という形で、本来のフェアユースとは異なるいわゆる「日本版フェアユース」が誕生するに至った。文化審議会著作権文科会報告書によると、日本版フェアユースでは、権利制限の一般規定による制限の対象利用行為として、A.著作物の付随的な利用、B.適法利用の過程における著作物の利用、C.著作物の表現を享受しない利用、の3つの類型を想定し、Aに該当する規定として30条の2（付随対象著作物の利用）、Bに該当する規定として30条の3（検討の過程における利用）、Cに該当する規定として30条の4（技術の開発又は実用化のための試験の用に供するための利用）及び47条の9（情報通信技術を利用した情報提供の準備に必要な情報処理のための利用）をそれぞれ設けたとされる。ただし、これらの規定により、上記想定される利用局面の全てがカバーされたとはいえない。

- 本項で対象となる創作方法は、「写真の撮影、録音又は録画」であり（これら方法による著作物を「写真等著作物」とする（かっこ書））、したがって、写真撮影の際の写り込みによる場合のほか、録音の際に、録音対象となる音以外の音が偶然収録されたり、録画の際に、対象事物以外のものがの映像に偶然収まったりするいわゆる「録り込み」による場合も本項対象のケースとなる。

- 他人の著作物が偶然に写り込んだような場合が対象となるので、当初より撮影対象としていた著作物や、背景にあるものではあってもそれを積極的に見せる目的で撮影した著作物が写った写真などは本項の対象とはならず、当該写真等を利用する行為は権利侵害となり得る。

- 「付随対象著作物」とは、「写真著作物等に係る写真の撮影等の対象とする事物又は音から分離することが困難であるため付随して対象となる事物又は音に係る他の著作物」であって、「当該写真著作物における軽微な構成部分となるもの」（かっこ書）をいう。

- 「分離することが困難である」とは、写真等著作物を創作する際に、創作時の状況に照らして、付随して対象となった他の著作物を除いて創作することが、社会通念上困難であると客観的に認められることをいう。また、「軽微な構成部分となるもの」かどうかは、著作物の種類に照らし、個別の事案に応じて判断されるものであり、定量的な割合を定めるものではないとする（文化庁HP）。

- ただし書の「著作権者の利益を不当に害することとなる場合」とは、本項複

製等による利用が、写り込まれるなどした元の著作物の利用市場と衝突したり将来の潜在的販路を阻害したりすることにより、その元の著作物の著作権者の利益を害する場合などをいう（文化庁HP）。
- 本項に該当すると考えられる事例としては、写真を撮影した際に、本来意図した撮影対象だけではなく、背景に小さくポスターや絵画が写り込む場合や、街角の風景をビデオ収録したところ、本来意図した収録対象だけではなく、看板やポスター等に描かれている絵画等や流れていた音楽がたまたま録り込まれる場合などが挙げられる（文化庁HP）。

> 2　前項の規定により複製又は翻案された付随対象著作物は、同項に規定する写真等著作物の利用に伴つて利用することができる。ただし、当該付随対象著作物の種類及び用途並びに当該利用の態様に照らし著作権者の利益を不当に害することとなる場合は、この限りでない。

- 2項は、前項で複製等された付随対象著作物は、原則、同項の写真等著作物の利用に伴って利用することができる旨を定める。
- 「利用することができる」とあることから、複製等に限らず、全ての利用態様が認められることになる。（ただし書に該当しなければ、営利目的の利用も認められる）
- 前項の写真等著作物の創作において分離することが困難とされた他の著作物でも、本項の複製物等の利用の場面では、当該他の著作物を消去して利用することができる場合など、分離することが可能な場合がある。しかし、本項では、その適用において分離困難な場合に限定する要件は付されていないため、分離可能か否かに関わりなく、複製等された付随対象著作物を無許諾でそのまま利用することができることとなる。前項で権利制限の対象として複製等が認められたにもかかわらず、本項で分離不可を理由に利用が認められないのでは、本項の趣旨を没却しかねないからである（加戸247頁）。なお、「写真等著作物の利用に伴って利用することができる」とあるので、付随対象著作物を分離して別途利用することは認められない。また、付随対象著作物の顧客吸引力を利用する形で商品化するなども認められない。
- 本項ただし書は、前項ただし書と同様の規定である。

- 本項に該当すると考えられる事例としては、絵画が背景に小さく写り込んだ写真を、ブログに掲載する場合や、ポスター、絵画や街中で流れていた音楽がたまたま録り込まれた映像を、放送やインターネット送信する場合などが挙げられる（文化庁HP）。

> （検討の過程における利用）
> **第30条の3**　著作権者の許諾を得て、又は第六十七条第一項、第六十八条第一項若しくは第六十九条の規定による裁定を受けて著作物を利用しようとする者は、これらの利用についての検討の過程（当該許諾を得、又は当該裁定を受ける過程を含む。）における利用に供することを目的とする場合には、その必要と認められる限度において、当該著作物を利用することができる。ただし、当該著作物の種類及び用途並びに当該利用の態様に照らし著作権者の利益を不当に害することとなる場合は、この限りでない。

- 30条の3は、著作権者の許諾や裁定を受けて著作物を利用しようとする者は、その利用についての検討過程における利用に供することを目的とする場合には、必要限度で当該著作物の利用が認められる旨を規定する。
- 本条は、適法な著作物利用において生じ得る、許諾や裁定前の必要な著作物利用行為が違法とされてしまう不都合を解消するためのものである。例えば、企業内で他人の著作物であるキャラクター図案を利用した製品の企画を会議で検討する場合、その他人の許諾を得る前に説明のため企画書中にその図案を必要限度で複製する行為は、形式的には権利侵害となり得るものであっても、実際には後の適法利用のための合目的的な行為であり、また、市場と競合せず著作権者の利益を特に害するものでもないので、その事前利用を認めるとするものである。著作物の公正利用を認める見地から、日本版フェアユースの2つ目として平成24年法改正で設けられたものである。
- 「著作権者の許諾を得て、又は…裁定を受けて著作物を利用しようとする者」という場合、最終的に（許諾を得た）利用に至らない場合でも当該「利用しようとする者」に当たり、本条が適用され得るとされる。上の例でいえば、企

画会議で検討の結果その図案が選ばれなかった場合でも、当該企画書への複製行為は違法とはならないこととなる。最終的に権利者の利益を害するような利用につながらないのであれば問題はないということであろう。
- 「(当該許諾を得、又は当該裁定を受ける過程を含む。)」とは、検討自体終えた後の手続き等において行われる利用（許諾申出の際のプレゼン資料における著作物の複製等）も本条の対象とすることを意味する。
- 「その必要と認められる限度において」とは、検討の過程における利用に供するという目的に照らして必要と認めらる範囲でということである。
- 「当該著作物を利用することができる」とあるように、本条では複製に限らず他の態様での利用も可能である。
- ただし書については前条1項ただし書と同旨であり、例えば、社内での検討過程で試作した他人の著作権に係るキャラクターグッズを、一般の反応を確かめるために無断で社外に広く頒布するような行為は、著作権者の利益を不当に害するとして認められない公算が高い。
- 本条適用の具体的ケースとしては、上記企画検討会議での資料等に著作物を複製する場合のほか、映像にBGMを入れるに際し、権利者からの許諾を得る前に選曲の検討のためにその映像に合わせて楽曲を録音する場合、権利者不明の著作物利用について裁定制度を利用するかどうか検討する際に、社内資料等に当該著作物を掲載する場合などが挙げられる（文化庁HP）。

（技術の開発又は実用化のための試験の用に供するための利用）
第30条の4　公表された著作物は、著作物の録音、録画その他の利用に係る技術の開発又は実用化のための試験の用に供する場合には、その必要と認められる限度において、利用することができる。

- 30条の4は、公表された著作物は、録音・録画等に係る技術開発又は実用化のための試験の用に供する場合には、必要限度で利用することができる旨を規定する。
- 本条は、録音・録画機器など著作物利用を目的とした機器の開発の場で広範に行われている試験的な録音・録画行為等が、技術開発に資するものであり、

また著作権者の利益を不当に害するものでもないにもかかわらず侵害に問われてしまうといった不都合を解消するものである。著作物の公正な利用を阻害しないよう、日本版フェアユースの3つ目として平成24年法改正で設けられた規定である。

- 「公表された著作物」とするのは、本条の目的のためにあえて未公表の著作物を利用する必要性は認められないからである（加戸251頁）。
- 「録音、録画その他の利用に係る技術」とあるように、録音・録画は例示であり、送信・通信技術、上映技術、視聴・再生技術、翻訳・翻案技術など、著作物利用に関する技術全般が本条の対象となる。
- 「技術の開発又は実用化のための試験の用に供する」とは、「技術の開発」又は「技術の実用化」のそれぞれのための「試験の用に供する」場合を指し、それら試験における検証のための素材として著作物を用いることを意味する（文化庁HP）。
- 「その必要と認められる限度において」とは、前条と同様の趣旨であり、著作物利用に係る技術の開発又は実用化のための試験の用に供するという目的に照らして必要と認められる範囲でという意味である。
- 「利用することができる」とあるように、本条においても複製に限らず全ての利用態様が認められる。
- 本条が適用される具体的なケースとして、テレビ番組の録画技術の開発において、技術検証のために実際に番組を録画してみる場合、3D映像の上映技術の開発において、技術検証のために3D映像が収録されたBlu-rey Discを上映してみる場合、OCRソフトウェアの開発において、性能を検証するために小説や新聞をスキャンしてみる場合、スピーカーの開発において、性能を検証するために流行している様々な楽曲を再生してみる場合などが挙げられる（文化庁HP）。

（図書館等における複製）

第31条　国立国会図書館及び図書、記録その他の資料を公衆の利用に供することを目的とする図書館その他の施設で政令で定めるもの（以下この項及び第3項において「図書館等」という。）においては、次に掲げる場

合には、その営利を目的としない事業として、図書館等の図書、記録その他の資料（以下この条において「図書館資料」という。）を用いて著作物を複製することができる。

- 31条1項は、図書館等において、本項各号に掲げる場合には、非営利の事業として、図書館資料を用いて著作物を複製できることを規定する。図書館等の公共的機能を確保するために、一定目的における必要な限度での著作物の複製を認めたものである。
- 「図書館等」として国立国会図書館以外に定められる「図書館その他の施設」とは、施行令1条の3第1項各号に掲げる、「図書館法2条1項の図書館」や「学校教育法1条の大学等に設置された図書館及びこれに類する施設」等全6つのもののうち、司書等が置かれているものとされる（施行令1条の3第1項）。

    ※「国立国会図書館」については、従来は、政令において図書館等の代表的なものとして個別具体的な表記がなされていたものの、本法条文においては他の図書館等との書分けはなされていなかった。しかし、平成21年法改正により、本条2項で国立国会図書館固有の規定が設けられたことから、他の図書館等との一定の差異を示すべく、本項においても法律レベルで個別具体的記載としたものと思われる。しかし、国立国会図書館も図書館等の一つであり、本項規定に関して他の図書館等と同様に扱われる点には変わりがない。

- 「図書館等…においては」とあるのは、図書館等が複製の法律的・経済的主体となる場合においては、という意味であり、場所を特定するものではない。なお、コイン式複写機で利用者自身による図書館資料のコピーを無制限に認める方式は、私的使用目的ならば30条1項及び付則5条の2により適法と解し得るが、本項の趣旨を逸脱するものであり認めるべきではないとする指摘がある。
- 「営利を目的としない事業として」とは、費用名目の如何にかかわらず、コピーに掛かる実費以上の金額の徴収は認めないことを意味する。
- 「図書館資料」とは、本項複製主体となる図書館等の図書、記録その他の資料であって、その図書館等施設が保管責任を有するものをいう。他の図書館等施設が管理するものは該当しない。

第2章第3節

- 「図書、記録その他の資料」には、書籍等の文書のほか、レコードやビデオテープ等も含まれるため、その複製手段についても、複写のほか、録音・録画等幅広い方法について認められる。

> 一　図書館等の利用者の求めに応じ、その調査研究の用に供するために、公表された著作物の一部分（発行後相当期間を経過した定期刊行物に掲載された個々の著作物にあつては、その全部。第3項において同じ。）の複製物を1人につき1部提供する場合

- 1号は、図書館等が本項複製をすることができるケースとして、利用者の求めに応じ、その調査研究のために、公表著作物の一部分の複製物を1人につき1部提供する場合を挙げる。学術の進歩発展を優先して権利制限を図ったものである。
- 「利用者の求めに応じ」とあることから、利用者からの複製の求めが具体的にあることが要件となり、そのような要請がない時点で、需要を予測して図書館資料をコピーをしておく場合などはこれに該当しない。
- 「その調査研究の用に供するために」とあるので、利用者が娯楽目的で複製を求める場合は本号の対象とならない。ただし、客観的に調査研究目的であることを判別するのは難しく、複製の対象となる著作物の種類や内容等から判断せざるを得ないという問題はある。
- 「公表された著作物」であることが要件となる。図書館等に所蔵されている著作物でも、未公表のものは本号の対象とならない。
- 「著作物の一部分」とあることから、調査研究対象となる論文等の著作物について全部をコピーすることは認められない。一部分という以上、著作物全体の半分以下であることを要するとされる（加戸257頁）。美術や写真の著作物の場合、一部分の複製による同一性保持権侵害の可能性に留意する必要がある。なお、「発行後相当期間を経過した定期刊行物に掲載された個々の著作物」については、その全部について複製が認められるので、雑誌等の定期刊行物に掲載された論文等であればその全体をコピーできるということになる（かっこ書）。「発行後相当期間を経過した」とは、当該定期刊行物のその次の号が発売され当該号が市場からなくなった後のように、当該刊行物が入

- 手困難になった状態を想定している。権利者に経済的不利益がほとんど及ばないケースだからである。
- 「1人につき1部提供」とは、調査研究のための必要最小限の利用を認める趣旨であり、代表者1人が多人数分の複製を代理して要求するなどは、脱法的行為につながる可能性もあるので認められないものと解する。
- 本号のケースにおいては、外国語文献を翻訳してコピーするなどの翻訳サービスが認められる（43条2号）。

> 二 図書館資料の保存のため必要がある場合

- 2号は、図書館等が本項複製をすることができるケースとして、図書館資料保存のために必要な場合を掲げる。
- 「保存のため必要がある場合」としては、①保存スペースに限界があるため資料を電子化等により縮小複製する場合、②稀覯本の損傷・紛失を予防するために完全複写する場合、③資料の汚損ページを補完するために複写する場合、が挙げられる（加戸258〜259頁）。本条は、著作権者の経済的利益に優先して最小限度で複製を認めるものであることから、いずれも他に代替手段がない場合に認められるものである。また、例えば、図書館等において閲覧用と保存用に複数冊の資料の所有が必要な場合に、それらすべての冊数が入手可能であるにもかかわらず、図書館等の経費削減のために何冊かをコピーで賄うなどといったような財政的理由による場合については、本号でいう「保存のため必要がある場合」には当たらないとされる。

> 三 他の図書館等の求めに応じ、絶版その他これに準ずる理由により一般に入手することが困難な図書館資料（以下この条において「絶版等資料」という。）の複製物を提供する場合

- 3号は、図書館等が本項複製をすることができるケースとして、他の図書館等の求めに応じて、入手困難な図書館資料の複製物を提供する場合を挙げる。
- 本号の「図書館等」も、本条柱書で定義する「図書館等」であり、その要件を満たさない施設は本号の複製物の提供を求めることができない。

- 「その他これに準ずる理由により一般に入手することが困難」とは、その資料が既に市場から姿を消しているために入手が困難な場合であり、高額であることから入手が困難な場合などは該当しない。
- 本号で図書館資料を複製できるのは、他の図書館等の求めに応じて図書館資料の複製物を提供する側の図書館等のみであり、求めた側の図書館等がその資料を借り受けてする複製は認められない。

> 2　前項各号に掲げる場合のほか、国立国会図書館においては、図書館資料の原本を公衆の利用に供することによるその滅失、損傷若しくは汚損を避けるために当該原本に代えて公衆の利用に供するため、又は絶版等資料に係る著作物を次項の規定により自動公衆送信（送信可能化を含む。同項において同じ。）に用いるため、電磁的記録（電子的方式、磁気的方式その他人の知覚によつては認識することができない方式で作られる記録であつて、電子計算機による情報処理の用に供されるものをいう。以下同じ。）を作成する場合には、必要と認められる限度において、当該図書館資料に係る著作物を記録媒体に記録することができる。

- 2項は、国立国会図書館において、その重要な使命である出版物の網羅的な収集と保存を十分に果たせるよう、更に、入手困難な図書館資料をインターネットにより広く国民に提示し得るよう、所蔵資料を良好な状態で電子化することができる旨を規定したものである。
- 国立国会図書館については、従来からの、傷みが激しく保存のために複製が必要な場合にのみ複製を認めるとする規定（31条1項2号）では、十分にその使命を果たすことができないとして、平成21年法改正で、より早期に確実な保存を可能とするべく、原本に代えて公衆の利用に供するための電磁的記録を作成することを認める内容の規定として設けられたものである（館内での利用には、電子データを原則的に用いることを念頭に置いたものといえる）。また、新たに絶版等資料をインターネットで公衆に送信する役割を担うため、次項とあわせ平成24年法改正において、当該資料の媒体への記録を認める規定が盛り込まれた。いずれも、電磁的記録として作成する場合に必要限度での著作物の記録媒体への記録を認めるものである。

※国立国会図書館は、納本制度（国立国会図書館法24条～25条の2）により、日本で流通される官庁出版物や民間出版物を網羅的に収集・保存し、文化的遺産として将来の国民の利用に供することをその使命としている。

※所蔵する資料が1部の場合に、2以上の電子データを作成するのは「必要と認められる限度」を超えるものと解されるが、2部所蔵の場合に一方から2つの電子データを作成するケースや、保守におけるバックアップの作成等は必要な限度内といえる（加戸262頁）。

> 3　国立国会図書館は、絶版等資料に係る著作物について、図書館等において公衆に提示することを目的とする場合には、前項の規定により記録媒体に記録された当該著作物の複製物を用いて自動公衆送信を行うことができる。この場合において、当該図書館等においては、その営利を目的としない事業として、当該図書館等の利用者の求めに応じ、その調査研究の用に供するために、自動公衆送信される当該著作物の一部分の複製物を作成し、当該複製物を一人につき一部提供することができる。

- 3項前段は、国立国会図書館は、絶版等資料に係る著作物について、図書館等での公衆への提示を目的とする場合、前項規定で媒体に記録された当該著作物の複製物を用いて自動公衆送信をすることができる旨を規定する。
- 広く国民が出版物にアクセスできる環境を整備するに当たり、納本制度を有し、所蔵資料の電子化を進める国立国会図書館の電子化資料の有効活用を促すことを目的とする制限規定である。
- 具体的には、電子化された国立国会図書館の絶版等資料を、地方の公共図書館や大学図書館等にインターネットで送信し、公衆が閲覧できるようにすることを実現するものである。
- 後段は、前段の自動公衆送信される著作物の提示を行う図書館等においては、非営利の事業として、当該図書館等利用者の求めに応じ、その調査研究の用に供するため、当該著作物の部分複製及び1部提供を認める規定である。
- 前段の趣旨を更に推し進めるものである。

> **(引用)**
> **第32条** 公表された著作物は、引用して利用することができる。この場合において、その引用は、公正な慣行に合致するものであり、かつ、報道、批評、研究その他の引用の目的上正当な範囲内で行なわれるものでなければならない。

- 32条1項は、公表された著作物は、一定条件の下、引用して利用できることを規定する。
- 著作物の引用が実社会において広く行われており、新たな著作物というものが先人の残した文化的遺産の影響を受けながら創作されていくものであることに鑑み、公正な慣行に合致しかつ引用目的上正当な範囲内で行われることを要件に、公表著作物の引用を認めることにしたものである。
- 「引用」について本法での定義規定はないが、裁判例では、「報道、批評、研究等の目的で他人の著作物の全部又は一部を自己の著作物中に採録すること」とされる（東京高判昭60.10.17「藤田嗣治絵画複製事件」控訴審）。
- 本項では「引用」の成立要件として、①公表された著作物、②公正な慣行に合致、③報道、批評、研究その他の引用の目的上正当な範囲内、の3つを挙げるが、上記裁判例では、更に、旧法下における最高裁判決（最判昭55.3.28「パロディ事件」第一次上告審）の傍論部分（判例拘束性を有しない部分）を踏襲し、②③の要件を本項趣旨に照らして導くことができるよう、引用の具体的成立要件として、④明瞭区別性、⑤主従関係を挙げる（当該④⑤要件を現行法の②③要件から導く根拠・関連性については諸説ある）。つまりこの場合、実際に検討するのは④⑤要件で足りるとするものであり（①については、問題となることが少ない）、旧法下での上記最高裁判決の見解が、現行法下においても通説的役割を果たし続けてきたものといえる。
- ※旧法下の条文を前提に示された④⑤要件を満たすことで、現行法の要件である②③要件を満たしたとする根拠は必ずしも明確ではないが、昭和55年判決の調査官解説で「本判決は、法（旧著作権法）についてのものであるが、現行の著作権法の解釈についてもそのまま参考になる」と記されており、新・旧法の制度趣旨自体は共通である点と、最高裁の見解の重みに起因するものであることは間違いな

いといえる。ちなみに学説では、④⑤共に②から導くとするもの、④⑤共に③から導くとするもの、④は②から⑤は③から導くとするものなど諸説存在する（百選4版125頁）。

※「パロディ事件」第一次上告審では、引用の要件として明瞭区別性と附従性（主従関係）を挙げ、更に、引用される側の著作物の著作者人格権を侵害するような態様でする引用は許されない旨判示する。

- ①要件で「公表された著作物」とあるように、公にされたもののみが対象であるが、著作物の種類は問われない。
- ②要件の「公正な慣行に合致」する引用とは、世の中で著作物の引用行為として実態的に行われており、かつ、社会感覚として妥当なケースと認められるものとされる（加戸266頁）。報道材料としての著作物の引用、自己の学説展開や補強のための他人の学説の引用などが該当する。

  ※「引用著作物中に、引用部分の出所を明示するという慣行があることは、当裁判所に顕著な事実である」とし、出所明示がないことは公正な慣行に合致する引用に当たらないとした判決例がある（東京高判平14.4.11「絶対音感事件」控訴審）。

- ③要件の「報道、批評、研究その他の引用の目的上正当な範囲内」とは、創作目的上、他人の著作物を自己の著作物中に採録するだけの必要性が認められる範囲内ということであり、報道・批判・研究は例示であってそれ以外の引用目的も対象となる。

  ※「正当な範囲内」に関連し、判例は、「（旧）法18条3項（現行法50条）の規定によれば、引用される側の著作物の著作者人格権を侵害するような態様でする引用は許されない」とした（前出「パロディ事件」第一次上告審）。

- ④要件の「明瞭区別性」とは、自己の表現部分と引用部分の判別ができることであり、そのような判別ができる方法（例えば、引用文をかぎかっこで括る等）で引用しないと、公正な慣行に合致しないものとされ得る。
- ⑤要件の「主従関係」とは、自己の著作物が主で、引用される他人の著作物が従であるような関係のことであり、その関係は、引用の目的、両著作物の質・分量、採取方法等の確定事実から判断され、その判断は、当該自己の著作物について想定される使用者の一般観念に照らして行われる。

  ※「主従関係」の判断について、上記「藤田嗣治絵画複製事件」控訴審判決では、「主従関係は、両著作物の関係を、引用の目的、両著作物のそれぞれの性質、内容

及び分量並びに被引用著作物の採録の方法、態様などの諸点に亘って確定した事実関係に基づき、かつ、当該著作物が想定する読者の一般的観念に照らし、引用著作物が全体の中で主体性を保持し、被引用著作物が引用著作物の内容を補足説明し、あるいはその例証、参考資料を提供するなど引用著作物に対し付従的な性質を有しているにすぎないと認められるかどうかを判断して決すべき」としている。

※上記5要件のほか、引用の必要性、必然性、あるいは引用目的自体の正当性を（③要件とは別に）要求する見解や、権利者への経済的影響の考慮などを求める見解もある。

※従来は、④⑤要件を具体的に検討することで本項の趣旨が担保されると考えられていたが、これら2つの要件は元々旧法の条文を前提に求められた要件であり、現行法の文言とは乖離したものであることから、近時の裁判例の中には、「公正な慣行」や「正当な範囲内」への該当性を（④⑤要件への当てはめを経ることなく）直接検討するもの（東京地判平13.6.13「絶対音感事件」第一審、東京地判平15.2.26「ビラ写真事件」等）や、それを更に進めて、「引用該当性」、「公正な慣行に合致」及び「引用の目的上正当な範囲」の3要件で判断するとするもの（前出「絶対音感事件」控訴審）、あるいは、「公正な慣行に合致」及び「引用の目的上正当な範囲内」の文言解釈に重点を置き、④⑤要件は引用の定義の一部とするもの（東京地判平19.4.12「創価学会写真事件」）なども現れている（百選4版120〜125頁）。

- 「引用して利用する」とあるのは、旧法の「自己の著作物中に正当の範囲内に於いて節録利用する」と同様であり、「（自己の著作物中に）引用して利用する」の意味であると解される。つまり、引用する側は著作物でなければならないということであるが、この場合の「著作物」について裁判所は、「利用する側に著作物性、創作性が認められない場合は、引用に該当せず」とし、当該自己の著作物が10条1項の著作物の例示に形式的に該当したとしても、著作物性・創作性のない場合には引用利用の抗弁は否定されるとした（東京地判平10.2.20「バーンズ・コレクション展事件」）。

- 本項引用は、翻訳してすることができる（43条2号）。また、所定の出所明示義務がある（48条1項1号・3号）。

※43条2号では「翻訳」のみを規定していることから、引用著作物を翻案して利用

する要約引用は認められないとする見解があるが（加戸267頁等）、この点について、典型的な翻案（脚色や映画化等）をした上で行う引用が必要となる場合は通常考えられないことから、同号では「翻案」等をあえて利用方法として挙げることをしなかったものと解されるとし、32条1項の文言解釈や要約引用の必要性や妥当性を理由に、「（明瞭区別性・主従関係）の要件を満たすような形で、他人の言語の著作物を新たな言語の著作物に引用して利用するような場合には、他人の著作物をその趣旨に忠実に要約して引用することも同項（32条1項）により許容されるものと解すべき」として要約引用の適法性を認めた判決例がある（東京地判平10.10.30「血液型と性格事件」）。ちなみに同判決では、要約に伴う改変による同一性保持権の侵害について、「やむを得ないと認められる改変」（20条2項4号）に当たるとしてその侵害性を否定している。

> 2 国若しくは地方公共団体の機関、独立行政法人又は地方独立行政法人が一般に周知させることを目的として作成し、その著作の名義の下に公表する広報資料、調査統計資料、報告書その他これらに類する著作物は、説明の材料として新聞紙、雑誌その他の刊行物に転載することができる。ただし、これを禁止する旨の表示がある場合は、この限りでない。

- 2項は、国等が一般への周知目的で作成し、その名義で公表する官公資料の著作物について、他の刊行物への説明材料としての転載を認める規定である。
- 「一般に周知させることを目的として」とは、国民や住民に知らせる目的でという意味であり、「その著作の名義の下に公表」とは行政機関名義で発表していることをいう。
- 転載される著作物は、「広報資料、調査統計資料、報告書その他これらに類する著作物」と規定される。これらは形式的に著作権の対象となるものであるが、同時に公共に広く利用されることを目的として作成されるものであることから、当該目的に適う一定の掲載利用を認めることにしたものである。よって政府等刊行物であっても、必ずしも公共利用を目的としない学術的文献としての資料等については、本項著作権制限の対象とはされない。
- 「説明の材料として…転載する」とは、引用する側の著作物において政府等発行の白書などを取り上げる際に、その内容説明における付属資料として掲

載することであり、当該白書全文をそのまま複製するような場合は該当しない。
- 転載先となる出版物として「新聞紙、雑誌その他の刊行物」が挙げられるが、非定期刊行物や電子媒体なども該当する。
- 本項転載は、それを禁止する旨の表示（禁転載等）がある場合には認められない（ただし書）。
- 本項転載は、翻訳してすることができる（43条2号）。また、所定の出所明示義務がある（48条1項1号）。

（教科用図書等への掲載）
第33条　公表された著作物は、学校教育の目的上必要と認められる限度において、教科用図書（小学校、中学校、高等学校又は中等教育学校その他これらに準ずる学校における教育の用に供される児童用又は生徒用の図書であつて、文部科学大臣の検定を経たもの又は文部科学省が著作の名義を有するものをいう。以下同じ。）に掲載することができる。

- 33条1項は、公表著作物を、学校教育目的上必要な限度で、教科用図書に掲載することができる旨規定する。
- 学校教育で用いられる教科用図書においては、その性格上、最適な著作物の利用を可能とする必要があることから定められた規定である。
- 「公表された著作物」が対象であり、著作物の種類は問われない。
- 「学校教育の目的上必要」とは、教科用図書編集者の主観によるものではなく、一般的・客観的判断によるものである。
- 「認められる限度において」とは、その著作物利用について、学校教育の目的達成に係る有効性と、権利制限の程度とのかね合いで認められる限度においてということであり、その判断においては文部科学省告示の学習指導要領の基準等も考慮される。特に、外国作品については、国家間取極めの縛りなどにも留意が必要である（ベルヌ条約10条（2）等）。
- 本項掲載が認められる教科用図書は、検定教科用図書と文部科学省教科書である。前者は、文部科学大臣の検定を経たもので、小学校、中学校、高等学

校、中等教育学校、盲学校、ろう学校、養護学校又は高等専門学校前期過程で教育の用に供される児童用又は生徒用の図書であり、後者は、文部科学省が著作の名義を有するもので、特殊教育諸学校向けの教科用図書、高等学校等での産業教育・職業教育用の教科用図書等のことである。かっこ書の「小学校、中学校…の図書であつて」は、「文部科学大臣の検定を経たもの」のみに係るものである。なお、これら教科用図書には大学のテキストは含まれない。

- 本項掲載は翻訳・編曲・変形・翻案してすることができる（43条1号）。また、出所の明示義務がある（48条1項1号）。

> 2　前項の規定により著作物を教科用図書に掲載する者は、その旨を著作者に通知するとともに、同項の規定の趣旨、著作物の種類及び用途、通常の使用料の額その他の事情を考慮して文化庁長官が毎年定める額の補償金を著作権者に支払わなければならない。

- 2項は、前項の掲載をする者は、著作者へのその旨の通知義務及び著作権者への補償金の支払い義務を負うことを規定する。
- 著作者への通知義務は、同一性保持権の適用を免れる範囲（20条2項1号）を超えてなされる改変に対して、著作者に同権利の行使機会を与えるためのものである。なお、著作者の死後には、遺族等への通知は不要である。
- 著作権者へ支払う補償金の額は、「同項（33条1項）の規定の趣旨、著作物の種類及び用途、通常の使用料の額その他の事情を考慮して」定められる。このうち、「同項の規定の趣旨」を考慮するとは、前項（33条1項）で規定する掲載は国家的見地から認められる利用であることから、その趣旨に鑑みて補償金を低額に抑えるよう配慮することであり、「著作物の種類及び用途」を考慮するとは、著作物使用料の回収方法（定額か印税か等）を決定付ける著作物の種類と、使用料を回収する他の機会の有無の判断材料となるその用途（その著作物が専ら教科書向けに作られたものか否か）とを考慮するということである。また、「通常の使用料の額」を考慮するとは、一般的な契約相場を考慮することである。
- 「文化庁長官が毎年定める」とあるように、補償金の額は上記の諸事情を考

慮して文化庁長官が毎年定めることになる。この場合文化庁長官は、文化審議会に諮問しなければならない（71条）。
- 補償金について、著作者がその受領を拒む場合や利用者が無過失で著作権者を確知できない場合等には、その利用者は、当該補償金を法務局に供託しなければならない（74条1項）。
- 本項規定の通知・補償金支払い義務は、前項規定の掲載が認められるための前提要件ではないので、これらの義務を果たさない場合でも権利侵害とはならない点、裁定による著作物利用のケース（67条～69条）とは異なる。

> 3　文化庁長官は、前項の定めをしたときは、これを官報で告示する。

- 3項は、前項の定めについて、文化庁長官が官報で告示することを規定する。周知方を図るものである。

> 4　前3項の規定は、高等学校（中等教育学校の後期課程を含む。）の通信教育用学習図書及び教科用図書に係る教師用指導書（当該教科用図書を発行する者の発行に係るものに限る。）への著作物の掲載について準用する。

- 4項は、1項から3項までの規定を、高等学校の通信教育用学習図書等への著作物の掲載について準用することを定める。主たる教材である教科用図書との補助的・一体的関係を考慮して規定するものである。
- 「高等学校の通信教育用学習図書」とは、1項規定の教科用図書の理解における補助的材料として発行されるものであり、この場合の「高等学校」には「中等教育学校の後期課程」も含まれる。
- 「教科用図書に係る教師用指導書」とは、教科用図書の発行会社が発行するものであって（かっこ書）、その教科用図書と一体のものとして教師に提供される指導書をいう。一般に市販されるいわゆる虎の巻はこれに該当しない。

> （教科用拡大図書等の作成のための複製等）
> 第33条の2　教科用図書に掲載された著作物は、視覚障害、発達障害その他の障害により教科用図書に掲載された著作物を使用することが困難な児童又は生徒の学習の用に供するため、当該教科用図書に用いられている文字、図形等の拡大その他の当該児童又は生徒が当該著作物を使用するために必要な方式により複製することができる。

- 33条の2は、視覚障害等の障害のある児童・生徒のための必要な方式による教科書の複製について規定したものであり、盲学校等でボランティア等により行われてきた拡大教科書の作成についての無償複製許諾の獲得の困難を解消するために設けられたものである。
- なお、本条は「障害のある児童及び生徒のための教科用特定図書等の普及の促進等に関する法律（略称：教科用特定図書等普及促進法　通称：教科書バリアフリー法）」の附則4条を受けて、平成20年に一部改正されたものである。

- 1項は、教科用図書に掲載された著作物の全部、又は一部について、障害のある児童・生徒の使用に必要な方式での複製を認めるとするものである。
- 従来は、弱視の児童・生徒のための複製のみが本項の適用対象とされていたが、平成20年法改正により視覚障害（弱視を含む）のほか、発達障害等により教科用図書掲載の著作物の使用が困難な児童・生徒のための複製もその対象とされた。
- また従来は、本項適用の対象となる複製方法として、文字、図形等の拡大のみを規定していたが、同年改正により、拡大のほか、児童・生徒が使用するために必要な方式での複製にまで対象範囲が拡げられた。その結果、録音図書やマルチデイジー図書等としての必要に応じた複製も可能となった。

> 2　前項の規定により複製する教科用の図書その他の複製物（点字により複製するものを除き、当該教科用図書に掲載された著作物の全部又は相当部分を複製するものに限る。以下この項において「教科用拡大図書等」という。）を作成しようとする者は、あらかじめ当該教科用図書を発行す

> る者にその旨を通知するとともに、営利を目的として当該教科用拡大図書等を頒布する場合にあつては、前条第2項に規定する補償金の額に準じて文化庁長官が毎年定める額の補償金を当該著作物の著作権者に支払わなければならない。

- 2項は、前項で規定する目的及び方式により複製物を作成しようとする者について、その旨の通知義務と補償金の支払義務を規定したものである。
- 「教科用の図書その他の複製物」の「教科用の」は、「図書」と「その他の複製物」に係るものであり、従来の拡大図書のみならず、録音物等の複製物も対象とされたことを示すものである。またこれに併せて、従来の「教科用拡大図書」が「教科用拡大図書等」に改められた。
- なお、文字等の拡大以外の複製方法が認められるとした場合、点字による複製物も本項の対象となるのか否か問題となるが、点字による複製は37条1項で無条件に認められているため、それについては本項の複製物から除外する旨規定されている（かっこ書）。
- 「相当部分を複製するもの」を含めているのは、当該複製物の中には、一部の図や写真などを省略するものや、複数の分冊により構成されているものがあるからである。この場合「相当部分」に該当するか否かは、元の教科書そのものの複製物としての体を成す程度のまとまりがあるかどうかで判断される（加戸276頁）。
- 当該複製物の作成者は全て、「当該教科用図書を発行する者」つまり元の教科書の発行者に、当該複製についてあらかじめ通知をしなければならない。発行者の都合を考慮したものである。前条2項とは異なり、著作者ではなく発行者に通知する点は留意が必要である。
- 当該複製物を営利目的で頒布する場合は、当該著作物の著作権者に補償金を支払う必要がある。この場合は、通知先と支払先が異なる点に留意する。
- 補償金の額は、前条2項と同様、文化庁長官が勘案して毎年定める額となる。

> 3　文化庁長官は、前項の定めをしたときは、これを官報で告示する。

- 3項は、文化庁長官が前項の定め、つまり補償金の額を定めたときは、官報

で告示する旨規定する。周知方を図るものである。

> 4　障害のある児童及び生徒のための教科用特定図書等の普及の促進等に関する法律（平成20年法律第81号）第5条第1項又は第2項の規定により教科用図書に掲載された著作物に係る電磁的記録の提供を行う者は、その提供のために必要と認められる限度において、当該著作物を利用することができる。

- 4項は、平成20年に追加された規定であり、「障害のある児童及び生徒のための教科用特定図書等の普及の促進等に関する法律（以下「教科用特定図書等普及促進法」という）」5条に沿って、教科用図書の発行者が教科書の電磁的記録（デジタルデータ）を文部科学大臣等へ提出する際（同条1項）、又は同大臣等が教科用特定図書等発行者に同デジタルデータを提出する際（同条2項）に、必要と認められる限度での著作物の利用（複製等）を可能とする旨の規定である。同法は、障害児童等のための教科用特定図書等の普及促進を図り、障害等の有無に左右されない教育の推進を目的とするものであり、その5条では、教科用図書の発行者から、文部科学大臣等を通じて、教科用特定図書等の発行者へ教科書のデジタルデータを提供する仕組みについて規定されている。「文部科学大臣等」とは「文部科学大臣又は当該電磁的記録を教科用特定図書等の発行をする者に適切に提供することができる者として文部科学大臣が指定する者」とされる。

※本項をより具体的にいうならば、光ディスクにより教科書のデジタルデータを提供するとした省令（教科用特定図書等普及促進法施行規則1条）の実効性を、著作権法においても担保するものということである。

- なお、「電磁的記録」とは、「電子的方式、磁気的方式その他人の知覚によっては認識することができない方式で作られる記録であって、電子計算機による情報処理の用に供されるものをいう」と規定する（31条2項）。

第2章第3節

> （学校教育番組の放送等）
> 第34条　公表された著作物は、学校教育の目的上必要と認められる限度において、学校教育に関する法令の定める教育課程の基準に準拠した学校向けの放送番組又は有線放送番組において放送し、若しくは有線放送し、又は当該放送を受信して同時に専ら当該放送に係る放送対象地域（放送法（昭和25年法律第132号）第2条の2第2項第2号に規定する放送対象地域をいい、これが定められていない放送にあつては、電波法（昭和25年法律第131号）第14条第3項第3号に規定する放送区域をいう。以下同じ。）において受信されることを目的として自動公衆送信（送信可能化のうち、公衆の用に供されている電気通信回線に接続している自動公衆送信装置に情報を入力することによるものを含む。）を行い、及び当該放送番組用又は有線放送番組用の教材に掲載することができる。

- 34条1項は、公表された著作物を、学校教育目的上の必要限度において、所定の学校向け放送番組等で放送等することができることを規定する。
- 学校教育の目的上必要な著作物の利用を可能とするもので、33条と同旨の規定である。
- 「学校教育に関する法令の定める教育課程の基準に準拠した学校向けの放送番組」とは、放送法3条の2第3項で学校向け教育番組の編集・放送について放送事業者に課されている要件を満たした放送番組のことであり、具体的には、教育番組の形式的要件（①放送対象者の明確性、②有益適切な内容、③組織的かつ継続的であること、④放送計画・内容の事前の公表）を満たし、更に、学校教育に関する法令の定める教育課程の基準に準拠したもの、つまり、いわゆる学習指導要領等に則ったものを指す。
- 従来は、学校向けの放送番組のみを対象としていたが、有線放送の発達に合わせ、昭和61年法改正から学校向けの有線放送番組もその対象とすることにした。この場合の「有線放送番組」に係る「学校向け」の内容は、上記放送法3条の2第3項の内容に準ずるものである。
- 更に、学校向けの放送番組・有線放送番組での放送・有線放送のほか、IPマルチキャスト放送による放送の同時再送信開始に合わせ、平成18年法改正で

は、放送の再送信のための自動公衆送信についても本項利用が認められた。
- 「同時に」とは、同時再送信のみ認めることを意味し、固定して行う再送信は本項利用に含まれないことを指す。本項では、冒頭で、38条2項等のように「放送される著作物」とはせず「公表された著作物」と規定するので、「同時に」の文言が必要になったものである。
- 「放送対象地域」とは、放送法2条2項2号の「放送対象地域」を想定したもので、放送区分ごとの同一の放送番組の放送を同時に受信できることが相当と認められる一定の区域として総務大臣が放送普及計画において定めているものをいう。通常は県域単位で定められる。放送法による「放送対象地域」が定められていない放送の場合は、電波法14条3項3号で定める「放送区域」が本項「放送対象地域」となる。
- 「専ら」とは、受信者の全てが放送対象地域内において受信することを意味するものである。放送対象地域外で受信される場合には、本項の著作権制限規定が適用される自動公衆送信とは認められない。
- 「自動公衆送信（送信可能化のうち、公衆の用に供されている電気通信回線に接続している自動公衆送信装置に情報を入力することによるものを含む。）」のかっこ書は、本項の自動公衆送信には、再送信に際して放送のメモリへの蓄積を伴わない入力型の送信可能化も含むことを意味する。具体的には、IPマルチキャスト放送を想定した入力型の送信可能化を指すものである（送信可能化の型については2条1項9号の5イ参照）。
- 本項では更に、公表著作物の当該放送番組・有線放送番組の教材への掲載（複製）利用についても認める。ただし、ここで掲載できるのは、その放送・有線放送に使用される著作物に限られる。この場合、条文の「及び」以降の内容は、「放送し」や「有線放送し」のそれぞれに対応してつながることになり、例えば「放送」については、「学校向けの放送番組において放送し、及び当該放送番組用の教材に掲載することができる」となる。「及び」とあることから、「放送し」かつ「掲載する」著作物が、掲載対象の著作物であるという意味に読むことができる。
- なお、本項は43条1号（翻訳、翻案等による利用）、48条1項2号・3項（出所の明示）の対象規定となっている。

> 2　前項の規定により著作物を利用する者は、その旨を著作者に通知するとともに、相当な額の補償金を著作権者に支払わなければならない。

- 2項は、前項で著作物を利用する者の、著作者への通知義務と著作権者への補償金支払義務について規定する。
- 本項の趣旨等は、33条2項と同様であるので、そちらを参照されたい。
- 「相当な額」とは、利用に見合った程度の額ということであり、33条2項の文化庁長官が定める補償金の額よりは高いものを想定したものである。

> （学校その他の教育機関における複製等）
> 第35条　学校その他の教育機関（営利を目的として設置されているものを除く。）において教育を担任する者及び授業を受ける者は、その授業の過程における使用に供することを目的とする場合には、必要と認められる限度において、公表された著作物を複製することができる。ただし、当該著作物の種類及び用途並びにその複製の部数及び態様に照らし著作権者の利益を不当に害することとなる場合は、この限りでない。

- 35条1項は、学校等の教育機関で教育を担任する者及び授業を受ける者は、その授業の過程での使用目的であれば、一定条件の下、公表された著作物の複製が認められることを規定する。
- 学校等教育の重要性と、関係教育機関における著作物利用の必要性に鑑み認められる規定である。
- 「学校その他の教育機関」とは、非営利目的の教育機関であり、そのうち「学校」とは、小・中・高等学校、大学、高専、専修・各種学校などであり、「その他の教育機関」とは、社会教育施設（公民館・青年の家等）や教育研修施設（教育センター等）、職業訓練施設（職業訓練所等）などの、組織的かつ継続的教育機能を営むものをいう（加戸281頁）。したがって、営利目的の受験予備校や、非組織的・非継続的な短期講座のようなものはこれらに該当しない。
- 「教育を担任する者」とは、学校等において実際に授業を行う者をいう。こ

の場合、複製の法的主体が授業担当者であれば、実際にコピーをとるのが事務員や生徒であっても構わないが、学校や教育委員会がコピーしたものを配布するなどは認められない。

- 「授業を受ける者」とは、学校等において実際に教育を受ける者をいう。近年の情報化等により児童生徒等が自発的に情報を収集し処理判断する必要性が増したことから、平成15年法改正において、授業担当者のみならず「授業を受ける者」も本項の複製主体の対象として認められた。具体的には、学校の児童生徒や社会教育施設での授業受講者などが該当し、これにより児童生徒が学校の授業に必要な資料をインターネット等から入手コピーし、同じ授業を受ける他の生徒に配布する等の行為が可能となった。

- 「その授業の過程における使用に供することを目的とする場合」とあることから、使用目的はあくまでその授業の範囲内での使用に限られるということであり、したがって、担任外のクラスの授業のために本項複製物を配布することは認められない。この場合の「授業の過程」には、小・中学校の学校行事や、大学の実習・ゼミ等も含まれる。

- 著作者や著作権者等の利益との均衡上、本項で複製が認められるのは、その授業について「必要と認められる限度」における「公表した著作物」についてであり、当該授業に関係しない部分の複製や、授業を受ける生徒数を上回るような部数の複製は認められない。

- 本項ただし書は、種々の基準からみて著作権者の利益を不当に害することとなる複製は、本文規定にかかわらず認められないとするものである。

- ただし書の判断基準については、「著作物の種類及び用途並びにその複製の部数及び態様に照らし」とされ、例えば、国語の授業用に小説をそっくり複製するなどは、その「種類」に照らし権利者の利益を不当に害するとして認められないということになり、同様に、教育目的で作成された市販のドリルを1部購入して生徒数分コピーして配布するなどはその「用途」に照らし、受講者が300人いるからといって300部複製するなどはその「部数」に照らし、更に複製物を永久保存に耐えるように製本するなどはその「態様」に照らし、それぞれ認められないものとなるだろう。

- 「著作権者の利益を不当に害する」か否かについては、つまるところ、著作権者の著作物利用市場における市販物の売れ行きの低下や、将来における潜

在的販路阻害の有無により判断されることになる（加戸283頁）。
- なお、本項は43条1号（翻訳、翻案等による利用）、48条1項3号・3項（出所の明示）の対象規定となっている。

> 2　公表された著作物については、前項の教育機関における授業の過程において、当該授業を直接受ける者に対して当該著作物をその原作品若しくは複製物を提供し、若しくは提示して利用する場合又は当該著作物を第38条第1項の規定により上演し、演奏し、上映し、若しくは口述して利用する場合には、当該授業が行われる場所以外の場所において当該授業を同時に受ける者に対して公衆送信（自動公衆送信の場合にあつては、送信可能化を含む。）を行うことができる。ただし、当該著作物の種類及び用途並びに当該公衆送信の態様に照らし著作権者の利益を不当に害することとなる場合は、この限りでない。

- 2項は、前項の教育機関における授業を直接受ける者に対して公表著作物を利用（複製物の提供等）する場合に、その授業場所以外の場所でその授業を同時に受ける者に対して、一定条件の下、公衆送信をすることができる旨規定する。
- 近年の情報技術の発達により、大学等における「遠隔講義」や中継を利用した「合同授業」などが行われるようになったが、それに伴い、主会場で適法に複製・配布等された教材の副会場への同時公衆送信を認める必要性が高まっていた。本項はそのような事情に合わせ、平成15年法改正で設けられた規定である。
- 「前項の教育機関」とあるように、教育機関は非営利のものに限る。
- 「当該授業を直接受ける者に対して当該著作物をその原作品若しくは複製物を提供し、若しくは提示して利用する場合」とは、主会場で実際に授業を受ける者に対し教材としてその著作物のコピー等を配布したり掲示したりする場合をいう。その場に受講者のいないスタジオ講義などのケースはこれに該当しない。
- 「当該著作物を第38条第1項の規定により上演し、演奏し、上映し、若しくは口述して利用する場合」とは、その著作物を主会場で演奏したり、朗読し

たりする場合を指す。
- 「当該授業が行われる場所以外の場所」とは、直接授業が行われる主会場とインターネット等でつながれている「副会場」のことである。また、本項の目的は、異なる場所で同時に授業を受けられるようにすることであるので、会場が複数あることのほか、「同時に」送信されることが要件となる。なお、副会場での授業形態について制限はないので、自宅のパソコンで授業を受ける者も「当該授業を同時に受ける者」に該当する。
- 本項ただし書では、種々の判断基準に照らし「著作権者の利益を不当に害することとなる場合」の利用は認めないとする。判断基準のうち「種類」「用途」に照らしてという場合は、前項に準ずる内容となるが、本項の利用形態は公衆送信なので、「部数」については判断基準として掲げられていない。「公衆送信の態様」に照らして権利者の利益を不当に害することとなる場合としては、教材となった著作物を授業終了後も再利用できるようにホームページに掲載する場合などが考えられる。
- 本項も、43条1号（翻訳、翻案等による利用）、48条1項3号・3項（出所の明示）の対象規定となっている。

（試験問題としての複製等）
第36条　公表された著作物については、入学試験その他人の学識技能に関する試験又は検定の目的上必要と認められる限度において、当該試験又は検定の問題として複製し、又は公衆送信（放送又は有線放送を除き、自動公衆送信の場合にあつては送信可能化を含む。次項において同じ。）を行うことができる。ただし、当該著作物の種類及び用途並びに当該公衆送信の態様に照らし著作権者の利益を不当に害することとなる場合は、この限りでない。

- 36条1項は、公表された著作物について、入学試験等の目的上必要な限度で、一定条件の下、その試験等の問題としての複製又は公衆送信ができることを規定する。
- 試験問題等としての著作物利用については、公正な試験等実施のための秘密

性を伴う関係上、事前の許諾を得ることは実情に適合せず、また、そのような利用が当該著作物の市場に悪影響を及ぼす程度は低いと考えられるため、一定条件下で自由利用を認めるとしたものである。

※小学生用教科書に準拠する形で製作販売される学校用副教材のテストについて、問題作成にあたりいかなる著作物を利用するかということについての秘密性は存在しないため、著作物の複製についてあらかじめ著作権者の許諾を受けることが困難であるような事情が存在するということはできないとし、本項の複製に当たらないとした判決例がある（知財高判平18.12.6「国語ドリル事件」控訴審）。

※市場競争に影響を及ぼさないとする権利制限理由は、試験問題の秘密性確保という積極的理由が存在する場合に、その制限が不当でないことを後押しする消極的な根拠となるに過ぎないものであって、独立の制限理由とはならないとされる（百選4版127頁）。

- 「入学試験その他人の学識技能に関する試験又は検定」とは、入学試験などの選抜選考試験、資格検定などの学識検定、運転免許実技試験などの技能検定などであり、その試験等の目的は多岐に渡るが、これらの目的で問題作成する場合には公表著作物の複製等が認められる。この場合、市販の入試問題集などは、これら試験・検定目的の複製ではなく単なる複製によるものなので、本項の適用対象とはならない（中山270頁）。なお、複製等が営利目的の場合であっても、補償金支払により本項の適用が認められるが（2項）、試験や検定自体が営利目的の場合は、その適用は認められない（斉藤251〜252頁）。

※次項で補償金の支払いが義務付けられているということが、本項の試験問題そのものの意義を広く解釈する根拠にはなり得ないとする（百選4版127頁）。

- 近年の情報化に伴いインターネットを利用した試験等も多く見られるようになったため、平成15年法改正では、試験又は検定の問題として著作物を公衆送信することも認められることになった。この場合の「公衆送信」には、インターネットでのアップロードの他、メール送信やファックス送信等も含まれる。

- 本項においても権利者との利益均衡を考慮し、「公表された著作物」及び「必要と認められる限度」を要件とする。

- 本項ただし書では、「著作権者の利益を不当に害することとなる場合」には本項の適用を認めないとするが、この規定は、著作物の公衆送信の場合につい

てのみ適用されるものと解する。公衆送信という利用形態が与える影響の大きさを睨んで設けられた規定だからである。この場合「不当に害する」か否かについては、当該著作物の「種類」及び「用途」並びに「公衆送信の態様」を基準として判断され、例えば、受験者各自が購入することを前提とする試験用の録音物等を、1人が購入しそれをインターネットで他の受験生に送るなどは「種類」・「用途」に照らし認められず、不特定多数の者が試験問題を閲覧できるような形で送信することなどは「公衆送信の態様」に照らし認められないものとなる。

- なお、本項は、43条2号（翻訳による利用）、48条1項3号・3項（出所の明示）の対象規定となっている。

2　営利を目的として前項の複製又は公衆送信を行う者は、通常の使用料の額に相当する額の補償金を著作権者に支払わなければならない。

- 2項は、営利目的で前項の試験問題等としての複製又は公衆送信をする者は、通常の使用料相当額の補償金を著作権者に支払う義務があることを規定する。複製等による利益が利用者側に生じた場合の権利者の利益確保を担保するものである。
  ※本項で補償金の支払いが義務付けられているということが、前項の試験問題の意義を広く解釈する根拠にはなり得ないとする（百選4版127頁）。
- 本項における補償金支払義務者は、必ずしも試験等の実施者ではなく「営利を目的として…複製又は公衆送信を行う者」である。例えば、会社の入社試験を実施する場合の実施者はその会社であるが、その試験問題を試験問題作成業者が作成し対価を得て会社に提供する場合は、補償金支払義務者はその試験問題作成業者ということになる。この場合、当該複製行為が営利につながっているかどうか、つまりその複製物の商品価値についての対価を得るのは誰かということが判断基準とされる。
  ※試験等の実施者と著作物の複製等を行う者が同一の場合は、当然その者が補償金支払義務者となるが、例えば、模擬試験の業者が自ら問題作成をし受験料を徴収して試験を実施する場合、その利益の根拠が、複製等の営利性によるものなのかそれともその試験自体の営利性によるものなのかの解釈により、補償金の支払で済むの

- 「通常の使用料の額に相当する額の補償金」とは、33条2項の「…文化庁長官が毎年定める額の補償金」及び34条2項の「相当な額の補償金」より高額のものを意味するとされる（加戸279頁）。

> （視覚障害者等のための複製等）
> 第37条　公表された著作物は、点字により複製することができる。

- 37条1項は、公表著作物を点字により複製することができる旨を規定する。
- 視覚障害者等の保護を目的とする規定であり、点字複製の場合、著作物の市場侵害の可能性も少ないことから認められるものである。
- 条件となるのは「公表された著作物」であることであり、あとは無条件で認められる。複製主体や場所の限定もなく、営利目的であっても構わない。

> 2　公表された著作物については、電子計算機を用いて点字を処理する方式により、記録媒体に記録し、又は公衆送信（放送又は有線放送を除き、自動公衆送信の場合にあつては送信可能化を含む。）を行うことができる。

- 2項は、公表著作物について、コンピュータを用いた点字処理方式による記録媒体への記録又は公衆送信を認める規定である。
- 近年行われるようになったパソコン点訳において、データ保存やネット送信等の自由利用を可能とするために、平成12年法改正で認められた規定である。
- 「電子計算機を用いて点字を処理する方式」とは、パソコン点訳で生じた点字データによる処理方式のことである。
- この場合の「記録媒体に記録」とは、点字データにより著作物をメモリに記録することであり、「公衆送信」とは、点字データによる著作物のアップロードやネットでの送信等を指す。ただし、点字データでの著作物の放送・有線放送については、今のところ実態形態がないということから除外されている（かっこ書）。

> 3　視覚障害者その他視覚による表現の認識に障害のある者（以下この項及び第102条第4項において「視覚障害者等」という。）の福祉に関する事業を行う者で政令で定めるものは、公表された著作物であつて、視覚によりその表現が認識される方式（視覚及び他の知覚により認識される方式を含む。）により公衆に提供され、又は提示されているもの（当該著作物以外の著作物で、当該著作物において複製されているものその他当該著作物と一体として公衆に提供され、又は提示されているものを含む。以下この項及び同条第4項において「視覚著作物」という。）について、専ら視覚障害者等で当該方式によつては当該視覚著作物を利用することが困難な者の用に供するために必要と認められる限度において、当該視覚著作物に係る文字を音声にすることその他当該視覚障害者等が利用するために必要な方式により、複製し、又は自動公衆送信（送信可能化を含む。）を行うことができる。ただし、当該視覚著作物について、著作権者又はその許諾を得た者若しくは第79条の出版権の設定を受けた者若しくはその複製許諾若しくは公衆送信許諾を得た者により、当該方式による公衆への提供又は提示が行われている場合は、この限りでない。

- 3項は、視覚障害者等の福祉に関する事業を行う者で政令で定めるものは、公表された視覚著作物について、視覚によりその表現が認識される方式によってはその視覚著作物を利用することが困難な者のために、必要と認められる限度で、必要な方式により、複製し又は自動公衆送信をすることができる旨規定する。
- 本項は、視覚障害者の福祉増進のために従来より設けられていた規定であるが、近年の情報技術の発達による多様な情報の取得機会が増える中で、健常者と障害者の情報アクセスの困難性の違いにより生じる情報格差の問題や、「障害者の権利に関する条約」の要請（同条約30条3項等）などへのより一層の対応のために、平成21年法改正で改められた規定である。
- 「視覚障害者等」とは、従来の限定的保護対象者であった視覚障害者のみならず、発達障害や色覚障害等により視覚による表現の認識に障害のある者も含むものであり、障害の種類を問わずに必要に応じた形で障害者を保護する

ために保護対象者の概念を拡げたものである。
- 「視覚障害者等の福祉に関する事業を行う者で政令で定めるもの」とは、従来の点字図書館等のみならず、公共の図書館等で視覚障害者等のために情報提供する事業を行う者等も含むものである。具体的には、知的障害児施設及び盲ろうあ児施設、大学・高等専門学校設置の図書館、国立国会図書館等々であり、政令において、対象となる図書館等についての細則が規定されている（施行令2条）。

    ※施行令2条1項2号では、文化庁長官の指定する本項対象の法人について規定するが、そこには、法人格なき社団等で代表者等の定めがあるものも含まれるので、実際に本項で掲げる複製等を行っているボランティア団体もそれに該当し得ることになる。

- 「視覚著作物」には、他の著作物が一体となったもの（映画等）も含まれる。
- 「必要と認められる限度において」とは、当該利用目的の範囲でということである。したがって、映像の解説音声の複製に際し、映像部分も複製することは認められないと解する（加戸294頁）。
- 「当該視覚著作物に係る文字を音声にすることその他当該視覚障害者等が利用するために必要な方式」とは、従来の録音のみならず、拡大図書やデジタル録音図書等による方式も含むものである。これらの方式により、複製し又は自動公衆送信することが認められる。また、当該複製により視覚著作物の形式を有しなくなった複製物の増製についても、元の視覚著作物の複製として認められる。
- 当該視覚著作物の著作権者や出版権者等が、本項規定の方式でその著作物を公衆に提供・提示している場合は、本項は適用されない（ただし書）。権利者自らが障害者利用に資する役割を果たしている場合にまで他の業者の複製等を認めると、権利者が展開するそのような事業の発展を阻害する可能性があり、却って障害者向けの情報の提供が減少するという懸念があるからである（中山追補5頁）。

（聴覚障害者等のための複製等）
第37条の2　聴覚障害者その他聴覚による表現の認識に障害のある者（以

下この条及び次条第5項において「聴覚障害者等」という。)の福祉に関する事業を行う者で次の各号に掲げる利用の区分に応じて政令で定めるものは、公表された著作物であつて、聴覚によりその表現が認識される方式（聴覚及び他の知覚により認識される方式を含む。）により公衆に提供され、又は提示されているもの（当該著作物以外の著作物で、当該著作物において複製されているものその他当該著作物と一体として公衆に提供され、又は提示されているものを含む。以下この条において「聴覚著作物」という。）について、専ら聴覚障害者等で当該方式によつては当該聴覚著作物を利用することが困難な者の用に供するために必要と認められる限度において、それぞれ当該各号に掲げる利用を行うことができる。ただし、当該聴覚著作物について、著作権者又はその許諾を得た者若しくは第79条の出版権の設定を受けた者若しくはその複製許諾若しくは公衆送信許諾を得た者により、当該聴覚障害者等が利用するために必要な方式による公衆への提供又は提示が行われている場合は、この限りでない。

一　当該聴覚著作物に係る音声について、これを文字にすることその他当該聴覚障害者等が利用するために必要な方式により、複製し、又は自動公衆送信（送信可能化を含む。）を行うこと。

二　専ら当該聴覚障害者等向けの貸出しの用に供するため、複製すること（当該聴覚著作物に係る音声を文字にすることその他当該聴覚障害者等が利用するために必要な方式による当該音声の複製と併せて行うものに限る。）。

- 37条の2は、聴覚障害者等の福祉に関する事業を行う者で各号利用区分に応じ政令で定めるものは、公表された聴覚著作物について、聴覚によりその表現が認識される方式によってはその聴覚著作物を利用することが困難な者のために、必要と認められる限度で、本条各号に掲げる必要な方式により、当該各号規定の利用行為をすることができる旨規定する。
- 本条は、前条3項と同様の目的で規定され平成21年法改正で改正されたものであり、同項が視覚障害者等を対象としているのに対し、本条は聴覚障害者等を対象としている。「視覚」と「聴覚」以外、規定ぶりはほぼ一緒であるの

で、異なる点のみ説明する。
- 「聴覚障害者等」には、聴覚障害者のほか、発達障害や難聴等により聴覚による表現の認識に障害のある者も含まれる。
- 「聴覚障害者等の福祉に関する事業を行う者」については、「各号に掲げる利用の区分に応じて」政令で定められている。1号に掲げる聴覚障害者等のための字幕等の作成・自動公衆送信等が認められた者として、身体障害者福祉法5条1項の視聴覚障害者情報提供施設により聴覚障害者等のために情報提供をする非営利法人や、そのほか文化庁長官が指定する一定の法人等で聴覚障害者等のために情報提供する事業を行う者が挙げられる（施行令2条の2第1項1号）。また、2号に掲げる聴覚障害者等のための字幕や手話付きの映画の作成・貸出しが認められた者として、大学・高等専門学校の図書館等を設置し聴覚障害者等のために情報を提供する事業を行う者で省令要件等を満たすものや、そのほか文化庁長官が指定する一定の法人等で聴覚障害者等のために情報提供する事業を行う者が挙げられる（施行令2条の2第1項2号、施行規則2条の2）。これらの者は、それぞれ該当する本条各号に掲げる利用行為を行うことができる。
- 「聴覚著作物」には、映画や音の出る絵本等の他の知覚も合わせて表現の認識がなされるものも含まれる。また、映画の脚本セリフの音声のように、映画等とは別の著作物で、映画等において複製されているようなものも含まれる。
- 「当該聴覚障害者等が利用するために必要な方式」には、従来のリアルタイム字幕による自動公衆送信のほか、異時の字幕等の自動公衆送信（1号）や、手話や字幕付映画の貸し出し（2号）等も該当することとなった。

（営利を目的としない上演等）

第38条　公表された著作物は、営利を目的とせず、かつ、聴衆又は観衆から料金（いずれの名義をもつてするかを問わず、著作物の提供又は提示につき受ける対価をいう。以下この条において同じ。）を受けない場合には、公に上演し、演奏し、上映し、又は口述することができる。ただし、当該上演、演奏、上映又は口述について実演家又は口述を行う者に

> 対し報酬が支払われる場合は、この限りでない。

- 38条1項は、公表された著作物について、非営利かつ無料での一定方法による利用を原則的に認める規定である。著作権者に与える不利益が問題とならない範囲での著作物利用の促進を図るものである。
- 本項規定の利用が認められる条件は、①非営利、②無徴収、③無報酬の3つである。
- ①の「営利を目的とせず」とは、直接・間接に営利につながるか否かで判断される。したがって、直接観衆等から入場料を徴収しない場合でも、会社や商品の宣伝目的で行われる試写会などは営利目的のものと解される。同様に、集客目的で店内で流すBGMや、工場内での作業効率向上のためのBGMなども営利目的の利用とされる。
- ②の「聴衆又は観衆から料金を受けない場合」という場合の「料金」とは、著作物の提供・提示に係る対価のことであり（かっこ書）、収益分以外の実費（諸経費）分についてもその対象となる。ただし、直接著作物の提示・提供に係らない付帯部分（ドリンク付サービス等）への対価については、そこに含まれないとされる。
- かっこ書の「いずれの名義をもつてするかを問わず」とは、名義がどうであるかにかかわらずという意味であり、例えば演奏会の入場料やチケット代名義は無料とされていても、入場を許されるのが所定の会費を支払っている会員に限定されている場合などには、料金が発生しているものと解される。
- ③の「当該上演、演奏、上映又は口述について実演家又は口述を行う者に対し報酬が支払われる場合は、この限りでない」との要件が例外的に課されるのは、著作権使用料と実演家報酬とのバランスを図る趣旨によるものである。
- 「報酬」とは、実演・口述の提供に対する対価であり、出演料や祝儀などが該当するが、出張費や食事代などの実費名目の支払いであっても、実際の実費を明らかに上回るような金額の場合には報酬として扱うのが妥当である。
- 本項では利用方法が限定されており、公に「上演し、演奏し、上映し、又は口述する」場合のみ自由利用が認められる。なお、本項規定の利用は43条の対象とはされていないため、翻案等を行ってする利用はできない点に留意が必要である。

第2章第3節

- 本項の著作物利用に際しては、慣行に沿って出所の明示をしなければならない（48条1項3号）。

> 2 　放送される著作物は、営利を目的とせず、かつ、聴衆又は観衆から料金を受けない場合には、有線放送し、又は専ら当該放送に係る放送対象地域において受信されることを目的として自動公衆送信（送信可能化のうち、公衆の用に供されている電気通信回線に接続している自動公衆送信装置に情報を入力することによるものを含む。）を行うことができる。

- 2項は、放送される著作物について、非営利かつ無料での有線放送等を認める規定である。放送の難視聴解消等のための小規模な再送信を認めることを主なねらいとするものである。
- 「放送される著作物」とあるように、本項の制限規定は、一度放送される著作物を同時再送信する場合にのみ適用される。
    ※CATVなどの発達による有線放送の規模拡大に伴い、無条件での有線放送利用を認めるのは妥当でなくなったことから、難視聴解消目的等の再送信としての小規模な有線放送である非営利かつ無料で、放送の同時再送信に当る有線放送についてのみ自由利用を認める内容に改正された（昭和61年法改正）。また、IPマルチキャスト放送による放送の同時再送信開始に合わせ、放送の再送信のための自動公衆送信についても、非営利かつ無料で放送の同時再送信に当るものについて自由利用が認められた（平成18年法改正）。
- 「放送対象地域」とは、放送法2条2項2号の「放送対象地域」を想定したもので、放送区分ごとの同一の放送番組の放送を同時に受信できることが相当と認められる一定の区域として総務大臣が放送普及計画において定めているものをいう。通常は県域単位で定められる。放送法による「放送対象地域」が定められていない放送の場合は、電波法14条3項3号で定める「放送区域」が本項「放送対象地域」となる。
- 「専ら」とは、受信者の全てが放送対象地域内において受信することを意味するものである。放送対象地域外で受信される場合には、本項による著作権制限が適用される自動公衆送信とは認められない。
- 「自動公衆送信（送信可能化のうち、公衆の用に供されている電気通信回線

に接続している自動公衆送信装置に情報を入力することによるものを含む。)」とは、本項の自動公衆送信には、再送信に際し放送のメモリへの蓄積を伴わない入力型の送信可能化も含むことを意味する。具体的にはIPマルチキャスト放送を想定した入力型の送信可能化を指すものである（送信可能化の型については2条1項9号の5イ参照）。

- 「営利を目的とせず、かつ、聴衆又は観衆から料金を受けない場合」の基本的な解釈は前項と同様であるが、いわゆるインフラ経費以外の有線放送等のサービス自体の費用に著作物提示の対価が含まれると考えられる場合は、その徴収名目にかかわらず「料金」を受けたものとされる（1項かっこ書「以下この条において同じ」とある）。

> 3 放送され、又は有線放送される著作物（放送される著作物が自動公衆送信される場合の当該著作物を含む。)は、営利を目的とせず、かつ、聴衆又は観衆から料金を受けない場合には、受信装置を用いて公に伝達することができる。通常の家庭用受信装置を用いてする場合も、同様とする。

- 3項は、放送・有線放送等される著作物について、非営利かつ無料での受信装置による公の伝達を認め、更に、非営利かつ無料に限定されない家庭用受信装置による伝達を認める規定である。
- 非営利かつ無料であれば、放送等される著作物を受信して大型のプロジェクター等により公に視聴させる行為が認められる（前段）。なお、平成18年法改正で自動公衆送信が前項に加えられたのに合わせ、本項でも自動公衆送信される著作物（当該自動公衆送信の前に放送されるもの）が適用対象となった（かっこ書）。
- 「営利を目的とせず、かつ、聴衆又は観衆から料金を受けない場合」の解釈は、1項と同様である。
- 一方、「通常の家庭用受信装置」により、放送等される著作物を伝達する行為は、営利目的・有料であっても認められる（後段）。「同様とする」とは、非営利かつ無料の条件とは関係なく、「公に伝達することができる」のみを受けたものである。具体的には、飲食店等において通常の家庭用テレビ・ラジオに

より客に視聴させる場合等が該当する。

> 4　公表された著作物（映画の著作物を除く。）は、営利を目的とせず、かつ、その複製物の貸与を受ける者から料金を受けない場合には、その複製物（映画の著作物において複製されている著作物にあつては、当該映画の著作物の複製物を除く。）の貸与により公衆に提供することができる。

- 4項は、映画の著作物以外の公表著作物について、非営利かつ無料での複製物による貸与を認める規定である。
- 昭和59年の著作物の貸与権創設に伴い、従来より行われてきた図書館等の公共施設による図書・視聴覚資料等（映画を除く）の貸出しサービスを、当該行為が権利対象とされた後も続行させるために設けられたものである。
- 「営利を目的とせず、かつ、…料金を受けない場合」については、1項と同様であり、会費名義でのレンタル料徴収の場合であっても、料金を受けたものと解される（1項かっこ書「…以下この条において同じ」とある）。
- なお、映画の著作物については、頒布権が適用されるため本項の対象からは除かれる（かっこ書）。

> 5　映画フィルムその他の視聴覚資料を公衆の利用に供することを目的とする視聴覚教育施設その他の施設（営利を目的として設置されているものを除く。）で政令で定めるもの及び聴覚障害者等の福祉に関する事業を行う者で前条の政令で定めるもの（同条第2号に係るものに限り、営利を目的として当該事業を行うものを除く。）は、公表された映画の著作物を、その複製物の貸与を受ける者から料金を受けない場合には、その複製物の貸与により頒布することができる。この場合において、当該頒布を行う者は、当該映画の著作物又は当該映画の著作物において複製されている著作物につき第26条に規定する権利を有する者（第28条の規定により第26条に規定する権利と同一の権利を有する者を含む。）に相当な額の補償金を支払わなければならない。

- 5項は、公表された映画の著作物について、政令で定める非営利目的の視聴覚教育施設等によるその複製物の無料貸与を認める規定である。
- 前項で、公共サービスとしての図書等の貸与を認めたのに合わせ、映画の著作物についても貸与としての頒布を認めるものである。
  ※映画著作物の場合、図書等とは異なりその複製物の貸与についても従来より頒布権が働いていたが、その貸与が以前は視聴覚施設と学校間などの特定当事者間で貸し借りする16mmフィルム等による場合に限られていたため、その目的に沿った慣行により当該著作物利用に大きな不都合は生じなかった。しかし、近年一般流通を前提としたビデオソフトが視聴覚ライブラリー等の施設でも扱われるようになったことを受け、それらの一般的な利用の円滑化を図るために本項で頒布権の制限規定を設けることにしたのである。
- 「視聴覚教育施設その他の施設で政令で定めるもの」として、①国又は地方公共団体が設置する視聴覚教育施設、②図書館法第2条第1項の図書館、③前2号（上記①②）に掲げるもののほか、国、地方公共団体又は一般社団法人等が設置する施設で、映画フィルムその他の視聴覚資料を収集し、整理し、保存して公衆の利用に供する業務を行うもののうち、文化庁長官が指定するもの、を挙げる（施行令2条の3）。なお、前条で規定する聴覚障害者等の福祉に関する事業を行う者が、平成21年法改正により、本項貸与の主体適格者として加えられた。具体的には、①大学・高等専門学校に設置された図書館及びこれに類する施設、②身体障害者福祉法5条1項の視聴覚障害者情報提供施設、③図書館法2条1項の図書館、④学校図書館法2条の学校図書館、である（施行令2条の2第2号）。
- 映画著作物の複製物の貸与の場合、その他の著作物に係る貸与と異なり元々は権利（頒布権）が及んでいた範囲の話であることから、本項での貸与による頒布に際しては相当額の補償金を支払うべきことにした。「相当な額」とは、通常の使用料を念頭に置いた額であり、貸与施設側の団体（全国視聴覚教育連盟）と権利者側の団体（（公社）映像文化製作者連盟等）との協議で定められるのが実際である。

> （時事問題に関する論説の転載等）
> 第39条　新聞紙又は雑誌に掲載して発行された政治上、経済上又は社会上の時事問題に関する論説（学術的な性質を有するものを除く。）は、他の新聞紙若しくは雑誌に転載し、又は放送し、若しくは有線放送し、若しくは当該放送を受信して同時に専ら当該放送に係る放送対象地域において受信されることを目的として自動公衆送信（送信可能化のうち、公衆の用に供されている電気通信回線に接続している自動公衆送信装置に情報を入力することによるものを含む。）を行うことができる。ただし、これらの利用を禁止する旨の表示がある場合は、この限りでない。

- 39条1項は、新聞等に掲載して発行された政治・経済・社会上の時事問題に関する論説を、一定の方法により利用できることを規定する。報道機関の論説を広め、報道の持つ公共性及び国民の情報取得機会を保障するためのものである。
- 「政治上、経済上又は社会上の時事問題」とは、政治・経済・社会の意味を厳格に捉えた概念というより、時事問題全体を包括的に捉える概念と考えるのが法目的上妥当である。
- 「論説」とは、報道機関の主義主張が展開され表現されているもの（新聞の社説等）を指し、単なる時事問題の客観的な解説等は該当しない。
- 「（学術的な性質を有するものを除く。）」とあるのは、時事問題について、学者や評論家が論評したようなものを除くということである。学術的な論説まで自由な利用を認めたのでは、本条のねらいから外れ、著作者の利益を不当に害することになるからである。
- 本項では、利用方法が報道的態様のものに限定されており、①他の新聞紙若しくは雑誌への掲載、②放送、③有線放送、④放送の同時再送信目的の自動公衆送信のみが認められる。このうち、④放送の同時再送信のための自動公衆送信は、IPマルチキャスト放送による放送の同時再送信開始に合わせて、平成18年に加えられた利用態様である（かっこ書は、メモリへの蓄積を伴わないインターネット放送等のケースを想定したものである（2条1項9号の5イ参照））。なお、本項規定の行為は、43条2号を介し翻訳しての利用が認められ

る。
- 上記利用態様による場合であっても、利用禁止する旨の表示（「禁転載」等）がある場合には許諾が必要となる（ただし書）。

> 2　前項の規定により放送され、若しくは有線放送され、又は自動公衆送信される論説は、受信装置を用いて公に伝達することができる。

- 2項は、前項規定により放送等された論説を、受信装置により公に伝達できることを定める。前項の目的を完遂するものである。

> （政治上の演説等の利用）
> 第40条　公開して行われた政治上の演説又は陳述及び裁判手続（行政庁の行う審判その他裁判に準ずる手続を含む。第42条第1項において同じ。）における公開の陳述は、同一の著作者のものを編集して利用する場合を除き、いずれの方法によるかを問わず、利用することができる。

- 40条1項は、公開して行われた政治上の演説等及び裁判手続における公開の陳述は、原則として、方法の如何を問わずに利用することができる旨を規定する。本項で定める著作物は、広く公衆へ伝達され自由利用に付されるのがその目的に適うものであることから設けられた規定である。
- 「公開して」、「公開の」とあるように、公開を要件としているのは、秘密裏での演説等について自由利用を認めるのは妥当ではないからである。演説会場自体が公開されていなくとも、報道機関による放送が認められていれば公開の要件は満たすといえる。
- 「政治上の演説又は陳述」とは、選挙演説のように演説等を行う著作者自身が政治的活動の意図を持ってする演説等を指しており、政治的主張を持たない者がする客観的な政治解説等は含まない。
- 「裁判手続における公開の陳述」とは、裁判所における公開審理で、検察官・弁護人・原告・被告等がする弁論や、参考人・鑑定人等が行う意見陳述等が該当する。この場合の「裁判手続」には、「行政庁の行う審判その他裁判に準

ずる司法手続」も含む（かっこ書）。
- 「いずれの方法によるかを問わず」とあるように、複製や放送は勿論、翻案等も可能ということであるが、「同一の著作者のものを編集して利用する場合」には権利が及ぶことになる。例えば、一人の政治家の過去の演説を集めた演説集としての利用などには許諾を要する。

> 2 国若しくは地方公共団体の機関、独立行政法人又は地方独立行政法人において行われた公開の演説又は陳述は、前項の規定によるものを除き、報道の目的上正当と認められる場合には、新聞紙若しくは雑誌に掲載し、又は放送し、若しくは有線放送し、若しくは当該放送を受信して同時に専ら当該放送に係る放送対象地域において受信されることを目的として自動公衆送信（送信可能化のうち、公衆の用に供されている電気通信回線に接続している自動公衆送信装置に情報を入力することによるものを含む。）を行うことができる。

- 2項は、国の機関等においてされた公開の演説・陳述は、報道目的上正当と認められる場合、新聞等への掲載等の一定の利用が認められることを規定する。
- 「国若しくは地方公共団体の機関、独立行政法人又は地方独立行政法人において行われた公開の演説又は陳述」とは、国会や公的機関の議会での公開討論における質疑、討論、答弁等であり、このうち、一政治家の所信表明演説や裁判所での公開陳述等は前項の対象となるので、本項の演説・陳述からは除かれる。
- 「報道目的上正当と認められる場合」に限定するのは、報道名目で不当に利益を得る利用を防ぐためである。
- 本項では、利用方法が限定されており、①新聞紙若しくは雑誌への掲載、②放送、③有線放送、④放送の同時再送信目的の自動公衆送信のみが認められる。このうち、④放送の同時再送信のための自動公衆送信は、IPマルチキャスト放送による放送の同時再送信開始に合わせて、平成18年に加えられた利用態様である（かっこ書は、メモリへの蓄積を伴わないインターネット放送等のケースを想定したものである（2条1項9号の5イ参照））。なお、本項規定の行

為は、43条2号を介し翻訳しての利用が認められる。

> 3　前項の規定により放送され、若しくは有線放送され、又は自動公衆送信される演説又は陳述は、受信装置を用いて公に伝達することができる。

- 3項は、前項規定により放送等された演説・陳述を、受信装置により公に伝達できることを規定する。前項の目的を完遂するものである。

> （時事の事件の報道のための利用）
> 第41条　写真、映画、放送その他の方法によつて時事の事件を報道する場合には、当該事件を構成し、又は当該事件の過程において見られ、若しくは聞かれる著作物は、報道の目的上正当な範囲内において、複製し、及び当該事件の報道に伴つて利用することができる。

- 41条は、時事の事件の報道において、報道目的上正当な範囲で、当該事件を構成等する著作物の複製及び報道に伴う随伴的利用を認める規定である。報道目的上やむを得ない著作物の利用にまで権利が及ぶ不都合を回避するものである。
- 本条で対象とされる報道の態様は、「写真、映画、放送その他の方法」であるが、「その他の方法」としては、言語著作物を新聞・雑誌で文章報道する場合などが挙げられる。
- 「時事の事件を報道」とは、扱う事件自体に報道される何らかの価値があることが前提であり、時事報道の名を借りた著作物の自由利用が真のねらいと認められるようなものは該当しない。また、スポーツ実況や演劇中継などは、ニュースを知らせるという報道の趣旨とは異なるため「事件の報道」には当たらない。
    ※「時事の事件」とは、一般には、最近起こった事件といった意味であり、「過去の記録的な価値ということではなく、その日におけるニュースとして価値を持つかどうかの問題」とされるが（加戸317～318頁）、それについて、「過去の事件の報道が必要な場合もあり、一概に日付だけで判断はできない」とする意見がある（中

※本項の「報道」については、「不特定かつ多数の者に対して客観的事実を事実として知らせること（これに基づいて意見又は見解を述べることを含む。）をいう」（個人情報の保護に関する法律50条2項）とする定義がそのまま妥当するが、更に「独自の取材に基づく」事実の伝達であることを要件とすべきであるとする見解がある（百選4版131頁）。

- 「事件を構成」する著作物とは、その著作物自体が事件の主題となる場合（著作物の原作品が盗まれたことを事件の内容とする場合等）の著作物であり（限定説）、「事件の過程において見られ、若しくは聞かれる著作物」とは、事件報道において不可避的に目や耳に入ってしまう著作物（展覧会開催についての報道の中で映った絵画等）のことである。

  ※上記限定説に対し、「ある事件と相当な関連があれば41条の適用を認めるべき」とする見解（拡張説）もある（中山285頁）。

  ※暴力団の一斉摘発についての報道番組において、過去に行なわれた当該団体の組長継承式のビデオ映画（組側の依頼により映画製作者が撮影・編集したもの）の一部を放送したことにつき公衆送信権侵害が問われた事案では、当該ビデオの複製物を組側が系列団体に配布したことも報道内容に含まれるので、当該ビデオは「事件を構成」する著作物に当たるとして41条の適用が認められた（大阪地判平5.3.23「TBS事件」）。

- 「報道の目的上正当な範囲内」については、報道の本質や著作権者の不利益を考えた場合に本当に必要な範囲内にあるか否かで判断される。報道現場の後ろで流れている音楽を必要以上に長く放送するとか、現場シーンの中で映った絵画を鑑賞に堪えるほどに鮮明に映し出すなどは、正当な範囲を超えた利用といえる。なお、著作物中における引用の場合とは異なり、報道を目的とする本項では、報道内容と利用される著作物との間の主従関係は不要とされる（中山286頁）。

  ※上記「TBS事件」では、当該ビデオの製作、複製、配布の報道について、「実際に生じた事件の範囲内」にあるか、「社会一般に報じられるべき報道価値の高い時事の事件」であるかの観点から事実認定を行い、当該ビデオの利用を「報道の目的上正当な範囲内」におけるものであると結論付けた。

- 本条で認められる利用態様は、複製及び報道に伴う利用であり、事件を構成

等する著作物を撮影・録音・録画等し、更にそれらを掲載・放送・上映するなどが認められる。また、本条で認められる利用については、翻訳しての利用も認められる（43条2号）。なお、本条は、あくまで報道用写真等の中にやむ無く写り込む等した著作物の利用を認める規定であって、報道用写真そのものの利用を認めたものではない点留意が必要である。報道用写真をその写真自体の著作権者に無断で利用することは許されない。

- 本条利用に際しては、出所明示の慣行がある場合は出所明示の義務を伴う（48条1項3号）。

> （裁判手続等における複製）
> 第42条　著作物は、裁判手続のために必要と認められる場合及び立法又は行政の目的のために内部資料として必要と認められる場合には、その必要と認められる限度において、複製することができる。ただし、当該著作物の種類及び用途並びにその複製の部数及び態様に照らし著作権者の利益を不当に害することとなる場合は、この限りでない。

- 42条1項は、裁判手続等のために必要と認められる場合に、その必要限度での著作物の複製が原則許されるとする規定である。司法・立法・行政の国家目的実現の見地から、著作権者の利益を不当に害しない範囲での著作物の複製を認めたものである。
- 「著作物は」とあることから、未公表の著作物も対象とされる。ただし、公表権は別途働くことになる（50条）。
- 「裁判手続のために必要と認められる場合」とは、判決文中においてあるいは訴訟資料として著作物を利用・提出する場合等であり、「裁判手続」には行政庁の行う準司法的手続も含まれる点に留意する（40条1項かっこ書）。
- 「立法…目的のため…必要と認められる場合」とは、法律案審議のためのほか、国会・議会の機能上必要な場合（予算審議会等）も含むものとされる（加戸322頁）。
- 「行政の目的のため…必要と認められる場合」とは、行政庁がその所管事務遂行に関し国家意思等を決定し行使する上において必要な場合である（加戸

322頁）。

- 「内部資料として」とあるように、立法・行政目的の場合は、複製物を複製した部局内で使用する場合のみを本項の対象とする。
  ※社会保険庁の職員が同庁のLANシステム内の電子掲示板に他人の著作物（週刊誌の記事）を掲載した事案では、当該行為はその内容を職員に周知する行政目的のものなので、当該掲載における複製行為は42条1項により権利侵害とはならず、その後の公衆送信行為はその目的達成のための行為だから49条1項1号の適用も受けないので、権利侵害とはならないとする被告側主張に対し、裁判所は、当該LANシステムはその一部と他の部分の設置場所が同一構内に限定されたものでなく、よって当該掲示板への記録行為は自動公衆送信における送信可能化行為であり、行政目的上内部資料として必要な限度で複製を認める42条1項の適用対象ではないとし（故に49条1項1号は論外とし）公衆送信権侵害を認めた（東京地判平20.2.26「社保庁LAN電子掲示板事件」）。
- 「必要と認められる限度において」とあるように、複製範囲や部数について必要と認められる限度内でのみ複製可能である。
- 本項で認められる利用態様は「複製」であるが、「当該著作物の種類及び用途」・「複製の部数及び態様」に照らし著作権者の利益を不当に害する場合は、例外的に本項複製は認められない（ただし書）。なお、本項複製は翻訳してすることもできる（43条2号）。
  ※著作権者の利益を不当に害する場合について、著作物の経済的市場における利用と衝突するケースや、著作物の潜在的販路に悪影響を与えるようなケースが挙げられる（加戸323頁）。
- 本条複製に際しては出所明示の義務を伴う（48条1項1号）。

2　次に掲げる手続のために必要と認められる場合についても、前項と同様とする。
　一　行政庁の行う特許、意匠若しくは商標に関する審査、実用新案に関する技術的な評価又は国際出願（特許協力条約に基づく国際出願等に関する法律（昭和53年法律第30号）第2条に規定する国際出願をいう。）に関する国際調査若しくは国際予備審査に関する手続
　二　行政庁若しくは独立行政法人の行う薬事（医療機器（薬事法（昭和

> 35年法律第145号）第2条第4項に規定する医療機器をいう。）に関する事項を含む。以下この号において同じ。）に関する審査若しくは調査又は行政庁若しくは独立行政法人に対する薬事に関する報告に関する手続

- 2項は、特許審査等の行政手続（1号）又は薬事行政手続（2号）のために必要と認められる場合は、著作物を複製することができる旨を規定する。
- 特許審査等の行政手続は、国民の利益及びわが国企業等の国際競争力確保の観点より、また、薬事行政手続は、国民の生命・健康への被害の未然防止及び医薬品等の品質・有効性・安全性等確保の観点より、いずれも、迅速・的確な審査等のための文献複製を認める必要があるものといえるが、これら手続において行政庁と申請人との間でなされる複製物のやり取りは、内部資料としての使用には当たらず、また、特許審査等は裁判手続にも当たらないことから前項の適用対象とはならない。そこで、これらの手続における文献複製を認めるため、平成18年法改正で本項規定が設けられた。
  - ※2号の「行政庁若しくは独立行政法人の行う薬事」についての条文かっこ書の説明が、新薬事法の施行に合わせ「（医療機器（医薬品、医療機器等の品質、有効性及び安全性の確保等に関する法律第2条第4項に規定する医療機器をいう。）及び再生医療等製品（同条第9項に規定する再生医療等製品をいう。）に関する事項を含む。以下この号において同じ。）」に変更される。
- 上記手続上必要とされる文献については、無許諾で複製することができる。

> **（行政機関情報公開法等による開示のための利用）**
> **第42条の2**　行政機関の長、独立行政法人等又は地方公共団体の機関若しくは地方独立行政法人は、行政機関情報公開法、独立行政法人等情報公開法又は情報公開条例の規定により著作物を公衆に提供し、又は提示することを目的とする場合には、それぞれ行政機関情報公開法第14条第1項（同項の規定に基づく政令の規定を含む。）に規定する方法、独立行政法人等情報公開法第15条第1項に規定する方法（同項の規定に基づき当該独立行政法人等が定める方法（行政機関情報公開法第14条第1項の規

> 定に基づく政令で定める方法以外のものを除く。）を含む。）又は情報公開条例で定める方法（行政機関情報公開法第14条第1項（同項の規定に基づく政令の規定を含む。）に規定する方法以外のものを除く。）により開示するために必要と認められる限度において、当該著作物を利用することができる。

- 42条の2は、行政機関の長等は、情報公開法等の規定により著作物を公衆に提供し、又は提示することを目的とする場合には、情報公開法等で定める方法により開示するために必要な限度において、当該著作物の利用ができることを規定する。情報公開法等の円滑な運営を図るものである。
- 情報公開法等とは、本条では「行政機関情報公開法、独立行政法人等情報公開法又は情報公開条例」をいう。
- 本条での著作物利用が認められるのは、「行政機関の長、独立行政法人等又は地方公共団体の機関若しくは地方独立行政法人」である。
- 情報公開法等で定める開示の方法とは、文書又は図面については閲覧（その行政文書の保存に支障を生ずるおそれがある等の正当理由がある場合は写しによる閲覧）又は写しの交付を、電磁的記録についてはその種別、情報化の進展状況等を勘案して政令（行政機関情報公開法第14条第1項の規定に基づく政令）で定める方法を、それぞれ指す（行政機関情報公開法14条1項、独立行政法人等情報公開法15条1項、情報公開条例）。この場合、各法等においてそれぞれ開示方法が規定されているが、そのうち、情報公開条例で定める方法からは、行政機関情報公開法14条1項規定の方法以外のものは除かれ、また、電磁的記録について独立行政法人等情報公開法15条1項が定める「独立法人等が定める方法」（同項本文では、この文言のみが行政機関情報公開法14条1項と異なる）から、行政機関情報公開法第14条第1項の規定に基づく政令で定める方法以外のものは除かれるため、結局のところ、行政機関情報公開法14条1項規定の内容で統一されることになる。開示方法の同一性を担保するためとされる（加戸326頁）。
- 情報公開条例とは、地方公共団体の行政機関保有の情報の開示請求手続を定めた条例であり、各都道府県ごとに規定されている。
- 「開示するために必要と認められる限度において」とは、例えば、文書・図

面の場合、開示方法として規定される「閲覧」には録音・録画物の再生等が、「写しの交付」には文書や録音・録画物の複製等が含まれると考えられるため、これらに関係する複製権、演奏権、口述権、上映権等については本条制限規定が働き、これらの権利に関する限りにおいて著作物の自由な利用が可能であるが、公衆送信権や貸与権などについては制限が働かず自由な利用はできないということである。

- なお、「政令」で定める方法については、電磁的記録をプログラムにより特定サイズの用紙に出力し閲覧させる方法等、行政機関情報公開法施行令9条に具体的に規定されている。

（公文書管理法等による保存等のための利用）
第42条の3　国立公文書館等の長又は地方公文書館等の長は、公文書管理法第15条第1項の規定又は公文書管理条例の規定（同項の規定に相当する規定に限る。）により歴史公文書等を保存することを目的とする場合には、必要と認められる限度において、当該歴史公文書等に係る著作物を複製することができる。

- 42条の3第1項は、国立公文書館等の長等は、公文書管理法等の規定による歴史公文書等の保存を目的とする場合は、必要限度で、当該歴史公文書等に係る著作物の複製ができることを定める。
- 公文書管理法15条1項では、「国立公文書館等の長（国立公文書館等が行政機関の施設である場合にあってはその属する行政機関の長、国立公文書館等が独立行政法人等の施設である場合にあってはその施設を設置した独立行政法人等をいう。以下同じ。）は、特定歴史公文書等について、第25条の規定により廃棄されるに至る場合を除き、永久に保存しなければならない。」とする。本項は、当該公文書管理法15条1項又は公文書管理条例のうち同項と同旨の規定により、国立公文書館等の長又は地方公文書館等の長が歴史的公文書等を永久保存する場合には、必要限度でそれらに係る著作物を複製することができるとするものである。
- 「歴史公文書等」とは、「歴史資料として重要な公文書その他の文書」をいう

第2章第3節

（公文書管理法2条6項）。
- 歴史公文書等について、永久保存の名目で多数の複製物を作成するのは、「必要な限度」を超えるものと解する（加戸328頁）。

> 2　国立公文書館等の長又は地方公文書館等の長は、公文書管理法第16条第1項の規定又は公文書管理条例の規定（同項の規定に相当する規定に限る。）により著作物を公衆に提供し、又は提示することを目的とする場合には、それぞれ公文書管理法第19条（同条の規定に基づく政令の規定を含む。以下この項において同じ。）に規定する方法又は公文書管理条例で定める方法（同条に規定する方法以外のものを除く。）により利用をさせるために必要と認められる限度において、当該著作物を利用することができる。

- 2項は、国立公文書館等の長等は、公文書管理法等の規定による著作物の公衆への提供・提示を目的とする場合、所定の方法で利用させるために必要な限度で、当該著作物を利用することができるとする。
- 公文書管理法16条1項の規定とは、国立公文書館等の長は、国立公文書館等において保存されている特定歴史公文書等について所定の目録（その保存・利用等について記載されたもの）に従った利用請求があった場合には、原則それを利用させなければならないとする内容の規定である。本項は、当該公文書管理法16条1項又は公文書管理条理のうち同項と同旨の規定により、国立公文書館の長又は地方公文書館等の長が著作物を公衆に提供・提示する場合は、所定方法で利用（閲覧・写しの交付等）をさせるための必要な利用（複製等）ができるとするものである。
- 所定の方法について、公文書管理法19条では「国立公文書館等の長が特定歴史公文書等を利用させる場合には、文書又は図画については閲覧又は写しの交付の方法により、電磁的記録についてはその種別、情報化の進展状況等を勘案して政令で定める方法により行う。ただし、閲覧の方法により特定歴史公文書等を利用させる場合にあっては、当該特定歴史公文書等の保存に支障を生ずるおそれがあると認めるときその他正当な理由があるときに限り、その写しを閲覧させる方法により、これを利用させることができる。」と定める。

同条中の政令で定める方法については、「一 電磁的記録を専用機器により再生又は映写したものの閲覧、視聴又は聴取、二 電磁的記録を用紙に出力したものの閲覧又は交付、三 電磁的記録を電磁的記録媒体に複写したものの交付」のうち国立公文書館の長が利用等規則で定める方法とする（公文書管理法施行令24条）。

※「利用等規則」について、公文書管理法27条1項では、国立公文書館等の長は、特定歴史公文書等の適切な保存等確保のために利用規則を設けなければならない旨を定め、同条2項では、利用規則の必要な記載事項として、特定歴史公文書等に関する、①保存関連事項、②手数料その他利用関連事項、③移管先機関の利用関連事項、④廃棄関連事項、⑤状況報告関連事項を掲げる。

- 「必要と認められる限度において」とあるので、公衆送信や展示等は本項の権利制限の対象とはならないと解する（加戸328頁）。

（国立国会図書館法によるインターネット資料及びオンライン資料の収集のための複製）
第42条の4　国立国会図書館の館長は、国立国会図書館法（昭和23法律第5号）第25条の3第1項の規定により同項に規定するインターネット資料（以下この条において「インターネット資料」という。）又は同法第25条の4第3項の規定により同項に規定するオンライン資料を収集するために必要と認められる限度において、当該インターネット資料又は当該オンライン資料に係る著作物を国立国会図書館の使用に係る記録媒体に記録することができる。

- 42条の4第1項は、国立国会図書館法の一部改正により、国立国会図書館が国等のインターネット資料等も収集できることとなったことに合わせ、その円滑な収集を図るために、国立国会図書館の館長が当該収集に必要な複製を行うことができる旨を定めたものである。
- 国立国会図書館法25条の3第1項では、「館長は、公用に供するため、第24条及び第24条の2に規定する者が公衆に利用可能とし、又は当該者がインターネットを通じて提供する役務により公衆に利用可能とされたインターネット

資料（電子的方法、磁気的方法その他の人の知覚によつては認識することができない方法により記録された文字、映像、音又はプログラムであつて、インターネットを通じて公衆に利用可能とされたものをいう。以下同じ。）を国立国会図書館の使用に係る記録媒体に記録することにより収集することができる。」とする。インターネット上の情報が、更新・改廃され易く消滅し易いことや、公的機関の重要情報等がウェブサイトにより示される場合が増えていることなどから、国立国会図書館によりこれらを有効に収集・保存することができるよう定められたものである。

※「24条及び24条の2に規定する者」とは、国の諸機関、独立行政法人（独立行政法人通則法2条1項）、国立大学法人・大学共同利用機関法人（国立大学法人法2条1項・3項）、所定の特殊法人、地方公共団体の諸機関、港務局（港湾法4条1項）、地方住宅供給公社（地方住宅供給公社法1条）、地方道路公社（地方道路公社法1条）、土地開発公社（公有地の拡大の推進に関する法律10条1項、地方独立行政法人（地方独立行政法人法2条1項）などをいう。

※「インターネット資料」の定義は上記の通りであるが、現状でいえば「ウェブサイト」のことと考えて差し支えない。

- 国立国会図書館法25条の4第3項では、「館長は、第1項の規定による提供又は前項第一号の承認に係るオンライン資料を国立国会図書館の使用に係る記録媒体に記録することにより収集することができる。」と規定する。

  ※同法25条の4第3項の「第1項の規定による提供」とは、同法24条及び24条の2に規定する者以外の者が、オンライン資料を公衆に利用可能とした場合などに、文化財の蓄積・利用に資するために所定の条件の下に国立国会図書館に対して行う当該オンライン資料の提供をいう。

- 同法25条の4第3項の「前項第一号の承認」とは、同法24条及び24条の2に規定する者以外の者から、当該者が公衆に利用可能としたオンライン資料等を、上記「第1項の規定による提供」を経ずに国立国会図書館の使用に係る記録媒体への記録を求める旨の申出があった場合の、それに対する国立国会図書館の館長の承認である。

- 「オンライン資料」とは、電子的方法、磁気的方法その他の人の知覚によつては認識することができない方法により記録された文字、映像、音又はプログラムであつて、インターネットその他の送信手段により公衆に利用可能と

され、又は送信されるもののうち、図書又は逐次刊行物（機密扱いのもの及び書式、ひな形その他簡易なものを除く。）に相当するものとして館長が定めるものをいう（国立国会図書館法25条の4第1項）。つまり、電子書籍や電子雑誌などのことである。
- 本項で認められる複製とは、上記インターネット資料又はオンライン資料の「国立国会図書館の使用に係る記録媒体」への記録である。
※国立国会図書館のインターネット資料収集保存事業（WARP）では、収集ロボット「Heritrix」によりウェブサイトの収集を行っている。

2　次の各号に掲げる者は、当該各号に掲げる資料を提供するために必要と認められる限度において、当該各号に掲げる資料に係る著作物を複製することができる。
　一　国立国会図書館法第24条及び第24条の2に規定する者　同法第25条の3第3項の求めに応じ提供するインターネット資料
　二　国立国会図書館法第24条及び第24条の2に規定する者以外の者　同法第25条の4第1項の規定により提供する同項に規定するオンライン資料

- 2項は、国立国会図書館法の一部改正を受けて、公衆の利用に資するためにインターネット資料等の提供をする者に、当該資料に係る著作物の必要限度での複製を認める規定である。

- 1号は、本項複製が認められるケースとして、同法24条及び24条の2に規定する者が、国立国会図書館の館長から所定のインターネット資料の提供を求められこれに応じる場合を挙げる。

- 2号は、本項複製が認められるケースとして、同法24条及び24条の2に規定する者以外の者が、文化財の蓄積・利用に資するため、国立国会図書館の館長の定めるところにより、所定のオンライン資料を国立国会図書館に提供する場合を挙げる。

（翻訳、翻案等による利用）
第43条　次の各号に掲げる規定により著作物を利用することができる場合には、当該各号に掲げる方法により、当該著作物を当該各号に掲げる規定に従つて利用することができる。
一　第30条第1項、第33条第1項（同条第4項において準用する場合を含む。）、第34条第1項又は第35条　翻訳、編曲、変形又は翻案
二　第31条第1項第1号若しくは第3項後段、第32条、第36条、第37条第1項若しくは第2項、第39条第1項、第40条第2項、第41条又は第42条　翻訳
三　第33条の2第1項　変形又は翻案
四　第37条第3項　翻訳、変形又は翻案
五　第37条の2　翻訳又は翻案

- 43条は、本条各号で掲げる著作権の制限規定により著作物の利用が認められる場合には、当該各号で掲げる方法によって、その著作物を当該制限規定に従って利用することができる旨の規定である。
- 本条は、30条から42条までの著作権制限規定について、著作物の原作品の状態についてのみそれらの制限規定を認めたのではその実効性が図られない場合があるとして、当該著作物の二次的利用についても権利制限を認めることにしたものである。ただし、この場合、二次的著作物自体の著作権制限は、30条から42条までをそのまま適用し得るので、本条の存在意味は、二次的著作物について有する原著作物の著作者の権利を制限することにある点留意が必要である（本条で利用を認める著作物が「当該著作物」である点に留意されたい）。

※著作権の制限規定（30条1項等）により認められる著作物の利用は、その制度趣旨に適うものであるならば、原作のみならず、一定範囲の二次的著作物についても認められるべきものといえる。この場合、例えば著作物を翻訳したとすると、その原作品と翻訳物のそれぞれの著作者が権利を有することとなるが、本条は、その原作品についての著作権を制限する規定ということになる。30条から42条までの著作権制限規定は、対象となる著作物が翻訳物等の二次的著作物の場合

は、あくまでその二次的著作物についての著作権を制限するものであり、28条でそれと同一の種類の権利を有するとされる原著作物の著作者の権利まで制限するものではないため、これら制限規定の実効性を図るために、原著作物の権利を制限する旨の本条が必要となったのである。

- 1号で掲げる制限規定は、30条1項（私的使用目的のための複製）、33条1項（教科用図書等への掲載）、34条1項（学校教育番組の放送等）又は35条（学校その他の教育機関における複製等）であり、掲げられる利用方法は、翻訳、編曲、変形又は翻案である。これら制限規定と利用方法の組合せにより読み出される形での利用ができるということである。例えば、本号で掲げられる30条1項と翻訳の組合せの場合、30条1項により私的使用目的のための複製が認められる著作物を、翻訳した上で、私的使用目的のために複製をすることができるということである。
- 1号で30条1項が挙げられるのは、私的使用目的ならば翻訳物等についても同様に利用を認めるべきだからであり、33条1項、34条1項、35条が挙げられるのは、学校教育目的の趣旨に鑑みた場合、弾力的に幅を持たせた利用を認めるのがより適切だと考えられるからである。

- 2号では、31条1項1号若しくは3項後段（図書館等における複製）、32条（引用）、36条（試験問題としての複製等）、37条1項若しくは2項（点字による複製等）、39条1項（時事問題に関する論説の転載等）、40条2項（政治上の演説等の利用）、41条（時事の事件の報道のための利用）又は42条（裁判手続等における複製）が制限規定として掲げられ、利用方法として翻訳が掲げられる。
- これらはいずれも、規定の実効性を図るためには翻訳が必要な場合があり得る規定である。
  ※要約引用の可否については、32条1項解説を参照のこと。

- 3号では、33条の2第1項（教科用拡大図書等の作成のための複製等）が制限規定として、変形又は翻案が利用方法として掲げられる。
- 従来の33条の2第1項は、教科用図書掲載著作物の文字等の拡大複製のみを規定していたため、本条の対象とはされていなかったのであるが、平成20年

法改正で「必要な方式」での複製も認められることになり、録音図書等の作成も可能となったのを受け、平成21年法改正で「変形又は翻案」での利用を認める本号が設けられた。なお、本号では「翻訳」が挙げられていないが、本号で対象とする著作物は既に教科用図書に掲載されたものなので、翻訳利用を認める必要性はないと判断されたものと考えられる。

- 4号では、37条3項（視覚障害者等のための複製等）が制限規定として、翻訳、変形又は翻案が利用方法として掲げられる。
- 37条1項、2項では点字による方式が対象となるため、翻訳のみが利用方法として認められるが（本条2号）、37条3項では「音声にすることその他当該視覚障害者等が利用するために必要な方式」が対象となるため、翻訳の他、変形・翻案も利用方法として挙げられる。

- 5号では、37条の2（聴覚障害者等のための複製等）が制限規定として、翻訳又は翻案が利用方法として掲げられる。
- 従来の37条の2は、著作物に係る音声を文字にしてする同時自動公衆送信（リアルタイム字幕）のみを認める規定であったが、平成21年法改正で、聴覚著作物の「必要な方式」での複製等を認めるとしたことから、デジタル録音図書の作成等幅広い利用が可能となり、本号の利用方法もそれに合わせ「翻訳（要約に限る）」から「翻訳又は翻案」に改められた。

- なお、本条の対象とされない規定とその理由は概ね以下の通りである。31条1項2号・3号及び同条2項：図書館等資料そのままの複製で足りるものである。38条1項：非営利目的でも原作利用に限定される条約上の縛りがある。38条2項ないし5項、39条2項及び40条3項：著作物についての、放送・有線放送の受信装置による伝達や複製物の貸与等にあっては、翻訳等による利用を認めなくともその実効性に影響はない。40条1項：本条に拠らずとも方法不問で利用を認めている。42条の2：行政機関情報公開法等により情報開示のための利用方法が決められており、翻訳等による利用は想定されていない。

> （放送事業者等による一時的固定）
> 第44条　放送事業者は、第23条第１項に規定する権利を害することなく放送することができる著作物を、自己の放送のために、自己の手段又は当該著作物を同じく放送することができる他の放送事業者の手段により、一時的に録音し、又は録画することができる。

- 44条１項は、放送事業者は、公衆送信を行う権原を有する著作物を、自己の放送のために、自己又は他の放送事業者の手段により、一時的に録音又は録画をすることができることを規定する。
- 現在の放送番組の多くは事前に収録して放送されるのが通常であり、このような放送の技術的手段としての一時的な録音・録画についてまで録音・録画権が働くとするのは妥当でなく、また、そのような一時的録音・録画を認めることによる権利者の弊害も少ないと考えられることから本項制限規定が設けられたのである。
- 「第23条第１項に規定する権利を害することなく」に該当するケースとして、①著作権者から公衆送信の許諾を受けている場合、②著作権制限規定（34条１項等）により公衆送信が認められる場合、③文化庁長官の裁定により公衆送信が認められる場合、④録音・録画権は残ったまま、公衆送信権が消滅している場合、⑤録音・録画権は他の著作権者が有し、公衆送信権は放送事業者が有する場合、が考えられる。
- 「自己の放送のために」とあるように、当該放送事業者自身が放送する場合に限り、本項の適用が認められる。
- 「自己の手段…により」とは、当該放送事業者自身の設備を用いてその事業者の職員が録音・録画する場合をいう。
- 「他の放送事業者の手段により」とは、番組を制作したキー局（「当該著作物を同じく放送することができる他の放送事業者」）の設備・職員により録音・録画する場合をいい、その録音・録画をした媒体をネット局（本項「放送事業者」）に物理的に送り、そのネット局から放送するというテープネットによる場合を想定した規定である。ここで、当該録音・録画が認められるのは自己の放送のためにする場合に限られるので、放送するネット局以外は録音・録画す

ることはできないのであるが、キー局制作の番組の一時的固定物をネット局が作成するのは不可能なことから、ネット局を固定行為の主体と解した上で、キー局の設備等による一時的録音・録画を認めるとしたものである（実際には、キー局側がキー局の放送のためにする番組の一時的固定が、同時にネット局の代理人としてネット局の放送のためにする一時的固定にも当たるということになるだろうが、この場合、キー局の放送に係る公衆送信権とは別に、ネット局の放送に係る公衆送信権について権利処理が必要となる点には留意する）。このような他の放送事業者による手段を認めるのは、一の放送事業者内で放送網を有するNHKと、複数の放送事業者相互間で放送網を構築する民間放送事業者との均衡を図るためであるとされる（加戸337頁）。

> 2 有線放送事業名は、第23条第1項に規定する権利を害することなく有線放送することができる著作物を、自己の有線放送（放送を受信して行うものを除く。）のために、自己の手段により、一時的に録音し、又は録画することができる。

- 2項は、有線放送事業者は、公衆送信を行う権原を有する著作物を、自己の有線放送のために、自己の手段により、一時的に録音又は録画をすることができることを規定する。
- 従来の、放送の同時再送信としての有線放送とは別に、近年、有線放送事業者が自ら制作した番組に係る有線放送が増加し、有線放送事業者にも著作物の一時的固定を認める必要が生じたことから規定されたものである。
- 概ね前項と同様の内容であるが、有線放送の場合、ネットワークの構築というような実体がないため、「自己の手段」による録音・録画のみが認められ、「他の放送事業者の手段」による固定については規定されていない。
- なお、放送の同時再送信としての有線放送は、本条の趣旨から外れるケースのものなので、本項の一時的固定は認められない（かっこ書）。

> 3 前2項の規定により作成された録音物又は録画物は、録音又は録画の後6月（その期間内に当該録音物又は録画物を用いてする放送又は有線放送があつたときは、その放送又は有線放送の後6月）を超えて保存す

> ることができない。ただし、政令で定めるところにより公的な記録保存所において保存する場合は、この限りでない。

- 3項本文は、前2項による一時的固定物は、固定の後6月（その間に当該固定物を用いた放送等があったときは、その放送等の後6月）を超えて保存することができないことを規定する。著作権者の利益と、放送・有線放送業界の実情を考慮したものである。
- 前2項により認められる著作物の一時的固定は、放送・有線放送界の実態を考慮し例外的に認められるものであることから、その固定物を使用した後、あるいは使用しない場合には直ちに破棄するべきものであると考えられる一方、放送における民放ネットワークでの利用期間や放送番組の3箇月間保存義務（放送法10条等）、有線放送における反復放送の実態などを考慮するならば、一定期間の保存を認める必要もあるとして、固定後6月、あるいはその間に放送等したときはそれから6月に限り保存を認めることとしたものである。
- 本項規定に違反してその固定物を保存すると、複製権侵害とみなされる（49条1項2号）。
- 本項ただし書では、前2項の一時的固定物について、政令により公的記録保存所に保存する場合には長期的保存が可能なことを規定する。
    - ※施行令3条1項では、公的記録保存所として、①独立行政法人国立美術館が設置する施設で、映画に関する作品その他の資料を収集し、及び保管することを目的とするもの（1号）、又は、②放送又は有線放送の用に供した録音物又は録画物を記録として収集し、及び保存することを目的とする施設（公益法人が設置するものに限る）（2号）のいずれかであって、当該施設を設置する者の同意を得て文化庁長官が指定するものを掲げる。2号の指定を受けたものとして、具体的には、放送博物館・放送文化財ライブラリー（NHKが設置）、民間放送連盟記録保存所（（一社）日本民間放送連盟が設置）が挙げられる。
    - ※公的記録保存所の「公的」とは、公権力の規制が及ぶという意味であり、施行令4条ないし7条では保存に関し、その必要性、保存方法、報告義務、目録の作成・公開、業務廃止の告示及び指定の取消し等の公的規制について規定が置かれる。
- 1項又は2項の規定により作成された複製物を、自己の放送又は有線放送以

外の目的で頒布等した場合には複製権侵害となるが（49条1項1号）、公的記録保存所に保存されている固定物を研究目的のために公衆に提示する等の行為については、記録保存所による保存を認めた趣旨からして、それが一時的固定物の記録としての活用に止まる限りは目的外使用禁止規定（49条1項1号）には抵触しないと解される（加戸342頁）。

> **（美術の著作物等の原作品の所有者による展示）**
> **第45条** 美術の著作物若しくは写真の著作物の原作品の所有者又はその同意を得た者は、これらの著作物をその原作品により公に展示することができる。

- 45条1項は、美術・写真の著作物の原作品の所有者又はその同意を得た者は、その原作品によりこれらの著作物を公に展示できることを規定する。美術又は写真の著作物の著作者と、その原作品の所有者との権利の調整を図るものである。
- 美術・写真の著作物については、原始的にその著作者が展示権を専有するが（25条）、同時にこれらの著作物の原作品は有体物としての側面を持ち、その所有者が所有権に基づいて行う原作品の公への展示は、所有権に基づく使用収益であるとも解し得ることから（民206条）展示権と所有権の調整規定が必要となる。この場合、そのような所有者による原作品の展示行為については既に慣行として認められているという実情があることから、これら所有者の展示行為についてまで展示権が及ぶとすると、原作品の市場での流通を阻害するなどの問題が生じることになる。したがって、本項規定は、原作品の所有者による展示については著作権の一部を制限し、その所有権を優先的に扱うこととしたのである。なお、次項では更に、所有者側の使用収益権原を制限する場合について規定している。
- ※判例では、本項及び47条の規定について、「著作権者が有する権利（展示権、複製権）と所有権との調整を図るために設けられたものにすぎず、所有権が無体物の面に対する排他的支配権能までも含むものであることを認める趣旨のものではないと解される」とする（最判昭59.1.20「顔真卿自書建中告身帖事件」上告審）。

- 原作品の所有者のみならず、その所有者の同意を得た者も、その原作品を公に展示することができる。

> 2　前項の規定は、美術の著作物の原作品を街路、公園その他一般公衆に開放されている屋外の場所又は建造物の外壁その他一般公衆の見やすい屋外の場所に恒常的に設置する場合には、適用しない。

- 2項は、美術の著作物の原作品を、一般公衆に開放されている屋外の場所又は一般公衆の見やすい屋外の場所に恒常的に設置する場合には、前項の規定は適用しないことを定める。
- 前項では、美術作品等の原作品の所有者がその原作品を展示する場合には、展示権を制限して所有者の使用収益権原を優先することとしたが、その際、一般公衆に開放されている屋外の場所等に設置するような展示まで認めてしまうと、次条の規定により、その展示された著作物の更なる利用までもが連鎖的に広く認められてしまうため、著作権者側が著しい不利益を被ることになる。そこで、本項では、そのような一般公衆に開放された屋外の場所等での美術作品の展示については著作権（展示権）を優先し、所有権の方を制限することにしたのである。なお、本項は、次条の権利制限規定との兼ね合いで設けられた規定であるので、そもそも次条で権利制限を受けない写真の著作物については本項の対象とされていない。
- 「屋外の場所」とは、①街路、公園その他一般公衆に開放されている屋外の場所、又は②建造物の外壁その他一般公衆の見やすい屋外の場所である。①の例としては、駅前広場の銅像などが典型であるが、「屋外の場所」への入場資格（入場料の有無は基本的には不問）を問う場合は「一般公衆に開放されている」とはいえない。また、美術館の庭園に設置されている美術作品などは、美術館の屋内の設置と同視されるべき性格のものであるので、「屋外の場所」の展示からは外れると解される。②の例としては、ビルの外壁面に描かれた壁画などが挙げられるが、ショウウィンドウ内の展示は、外から見やすい場所にあったとしても「屋外の場所」での展示とはならないとされる（加戸344頁）。
- 「恒常的に設置」とは、常時継続して公衆による観覧が可能な状態に置かれ

ていることであり、一定期間をおいて作品が置き換えられるような場合は含まない。

（公開の美術の著作物等の利用）

第46条　美術の著作物でその原作品が前条第2項に規定する屋外の場所に恒常的に設置されているもの又は建築の著作物は、次に掲げる場合を除き、いずれの方法によるかを問わず、利用することができる。
　一　彫刻を増製し、又はその増製物の譲渡により公衆に提供する場合
　二　建築の著作物を建築により複製し、又はその複製物の譲渡により公衆に提供する場合
　三　前条第2項に規定する屋外の場所に恒常的に設置するために複製する場合
　四　専ら美術の著作物の複製物の販売を目的として複製し、又はその複製物を販売する場合

- 46条は、原作品が一般公衆に開放されている屋外の場所等に恒常的に設置されている美術の著作物又は建築の著作物は、本条各号規定の場合を除き、自由利用が可能であることを規定する。これらの著作物は風景としての側面も持つことから、写真撮影やスケッチなどは一般的に認められており、本項はそのような社会的慣行を考慮して設けられた規定である。

※車体に絵画が描かれた市営路線バスの写真を、幼児向けに各種自動車を解説するための書籍に掲載したことについて、当該絵画に係る著作権等の侵害が問題となった裁判例では、当該著作物が46条柱書規定の著作物に該当するか、当該掲載行為が46条4号のケースに該当するかが主な争点となり、判決では、46条でいう「屋外の場所」とは「不特定多数の者が見ようとすれば自由に見ることができる広く開放された場所」を指し、当該バスが運行される公道もそれに含まれるとし、また、「恒常的に設置」については「社会通念上、ある程度の長期にわたり継続して、不特定多数の者の観覧に供する状態に置くこと」を指し、夜間の観覧ができないことや一定の場所に固定されていないことは問題ではなく、継続的に定期的に公道上のルートを運行する当該バスも「恒常的に設置」の要件を満たす、とし

て、当該絵画の同条柱書きへの該当性を肯定した。一方、当該書籍の体裁及び内容、著作物の利用態様、利用目的などを客観的に考慮すると、当該書籍は幼児教育的観点から監修されており、当該写真の掲載方法もその目的に適うものなので、当該写真の掲載及び書籍の販売は、専ら美術の著作物の複製物の販売を目的として複製し又はその複製物を販売する行為には当たらないとし、46条4号該当性を否定した（東京地判平13.7.25「バス車体絵画事件」）。

※「バス車体絵画事件」判決では、46条柱書きの趣旨について、「一般人の行動に対する過度の制約の回避、社会的慣行の尊重及び著作者の合理的意思等を考慮して、一般人の著作物の利用を自由とした」ものとする。

- 「美術の著作物」について原作品のみが対象とされるのは、原作品の場合であれば、著作権者は展示権によるコントロールが可能なため、本条による自由利用がなされることも視野に入れつつ、屋外での恒常的設置について許諾するか否かを判断する機会が与えられるのに対し（25条、45条2項）、複製物の場合は展示権が働かず、他人による屋外での設置は原則自由であるため、その場合にまでその後の自由利用を認めたのでは権利者の受ける不利益があまりにも大きくなる可能性があるからである。

- 写真の著作物の場合、原作品か複製物かの判断が困難なため、原作品に限り認めるべき規定である本条の適用はない。したがって、写真の著作物の原作品の所有者等は、前条1項によりその原作品を自由に展示することができる一方、本条で規定する屋外に設置した場合のその後の他人の自由利用を認める必要はないため、前条2項の制限規定の縛りを受けることもない。

- 「建築の著作物」については、屋外の場所に設置という条件は付かないので、個人の邸内の建造物等も対象になると解する（加戸346頁）。建築物の内部の複製については明文規定はないが、建物の所有者や占有者の自由やプライバシー保護との関係を考慮すると、一律に自由利用とするのも著作者に留保されるとするのもいずれも不都合なケースが考えられるので、事案に即した解決が望まれる（清水幸雄（編）著作権実務百科（学陽書房）5－7）。

- 本条各号は、自由利用を認めると著作権者の権利を不当に害すると考えられる場合について規定する。

- 1号は、本条による自由利用が認められないケースとして、彫刻を増製し、又はその増製物を公衆へ譲渡する場合を挙げる。このような利用は、風景としての側面について利用を認める等の本条の目的から逸脱するものだからである。
- 彫刻の増製とは、彫刻を彫刻として作成することであり、写真や絵画等の他の表現形式で複製・翻案する場合は含まない。また、他の表現形式による複製物等を公衆に譲渡する場合も本号に該当しない。

- 2号は、本条による自由利用が認められないケースとして、建築著作物を建築により複製し、又はその複製物を公衆に譲渡する場合を挙げる。建築著作物について著作権の効力を認める主な理由が、いわゆる模倣建築を防ぐことにあるとすれば当然の規定ともいえる。
- 建築著作物では模倣建築の扱い以外は問題視されないのが通常であることから、建築以外の表現形式での複製・翻案は認められる。
- 「その複製物」とは、建築により複製した複製物を指すので、建築以外の写真、絵画、映画等による複製物の公衆への譲渡は自由に認められる。

- 3号は、本条による自由利用が認められないケースとして、屋外の場所に恒常的に設置するために複製する場合を挙げる。本条柱書きで複製が自由に認められる場合でも、その複製物を更に屋外に恒常的に設置することを認めると、展示権を有する著作権者が、屋外設定の際に想定した自由利用の範囲を超えた利用が実質的になされるおそれがあるからである。
- この場合、表現形式を変えた複製についても、屋外に恒常的に設置する目的ですることは認められない。

- 4号は、本条による自由利用が認められないケースとして、専ら美術作品の複製物の販売を目的として複製し、又はその複製物を販売する場合を挙げる。例えば、絵葉書やカレンダーとして販売するために複製し、又はそれを販売する場合などである。
    ※これらの行為は、相当の収入が見込まれる市場を著作権者から奪い、著しい経済的不利益を与えかねないことから、本号で例外規定が設けられたとされる（前出

「バス車体絵画事件」、百選4版137頁等)。
- 「専ら」とは、販売目的の複製が、その美術作品自体の鑑賞を目的としたものであることを指す。したがって、その美術作品が単に背景として写されている場合や、複製物である書籍等が鑑賞目的とは関係のない内容のものである場合などは自由利用が可能となる。
- なお、本号は美術の著作物のみを規定しているが、建築著作物であっても美術著作物としての側面を有するのあればその適用を受け得る。

> (美術の著作物等の展示に伴う複製)
> 第47条　美術の著作物又は写真の著作物の原作品により、第25条に規定する権利を害することなく、これらの著作物を公に展示する者は、観覧者のためにこれらの著作物の解説又は紹介をすることを目的とする小冊子にこれらの著作物を掲載することができる。

- 47条は、他人の展示権を害することなく、美術・写真の著作物の原作品によりその著作物を公に展示する者は、観覧者にその著作物を解説又は紹介するための小冊子にその著作物を掲載することができることを規定する。美術や写真の展覧会等では、展示物の複製を載せた解説用小冊子(カタログ・目録等)を用意するのが通例となっており、またそのような掲載による著作権者の不利益も少ないことから認められる規定である。
  ※判例では、本条及び45条1項の規定について、「著作権者が有する権利(展示権、複製権)と所有権との調整を図るために設けられたものにすぎず、所有権が無体物の面に対する排他的支配権能までも含むものであることを認める趣旨のものではないと解される」とした(最判昭59.1.20「顔真卿自書建中告身帖事件」上告審)。
- 「第25条に規定する権利を害することなく」の要件を満たすケースとしては、著作権者の許諾を得た場合、著作物の原作品の所有者である場合若しくはその同意を得た場合又は複製権は残したまま展示権(25条)のみを譲り受けた場合が考えられる。
- 「原作品により」とあることから、複製物の展示の場合には小冊子への自由

掲載は認められない。権利者は、原作品の展示については本条の小冊子への掲載利用を想定して展示権を行使することができるが、複製物の展示についてはそのような機会が与えられないからである。

- 「観覧者のためにこれらの著作物の解説又は紹介をすることを目的とする小冊子」とは、著作物の解説又は紹介をすることを目的とする小型のカタログ、目録又は図録等を意味し、解説・紹介を目的とするものである以上、内容において著作物の解説が主体になっているか、又は著作物に関する資料的要素が相当にあることを必要とするとされる。また、展示された原作品を鑑賞するためのものなので、当該小冊子における複製の態様については、当該複製自体が鑑賞の対象となるようなものではなく展示作品との対応関係を視覚的に明らかにする程度のものを前提にしていると解される。したがって、たとえ観覧者への頒布名目のものであっても、紙質、判型、複製態様等から見て、実質的に市場価値を有するような鑑賞用の豪華本や、パンフレットに名を借りた画集及び写真集などはこれに該当しないとされる（関連裁判例：東京地判平元.10.6「レオナール・フジタ・カタログ事件」、東京地判平9.9.5「ダリ事件」、東京地判平10.2.20「バーンズ・コレクション展事件」）。

  ※本条の「小冊子」は、CD-ROMのような形態は認められないとされる（百選4版139頁）。

- 本条の規定により作成された小冊子は、譲渡により公衆へ提供することができるので収益販売も可能であるが（47条の9）、本条の趣旨を勘案するならば、一般商品である画集等の市場に影響を及ぼすような、必要部数（観覧者数）を大きく超える販売等まで認めるべきではない。

  ※本条の「小冊子」の当初の譲渡は、原作品の展示会場に限られるべきとされる（百選4版139頁）。

- 本条の小冊子への掲載に際しては、出所明示義務が課される（48条1項1号）。

（美術の著作物等の譲渡等の申出に伴う複製等）

第47条の2　美術の著作物又は写真の著作物の原作品又は複製物の所有者その他のこれらの譲渡又は貸与の権原を有する者が、第26条の2第1項又は第26条の3に規定する権利を害することなく、その原作品又は複製

> 物を譲渡し、又は貸与しようとする場合には、当該権原を有する者又はその委託を受けた者は、その申出の用に供するため、これらの著作物について、複製又は公衆送信（自動公衆送信の場合にあつては、送信可能化を含む。）（当該複製により作成される複製物を用いて行うこれらの著作物の複製又は当該公衆送信を受信して行うこれらの著作物の複製を防止し、又は抑止するための措置その他の著作権者の利益を不当に害しないための措置として政令で定める措置を講じて行うものに限る。）を行うことができる。

- 47条の2は、美術の著作物又は写真の著作物の原作品又は複製物について譲渡又は貸与の正当権原を有する者が、譲渡権（26条の2第1項）又は貸与権（26条の3）を害することなく、それらを譲渡し、又は貸与しようとする場合には、当該正当権原を有する者又はその受託者は、当該譲渡等の申出のために、政令で定めた措置を講じて行う当該著作物の複製又は公衆送信をすることができる旨規定する。
- 本条は、インターネットでの販売やオークションに代表されるような当事者同士が対面しない商品取引において不可欠とされる美術品や写真の商品紹介用の画像の掲載までもが、複製権や公衆送信権の侵害となってしまうことの不都合を解消するものである。
- 「譲渡又は貸与の権原を有する者」には、著作権者である原作品等の所有者のほか、適法にそれらの著作物の原作品又は複製物を譲り受け、譲渡権が消尽した後にそれらを転売をしようとする所有者等も含まれる（この場合、貸与権は消尽しないであろうから、譲り受けた複製物の貸与については、原則、正当権原は認められない）。更に、所有者の代理人や、法令により公売や競売にかけることができる者も該当する（加戸351頁）。
    ※原作品は貸与権の対象ではないので、適法にそれを入手した場合、上記消尽とは関係なく貸与することができると解される。よって、本条の複製等も認められるものと解される。
- 「その委託」とは、所有者等からの譲渡等に関する事務の委託を意味し、出品の事務のみを委託されたオークション業者などが受託者に該当する（加戸351頁）。

- 「申出」は、あくまで譲渡又は貸与に係るものでなければならない。
- ここでも、公衆送信のうち自動公衆送信には送信可能化も含む。
- 著作権者の利益保護のため政令で定める措置とは、以下の内容のものである（施行令7条の2）。
  ① 本条規定の複製により作成される複製物にかかる著作物の表示のサイズや精度が、省令で定める基準に適合するようにすること。
  ② 本条規定の公衆送信を受信して行われる著作物の表示の精度が、省令で定める基準に適合するようにすること。
  ③ 本条規定の公衆送信を受信して行う著作物の複製について、コピープロテクションを用い、かつ、その著作物の表示の精度が、省令で定める基準より緩やかな基準に適合するようにすること。
- 省令には、上記著作物の表示の大きさや精度についての具体的な数値等が規定されている（施行規則4条の2）。

（プログラムの著作物の複製物の所有者による複製等）
第47条の3　プログラムの著作物の複製物の所有者は、自ら当該著作物を電子計算機において利用するために必要と認められる限度において、当該著作物の複製又は翻案（これにより創作した二次的著作物の複製を含む。）をすることができる。ただし、当該利用に係る複製物の使用につき、第113条第2項の規定が適用される場合は、この限りでない。

- 47条の3第1項は、プログラム著作物の複製物の所有者は、原則として、自らの利用に必要な限度で、当該著作物の複製又は翻案をすることができることを規定する。
- 本項は、コンピュータでプログラムを利用する際に不可欠となるバックアップやカスタマイズ、バージョンアップ等に係るプログラムの複製又は翻案に対する権利制限規定であり、プログラムの公正利用及び円滑な流通を図るものである。
- 複製物の所有者についての規定なので、他人から借り受けているだけの占有者等には適用されない。

- この場合、私的使用目的のみならず営利目的での複製等も対象となる点留意が必要である。
- 本項の「翻案」には、当該翻案により創作された二次的著作物の複製も含まれる（かっこ書）。
- 当該所有者が、そのプログラム著作物の複製物の使用権原を取得した時点で当該複製物がいわゆる海賊版であることを知っていたことによりその複製物の業務上の使用が侵害行為であると擬制される場合（113条2項）は、本項の複製又は翻案をすることができない（ただし書）。

> 2 前項の複製物の所有者が当該複製物（同項の規定により作成された複製物を含む。）のいずれかについて滅失以外の事由により所有権を有しなくなつた後には、その者は、当該著作権者の別段の意思表示がない限り、その他の複製物を保存してはならない。

- 2項は、前項の複製物の所有者が、その複製物のいずれかについて滅失以外の形で所有権を失った場合は、原則その他の複製物を保存することができないことを規定する。前項の趣旨を逸脱して複製物が同時に複数の者に所有され、著作権者の利益が不当に害されてしまうのを防ぐため設けられた規定である。
- 「当該複製物」とは、元々所有していた複製物と、前項規定により作成した複製物のいずれも含むものである（かっこ書）。
- 滅失以外の事由とは譲渡等のことであり、それにより所有権を失った前項の所有者は、著作権者の別段の意思表示がない限り残った複製物を保有することができない。

> （保守、修理等のための一時的複製）
> 第47条の4 記録媒体内蔵複製機器（複製の機能を有する機器であつて、その複製を機器に内蔵する記録媒体（以下この条において「内蔵記録媒体」という。）に記録して行うものをいう。次項において同じ。）の保守又は修理を行う場合には、その内蔵記録媒体に記録されている著作物は、

第2章第3節

> 必要と認められる限度において、当該内蔵記録媒体以外の記録媒体に一時的に記録し、及び当該保守又は修理の後に、当該内蔵記録媒体に記録することができる。

- 47条の4第1項は、記録媒体内蔵複製機器の保守又は修理を行う場合には、その内蔵記録媒体に記録されている著作物について、必要限度で、他の記録媒体に一時的に記録し、保守等の後に当該内蔵記録媒体に記録することができる旨を規定する。

- 携帯電話のような、記録媒体を内蔵した機器の普及に伴い、それらの機器の保守や修理の際に当該記録媒体に保存されてる著作物の消失を防ぐため不可欠となる当該著作物の他の媒体への一時的固定等までもが複製権（21条）の侵害とされてしまう不都合を解消する必要が生じたために、平成18年法改正で設けられた規定である。当該機器の保守等の度にそこに保存されていた著作物が消失することは、当該著作物の所有者側にとって大きな不利益となる一方、そのような消失を防ぐ上でやむを得ず行われる複製は、著作権の本質とは関係のない理由によるものであり、また、それにより著作権者が受ける不利益も少ないと考えられることから認められる制限規定である。これにより、著作物のより円滑な利用の確保が可能となる。

- 「記録媒体内蔵複製機器」とは、携帯電話などのように、ハードディスクやフラッシュメモリ等の記憶媒体を内蔵し、その記録媒体に情報を記録して複製する機能を有する機器をいう。

- 「必要と認められる限度において」とあるように、本項の目的の範囲内、つまり、機器の保守等において、既に保存されている著作物の消失を防ぐ目的での複製に限って認められるものである。例えば、その複製物の貸与を可能とするような必要以上の数の複製や、長期間に渡る記録などは認められない。

- 「当該内蔵記録媒体以外の記録媒体に一時的に記録し、及び当該保守又は修理の後に、当該内蔵記録媒体に記録する」とは、当該保守等に係る機器の内蔵記録媒体に保存されている著作物を、バックアップのためにその媒体以外の記録媒体に一時的に複製し、当該保守等の作業が終った後に、元の内蔵記録媒体に再度複製することをいう。

- 「及び」とあることから、元の内蔵記録媒体へ著作物を戻すための複製は、

バックアップのための他の記録媒体への一時的複製を行っていることが前提条件となる。
- なお、他の記録媒体に記録された著作物の複製物をそのまま残すことは認められず、当該保守等の作業後には速やかに消去しなければならない（3項）。

> 2　記録媒体内蔵複製機器に製造上の欠陥又は販売に至るまでの過程において生じた故障があるためこれを同種の機器と交換する場合には、その内蔵記録媒体に記録されている著作物は、必要と認められる限度において、当該内蔵記録媒体以外の記録媒体に一時的に記録し、及び当該同種の機器の内蔵記録媒体に記録することができる。

- 2項は、記録媒体内蔵複製機器について、製造上の欠陥や販売過程での故障により機器交換が必要な場合には、前項と同様の複製を認める規定である。
- 製造過程や販売過程で生じた初期不良については、前項の保守や修理による対処より、同種の機器と交換することが通常であることから、そのような機器交換の場合にも記録保存のための必要な複製を認めるとした規定である。
- この場合、交換原因が初期不良によるものであり、かつ、同種の機器と交換する場合に限って認められるものである点に留意する。
  ※機器の単なる劣化や、所有者の嗜好による他機種への買い替えによる交換の場合は、当該機器内に保存されていた著作物が消失するのは当然に想定されることであり、所有者にとって不当な不利益とはいえないものである一方、そのような交換の場合にまで本項のような複製を認めると、多種多様な機器の記録媒体に劣化しない複製物が転々と半永久的に保存されてしまうことになり著作権者の受ける不利益が大きくなり過ぎることから、それらケースは本項対象から除くことにしたのである。
- その他の趣旨内容については、前項と同様である。

> 3　前2項の規定により内蔵記録媒体以外の記録媒体に著作物を記録した者は、これらの規定による保守若しくは修理又は交換の後には、当該記録媒体に記録された当該著作物の複製物を保存してはならない。

第2章第3節

- 3項は、前2項の規定により内蔵記録媒体以外の記録媒体に著作物を記録した者は、同規定による保守等又は交換後には、その記録された著作物の複製物を保存することができないことを規定する。
- 前2項で認められるのはいずれも、「必要と認められる限度において」、「一時的に」することができる記録なので、制度趣旨からいっても本項は当然の内容であり、その意味では確認的規定といえる。

（送信の障害の防止等のための複製）

第47条の5　自動公衆送信装置等（自動公衆送信装置及び特定送信装置（電気通信回線に接続することにより、その記録媒体のうち特定送信（自動公衆送信以外の無線通信又は有線電気通信の送信で政令で定めるものをいう。以下この項において同じ。）の用に供する部分（第1号において「特定送信用記録媒体」という。）に記録され、又は当該装置に入力される情報の特定送信をする機能を有する装置をいう。）をいう。以下この条において同じ。）を他人の自動公衆送信等（自動公衆送信及び特定送信をいう。以下この条において同じ。）の用に供することを業として行う者は、次の各号に掲げる目的上必要と認められる限度において、当該自動公衆送信装置等により送信可能化等（送信可能化及び特定送信をし得るようにするための行為で政令で定めるものをいう。以下この条において同じ。）がされた著作物を、当該各号に定める記録媒体に記録することができる。

一　自動公衆送信等の求めが当該自動公衆送信装置等に集中することによる送信の遅滞又は当該自動公衆送信装置等の故障による送信の障害を防止すること　当該送信可能化等に係る公衆送信用記録媒体等（公衆送信用記録媒体及び特定送信用記録媒体をいう。次号において同じ。）以外の記録媒体であつて、当該送信可能化等に係る自動公衆送信等の用に供するためのもの

二　当該送信可能化等に係る公衆送信用記録媒体等に記録された当該著作物の複製物が滅失し、又は毀損した場合の復旧の用に供すること　当該公衆送信用記録媒体等以外の記録媒体（公衆送信用記録媒体等

であるものを除く。)

- 47条の5は、インターネット上の通信事業者等による、情報通信の効率化・安定化のためにキャッシュサーバやバックアップサーバなどを設置し情報を蓄積する行為が、当該事業者等にとって事実上必要不可欠なものとなっているにもかかわらず、形式的に複製権を侵害することとなってしまう不都合を解消するためものである。

- 1項は、自動公衆送信装置等を他人の自動公衆送信等の用に供することを業として行う者は、本条各号に掲げる目的上の必要限度で、当該自動公衆送信装置等により送信可能化等された著作物を、当該各号の記録媒体に記録することができることを規定する。インターネットサービスプロバイダやレンタルサーバ業者などのサーバ管理を業とする者が、送信障害防止等のために必要な複製を行うことを認める規定である。
- 「自動公衆送信装置等」とは、自動公衆送信装置及び特定送信装置をいう。
- 「自動公衆送信装置」とは、蓄積・入力された情報を自動的にネットワーク上に送信することができる機能を持つ装置のことであり、サーバやホストコンピュータが代表的なものである（2条1項9号の5参照）。
- 「特定送信装置」とは、電気通信回線に接続することにより、記録媒体のうち特定送信の用に供する部分に記録される情報又はこの装置に入力される情報を特定送信する機能を有する装置をいい、このうち「特定送信」とは、自動公衆送信以外の無線通信又は有線電気通信の送信で政令で定めるものをいう。

  ※「特定送信」について政令では、①受信者からの求めに応じて自動的に行う送信で自動公衆送信以外のもの（例えば、ストレージサービス（インターネット上でファイル保管用のディスクスペースを貸し出すサービス）におけるオンデマンド送信等）、② ①及び自動公衆送信以外の送信で電子メールの送信その他の省令で定めるもの、としている（施行令7条の3）。

  ※②の「電子メールの送信その他の省令で定めるもの」とは以下のものを指す（施行規則4条の3）。

  　ア　電子情報処理組織を用いて行う通信文その他の情報の送信（アナログ信号伝

送用の電話回線のみを用いるものを除き、相手方の電子計算機を用いて当該情報が出力されるようにするものに限る。）

　イ　アに掲げるもののほか、ファクシミリ装置又は電話機により受信されることを目的として行われる送信（インターネットプロトコル又は当該送信を中継し、及び当該送信に係る情報を記録する機能を有する装置を用いるものに限る。）

　ウ　ア及びイに掲げるもののほか、情報通信の技術を利用する方法を用いて電子計算機により受信されることを目的として行われる通信文その他の情報の送信

- 1号で「特定送信用記録媒体」とされる「記録媒体のうち特定送信…の用に供する部分」とは、ストレージサービスにおける貸出し用のディスクスペース等を指す。

- 「他人の自動公衆送信等の用に供することを業として行う者」とは、サーバを管理するインターネットプロバイダ等を指す（当該行為を反復継続して行う者であれば、通信事業者以外の者も該当する）。「自動公衆送信等」とは、自動公衆送信（2条1項9号の4）及び特定送信（上記参照）をいう。

- 「送信可能化等」のうち「送信可能化」については自動公衆送信に対応したものとして法上定義があるが（2条1項9号の5）、「特定送信をし得るようにするための行為で政令で定めるもの」については、政令で、①電気通信回線に接続した特定送信装置の特定送信用記録媒体に、情報を記録し、情報が記録された媒体を加え、若しくはその媒体を特定送信用媒体に変換し、又は当該装置に情報を入力すること、②特定送信用記録媒体に情報が記録され、又は情報が入力されている特定送信装置を電気通信回線に接続すること、が挙げられている（施行令7条の4）。

- 本項の複製が認められるのは、1号、2号に掲げる目的のために、各号でそれぞれ定める記録媒体に当該著作物を記録する場合である。すなわち、①アクセス集中による送信の遅滞や装置の故障による送信の障害等の防止のために、当該送信可能化等に係る記録媒体等以外の記録媒体で当該送信可能化等に係る自動公衆送信等の用に供するものに記録（ミラーリング）する場合（1号）、②サーバーへの障害発生時における復旧のため、当該公衆送信用記録媒体以外の記録媒体に記録（バックアップ）する場合（2号）等である。

　※ミラーリングとは、記録媒体のハードディスクを二重にするなどして情報を多重に保存するもので、1号規定の記録媒体について「…以外の記録媒体であって、

当該送信可能化等に係る自動公衆送信等の用に供するためのもの」とあるのは、複数台のハードディスクのうち予備のディスク等を念頭にしたものであると解される。

　※バックアップとは、基本的にハードディスク等の内容を別の媒体に取っておくことであるが、2号規定の記録媒体について「当該公衆送信用記録媒体等以外の記録媒体（公衆送信用記録媒体等であるものを除く。）」としたのは、公衆送信用記録媒体等以外の媒体に記録するバックアップのケースを同号の規定対象にしたものだからと考えられる。

- なお、ミラーリング過程において著作物が複製された記録媒体をネットワークに接続する行為（送信化能化）や、オフラインでバックアップしていた記録媒体からメインサーバに著作物をコピーして復旧する場合の複製行為については、アップロード者が本来有する権原の範囲内の行為と考えられるため、本項の権利制限の対象とはされていない（加戸362頁）。

> 2　自動公衆送信装置等を他人の自動公衆送信等の用に供することを業として行う者は、送信可能化等がされた著作物（当該自動公衆送信装置等により送信可能化等がされたものを除く。）の自動公衆送信等を中継するための送信を行う場合には、当該送信後に行われる当該著作物の自動公衆送信等を中継するための送信を効率的に行うために必要と認められる限度において、当該著作物を当該自動公衆送信装置等の記録媒体のうち当該送信の用に供する部分に記録することができる。

- 2項は、自動公衆送信装置等を他人の自動公衆送信等の用に供することを業として行う者は、他のサーバにより送信可能化等された著作物の自動公衆送信等を中継するための送信をする場合、当該送信後のその著作物の自動公衆送信等を中継する送信を効率的に行う上で必要な限度で、その著作物を当該自動公衆送信装置等の記録媒体の所定部分に記録することができる旨規定する。
- 本項は、キャッシュサーバ（インターネット上の他のサーバのデータを一時的に保存し、ユーザーの要求に応じ本来のサーバに代わってデータを送るサーバ）の管理者等が、元のサーバで送信可能化等された著作物の自動公衆送信等を中継

するための送信（ここでは便宜上「中継送信」という）を行う際の効率化（キャッシング）等の目的で、当該著作物を自らのキャッシュサーバ等の記録媒体の当該送信用スペースに記録することができるとするものである。

※本項は、企業などの組織内ネットワーク中にプロキシ（代理）サーバを置くフォワードプロキシにおけるキャッシュを認めた規定とされる（加戸364頁）。

※キャッシングとは、ネットワーク上を通過した情報を一時的に蓄積しておくことであり、それにより、同様のアクセスに対する迅速な情報提供が可能となる。その一時的な蓄積のためのサーバがキャッシュサーバである。

- 「著作物（当該自動公衆送信装置等により送信可能化等がされたものを除く。）」とあるように、本項は、当該管理者のサーバ等以外のサーバ等、つまり（通常は）他人のサーバ等において送信可能化等された著作物を当該管理者等が中継送信する場合の規定である。

- 「当該送信」とは、今回（1回目）の中継送信をいい、「当該送信後に行われる当該著作物の自動公衆送信等を中継するための送信」とは次回（2回目）以降の中継送信をいう。つまり、1回目の中継送信の際に、元のサーバから送られた著作物を当該管理者等が自己のキャッシュサーバの記録媒体に記録し、2回目以降の中継送信の際にはいちいち元のサーバから送信しなくても済むようにすることで中継送信の効率化を図るというものである。本項は、その1回目の中継送信における当該管理者等のキャッシュサーバ等の媒体への当該著作物の記録（複製）を認める規定である。

※中継送信（「中継するための送信」）とは、元のサーバから代理のキャッシュサーバを経由してユーザーまで情報を送る送信についていうものであり、元のサーバから当該キャッシュサーバまでの中継ぎ部分を指すものではない。

- 「必要と認められる限度において…当該送信の用に供する部分に記録することができる」とあるように、本項の複製は、中継送信の効率化等の目的の範囲でのみ認められるものであり、また、当該中継送信のための記録媒体領域にのみ記録することが認められるものである。

3　次の各号に掲げる者は、当該各号に定めるときは、その後は、当該各号に規定する規定の適用を受けて作成された著作物の複製物を保存してはならない。

一　第1項（第1号に係る部分に限る。）又は前項の規定により著作物を記録媒体に記録した者　これらの規定に定める目的のため当該複製物を保存する必要がなくなつたと認められるとき、又は当該著作物に係る送信可能化等が著作権を侵害するものであること（国外で行われた送信可能化等にあつては、国内で行われたとしたならば著作権の侵害となるべきものであること）を知つたとき。
　二　第1項（第2号に係る部分に限る。）の規定により著作物を記録媒体に記録した者　同号に掲げる目的のため当該複製物を保存する必要がなくなつたと認められるとき。

- 3項は、本項各号に掲げる者は、当該各号に定める状況となった後は、当該各号に係る規定に基づいて作成された複製物を保存してはならないことを規定する。
- 目的上必要な限度においてのみ複製を認めるという本条の趣旨を徹底するものである。

- 1号は、本項適用の対象者として、1項1号又は2項の規定により著作物を記録した者を挙げ、該当する複製物を保存してはならない場合として、これらの規定の目的のためにもはや当該複製物を保存する必要がなくなったと認められるとき、又は、当該著作物の送信可能化等が権利侵害となることを知ったときを挙げる。
- 後者の場合、国外でなされた送信可能化等でも、国内でなされていたら侵害となるべきものと知っていた場合は保存が認められない（かっこ書）。
- 本号で対象とされる複製物は、ミラーリング（1項1号）及びキャッシング（2項）に係る複製物であり、保存する必要がなくなったと認められるときとは、前者の場合は、元の送信者にアップロードされた情報が、その者により既に削除されている場合等であり、後者の場合は、キャッシュ作成後の設定の変更等によりキャッシュとして機能する範囲を超えて保存しつづけるような場合等をいう。いずれも客観的に認められるものであることを要する（加戸365頁）。

- 2号は、本項適用の対象者として、1項2号の規定により著作物を記録した者を挙げ、該当する複製物を保存してはならない場合として、同号の目的のため当該複製物を保存する必要がなくなったと認められるときを挙げる。
- この場合の対象とされる複製物は、バックアップに係る複製物（1項2号）である。1項2号のバックアップは、記録媒体の容量の関係上一定期間保存した後に消去されるものなので、当該期間経過後は保存する必要がなくなったと認められる場合に該当することとなる。なお、バックアップに係る記録物は、アップロードされた元のサーバの原本とは切り離して扱われるものなので、当該アップロードの違法性について善意であることの要件は、本号では課されていない（加戸366頁）。

> **（送信可能化された情報の送信元識別符号の検索等のための複製等）**
> **第47条の6** 公衆からの求めに応じ、送信可能化された情報に係る送信元識別符号（自動公衆送信の送信元を識別するための文字、番号、記号その他の符号をいう。以下この条において同じ。）を検索し、及びその結果を提供することを業として行う者（当該事業の一部を行う者を含み、送信可能化された情報の収集、整理及び提供を政令で定める基準に従つて行う者に限る。）は、当該検索及びその結果の提供を行うために必要と認められる限度において、送信可能化された著作物（当該著作物に係る自動公衆送信について受信者を識別するための情報の入力を求めることその他の受信を制限するための手段が講じられている場合にあつては、当該自動公衆送信の受信について当該手段を講じた者の承諾を得たものに限る。）について、記録媒体への記録又は翻案（これにより創作した二次的著作物の記録を含む。）を行い、及び公衆からの求めに応じ、当該求めに関する送信可能化された情報に係る送信元識別符号の提供と併せて、当該記録媒体に記録された当該著作物の複製物（当該著作物に係る当該二次的著作物の複製物を含む。以下この条において「検索結果提供用記録」という。）のうち当該送信元識別符号に係るものを用いて自動公衆送信（送信可能化を含む。）を行うことができる。ただし、当該検索結果提供用記録に係る著作物に係る送信可能化が著作権を侵害するものである

> こと（国外で行われた送信可能化にあつては、国内で行われたとしたならば著作権の侵害となるべきものであること）を知つたときは、その後は、当該検索結果提供用記録を用いた自動公衆送信（送信可能化を含む。）を行つてはならない。

- 47条の6は、公衆の求めに応じ、送信可能化された情報に係る送信元識別符号を検索してその結果を提供することを業として行う者は、原則、その検索及び結果の提供に必要な限度で、送信可能化された著作物について、記録媒体への記録又は翻案をし、及び、公衆からの求めに応じ、当該送信識別符号の提供と併せて当該検索結果提供用記録のうち当該送信識別符号に係るものを用いて自動公衆送信をすることができる旨を規定する。
- 本条は、インターネットでの情報検索サービスに伴う情報の収集、整理、解析、検索結果の表示が複製等に該当してしまうことの不都合を解消するためのものであり、当該情報検索サービス等を行う事業者が当該サービスの提供のために必要と認められる限度において、他人により送信可能化された情報を記録媒体に記録又は翻案し、及び自動公衆送信できることを定めたものである。
- 近年のインターネットの発達に伴い、情報検索サービスが不可欠なものとなっている中で、外国の情報検索サービス業者（GoogleやYahoo！等）は、無許諾で全世界のサイトの複製や公衆送信を行い当該サービスを提供している。それに対しわが国では、複製権や公衆送信権が壁になり、サービスの性質上事前の著作権処理も困難なことから、このような検索エンジンビジネスが展開できない状況にあった。しかし、こうした検索サービス事業が著作権者に及ぼす不利益はさほど大きいものではなく、むしろこのようなサービスにおいて扱われることの利益の方が大きいものとまでいえるのが現状である。また、社会全体の利益を考えた場合、情報検索ビジネスはもはや不可欠のものであり、したがって、当該サービスがより円滑に行えるよう法整備を行うのが急務となっていた。以上のことを踏まえ、平成21年法改正で規定されたのが本条である。
- 「公衆からの求めに応じ、送信可能化された情報に係る送信元識別符号を検索し、及びその結果を提供することを業として行う者」とは、情報検索サー

- ビス業者のことであり、通常は、検索とその結果の提供の全てを行う者を指すが（「及び」とある）、これら事業の一部を行う者も含むとする（かっこ書）。
- 「公衆からの求めに応じ」とあるように、ユーザーからのキーワード等の要求なしに情報提供を行う者は、本条のサービス業者には該当しない。
- 「送信可能化された情報」とは、ウェブサイト上の情報を指す。
- 「送信元識別符号」とは、「自動公衆送信の送信元を識別するための文字、番号、記号その他の符号をいう」とあり、主に URL を指す。
- 当該事業者に求められる「政令で定める基準」として、①情報の収集、整理及び提供をプログラムにより自動的に行うこと、②省令で定める方法に従い情報検索サービス事業者による情報の収集を禁止する措置がとられた情報を収集しないこと、③ネットワーク上の情報を収集しようとする場合において、既に収集した情報について②の措置がとられたことが判明したときは、当該情報の記録を消去すること、が定められている（施行令7条の5）。
- 「省令で定める方法」とは、① robots.txt の名称付きで送信可能化された情報について、情報検索サービス事業者による情報収集を禁ずるものである旨、及びその範囲を記載する方法、② HTML で作成され送信可能化された情報に、情報検索サービス事業者による情報収集を禁ずる旨を記載する方法、のいずれかを当該事業者の情報収集禁止措置に係る一般慣行に従って行うものをいう。
    ※「robots.txt（ロボッツドットテキスト）」とは、Google 等のロボット型検索エンジンのロボットに対し、自分のページをデータベースに登録しないよう指示するためのファイルをいう。
    ※本条の対象者が、上記基準に従って行う者に限定されるのは、事前の権利処理や権利者の利益についての優先順位を下げた形で本条が設けられている関係上、本条の目的に合致する条件を満たした者についてのみ権利制限を認めるのが妥当と考えられるからである。
- 「必要と認められる限度において」とは、ウェブサイトの紹介に必要な範囲内においてということである。
- 当該情報検索サービス業者に認められるのは、送信可能化された著作物の記録媒体への記録（複製）、翻案、及び検索結果の自動公衆送信であり、公衆からの求めに応じ、検索結果提供用記録の該当部分について URL の提供と併

せて自動公衆送信をすることができる（URL の提供と併せてとあるのは、ウェブサイト情報そのものの提供ではなく、当該サイトへの誘導を目的とするものを対象とすることを指す）。この場合、翻案には、翻案された二次的著作物の記録も含まれ、自動公衆送信には送信可能化も含まれる。

※「翻案」が認められた理由は、収集した情報を整理した作成物に創作性が認められ翻案に該当する場合があるからである（加戸369頁）。

- 「検索結果提供用記録」とは、情報検索サービス業者が、他人により送信可能化された著作物について記録媒体に記録したその著作物の複製物（翻案された二次的著作物の複製物も含む）をいう。検索結果提供用記録のうち公衆からの求めに関する送信元識別符号に係るもの（文字情報や画像等）を用いた自動公衆送信が認められる（この場合、当該送信元識別符号の提供と併せて行われる）。

- 送信可能化された著作物に受信の制限手段が講じられている場合、その著作物について本条の複製等が認められるためには、当該手段を講じた者の承諾を要する（かっこ書）。本条が、権利者からの事前許諾なしに認められる権利制限規定であることに鑑みると、会員向けのウェブサイトの情報のように一般には公開されていないものまで、そのサイト管理者の意思に反して情報収集を認めるのは妥当とはいえないからである。逆にいえば、そのような情報を収集する業者を対象外とするための規定といえる（加戸368頁）。

- 当該検索結果提供用記録に係る著作物の送信可能化が著作権侵害に該当すると知ったときは、その後当該記録を用いた自動公衆送信はできない（国外でなされた送信可能化でも、国内でなされていたら著作権侵害となるべきものと知っていたときは自動公衆送信できない）（ただし書）。違法に送信可能化されている著作物の流通を助長しないようにするための規定である。

（情報解析のための複製等）

第47条の7　著作物は、電子計算機による情報解析（多数の著作物その他の大量の情報から、当該情報を構成する言語、音、影像その他の要素に係る情報を抽出し、比較、分類その他の統計的な解析を行うことをいう。以下この条において同じ。）を行うことを目的とする場合には、必要と認

> められる限度において、記録媒体への記録又は翻案（これにより創作した二次的著作物の記録を含む。）を行うことができる。ただし、情報解析を行う者の用に供するために作成されたデータベースの著作物については、この限りでない。

- 47条の7は、著作物は、電子計算機での情報解析を目的とする場合、必要限度で、記録媒体への記録又は翻案をすることができる旨規定する。ただし、情報解析を行う者の用に供するためのデータベース著作物については除くとする。
- 本条は、今日の高度情報化社会における情報解析技術の重要性に鑑み、情報解析の過程において行われる記録媒体への情報の蓄積を可能とするため、一定条件の下、必要な複製等を認める規定である。
- 本条で認められる記録等は、鑑賞等を目的とするものではないので、対象著作物が公表されていることは要件とされない。
- 「情報解析」とは、大量の情報の中から当該情報を構成する言語、音、影像その他の要素に係る情報を抽出し、比較、分類その他の統計的な解析を行うことであり（かっこ書）、画像・音声・言語・ウェブ解析技術等の分野で、本人認証、自動翻訳、社会動向調査、情報検索等に用いられている。
- 本条の「翻案」には、それにより創作した二次的著作物の記録も含まれる。
  ※「翻案」が認められるのは、情報解析中の統計処理などで、翻案が行われる可能性があるからである。
- 「情報解析を行う者の用に供する目的で作成されたデータベースの著作物」については、本条の制限規定は適用されない。この場合の情報解析は当該データベースの目的に沿った利用であり、著作権の保護対象となるべき著作物利用（研究者向けの提供等）としての実質を備えているといえるからである。

> （電子計算機における著作物の利用に伴う複製）
> 第47条の8　電子計算機において、著作物を当該著作物の複製物を用いて利用する場合又は無線通信若しくは有線電気通信の送信がされる著作物を当該送信を受信して利用する場合（これらの利用又は当該複製物の使

用が著作権を侵害しない場合に限る。）には、当該著作物は、これらの利用のための当該電子計算機による情報処理の過程において、当該情報処理を円滑かつ効率的に行うために必要と認められる限度で、当該電子計算機の記録媒体に記録することができる。

- 47条の8は、電子計算機において、著作物をその複製物により利用する場合又は無線通信・有線電気通信で送信される著作物をその送信を受信して利用する場合には、当該著作物は、これらの利用のための当該電子計算機による情報処理を円滑かつ効率的に行うために必要な限度で、当該電子計算機の記録媒体に記録することができる旨を規定する。
- 本条は、コンピュータ（電子機器に組み込まれるものも含む）を用いた著作物の利用の際に当該コンピュータ内部の技術的過程で生じる情報の一時的蓄積が違法な複製と解されてしまう不都合を解消するための規定であり、利用者が安心して電子機器を利用できる環境を実現するためのものである。例えば、ワープロソフトを用いた文書の作成やブラウザを用いたウェブサイトの視聴などの際に、コンピュータ内部の技術的処理過程においてなされるソフトウェアやウェブサイトなどの情報の記録媒体への蓄積を、必要限度において利用者に認めるというものである。
- ※文化審議会の報告書によると、「機器利用時の一時的蓄積については、a 著作物等の視聴等に係る技術的過程において生じる、b 付随的又は不可避的で、c 視聴等に合目的的な蓄積物であって、当該技術及び当該技術に係る一般的な機器利用の態様に照らして合理的な範囲内の視聴等行為に供されるものであること、を満たすものについて権利を及ぼさないよう立法的措置を講ずることによって、機器の通常の利用における法的予測性を高め、萎縮的効果を防止することができるものと考えられる」としている（平成21年1月「文化審議会著作権分科会報告書」97頁）。
- ※本条設立に関連する事案として、一時的・過渡的な性質であることを理由に、衛星放送を利用した有料音楽送信サービスにおける受信チューナー内RAMへのデータ蓄積が複製に当たらないとした判決例がある（東京地判平12.5.16「スターデジオ事件」）。ただし、当該判決において、将来的に反復利用される可能性のある形態での再製のみが複製に当たるとした点については、狭すぎる解釈との批判がある（百選4版89頁）。

- なお、本条の対象となる、著作物の利用等の行為（主となる利用等行為）は、著作権侵害を構成しないものに限られる（かっこ書）。そもそも本条が、適法な著作物利用の妨げとなる形式上の阻害要因を排除するための規定であることからすれば当然である。

> （情報通信技術を利用した情報提供の準備に必要な情報処理のための利用）
> 第47条の9　著作物は、情報通信の技術を利用する方法により情報を提供する場合であつて、当該提供を円滑かつ効率的に行うための準備に必要な電子計算機による情報処理を行うときは、その必要と認められる限度において、記録媒体への記録又は翻案（これにより創作した二次的著作物の記録を含む。）を行うことができる。

- 47条の9は、著作物を情報通信技術を利用して情報提供する際に、その提供の円滑・効率化のための準備に必要な電子計算機による情報処理を行うときには、必要な限度で当該著作物を記録媒体に複製等することができる旨を定める。
- クラウド・サービスなどの各種インターネット・サービス等においては、データ処理速度向上のためにサーバにおいてデータの大量複製などが行われているが、これら複製行為が、著作権者の利益を不当に害するものではないにもかかわらす権利侵害に問われてしまうといったおそれがあったため、それを解消するために規定されたのが本条である。いわゆる日本版フェアユースの4つ目として、平成24年法改正で設けられたものである。
- 「情報通信の技術を利用する方法により情報を提供する場合」とは情報通信技術全般を対象とするものではあるが、主にインターネットを利用した情報提供の場面を想定したものといえる。なお、本条の情報提供について主体及び客体の限定はされていない。
- 「当該提供を円滑かつ効率的に行うための準備に必要な電子計算機による情報処理」とは、インターネットを利用した情報提供の準備段階で行われる、当該提供を円滑化・効率化するためのコンピュータによる各種情報処理（下

記具体例参照）を指す。
- 「その必要と認められる限度において」とは、情報技術を利用した情報提供の円滑かつ効率化のための準備に必要な情報処理を行うという目的に照らして必要と認められる範囲でという意味である。
- 「記録媒体への記録又は翻案（これにより創作した二次的著作物の記録を含む）」とあるように、本条で対象とする利用態様は媒体への記録・翻案であり、したがってインターネットの場合なら、情報提供過程のうちサーバ上の記録等は認められるが、その後の送信等は本条では認められないこととなる。なお、本条で認められた翻案により創作された二次的著作物を記録媒体に記録することは当然認められる（かっこ書）。
- 本条の対象行為の具体例として、動画共有サイトにおいて様々なファイル形式により投稿された動画を提供する際に、統一のファイル形式にするために必要な複製行為や、ソーシャル・ネットワーキング・サービスにおいて、投稿コンテンツの整理等のために必要な複製行為などが挙げられる（文化庁HP）。

（複製権の制限により作成された複製物の譲渡）

第47条の10　第31条第1項（第1号に係る部分に限る。以下この条において同じ。）若しくは第3項後段、第32条、第33条第1項（同条第4項において準用する場合を含む。）、第33条の2第1項若しくは第4項、第34条第1項、第35条第1項、第36条第1項、第37条、第37条の2（第2号を除く。以下この条において同じ。）、第39条第1項、第40条第1項若しくは第2項、第41条から第42条の2まで、第42条の3第2項又は第46条から第47条の2までの規定により複製することができる著作物は、これらの規定の適用を受けて作成された複製物（第31条第1項若しくは第3項後段、第35条第1項、第36条第1項又は第42条の規定に係る場合にあつては、映画の著作物の複製物（映画の著作物において複製されている著作物にあつては、当該映画の著作物の複製物を含む。以下この条において同じ。）を除く。）の譲渡により公衆に提供することができる。ただし、第31条第1項若しくは第3項後段、第33条の2第1項若しくは第4項、

> 第35条第1項、第37条第3項、第37条の2、第41条から第42条の2まで、第42条の3第2項又は第47条の2の規定の適用を受けて作成された著作物の複製物（第31条第1項若しくは第3項後段、第35条第1項又は第42条の規定に係る場合にあつては、映画の著作物の複製物を除く。）を、第31条第1項若しくは第3項後段、第33条の2第1項若しくは第4項、第35条第1項、第37条第3項、第37条の2、第41条から第42条の2まで又は第47条の2に定める目的以外の目的のために公衆に譲渡する場合は、この限りでない。

- 47条の10は、著作権の制限規定（30条〜48条の8）のうち複製権が制限されている規定によって複製が認められた著作物は、一部の例外を除き、各制限規定を受けて作成された複製物を、その制限規定で定められた目的のために譲渡し、公衆に提供することができる旨を規定するものである。
- 本条で列挙されている規定は、複製権を制限するとともにその後の譲渡も想定できる内容のものであり、譲渡権創設前より当該譲渡行為が認められていたものであるところ、平成11年に譲渡権が設けられたことに合わせ、引き続き当該譲渡行為が行い得るよう譲渡権制限規定として本条が設けられたということである（加戸377頁）。

   ※本条の対象とならない一部の例外規定について説明する前に、そもそも制限の対象が複製権以外の権利である制限規定（及び対象となる権利）を挙げると、31条3項前段（自動公衆送信を制限）、35条2項（公衆送信権を制限）、38条（上演、演奏、自動公衆送信、伝達等の権利を制限）、39条2項（伝達権を制限）、40条3項（伝達権を制限）、43条（翻訳、翻案等の権利を制限）及び45条（展示権を制限）となる。
   次に、一部の例外となる規定、つまり複製権を制限していながら本条の対象となっていない規定（及びその理由）を挙げると、30条1項（私的使用目的である以上、公衆への提供は認められない）、30条の2第1項・2項（付随対象著作物は写真等著作物の創作・利用に伴って認められる複製等であり、当然には公衆への提供は認められない）、30条の3（許諾又は裁定による適法利用の検討過程で必要上認められる複製等であり、公衆への提供は想定されていない）、30条の4（技術開発・実用化試験等のための複製等であり、公衆への提供は想定されていない）、

31条1項2号・3号、同条2項（専ら図書館等のための複製であり、公衆への提供は想定されていない）、42条の3第1項（歴史公文書等保存のための複製であり、公衆への提供は想定されていない）、42条の4（インターネット資料収集のための複製であり、公衆への提供は想定されていない）、44条1項・2項（自己の放送等のための録音等であり、公衆への提供は想定されていない）、47条の3から47条の9まで（定められた複製がすべて、各条項で掲げる目的達成のために技術上やむを得ない理由による場合等であり、それを超えての複製物の譲渡は認められない）となる。

- 本条で掲げる複製権制限規定のうち、映画著作物の複製を認める内容を含むと考えられる規定（31条1項1号等）については、頒布権の制限がなされる解釈を避けるために、当該規定を受けて作られた映画著作物の複製物を本条適用対象から除いている（かっこ書）。

- 本条制限により譲渡された複製物は、消尽規定（26条の2第2項）の適用外であるが、本条規定はその後の譲渡（2回目以降のもの）にも適用されるため、実質的に消尽の効果を有することとなる（加戸377頁）。

- ただし書は、権利制限規定を受けて作成された著作物の複製物のうち、各規定で定める目的の達成が複製後の扱い如何に係っているものについては、当該目的以外の目的のために公衆へ譲渡をしてはならない旨を規定する。本文の方では挙げられ、ただし書には挙げられていない著作物に係る複製物は、複製の時点で既に規定目的に適った形で複製されているもの(32条、33条1項、34条1項、36条1項、40条2項、47条)、利用目的が示されていないもの（37条1項・2項、39条1項）、あるいは利用方法に（原則）制限のないもの（40条1項、46条）のいずれかに該当するものなので、ただし書の対象とされなかったものと考えられる。なお、この場合も本文の規定に合わせ、映画の著作物は対象から除かれている（かっこ書）。

（出所の明示）

第48条　次の各号に掲げる場合には、当該各号に規定する著作物の出所を、その複製又は利用の態様に応じ合理的と認められる方法及び程度により、明示しなければならない。

> 一　第32条、第33条第1項（同条第4項において準用する場合を含む。）、第33条の2第1項、第37条第1項、第42条又は第47条の規定により著作物を複製する場合
> 二　第34条第1項、第37条第3項、第37条の2、第39条第1項、第40条第1項若しくは第2項又は第47条の2の規定により著作物を利用する場合
> 三　第32条の規定により著作物を複製以外の方法により利用する場合又は第35条、第36条第1項、第38条第1項、第41条若しくは第46条の規定により著作物を利用する場合において、その出所を明示する慣行があるとき。

- 48条1項は、本項各号で掲げる著作権制限規定により著作物利用が認められる場合には、その利用態様に応じ合理的と認められる方法及び程度により当該著作物の出所明示をしなければならないことを規定する。著作物保護の実効を図るものである。
- 出所明示の際に掲載等するものとしては、最も基本的なものとして、題号、次に、著作者名（2項で規定）、そのほか、出版社名、ページ表示、作品の所有者・設置場所、映画制作者等が挙げられる。
- 「その複製又は利用の態様に応じ合理的と認められる方法及び程度により」とは、著作物の種類や態様を考慮し常識的に判断してということであり、明示の方法及び程度については、著作物と一体となった表示であること、及び、読者や観覧者がその出所を容易に知り得るようなものであることを要する。
- 本条の法的性格については、利用の際の義務規定と捉えるべきであり、本条に違反したとしても著作者人格権又は著作権の侵害とはならない。その点、罰則規定において119条（著作権侵害等についての罰則規定）と122条（出所明示義務違反についての罰則規定）を別途設けていることからも明らかである。なお、本条の趣旨を勘案すれば、著作者又は著作権者が出所明示義務違反に対して行う損害賠償請求や出所明示請求は可能と解する。

- 1号は、常に出所明示義務がある複製として、32条（引用）、33条1項（4項での準用を含む）（教科用図書等への掲載）、33条の2第1項（教科用拡大図書等

の作成のための複製)、37条1項(点字による複製)、42条(裁判手続等における複製)又は47条(美術の著作物等の展示に伴う複製)の各規定による場合を挙げる。これらは、有形的複製を前提とするものであるので、出所明示の方法・程度については厳しく解される傾向にあるものといえる。

- 2号は、常に出所明示義務がある利用として、34条1項(学校教育番組の放送等)、37条3項(視覚障害者等のための自動公衆送信等)、37条の2(聴覚障害者等のための自動公衆送信等)、39条1項(時事問題に関する論説の公衆送信等)、40条1項・2項(政治上の演説等の利用)又は47条の2(美術著作物等の譲渡等の申出に伴う公衆送信等)の各規定による場合を挙げる。本号に掲げる規定は、前号と同様に複製利用による場合も含むものであるが、公衆送信等の無形的利用による場合が多くを占めるものであるため、前号とは別に利用態様に合わせた出所明示の方法・程度の判断を要するものである。

- 3号は、出所明示の慣行がある場合には出所明示をしなければならないものとして、32条(引用(複製以外の方法によるもの))、35条(学校その他の教育機関における複製)、36条1項(試験問題としての複製)、38条1項(営利を目的としない上演等)、41条(時事の事件の報道のための利用)又は46条(公開の美術の著作物等の利用)の各規定による場合を挙げる。社会や業界の慣行を尊重する規定である。

- 上記1号から3号までに掲げられない著作権制限規定により著作物利用が認められる場合は、出所明示が無意味・不要等とされる場合である。

> 2 前項の出所の明示に当たつては、これに伴い著作者名が明らかになる場合及び当該著作物が無名のものである場合を除き、当該著作物につき表示されている著作者名を示さなければならない。

- 2項は、前項の出所明示に当り、原則その著作物に表示されている著作者名を示すべきことを規定する。
- 例外的に掲げる「これに伴い著作者名が明らかになる場合」とは、明示する

題名等に著作者名が含まれているなど題号での出所明示等により著作者名が明らかになる場合をいい、「無名のものである場合」とは、著作者名を表示することなく公表された著作物である場合をいう。

> 3 第43条の規定により著作物を翻訳し、編曲し、変形し、又は翻案して利用する場合には、前2項の規定の例により、その著作物の出所を明示しなければならない。

- 3項は、43条の規定により二次的著作物での形態について著作権制限規定を受けその原著作物を利用する場合には、前2項と同様にその著作物の出所明示をしなければならないことを規定する。「出所を明示」には、2項の著作者名表示も含まれる。
- この場合の「その著作物」とは原著作物のことであり、二次的著作物の出所明示義務については、前2項で読むことになる。

> （複製物の目的外使用等）
> 第49条 次に掲げる者は、第21条の複製を行つたものとみなす。

- 49条1項は、著作権の制限規定の適用を受けて作成された著作物の複製物を、その作成の目的以外の目的のために使用した者等であるとして本項各号に掲げる者は、複製権の侵害をしたものとみなすとする規定である。著作権制限規定の趣旨を徹底するものである。
 ※本項適用について30条1項を例に説明すると、30条1項の適用により私的使用目的のための複製を行った者が、その複製物を私的使用目的以外の目的で使用（頒布等）した場合には、その使用の時点で複製権侵害を構成することになり、一方、その使用が裁判所への資料の提出であれば、その目的外使用について42条の複製権制限規定が別途働くため、結果的に適法なものとして扱われるということになる。本項により「複製を行つたものとみなす」とされた場合でも、そのいったん形式的に侵害擬制された複製について権利者の許諾や権利制限規定の適用がある場合には、結果的に適法なものとして扱われるということである。

- 本項みなし規定による侵害の判断時は、著作権制限規定により複製をした時点ではなく、目的外使用を行った時点となる。

> 一　第30条第1項、第30条の3、第31条第1項第1号若しくは第3項後段、第33条の2第1項若しくは第4項、第35条第1項、第37条第3項、第37条の2本文（同条第2号に係る場合にあつては、同号。次項第1号において同じ。）、第41条から第42条の3まで、第42条の4第2項、第44条第1項若しくは第2項、第47条の2又は第47条の6に定める目的以外の目的のために、これらの規定の適用を受けて作成された著作物の複製物（次項第4号の複製物に該当するものを除く。）を頒布し、又は当該複製物によつて当該著作物を公衆に提示した者

- 1号は、複製権を侵害したとみなされる者として、本号で挙げる制限規定の適用を受けて作成された著作物の複製物を、当該各規定の目的以外の目的で頒布し、又はその複製物によりその著作物を公衆に提示した者を掲げる。
- 「頒布」とは、有償・無償を問わず、複製物を公衆に譲渡又は貸与することであり（2条1項19号）、有形複製物を公衆に提供する場合をいう。私的使用目的の複製物を公衆に譲渡したり、視覚障害者等の用に供する目的で作成された複製物を一般人に貸与したりするなどは、本号で複製権侵害とみなされる。
- 「複製物によつて当該著作物を公衆に提示」とは、無形的利用に係る複製物により著作物を公衆に伝える場合を指す。録音・録画物の再生によりそこに収録された著作物を公衆に視聴させることなどが該当し、公衆送信による場合も含む。
- 以下、本号で掲げる制限規定の条文番号にその規定の目的をかっこ書で付して示す。

　　30条1項（私的使用目的）、30条の3（許諾・裁定を受けての著作物利用の検討過程での利用に供する目的）、31条1項1号・3項後段（図書館利用者の調査研究の用に供する目的）、33条の2第1項（教科用図書掲載の著作物使用が困難な児童等の学習の用に供する目的）、同4項（障害児童等のために教科用図書掲載の著作物に係る電磁的記録を提供する目的）、35条1項（学校等の授業の過程における使用に供する目的）、37条3項（視覚著作物の利用が困難な視覚障害者等の用に供す

る目的)、37条の2本文(聴覚著作物の利用が困難な聴覚障害者等の用に供する目的(2号該当の場合は聴覚障害者等向けの貸出しの用に供する目的))、41条(時事の事件の報道の目的)、42条(裁判手続・立法又は行政の目的)、42条の2(著作物の公衆への提供又は提示目的)、42条の3(公文書管理法等による保存・公衆への提供又は提示目的)42条の4第2項(インターネット資料の提供目的)、44条1項(自己の放送目的)、同2項(自己の有線放送目的)、47条の2(美術の著作物等の譲渡等の申出の用に供する目的)及び47条の6(送信可能化された情報の送信元識別符号の検索及びその結果の提供目的)

> 二 第44条第3項の規定に違反して同項の録音物又は録画物を保存した放送事業者又は有線放送事業者

- 2号は、複製権を侵害したとみなされる者として、自己の放送等のために一時的に固定した物を、固定後(放送等をしたときはその後)6月の期間を超えて保存(44条3項ただし書の公的記録保存所にする保存を除く)した放送事業者等を掲げる。この場合、その期間の超過時点から複製(録音・録画)したものとみなされる。
- 放送事業者等による一時的固定として認められる保存期間(44条3項)を超えてその固定物を保存することは、その超過の時から当該固定物を廃棄等するまでの間、継続的に複製権を侵害していることになり、よってその廃棄等の時点から時効が始まるということになる。

> 三 第47条の3第1項の規定の適用を受けて作成された著作物の複製物(次項第2号の複製物に該当するものを除く。)若しくは第47条の4第1項若しくは第2項の規定の適用を受けて同条第1項若しくは第2項に規定する内蔵記録媒体以外の記録媒体に一時的に記録された著作物の複製物を頒布し、又はこれらの複製物によつてこれらの著作物を公衆に提示した者

- 3号は、複製権を侵害したとみなされる者として、プログラム著作物の複製物の所有者が自己の利用のためにすることが認められる複製(47条の3第1

項）による複製物、又は記録媒体内蔵複製機器の保守・修理若しくは交換において必要と認められる一時的複製（47条の4第1項・2項）による複製物を、頒布し、又はこれら複製物によってこれら著作物を公衆に提示した者を掲げる。

- いずれも、複製物を頒布等すること自体が本来の目的以外の使用となる場合の規定である。
- 「これらの複製物によつてこれらの著作物を公衆に提示」とは、その複製物を用いてネット送信する場合などであり、そのときには公衆送信権と複製権の双方が働くことになる。
- なお、47条の3第1項の規定により翻案して作成された二次的著作物の複製物の頒布等については、次項2号で規定するので本号の対象からは除かれる（かっこ書）。

> 四　第47条の3第2項、第47条の4第3項又は第47条の5第3項の規定に違反してこれらの規定の複製物（次項第2号の複製物に該当するものを除く。）を保存した者

- 4号は、複製権を侵害したとみなされる者として、プログラム著作物の複製物の所有者が自己の利用のために作成した複製物（47条の3第1項）、記録媒体内蔵複製機器の保守・修理又は交換における必要性から作成した複製物（47条の4第1項、2項）、又はサーバ管理事業者等が送信障害防止や送信効率化のための必要性から作成した複製物（47条の5第1項・2項）について、それぞれ複製を認めた理由がもはや当てはまらない状況であるためにその複製物の保存を認めないとする規定（47項の3第2項、47条の4第3項、47条の5第3項）に反してこれら複製物を保存した者を掲げる。
- 本号も、2号同様、その複製物が廃棄等されてから時効期間が始まる。
- なお、47条の3第1項の規定により翻案して作成された二次的著作物の複製物の保存については、次項2号で扱う（かっこ書）。

> 五　第30条の4、第47条の5第1項若しくは第2項、第47条の7又は第47条の9に定める目的以外の目的のために、これらの規定の適用を受

第2章第3節

> けて作成された著作物の複製物（次項第6号の複製物に該当するものを除く。）を用いて当該著作物を利用した者

- 5号は、複製権を侵害したとみなされる者として、技術開発・実用化の試験の必要性から作成した複製物（30条の4）、サーバ管理事業者等が送信障害防止や送信効率化のための必要性から作成した複製物（47条の5第1項・2項）、電子計算機による情報解析のための必要性から作成した複製物（47条の7）、又は情報通信技術を利用した情報提供の準備における情報処理のための必要性から作成した複製物（47条の9）を、それらの目的以外の目的のために用いてその複製物に係る著作物を利用した者を掲げる。

※この場合の著作物の「利用」には、支分権対象行為以外の視聴等も含まれる。

- 47条の7の規定により翻案して作成された二次的著作物の複製物については、次項6号で扱う（かっこ書）。

> 六　第47条の6ただし書の規定に違反して、同条本文の規定の適用を受けて作成された著作物の複製物（次項第5号の複製物に該当するものを除く。）を用いて当該著作物の自動公衆送信（送信可能化を含む。）を行つた者

- 6号は、複製権を侵害したとみなされる者として、情報検索サービス等を行う事業者が当該サービスの提供上の必要性から作成した複製物（47条の6にいう検索結果提供用記録）に係る著作物を送信可能化することが著作権侵害であることを知った後に、当該複製物を用いた著作物の自動公衆送信（送信可能化も含む）を行った者を掲げる。この場合の著作権侵害となる送信可能化には、国内で行われたとしたならば著作権侵害となる国外での送信可能化も含まれる。
- 47条の6の規定により翻案して作成された二次的著作物の複製物については、次項5号で規定する（かっこ書）。

> 七　第47条の8の規定の適用を受けて作成された著作物の複製物を、当該著作物の同条に規定する複製物の使用に代えて使用し、又は当該著

264

> 作物に係る同条に規定する送信の受信（当該送信が受信者からの求めに応じ自動的に行われるものである場合にあつては、当該送信の受信又はこれに準ずるものとして政令で定める行為）をしないで使用して、当該著作物を利用した者

- 7号は、複製権を侵害したとみなされる者として、コンピュータにおいて、著作物をその複製物を用いて利用する場合等又は無線通信等の送信がされる著作物を当該送信を受信して利用する場合（これらの利用又は当該複製物の使用が著作権を侵害しない場合に限る）に、これらの利用のための情報処理の過程において当該情報処理を円滑かつ効率的に行う目的で作成された複製物（47条の8）を、当該目的に代えて使用し、又は当該送信の受信（政令で定める行為を含む）をしないで使用することにより当該著作物を利用した者を掲げる。これらの行為は、独立の複製物を作成して使用したことに等しいといえるものだからである。

※当該目的に代えて使用する場合とは、例えば、同条の適用により作成されたブラウザ・キャッシュを別のソフトウェアで視聴するなどである。

- 「政令で定める行為」とは、「47条の8の規定の適用を受けて作成された著作物の複製物を使用して当該著作物を利用するために必要なものとして送信される信号の受信」（施行令7条の6第1項）、つまり、著作物の送信の求めに応じてブラウザ・キャッシュの使用のために必要なものとして送信される信号の受信行為をいう。受信した当該信号によりそのブラウザ・キャッシュを用いて閲覧するような場合は、本項の目的外使用規定は適用されない。

> 2　次に掲げる者は、当該二次的著作物の原著作物につき第27条の翻訳、編曲、変形又は翻案を行つたものとみなす。
> 　一　第30条第1項、第31条第1項第1号若しくは第3項後段、第33条の2第1項、第35条第1項、第37条第3項、第37条の2本文、第41条又は第42条に定める目的以外の目的のために、第43条の規定の適用を受けて同条各号に掲げるこれらの規定に従い作成された二次的著作物の複製物を頒布し、又は当該複製物によつて当該二次的著作物を公衆に提示した者

第2章第3節

> 二　第47条の3第1項の規定の適用を受けて作成された二次的著作物の複製物を頒布し、又は当該複製物によつて当該二次的著作物を公衆に提示した者
> 三　第47条の3第2項の規定に違反して前号の複製物を保存した者
> 四　第30条の3又は第47条の6に定める目的以外の目的のために、これらの規定の適用を受けて作成された二次的著作物の複製物を頒布し、又は当該複製物によつて当該二次的著作物を公衆に提示した者
> 五　第47条の6ただし書の規定に違反して、同条本文の規定の適用を受けて作成された二次的著作物の複製物を用いて当該二次的著作物の自動公衆送信（送信可能化を含む。）を行つた者
> 六　第30条の4、第47条の7又は第47条の9に定める目的以外の目的のために、同条の規定の適用を受けて作成された二次的著作物の複製物を用いて当該二次的著作物を利用した者

- 2項は、43条の適用により作成された二次的著作物の複製物をその作成の目的以外の目的のために使用した者等であるとして本項各号に掲げる者は、その二次的著作物の原著作物の翻案権等を侵害したものとみなすとする規定である。

- 1号は、本号で挙げる制限規定の適用を受けて作成された著作物の二次的著作物の複製物を、当該各規定の目的以外の目的で頒布し、又はその複製物によりその著作物を公衆に提示した者を、当該二次的著作物の原著作物の翻案権等を侵害したとみなされる者として掲げる。
- 「頒布」、「当該複製物によつて当該二次的著作物を公衆に提示」については、前項1号と同様であるが、本号では、二次的著作物の複製物を頒布し、その複製物により二次的著作物を提示した者が、原著作物の翻案権等を侵害したとみなされる規定である点に留意する。
- 以下、本号で掲げる制限規定の条文番号に、その規定の目的をかっこ書で付して示す。30条1項（私的使用目的）、31条1項1号・3項後段（図書館利用者の調査研究の用に供する目的）、33条の2第1項（教科用図書掲載の著作物使用が困難な児童等の学習の用に供する目的）、35条1項（学校等の授業の過程における

使用に供する目的）、37条 3 項（視覚著作物の利用が困難な視覚障害者等の用に供する目的）、37条の 2 本文（聴覚著作物の利用が困難な聴覚障害者等の用に供する目的（同条 2 号該当の場合は聴覚障害者等向けの貸出しの用に供する目的））、41条（時事の事件の報道の目的）、42条（裁判手続、立法又は行政の目的）

- 2 号は、プログラム著作物の複製物の所有者が自己の利用のために認められる翻案により作成された二次的著作物の複製物（47条の 3 第 1 項）を頒布し、又はこれら複製物によってこれら二次的著作物を公衆に提示した者を、当該二次的著作物の原著作物の翻案権等を侵害したとみなされる者として掲げる。

- 3 号は、プログラム著作物の複製物の所有者が自己の利用のために認められる翻案により作成された二次的著作物の複製物（47条の 3 第 1 項）を、元の複製物又は二次的著作物の複製物のいずれかの所有権を滅失以外の事由で有しなくなった後に保存した者を、当該二次的著作物の原著作物の翻案権等を侵害したとみなされる者として掲げる。ただし、著作権者の別段の意思表示がある場合における当該保存者は対象から除かれる。

- 4 号は、適法な著作物利用の検討過程において生じる必要性から作成された二次的著作物の複製物（30条の 3 ）、情報検索サービス等を行う事業者が当該サービスの提供上の必要性から作成した二次的著作物の複製物（47条の 6 ）を、これらの規定の目的以外の目的のために頒布し、又は、その複製物により二次的著作物を公衆に提示した者を、当該二次的著作物の原著作物の翻案権等を侵害したとみなされる者として掲げる。

- 5 号は、情報検索サービス等を行う事業者が当該サービスの提供上の必要性から作成した二次的著作物の複製物（47条の 6 にいう検索結果提供用記録）に係る著作物の送信可能化が著作権侵害であることを知った後に、当該二次的著作物の複製物を用いた当該二次的著作物の自動公衆送信（送信可能化も含む）を行った者を、当該二次的著作物の原著作物の翻案権等を侵害したとみなされる者として掲げる。

- 6号は、技術開発・実用化の試験のための必要性から作成された二次的著作物の複製物（30条の4）、電子計算機による情報解析のための必要性から作成された二次的著作物の複製物（47条の7）、又は情報通信技術を利用した情報提供の準備における情報処理のための必要性から作成された二次的著作物の複製物（47条の9）を、これらの規定の目的以外の目的のために用いてその二次的著作物を利用した者を、当該二次的著作物の原著作物の翻案権等を侵害したとみなされる者として掲げる。

※この場合の二次的著作物の「利用」には、支分権対象行為以外の視聴等も含まれる。

（著作者人格権との関係）
第50条　この款の規定は、著作者人格権に影響を及ぼすものと解釈してはならない。

- 50条は、本款（30条〜50条）の著作権制限の規定は、著作者人格権を制限するものと解してはならないことを規定する。著作（財産）権と著作者人格権は、異なる理論で構成（二元的構成）されていることからすると、本条は当然の内容を確認的に規定したものであるといえる。

※例えば、33条1項により公表著作物を教科用図書に掲載する場合、43条1号で翻案等して利用することも認められるが、この場合、著作者人格権は別途働くので、同一性保持権（20条1項）を侵害する可能性は残るということである。

- 著作権制限規定の適用を受けて著作物を利用した場合の著作者人格権の侵害の成否については、著作権制限規定の趣旨を十分勘案して判断されるべきである。例えば、32条1項による引用について、一部を抜き出したことをもって同一性保持権侵害を問うべきではない。

※ただし、改変が著作財産権の制限としての引用に該当することと、その改変が同一性保持権侵害の違法性阻却に関する「やむを得ない改変」に該当することとは、別次元で判断されるべき（引用に当たることがやむを得ない改変に当たることの理由とはならない）とするのが本条の趣旨である（百選4版172頁・175頁等）。

- 48条2項の出所表示に伴う著作者名表示義務規定は、氏名表示権（19条1項）を代替するものではないので、著作者が氏名表示を望まない場合（同条1項）

や氏名表示の省略が可能な場合（同条3項）等について、いずれの規定に従うのか検討する必要も生じる。この場合、現実的には権利の重み、法益等に鑑みて氏名表示権が優先するものと解される（加戸396頁参照）。

第4節　保護期間

> （保護期間の原則）
> 第51条　著作権の存続期間は、著作物の創作の時に始まる。

- 4節（51条〜58条）は、著作物の保護期間となる著作権の存続期間について規定する。著作物の文化的所産としての価値を考えた場合、先人の遺した著作物を一定期間保護した後には、その自由な利用を認めるのが法目的である文化の発展に寄与するものといえることから、制限を設けた保護期間を定めるものである。

- 1項は、著作権の存続期間の始期について規定する。「著作物の創作の時」を始期とする。
- 「著作物の創作の時」とは、著作者の思想又は感情が外部から客観的に認識できるように表現された瞬間の時であり、著作物が完成したとする著作者の主観的基準や公表の有無などは問題とならない。
- なお、本項始期についての規定は、終期についての規定がいくつかの例外（52条1項等）を設けているのに対し、あらゆる著作権の存続期間に共通の規定である。

> 2　著作権は、この節に別段の定めがある場合を除き、著作者の死後（共同著作物にあつては、最終に死亡した著作者の死後。次条第1項において同じ。）50年を経過するまでの間、存続する。

- 2項は、著作権の終期についての原則的な規定を定める。著作者の死後50年

経過をもって、著作権の存続期間は終えるとする。これは、ブラッセル改正条約（1948年）以降のベルヌ条約において掲げられている内容である。

- 「この節に別段の定めがある場合」には、52条1項（無名又は変名の著作物の保護期間）、53条1項（団体名義の著作物の保護期間）及び54条1項（映画の著作物の保護期間）の場合、並びに、映画著作物に翻案される原著作物の、当該映画著作物利用に関する存続期間の扱い（54条2項）及び条約上の相互主義による保護期間（58条）による場合が該当する。なお、本節規定ではないが、62条1項各号（相続人不存在等）該当の場合にも、著作権は消滅する。
- 「著作者の死後50年」とは、死亡年月日の当日又は翌日から起算して50年というのではなく、死亡日の属する年の翌年1月1日から起算して50年ということである（57条）。
- 共同著作物の場合は、最後に死亡した著作者の死後50年までが保護期間となる（かっこ書）。法人と個人の共同著作物の場合は、53条の法人等についての保護期間の規定ではなく、個人の著作者について死後50年とする本項規定を採用するのが妥当と解される。本項が原則的規定であり、また、本項の基準による方がより長い保護期間を確保し得ることが多く、著作者保護の趣旨に見合うものだからである（加戸400〜401頁参照）。

（無名又は変名の著作物の保護期間）

第52条 無名又は変名の著作物の著作権は、その著作物の公表後50年を経過するまでの間、存続する。ただし、その存続期間の満了前にその著作者の死後50年を経過していると認められる無名又は変名の著作物の著作権は、その著作者の死後50年を経過したと認められる時において、消滅したものとする。

- 52条1項は、無名又は変名の著作物の著作権の終期について規定する。その著作物の公表後50年を著作権の存続期間とする。
- 無名・変名の著作物の場合、著作者の死亡時点の認定が困難であることから別途基準を設けたものである。著作者名義により客観的に判断し得る基準で保護期間を定めるとするのが、本節の基本的な考え方だからである。

- 「無名」とは、知名度が低いことではなく、著作者名表示がないことをいう。「変名」は14条の規定による。
- 「公表後50年」とは、権利者による正当な公表後50年という意味であり、無権利者の不正な公表は基準とされない点留意する。
- 本項本文による存続期間中に、著作者の死後50年が経過し、そのことが以後判明した場合には、その経過時に遡って存続期間が消滅したものとされる（ただし書）。未公表の著作物について、著作者自身の意思にかかわらず、その死後数十年経ってから遺族が無名・変名で公表し著作権を主張するなどの行為を防ぐための措置である。この場合、遡及的に消滅した期間の権利行使については、不当利得返還請求の対象となる（加戸402〜403頁）。

2　前項の規定は、次の各号のいずれかに該当するときは、適用しない。
一　変名の著作物における著作者の変名がその者のものとして周知のものであるとき。
二　前項の期間内に第75条第1項の実名の登録があつたとき。
三　著作者が前項の期間内にその実名又は周知の変名を著作者名として表示してその著作物を公表したとき。

- 2項は、無名・変名の著作物について、その著作者の死亡時期が認識できる場合を各号に掲げ、そのいずれかに該当する場合には前項の基準は適用しない旨を規定する。この場合は、51条2項の死後50年の原則が適用されるとするものである。

- 1号は、変名著作物の変名が、著作者自身のものとして周知のものである場合を挙げる。

- 2号は、公表後50年の期間内に実名登録があった場合を挙げる。
- 公表後50年経過後の登録は、本号実名登録の対象とはならない。

- 3号は、公表後50年の期間内に、著作者がその実名又は周知の変名による著作者名表示をして、その著作物を公表した場合を挙げる。

第2章第4節

- 公表後50年経過後の実名等表示による公表は、本号の対象とならない。

> （団体名義の著作物の保護期間）
> 第53条　法人その他の団体が著作の名義を有する著作物の著作権は、その著作物の公表後50年（その著作物がその創作後50年以内に公表されなかつたときは、その創作後50年）を経過するまでの間、存続する。

- 53条1項は、団体名義の著作物に係る著作権の存続期間の終期について規定する。その著作物の公表後50年を著作権の存続期間とする。
- 団体について死亡時点を認定するのは不可能であり、また、団体の消滅時を基準とすると、半永久的に権利が存続してしまう可能性もあることから公表時を基準とするとしたものである。なお、著作物創作後50年の間に公表されない場合は、創作後50年までを存続期間とする（かっこ書）。公表時が極端に遅くなった場合の不合理を解消するためである。
- 「法人その他の団体が著作の名義を有する著作物」とは、職務著作（15条1項）による著作物なのか、法人が著作権を有しているものなのか等にはかかわらず、公表された名義が法人その他の団体である著作物のことを意味する。具体的創作の事実関係に拘泥することなく、著作者名義により客観的に判断できる基準で保護期間を定めるとするのが本節の基本的な考え方だからである。

> 2　前項の規定は、法人その他の団体が著作の名義を有する著作物の著作者である個人が同項の期間内にその実名又は周知の変名を著作者名として表示してその著作物を公表したときは、適用しない。

- 2項は、団体名義著作物の保護期間内に、その著作物の著作者である個人がが実名等表示をして当該著作物を公表した場合には、前項の保護期間の規定は適用されないことを定める。この場合は、著作者の死後50年の原則（51条2項）に戻るということである。
- 「法人その他の団体が著作の名義を有する著作物の著作者である個人」とは、

著作権法上の著作者でなければならないので、法人等を法上の著作者とする職務著作（15条1項）に係る著作物を実質的に作成した従業員等はこれに該当しない。
- 本項適用を受けるためには、前項期間内に著作者自身が改めて公表する必要があるので、著作権が移転している場合には、著作者が、公表するための具体的権原（著作権者からの出版許諾等）を得る必要がある（加戸408頁）。

> 3　第15条第2項の規定により法人その他の団体が著作者である著作物の著作権の存続期間に関しては、第1項の著作物に該当する著作物以外の著作物についても、当該団体が著作の名義を有するものとみなして同項の規定を適用する。

- 3項は、15条2項で法人等を著作者とする職務著作に係るプログラムの著作物の保護期間について、当該著作物が1項の著作物に該当しない場合（法人等の著作名義を有しない場合）でも、同項の規定が適用される旨を定める。公表名義を判断基準とするのは実態にそぐわないとするプログラム著作物の特性に鑑みた規定である（15条2項解説参照）。
- 「第1項の著作物に該当する著作物以外の著作物」とは、法人等が著作者とされるプログラム著作物のうち、法人等の団体名義でないもの（従業員等の個人名義で公表されたもの）、あるいは公表されていないものを指す。これらについても、公表後50年（未公表なら創作後50年）が適用される。

> （映画の著作物の保護期間）
> 第54条　映画の著作物の著作権は、その著作物の公表後70年（その著作物がその創作後70年以内に公表されなかつたときは、その創作後70年）を経過するまでの間、存続する。

- 54条1項は、映画の著作物の著作権の終期について規定する。その著作物の公表後70年とする。
- 映画の著作物の場合、著作者が多数存在し、その範囲が必ずしも明確とはな

らないことが多いことから、公表時を基準とするものである。
- 著作者が生存中に公表することを前提にした場合、著作者の死亡時を基準とするより公表時を基準とする方がその存続期間が短くなることから、他の著作物より映画著作物が不利に扱われているとする指摘や、保護期間を延長する傾向にある国際的な趨勢を勘案し、平成15年法改正において、公表後50年を70年と改めたものである。

※平成15年法改正により本項は平成16年1月1日に施行されたが、その直前の平成15年（2003年）12月31日に同改正前の旧法下で保護期間が満了することとなる1953年公開の映画について、当該改正法の適用を受けて保護期間の延長が認められるのか否かが裁判で争われた。判決では、一般に経過規定中の「この法律の施行の際現に」という文言が用いられるのは、「新法令の施行日においても継続することとなる旧法令下の事実状態又は法状態が想定される場合に」、これを「新法令がどのように取り扱うかを明らかにするためである」とし、同法改正の経過規定中の同文言についても同様の意味で用いられるものと解すると、「この法律の施行の際」とは、当該法律の施行日を指すこととなり、よって、施行日前日に保護期間が満了する当該映画の保護期間が延長されることはないとされた（最判平19.12.18「シェーン事件」上告審）。ちなみに、保護期間延長を主張した上告人は、その根拠として、①「施行の際」とは、施行直前の時点も含むものであり、施行日の前日まで保護期間が残っている映画も本項の対象となること（施行直前含有説）、②1953年公表映画についても保護期間を延長するのが同法改正における立法者の意図であること（立法者意思説）、を挙げていた。なお、この場合の保護期間の延長の根拠になるものとして、1953年公表映画の旧法下での保護期間満了時（平成15年12月31日午後12時）と、新法施行時（平成16年1月1日午前零時）は、同一の時点であるから、当該映画は、「この法律の施行の際現に」存する著作物に当たるとする説（時点同時説）もあるが、これについては、著作権法の保護期間の場合その満了を把握する基本的な単位は「日」であり、1953年公表映画の保護期間は平成15年12月31日の終了をもって満了するので、翌日の午前零時に著作権が存続していたとする解釈は当たらないとした判決がある（東京地判平18.7.11「ローマの休日仮処分事件」）。

※無名・変名著作物や団体名義著作物はその対象とせず、映画の著作物に限って保護期間延長の対象としたのは、わが国映画コンテンツ（主にアニメーション）関

連業界を優遇する産業戦略によるものであるとされる。

> 2 映画の著作物の著作権がその存続期間の満了により消滅したときは、当該映画の著作物の利用に関するその原著作物の著作権は、当該映画の著作物の著作権とともに消滅したものとする。

- 2項は、存続期間の満了により映画著作物の著作権が消滅すると、その映画で利用されていた原著作物の著作権も、当該映画著作物の利用に関する限りにおいては、同時に消滅することを規定する。映画著作物の著作権の消滅により、原作者の許諾なしに当該映画を自由利用できるようにするいわば映画利用の一体性確保のための規定である。
- 「原著作物」とは、映画に翻案された原作である小説やシナリオ等の著作物をいい、映画中に録音・録画されている音楽や美術の著作物は該当しない。よって、音楽・美術の著作物については、映画著作物の著作権消滅には左右されることなく権利が存続する。これは、映画中の音楽著作物と映画自体の著作物の利用権とは別途管理されている実体や、映画中の美術の著作物については、当初契約で権利処理が完結すると考えられていることなどに起因する。
- 「利用に関するその原著作物の著作権は…消滅したものとする」とは、あくまで、その映画著作物の利用形態についての著作権のみ消滅するということである。

> 3 前2条の規定は、映画の著作物の著作権については、適用しない。

- 3項は、52条及び53条の規定は、映画の著作物の著作権について適用しないことを定める。映画著作物でありかつ無名・変名の著作物又は団体名義の著作物である著作物の場合、その保護期間については、専ら本条規定が適用されるということである。
- 前2条中の例外規定である著作者の死亡時を基準とする規定（52条2項、53条2項）も適用されることはない点留意する。

第2章第4節

> 第55条　削除

> （継続的刊行物等の公表の時）
> 第56条　第52条第1項、第53条第1項及び第54条第1項の公表の時は、冊、号又は回を追つて公表する著作物については、毎冊、毎号又は毎回の公表の時によるものとし、一部分ずつを逐次公表して完成する著作物については、最終部分の公表の時によるものとする。

- 56条1項は、無名・変名の著作物（52条1項）、団体名義の著作物（53条1項）及び映画の著作物（54条1項）の公表時は、冊・号等を追って公表するものは毎冊・毎号等の公表時に、一部分ずつ逐次公表するものは最終部分の公表時によるものとすることを規定する。
- 保護期間の終期の基準となる場合の公表時とはいつのことなのかを、継続的刊行物等の著作物の公表類型別に規定したものである。
- 「冊、号又は回を追つて公表する著作物」とは、継続的・連続的に公表される著作物であって、その都度公表されるものが独立の著作物となっており、最終的な公表がその著作物の内容からは想定されないものをいう。新聞・雑誌等の継続的に刊行される編集著作物のほか、一話完結形式の連続ドラマや連載漫画等が含まれる。これらについては、毎冊、毎号又は毎回の各公表時を「公表の時」とする。
  ※一話完結形式の連載漫画について、判例は、登場人物のキャラクターの著作物性を否定しつつ、「後続の漫画に登場する人物が、先行する漫画に登場する人物と同一と認められる限り、当該登場人物については、最初に掲載された漫画の著作権の保護期間によるべきである」とした（最判平9.7.17「ポパイ・ネクタイ事件」上告審）。
- 「一部分ずつを逐次公表して完成する著作物」とは、逐次刊行される著作物や連続的に公表し最終回に全体が完成される著作物をいう。百科事典や文学全集のほか、全体で一話の連続ドラマなどが該当する。これらについては、

最終部分の公表時を「公表の時」とする。
- 継続的刊行物等の場合であっても、著作者の死後50年の原則規定（51条2項）が適用される場合は公表時が問題とならないため、本項の対象とはなっていない点に留意する。

> 2　一部分ずつを逐次公表して完成する著作物については、継続すべき部分が直近の公表の時から3年を経過しても公表されないときは、すでに公表されたもののうちの最終の部分をもって前項の最終部分とみなす。

- 2項は、前項の「一部分ずつを逐次公表して完成する著作物」について、直近の公表時から3年経過しても次の継続部分が公表されないときは、公表済みの最終部分をもって前項の「最終部分」とみなすとする規定である。
- 公表の間隔が開き過ぎて、保護期間の基準となる最終的な公表時が不当に引き伸ばされる不合理を解消するものである。
- 直近の公表時から3年経過後に公表された継続部分については、別途新たに保護期間が始まる。

> （保護期間の計算方法）
> 第57条　第51条第2項、第52条第1項、第53条第1項又は第54条第1項の場合において、著作者の死後50年、著作物の公表後50年若しくは創作後50年又は著作物の公表後70年若しくは創作後70年の期間の終期を計算するときは、著作者が死亡した日又は著作物が公表され若しくは創作された日のそれぞれ属する年の翌年から起算する。

- 57条は、著作権の存続期間の終期の計算方法について規定する。いわゆる暦年計算主義によるものである。
- 具体的には、著作物によりそれぞれ保護期間の基準とされる、著作者の死亡時（51条2項、52条1項ただし書）、公表時（52条1項本文、53条1項、54条1項）又は創作時（53条1項かっこ書、54条1項かっこ書）の属する日がそれぞれ属する年の翌年の1月1日の午前0時から起算して計算するとする。したがって

この場合、初日不算入の原則は排除される（民140条ただし書）。

※著作者の死後50年の例でいうと、2000年6月1日に著作者が死亡した場合、翌年2001年1月1日から起算することになり、この場合、初日も算入されて2001年の1年間は全て保護期間に計上されるので、2001年に残り49年を足した2050年の12月31日の午後12時をもって保護期間が満了するということになる。

（保護期間の特例）

第58条　文学的及び美術的著作物の保護に関するベルヌ条約により創設された国際同盟の加盟国、著作権に関する世界知的所有権機関条約の締約国又は世界貿易機関の加盟国である外国をそれぞれ文学的及び美術的著作物の保護に関するベルヌ条約、著作権に関する世界知的所有権機関条約又は世界貿易機関を設立するマラケシュ協定の規定に基づいて本国とする著作物（第6条第1号に該当するものを除く。）で、その本国において定められる著作権の存続期間が第51条から第54条までに定める著作権の存続期間より短いものについては、その本国において定められる著作権の存続期間による。

- 58条は、ベルヌ同盟国、WIPO著作権条約締約国又はWTO加盟国である外国を本国とする著作物であって、その本国で定める著作物の保護期間がわが国著作権法上の保護期間より短いものについては、本国の短い保護期間が適用される旨を規定する。
- 本条は、ベルヌ条約、WIPO著作権条約又はTRIPS協定における相互主義規定に従う形で設けられたものであり、保護期間についての例外的規定である。

  ※ベルヌ条約は内国民待遇を全体の基調とするが、著作物の保護期間については、その著作物の本国で定める期間を超えることはないとする相互主義を例外的に採用している（同条約7条(8)）。なお、同様に保護期間についての相互主義を採用するTRIPS協定及びWIPO著作権条約についてそれぞれ締結・加入したことに伴い、平成6年・平成12年の法改正において、WIPO著作権条約締約国又はWTO加盟国を本国とする著作物についても本条の対象とした。

- ベルヌ同盟国等を本国とする著作物であっても、日本国民による著作物であれば本条の適用はない（かっこ書）。
- 「文学的及び美術的著作物の保護に関するベルヌ条約により創設された国際同盟」とはベルヌ同盟のことであり、「著作権に関する世界知的所有権機関条約」とはWIPO著作権条約をいう。また、「世界貿易機関を設立するマラケシュ協定」とはWTO協定のことであり、そこにTRIPS協定が含まれる。
- 本条に関連し、保護期間の特例として、日本国との平和条約（サンフランシスコ平和条約）に基づく特例がある。戦争期間中、日本では連合国民の著作権を保護していないはずだから、その間の期間を保護期間に加算しろというものである。同条約を受けて制定された連合国特例法（連合国及び連合国民の著作権の特例に関する法律）第4条では、昭和16年（1941年）12月7日に連合及び連合国民が有していた著作権は、著作権法に規定する当該著作権に相当する権利の存続期間に、昭和16年12月8日から日本国との平和条約が効力を生じる日の前日までの期間に相当する期間を加算した期間継続するとし、57条の暦年主義の例外となる戦時加算義務を規定している。戦時加算の対象となるのは、昭和16年12月7日に「ベルヌ条約」及び「日米間著作権保護ニ関スル条約」により保護義務を負っていた連合国又は連合国民の著作権とされる。

※ドイツ人作曲家の作品に係る著作権について、1941年12月7日時点に当該著作権についての独占的管理権を有していたのは、英国法により設立された法人である連合国民であったことから、日本での著作権保護期間が戦時加算により延長されるべきとの主張に対し、当該作曲家も当時、その作品について上演等の権利を有しており、また、戦争により英国法人が日本国において著作権を行使し得ない状況下では、日本における同権利の行使権はドイツ人である当該作曲家に認めるのが合理的解釈であるとし、よって、当該作曲家が同年の12月8日以降、日本国で著作権を行使できなかったとは認められないとして、戦時加算を否定した裁判例がある（東京高判平15.6.19「ナクソス島のアリアドネ事件」控訴審）。

第5節　著作者人格権の一身専属性等

> （著作者人格権の一身専属性）
> 第59条　著作者人格権は、著作者の一身に専属し、譲渡することができない。

- 59条は、著作者人格権の一身専属性及び不可譲渡性について規定する。
- 「著作者の一身に専属し」とは、著作者の人格価値を保護する著作者人格権の性格を示すものであり、相続や代理による権利行使（訴訟代理等は除く）の対象とならないことを意味するものである。
  ※ただし、無名・変名の著作物の発行者については、一定の保全行為を認めており（118条1項）、著作者の死後の人格的利益の侵害に対しては、その遺族等に一定の権利行使を認めている（60条、116条）。
- 「著作者」には法人等も該当し、合併の場合も含め法人等の同一性を失うことなく存続する限り著作者の地位を有する。
- 著作者人格権の人格権としての性格については、著作権法固有の人格権ではなく、一般的人格権を母権とする個別的人格権の1つとされる（斉藤145頁）。
- 「譲渡することができない」とあることから、質権の設定や差し押さえもできないことになる。

> （著作者が存しなくなつた後における人格的利益の保護）
> 第60条　著作物を公衆に提供し、又は提示する者は、その著作物の著作者が存しなくなつた後においても、著作者が存しているとしたならばその著作者人格権の侵害となるべき行為をしてはならない。ただし、その行為の性質及び程度、社会的事情の変動その他によりその行為が当該著作者の意を害しないと認められる場合は、この限りでない。

- 60条は、著作物を公衆に提供等する者は、その著作物の著作者が存しなくなった後も、存しているとしたならば著作者人格権の侵害となる行為を原則して

はならないことを規定する。著作者が存しなくなった後の、その著作物利用における当該著作者の人格的利益を保護するための規定である。

- 著作者の一身専属的権利である著作者人格権は、著作者の死亡（消滅）によりその存続の理由がなくなるものともいえるが、著作者の思想・感情を表現した貴重な文化的所産である著作物自体の価値を国民が享受するためには、著作者の人格的利益の尊重は不可欠なものであり、よって、著作者の消滅後についても一定の人格的利益の保護を認めるべきであるとして設けられたものである。
- 「著作者が存しなくなつた」とは、自然人である著作者が死亡した場合のほか、法人等である著作者が解散・消滅等した場合も含むものである。
- 「著作者が存しているとしたならばその著作者人格権の侵害となるべき行為」とは、公表権（18条1項）、氏名表示権（19条1項）若しくは同一性保持権（20条1項）を侵害する行為又は侵害擬制行為（113条）のいずれかに相当する行為をいう。
- 本条の禁止について期間の制限はない。したがって、著作者の死後50年経過等により著作権が消滅した後でも、本条による保護は与えられる。本条は著作者やその遺族の利益保護のみならず、国民全体の利益保護の側面が強い規定だからである。
- 著作者人格権の侵害に相当する行為であっても、その行為の性質・程度、社会的事情の変動その他によりその行為が著作者の意を害しないと認められる場合は、本条の禁止の対象とならない（ただし書）。時代の変化等を考慮し、現存の著作者への保護との合理的な差異を認めるものである。
- 「行為の性質」とは、当該行為における侵害者の主体性や積極性等を、「《行為の》程度」とは、著作者人格権侵害に係る複製物等の数量や頒布期間の長さ等を、「社会的事情の変動」とは、著作物において使われる用字・用語の変化や、一定の行為・思想などに対する社会的評価や価値観の変化等をそれぞれ指すものであり、また、「その他」として、遺言がある場合のその内容等が挙げられる。これらの観点から、当該行為が著作者の意を害するものか否かの判断がなされることになる。
    ※個人に宛てた手紙の受取人らが、その差出人（三島由紀夫）の死後にその遺族の許諾を受けずに当該手紙を公表したことについて、本項ただし書の適用対象とな

るか否かが問われた裁判例では、「本件各手紙がもともと私信であって公表を予期しないで書かれたものであることに照らせば…本件各手紙の公表が三島由紀夫の意を害しないものと認めることはできない」とし、その適用が否定された（東京高判平12.5.23「剣と寒紅事件」控訴審）。

第6節　著作権の譲渡及び消滅

（著作権の譲渡）
第61条　著作権は、その全部又は一部を譲渡することができる。

- 61条1項は、著作権の譲渡について規定する。財産権の1つである著作権の譲渡性を確認的に規定するとともに、権利全体のみならずその一部についても譲渡可能であることを明示するものである。
- 「一部を譲渡」という場合、著作物の利用態様に応じた支分権ごとの譲渡のほか、内容、場所又は時間による制限付の分割譲渡も概念し得る。
- 支分権の概念としては、著作権として法上規定される具体的な権利である複製権（21条）や上演権・演奏権（22条）等として捉えることができるほか、より具体的行為についての、録音権・録画権・印刷する権利等として、更には、複数の二次的利用がなされている場合の各利用権（例えば、A、B 2つの映画に利用されている小説の著作権について、それぞれの映画についての二次的利用権が個別に譲渡可能である。）として捉えることも可能である。ただし、ある具体的行為が、いずれの支分権を侵害するのか判別できないような分割の仕方は認められないと解する。
  ※内容による制限付移転としては、楽曲使用の許諾権のうち、演劇上演に係るものについては自己に保留できるとする権利付与契約が認められた例がある（東京地判昭54.8.31「ビートル・フィーバー事件」）。
  ※テレビ用特撮映画に係る放送権の譲渡契約について、有線放送権及び衛星放送権（当該契約書には、これらについて特に明記はない）がその譲渡対象の範囲に含まれるか否かが争われた事案では、当該契約が当該作品に係る著作権に加える制

限は重大なものであることから、その対象範囲は厳格に解し、一定以上の疑問が残るものについては範囲に入らないとするのが立法趣旨に合致する契約解釈であるとし、譲渡人より譲受人の方が有利に契約内容を決められる強い立場にあったにもかかわらず、有線放送等について明記されていない当該契約においては、有線放送権及び衛星放送権は譲渡対象範囲から外れると解するのが相当であるとされた（東京高判平15.8.7「快傑ライオン丸事件」控訴審）。これは、交渉力に勝りかつ放送に関する契約にも通じている譲受人（放送に関連する業務を行う大手株式会社）側が譲渡対象を明確にしない限り譲渡人（契約当時資金繰りに窮していたテレビ番組等の製作会社）に有利な解釈がなされるとすることで、契約内容の明確化と紛争の予防の促進を図った判決であると解することができる（百選4版143頁）。なお、同判決では、契約締結当時に施行されていなかった衛星放送の権利について、将来発生する放送形態を含めた契約内容とすることは可能であったはずとし、契約書にそのような記載がない以上衛星放送権の譲渡も認められないとしたが、それとは逆に、実演家の送信可能化権が創設される前にレコード会社と原盤に係る一切の権利についての譲渡契約を交わした実演家に、その送信可能化権が帰属するのかどうか確認が求められた事案では、当該権利も譲渡対象であるとしてその帰属が否定された（東京地判平19.4.27「HEAT WAVE事件」）。これは、映像ビジネスと音楽ビジネスの取引実態の違いに起因するものとも考えられるが（百選4版141頁）、著作権等の一部譲渡と全部譲渡の場合の当事者の意思解釈の違い（権利帰属の境界線を画すべきとする意思と、全部帰属させんとする意思）によるものとも考えられる（百選4版143頁）。

※上記「HEAT WAVE」事件では、契約における「一切の権利」にその締結後に創設された実演家の送信可能化権まで含まれるのか否かについては、「契約解釈の手法に則り、①本件契約の文言、各条項の関係、②契約締結当時における音源配信に関する状況、③契約締結当時における著作権法の規定、④業界の慣行、⑤対価の相対性等の諸事情を総合的に考慮して判断するのが相当である」と判示する。

- 時間による制限としては、期限付き譲渡が典型である。
- 場所による制限としては、利用行為地ごとの分割譲渡が考えられる。ただし、本法規定の著作権は原則的にわが国での著作物利用についてのものなので、日本と外国で利用地を分け、著作者が条約により原始的に有する外国の著作

権を個別に譲渡することは（可能ではあっても）、本項が規定する（わが国の）著作権の一部譲渡とは次元が異なる話ということになる。一方、わが国法域内での地域による分割について、財産権としての独立価値性や権利者の確定性を損なう等の問題を孕むため、これを認めるべきではないとする見解がある（加戸438頁）。

- この他、共有著作権の持分譲渡も可能である（ただし、他の共有者の同意を要する）。この場合、共有著作権の支分権ごとの分割が可能であり、また、例外的に目的物自体の分割が可能な場合もあり得る。しかし、共有著作権が共同著作物に係る場合には、持分譲渡は可能でも、分離利用ができないことから（2条1項12号）その分割は不可能である（ノウハウ172頁）。
- 著作権の移転は、登録が第三者対抗要件とされる（77条1号）。
- プログラム開発委託契約に見られるような継続的取引関係における著作権の譲渡契約等が解除された場合には、既存の法律関係や当事者の合理的意思解釈等を考慮し、将来に向かってのみその（解除の）効力を有するとされる（知財高判平18.8.31「システムK2事件」控訴審）。

> 2　著作権を譲渡する契約において、第27条又は第28条に規定する権利が譲渡の目的として特掲されていないときは、これらの権利は、譲渡した者に留保されたものと推定する。

- 2項は、著作権譲渡契約において、翻訳権、編曲権、変形権若しくは翻案権（27条）又は二次的著作物の利用に関する原著作者の権利（28条）が、譲渡対象の権利として特掲されていないときは、これらは譲渡人側に留保されたものと推定する旨の規定である。
- 著作権譲渡の画一的契約約款において譲受人側が定める一方的な取決めから、弱者である著作権者を保護することを念頭に置いた規定であるが、文理上、対等な当事者間での自由意思に基づく譲渡契約についても適用はされる。
- 具体的には、雑誌等の懸賞募集において「応募作品の著作権は当社に帰属する」という応募要項がある場合などには、翻訳や映画化等の権利はその「著作権」には含まれず、原権利者側に残ることを推定する規定である。
- 本項で留保が推定される権利とは、27条規定の翻訳権、編曲権、変形権及び

翻案権、並びに28条規定の二次的著作物の利用に関する原著作者の権利である。これらは、契約時において必ずしも予測し得ない付加価値を生み出す権利であり、原権利者が想定する利用態様から外れる可能性のある内容のものであるため、明白な譲渡意思がない限り、原権利者側に残るとされたものである。

- 「特掲され」とは、具体的に「翻訳権」とか「映画化権」といった文言により譲渡対象が特記されることであり、単に「著作権」や「全著作権」といった表現による場合は該当しない。
- 「留保されたものと推定する」とは、反証のない限り原権利者に帰属したままとすることであり、逆にいえば、上記「特掲」がない場合であっても、契約趣旨や譲渡人側の態度等から、翻案権等についての譲渡意思が合理的に判断し得る場合には、それを証明することで推定を覆すことも可能だということである。
  ※プログラムの著作権の譲渡契約において、翻案権の譲渡について特掲されていなくとも、当該プログラムの将来における改良について主体的に責任をもって行うのは譲受人であることが当然の前提となっていたこと等が事実として認定されるとし、翻案権についても譲渡の合意があったものと認めた判決例がある（知財高判平18.8.31「システムK2事件」控訴審）。

（相続人の不存在の場合等における著作権の消滅）
第62条　著作権は、次に掲げる場合には、消滅する。

- 62条1項は、本項各号に該当する場合には、著作権が消滅することを規定する。
- 著作権の権利帰属主体が存しない場合に、その権利を国庫に帰属させるより、消滅させてその著作物を広く一般に利用させるのが文化の発展に資すると考えられることから設けられた規定である。

　一　著作権者が死亡した場合において、その著作権が民法（明治29年法律第89号）第959条（残余財産の国庫への帰属）の規定により国庫に帰

第2章第6節

> 属すべきこととなるとき。

- 1号は、著作権が消滅するケースとして、著作権者の死亡により民法959条の適用を受け、著作権が国庫に帰属すべきこととなる場合を挙げる。
- 「著作権者の死亡」とあるので、この場合の著作権者は自然人である。
- 「民法954条の規定」とは、相続人、相続債権者・受遺者及び特別縁故者がいない場合、あるいは、これらの者に分与された後に著作権の一部が残った場合に、その残余財産は国庫に帰属するという内容の規定である。

> 二　著作権者である法人が解散した場合において、その著作権が一般社団法人及び一般財団法人に関する法律（平成18年法律第48号）第239条第3項（残余財産の国庫への帰属）その他これに準ずる法律の規定により国庫に帰属すべきこととなるとき。

- 2号は、著作権が消滅するケースとして、著作権者である法人が解散した場合に、「一般社団法人及び一般財団法人に関する法律」等の規定によりその著作権が国庫に帰属することとなる場合を挙げる。
- 「一般社団法人及び一般財団法人に関する法律」の239条では、解散した一般法人の残余財産の帰属について、定款の定めによること（同条1項）、それで定まらないときは清算法人の社員総数又は評議会の決議で定めること（同条2項）、更にそれでも定まらないときは国庫に帰属すること（同条3項）が規定されている。
- 「その他これに準ずる法律の規定」とは、各種の法人関係の法律規定のことであり、例えば、「労働組合法」13条の10では、解散した労働組合の残余財産について、規約（同条1項）・総会決議（同条2項）で処分が定まらないときは、国庫に帰属することが規定されている（同条3項）。

> 2　第54条第2項の規定は、映画の著作物の著作権が前項の規定により消滅した場合について準用する。

- 2項は、映画著作物の著作権が存続期間の満了により消滅した場合に、その

映画の利用に関する原著作物の著作権も消滅するとした54条2項の規定を、相続人不存在等による映画著作物の著作権の消滅の場合にも準用することを規定する。

- この場合、映画化された原作品である小説等の、その映画の著作物としての利用に関する権利に限って消滅することとなる。詳細は54条2項を参照されたい。

第7節　権利の行使

> （著作物の利用の許諾）
> 第63条　著作権者は、他人に対し、その著作物の利用を許諾することができる。

- 63条1項は、著作権者が、他人に、当該著作物の利用許諾をすることができる旨を規定する。
- 各種著作権について規定する21条ないし28条においては、著作者が各条で定める利用行為についての権利を「専有する」と規定するが、この意味は、著作者自らその利用行為を行い得ることのほか、他人に無断でその利用行為をされることはないということ、つまり、無断で当該利用をする者に対し権利行使ができるということを指す。現実の著作物利用の場面で問題となるのは、著作権者以外の者が当該利用をする場合が大半であることからすると、後者の意味がより重要であるといえる。これについて、「著作権の対象は情報であり、情報の特殊性から著作権の実体は《独占権というより》禁止権であるといえる。」との解説もなされる（中山329頁）。本項は、著作権者が、その他人の利用行為を正当化する意思表示である「許諾」についての権能を有することを規定したものである。
- 本項により許諾を得た者は、その著作物利用について権利行使を受けないという債権的な地位を獲得するが、他人の当該著作物利用に対しては何ら権利行使はできず、著作権を譲り受けた場合や出版権の設定を受けた場合のよう

な物権的効果は生じない。
  ※ただし、特許権についての独占的通常実施権と同様の独占的利用許諾契約を締結することは可能であり、これは、当該許諾を得た者A以外には利用許諾をしないという特約が付されるものであるので、この場合、著作権者が別の第三者Bに利用許諾をしたときには、Aは、著作権者に対し債務不履行による損害賠償請求をすることができる。また、第三者Cが無断でその著作物利用をした場合には、AはCの利用行為を差止めるよう著作権者に請求することが可能であり、それに対し著作権者が対応しない場合には、Aは債権者代位権（民423条）を行使して、Cに直接差止請求することも可能であると解する。
- なお、本項の利用許諾について、登録制度は設けられていない。

> 2　前項の許諾を得た者は、その許諾に係る利用方法及び条件の範囲内において、その許諾に係る著作物を利用することができる。

- 2項は、前項の著作物利用の許諾を得た者は、許諾された利用方法及び条件の範囲で、当該著作物の利用ができることを規定する。
- 「許諾に係る利用方法」とは、利用態様（印刷・録音・録画等）、利用部数、利用回数、利用時間、利用場所等のほか、複製媒体の種類等までも含めて具体的に許諾された利用内容のことをいう。
- 「許諾に係る条件」とは、利用対価の支払条件や優先利用の特約条件等の各種条件をいう。
- 契約の範囲外での利用行為（例えば、複製についてのみの契約なのに公衆送信する等）は契約違反であり債務不履行責任が生ずるが、それと同時に著作権侵害も構成する。一方、契約した利用行為の範囲での利用ではあるが、その利用条件において契約に反した場合（例えば、数量制限の違反や複製物の譲渡先限定違反等）は、著作権侵害とはならず、単に契約上の債務不履行の問題とされる。著作権侵害となるか否かは、その契約における利用方法・条件が著作権の本来的内容なのか権利行使上の付加条件なのかを勘案し判断されるべきである。
- 著作物利用許諾契約も、一般の契約と同様に、その解釈は当事者の意図していた経済的・社会的目的に適合するよう解するべきであり、当事者が具体的

に定めた事項を基準とする狭義の契約解釈のほか、慣習・慣行、任意法規、条理・信義則等を基準とする補充的解釈、更には、不合理な合意内容を合理的な内容に修正する修正的解釈も行われる。

※映画著作物の二次的利用の解釈をめぐって、当該映画の脚本家兼監督が、日本映画製作者連盟（映連）会員各社と日本映画監督協会との間で合意された覚書等が映画業界の慣行であると主張し、二次的利用について当該覚書等に従って算出された賠償金等を映連非加入の映画製作者らに対し請求した事案で、裁判所は、当該覚書等は、関係団体加入者以外の者に直接の拘束力を及ぼすものではなく、業界の慣行・慣習とは認められないとし、契約当時の映画製作の実態に即した別の判断を下した（東京高判平10.7.13「スウィートホーム事件」控訴審）。アニメ作品についての類似の事案では、声優と音声製作会社との間で交わされた出演契約等の解釈について、日本俳優連合、日本音声製作者連盟及び日本動画製作者連盟で合意された協定に従う旨の明示的合意がなくとも、契約当事者が当該協定に従う意思で契約を締結したと認められる事情があれば、当該協定に従った契約内容であるとする補充的解釈が認められるとされた（東京高判平16.8.25「アニメ声優事件」控訴審）。

> 3　第１項の許諾に係る著作物を利用する権利は、著作権者の承諾を得ない限り、譲渡することができない。

- 3項は、著作権者の許諾による著作物を利用する権利は、その著作権者の承諾がなければ譲渡できないことを規定する。
- 債権である「著作物を利用する権利」の譲渡性（民466条）を前提としつつ、利用者如何によりその価値が変動し収益にも影響するという著作物の特性に配慮し、著作権者の承諾を譲渡の条件としたものである。
- 承諾を得て譲渡がなされる場合、当初の利用許諾における利用方法・条件等も含めて移転することになる。

> 4　著作物の放送又は有線放送についての第１項の許諾は、契約に別段の定めがない限り、当該著作物の録音又は録画の許諾を含まないものとする。

- 4項は、著作物の放送又は有線放送について1項の利用許諾がされた場合は、別段の定めがない限り、録音・録画の許諾は含まないことを規定する。
- 今日なされている放送の態様においては、事前に録音・録画されるものが大半であり、ともすると、放送の許諾を得れば録音・録画についても認められるとする放送事業者に有利な解釈がなされるおそれがあることから、立場の弱い著作権者を保護するために設けられた規定である。
- CATV等の普及により、有線放送においても、放送と同様に固定後の送信が通常となってきたことから、昭和61年法改正で、有線放送も本項対象とされた。
- 本項は推定規定ではなく、また、「契約に別段の定めがない限り」とあることから、録音・録画について黙示の了解があっても、許諾の効果は生じないことになる。この場合、録音・録画の許諾について別途明確な法的根拠を得る必要がある。
- 本項の性格について、弱者（著作権者）保護のための強行規定であるとされるが（加戸452頁）、実質的に見た場合、放送等に係る録音・録画の必要性や別段の定めの自由度などから、強行法規と解して本項の趣旨を貫くことは必ずしも実情に合わないとの見解もある（中山330頁）。
- なお、本項規定にかかわらず、放送・有線放送の許諾を得た放送事業者等は、44条1項・2項の一時的固定をすることはできる。

> 5 著作物の送信可能化について第1項の許諾を得た者が、その許諾に係る利用方法及び条件（送信可能化の回数又は送信可能化に用いる自動公衆送信装置に係るものを除く。）の範囲内において反復して又は他の自動公衆送信装置を用いて行う当該著作物の送信可能化については、第23条第1項の規定は、適用しない。

- 5項は、著作物の送信可能化について1項の許諾を得た者が、許諾された利用方法等の範囲で反復し又は他の自動公衆送信装置により行う送信可能化については、公衆送信権の行使を受けないことを規定する。
- 著作物の送信可能化の許諾において付される「送信可能化の回数」又は「送信可能化に用いる自動公衆送信装置」に係る条件について違反したとしても、

それは契約違反に止まり、著作権侵害とはならないことを明確にする規定である。「送信可能化」行為の本質は、アップロードの回数や用いた装置の如何にあるのではなく、その行為により自動公衆送信が可能となる状態が形成されることにあるのだから、例えば、自動公衆送信装置の点検上の必要性から、ネットワークとの接続行為を反復したり他の装置を用いたりする場合にまで、回数や装置の条件違反を根拠に公衆送信権の侵害であるとするのは妥当でないとの解釈によるものである。

- 「送信可能化の回数又は送信可能化に用いる自動公衆送信装置に係るものを除く」とあるのは、許諾契約で交わされたもののうち、これら回数又は装置に係る条件以外の利用方法・条件に従う限り（侵害に問われない）、ということを示すものである。
- 送信可能化について1項の許諾を得た者が、その回数又は装置に係る条件に違反した場合は、当該許諾契約についての債務不履行責任を負う。

（共同著作物の著作者人格権の行使）
第64条　共同著作物の著作者人格権は、著作者全員の合意によらなければ、行使することができない。

- 64条1項は、共同著作物の著作者人格権の行使について、著作者全員の合意を要することを規定する。
- 共同著作物における著作者の人格的利益は不可分一体であると捉えるべきものであることから、各自が個別に人格権の行使をすることのないよう、著作者人格権の行使には著作者全員の合意を要するとしたものである。これについては、各共同著作者間において、人格権が抵触することのないようにするためとの解釈もなされる（中山411頁）。
- 「著作者全員」とは生存する著作者全員のことであり、死亡した著作者の遺族等の合意は不要である。著作者人格権が著作者一身に属するものであることからすれば当然である。
- 「合意」とは、一定の法律行為について形成的効果を与える意思表示とされ、他人の行為に対する肯定の意思表示であってその他人の行為に法律効果を生

じさせる「同意」とは区別される（加戸455頁）。個々の当事者の主体的意思表示により当事者の全体としての意思が合致する場合が「合意」となる。
- 本項にいう著作者人格権の「行使」とは、積極的行使（未公表著作物の公表、氏名の表示、著作物の改変等）のことである。つまり、これらを著作者自らが行う場合、又は他人が行うのに同意を与える場合には、著作者全員の合意を要するということであって、著作者人格権侵害に対する権利保全のための消極的行使についてまで全員の合意を要求するものではない。117条1項では、差止請求については各自単独でなし得るとする（著作者人格権侵害の場合、損害賠償、名誉回復措置の単独請求については解釈の余地がある）。
- 「行使することができない」とは、不作為義務を規定したものではなく、著作者人格権行使についての法律行為が不成立であることを示すものである。
 ※例えば、共同著作物について他人が行う改変等について、当該著作物の全著作者がその改変等に同意する意思を示すならば、その他人にその改変等をなし得る権利が発生したと観念することができる。私法においては、一定事実（法律要件）により、一定の権利の変動（法律効果）が生じるという形で法規が存在するが、法律行為とは、法律要件のうち当事者の意思表示を重要な要素とするもの（契約等）をいう。よってこの場合、改変等への同意意思を示した契約があれば、それが法律行為（法律要件）であり、その結果としての、当該他人に与えられた改変等できる権利の発生が法律効果である。合意不成立のままでの単独同意は、著作者の意思表示とはならないため、改変等できる権利発生という法律効果の原因となるべき法律要件としての法律行為にはならないということである。本項は、合意によらず一の著作者が単独で同意を与えること自体を禁ずる規定ではないが、この場合、著作者人格権に基づく同意とはならないので、その他人の行為は著作者人格権を侵害するものとなり得る。

2　共同著作物の各著作者は、信義に反して前項の合意の成立を妨げることができない。

- 2項は、共同著作物の著作者人格権行使に必要な前項の合意について、各著作者は信義に反してその成立を妨げてはならないことを規定する。
- 一の著作者の恣意的な判断等により、著作者人格権の健全な行使が妨げられ

るのを回避するための規定である。
- 「信義に反して」とは、著作者間で交わした正当な約束事を一方的に破るなどの信頼関係を損なう行為によって、あるいは、悪意や嫌がらせなどの倫理に反する目的によって、といった意味である。著作者人格権は著作者の主観により左右される権利なので、合意成立の妨げについて、65条3項のような「正当な理由」の疎明を要件とはせず、信頼や倫理観を損なうものでないことを要件としたものである。この場合、信義に反していることの立証責任は合意を求める側にあるので、妨げる側に立証責任を負わせる65条3項の場合に比べると合意成立協力義務の度合いが低く、各著作者の主観が尊重された規定ぶりになっているといえる。
- 「妨げることができない」とあるのは、前項の「行使することができない」のような法律行為の不成立を意味するものではなく、「してはならない」という一種の不作為義務を表すものに過ぎないので、仮に一の著作者が信義に反して合意を妨げた場合でも、それにより形式的に合意は成立しないものとなってしまう。この点、民法では、裁判を以って債務者の意思表示に代えることができる旨が規定されており（民414条2項ただし書）、また、それを受けて民事執行法では、そのような意思表示の擬制について規定が置かれているので（民執174条1項）、信義に反し合意を妨げる著作者に対し、合意形成への意思表示を命ずる判決を求めて訴訟を提起すれば、判決確定により原則確定時にその意思表示が擬制されることになって合意成立とすることが可能である。

> 3　共同著作物の著作者は、そのうちからその著作者人格権を代表して行使する者を定めることができる。

- 3項は、共同著作物の著作者において、著作者人格権を行使する代表者を定めることができる旨を規定する。権利行使の際の便宜を図るものである。
- 代表者が定められることにより、その代表者は、全員の合意があったものとして権利行使をすることができる。

> 4　前項の権利を代表して行使する者の代表権に加えられた制限は、善意

> の第三者に対抗することができない。

- 4項は、前項で定められる代表者の代表権に加えられる制限は、善意の第三者に対抗することができないことを規定する。
- 代表権に制限が付されていることを知らずに、代表者に正当権限があると信じてその同意に基づく行為をした第三者に対しては、その制限違反を理由とする無効の主張等はできないとするものであり、善意の第三者保護のための規定である。一種の表見代理の効力を認めたものとされる（加戸457頁）。
  ※表見代理制度とは、本人と特殊な関係にある無権代理人を真実の代理人と誤信して取引した相手方を保護するもので、取引の安全を図るために、その無権代理行為について本人に対し効力を生じさせる制度をいう（民109条、同110条、同112条）。
- 「善意の第三者」とは、当該代表者の代表権に制限が付いていることを知らない第三者である。制限付きであることを知って当該制限に反する代表者の同意に基づく行為をした第三者は、著作者人格権を侵害したものとされ得る。
- 本項は、第三者に対する効力を規定したものであり、代表者が制限を無視して権利行使した場合に、他の共同著作者が代表者に責任追及することは認められる。

> （共有著作権の行使）
> 第65条　共同著作物の著作権その他共有に係る著作権（以下この条において「共有著作権」という。）については、各共有者は、他の共有者の同意を得なければ、その持分を譲渡し、又は質権の目的とすることができない。

- 65条は、数人で所有権以外の財産権を有する準共有（民264条）に当たるとされる著作権の共有のケースについて、共有著作権の行使や著作物利用の特殊性等を考慮し、原則的に適用される民法の共有に関する規定（民249条～264条）の特例を設けたものである。

- 1項は、共有著作権に係る各共有者は、その持分を譲渡し、又は質権の目的とするには、他の共有者の同意を要することを規定する。民法上、持分権の譲渡について明文規定はないが、当然に持分権の譲渡は自由であるとされており、本項はその特例的規定である。
- 本項の趣旨は、著作権の共有者の連帯性確保のためとされるが、具体的には、共有著作権の積極的行使は全共有者の合意によらなければならないとされることから（2項）、円滑な権利行使のためには、一の共有者の変更について他の共有者の了解を得る必要があるとするのが妥当であるとして設けられたものである。なお、特許法においても、共有に係る特許権の持分譲渡等には他の共有者の同意を要するとされ（特73条1項）、この場合、投下資本や実施する技術者いかんにより他の共有者の持分の経済的価値に影響を与えるためといった理由付けがなされるが、これは、各共有者が原則他の共有者の同意なしで実施できる（同2項）とされることから付される理由であり、実施に全員の合意を要する共有著作権の場合、その合意における契約で実施条件の制限等を加えることができるため、そのような理由付けはなされない。
- 「他の共有者」とは、他の共有者全員のことである。
- 「譲渡し、又は質権の目的とする」場合とは、持分の移転が関わる場合であるが、移転先が明らかである相続その他一般承継の場合は同意を要しない。また、他の共有者の不利益とならない持分放棄も自由にできる。なお、差押え後の強制執行による持分の移転については、共有者の意思による移転ではないので本項の適用対象外であるとされるが（加戸460頁）、換価手続においては他の共有者の同意を要するべきとの主張がある（中山191頁）。

> 2　共有著作権は、その共有者全員の合意によらなければ、行使することができない。

- 2項は、共有著作権の行使には、共有者全員の合意を要することを規定する。
- 民法規定によると、共有物については、各共有者が持分に応じた使用をすることができるとされ（民249条）、原則、持分の価格に従い過半数でその管理に関する事項が決せられるとされるが（民252条）、本項はその特例的規定である。

第2章第7節

- 権利行使について共有者全員の「合意」を要件とする理由については、著作物が文化的所産であることから多数決はなじまず、一体的利用を確保すべきだからとする説明のほか、著作物が情報財であることから、一の共有者の利益状況が他の共有者の利用行為により影響を受ける可能性があり単独利用は認めるべきではないからとする説明もなされる（中山193頁）。
- 「合意」については、前条1項の解説を参照されたい。
- 本項おける著作権の「行使」とは、複製や公衆送信等の著作物利用としての積極的行使（主に利用許諾）のことであり、著作権侵害に対する差止請求等の保存行為は含まない（117条参照）。

> 3　前2項の場合において、各共有者は、正当な理由がない限り、第1項の同意を拒み、又は前項の合意の成立を妨げることができない。

- 3項は、著作権が共有に係る場合の各共有者は、正当な理由なしに、持分譲渡等に係る同意（1項）を拒み、又は共有著作権行使に係る合意（2項）の成立を妨げることができないことを規定する。
- 一の共有者の恣意的判断により、持分の譲渡や権利行使が不当に妨げられるのを防ぐための規定である。
- 「正当な理由がない限り」とあるのは、同意を拒み又は合意を妨げるには正当理由の存在が必要であり、その立証責任はその拒み又は妨げる者の側にあるということを意味する。この点、共有著作権の各共有者には、共同著作物の著作者人格権行使の場合の合意成立協力義務より強い協力義務が課されているといえる（前条2項解説参照）。
- 「正当な理由」としては、譲受人の信用に問題がある場合や、出版権設定に係る出版社が財政上困難な状況にある場合などが考えられる。
  ※共有著作物について、一部の共有者が他の共有者の持分譲渡への同意を拒むことが正当化されるか否かは、その譲渡先への譲渡後に当該著作権を一体的に行使・利用することに支障が生じないか、つまりその譲受人が、背信的な権利行使や、既存の共有者の権利行使に対する合意の拒否等を行う可能性により決せられるとされる。学説上「正当な理由」が認められる具体的事情として、①譲受人が信用のおけない人物である場合、②譲渡前に譲受人による当該著作権の侵害があっ

た場合、③譲受人と紛争状態にある場合、④譲受人が著作権が共有に係ることを認めず、自らが単独の著作権者となることを前提にしている場合、⑤譲受人が譲渡後に著作権の行使をする意思のないことが明らかな場合、⑥譲渡対象の持分について同額による買取又は質権付融資の申出を自ら行うか、あるいは第三者に申出をさせている場合、が挙げられる（百選4版153頁）。一方、裁判例では、「口頭弁論終結時において存在する諸般の事情を比較衡量した上で、共有者の一方において権利行使ができないという不利益を被ることを考慮してもなお、共有著作権の行使を望まない他方の共有者の利益を保護すべき事情が存在すると認められるような場合に、『正当な理由』があると解するのが相当である」とされた（東京地判平12.9.28「戦後日本経済の50年事件」）。

- 本項の「拒み…妨げることができない」とあるのは、前条2項と同様に一種の不作為義務を規定するものであり、この場合も正当理由なしに拒む者等については、民法414条及び民事執行法174条の適用により同意の意思表示等の擬制を得ることが可能である（65条2項解説（→295頁）参照）。

4　前条第3項及び第4項の規定は、共有著作権の行使について準用する。

- 4項は、共同著作物の著作者人格権行使のための代表者の定め（64条3項）、及び、当該代表者の代表権に付される制限の対抗力の限界（同4項）についての規定は、共有著作権の行使について準用することを規定する。
- 詳細は前条3項及び4項（→293・294頁）の解説を参照されたい。

（質権の目的となつた著作権）
第66条　著作権は、これを目的として質権を設定した場合においても、設定行為に別段の定めがない限り、著作権者が行使するものとする。

- 66条1項は、著作権を目的として質権の設定をした場合でも、原則、著作権者がその著作権を行使するものとする旨規定する。
- 著作権を目的とする質権は権利質に該当するが、権利質についてはその性質に反しない限り、民法の動産質や不動産質の規定が準用されることとなる（民

362条1項・2項)。したがって、質権の目的物についての使用収益権能については、質権者が原則的に使用・収益をすることができるとした不動産質に関する民法356条を準用するのが通常の形式的な扱いといえるが、本項は、著作権の特殊性を考慮し、それに対する特例的規定を明文化したものである。

- 本項の趣旨は、質権の目的とされる著作権について、より有効な著作物利用を図ることである。当該著作物を適切に利用できるのは、通常、著作権者側であり、その利用による収益からの弁済を受けることが質権者の便宜であることからも、その著作権行使を著作権者に認めることとしたものである。
- 「設定行為に別段の定めがない限り」とあることからも、当事者間の契約によって、当該著作権行使の主体や範囲について別段の内容とすることができる。
- この場合の「行使」とは、使用収益に当たる積極的行使（自身での利用や利用許諾等）を指すものであるが、権利保全のための消極的なもの（差止や損害賠償請求等）についても著作権者が行使することができる。

> 2　著作権を目的とする質権は、当該著作権の譲渡又は当該著作権に係る著作物の利用につき著作権者が受けるべき金銭その他の物（出版権の設定の対価を含む。）に対しても、行なうことができる。ただし、これらの支払又は引渡し前に、これらを受ける権利を差し押えることを必要とする。

- 2項は、著作権を目的とする質権は、その著作権譲渡等につき著作権者が受けるべき金銭等に対しても、事前差押えを条件に、行ない得ることを規定する。
- 担保の目的物が滅失等した場合に、目的物の所有者の受けるべき金銭等に対しても担保物権を行使し得るとする物上代位の規定（民304条等）を、著作権を目的とする質権についても認める規定である。
- 著作権行使による収益等についても権利の効力を認めることで、質権を実行あらしめようとする規定である。
- 「著作権者が受けるべき金銭その他の物（出版権の設定の対価を含む。）」には、著作権譲渡や出版権設定、あるいは著作物利用許諾等に係る対価のほか、著作権侵害に対する損害賠償金なども含まれる。

- 物上代位が認められるためには、著作権者が該当する金銭等の支払又は引渡しを受ける前に、これらを受ける権利を差し押さえることが要件となる（ただし書）。当該著作権者が受けるべき金銭等が著作権者の一般財産に混入した後に質権者の権利行使を認めると、その著作権者に対する他の一般債権者の利益と衝突する可能性があるからである。

  ※物上代位の要件としての差押え（民304条1項ただし書）が、目的物の特定性を維持し債務者の一般財産への混入を防ぐことにあるとする説によると、本項の差押えの主体は、本項の質権者以外の債権者であっても構わないこととなる。

第8節　裁定による著作物の利用

> （著作権者不明等の場合における著作物の利用）
> 第67条　公表された著作物又は相当期間にわたり公衆に提供され、若しくは提示されている事実が明らかである著作物は、著作権者の不明その他の理由により相当な努力を払つてもその著作権者と連絡することができない場合として政令で定める場合は、文化庁長官の裁定を受け、かつ、通常の使用料の額に相当するものとして文化庁長官が定める額の補償金を著作権者のために供託して、その裁定に係る利用方法により利用することができる。

- 67条1項は、公表等された著作物は、著作権者の不明等の理由で相当な努力によっても著作権者との連絡が取れない場合には、一定条件の下、文化庁長官の裁定及び補償金の供託により、当該裁定に係る利用方法による利用をすることができる旨を規定する。

- 利用許諾を求める相当な意思がありながら、権利者不明等により違法な著作物利用しかできない利用者、及びそのような利用により保護が蔑ろにされる権利者の不都合を解消するための規定であり、行政庁の裁定及び補償金供託をもって利用者及び権利者の利益を確保し、延いては有効な著作物利用による社会全体の利益を図ろうとするものである。

第2章第8節

- この場合対象となる著作物は、「公表された」もの、又は「相当期間にわたり公衆に提供され、若しくは提示されている事実が明らかである」ものである。前者は4条規定を満たすものなので公表権の問題が生じることはなく、後者についても、現実に一般へ提供等されているものであれば、その内容は既知となっており著作者の人格的利益の損失は少ないと考えられるため、いずれも本条の対象とされたものである。なおこの場合、前者後者のいずれについてもその事実を疎明する必要がある（施行令8条2項2号）。

- 「政令で定める場合」とは、権利者捜索のために利用者が払うべき「相当な努力」、すなわち、権利者情報（著作権者の氏名又は名称及び住所又は居所その他著作権者と連絡するために必要な情報）を得るために、①文化庁長官が広く権利者情報を掲載していると認定した資料等の閲覧、②文化庁長官が広く権利者情報を保有していると認定した者に対する照会、③日刊新聞紙への掲載等による公衆への権利者情報の提供の要求、のすべての措置を行い、かつ、これにより得た情報その他の情報に基づいて著作権者と連絡する措置をとること、をしたにもかかわらず当該著作権者と連絡することができなかった場合である（施行令7条の7第1項）。当該要件は、経済財政改革の基本方針2007等における、主にデジタルコンテンツを対象とした権利者不明の場合の著作物等利用の円滑化の要請に答えるために、67条の2及び103条の改正とあわせて、従来からの要件である「相当な努力」の内容を政令により明確化するよう改められたものである（平成21年法改正）。これにより、従来の厳し過ぎる裁定制度の要件緩和を図ったのであるが、依然として要件が厳しいことには変わりなく、ネット社会における情報流通の促進に資するのは難しいとの指摘もある。

- 本項規定による裁定の法的性質については、行政庁が著作権者に代位して出す著作物の利用許諾と解され、その効果は著作権者による利用許諾の場合と同様である。

- 「通常の使用料の額に相当するものとして文化庁長官が定める額」は、利用方法や利用期間等を勘案し、同時に、業界慣行の印税率や算定方式あるいは管理事業者の使用料規程等を参考にして算定される。文化庁長官は更に、その額の決定について文化審議会に諮問しなければならない（71条）。

- 著作権者のためにする補償金の「供託」は、裁定による著作物利用の前提条

件であるので、当該著作物利用の前に済ませる必要がある（供託せずに利用すると著作権侵害となる）。供託先については74条3項で規定されている。
- 本項で認められる利用は、本項裁定に係る利用方法によるものに限られる。基本的には、63条2項の「利用方法」と同様に解される。

> 2　前項の裁定を受けようとする者は、著作物の利用方法その他政令で定める事項を記載した申請書に、著作権者と連絡することができないことを疎明する資料その他政令で定める資料を添えて、これを文化庁長官に提出しなければならない。

- 2項は、前項の裁定を受けようとする者は、所定の申請書に、著作権者との連絡が不能であることの疎明資料等を添えたものを、文化庁長官に提出すべきことを規定する。平成21年法改正において、裁定制度の円滑促進のため、その手続についても政令とあわせて明確にしたものである。
- 「政令で定める事項」とは、①申請者の氏名・住所等、②著作物の題号・著作者名、③著作物の種類等、④補償金算定の基礎となるべき事実、⑤著作権者と連絡できない理由、⑥67条の2第1項の利用をする場合のその旨、である（施行令8条1項）。
- 「政令で定める資料」とは、①必要に応じ、申請に係る著作物の体様を明らかにする資料、②申請に係る著作物の公表等の事実を疎明する資料、をいう（同2項）。
- 本条の裁定申請には、所定の手数料の納付を要する（70条1項、施行令11条）。

> 3　第1項の規定により作成した著作物の複製物には、同項の裁定に係る複製物である旨及びその裁定のあつた年月日を表示しなければならない。

- 3項は、1項の裁定を受けて作成した著作物の複製物には、当該裁定に係るものである旨及び裁定の年月日を表示しなければならないことを規定する。
- 本項は、義務規定ではあるが、違反についての罰則規定はない。

> （裁定申請中の著作物の利用）
> 第67条の2　前条第1項の裁定（以下この条において単に「裁定」という。）の申請をした者は、当該申請に係る著作物の利用方法を勘案して文化庁長官が定める額の担保金を供託した場合には、裁定又は裁定をしない処分を受けるまでの間（裁定又は裁定をしない処分を受けるまでの間に著作権者と連絡をすることができるに至つたときは、当該連絡をすることができるに至つた時までの間）、当該申請に係る利用方法と同一の方法により、当該申請に係る著作物を利用することができる。ただし、当該著作物の著作者が当該著作物の出版その他の利用を廃絶しようとしていることが明らかであるときは、この限りでない。

- 67条の2は、経済財政改革の基本方針2007等において、主にデジタルコンテンツの流通における権利者不明の場合の著作物等の利用円滑化の要請に答えるために、67条及び103条の改正とあわせて追加された規定である（平成21年法改正）。

- 1項は、前条1項の権利者不明等の場合の裁定の申請をした者は、文化庁長官の定める担保金をあらかじめ供託することで、原則その裁定又は裁定をしない処分を受けるまでの間、一定条件下で、当該著作物等を利用できることを規定する。いわゆる、（裁定）申請中利用の規定である。
- 従来からの、裁定結果が出るまでの期間が長過ぎるという問題に対処するため、裁定手続自体の円滑化の規定（67条改正等）とあわせて、その間の適切な著作物利用を可能とすることを定めたものである。ちなみに裁定の標準処理期間は3ヶ月となっている。
- 「担保金」は、裁定という正式な利用許諾を受ける前の暫定的利用についての使用料を担保するものであり、その額については、申請書記載の「著作物の利用方法」や「補償金の額の算定の基礎となるべき事項」等を勘案して文化庁長官が決定する。なお、文化審議会への諮問を要しない点で、前条1項の補償金等を定める場合とは異なる。決定した金額は申請者に通知され、申請者によりその担保金の供託が完了すると当該著作物利用が可能となる。供

- 申請中利用は、その後に裁定がなされることを前提に認められるものなので、その前提が成立しない情況になった場合（裁定又は裁定をしない処分を受けた後等）には、本項の利用は認められない。
- 裁定又は裁定をしない処分を受ける前に権利者との連絡が取れた場合には、それまでの間について、本項の暫定的利用を認めるとする（かっこ書）。
  ※「連絡をすることができるに至った時」とは、一時的に消息がつかめた場合等は含まず、いつでも交渉可能となった時点を指す（加戸472頁）。
- 本項で認められる利用方法は、その裁定の申請に係る利用方法と同一のものに限られる。本項は、裁定を受けて正式に利用できるようになるまでの暫定的規定なので、当然その範囲での利用方法に限り認められることになる。
- 著作者が当該著作物の利用を廃絶しようとしていることが明らかなときには、本項の利用は認められない（ただし書）。著作者の人格権を尊重する70条4項1号により裁定を受けられないとされるケースだからである。この場合、必ずしも著作権者が著作者であるとは限らない点に留意する。

> 2　前項の規定により作成した著作物の複製物には、同項の規定の適用を受けて作成された複製物である旨及び裁定の申請をした年月日を表示しなければならない。

- 2項は、前項で裁定申請中の著作物利用が認められて作成した著作物の複製物には、同項規定の適用に係るものである旨及び裁定申請年月日を表記しなければならないことを規定する。
- 前条3項に準ずる規定である。

> 3　第1項の規定により著作物を利用する者（以下「申請中利用者」という。）が裁定を受けたときは、前条第1項の規定にかかわらず、同項の補償金のうち第1項の規定により供託された担保金の額に相当する額（当該担保金の額が当該補償金の額を超えるときは、当該額）については、同条第1項の規定による供託を要しない。

- 3項は、申請中利用者が裁定を受けた場合、前条1項の裁定に係る補償金のうち本条1項で供託された担保金相当額については、供託を要しないことを規定する。
- 前条1項の裁定があった場合は申請者に対し補償金の額が通知され、申請者はその額を供託することになるが、申請中の利用をしていた申請者については、既に供託した担保金を当該補償金に充てることが認められるとする内容の規定である。これにより手続の簡素化が図られる。
- この場合、当該担保金の額が当該補償金の額より少ない場合は、その差額を追加して供託することになり、両者が同額又は当該担保金の額の方が多い場合（かっこ書の場合）には供託は不要となる。補償金を上回った差額については、取り戻すことが可能である（7項、施行令8条の2等）。

> 4 申請中利用者は、裁定をしない処分を受けたとき（当該処分を受けるまでの間に著作権者と連絡をすることができるに至つた場合を除く。）は、当該処分を受けた時までの間における第1項の規定による著作物の利用に係る使用料の額に相当するものとして文化庁長官が定める額の補償金を著作権者のために供託しなければならない。この場合において、同項の規定により供託された担保金の額のうち当該補償金の額に相当する額（当該補償金の額が当該担保金の額を超えるときは、当該額）については、当該補償金を供託したものとみなす。

- 4項は、申請中利用者が、裁定をしない処分を受けたときは、その処分を受けるまでの間に行った申請中の著作物利用に係る補償金を、著作権者のために供託しなければならないことを規定する。
- この場合の補償金は、前項における前条1項の補償金とは異なり、本来認められないはずの著作物利用について、裁定をしない処分がされるまで利用されたことに対する使用料としてのものなので、本項はその固有の補償金の供託について改めて規定したものである。
- 「裁定をしない処分を受けたとき」には、著作権者と連絡することができるに至った場合は含まれない（かっこ書）。この場合は、著作権者との協議で決定された額の補償金を著作権者に支払うことになる（5項）。

- 本項の補償金の額は、あくまで裁定をしない処分がされるまでの事情を勘案して算定されるものであり、裁定を受ける場合の算定とは異なるものとなり得るが、決定に際して文化審議会への諮問を要することには変わりがない（71条）。
- 当該補償金と、既に供託済みの担保金との差額の調整については、前項と同様である。

> 5　申請中利用者は、裁定又は裁定をしない処分を受けるまでの間に著作権者と連絡をすることができるに至つたときは、当該連絡をすることができるに至つた時までの間における第1項の規定による著作物の利用に係る使用料の額に相当する額の補償金を著作権者に支払わなければならない。

- 5項は、申請中利用者が、裁定又は裁定をしない処分を受けるまでの間に著作権者と連絡ができるに至った場合には、その連絡ができるに至った時までの間における当該著作物利用に係る使用料相当額の補償金を著作権者に支払わなければならないことを規定する。
- 裁定の申請中であっても著作権者と連絡できる状態になった以上、その間の著作物利用に係る補償金の額については、文化庁長官の判断ではなく、権利者の意思を尊重した当事者間の協議に委ねるのが妥当であるとして設けられた規定である。前項第1文のかっこ書が示すところである。
- 「使用料の額に相当する額」とは、前項の「使用料の額に相当するものとして文化庁長官が定める額」とは異なり、当事者間の協議により決定される補償金の額である。この場合、当該補償金の額と既に供託済みの申請中利用に係る担保金（1項）の額との差額調整については、3項の場合に準じて扱われる。不足分は著作権者に支払われ、超過分については取戻しが可能である。
- なお、本条で「裁定又は裁定をしない処分」とあるのは、裁定申請に対する結果の名称としての表現であり、例えば、本項適用のケースとして裁定を受ける場合があることを前提とした表現と捉えるべきではない。申請中利用を行っている間に権利者と連絡が取れたときは、申請者は文化庁へ申請取下げの連絡をするものとされ、それに対して「裁定をしない処分」が下されるこ

とになるからである（当該処分はそれまでの利用に係る補償金額決定の基準を明確にするためのものである）。

> 6　前3項の場合において、著作権者は、前条第1項又は前2項の補償金を受ける権利に関し、第1項の規定により供託された担保金から弁済を受けることができる。

- 6項は、前3項における申請中利用者から補償金を受ける権利について、著作権者は、申請中利用者が供託した担保金から弁済を受けられることを規定する。
- 1項で規定する担保金が、前3項の各ケースにおける補償金の引当てになることを示すものである。当該各ケースにおいて、申請中利用者が供託等すべき補償金のうち、供託済みの担保金相当額は除いて供託等することを認める内容の規定と表裏をなすものであり、担保金の目的からすると当然の内容である。
- 本項は、実質的に、連絡不能であった著作権者が現れた場合の弁済方法についての規定といえる。

> 7　第1項の規定により担保金を供託した者は、当該担保金の額が前項の規定により著作権者が弁済を受けることができる額を超えることとなつたときは、政令で定めるところにより、その全部又は一部を取り戻すことができる。

- 7項は、1項の規定により担保金を供託した申請中利用者は、その担保金額が前項で著作権者が弁済を受けられる額を超えている場合には、その全部又は一部について取戻しが可能であることを規定する。
- 本項のケースでは、申請中利用者が本来支払うべき補償金の額を超えて供託していたということになるので、供託した金額のうち政令で定める分については取戻すことができる旨を明確にした規定である。
- 「政令」では、本項の「その全部又は一部」を、「その超過額」と限定している（施行令8条の2）。余分に供託した分を取戻せることになる。

(著作物の放送)
第68条　公表された著作物を放送しようとする放送事業者は、その著作権者に対し放送の許諾につき協議を求めたがその協議が成立せず、又はその協議をすることができないときは、文化庁長官の裁定を受け、かつ、通常の使用料の額に相当するものとして文化庁長官が定める額の補償金を著作権者に支払つて、その著作物を放送することができる。

- 68条1項は、公表著作物を放送しようとする放送事業者は、その著作物の著作権者に放送許諾の協議を求めた結果、協議が不成立又は不能に終わった場合には、文化庁長官の裁定を受け、かつ、所定の補償金を著作権者に支払って、当該著作物の放送をすることができることを規定する。
- 放送の持つ公共的機能が十分かつ円滑に発揮できるよう、一定条件の下、著作権者の意思に優先してその著作物の放送を認めるものである。
- 対象となるのは「公表された著作物」なので、公表権の問題は生じないが、著作者が著作物利用の廃棄を望む場合等には、本項の裁定はなされないものと考えられる。
- 「協議が成立せず」とは、協議をした結果、許諾を得られなかった場合であり、「協議をすることができないとき」とは、協議の求めに対し権利者が応じない場合である。なお、権利者と連絡が取れず協議ができない場合は、67条1項の対象となる。
- 「裁定」の法的性質については、67条1項の場合と同様、行政庁が著作権者に代位して出す著作物の利用許諾と解され、その効果は著作権者による利用許諾の場合と同じである。
- 補償金の額の決定について文化庁長官は、文化審議会に諮問しなければならない（71条）。
- 「補償金」の支払は適法な裁定による利用の前提条件なので、放送する前に済ませる必要があり、支払わずに放送すると著作権侵害となる。仮に、著作権者がその受領を拒んだ場合は、供託することにより当該放送利用が可能となる（74条1項1号）。
- 本項の裁定の効力は、直接裁定を受けた放送事業者にしか及ばないため、ネッ

第2章第8節

トワークの系列下の放送事業者が同じ内容で放送する場合には、別途裁定を受けなければならない。
- 本項で認められる利用は、裁定に係る著作物の放送についてのみであるので、放送に際してその著作物を翻案して利用することなどは認められない。

> 2　前項の規定により放送される著作物は、有線放送し、専ら当該放送に係る放送対象地域において受信されることを目的として自動公衆送信（送信可能化のうち、公衆の用に供されている電気通信回線に接続している自動公衆送信装置に情報を入力することによるものを含む。）を行い、又は受信装置を用いて公に伝達することができる。この場合において、当該有線放送、自動公衆送信又は伝達を行う者は、第38条第2項及び第3項の規定の適用がある場合を除き、通常の使用料の額に相当する額の補償金を著作権者に支払わなければならない。

- 2項は、前項の裁定により放送される著作物について、その放送を受信して有線放送等し得ること、及び、当該有線放送等する者は、原則、通常使用料相当額の補償金を支払う義務があることを規定する。
- 放送の機能を全うするためには、難視聴解消のための同時再送信等の手当てが不可欠であり、よって、前項の裁定により放送が認められる著作物についても、再送信としての有線放送等ができるように規定したものである。放送利用の許諾を拒んだ著作権者は、再送信についても拒むのが通常であり、協議による解決は期待できないため、前項裁定の付随的効果として再送信もあわせて認めることにした。
- 「放送される著作物」とは、同時再送信を想定した表現である（38条2項、92条2項1号参照）。
- 認められる利用態様は、有線放送、自動公衆送信及び伝達であるが、このうち「自動公衆送信」については、IPマルチキャスト放送による放送の同時再送信に対応するためになされた平成18年法改正で加えられたものである。「放送対象地域」及びかっこ書については、38条2項の解説を参照されたい。
- 本項でも補償金の支払が義務付けられているが、この場合の補償金の支払は、前項と異なり、有線放送等利用の前提条件ではないので、支払う前に有線放

送等を行っても著作権侵害とはならず、当該利用後に補償金を支払うことで足りる。なお、非営利目的でこれら利用する場合は、著作権の制限規定対象となっているので（38条2項・3項）、補償金の支払義務は生じない。

（商業用レコードへの録音等）

第69条　商業用レコードが最初に国内において販売され、かつ、その最初の販売の日から3年を経過した場合において、当該商業用レコードに著作権者の許諾を得て録音されている音楽の著作物を録音して他の商業用レコードを製作しようとする者は、その著作権者に対し録音又は譲渡による公衆への提供の許諾につき協議を求めたが、その協議が成立せず、又はその協議をすることができないときは、文化庁長官の裁定を受け、かつ、通常の使用料の額に相当するものとして文化庁長官が定める額の補償金を著作権者に支払つて、当該録音又は譲渡による公衆への提供をすることができる。

- 69条は、最初に国内で販売され、その販売日から3年経過した商業用レコードに適法に録音されている音楽著作物を録音して他の商業用レコードを製作しようとする者は、その著作権者との当該録音等の許諾についての協議が不成立又は不能に終った場合には、文化庁長官の裁定及び著作権者への補償金の支払により、当該録音等をすることができる旨規定する。
- 本条は、作詞家・作曲家が特定のレコード会社等と専属契約を結ぶことで、そのレコード会社等が、録音権、譲渡権を独占することになる弊害を除くための規定である。音楽の流通を促進し、音楽文化の発展向上に資するためのものであるが、現在は、作家専属制が採られることは殆どないため、その存在意味は小さいものとなっている。
- 本条で対象とする商業用レコードは、「最初に国内において販売され、かつ、その最初の販売の日から3年を経過した」ものであり、よって、外国で最初に販売された商業用レコードの原盤からリプレスして販売した場合などは、本条裁定は受けられないことになる。なお、最初の販売日から3年の独占録音・独占販売を当該販売に係るレコード会社等に認めるのは、著作権者側の

第2章第8節

利益と公益のバランスを考慮したものといえる。「商業用レコード」については、2条1項7号参照のこと。
- 本条で裁定の対象とされる音楽著作物には、歌曲や歌謡曲等で楽曲と同時に利用されている歌詞も含まれる（10条1項2号参照）。ただし、オペラやミュージカル等のいわゆる楽劇的著作物については、商業用レコードに絡む音楽著作物の利用促進を図る本条の趣旨や管理団体の管理対象についての国際的趨勢を受けて本条の対象から外されている（加戸478〜479頁）。
- 本項裁定で認められる利用は、既存の商業用レコードに録音されている音楽著作物の録音及びその録音から製作した商業用レコード等による公衆への提供である。
- 補償金の額の決定について文化庁長官は、文化審議会に諮問しなければならない（71条）。
- 本項の補償金は、67条1項あるいは68条1項の補償金と同様、支払が利用の前提であり、支払う前に利用すると著作権侵害となり得る。補償金の受領を拒む場合は、74条1項1号により供託をすることで足りる。
- 「協議が成立せず」とは、協議をした結果、許諾を得られなかった場合であり、「協議をすることができないとき」とは、協議の求めに対し権利者が応じない場合である。
- 「裁定」の法的性質については、67条1項の場合と同様、行政庁が著作権者に代位して出す著作物の利用許諾と解され、その効果は著作権者による利用許諾の場合と同じである。

（裁定に関する手続及び基準）
第70条　第67条第1項、第68条第1項又は前条の裁定の申請をする者は、実費を勘案して政令で定める額の手数料を納付しなければならない。

- 70条1項は、著作者不明等（67条1項）、放送利用（68条1項）又は商業用レコードへの録音等（69条1項）の各場合に係る裁定の申請者は、政令による額の手数料を納付しなければならないことを規定する。
- 「実費を勘案して政令で定める額」とは、申請を受付けた行政庁の事務的処

理に掛かる実費を勘案して内閣が定める額であり（申請者が勘案するのではない）、施行令11条では、1件につき13,000円とする。著作物が複数の場合でも、申請単位で計算される。
※本項の手数料は、収入印紙をもって納付しなければならないとする（施行規則23条）。

> 2　前項の規定は、同項の規定により手数料を納付すべき者が国又は独立行政法人のうち業務の内容その他の事情を勘案して政令で定めるもの（第78条第6項及び第107条第2項において「国等」という。）であるときは、適用しない。

- 2項は、前項で手数料を納付すべきとされる者が国等である場合には、その手数料の納付は要しないことを規定する。
- 国庫内の資金循環を防ぐ趣旨の規定である。
- 「独立行政法人のうち業務の内容その他の事情を勘案して政令で定めるもの」として、独立行政法人情報通信研究機構や独立行政法人酒類総合研究所など16の独立行政法人が施行令65条の別表に掲げられている。これに該当するための要件として、①国から引き継がれた事業等を行うものであること、②国からの財源により多くが賄われていること、③業務遂行に関連した手数料納付に係る手続利用の蓋然性が高いこと、が挙げられる（加戸482頁）。

> 3　文化庁長官は、第68条第1項又は前条の裁定の申請があつたときは、その旨を当該申請に係る著作権者に通知し、相当の期間を指定して、意見を述べる機会を与えなければならない。

- 3項は、公表著作物の放送についての裁定（68条1項）又は商業用レコードへの録音等についての裁定（69条）の申請があった場合、文化庁長官は、その申請に係る著作権者にその旨を通知し、相当期間を指定しての意見陳述の機会を与えなければならないことを規定する。
- 68条1項又69条における協議が不能・不成立となった理由や、放送許諾を拒むやむを得ない事情等について著作権者側に弁明の機会を与え、裁定の判断

に反映させるための規定である。

> 4　文化庁長官は、第67条第1項、第68条第1項又は前条の裁定の申請があつた場合において、次の各号のいずれかに該当すると認めるときは、これらの裁定をしてはならない。
> 　一　著作者がその著作物の出版その他の利用を廃絶しようとしていることが明らかであるとき。
> 　二　第68条第1項の裁定の申請に係る著作権者がその著作物の放送の許諾を与えないことについてやむを得ない事情があるとき。

- 4項は、文化庁長官は、著作者不明等（67条1項）、放送利用（68条1項）又は商業用レコードへの録音等（69条1項）の各裁定の申請があった場合に、本項1号又は2号に該当すると認められるときは、裁定をしてはならない旨を規定する。
- 本項は、裁定をすることができない場合を限定的に掲げたものではなく、1号又は2号のいずれにも該当しない場合であっても、文化庁長官の裁量で裁定をしないとすることは認められるとされる（加戸482頁）。

- 1号は、文化庁長官が裁定をしてはならないケースとして、著作者においてその著作物利用を廃絶する意思が明らかな場合を挙げる。著作者の人格的利益を保護するものである。

- 2号は、文化庁長官が裁定をしてはならないケースとして、放送利用についての裁定（68条1項）の申請に係る著作権者が、その許諾を与えないことにつきやむを得ない事情がある場合を挙げる。
- 「やむを得ない事情」とは、著作者と特定の放送事業者間で独占放送契約が交わされている場合や、著作者と放送事業者が感情的に敵対する場合などである。

> 5　文化庁長官は、前項の裁定をしない処分をしようとするとき（第7項の規定により裁定をしない処分をする場合を除く。）は、あらかじめ申請

> 者にその理由を通知し、弁明及び有利な証拠の提出の機会を与えなければならないものとし、当該裁定をしない処分をしたときは、理由を付した書面をもつて申請者にその旨を通知しなければならない。

- 5項は、文化庁長官は、前項規定により裁定をしない処分をしようとするときは、あらかじめ申請者にその理由を通知し、弁明等の機会を与えなければならないこと、及び、その裁定をしない処分をしたときは、理由を付した書面で申請者にその旨通知しなければならないことを規定する。
- 本項は、3項で著作権者側に意見陳述の機会を与えたのに対応する規定として申請者に弁明及び証拠提出機会を与えたものであり、同時に、申請者の行政不服審査法による異議申立てを容易ならしめるために設けられたものでもある。
- 「前項の裁定をしない処分」とあるが、前項解説で述べた通り、前項各号とは別の理由で裁定をしない処分をしようとする場合でも、本項の趣旨より本項の適用はされるものと解される。
- 「第7項の規定により裁定をしない処分をする場合を除く」とあるのは、前項各号に該当することが客観的に認められる場合でも、申請者である申請中利用者からその裁定申請の取り下げの申出があったときは、裁定をしない処分に反論はないと解されるため、本項の通知は不要としたものである。

> 6 文化庁長官は、第67条第1項の裁定をしたときは、その旨を官報で告示するとともに申請者に通知し、第68条第1項又は前条の裁定をしたときは、その旨を当事者に通知しなければならない。

- 6項は、文化庁長官は、著作者不明等の場合に係る裁定（67条1項）をしたときは、その旨の官報での告示及び申請者への通知義務を、放送利用に係る裁定（68条1項）又は商業用レコードへの録音等に係る裁定（69条）をしたときには、その旨の当事者への通知義務を、それぞれ負うことを規定する。
- 著作者等不明の場合は権利者への通知が不可能なことから、官報での告示によることにしたのである。
- 本項は、権利者側の行政不服審査法による異議申立て機会を考慮した規定で

第2章第9節

ある。

> 7　文化庁長官は、申請中利用者から第67条第1項の裁定の申請を取り下げる旨の申出があつたときは、当該裁定をしない処分をするものとする。

- 7項は、文化庁長官は、申請中利用者から裁定申請を取り下げる旨申出があったときは、裁定をしない処分をすることを規定する。
- 裁定の申請者である申請中利用者から申請取下の要請があった場合でも、申請がなかったものとする等の扱いをするのではなく、「裁定をしない処分」をすることで、その申請中利用者への67条の2第4項の適用が可能となり、同項の補償金供託義務を負わせることができる。

> 8　前各項に規定するもののほか、この節に定める裁定に関し必要な事項は、政令で定める。

- 8項は、1項から6項までに規定するもののほか、本節の裁定に関する必要事項は、政令に委任することを規定する。
- 現在、施行令の7章（著作物等の利用の裁定に関する手続）では、著作権者と連絡することができない場合（施行令7条の7）、著作権者不明等の場合における著作物の利用に関する裁定の申請（同8条）、担保金の取戻し（同8条の2）、著作物の放送に関する裁定の申請（同9条）、商業用レコードへの録音に関する裁定の申請（同10条）、手数料（同11条）、補償金の額の通知（同12条）、及び著作隣接権への準用（同12条の2）が規定されている。

第9節　補償金等

> （文化審議会への諮問）
> 第71条　文化庁長官は、第33条第2項（同条第4項において準用する場合を含む。）、第33条の2第2項、第67条第1項、第67条の2第4項、第68

314

条第1項又は第69条の補償金の額を定める場合には、文化審議会に諮問しなければならない。

- 71条は、文化庁長官が、所定の規定に係る補償金の額を定める場合には、文化審議会へ諮問しなければならない旨を規定する。補償金の額を公正かつ妥当なものとするための規定である。
- 対象となるのは、教科用図書等への著作物掲載（33条2項（同条4項で準用の場合も含む））、教科用拡大図書等の頒布（33条の2第2項）、著作権者不明等の場合の裁定による著作物利用（67条1項）、裁定をしない処分を受けるまでの申請中利用者の申請に係る方法での利用（67条の2第4項）、放送利用に係る裁定による著作物の放送（68条1項）又は商業用レコードへの録音等に係る裁定による録音等（69条）の各利用に係る補償金の額について定める場合である。
- 「文化審議会」とは、学識経験者等の委員からなる文化庁に設置の機関であり、そこに置かれる4つの分科会のうちの著作権分科会の中立委員により組織される使用料部会が、「通常の使用料の額に相当する」額の補償金等について議決するのが通常である。そして、その議決が著作権分科会の議決とされ、更に、本法により文化審議会に付される事項については、著作権分科会の議決が文化審議会の議決とされる。

（補償金の額についての訴え）
第72条　第67条第1項、第67条の2第4項、第68条第1項又は第6条の規定に基づき定められた補償金の額について不服がある当事者は、これらの規定による裁定（第67条の2第4項に係る場合にあつては、第67条第1項の裁定をしない処分）があつたことを知つた日から6月以内に、訴えを提起してその額の増減を求めることができる。

- 72条1項は、裁定に係る所定の規定に基づき定められた補償金の額に不服のある当事者は、6月以内の訴訟提起によりその額の増減を求め得ることを規定する。

- 通常の行政訴訟による場合、処分庁への抗告訴訟という性格上、補償金の額についての不服であっても裁定自体の取消しを求めることになってしまうのだが、本項はそのような不都合を解消するために、特例として、当該金額の増減については当事者訴訟として争わせることとしたものである。したがって、例えば増額を求める場合は、著作権者側が利用者側を相手に提訴することになる。
- 本項の訴えは、裁定（67条の2第4項では裁定をしない処分）があったことを知った日から6月以内にすることができるとする。
- なお、前条で対象とされた教科用図書等への掲載（33条2項）及び教科用拡大図書等の頒布（33条の2第2項）に係る補償金の額は、文化庁長官が諸事情を考慮して毎年定めるものなので、本項の当事者訴訟には馴染まず、よって、これらの額に不服がある場合には、行政不服審査法の異議申立て又は行政事件訴訟法の取消し訴訟により補償金額の定めの取消を求めることとなる。

> 2　前項の訴えにおいては、訴えを提起する者が著作物を利用する者であるときは著作権者を、著作権者であるときは著作物を利用する者を、それぞれ被告としなければならない。

- 2項は、前項の訴えにおける訴訟提起者が著作物利用者である場合は著作権者を、著作権者である場合は著作物利用者を、それぞれ被告とすることを規定する。当該訴えが当事者訴訟であることを定めるものである。
- 補償金の額を決めるのは文化庁長官であるが、その増減について直接利害関係を持つのは著作物利用者と著作権者であることから、これら当事者間で争わせることにしたものである。なお、本項の当事者にはその承継人等も含まれる。

> （補償金の額についての異議申立ての制限）
> 第73条　第67条第1項、第68条第1項又は第69条の裁定又は裁定をしない処分についての行政不服審査法（昭和37年法律第160号）による異議申立てにおいては、その裁定又は裁定をしない処分に係る補償金の額につい

> ての不服をその裁定又は裁定をしない処分についての不服の理由とすることができない。ただし、第67条第1項の裁定又は裁定をしない処分を受けた者が著作権者の不明その他これに準ずる理由により前条第1項の訴えを提起することができない場合は、この限りでない。

- 73条は、補償金と関係する裁定又は裁定をしない処分についての行政不服審査法による異議申立てにおいては、原則、その補償金の額についての不服を申立ての理由とすることができないことを規定する。当該異議申立ては、裁定自体の妥当性を争うものだからである。
- ただし、著作権者不明等の場合の裁定による著作物利用（67条1項）のケースにおいては、補償金減額を求める訴えの相手方となる著作権者が不明・不通であり、提訴が困難なことから、その場合には、補償金の額への不服を異議申立ての理由とし、文化庁長官を相手に争うことができるとした（ただし書）。

> （補償金等の供託）
> 第74条　第33条第2項（同条第4項において準用する場合を含む。）、第33の2第2項、第68条第1項又は第69条の補償金を支払うべき者は、次に掲げる場合には、その補償金の支払に代えてその補償金を供託しなければならない。
> 一　著作権者が補償金の受領を拒み、又は補償金を受領することができない場合
> 二　その者が過失がなくて著作権者を確知することができない場合
> 三　その者がその補償金の額について第72条第1項の訴えを提起した場合
> 四　当該著作権を目的とする質権が設定されている場合（当該質権を有する者の承諾を得た場合を除く。）

- 74条1項は、所定の補償金の支払い義務者について、本項各号に掲げる場合には、補償金の供託をしなければならないことを規定する。
- 本項で対象とする補償金は、教科用図書等への著作物掲載（33条2項（同条4

項で準用の場合も含む))、教科用拡大図書等の頒布（33条の2第2項）、放送利用に係る裁定による著作物の放送（68条1項）又は商業用レコードへの録音等に係る裁定による録音等（69条）の各利用に係る補償金である。その他、本節で扱う、著作権者不明等の場合の裁定による著作物利用（67条1項）又は裁定をしない処分を受けるまでの申請中利用者の申請に係る方法での利用（67条の2第4項）に係る補償金については、それぞれ、67条1項、67条の2第4項で供託に係る規定が設けられているため、本項の対象とはなっていない。

- 1号は、所定の補償金の供託を要する場合として、著作権者が受領を拒否する場合、又は受領が不可能な場合を挙げる。
- 「受領することができない場合」とは、著作権者が長期間旅行中の場合などである。

- 2号は、所定の補償金の供託を要する場合として、著作物利用者が、無過失で、著作権者を確知できない場合を挙げる。
- 「過失がなくて」とは、通常の注意を払ってもの意味であり、「確知」とは、確実に知ることを意味する。

- 3号は、所定の補償金の供託を要する場合として、8節の裁定に係る著作物利用者が補償金額の減額を求めて72条1項の訴えを提起した場合を挙げる。
- この場合、利用者側は、著作権者の請求があるときは、自己の見積金額を支払った上でその補償金との差額の供託をしなければならず（2項）、請求がないときは全額の供託をしなければならない。

- 4号は、所定の補償金の供託を要する場合として、利用著作物に係る著作権に質権が設定されている場合を挙げる。
- 本号は、当該質権者は当該著作権に係る著作物の利用等により著作権者が受けるべき金銭等についても権利行使できるとする規定（66条2項の物上代位権）を実効あらしめるために、質権者が補償金を差し押えることができるようにした規定である。
- 質権者が物上代位権を放棄し著作権者への補償金支払いを承諾した場合は、

利用者の供託は不要となる（かっこ書）。

> 2　前項第3号の場合において、著作権者の請求があるときは、当該補償金を支払うべき者は、自己の見積金額を支払い、裁定に係る補償金の額との差額を供託しなければならない。

- 2項は、8節の裁定に係る著作物利用者が補償金額の減額を求めて72条1項の訴えを提起した場合において、著作権者の請求があるときは、補償金支払い義務者は、自己の見積金額を支払い、更にその補償金との差額の供託をしなければならないことを規定する。
- 裁定に係る補償金のうち、支払い義務者に異論がない金額分についてとりあえず直接支払いをしてもらえるよう権利者の請求を認めるものである。

> 3　第67条第1項、第67条の2第4項若しくは前2項の規定による補償金の供託又は同条第1項の規定による担保金の供託は、著作権者が国内に住所又は居所で知れているものを有する場合にあつては当該住所又は居所の最寄りの供託所に、その他の場合にあつては供託をする者の住所又は居所の最寄りの供託所に、それぞれするものとする。

- 3項は、本節で定める補償金又は67条の2第1項の担保金の供託について、著作権者が国内に住所等を有する場合はその最寄の供託所に、その他の場合には供託者の住所等の最寄の供託所に、それぞれ寄託することを規定する。
- 対象となる補償金は71条と同様のものであり、また、67条の2第1項の規定による担保金とは、裁定申請中の著作物利用に係る担保金である。
- 「住所又は居所で知れているもの」とは、秘密にされていない一般に判明している住所又は居所である。「知れているもの」は住所・居所の双方に係る。
- 「最寄の供託所」は、地理的に近い供託所を指すのが原則であるが、当事者の都合上便利な場所のものでも構わない（加戸492頁）。
- 著作権者が国内に住居所を有しない場合には、供託方法確保のため、供託者の住居所を基準として供託先を定める。

第2章第10節

> 4　前項の供託をした者は、すみやかにその旨を著作権者に通知しなければならない。ただし、著作権者の不明その他の理由により著作権者に通知することができない場合は、この限りでない。

- 4項は、補償金等の供託をした場合の、供託者から著作権者への通知義務について規定する。
- 著作権者の供託金還付請求権の行使を可能とするためのものであり、著作権者は、通知を受け取ってから10年以内に還付請求しないと請求権は時効消滅し（民167条1項）、供託金は国庫に帰属することとなる。
- 著作権者の不明等により通知ができない場合は、当該義務は課されない（ただし書）。

第10節　登　録

> （実名の登録）
> 第75条　無名又は変名で公表された著作物の著作者は、現にその著作権を有するかどうかにかかわらず、その著作物についてその実名の登録を受けることができる。

- 75条1項は、無名又は変名で公表された著作物の著作者は、著作権の有無にかかわらず、当該著作物について実名登録を受け得ることを規定する。権利関係の事実を公表し、取引の安全を確保することを主なねらいとする規定である。
- 「無名又は変名で公表された」とあるように、実名での公表がされていない著作物について登録を認めるものである。
  ※代作や団体名義の著作物の場合、そこで表示されている名義は実際の著作者の実名に代えて用いるものではないため「変名」には当たらず、よって、これらのケースでの実際の著作者の実名登録は認められない（加戸496頁）。

- 「現にその著作権を有するかどうかにかかわらず」とされるのは、実名登録を受ける権利が実質的に氏名表示権の一内容と考えられることによるものであり、したがって、著作権の譲渡後であっても著作者が実名登録することは可能である。
- 実名登録の効果として、①保護期間が公表後50年から著作者の死後50年に延長される（52条2項2号、51条2項）、②当該登録に係る著作物の著作者と推定される（本条3項）、③当該無名・変名の著作物について、発行者の権利保全を排し自らが権利行使できる（118条1項ただし書）、の大きく3つが挙げられる。
- 無名著作物の場合はもちろん、変名の著作物であっても、実名登録はその著作物ごとに行うものであり、単に変名と実名を通念上一致させるための制度ではない点に留意する。

> 2　著作者は、その遺言で指定する者により、死後において前項の登録を受けることができる。

- 2項は、著作者が遺言で指定する者により、死後、実名登録を受け得ることを定める。著作者の死後に人格的利益を保全する立場の遺族等を正当権限者と推定するための必要措置としての規定である。
- 「その遺言で指定する者」とは、著作者の遺族に限られず、指定された者であれば、その友人・知人、さらには団体であってもかまわない。
- 「死後において前項の登録を受けることができる」とは、指定する者の手続により、生前の著作者自身の意思に従ってその死後に登録を受け得るということであり、保護期間や人格的利益の保全を検討する場合、死後においても著作者の実情を明らかにする利益はあることから認められる規定である。

> 3　実名の登録がされている者は、当該登録に係る著作物の著作者と推定する。

- 3項は、実名登録により、その者が当該著作物の著作者と推定されることを規定する。

- 本項の意義は、著作権侵害訴訟等において、誰が著作者であるかを証明する場合の立証責任を転換した点にある。詳細は、同趣旨の14条の解説を参照されたい。

> （第一発行年月日等の登録）
> 第76条　著作権者又は無名若しくは変名の著作物の発行者は、その著作物について第一発行年月日の登録又は第一公表年月日の登録を受けることができる。

- 76条1項は、著作権者等が、その著作物の第一発行年月日又は第一公表年月日の登録を受けられることを規定する。
- 本項の登録は著作権との関係で意味を持つものなので、著作権者及び118条1項で権利保全が認められる無名・変名著作物の発行者が、登録を受けられる者として規定される。
- 本項登録の効果としては、①次項の推定規定が働くことで公表時起算の保護期間計算に資するようになる、②（第一発行年月日登録により）発行地推認の根拠も生まれる、③登録対象物が著作物であることや登録権利者が著作権者であること等が公証される、といったものが挙げられる。ただし、②③については、法定の効果ではなく事実上の推定を受けるに止まる。
- 本項では、登録の時期的制限は規定されていないが、申請時に第一発行又は第一公表を証明する資料（国会図書館への納本証明書等）の添付が要求されることから、長期間経過後の請求は事実上困難となる。

> 2　第一発行年月日の登録又は第一公表年月日の登録がされている著作物については、これらの登録に係る年月日において最初の発行又は最初の公表があつたものと推定する。

- 2項は、第一発行年月日又は第一公表年月日の登録がされている著作物は、その登録年月日に最初の発行又は公表があったものと仮定する推定規定である。

- 公表時起算の著作物の保護期間については、反証がない限り本条の登録年月日で判断される。

> （創作年月日の登録）
> 第76条の2　プログラムの著作物の著作者は、その著作物について創作年月日の登録を受けることができる。ただし、その著作物の創作後6月を経過した場合は、この限りでない。

- 76条の2第1項は、プログラム著作物の著作者が、その創作後6月までは、その創作年月日の登録を受け得ることを規定する。
- 内部利用や特定利用により未発行・未公表のまま使用されることの多いプログラム著作物について、前条の第一発行・第一公表の年月日登録により権利保全を図るのが困難なことから、旧法下で設けられていた創作年月日の登録を認めたものである。
- 「プログラムの著作物の著作者」に限定するのは、創作年月日を知り得るのは著作者であると考えられるからである。
- 本項登録を受けられるのは、創作後6月に限られる（ただし書）。第一発行や第一公表に比べると創作年月日の立証は困難なため、申請期間を短くしてその信憑性を高めるのがねらいである。
- 本項登録の効果としては、次項により創作年月日が推定されることのほか、更に、官報で公示するなどにより、プログラム開発の流通・利用が促進され重複投資が防止されることなども期待される。

> 2　前項の登録かされている著作物については、その登録に係る年月日において創作があつたものと推定する。

- 2項は、前項の登録がされている著作物は、その登録年月日に創作があったものと仮定する推定規定である。
- 創作時が争われるケース等では、反証がない限り本条登録年月日で判断される。

第 2 章第10節

> **（著作権の登録）**
> 第77条　次に掲げる事項は、登録しなければ、第三者に対抗することができない。
> 　一　著作権の移転（相続その他の一般承継によるものを除く。次号において同じ。）若しくは信託による変更又は処分の制限
> 　二　著作権を目的とする質権の設定、移転、変更若しくは消滅（混同又は著作権若しくは担保する債権の消滅によるものを除く。）又は処分の制限

- 77条は、同条各号で規定する事項について、登録が第三者対抗要件となることを規定する。著作権又は著作権を目的とする質権の移転等について、登録の公示をすることにより取引の安全を図ろうとするものであり、不動産物権変動における対抗要件としての登記と同様の制度規定である。
- 「登録しなければ、第三者に対抗することができない」とは、登録が移転等の効力発生要件となることではなく、移転等の効果を取引外の第三者に主張できないことを意味する。例えば著作権の譲渡の場合、その効力は当事者間の意思表示により適法に発生するが（民176条参照）、著作権が二重に譲渡された場合などには、登録を受けていない者は、自身と著作権者との間における譲渡契約の効力を他方の譲受人に主張できないということである（民177条参照）。これと同様のケースについて民法における不完全物権変動説では、意思表示のみの物権変動は、有効ではあるが完全に排他性のある物権の取得はなされず、登記を経ることによって完全な所有権者になると説明される。
- 「第三者」とは、一般には当事者及びその包括承継人以外のすべての者とされるが、本条の場合、そのうち登録の欠缺を主張する正当な利益を有する者に限られると解される。つまり、登録が存在しなければ適法に権利主張できる者のことであり、不法行為者や背信的悪意者は除かれるものとされる。
  ※譲渡人をA、譲受人をBとする著作権譲渡契約（BはさらにそれをCに移転したが、いずれの移転も登録はされていない）の後に、当該権利に関するAB間の紛争処理をAから信託的に委託されたDが、その際に便宜上作成した譲渡証明書及び単独申請証明書によりなされた移転登録を根拠に当該著作権の自身への帰

属を主張したのに対し、Cが自らの権利帰属とDからの名義回復のための譲渡登録手続等を求めた事案で、裁判所は、上記証明書以外にAD間の譲渡契約書及び対価の支払い等がないことなどから、経験則上AがDに対し権利の全てを譲渡する意思があったとは認められず、また、DはCに権利移転があったのを知りながら図利加害目的でAに上記証明書に係る署名を求めたものと推認されるとして、Dを背信的悪意者と認めた（知財高判平20.3.27「Von Dutch ロゴ登録事件」控訴審）。

- 本条の登録申請は、登録権利者及び登録義務者の共同申請が原則であるが（施行令16条）、登録権利者の単独申請も一定要件を満たせば可能である（同17条、同18条）。

  ※施行令17条では、申請者に登録義務者の承諾書の添付がある場合には登録権利者の単独申請を認めるとし、同18条では、判決による登録の場合にも登録権利者の単独申請を認めるとしている。

- 1号は、登録が第三者対抗要件となる事項として、著作権の変更と処分の制限を挙げる。この場合の変更は移転又は信託によるものである。
- 移転又は信託による「変更」について登録を第三者対抗要件とするのは、二重譲渡の場合や、権利の譲受人と受託者が対抗関係に立つ場合があるからであり、同様に「処分の制限」については、制限の有無について対抗関係が生じ得るからである。
- 「移転」は譲渡が主なケースであるが、「相続その他の一般承継によるものを除く」とされる。相続人や包括承継法人は自動的に権利を承継するものであることからすると、第三者との関係では原権利者と変わりがないものだからである。
- 「その他の一般承継」とは、会社合併や包括遺贈により一の原因で財産を一括取得することをいう。
- 「信託」は、委託者の著作権を信頼できる受託者に移転し、信託目的に従って受託者が受益者のためにその著作権を管理・処分する制度であり、通常は信託契約で権利が受託者に移転することにより著作権の変更が生じることになる。「信託による変更」の登録により、他に譲受人があったとしてもその受託者が著作権者として扱われることとなる。

第 2 章第10節

- 「処分の制限」とは、著作者の有する著作権の譲渡や質権設定等の処分権能が制限されることであり、差押え・仮差押え・処分禁止の仮処分等が行われた場合のほか、共有の場合に共有者間で権利分割禁止特約が交わされた場合や遺言による分割禁止特約がある場合などもこれに該当する（加戸505頁）。

- 2 号は、登録が第三者対抗要件となる事項として、著作権を目的とする質権の設定等を掲げる。
- 「質権の設定」が本号対象とされるのは、質権が設定されたままで第三者にその著作権が譲渡された場合に、質権者と譲受人との間で譲渡後の権利における質権の有無について対抗関係が生ずるからであり、以下同様に、「質権の移転」は二重譲渡の場合の権利帰属について、「質権の変更」は質権設定後に著作物の内容を修正しその後著作権を他の第三者に譲渡した場合等の質権の内容変更について、「質権の消滅」は質権に対し権利を有する第三者との間で質権の有無について、更に「質権の処分の制限」はその制限の有無について、それぞれ対抗関係が生じ得るからである。
- 「質権の消滅」のうち混同によるものが除かれるのは、同一人帰属により対抗要件の意味がなくなるからであり、著作権の消滅によるものが除かれるのは、質権の目的である著作権自体が消滅する以上質権の存在の主張の意義がなくなるからである（かっこ書）。

（登録手続等）

第78条 第75条第 1 項、第76条第 1 項、第76条の 2 第 1 項又は前条の登録は、文化庁長官が著作権登録原簿に記載し、又は記録して行う。

- 78条 1 項は、実名登録（75条 1 項）、第一発行（公表）年月日登録（76条 2 項）、創作年月日登録（76条の 2 第 1 項）又は著作権登録（77条）について、文化庁長官が著作権登録原簿に記載又は記録して行うことを規定する。
- これらの登録を行う主体が文化庁長官であること、及び、著作権登録原簿の作成が必要であることを明確にするものである。

> 2 著作権登録原簿は、政令で定めるところにより、その全部又は一部を磁気ディスク（これに準ずる方法により一定の事項を確実に記録しておくことができる物を含む。第4項において同じ。）をもつて調製することができる。

- 2項は、著作権登録原簿について、その全部又は一部を磁気ディスクによって調製できることを規定する。
- 「これに準ずる方法により」とは、筆記により文字を記録するのではなく、機械装置等により文字が示す意味内容をいったん電流や光線等の別の形に変換し、その変換された情報をなんらかの物理的・化学的変化（残留磁気や光線透過率の変化等）として蓄えることによって記録する方法をいう。
- 「一定の事項を確実に記録しておくことができる物」とは、登録されるべき事項が間違いなく一定の場所に記録できるとともに、一度記録された内容が長期間保存することができ、かつ、必要に応じて記録内容を取り出すことができる物を指す。
- 「調製する」とは、この場合、機械的・電気的方法等によって登録すべき事項を、磁気ディスク等に記録することによって登録がされた磁気ディスク等を作成することをいう（参照：特許庁編「工業所有権法逐条解説」第19版76頁ほか）。

> 3 文化庁長官は、第75条第1項の登録を行なつたときは、その旨を官報で告示する。

- 3項は、文化庁長官が実名登録（75条1項）を行ったときには、その旨を官報で告示することを規定する。
- 実名登録は、無名・変名で登録されていた著作物の保護期間を延長する効果があり、利用者が権利侵害の可能性を判断するのに重要な情報であるため、広く一般に周知させるものである。
- 「告示」とは、行政機関がその所掌事務について広く一般に公示する方式をいう。

> 4　何人も、文化庁長官に対し、著作権登録原簿の謄本若しくは抄本若しくはその附属書類の写しの交付、著作権登録原簿若しくはその附属書類の閲覧又は著作権登録原簿のうち磁気ディスクもつて調製した部分に記録されている事項を記載した書類の交付を請求することができる。

- 4項は、著作権登録原簿等について、その謄本等の写しの交付や閲覧等を一般に認める規定である。
- 行政機関情報公開法等における一般的な行政文書についての開示規定とは別に、私人間の取引の安全と私法上の権利保護を目的とした独自の公示制度を設けたものである。
- 本項規定により、著作権登録原簿等については、行政機関情報公開法等の適用が除外されることとなる（8項、9項参照）。

> 5　前項の請求をする者は、実費を勘案して政令で定める額の手数料を納付しなければならない。

- 5項は、前項の原簿の閲覧等を請求する者は、実費を勘案して政令による所定の手数料を納付すべきことを規定する。
  ※「政令による所定の手数料」の額は、著作権登録原簿等の謄本又は抄本の交付が1通につき1800円、著作権登録原簿等の附属書類の写しの交付が1通につき780円、著作権登録原簿等又はその附属書類の閲覧が1件につき730円とする（施行令14条）。また、本項の手数料は、収入印紙をもって納付しなければならないとする（施行規則23条）。

> 6　前項の規定は、同項の規定により手数料を納付すべき者が国等であるときは、適用しない。

- 6項は、前項の手数料納付規定は、納付する者が国等の場合には適用しないことを定める。

> 7　第1項に規定する登録に関する処分については、行政手続法（平成5年法律第88号）第2章及び第3章の規定は、適用しない。

- 7項は、1項で規定する登録に関する処分について、「行政手続法」2章（申請に対する処分）及び3章（不利益処分）の規定は適用しないことを定める。
- 「行政手続法」は、行政処分等の手続に関し共通事項を定め、行政運営の公正の確保と透明性の向上を図るものであり、その2章では、申請に対する処分に関し、審査基準、理由の提示、公聴会の開催等について規定され、また、3章では、不利益処分に関する意見陳述、理由の提示、文書等の閲覧等について規定されている。しかし、著作権法では、既に該当する処分についての手続等が規定の上で担保されており、また、著作権法上の登録は、一定の権利関係や権利事実についての形式的審査権限による処分であって、通常の行政処分の規定はなじまないと考えられることから、これら「行政手続法」2章及び3章の規定は適用しないこととした。

> 8　著作権登録原簿及びその附属書類については、行政機関情報公開法の規定は、適用しない。

- 8項は　著作権登録原簿及びその附属書類について、「行政機関情報公開法」の規定は適用しないことを定める。
- 著作権登録原簿及びその付属書類については、本条4項において、当該原簿の謄本・抄本若しくはその付属書類の写しの交付等に係る独自の公示制度を設けていることから、一般的行政文書の開示についての「行政機関情報公開法」の規定は適用しないこととしたものである。

> 9　著作権登録原簿及びその附属書類に記録されている保有個人情報（行政機関の保有する個人情報の保護に関する法律（平成15年法律第58号）第2条第3項に規定する保有個人情報をいう。）については、同法第4章の規定は、適用しない。

- 9項は、著作権登録原簿及びその附属書類に記録されている保有個人情報については、「行政機関の保有する個人情報の保護に関する法律」4章（開示、訂正及び利用停止）の規定は適用しないことを定める。
- 前項同様、著作権登録原簿等に掲載の個人情報については、本条4項規定によりその写しの交付・閲覧が認められており、一般的行政文書についての開示規定とは別の制度となっていることや、原簿等の訂正について、登録の変更や更正等の制度が既に存在するため、それと別の規定により原簿等の訂正を認めるとすると、既存の登録制度の趣旨を没却し継続的制度利用の安定を損なうことになると考えられることなどから、個人情報の開示等について定めた「行政機関の保有する個人情報の保護に関する法律」4章の適用は除外することにしたものである。

> 10　この節に規定するもののほか、第1項に規定する登録に関し必要な事項は、政令で定める。

- 10項は、本節（登録についての75条〜78条の2）に規定するもののほか、実名・第一発行（公表）年月日・創昨年月日・著作権の各登録に関する必要事項は、政令で定めることを規定する。
- 施行令の8章（13条〜45条）において、登録手続等についての規定が設けられている。

> （プログラムの著作物の登録に関する特例）
> 第78条の2　プログラムの著作物に係る登録については、この節の規定によるほか、別に法律で定めるところによる。

- 78条の2は、プログラム著作物に係る登録については、この節の規定のほかに、別の法律で定めることを規定する。プログラム著作物の特質に対応するためのものである。
- 「別の法律」として具体的に制定されたのが、「プログラムの著作物に係る登録の特例に関する法律（以下本条解説では「特例法」とする）」（昭和61年法律

65号）であり、昭和62年に施行されている。主な規定内容は、①登録手続に関する特例として、登録原簿の調製は磁気テープによること（同法2条1項）、申請の際の提出物としてプログラム著作物の複製物を提出すること（同法3条）、第一発行（公表）年月日登録又は創作年月日登録（著76条1項、76条の2第1項）をした場合には、官報にその旨を公示すること（特例法4条）、②登録機関に関する特例として、文化庁長官が指定する「指定登録機関」に登録事務の全部又は一部を行わせることができること（同法5条）、「指定登録機関」は所定の指定基準等を満たすこと（同法7条）、その他登録実施義務等を果たすこと、などである。

- 「指定登録機関」として、現在「財団法人ソフトウェア情報センター（SOFTIC）」が指定されている（昭和62年に指定）。

第3章 出版権

第3章　出版権

> （出版権の設定）
> 第79条　第21条又は第23条第1項に規定する権利を有する者（以下この章において「複製権等保有者」という。）は、その著作物について、文書若しくは図画として出版すること（電子計算機を用いてその映像面に文書又は図画として表示されるようにする方式により記録媒体に記録し、当該記録媒体に記録された当該著作物の複製物により頒布することを含む。次条第2項及び第81条第1号において「出版行為」という。）又は当該方式により記録媒体に記録された当該著作物の複製物を用いて公衆送信（放送又は有線放送を除き、自動公衆送信の場合にあつては送信可能化を含む。以下この章において同じ。）を行うこと（次条第二項及び第81条第2号において「公衆送信行為」という。）を引き受ける者に対し、出版権を設定することができる。

- 79条1項は、複製権等保有者は、その著作物について出版行為又は公衆送信行為を引き受ける者に対し、出版権を設定できることを規定する。
- 出版は、歴史的にも古く、最も典型的な著作物利用の形態であることに鑑み、物権的利用権である出版権の設定を認めるとするものである。物権的利用権であるとするのは、出版権が、著作権の支分権である複製権等に対する一種の用益権であり、著作物の出版についての排他的権利であることによる。
- なお、平成26年法改正において電子書籍も出版権の対象となり、放送・有線放送を除く公衆送信（自動公衆送信の場合は送信可能化を含む）についても出版権の設定が可能となった。近年の情報のデジタル化・ネットワーク化の進展に伴い、電子書籍が増加する一方、出版物が違法に複製され、インターネット上にアップロードされた海賊版被害が増加していることに鑑み、紙媒体による出版のみを対象としている従来の出版権制度を見直し、電子書籍に対応した出版権の設定を可能としたものである。
- 「第21条又は第23条第1項に規定する権利を有する者」とは、複製権者（21

条）と公衆送信権者（23条1項）を指すが、出版権についての本法3章では、これらの者を「複製権等保有者」とする（かっこ書）。平成26年法改正で、新たに公衆送信権者が出版権の主体となり得ることとなったのに合わせ、従来、同章において「複製権者」としていたものを「複製権等保有者」と改めた。

- 「文書若しくは図画として出版すること」には「電子計算機を用いてその映像面に文書又は図画として表示されるようにする方式により記録媒体に記録し、当該記録媒体に記録された当該著作物の複製物により頒布することを含む」とし、それらを「出版行為」（80条2項・81条1号に限る）とする（かっこ書）。「電子計算機を用いてその映像面に文書又は図画として表示されるようにする方式」とは、パソコンや携帯端末などのデジタル画面に表示される方式をいう。

    ※平成26年改正前は、「文書又は図画として」の複製について、文書又は図画（書籍や画集のように、有体物上に直接再現され直接可視的な著作物の複製物）でない視覚的固定物（ビデオディスク等）や聴覚的固定物（録音ディスク等）に係る複製はこれに該当しないという見解をとっていたため、今日の電子媒体等について対応できない点などが問題視されていた。

- 「…記録媒体に記録し、当該記録媒体に記録された当該著作物の複製物により頒布」とは、紙媒体ではないCD-ROM等による頒布を指す。
- 「当方式により記録媒体に記録された当該著作物の複製物を用いて公衆送信」とあるように、記録媒体に記録された著作物の複製物を上記頒布ではなく、公衆送信する者についても出版権を設定できるように改められた。
- 当該「公衆送信」には、放送・有線放送は含まれないが、インターネット送信の場合のアップロードは含まれる（かっこ書）。
- 本項では、公衆送信のみを行う者に対しても出版権設定を可能としたため、従来からの紙媒体による伝統的出版社とは別の、電子配信業者（Amazon等）が出版権者となり得ることとなった。
- 出版権とその元となる複製権等との関係について検討すると、出版権の設定の趣旨及びその権利の排他性から、出版権の内容については出版権者のみが利用可能であり、複製権等保有者が自ら利用したり第三者へ利用許諾することは認めないものと解する（ただし、複製権等保有者に複製等の権利を留保することは、契約自由の原則より可能であると解する）。一方、第三者による出版

権の内容となる利用行為に対して出版権者は、その排他性から、出版権に基づく差止請求や損害賠償請求をすることができ、複製権等保有者は、複製権等保全のための差止請求及び損害賠償請求が可能であると解する。なお、出版権者の第三者への利用許諾については、複製権等保有者の承諾を得た場合に限り可能となった（80条3項）。

> 2　複製権等保有者は、その複製権又は公衆送信権を目的とする質権が設定されているときは、当該質権を有する者の承諾を得た場合に限り、出版権を設定することができるものとする。

- 2項は、複製権又は公衆送信権を目的として質権が設定されているときは、その複製権等保有者は、質権者の承諾を得た場合に限って、出版権の設定が可能であることを規定する。
- 平成26年法改正で公衆送信権についても出版権の設定が可能となったことに対応し、公衆送信権に係る内容が新たに加えられた。
- 出版権を設定すると複製権等の実質的価値は損なわれるので、その複製権等に係る質権者は不利益を被ることにもなるが、66条2項では出版権設定の対価についての質権者の差押えを認めているので、当該設定により複製権等本来の効用が期待できるならば、質権者にとってむしろ好ましい場合もあり得る。そこで、質権者の承諾を条件に出版権の設定を認めるとしたものである。

> （出版権の内容）
> 第80条　出版権者は、設定行為で定めるところにより、その出版権の目的である著作物について、次に掲げる権利の全部又は一部を専有する。

- 80条は、出版権の内容について規定する。1項は、出版権者が設定行為の定めに従い本項各号の権利の全部又は一部を専有するとする。平成26年法改正により、公衆送信についても権利が認められた。
- 「設定行為」とは、物権的権利である出版権を創設的に生じさせる行為のことであり、通常は、出版権設定契約を指す。

第 3 章

- 「設定行為で定めるところにより」とは、出版権者に課される出版・公衆送信行為の内容についての制限として設定行為で定められたところにより、ということである。この場合の定められた内容の性格については、原則的に、出版権者が自ら出版等をすることが認められる範囲・内容についての、複製権等保有者との間における債権契約上の制限と解すべきであり、排他的権利である出版権自体の権利内容を制限したものと解すべきではないといえる。後者の解釈によると、当該設定行為で定めた範囲外での他人の無断出版等に対しては、出版権者が排除権を行使できないということになり、それでは出版権設定の意義が殆どなくなってしまうおそれがあるからである。ただし、複製権等自体が分割されている場合には、それに応じた範囲・内容で出版権を行使できる範囲も制限されるのは当然であり、また、利用態様が明確に区別される場合（単独複製と収録複製の場合等）には、出版権が分割されても法的混乱は生じないので、これらの場合には、設定行為で出版権自体の内容制限について定めることもできるといえる（加戸521～523頁参照）。
- 「全部又は一部を専有」とは、本項1号及び2号の権利全てを専有する場合、又はこれらのいずれかの権利を専有する場合のほか、各号の権利の一部（例えば、1号権利のうちの紙媒体による出版の権利）のみを専有する場合も想定したものとされる。ただし、権利の混乱が生じない程度の利用態様の区分の明確性は求められると考えられる。

> 一　頒布の目的をもつて、原作のまま印刷その他の機械的又は化学的方法により文書又は図画として複製する権利（原作のまま前条第一項に規定する方式により記録媒体に記録された電磁的記録として複製する権利を含む。）

- 1号は、出版権者の専有対象となる具体的権利として、頒布目的で、原作のまま印刷などの機械的又は化学的方法により文書又は図書として複製する権利を掲げる。
- 平成26年法改正により、従来からの紙媒体に代表される直接可視的な手段に係る複製権のほか、端末画面に表示される方式により記録媒体に記録された電磁的記録として複製する権利（CD-ROM等へ複製する権利）が加えられた内

- 容となっている（かっこ書）。
- 「頒布の目的をもつて」とは、その複製物を公衆に譲渡等する目的をもってということである。
- 「原作のまま」とは、原作と完全一致のままということではなく、原作の複製権が機能する形態においての意である。二次的著作物としての利用を含まないことを示すものである。
- 「印刷その他の機械的又は化学的方法」とは、手書きによる複製などは含まないことを意味する。
- 「文書又は図画」とは、従来、書籍・雑誌・画集などの、著作物を文字や図形等により有体物上に直接再現させたもので、直接視覚により知覚することができる著作物の複製物をいうとされてきたが（加戸516頁）、平成26年法改正では電子書籍が出版権の対象となったことから、本項の「文書又は図面として複製する権利」に、「原作のまま電子計算機を用いてその映像面に文書又は図面として表示されるようにする方式により記録媒体に記録された電磁的記録として複製する権利」が含まれることとなった。
  - ※「電磁的記録」とは、「電子的方式、磁気的方式その他人の知覚によつては認識することができない方式で作られる記録であつて、電子計算機による情報処理の用に供されるもの」をいう（31条2項）。
- なお、本号に係る出版権は、頒布目的であるとはいえ、あくまで複製について認められる権利であるので、出版権者が出版物を発行するに際しては、譲渡権者から譲渡許諾を得なければならない点には留意する。

> 二　原作のまま前条第一項に規定する方式により記録媒体に記録された当該著作物の複製物を用いて公衆送信を行う権利

- 2号は、出版権者の専有対象となる具体的権利として、原作のまま端末画面に表示される方式により記録媒体に記録された当該著作物の複製物を用いて公衆送信（放送・有線放送を除く）を行う権利を掲げる。平成26年法改正で新たに加えられた規定である。
- 電子書籍のインターネット送信（送信可能化を含む）についての独占権を認めたものであるが、これにより出版権者が電子書籍を出版等できるのみならず、

インターネット上での海賊版の送信等について出版権者が差止請求等することができるようになった点には大きな意義がある。上記改正前は、これらの違法行為に対して、実行力の乏しい著作権者が自ら権利行使しなければならない場合が多く、実効性が期待できないものであったが、出版社が権利行使できるとなれば状況は変わる可能性がある。

> 2 出版権の存続期間中に当該著作物の著作者が死亡したとき、又は、設定行為に別段の定めがある場合を除き、出版権の設定後最初の出版行為又は公衆送信行為（第83条第2項及び第84条第3項において「出版行為等」という。）があつた日から3年を経過したときは、複製権等保有者は、前項の規定にかかわらず、当該著作物について、全集その他の編集物（その著作者の著作物のみを編集したものに限る。）に収録して複製し、又は公衆送信を行うことができる。

- 2項は、出版権存続期間中に著作者が死亡した場合、又は、原則として出版権設定後最初の出版行為等のあった日から3年経過した場合には、複製権等保有者は、その著作物を全集その他の編集物に収録して複製し、又は公衆送信することができることを規定する。
- 出版権の設定にかかわらず複製権等保有者が複製等できる場合について規定したものであり、当該著作者の作品に対し国民一般が期待するような出版企画に係る利用を複製権等保有者に認めるものである。
- 出版権の存続期間中に当該著作者が死亡した場合には、本項で規定する複製等は必ず認められる。著作者死亡の場合、その著作者の全集等の出版等が要請されるのは通常のことであり、それを設定行為で排除するのは妥当ではないからである。
- 出版権設定後最初の出版行為等のあった日から3年経過した場合に本項規定の複製等が認められるというのは、設定行為に別段の定めがない場合の原則であり、別段の定めを設けることにより、当該複製等を禁止することも、3年を5年や10年にすることも可能である。
- 「全集その他の編集物」とは、全集のほか、その著作者の著作物のみを編集した著作物をいい、選集・傑作選集等が該当する。

> 3　出版権者は、複製権等保有者の承諾を得た場合に限り、他人に対し、その出版権の目的である著作物の複製又は公衆送信を許諾することができる。

- 3項は、出版権者が複製権等保有者の承諾を得た場合、他人に、その出版権に基づく著作物の複製又は公衆送信（放送・有線放送を除く）を許諾することができる旨を規定する。
- これまでは、出版権者は他人に対してその出版権の目的となる著作物の複製を許諾することはできないとされてきたが、その場合、出版権設定により複製権者も他人に複製許諾できなくなるので、現実に慣行として行われる出版権者以外の出版社への出版依頼についての法律解釈が難しいものとなっていた。そこで、平成26年法改正において、複製権等保有者の承諾を条件に出版権者が他人に複製等の許諾ができることを明確に規定することとした。
  ※平成26年改正前は、出版権者による他人への複製許諾を認めることは、期限付きで複製権を譲渡するのと同じことになり出版権を設ける意義が損なわれるとして、当該許諾を認めてこなかった。しかし実際には、出版権が設定されている場合でも、他の出版社の書籍にその著作物が収録されること等は頻繁に行われており、そのような、形式的に出版権及び複製権の侵害となる収録に対しては、許諾料相当額でもって互いに責任追及をしないという了解の上で取引がなされているという曖昧な現状があった（加戸525頁）。
- 平成26年法改正では、更に、公衆送信（放送・有線放送を除く）を行う者についても出版権の設定が認められることとなったので（79条1項）、複製権等保有者の承諾を条件に、出版権者に対し、他人への公衆送信（放送・有線放送を除き、ネット送信の場合は送信可能化を含む）の許諾権能を認めることとした。
  ※従来から紙媒体での出版のみ手がけてきた出版社が、電子出版についても出版権を取得する場合、技術的問題により他社に複製や公衆送信を依頼することが必要となるケースも考えられる。

> 4　第63条第2項、第3項及び第5項の規定は、前項の場合について準用する。この場合において、同条第3項中「著作権者」とあるのは「第79

第3章

> 条第1項の複製権等保有者及び出版権者」と、同条第5項中「第23条第1項」とあるのは「第80条第1項（第2号に係る部分に限る。）」と読み替えるものとする。

- 4項は、著作権者の当該著作物の利用許諾についての規定（63条2項等）を、出版権者の利用許諾について準用する規定である
- 前項で出版権者に利用許諾の権限が認められたことに伴い設けられた準用規定である。
- 準用により、63条2項は「前項の許諾を得た者は、その許諾に係る利用方法及び条件の範囲内において、その許諾に係る著作物を複製又は公衆送信することができる。」と、同3項は「第3項の許諾に係る著作物を複製又は公衆送信する権利は、第79条第1項の複製権等保有者及び出版権者の承諾を得ない限り、譲渡することができない。」と、63条5項は、「著作物の送信可能化について第3項の許諾を得た者が、その許諾に係る利用方法及び条件（送信可能化の回数又は送信可能化に用いる自動公衆送信装置に係るものを除く。）の範囲内において反復して又は他の自動公衆送信装置を用いて行う当該著作物の送信可能化については、第80条第1項（第2号に係る部分に限る）の規定は、適用しない。」と読み替えられる。

> （出版の義務）
> 第81条　出版権者は、次の各号に掲げる区分に応じ、その出版権の目的である著作物につき当該各号に定める義務を負う。ただし、設定行為に別段の定めがある場合は、この限りでない。

- 81条は、契約に別段の定めがある場合を除き、出版権者が、本条各号の区分に応じて当該各号に定める義務を負うことを規定する。出版権を設定した場合における、複製権等の実質的な価値を担保するものである。
- 設定行為に別段定めがある場合は当該義務を負わないとするが（ただし書）、全ての義務を免除する旨の定めは、出版権の本旨からして、公序良俗に反する無効な契約（民90条）と解し得る（加戸526頁）。

> 一　前条第1項第1号に掲げる権利に係る出版権者（次条において「第1号出版権者」という。）　次に掲げる義務
> 　　イ　複製権等保有者からその著作物を複製するために必要な原稿その他の原品若しくはこれに相当する物の引渡し又はその著作物に係る電磁的記録の提供を受けた日から6月以内に当該著作物について出版行為を行う義務
> 　　ロ　当該著作物について慣行に従い継続して出版行為を行う義務

- 1号は、（次条でいう）「第1号出版権者」つまり、頒布目的で、原作のまま印刷などの機械的又は化学的方法により文書又は図書として複製する権利に係る出版権者の義務としてイ及びロを挙げる。
- そのうちイは、複製権等保有者から、出版目的の著作物の複製に必要な原稿等の提供を受けてから6月以内に当該著作物についての出版行為を行う義務を掲げる。
- 「複製するために必要な原稿その他の原品又はこれに相当する物」とは、対象著作物を複製する場合の素材となるその著作物の内容が有形的に表現されているもののことであり、そのうち「原稿その他の原品」とは、言語著作物の原稿、美術著作物の原作品等であり、「これに相当する物」とは、原稿のコピー、原作品の画像（目的に適う精密性は要求される）などを指す。
- 「引渡し」とは、出版のための収録に必要な全ての原稿等が引渡される場合をいう。
- 「電磁的記録」とは、「電子的方式、磁気的方式その他人の知覚によつては認識することができない方式で作られる記録であつて、電子計算機による情報処理の用に供されるもの」をいう（31条2項）。出版権者に認められる文書又は図面として複製する権利に、目的著作物を原作のまま電子計算機を用いてその映像面に文書又は図面として表示されるようにする方式により記録媒体に記録された電磁的記録として複製する権利が含まれるようになったこと（80条1項1号）、及び、出版権者に、原作のまま当該方式により記録媒体に記録された目的著作物の複製物を用いて公衆送信を行う権利が認められたこと（同項2号）に対応して、「電磁的記録」が本条各号の提供対象物に加えられた

ものと解するが、本号の場合、提供を受けた当該「電磁的記録」から紙媒体に複製する場合もあり得よう。
- 「6月以内に当該著作物について出版行為を行う義務」のうち、6月については設定行為で変更できるが、出版行為を行う義務まで免除することは認められない。「出版行為を行う義務」とは、目的となる複製物を市場の流通過程に置くことまでを求めるものと解する。

- ロは、慣行に従った継続的出版行為を行う義務を挙げる。
- 「慣行」とは、通常の出版常識に裏打ちされた出版界の慣行であり、悪しき商慣行まで認めるものではない（加戸528頁）。品切れ状態の合理的な期間等については慣行に従って判断される。
- 「継続して出版行為を行う」とは、その出版物が、常時、市場の流通過程に置かれているように出版行為を繰り返すことをいう。
- ロについて設定行為による別段の定めが置かれるケースとして、一定の品切れ期間を経過するまで出版権消滅請求（84条2項）をしない旨の特約を結ぶ場合などが考えられる。

二　前条第1項第2号に掲げる権利に係る出版権者（次条第1項第2号において「第2号出版権者」という。）　次に掲げる義務
　イ　複製権等保有者からその著作物について公衆送信を行うために必要な原稿その他の原品若しくはこれに相当する物の引渡し又はその著作物に係る電磁的記録の提供を受けた日から6月以内に当該著作物について公衆送信行為を行う義務
　ロ　当該著作物について慣行に従い継続して公衆送信行為を行う義務

- 2号は、（次条でいう）「第2号出版権者」つまり、原作のまま端末画面に表示される方式により記録媒体に記録された当該著作物の複製物を用いて公衆送信を行う権利に係る出版権者の義務としてイ及びロを挙げる。
- そのうちイは、複製権等保有者から、目的の著作物の公衆送信を行うために必要な原稿等の引渡し等を受けた日から6月以内に当該著作物について公衆送信行為を行う義務を掲げる。

- ロは、慣行に従った継続的公衆送信行為を行う義務を掲げる。
- いずれも、前号イ及びロの解説を参照されたい。

（著作物の修正増減）
第82条　著作者は、次に掲げる場合には、正当な範囲内において、その著作物に修正又は増減を加えることができる。
一　その著作物を第1号出版権者が改めて複製する場合
二　その著作物について第2号出版権者が公衆送信を行う場合

- 82条は著作物の修正増減についての規定であり、1項は、著作者が、本条1号又は2号に掲げる場合に、正当範囲内での著作物への修正・増減が可能であることを規定する。
- 本項は、著作者に、著作物の内容を変更する権利を認め、一種の人格的利益を保護するものである。この場合の著作者が複製権等を有しているか否かは不問である。
- 「正当な範囲内において」とは、出版権者や出版界に多大な不利益を与えたりすることのない範囲において、といった意味であり、具体的な判断は、再度の複製等の態様等を勘案してなされる。
- 著作者が死亡した場合でも、その遺族等に当該変更権は与えられない。

- 1号は、その修正・増減が可能な場合として、第1号出版権者、つまり「頒布の目的をもつて、原作のまま印刷その他の機械的又は化学的方法により文書又は図画として複製する権利」に係る出版権者が改めて複製する場合を掲げる。
- これは平成26年法改正前から存在する規定であるが、同改正で新たに、端末画面に表示される方式により記録媒体に記録された電磁的記録（CD-ROMへの記録等）として複製する場合も対象のケースに含まれることとなった。
- 「改めて複製する場合」とは、前回の複製（印刷行為等）がいったん終了し、その後一定期間経過後に再度複製を行う場合をいう。

第3章

- 2号は、上記修正・増減が可能な場合として、第2号出版権者、つまり「原作のまま前条第1項に規定する方式により記録媒体に記録された当該著作物の複製物を用いて公衆送信を行う権利」に係る出版権者が公衆送信を行う場合を掲げる。
- 平成26年法改正で公衆送信についての出版権を認めたことに合わせるものである。

> 2 　第1号出版権者は、その出版権の目的である著作物を改めて複製しようとするときは、その都度、あらかじめ著作者にその旨を通知しなければならない。

- 2項は、第1号出版権者が、対象著作物を改めて複製する場合には、その都度、あらかじめ著作者にその旨を通知しなければならないことを規定する。前項（1号の場合に限る）で規定する、修正・増減の権利を行使する機会を確保するためのものである。
- 平成26年法改正前からの規定であるが、前項1号の場合のみを対象とするのは、頒布目的の製品として複製物をある程度量産する場合には、その作成前に修正等の機会を与えないと実効性がなくなるのに対し、公衆送信の場合、基本的にいつでも修正等は可能であるからと考えられる。
- 「その都度、あらかじめ」とあるように、出版権者は、増刷等の機会ごとに、事前に通知しなければならない。

> （出版権の存続期間）
> 第83条　出版権の存続期間は、設定行為で定めるところによる。

- 83条1項は、出版権の存続期間は、原則として設定行為つまり契約で定められることを規定する。
- 出版権の存続期間は、著作物の性質、当事者間の信頼関係等を考慮し、当事者間の契約で定めるのが合理的だからである。
- 出版権設定契約の有効期間と出版権の存続期間は一致するのが通常であり、

契約について自動更新される旨の定めがあれば、当該存続期間も更新され、契約について無期限の期間を定める場合は、当該存続期間の定めはないものと解する（加戸531頁）。

> 2　出版権は、その存続期間につき設定行為に定めがないときは、その設定後最初の出版行為等があつた日から3年を経過した日において消滅する

- 2項は、出版権の存続期間について設定行為に定めがないときには、設定後最初の出版行為等があった日から3年で出版権は消滅することを規定する。
- 本項の目的は、無期限の出版権を排除することにあるとされる（加戸532頁）。したがって、存続期間についての定めが全くない場合のみならず、存続期間を無期限とする合意に基づいて契約が交わされた場合でも、それは、「存続期間につき設定行為に定めがないとき」に当たると解され、本項規定により最初の出版後3年で出版権は消滅することとなる。
- ※これに対し、本項は、「《出版権設定において》何ら期間を設けずに契約することが少なくないと想定されるところから、無用のトラブルを避けるために、法律上3年と規定しているものと解される」、とし、無期限の出版権を認めない趣旨であるとする上記見解に対し、「仮にそのような趣旨であるのならば、条文上明確に記する必要があるのではないかと思われる」とする見解がある（作花470頁）。こちらの見解によれば、無期限とする契約上の設定も有効と解されることになる。
- 起算点を、設定の日ではなく「最初の出版行為等があつた日」とするのは、出版権の実質的な稼働期間を考慮したものであり、出版権設定後、第1回目の出版物の発売等があった日のことである。この場合、民法の原則通り翌日起算となる（民140条）。
- なお、本項では、平成26年法改正で公衆送信についての出版権が認められたことに合わせ、出版行為と公衆送信行為を合わせた「出版行為等」の表現が用いられている（80条2項）。

第3章

> **（出版権の消滅の請求）**
> **第84条**　出版権者が第81条第1号（イに係る部分に限る。）又は第2号（イに係る部分に限る。）の義務に違反したときは、複製権等保有者は、出版権者に通知してそれぞれ第80条第1項第1号又は第2号に掲げる権利に係る出版権を消滅させることができる。

- 84条は、出版権の消滅の請求について規定するが、1項は、出版権者が、原稿等の引渡し等から6月以内に出版行為又は公衆送信行為を行う義務（81条1号イ・2号イ）に違反した場合、複製権等保有者は、出版権者への通知の上でその出版権を消滅させることができることを規定する。
- 出版権者を通じて収益を図ろうとした複製権等保有者を保護するため、出版等の義務を怠った出版権者の権利を消滅させ、別途出版権の設定等を可能とするものである。
- なお、平成26年法改正で公衆送信に係る出版権が認められたことに伴い、所定の公衆送信行為を行わない場合も出版権消滅請求の対象とすることとした。
- 「第81条第1号（イに係る部分に限る。）又は第2号（イに係る部分に限る。）義務」とは、原則、原稿等の引渡し等から6月以内の出版・公衆送信を行う義務を指すが、81条柱書のただし書で規定する別段の定めがある場合には、その定めの内容によるそれら行為を行う義務を指す。
    - ※「第1号（イに係る部分に限る）」の義務とは、複製権等保有者から対象著作物を複製するために必要な原稿等の引渡し又はその著作物に係る電磁的記録の提供を受けた日から6月以内に当該著作物について出版行為を行う義務であり、「第2号（イに係る部分に限る）」の義務とは、複製権等保有者から対象著作物について公衆送信するために必要な原稿等の引渡し又はその著作物に係る電磁的記録の提供を受けた日から6月以内に当該著作物について公衆送信行為を行う義務（いずれも特段の定めがない場合）を指す。
- 「複製権等保有者は、出版権者に通知して…出版権を消滅させることができる」とは、複製権等保有者からの一方的意思表示により出版権を消滅させ得ることを指すものであり、複製権等保有者からの通知（出版権消滅請求通知）

が、出版権者に到達した時点で出版権は消滅する。
- なお、不可抗力等により出版・公衆送信の義務を果たせなかった場合にまで本項により出版権を消滅させることは、権利の濫用として認められないと解するのが妥当といえる。

> 2　出版権者が第81条第1号（ロに係る部分に限る。）又は第2号（ロに係る部分に限る。）の義務に違反した場合において、複製権等保有者が3月以上の期間を定めてその履行を催告したにもかかわらず、その期間内にその履行がされないときは、複製権等保有者は、出版権者に通知してそれぞれ第80条第1項第1号又は第2号に掲げる権利に係る出版権を消滅させることができる。

- 2項は、出版権者が、出版行為又は公衆送信行為を慣行に従い継続して行う義務（81条1号ロ・2号ロ）に違反した場合において、3月以上の期間を定め履行勧告したにもかかわらず履行がされないときは、複製権等保有者は、出版権者への通知の上でその出版権を消滅させることができることを規定する。前項と同旨の規定である。
- 前項と同様、平成26年法改正における公衆送信に係る出版権設定に伴い、慣行に従った継続的公衆送信行為を行わない場合を出版権消滅請求の対象とした。
- 「3月以上の期間を定めてその履行を催告」を要件とするのは、継続出版行為等の義務における「慣行に従い」（81条1号ロ・2号ロ）の判断及び認識に齟齬がある場合等に、直ちに出版権を消滅するとするのでは出版権者に酷であると考えられるからである。
- その他の事項については、前項を参照されたい。

> 3　複製権等保有者である著作者は、その著作物の内容が自己の確信に適合しなくなつたときは、その著作物の出版行為等を廃絶するために、出版権者に通知してその出版権を消滅させることができる。ただし、当該廃絶により出版権者に通常生ずべき損害をあらかじめ賠償しない場合は、この限りでない。

- 3項は、複製権等保有者である著作者は、著作物の内容が自己の確信に適合しなくなった場合、出版行為等の廃絶のために、出版権者へ通知をしてその出版権を消滅させることができることを規定する。なお、本項の出版権消滅請求をする際には、出版権者への損害賠償が前提となる（ただし書）。
- 本項の規定内容は、公表権とは逆の撤回権に相当する性格のものであり、一種の人格的利益を保護するものであるといえる。
- 「複製権等保有者である著作者」とあるのは、複製権等を留保している著作者にのみ本項の出版権消滅請求を認めるということであり、そうする理由は、複製権等を他人に譲渡した場合にまで著作者に出版の撤回を認めたのでは、権利全体の安定性が損なわれ、ひいては著作物の価値の低下にもつながると考えられるためである。
  ※「複製権等」とは、複製権と公衆送信権のことであり、その双方又はいずれか一方を保留している著作者が、本項の対象となる。
- 「著作物の内容が自己の確信に適合しなくなつた」とは、時代の推移等により、著作者の信条や価値観がその著作物に表されたものとは異なるものとなった場合等をいう。
- 「出版行為等を廃絶」とは、今後、永久にその出版行為等は行わず、在庫品等についても廃棄することを指す。
- 「出版権者に通知してその出版権を消滅させることができる」とは、1項と同様、複製権等保有者側の意思表示である出版権消滅請求通知の到達をもって出版権が消滅することを指す。ただし、本項では事前の損害賠償が要件となる（ただし書）。
- 「当該廃絶により…通常生ずべき損害」とは、出版行為等のために既に費やした人件費等の積極的損害の他、廃絶にならなければ出版権者が得ていたであろう利益の喪失分に当たる消極的損害も含むと解する。ただし、消極的損害については、「当該廃絶により」とあることから、その廃絶請求時に具体的に進められている計画等による期待利益に限り認められるとするのが合理的解釈である（加戸536～537頁）。
- 「あらかじめ」とあることから、出版権消滅請求の通知以前に、ただし書の損害賠償をする必要がある。当該賠償をしないで通知をしても、出版権消滅の効果は生じない。

- なお、本項でも、平成26年法改正で公衆送信についての出版権が認められたことに合わせ、出版行為と公衆送信行為を合わせた「出版行為等」の表現が用いられている（80条2項）。

第85条　削除

- 85条は、従来、出版権存続期間中に作成した著作物の複製物について、出版権消滅後は頒布することができる旨を規定していたが、平成11年法改正において譲渡権（26条の2）が創設されたことから、出版権者が出版物を発行するに際しては、出版権設定のほかに譲渡許諾契約が必要となり、その結果、出版権が消滅してもその譲渡許諾契約により公衆への複製物の譲渡は可能となったため、本条で別途頒布規定を設ける必要がなくなり、同年法改正において削除されたものである。

（出版権の制限）

第86条　第30条第1項（第3号を除く。次項において同じ。）、第30条の2第2項、第30条の3、第31条第1項、第32条、第33条第1項（同条第4項において準用する場合を含む。）、第33条の2第1項及び第4項、第34条第1項、第35条第1項、第36条第1項、第37条、第37条の2、第39条第1項、第40条第1項及び第2項、第41条から第42条の2まで、第42条の3第2項並びに第46条から第47条の2までの規定は、出版権の目的となつている著作物の複製について準用する。この場合において、第30条の2第2項、第30条の3、第35条第1項、第42条第1項及び第47条の2中「著作権者」とあるのは、「出版権者」と読み替えるものとする。

- 86条1項は、ここで掲げられる著作権の制限規定を、出版権の目的となっている著作物の複製について準用することを規定する。
- 著作権制限規定（30条1項等）を準用して、出版権を制限する規定である。出版権は著作権（複製権・公衆送信権）を元に設定される権利であることから、

著作権制限規定を準用する形で規定が設けられた。そのうち本項では、複製行為に係る権利制限規定を準用する。

※従来、出版権は、文書又は図面としての限定的複製についてのみ認められる権利であったため、出版行為と直接関係しない複製（録音、録画等）や無形的利用（放送、演奏等）に係る制限規定は準用されてこなかった。しかし、平成26年法改正で電磁的記録としての複製及び公衆送信（放送・有線放送を除く）についても出版権が認められたため、一部の無形的利用も含め該当する利用に係る制限規定の準用が必要となり、そのうち本項では電磁的記録としての複製に係る制限規定（33条の2第4項、37条2項）が新たに準用されることとなった。公衆送信については、3項で別途準用規定が設けられている。

- 具体的準用規定は、30条1項（3号を除く）（私的使用のための複製）、30条の2第2項（付随対象著作物の利用）、30条の3（適法利用の検討過程における利用）、31条1項及び3項後段（図書館等における複製）、32条（引用）、第33条第1項（同条第4項において準用する場合を含む。）（教科用図書への掲載）、第33条の2第1項及び4項（教科用拡大図書等作成のための複製等）、第34条第1項（学校教育番組用教材への掲載）、35条1項（学校その他の教育機関における複製）、36条1項（試験問題としての複製等）、37条（視覚障害者等のための複製等）、37条の2（聴覚障害者等のための複製等）、39条1項（時事問題に関する論説の転載等）、40条1項及び2項（政治上の演説等の利用）、41条（時事の事件の報道のための利用）、42条（裁判手続等における複製）、42条の2（行政機関情報公開法等による開示のための利用）、42条の3第2項（公文書管理法等による著作物の提供・提示のための利用）、46条（公開の美術の著作物等の利用）、47条（美術の著作物等の展示に伴う複製）、47条の2（美術の著作物等の譲渡等の申出に伴う複製等）である。

※例えば、30条1項を準用することにより、「出版権の目的となっている著作物は、私的使用を目的とするときは、1号又は2号に掲げる場合を除き、その使用する者が複製することができる」という内容になる。

※準用規定に挙げられる、例えば30条の2第2項のうち、本項で実際に準用されるのは付随対象著作物の所定の複製についてのみであり、録音による複製や放送など他の利用については準用されない。同様に、30条1項、30条の3、32条、33条の2第4項、34条1項、35条1項、36条1項、37条2項及び3項、37条の2、39条1項、40条1項及び2項、41条、42条、42条の2、42条の3第2項、46条並び

に47条の2の規定における文書又は図画としての所定の複製以外の利用については準用されない。

※43条（翻訳、翻案等による利用）が準用されないのは、出版権が著作物を原作のまま複製等する権利だからである。また、38条は上演等、39条2項及び40条3項は伝達、44条は録音・録画、45条は展示、47条の3から47条の8まで（47条の6については本条3項で準用）は電子計算機のための利用についての規定であり、基本的に出版権と直接関係しないことから準用されない。

※ちなみに、48条（出所の明示）が不準用なのは、出所明示義務は著作者の人格的利益に係るものだからであり、そのような義務を出版権設定の場合にだけ課すのは、単なる出版許諾の場合との対比などから必ずしも妥当とはいえないからである。

- 準用条文中「著作権者」とあるのは「出版権者」に読み替えて準用される。

2　前項において準用する第30条第1項、第30条の3、第31条第1項第1号若しくは第3項後段、第33条の2第1項若しくは第4項、第35条第1項、第37条第3項、第37条の2本文（同条第2号に係る場合にあつては、同号）、第41条から第42条の2まで、第42条の3第2項又は第47条の2に定める目的以外の目的のために、これらの規定の適用を受けて作成された著作物の複製物を頒布し、又は当該複製物によつて当該著作物を公衆に提示した者は、第80条第1項第1号の複製を行つたものとみなす。

- 2項は、前項で準用する著作権制限規定のうち本項で掲げるものについて、これらの規定に定める目的以外の目的のために、これら規定により作成された著作物の複製物を頒布等した者は、出版権の内容となる複製（80条1項1号の複製）を行ったものとみなすとする規定である。制限規定の趣旨を徹底するとする49条1項と同旨の規定である。
- 「頒布」とは、有償・無償を問わず、複製物を公衆に譲渡又は貸与することであり（2条1項19号）、有形複製物を公衆に提供する場合をいう。
- 「複製物によつて当該著作物を公衆に提示」とは、通常、録音・録画物等の無形利用に係る複製により著作物を公衆に伝える場合を指すが、本項では、本来の目的以外の目的のために「これらの規定の適用を受けて作成された著

第3章

作物の複製物」を公衆に提示した場合を規定対象としているので、その複製形態は、本来頒布を前提とした文書又は図画としてのものであると考えられ、したがって、本項の場合の「公衆に提示」とは、文書又は図画としての有形的利用に係る複製物を用いて放送等する場合を指すものといえる。

※平成26年法改正により、前項制限規定により認められる文書又は図画としての複製物に、「原作のまま電子計算機を用いてその映像面に文書又は図面として表示されるようにする方式により記録媒体に記録された電磁的記録としての複製物」が含まれることとなった。

- 以下、本項で掲げる制限規定の条文番号にその規定の目的をかっこ書で付して示す。

　30条1項（3号を除く）（私的使用目的）、30条の3（適法利用の検討過程における利用）、31条1項1号又は3項後段（図書館利用者の調査研究の用に供する目的）、33条の2第1項（教科用図書掲載の著作物使用が困難な児童等の学習の用に供する目的）、同条4項（教科用特定図書等普及促進法の規定による電磁的記録の提供に供する目的）、35条1項（学校等の授業の過程における使用に供する目的）、37条3項（視覚著作物の利用が困難な視覚障害者等の用に供する目的）、37条の2本文（聴覚著作物の利用が困難な聴覚障害者等の用に供する目的（2号該当の場合は聴覚障害者等向けの貸出しの用に供する目的））、41条（時事の事件の報道の目的）、42条（裁判手続き・立法又は行政の目的）、42条の2（著作物の公衆への提供目的）、42条の3第2項（公文書管理法等による著作物の提供・提示のための利用）、47条の2（美術の著作物等の原作品又は複製物の譲渡等の申出の用に供する目的）

3　第30条の2第2項、第30条の3、第31条第3項前段、第32条第1項、第33条の2第4項、第35条第2項、第36条第1項、第37条第2項及び第3項、第37条の2（第2号を除く。）、第40条第1項、第41条、第42条の2、第42条の3第2項、第46条、第47条の2並びに第47条の6の規定は、出版権の目的となつている著作物の公衆送信について準用する。この場合において、第30条の2第2項、第30条の3、第35条第2項、第36条第1項及び第47条の2中「著作権者」とあるのは「出版権者」と、第47条の6ただし書中「著作権」とあるのは「出版権」と読み替えるものとす

る。

- 3項は、同項で掲げる規定が、出版権の目的に係る著作物の公衆送信について準用される旨を規定する。
- 平成26年法改正で、公衆送信（放送・有線放送は除き、ネット送信の場合は送信可能化を含む　以下本項解説において同じ）に係る出版権が認められることとなったのに合わせ、著作権の制限規定のうち公衆送信に係るものを、出版権の目的となる著作物の公衆送信に準用することとした。
- 準用規定とその概容（本項に係る利用形態に限る）は、第30条の2第2項（付随対象著作物の利用規定（同条1項）により複製等された付随対象著作物の、それを含む写真等著作物の利用に伴う公衆送信）、第30条の3（適法利用のための検討の過程における公衆送信）、第31条第3項前段（絶版等資料に係る著作物の図書館等における公衆への提示目的のための、国立国会図書館の当該著作物の複製物の自動公衆送信）、第32条第1項（引用目的の公衆送信）、第33条の2第4項（教科用特定図書等普及促進法5条1項・2項により教科用図書に掲載された著作物に係る電磁的記録の提供のための当該著作物の公衆送信）、第35条第2項（学校その他の教育機関における授業の過程において複製が認められた著作物の、当該授業場所以外の場所への公衆送信）、第36条第1項（入学試験等のための公衆送信）、第37条第2項及び第3項（視覚障害者等のための公衆送信）、第37条の2（第2号を除く。）（聴覚障害者等のための公衆送信）、第40条第1項（政治上の演説等の公衆送信）、第41条（時事の事件の報道に伴う、当該事件を構成等する著作物の公衆送信）、第42条の2（行政機関情報公開法等による開示のための公衆送信）、第42条の3第2項（公文書管理法16条1項等により著作物を公衆に提供・提示する場合の当該著作物の公衆送信）、第46条（公開の美術の著作物等の公衆送信）、第47条の2（美術の著作物等の譲渡等の申出に伴う公衆送信）並びに第47条の6（送信可能化された情報の送信元識別符号の検索等のための自動公衆送信）、である。なお、適宜「著作権者」を「出版権者」、「著作権」を「出版権」と読み替える。

※本項でも、1項の場合と同様に各準用規定の対象行為のうち、所定の公衆送信についてのみ準用される点には留意する。

第3章

> （出版権の譲渡等）
> 第87条　出版権は、複製権等保有者の承諾を得た場合に限り、その全部又は一部を譲渡し、又は質権の目的とすることができる。

- 87条は、複製権等保有者の承諾がある場合に限り、出版権者が、出版権の全部又は一部を譲渡し、又は質権の目的とすることができる旨を規定する。
- 出版権も財産権の一つであり、その譲渡性は認められるべきであるが、一方で、複製権等保有者が特定の出版者を信用して設定する権利であることから、複製権等保有者の意に反するような自由な譲渡までは認められるべきではない。そこで、複製権等保有者の承諾があった場合に限って、出版権の譲渡等を認めることにしたものである。
- 「全部又は一部」とあるように、出版権の一部譲渡を認める規定である。これまで出版権は、複製権について設定行為で定めた範囲で認められる権利であり、複製権の可分性に応じた出版権の制限は可能でも、出版権自体の可分性は基本的に否定されてきた（加戸544頁）。しかし、平成26年法改正で、複製する権利と公衆送信（放送等は除く）を行う権利を出版権者に認め、その全部又は一部の専有を認めたことから（80条1項）、可分性を認めるのが妥当となり、一部譲渡を認める規定になったものと考えられる。
- 「譲渡」には、個々の著作物についての出版権を譲渡する場合と、出版権者の営業全体を譲渡する場合が考えられる。後者の場合、営業譲渡について複製権等保有者の同意があれば、出版権の譲渡についての承諾はあったものと解するのが妥当である（加戸543頁）。
- 「質権の目的」とされた場合でも、出版権が複製権等保有者と出版権者間の信頼と義務に基づく性格のものであることから、出版権者が出版権を行使し出版行為を続けるものと解される。また、本条の、複製権等保有者による質権設定についての承諾は、質権実行による権利移転についても認める包括的性格のものと考えられるため、質流れにより質権が実行されるときは、あらためて複製権等保有者の承諾を得ることなく出版権は移転されることになる。
- なお、出版権者が破産した場合等の強制執行による移転に際しても、複製権

等保有者の承諾を要するものと解される。この場合でも、出版権が複製権等保有者と出版者の信用の上に設けられた権利である点は尊重されるべきだからである（加戸543頁）。
- 相続その他の一般承継の場合には、複製権等保有者の承諾は不要と解する。これらの場合には、出版権設定当初の信頼関係は崩れていないものと考えられるからである。

（出版権の登録）
第88条　次に掲げる事項は、登録しなければ、第三者に対抗することができない。

- 88条1項は、本項各号に掲げる事項は、登録が第三者対対抗要件であることを規定する。
- 登録による公示について規定を設けることにより、出版権の取引の安全を図るものである。
- 「登録しなければ、第三者に対抗することができない」の意味については、77条を参照されたい（→324頁）。

一　出版権の設定、移転（相続その他の一般承継によるものを除く。次号において同じ。）、変更若しくは消滅（混同又は複製権若しくは公衆送信権の消滅によるものを除く。）又は処分の制限

- 1号は、登録しなければ第三者に対抗できない事項として、出版権の設定、移転、変更若しくは消滅又は処分の制限を掲げる。
- 本号で掲げられる各事項について、登録を第三者対抗要件とするのは以下の理由による。「出版権の設定」については、出版権が二重に設定された場合の優劣を決するため、あるいは、出版権に係る著作物の複製権等が譲渡等された場合に、その譲受人に対し出版権の存在を主張し得るようにするためであり、以下、出版権の「移転」については、出版権の二重譲渡、更には、譲渡移転と質権実行による移転等による対抗関係が生じ得ること、出版権の「変

第3章

更」については、対象となる著作物の内容の変更や設定行為の内容の制限などがなされた場合に、出版権者と複製権等の譲受人等との間で対抗関係になり得ること、出版権の「消滅」については、消滅に係る出版権に対し権利を有する第三者が存在する場合に対抗問題が生じ得ること、出版権の「処分の制限」については、制限の有無について対抗関係が生じ得ることなどがそれぞれ考えられるため、その優劣を決する必要があるからである。

- なお、移転のうち「相続その他の一般承継によるもの」は77条1号と同様に除かれる。また、「消滅」のうち「混同又は複製権若しくは公衆送信権の消滅によるもの」については、第三者が出版権の存在を主張する利益がないため除かれる。

> 二 出版権を目的とする質権の設定、移転、変更若しくは消滅（混同又は出版権若しくは担保する債権の消滅によるものを除く。）又は処分の制限

- 2号は、登録しなければ第三者に対抗できない事項として、出版権を目的とする質権の設定、移転、変更若しくは消滅又は処分の制限を掲げる。
- 本号の規定内容は77条2号と同様であるので、そちらの解説を参照されたい（→326頁）。

> 2 第78条（第3項を除く。）の規定は、前項の登録について準用する。この場合において、同条第1項、第2項、第4項、第8項及び第9項中「著作権登録原簿」とあるのは、「出版権登録原簿」と読み替えるものとする。

- 2項は、78条の登録手続等の規定（3項を除く）を、前項の出版権に係る登録に準用することを規定する。
- 準用条文中「著作権登録原簿」とあるのは、「出版権登録原簿」と読み替える。
- 本項での準用により、前項登録は文化庁長官が出版権登録原簿（以下本項解説では「原簿」とする）を作成して行うこと、原簿は磁気ディスクにより調整可能なこと、何人も手数料を納付して（国等の場合は除く）原簿の謄本の交付等の請求ができること、出版権に係る登録の処分においては行政手続法の2章

（申請に対する処分）及び3章（不利益処分）の規定は適用しないこと、原簿・付属書類について行政機関情報公開法の規定は適用しないこと、原簿・付属書類記録の保有個人情報には行政機関の保有する個人情報の保護に関する法律の4章（開示、訂正及び利用停止）の規定は適用しないこと、及び出版権に係る登録に関して必要な事項は政令で定めること、が規定される。

- なお、出版権に係る登録の場合、著作者の実名登録（75条1項）をしたときの保護期間延長のような効果はないため、国民に登録の事実を知らせるための規定である78条3項（文化庁長官による官報での告示）の準用はない。

第4章 著作隣接権

第1節　総　則
　　　　（第89条・第90条）
第2節　実演家の権利
　　　　（第90条の2～第95条の3）
第3節　レコード製作者の権利
　　　　（第96条～第97条の3）
第4節　放送事業者の権利
　　　　（第98条～第100条）
第5節　有線放送事業者の権利
　　　　（第100条の2～第100条の5）
第6節　保護期間
　　　　（第101条）
第7節　実演家人格権の一身専属性等
　　　　（第101条の2・第101条の3）
第8節　権利の制限、譲渡及び行使等
　　　　並びに登録
　　　　（第102条～第104条）

第4章　著作隣接権

第1節　総　則

> （著作隣接権）
> 第89条　実演家は、第90条の2第1項及び第90条の3第1項に規定する権利（以下「実演家人格権」という。）並びに第91条第1項、第92条第1項、第92条の2第1項、第95条の2第1項及び第95条の3第1項に規定する権利並びに第94条の2及び第95条の3第3項に規定する報酬並びに第95条第1項に規定する二次使用料を受ける権利を享有する。

- 89条1項は、実演家が、ここに列挙する権利（広義の著作隣接権）を享有することを規定する。
- そのうち、氏名表示権（90条の2第1項）と同一性保持権（90条の3第1項）は、実演家の精神的権利である実演家人格権であり、録音・録画権（91条1項）、放送・有線放送権（92条1項）、送信可能化権（92条の2第1項）、譲渡権（95条の2第1項）及び貸与権（95条の3第1項）は、実演利用についての物権的権利である狭義の著作隣接権である。また、有線放送事業者から報酬を受ける権利（94条の2）、貸レコード業者から報酬を受ける権利（95条の3第3項）及び放送事業者等から二次使用料を受ける権利（95条1項）は、実演利用により生ずる債権的権利である。

> 2　レコード製作者は、第96条、第96条の2、第97条の2第1項及び第97条の3第1項に規定する権利並びに第97条第1項に規定する二次使用料及び第97条の3第3項に規定する報酬を受ける権利を享有する。

- 2項は、レコード製作者が、ここに列挙する権利（広義の著作隣接権）を享有することを規定する。
- 複製権（96条）、送信可能化権（96条の2）、譲渡権（97条の2第1項）及び貸与

権（97条の3第1項）は物権的権利である狭義の著作隣接権であり、放送事業者等から商業用レコードの二次使用料を受ける権利（97条1項）及び貸レコード業者から報酬を受ける権利（97条の3第3項）は、レコード利用により生ずる債権的権利である。

> 3　放送事業者は、第98条から第100条までに規定する権利を享有する。

- 3項は、放送事業者が、98条から100条までの著作隣接権を享有することを規定する。
- 複製権（98条）、再放送権・有線放送権（99条1項）、送信可能化権（99条の2）及びテレビジョン放送の伝達権（100条）は、すべて物権的権利である狭義の著作隣接権である。

> 4　有線放送事業者は、第100条の2から第100条の5までに規定する権利を享有する。

- 4項は、有線放送事業者が、100条の2から100条の5までの著作隣接権を享有することを規定する。
- 複製権（100条の2）、放送権・再有線放送権（100条の3）、送信可能化権（100条の4）及び有線テレビジョン放送の伝達権（100条の5）は、すべて物権的権利である狭義の著作隣接権である。

> 5　前各項の権利の享有には、いかなる方式の履行をも要しない。

- 5項は、本条1項から4項までの権利の享有には、いかなる方式の履行も要さないことを規定する。各該当行為を行った時から自動的に権利が発生する旨を定めた規定である。
- なお、実演家等保護条約あるいはレコード保護条約に加入している国のうち、レコード保護について方式を要求する国において保護を受ける場合には、ジャケット等にⓅ表示を付すことで当該方式履行の擬制がなされる。
  ※Ⓟ表示は、Ⓟマーク（マルピーマーク）と最初の発行年、更にレコードジャケッ

ト等にレコード製作に係る権利者の氏名表示がない場合にはその名称、の記載により構成されるものであり、その趣旨については©マーク（17条2項解説参照）と同様である。℗のPは、Phonogramの略符である。

> 6　第1項から第4項までの権利（実演家人格権並びに第1項及び第2項の報酬及び二次使用料を受ける権利を除く。）は、著作隣接権という。

- 6項は、上記1項ないし4項規定の権利から、実演家人格権、二次使用料を受ける権利及び報酬を受ける権利を除いた権利を著作隣接権というとする規定である。つまり、狭義の著作隣接権を「著作隣接権」とするということである。
- 4章の表題としての「著作隣接権」は、実演家人格権や二次使用料・報酬を受ける権利も含めた広義のものと考えられるが、一方で、本条の見出しを「著作隣接権」とし、本項でそれを狭義の著作隣接権に限定している。それは、保護期間や権利侵害の規定については狭義の著作隣接権のみが関係し、人格権や債権的権利とは個別の扱いをする必要性があるためであり、いわば立法技術上の理由でそのようにしたということである（加戸555頁）。

> （著作者の権利と著作隣接権との関係）
> 第90条　この章の規定は、著作者の権利に影響を及ぼすものと解釈してはならない。

- 90条は、著作者の権利と広義の著作隣接権との関係についての規定である。著作隣接権制度の規定によって著作者人格権や著作権の行使が妨げられることはないという確認的規定である。
- 実演、レコード、放送及び有線放送の利用が同時に著作物の利用に当たる場合、著作権者の許諾の必要性は、著作隣接権の存在によっては影響を受けないということである。この場合、逆に、著作隣接権者の許諾の必要性も、著作権者の許諾の必要性に左右されない。各権利者が、個別に権利行使できるということである。

第2節　実演家の権利

> **（氏名表示権）**
> **第90条の2**　実演家は、その実演の公衆への提供又は提示に際し、その氏名若しくはその芸名その他氏名に代えて用いられるものを実演家名として表示し、又は実演家名を表示しないこととする権利を有する。

- 90条の2第1項は、実演家は、その実演の公衆への提供又は提示に際して、氏名等を実演家名として表示するか否かを決定する権利を有する旨規定する。実演家の氏名表示権についての規定である。
- 本条は、実演が実演家の人格の発露としての人格的価値を有する点を考慮し、平成14年の法改正において、実演家の同一性保持権と共に設けられたものである。
- 「実演の公衆への提供」とは、実演を固定したCDやDVDの販売などの有形的な伝達を意味し、この場合の氏名等表示の方法としては、CDやDVDのジャケット等に氏名等を表示したり、映画のエンディングロールに氏名等を表示するなどが挙げられる。一方、「実演の公衆への提示」とは、実演の放送などの無形的な伝達を意味し、この場合の氏名等の表示方法としては、実演家の氏名等をラジオ放送等でアナウンスするなどが挙げられる。
- 「その他氏名に代えて用いられるもの」には、実演家の愛称などが含まれる。ただし、氏名表示権は個人の実演家についてのみ認められるので、グループ名をもって「その他氏名に代えて用いられるもの」とすることはできない。

> **2**　実演を利用する者は、その実演家の別段の意思表示がない限り、その実演につき既に実演家が表示しているところに従って実演家名を表示することができる。

- 2項は、実演利用する者は、原則、既に実演家が表示しているのと同じ表示により実演家名表示をすることができる旨を規定する。
- 既出の実演家名表示と同じ表示による実演利用の場合には、当該実演家の人

格を毀損する可能性は少ないと考えられることによる。
- 「その実演家の別段の意思表示がない限り」とあるのは、実演家側からの積極的な意思表示がない限りという意味であり、利用者側からの確認を要件とするものではない。

> 3　実演家名の表示は、実演の利用の目的及び態様に照らし実演家がその実演の実演家であることを主張する利益を害するおそれがないと認められるとき又は公正な慣行に反しないと認められるときは、省略することができる。

- 3項は、実演家名の表示は、実演の利用の目的・態様に照らして、実演家であることの主張利益を害するおそれがなく、又は公正な慣行に反しないと認められる場合には、省略できることを規定する。実演の円滑利用の促進を図るものである。
- 「実演の利用の目的及び態様に照らし」は「実演家が…実演家であることを主張する利益を害するおそれがない…」と「公正な慣行に反しない…」の双方に係る。
- 「実演家であることを主張する利益を害するおそれがないと認められるとき」とは、例えば、デパート店内でBGMを流す場合に、歌手等の氏名表示を省略するようなケースが挙げられる。店内で流すというBGMの目的・態様から、実演家の利益を害するとは考えづらいということである。また、「公正な慣行に反しないと認められるとき」とは、例えば、映画のエンディングロールにおいてエキストラの氏名表示を省略する場合などが挙げられる。この場合、実演家であるエキストラにとっては自身の氏名表示の利益を害されているともいえるが、エキストラまで含めた全ての出演者の氏名等を表示することは困難な場合も多く、公正な慣行としても省略が定着しているケースなので認められるものである（加戸560頁）。実演の円滑利用を優先した判断である。
- ちなみに、著作者の氏名表示の場合、その省略が認められるためには「創作者であることを主張する利益を害するおそれがないと認められる」だけでは足りず、同時に「公正な慣行に反しない」ことも要件となっている（19条3

項)。一作品において関係する実演家の人数が多数となることも多い実演に比べ、著作物の場合、関係する著作者の人数はある程度限られているのが通常であるので、著作者の意思尊重の利益を確保しつつ著作物の円滑利用を図ることが可能だからである。

4　第1項の規定は、次の各号のいずれかに該当するときは、適用しない。
　一　行政機関情報公開法、独立行政法人等情報公開法又は情報公開条例の規定により行政機関の長、独立行政法人等又は地方公共団体の機関若しくは地方独立行政法人が実演を公衆に提供し、又は提示する場合において、当該実演につき既にその実演家が表示しているところに従つて実演家名を表示するとき。
　二　行政機関情報公開法第6条第2項の規定、独立行政法人等情報公開法第6条第2項の規定又は情報公開条例の規定で行政機関情報公開法第6条第2項の規定に相当するものにより行政機関の長、独立行政法人等又は地方公共団体の機関若しくは地方独立行政法人が実演を公衆に提供し、又は提示する場合において、当該実演の実演家名の表示を省略することとなるとき。
　三　公文書管理法第十六条第一項の規定又は公文書管理条例の規定（同項の規定に相当する規定に限る。）により国立公文書館等の長又は地方公文書館等の長が実演を公衆に提供し、又は提示する場合において、当該実演につき既にその実演家が表示しているところに従つて実演家名を表示するとき。

- 4項は、同項各号のいずれかに該当する場合は、実演家の氏名表示権の規定（1項）は適用しないことを規定する。
- 行政機関等が保有する支持物に固定されている実演を開示する場合には、一定条件の下、実演家の氏名表示権が制限される旨の規定であり、行政機関情報公開法等の円滑運用を図るためのものである。

- 1号は、実演家の氏名表示権が働かないケースとして、行政機関情報公開法等の規定に従って行政機関の長等が実演を公衆に開示する場合において、既

に実演家が表示しているところに従って実演家名の表示をするときを挙げる。
- 行政機関情報公開法等とは、同法のほか、独立行政法人等情報公開法又は情報公開条例を指し、独立行政法人等情報公開法による場合は独立行政法人等が、情報公開条例による場合は地方公共団体の機関若しくは地方独立行政法人が、それぞれ開示主体となる。
- この場合の「実演」とは、行政機関等が保有する支持物に固定されている実演を指す。

- 2号は、実演家の氏名表示権が働かないケースとして、行政機関情報公開法6条2項等の規定に従い行政機関の長等が実演を開示する場合において、実演家名が表示された部分を省略して部分開示することとなるときを挙げる。
- 行政機関情報公開法6条2項等とは、同法6条2項のほか、独立行政法人等情報公開法6条2項又は情報公開条例の規定で行政機関情報公開法6条2項の規定に相当するものを指し、いずれも、開示請求に係る行政文書中に不開示情報（特定の個人を識別することができる個人情報）が含まれる場合は、当該個人識別性のある部分を除いて開示すべきことを内容とする規定である。
- 開示主体及び「実演」については、前号と同様である。

- 3号は、実演家の氏名表示権が働かないケースとして、公文書管理法16条1項等の規定に従い国立公文書館等の長等が実演を開示する場合において、既に実演家が表示しているところに従って実演家名の表示をするときを挙げる。
- 公文書管理法16条1項等とは、同項のほか、公文書管理条例の規定のうち同項の規定に相当するものを指し、いずれも、公文書館等において保存されている特定歴史公文書等について所定の目録（その保存・利用等について記載されたもの）に従った利用請求があった場合には、原則それを利用させなければならないとする内容の規定である。
- 公文書管理法16条1項による場合は国立公文書館等の長が、公文書管理条例の場合は地方公文書館等の長が、それぞれ開示主体となる。
- 「実演」については1号と同様である。

第4章第2節

- なお、公文書管理法等には行政機関情報公開法6条2項に該当する規定はないため、前号のような部分開示の規定は本号の後に設けられていない。

> （同一性保持権）
> 第90条の3　実演家は、その実演の同一性を保持する権利を有し、自己の名誉又は声望を害するその実演の変更、切除その他の改変を受けないものとする。

- 90条の3第1項は、実演家は、自己の名誉又は声望を害されないために、その実演について同一性を保持する権利を有する旨規定する。実演家の同一性保持権についての規定である。
- 実演家の「名誉又は声望を害するその実演の変更、切除その他の改変」とは、例えば、実演の利用者が、ビデオなどに固定された実演について、その実演に係る俳優の顔の表情やダンサーの格好などを変えて不自然な演技としたり、俳優のせりふを卑猥な言葉に置き換えたりして、その実演家の社会的評価やイメージを低下させる行為などが該当する。
- ただし、実演家の実演そのものには手を付けずに、その背景のみを変える等の行為は、実演自体の改変ではないので、実演家の同一性保持権は働かないと解する（加戸562頁）。
- 実演家の「名誉又は声望を害する」という場合、社会からの客観的な評価を基準に判断されるものである。著作者人格権について「著作者の意に反する」という場合は、著作者の主観的基準により判断されるので、その違いには留意が必要である。実演が利用される現状においては、編集利用や部分利用など、実演家の意思をいちいち確認していたのでは円滑な実演利用が阻害される場面が多いことから、客観的に判断できる要件のみを課したものである。

> 2　前項の規定は、実演の性質並びにその利用の目的及び態様に照らしやむを得ないと認められる改変又は公正な慣行に反しないと認められる改変については、適用しない。

- 2項は、実演の性質等に照らしやむを得ないと認められる改変又は公正な慣行に反しないと認められる改変については、前項に規定する実演家の同一性保持権は働かないことを規定する。
- 「実演の性質並びにその利用の目的及び態様に照らし」は、「やむを得ないと認められる改変」と「公正な慣行に反しないと認められる改変」の双方に係る。
- 「やむを得ないと認められる改変」とは、例えば、機器の性能や特性上、実演の音声・映像を正確に再生できず、結果的に改変されたものを伝達せざるを得ない場合等を指す。「公正な慣行に反しないと認められる改変」とは、例えば、映画を放送時間に合わせて再編集したり、映画の一部を放送で紹介する際に演技の一部のみを見せたりする場合等を指す。
- 著作者の同一性保持権と違い、「公正な慣行に反しないと認められる」場合であれば「やむを得ないと認められる」場合でなくとも改変が認められるのは、実演の円滑利用を優先的に図るためである。実演は、編集利用や部分利用が多いことに対応したものである。

（録音権及び録画権）
第91条　実演家は、その実演を録音し、又は録画する権利を専有する。

- 91条1項は、実演家が、自ら行う実演を録音・録画する権利を専有する旨規定する。
- この場合の録音・録画には、実演の最初の固定のみならず、その固定物の増製やその固定物を用いた放送の収録も含まれる。実演家等保護条約の7条1項では、いったん実演家の承諾を得て固定された実演については、同一目的で行うその固定物の複製についても実演家の権利が及ばないとするワンチャンス主義を採用するが、本項では、同条約より実演家に厚い保護を与えているということである。
- 実演の場合、実演家の行った実演そのものの録音・録画について権利が及ぶので、著作物を盗作した場合とは異なり、他人の実演を模倣する実演（物まね等）であっても、模倣された実演者の録音・録画権は及ばない。この場合、模

第4章第2節

倣した実演者に、新たに録音・録画権が生ずる。
- 本項では、録音・録画以外の手段（写真撮影等）による実演の複製には、実演家に権利を与えていない。実演を取り巻く状況から政策的に規定したものであるが、放送事業者には、録音・録画のほかに写真等による複製権も認められている（98条）点と比較されたい。

> 2　前項の規定は、同項に規定する権利を有する者の許諾を得て映画の著作物において録音され、又は録画された実演については、これを録音物（音を専ら影像とともに再生することを目的とするものを除く。）に録音する場合を除き、適用しない。

- 2項は、実演の録音・録画権を有する者の許諾を受けて映画著作物に収録された実演の増製については、録音物に収録して行う場合を除き、前項の録音・録画権が及ばないとする規定である。いわゆる、映画著作物のワンチャンス主義と呼ばれる制度である。
- 映画の著作物には多くの実演家が関与していることから、各実演家の最初の許諾があったならば、以降、実演家の権利は制限し、映画製作者の著作権による一括管理を図ろうというものである。したがって、例えば映画に出演した俳優は、その映画のDVD化について録音・録画権を主張できないことになる。
- ただし、映画の著作物に収録された実演を録音物に録音する場合には、実演家の録音権が再度働く。映画の音だけをサウンドトラック盤レコードとして録音する場合等のことであり、それは、本来の映画著作物とは別目的の利用なので、最初の許諾の効力は認められず権利が及ぶとされるものである。
- この場合、「録音物」から「音を専ら影像とともに再生することを目的とするもの」は除かれる。映画のサウンドトラックのように、利用時には必ず影像とシンクロさせて利用するもの等は、実質的に映画著作物として保護を受けるものと考えられることから、単なる「録音物」には含まれないということである。
- なお、実演の録音・録画を認めることなく、放送・有線放送番組への出演のみを承諾した俳優等は、その実演の録音・録画について権利を主張し得る（103

条で準用する63条4項)。

> (放送権及び有線放送権)
> 第92条　実演家は、その実演を放送し、又は有線放送する権利を専有する。

- 92条1項は、実演家は、自ら行う実演を放送又は有線放送する権利を専有する旨規定する。
- 本項の権利が及ぶのは、生実演の直接放送、生実演の直接有線放送、生実演放送を受信してする再放送、生実演有線放送を受信してする放送及び実演の無許諾録音・録画物を用いてする放送・有線放送の範囲となる。
- 一方、次項の適用除外規定により、生実演放送を受信してする有線放送（2項1号）、許諾を受けた実演の録音・録画物を用いてする放送・有線放送（2項2号イ）、許諾を受けて映画に収録された実演の増製物を用いてする放送・有線放送（2項2号ロ）については本項権利が及ばない。
- 更に、94条1項の規定により初めの放送を許諾した場合には、固定物を用いたその後の放送等についても本項著作隣接権は及ばない。
- これらの制約は、実演の円滑な利用を図るためのものである。

> 2　前項の規定は、次に掲げる場合には、適用しない。

- 2項は、同項各号に掲げる場合は、前項の放送権・有線放送権が働かない旨を規定する。実演の円滑な利用を図るためのものである。

> 一　放送される実演を有線放送する場合

- 1号は、実演家の放送・有線放送権（この場合は有線放送権）が及ばないケースとして、同時再送信として有線放送する場合を挙げる。
- 99条1項の放送事業者の再放送・有線放送権により、1度放送された放送波は事実上放送事業者によってその後の処理がなされることからすると、放送の再送信において主要なケースといえる有線による同時再送信については、

実演家の権利は及ばないとするのが円滑な実演利用に資するとして規定されたものである。

- 「放送された」ではなく「放送される」としたのは、同時再送信のみを本号の対象とするからある。過去に放送された実演を対象とする異時再送信での有線放送には権利が及ぶことになり、その場合、固定について許諾があれば次項２号の対象となる。

- 本号の「放送される実演」には、次号イのような「権利を有する者の許諾を得て」といった条件が記されていないことから、実演家の許可なく元の放送がされた場合でも、同時再送信として有線放送する場合にはその有線放送について実演家の権利は及ばないこととなる。本号は、元の放送についての実演家の許諾の効力を再送信としての有線放送にまで及ぼそうという発想のものではなく、本来有線放送事業者に対し個別に有している実演家の権利を、放送事業者の権原により処理してもらおうとする考えによるものであることからこのような規定ぶりになったといえる。この点、送信規模が小さく放送の補完的役割が主である同時再送信としての有線放送の場合、実演家の利益より実演の円滑利用が優先されるべきだと考えられることからすると、元の放送の許諾の有無にかかわらず（それをいちいち確認することなく）有線による同時再送信を認めることは妥当な結論ともいえる。

- なお、本号の立法時には、実演家が放送事業者への最初の放送許諾の際に、放送後の利用についての特約を結ぶことで、再送信についても放送事業者の権利を介する形で事実上の保護が受けられると考えられていたため、同時再送信を行う有線放送事業者に対し実演家は何ら権利を有することを要しないとされていたのだが、実際にはそのような機能（放送事業者を介した保護）はあまり働いておらず、更に近年の有線放送事業の拡大により有線放送が実演の有力手段となってきていることから、実演家の新たな利益獲得機会の必要性が叫ばれるようになり、平成18年法改正において、同時再送信の場合の有線放送事業者から実演家への報酬支払い義務の規定が設けられることとなった（94条の２）。

二　次に掲げる実演を放送し、又は有線送信する場合
　　イ　権利を有する者の許諾を得て録音され、又は録画されている実演

> ロ　前条第2項の実演で同項の録音物以外の物に録音され、又は録画されているもの

- 2号イは、実演家の放送・有線放送権が及ばないケースとして、91条1項の録音・録画権者から許諾を得て録音・録画されている実演を放送・有線放送する場合を挙げる。
- 「前条第1項に規定する権利を有する者」とは、91条1項の権利を譲り受けた者も含むものである。
- 「録音され、又は録画されている実演」とは、その録音・録画の直接の支持物のみにおける実演のことであり、したがってこの場合、録音・録画権者の許諾により放送・有線放送権の効力が及ばなくなるのは、その許諾を直接受けた録音・録画物における実演ということになる。無断で更に増製した場合の実演には権利が及ぶのである。91条2項で「録音され、又は録画された実演」という場合、一度許諾があればその後の増製物についても権利（録音・録画権）が及ばないことになるが、本号はそれとは違う点留意する。
- なお、実演・レコード条約では、実演の固定物による放送・有線放送については実演家の権利を定めていないので、本号除外規定が、録音・録画のいずれによる実演についてもその対象としていることが同条約違反となることはない（cf.92条の2第2項1号、95条の2第2項1号では、同条約8条（1）、10条を受けて、録画されている実演のみ除外対象とする）。

- 2号ロは、実演家の放送・有線放送権が及ばないケースとして、実演の録音・録画権を有する者の許諾を得て映画に収録された実演で、前条2項の録音物以外の物に収録された実演を放送・有線放送する場合を挙げる。つまり、前条2項のワンチャンス主義の規定を受けて増製が認められるようになった実演については、放送・有線放送についても権利が及ばないとするものである。
- ここで対象としているのは、実演家の許諾を得て収録された映画の増製物に収録された実演であって、許諾を得て映画に収録された実演ではない。それについては、2号イで対応できる。
- 2号ロを別途規定したのは立法技術上の理由によるものであり、つまり、許諾を得て収録された映画著作物の実演については、ワンチャンス主義により

録音・録画権が働かなくなるため、それを増製する場合の録音・録画は2号イの「前条1項に規定する権利を有する者の許諾を得て」なされる録音・録画とはいえず、また、2号イは上述の通り、直接許諾を得た支持物における実演のみを対象とした規定なので、増製についてはカバーできないからである。
- 実演家の許諾を得て収録された映画から前条2項の録音物（サウンドトラック盤レコード等）に収録された実演については、2号イで対応することとなる。

（送信可能化権）
第92条の2　実演家は、その実演を送信可能化する権利を専有する。

- 92条の2第1項は、実演家は、自ら行う実演を送信可能化する権利を専有する旨を規定する。
- 近年のインターネット等の発達に伴い、実演がインタラクティブ送信されるようになった状況下では、従来から設けられている実演家の「有線送信権」では保護が不十分とされ、平成9年に規定されたものである。従来の、実演家の「有線送信権」は、生実演と無許諾固定の実演のみを権利行使の対象としていたので、例えば、正規に作成された商業用レコードの音楽を、第三者が無断でインターネット上に流した場合でも実演家は権利主張できなかったのであるが、本項を設けたことにより、無断でアップロードされたレコード等に係る実演について権利行使することが可能となった。
- 送信行為ではなく、送信可能化のみに権利を与えたのは、著作権との競合を避けつつ実演家の利益確保の機会を付与するという、著作隣接権制度の趣旨及び実演・レコード条約の考え方に従ったものである（従来より、著作隣接権は著作権より弱い権利内容とされてきた）。
- 生実演をインターネット放送する場合も、放送・有線放送権ではなく、送信可能化権の対象となる点には留意が必要である。
  ※送信可能化は送信行為とは別の独立の行為なので、送信回数ごとに使用料の回収を希望する場合等には、送信可能化の契約の際、特約が必要ということになる。

> 2　前項の規定は、次に掲げる実演については、適用しない。
> 一　第91条第1項に規定する権利を有する者の許諾を得て録画されている実演
> 二　第91条第2項の実演で同項の録音物以外の物に録音され、又は録画されているもの

- 2項は、同項各号に掲げる実演については、前項の送信可能化権が働かない旨規定する。

- 1号は、前項の送信可能化権が及ばない実演として、実演の録音・録画権（91条1項）を有する者の許諾を得て録画された実演を挙げる。
- ここで注意すべきことは、前条2項2号イとは違って、録画された実演のみを適用除外の対象としている点である。映像の固定物についてはワンチャンス主義の考えが基調となっていることや、実演・レコード条約ではレコードに固定された実演についてのみ保護対象とし、固定の許諾の有無にかかわらず利用可能化権を認めている（同条約10条）ので、録音された実演について適用除外を認めると当該条約規定に違反するものとなる可能性があることがその理由であると考えられる。
  - ※ただし、91項2項では映画著作物に収録された実演の音について、レコード固定以外の固定に「録音」の表現を用い、ワンチャンス主義の対象としていることからすると、本号で「録音」を全てはずしてしまうのは表現上の一貫性が欠落するものともいえる。
- 実演家の許諾を得てレコードに固定された実演については、放送権・有線放送権は消えるが（92条2項2号）、送信可能化権は残るため、例えば、放送局が同じ商業用レコード（適法なもの）の曲をラジオ放送とインターネット放送で流す場合、インターネット放送については別途許諾を要することになる。
- 「録画されている実演」なので、92条2項2号イの場合と同様、許諾に係る支持物に固定された実演のみが対象である。

- 2号は、前項の送信可能化権が及ばない実演として、実演の録音・録画権（91

条1項)を有する者の許諾を得て映画著作物に録音・録画された実演で、91条2項の「録音物」以外の物に収録されているものを挙げる。
- 本号は、前条2項2号ロと同様の立法技術的規定であり、ワンチャンス主義による増製物についての実演を適用除外とするものである。
- 本号は、1号と違い「録音」されている実演も含むが、それは、この場合の「録音」が、影像を伴う映画著作物の増製としてのものに限定されるからであり、実演・レコード条約10条の保護に係るレコードへの固定ではないからである。

> （放送のための固定）
> **第93条** 実演の放送について第92条第1項に規定する権利を有する者の許諾を得た放送事業者は、その実演を放送のために録音し、又は録画することができる。ただし、契約に別段の定めがある場合及び当該許諾に係る放送番組と異なる内容の放送番組に使用する目的で録音し、又は録画する場合は、この限りでない。

- 93条1項は、実演の放送について放送権を有する者の許諾を得た放送事業者は、一定条件の下、その実演を放送のために録音・録画できることを規定する。実演の円滑利用を図るものである。
- 102条1項で準用する44条1項による一時的固定は、自己の放送目的のものに限られるが、本項による固定は、他の放送事業者の放送のためのものであっても構わない点に留意する（94条1項2号が対応している）。キー局で放送許諾を得ていれば、固定物の提供を受けたネット局での放送許諾は不要となるのである（ただし、いわゆる再ネットには許諾を要す（93条2項2号））。
- 一方、準用される44条1項による一時固定は、適法に放送できる実演（著作隣接権の制限規定による場合等）であれば可能であるが、本項の固定は、実演の放送について実演家の許諾があった場合に限られる。
- 「放送のために」とあるように、有線放送のための固定は本項では認めていない。実演家等保護条約に合わせたものである。
- 「放送のために」の「放送」とは、92条1項の許諾を受けた放送そのもので

はなく、その固定物による（通常は２回目以降の）放送を指す。この場合、その固定物による放送が認められる根拠は本項や92条ではなく、94条１項である点に留意する。

※本項は、録音・録画を認めるところまでしか規定しておらず、また、92条１項は、固定まで認めた規定ではない。更に、本項による録音・録画をもって92条２項２号の適用を受けることもできないことから（なぜなら、その録音・録画は91条１項の権利を有する者の許諾によるものではないからである）、本項の録音・録画物を用いてする実演の放送には、形式的に92条１項の放送権が及ぶということになる。そこで、当該録音・録画物を用いた実演の放送を可能とするために設けられたのが94条１項ということである（ただし、この場合報酬請求権が生じる（同条２項））。この点に関連し、102条１項で準用される44条１項による一時固定の場合は、その趣旨や規定ぶりからも、許諾された実演放送自体をいったん固定してから行うことを想定したものであるのに対し、本項の場合は、許諾された実演放送を、固定物を用いてリピート放送等することを想定した規定であるということがいえる。

- ただし書で規定する「契約で別段の定めがある場合」とは、テープ撮りをしない旨の契約を付する場合等であるが、この場合、その契約が、準用する44条１項の一時的固定にまで及ぶものではない点には留意が必要である。
- 本項は、実演の円滑利用の観点から、本来なら録音・録画権を有しない放送権者に、録音・録画についての一部権原を与えるものである。通常、放送権者と録音・録画権者は同一であるので問題は生じないが、両権利が別人に帰属している場合もあり得ることから、録音・録画権者の都合も考慮し、ただし書で契約による別段の定めについて規定したものといえる（加戸578頁）。
- ただし書においては、更に、許諾された放送番組と別内容の放送番組での使用を目的とする場合は、本項の録音・録画は認められないとする。
- 「異なる内容の放送番組」とは、当初の放送番組とその内容性においてある程度の相違があるものをいうとする。「紅白歌合戦」の一部を「歌謡曲変遷史」なる番組の一部に使用する場合などである（加戸579頁）。

２　次に掲げる者は、第91条第１項の録音又は録画を行なつたものとみなす。

> 一　前項の規定により作成された録音物又は録画物を放送の目的以外の目的又は同項ただし書に規定する目的のために使用し、又は提供した者
> 二　前項の規定により作成された録音物又は録画物の提供を受けた放送事業者で、これらをさらに他の放送事業者の放送のために提供したもの

- 2項は、同項各号に掲げる者は、実演家の録音権・録画権を侵害するものとみなす旨の規定である。前項の規定により適法に作成された録音・録画物の目的外使用等を認めないとするものである。

- 1号は、侵害をしたとみなされる者として、前項規定による録音・録画物を放送の目的以外の目的に使用等し、又は前項ただし書に規定した目的のために使用等した者を挙げる。
- 「放送の目的以外の目的」とは、有線放送での送信や上映等の放送以外の利用目的をいう。また、「同項ただし書に規定する目的」とは、当初の放送番組内容と異なる内容の番組で使用する目的をいうが、文理上別段の定めに反した場合も含むと考えられる。
- 「提供した者」とは、これらの目的外使用等されることを知りながら、その固定物を譲渡・貸与等する者をいう。

- 2号は、侵害をしたとみなされる者として、前項の規定による録音・録画物の提供を受けた放送事業者で、これらを更に他の放送事業者の放送のために提供したものを挙げる。放送における実演の円滑利用の趣旨を逸脱して、録音・録画物が商品化してしまうのを防ぐためのものである。
- 放送許諾を受けたキー局から固定物を提供されたネット局は、許諾なしでそれを放送できるが（ただし報酬支払い義務がある（94条2項））、ネット局から更に提供を受けた再ネット局は許諾なしでは放送できないことになる。あくまで、キー局から直接提供されたという形式が必要となる（この場合、物理的にネット局を介した固定物貸借契約の形でも良いとされる（加戸583頁））。

> （放送のための固定物等による放送）
> 第94条　第92条第１項に規定する権利を有する者がその実演の放送を許諾したときは、契約に別段の定めがない限り、当該実演は、当該許諾に係る放送のほか、次に掲げる放送において放送することができる。

- 94条１項は、実演の放送権を有する者が実演の放送許諾をしたときは、原則、当該許諾に係る放送のほか、本項各号に掲げる放送において放送することができる旨を規定する。前条１項とあわて、実演の円滑な利用を図るものである。
- 直接許諾を受けた実演の放送のほか、１号から３号までの放送が認められる。なお、契約に別段の定めがあるときはそれに従う。

> 一　当該許諾を得た放送事業者が前条第１項の規定により作成した録音物又は録画物を用いてする放送
> 二　当該許諾を得た放送事業者からその者が前条第１項の規定により作成した録音物又は録画物の提供を受けてする放送
> 三　当該許諾を得た放送事業者から当該許諾に係る放送番組の供給を受けてする放送（前号の放送を除く。）

- １号は、実演の放送ができる放送として、当該放送許諾を受けた放送事業者自身が、前条１項の録音・録画による固定物を用いてする放送を挙げる。
- 前条１項は92条１項の許諾による放送を前提に録音・録画を認めるものなので、本号は、その前提となった放送のいわゆるリピート放送について規定したものであるといえる。
- 当該放送事業者が当該固定物を用いてする放送については、特約がなければ何度でも再放送することができることになる。

- ２号は、実演の放送ができる放送として、当該放送許諾を受けた放送事業者から前条１項により作成された録音・録画物の提供を受けた者が、それを用いてする放送を挙げる。

- 当初放送をした放送事業者をキー局とした場合の、そこから固定物の提供を受けたネット局がするいわゆるテープ・ネット放送を想定したものである。
- 「提供を受けて」とは、原放送局の提供意思が必要であるということであり（加戸585頁）、したがって、ネット局のみの意思による再提供を認めるものではない。

- 3号は、実演の放送ができる放送として、当該放送許諾を受けた放送事業者からその許諾に係る放送番組の供給を受けてする放送のうち、前号で規定したテープ・ネット放送以外のものを挙げる。
- 放送許諾を得たキー局からマイクロ・ウェーブ等で送られた放送を、ネット局が同時放送又は異時放送する、いわゆるマイクロ・ネット放送を主に想定したものである。
- この場合も、原放送局の供給意思が必要である。
- なお、本号において異時放送する場合、ネット局での固定が必要不可欠となるが、その固定は、102条1項で準用する44条1項の一時的固定の規定により認められる。

> 2　前項の場合において、同項各号に掲げる放送において実演が放送されたときは、当該各号に規定する放送事業者は、相当な額の報酬を当該実演に係る第92条第1項に規定する権利を有する者に支払わなければならない。

- 2項は、前項の場合に、前項各号の放送で実演が放送された場合は、当該放送許諾を得ている原放送事業者は、相当額の報酬を当該実演に係る放送権者に支払う義務があることを規定する。
- 支払い義務があるのは、直接放送許諾を得、かつ、固定物を作成した原放送権者（1項2号・3号のキー局）であり、前項2号及び3号で放送が認められた者（ネット局）ではない点に留意する。
- 「相当な額」については、明確な規定はないが、通常、実演家の団体（（公社）日本芸能実演家団体協議会等）側と放送事業者（日本放送協会等）又はその団体（（社）日本民間放送連盟等）側との間の協定・慣行により定められることが多

い（加戸587頁）。

> **（放送される実演の有線放送）**
> **第94条の2** 有線放送事業者は、放送される実演を有線放送した場合（営利を目的とせず、かつ、聴衆又は観衆から料金（いずれの名義をもってするかを問わず、実演の提示につき受ける対価をいう。次条第1項において同じ。）を受けない場合を除く。）には、当該実演（著作隣接権の存続期間内のものに限り、第92条第2項第2号に掲げるものを除く。）に係る実演家に相当な額の報酬を支払わなければならない。

- 94条の2は、有線放送事業者が同時再送信により実演を有線放送した場合、原則、その実演に係る実演者に対して相当額の報酬支払い義務が生じる旨を規定する。
- 実演家の有線放送権は、同時再送信としてする有線放送には及ばないとされる（92条2項1号）。当初立法者は、実演家が最初の放送許諾の際に放送事業者と放送後の利用についての特約を結ぶことで、再送信についてもその放送事業者の権利を通して事実上の保護を受け得るだろうと考えたのだが、実際には、無償同意の慣行や、放送事業者から有線放送事業者への費用の転嫁の困難性等により、そのような利益還元の流れは機能せず、実演家の再送信における利益確保は十分とは言えない状況であった。それでも、従来は、有線放送は規模が小さく、そこでの実演家の利益は少ないと考えられていたので問題視されなかったが、近年の有線放送事業の拡大により有線放送自体が実演の有力手段とみられるようになると、実演家の新たな利益獲得機会の必要性が叫ばれるようになり、それを受けて平成18年に設けられたのが本条規定である。
- 難視聴対策や景観維持等を目的とする共同受信などの非営利かつ無料で同時再送信する有線放送については、社会的影響等を考えた場合、著作権及び著作隣接権を及ぼさないとするのが妥当とされており（38条2項、102条1項）、したがって、実演家の利益確保を担保する本条の対象からも外される（前のかっこ書）。

- 本条の報酬を受ける権利については、直接存続期間を定める規定がないため、当該権利の根拠である著作隣接権の存続期間内に限りその効力を認める旨を示し、また、本条は、無条件に有線放送が認められてしまう92条2項1号のケースにおける実演家の不利益を補うものなので、同項2号に該当する場合は本条の対象としないこととした（後のかっこ書）。

> **（商業用レコードの二次使用）**
> **第95条** 放送事業者及び有線放送事業者（以下この条及び第97条第1項において「放送事業者等」という。）は、第91条第1項に規定する権利を有する者の許諾を得て実演が録音されている商業用レコードを用いた放送又は有線放送を行つた場合（営利を目的とせず、かつ、聴衆又は観衆から料金を受けずに、当該放送を受信して同時に有線放送を行つた場合を除く。）には、当該実演（第7条第1号から第6号までに掲げる実演で著作隣接権の存続期間内のものに限る。次項から第4項までにおいて同じ。）に係る実演家に二次使用料を支払わなければならない。

- 95条1項は、実演に係る録音権者の許諾を得て作成された商業用レコードを用いて放送又は有線放送した放送事業者等は、その実演に係る実演家に二次使用料を支払わなければならないとする規定である。
- 商業用レコードに固定された実演が放送・有線放送されると、家庭内使用等の通常の商業用レコードの使用における効果をはるかに超えた使用効果が生じ、実演家の生演奏の機会が失われてしまうなどの事態が生じるが、本項はその点を考慮し、実演家への補償、及び放送等により放送事業者が上げた収益の均衡配分を図ろうとするものである（機械的失業に対する補償）。
- 実演について録音権者の許諾を得た固定物については、自由に放送・有線放送し得るとされるが（92条2項2号イ）、そのうち商業用レコードを用いた放送・有線放送の場合には、二次使用料の支払いが条件になるということである。
- 非営利かつ無料で同時再送信する有線放送について対象から除くのは、前条かっこ書の場合と同様である。

- 本項の対象となる実演は、本法の保護を受ける実演（7条各号）のうち、TRIPS協定により保護義務が生じている実演（同条7号）を除いたものである。TRIPS協定では、商業用のレコードの二次使用料について規定がなく、実演家等については同協定に規定される権利についてのみ内国民待遇を与えればよいとしているので（同協定3条1項）、本法7条7号の実演に係る実演家に当該二次使用料を受ける権利を与えなくとも条約違反とはならない。

> 2　前項の規定は、実演家等保護条約の締約国については、当該締約国であつて、実演家等保護条約第16条1(a)(i)の規定に基づき実演家等保護条約第12条の規定を適用しないこととしている国以外の国の国民をレコード製作者とするレコードに固定されている実演に係る実演家について適用する。

- 2項は、前項の二次使用料を受ける権利の規定は、実演家等保護条約の締約国については、そのうち、商業用のレコードの二次使用に関する規定（同条約12条）を適用しない旨の宣言（同条約16条1項(a)(ⅰ)）をした国以外の国の国民を製作者とするレコードに固定されている実演の実演家について適用することを規定する。
- 同条約16条1項(a)(ⅳ)により、わが国は、商業用のレコードの二次使用に係る権利の保護範囲とその期間について、相互主義を採用する旨を宣言しており、本項は、そのうち保護範囲についての相互主義を定める規定である。
- 相互主義を採るということは、わが国で外国人を保護する場合、その外国人の本国が日本国民に与える保護と同様な保護を与えるということであり、したがって、二次使用料請求権を認めない国の国民に対しては、わが国においても二次使用料の請求権を認めないということである。なお、この場合注意すべきことは、わが国における外国人の保護を担うのは、あくまで利用地法であるわが国著作権法であり、当該外国人の本国規定が直接その外国人に働くわけではないということである。つまり、相互主義は準拠法を外国法にするものではなく、外国人に対する国内法の保護の程度を、その外国法の保護と同程度に変えるものであるということである。
- わが国では、本項の相互主義を、例えば、二次使用に係る権利をレコードの

利用目的により制限するなどの限定的な扱いについてまでは適用しないこととしている。制度の複雑化を避けるためである。この点、4項とは異なるので、注意を要する。

> 3　第8条第1号に掲げるレコードについて実演家等保護条約の締約国により与えられる実演家等保護条約第12条の規定による保護の期間が第1項の規定により実演家が保護を受ける期間より短いときは、当該締約国の国民をレコード製作者とするレコードに固定されている実演に係る実演家が同項の規定により保護を受ける期間は、第8条第1号に掲げるレコードについて当該締約国により与えられる実演家等保護条約第12条の規定による保護の期間による。

- 3項は、日本国民を製作者とするレコードについて実演家等保護条約の締約国から与えられる同条約12条の規定による保護の期間が、本条1項規定による保護の期間より短いときは、当該締約国国民を製作者とするレコードに固定されている実演に係る実演家が同項規定により受ける保護の期間は、日本国民を製作者とするレコードについて当該締約国により与えられる同条約12条の規定による保護の期間とする旨を定める。実演家等保護条約の締約国との関係における、商業用のレコードの二次使用に関する規定による保護の期間について相互主義を定めたものである。
- 日本国民を製作者とするレコードについて、他の締約国でその二次使用に対する保護が与えられている場合、その締約国での当該保護の期間がわが国での保護期間より短ければ、その締約国の国民を製作者とするレコードに固定された実演についての二次使用に対するわが国における保護の期間も、その短い期間が採用されることとなる。
- わが国を含め主要国の多くは、著作隣接権に係る保護期間を50年とするが、実演家等保護条約では最低で20年としており（同条約14条）、50年より短い保護期間を定めている締約国も存在する（例えば、オーストラリアでは実演の保護期間について原則20年とする）。

> 4　第１項の規定は、実演・レコード条約の締約国（実演家等保護条約の締約国を除く。）であつて、実演・レコード条約第15条(３)の規定により留保を付している国の国民をレコード製作者とするレコードに固定されている実演に係る実演家については、当該留保の範囲に制限して適用する。

- ４項は、実演・レコード条約の締約国（実演家等保護条約の締約国を除く）のうち、商業用のレコードの二次使用に係る規定を特定の利用に限定して適用する等の留保宣言をしている国の国民を製作者とするレコードに固定されている実演に係る実演家については、その留保の範囲でのみ、１項の二次使用料を受ける権利を認めるとする規定である。
- 当該留保宣言国においては、日本国民を製作者とするレコードについて限定的な保護しか与えられないこととなるが、本項はそれに対応した相互主義による規定である。
- 実演家等保護条約では条約締結後の実演のみを保護の対象とするのに対し、実演・レコード条約では、締結前の実演等も保護対象とするため、相手国の具体的保護水準に合わせた相互主義を採らないと国内外の実演・レコードに係る二次使用料の額等においてバランスを欠くものとなり得ることから、留保の範囲について相互主義による限定的保護を与えることとした。

> 5　第１項の二次使用料を受ける権利は、国内において実演を業とする者の相当数を構成員とする団体（その連合体を含む。）でその同意を得て文化庁長官が指定するものがあるときは、当該団体によつてのみ行使することができる。

- ５項は、１項の二次使用料を受ける権利は、国内の実演家の相当数を構成員とする団体でその同意を得て文化庁長官が指定するものがあるときは、その団体によってのみ行使することができる旨を規定する。個々の実演について生ずる二次使用料を受ける権利を、一括的に集中して行使できるようにするものである。

第4章第2節

- 個々の権利者自らが個々の利用者に対して権利行使するのが、事実上困難であることから設けられた仕組みであり、これにより利用者の便宜と権利者の権利行使の実効性を図ろうとするものである。
- 「団体」には、その連合体も含まれる。後述する「芸団協」も芸能実演家団体の連合体である。
- 本項規定の指定団体（以下本条及び97条4項の解説において「指定団体」とする）は、放送局等から二次使用料を徴収し、指定団体に委任等している権利者（実際は団体加入者となるであろう）へ分配する。
- 指定団体による権利行使の具体的な形態としては、実演家から指定団体への二次使用料を受ける権利の行使の委任、当該権利の信託などがあり、また、その権利を譲渡する場合も考えられる。
- 指定団体が存在しないときは、個々の権利者である実演家により権利行使されるが、存在しているにもかかわらず団体加入しない、あるいはそこから脱退した実演家については、二次使用料を受ける権利を実質的に放棄したものと考えられる（斉藤193頁）。
- 「国内において…構成員とする団体」とあることから、外国人の実演家の二次使用料を受ける権利についても、国内実演家の団体が権利行使する。
- 商業用レコードの二次使用料の受け取り団体として、1971年に社団法人日本芸能実演家団体協議会（芸団協）が指定されている。ちなみに、1993年には、芸団協と社団法人日本音楽事業者協会（音事協）、社団法人音楽制作者連盟（音制連）とが合わさった実演家著作隣接権センター（略称「CPRA（クプラ）」）が設立され、私的録音・録画補償金等の二次使用料の徴収・分配業務などを含む、実演家の権利処理業務全般を行っている。なお、個々の3団体は現在もそれぞれ存在する。

6　文化庁長官は、次に掲げる要件を備える団体でなければ、前項の指定をしてはならない。
　一　営利を目的としないこと。
　二　その構成員が任意に加入し、又は脱退することができること。
　三　その構成員の議決権及び選挙権が平等であること。
　四　第1項の二次使用料を受ける権利を有する者（以下この条において

> 「権利者」という。）のためにその権利を行使する業務をみずから的確に遂行するに足りる能力を有すること。

- 6項は、文化庁長官は、各号で掲げる要件を備える団体以外、前項の指定をしてはならないことを規定する。
- 前項指定のためには、本項規定の4要件をすべて満たす必要があり、また、事後的に1つでも満たさなくなったときには、文化庁長官は、その指定を取り消すことができる（施行令52条1項1号）。

- 1号は、1つ目の要件として、非営利団体であることを挙げる。法人の場合は公益法人ということになるが、法人格のない団体でも構わない。
- 2号は、2つ目の要件として、構成員の加入・脱退が任意にできること挙げる。
- 3号は、3つ目の要件として、構成員の議決権・選挙権が平等であることを挙げる。
- 4号は、4つ目の要件として、二次使用料を受ける権利者のために、的確な権利行使業務を自ら遂行し得る能力を有することを挙げる。定款や組織規定などの形式的な要素と、構成員の事務処理能力・事務処理状況、更には財政基盤などの現実的な要素を併せて判断する。

> 7　第5項の団体は、権利者から申込みがあつたときは、その者のためにその権利を行使することを拒んではならない。

- 7項は、指定団体は、権利行使委託申込みに対して、応諾義務を負うことを規定する。指定団体の独占性に鑑みた規定である。
- 「申込み」とは、信託、委任代理等の申込み（復代理によるものも含む）を指す。

> 8　第5項の団体は、前項の申込みがあつたときは、権利者のために自己の名をもつてその権利に関する裁判上又は裁判外の行為を行う権限を有する。

- 8項は、指定団体が、申込み権利者のための裁判上・裁判外の行為を指定団体名義で行う権限を有する旨を規定する。
- 本項規定により、指定団体は、民事訴訟上の当事者能力が認められ、また、協議（10項）及び裁定（11項）の当事者となり得ることとなる。
- なお、本項は主に委任代理の場合を念頭にしたものであり、信託の場合は本項規定を待つまでもなく上記権限が与えられる。

> 9　文化庁長官は、第5項の団体に対し、政令で定めるところにより、第1項の二次使用料に係る業務に関して報告をさせ、若しくは帳簿、書類その他の資料の提出を求め、又はその業務の執行方法の改善のため必要な勧告をすることができる。

- 9項は、指定団体の二次使用料（1項）に係る業務に対する、文化庁長官の監督権限について規定する。
- 文化庁長官は、政令により、指定団体から1項の二次使用料についての業務執行規定の届出（施行令47条1項）、事業計画・報告書、収支予算・決算書の提出（同49条）等を受け、また、指定団体に対し、必要な業務報告、資料提出の要求および業務執行方法改善の勧告等を行い得る（同50条）。

> 10　第5項の団体が同項の規定により権利者のために請求することができる二次使用料の額は、毎年、当該団体と放送事業者等又はその団体との間において協議して定めるものとする。

- 10項は、指定団体が権利者のために請求できる二次使用料の額の決定について規定する。
- 指定団体がある場合は、指定団体と使用者である放送事業者等（又はその団体）との間の協議により毎年定められる。
- 当該使用料の額は、使用者ごとに一括した年額として定められ、使用者を構成員とする団体がある場合は、その団体が年間の総額を引き受け、可分債務として個々の使用者である放送事業者等が負担分を支払うこととなる。

> 11　前項の協議が成立しないときは、その当事者は、政令で定めるところにより、同項の二次使用料の額について文化庁長官の裁定を求めることができる。

- 11項は、前項の協議が不成立の場合、その二次使用料の額について文化庁長官の裁定を求め得ることを規定する。
- 裁定は、指定団体、放送事業者等又はその団体のいずれもが請求できる。
- 指定団体と放送事業者等の間では、裁定請求された相手側は当事者となることを拒否できないが、指定団体側から請求があった場合の相手方当事者が放送事業者等の団体である場合、その放送事業者等の団体は、構成員全てについての二次使用料の額についての裁定当事者となるか否かの同意（施行令54条1項）、あるいは、一部の構成員についてのみ裁定当事者となることの同意（同条2項）をする権限を有する。同意しなかった範囲の構成員に係る二次使用料の額については、指定団体は、それらの構成員を相手方として直接裁定を請求することとなる（同条7項）。
- 裁定において、文化庁長官は、放送事業者等（団体が当事者の場合はその団体）が当該年度に支払うべき二次使用料の総額を包括的に定める。
- 放送事業者等の団体が裁定の当事者であっても、二次使用料の支払い債務者は団体の構成員である放送事業者等であり、この場合、各構成員の負担割合に応じた可分債権として放送事業者等がその負担分を支払う。なお、その割合が不定の場合には、指定団体は民法規定（民427条、同430条等）に従って請求することになる。

> 12　第70条第3項、第6項及び第8項並びに第71条から第74条までの規定は、前項の裁定及び二次使用料について準用する。この場合において、第70条第3項中「著作権者」とあるのは「当事者」と、第72条第2項中「著作物を利用する者」とあるのは「第95条第1項の放送事業者等」と、「著作権者」とあるのは「同条第5項の団体」と、第74条中「著作権者」とあるのは「第95条第5項の団体」と読み替えるものとする。

- 12項は、著作物利用に係る裁定の手続き規定（70条3項等）並びに補償金についての規定（71条〜74条）を、前項の裁定及び二次使用料の規定において準用することを定める。
- 文化庁長官は、裁定申請を他の当事者に通知し（準70条3項）、裁定をした旨を官報で告示し、当事者へ通知する（準同6項）。その他裁定に必要な事項は政令で定める（準同8項）。二次使用料の額の裁定においては文化審議会の諮問を要する（準71条）。当該額に不服がある場合は、指定団体と放送事業者等（団体は不可）とが当事者となり訴訟で解決する（準72条）。当該額を不服理由とした異議申立てはできない（準73条）。指定団体が二次使用料の受領を拒否した場合等には、放送事業者等は、所定の供託金を所定の供託所に供託し、指定団体にその旨通知する（準74条）。

> 13 私的独占の禁止及び公正取引の確保に関する法律（昭和22年法律第54号）の規定は、第10項の協議による定め及びこれに基づいてする行為については、適用しない。ただし、不公正な取引方法を用いる場合及び関連事業者の利益を不当に害することとなる場合は、この限りでない。

- 13項は、二次使用料の額に係る協議による定め及びその定めに基づく行為については、原則、私的独占の禁止及び公正取引の確保に関する法律（以下、独占禁止法という）の規定は適用しないことを定める。商業用レコードの有効利用と実効性のある権利行使の実現を図った二次使用料の支払いシステムにおいては、集中的な管理が不可欠であり、それを具体的に推し進めるべく定められた協議について独占禁止法を適用するのは妥当でないことによる。
- ただし、不公正な取引方法を用いる場合及び関連事業者の利益を不当に害する場合は、独占禁止法が適用される。
- 「不公正な取引方法を用いる場合」として、指定団体が特定事業者にのみ正当な理由もなく低額又は高額な料金設定をする場合や、放送事業者等が不当な交換条件を押し付けて料金を設定させる場合などが、「関連事業者の利益を不当に害することとなる場合」として、指定団体あるいは事業者の団体が極端な料金設定をすることで、それらの団体の構成員である実演家や放送事業者に不利益が及ぶ場合などが、それぞれ挙げられる。

> 14　第5項から前項までに定めるもののほか、第1項の二次使用料の支払及び第5項の団体に関し必要な事項は、政令で定める。

- 14項は、1項の二次使用料の支払い及び5項の指定団体について、法定以外の必要事項は政令に委任することを規定する。
- 1項の二次使用料の支払いについては、現時点において政令による定めはない。
- 指定団体については、官報での指定の告示（施行令46条）、業務規定の文化庁長官への届出義務（同47条）、二次使用料関係業務の特別会計経理義務（同48条）、事業計画提出等の義務（同49条）、二次使用料の額の届出義務等（同49条の2）、文化庁長官による資料提出の要求・執行改善勧告（同50条）、業務の休廃止（同51条）、指定取り消し（同52条）が定められている。

> （譲渡権）
> 第95条の2　実演家は、その実演をその録音物又は録画物の譲渡により公衆に提供する権利を専有する。

- 95条の2は実演家の譲渡権について規定する。
- 実演・レコード条約が頒布権（同条約8条1項）を設けたことに対応したものであり、同時に、録音・録画物の公衆への譲渡が重要な実演の利用手段であることに鑑みて設けられた規定である。
- 著作権の場合と同様に、わが国では「頒布権」を映画著作物に特有の権利として定めてきたため、本条の著作隣接権を「譲渡権」として規定した。

- 1項は、実演家は、録音・録画物の譲渡による実演の公衆への提供について排他的権利を有することを規定する。
- 実演・レコード条約では、レコードに固定された実演のみが頒布権の対象とされるが、本項では、録画物についても譲渡権が認められる。
- 「公衆」には「特定かつ多数の者」を含む。

> 2　前項の規定は、次に掲げる実演については、適用しない。
> 　一　第91条第1項に規定する権利を有する者の許諾を得て録画されている実演
> 　二　第91条第2項の実演で同項の録音物以外の物に録音され、又は録画されているもの

- 2項は、前項の譲渡権に係る規定が適用されない実演について規定する。

- 1号は、前項の譲渡権が及ばない実演として、実演の録音・録画権者の許諾を得て録画されている実演を挙げる。
- ここで、録音された実演が対象とされないのは、92条の2第2項1号の場合と同様の理由によるものであり、この場合、レコードに固定された実演について保護を与える実演・レコード条約の8条1項に違反することを避けたものと考えられる（ちなみに、同条約同条2項は、権利の消尽について規定を設けることを認めたものであり、本項の内容の適用除外を認めるものではない）。
- 「録画されている実演」なので、92条2項2号イの場合と同様、許諾に係る支持物に固定された実演のみが対象である。

- 2号は、前項の譲渡権が及ばない実演として、実演の録音・録画権者の許諾を得て映画の著作物に録音・録画されている実演で、91条2項の「録音物」以外の物に収録されているものを挙げる。
- 本号は、92条2項2号ロや92条の2第2項2号と同様の立法技術的規定であり、ワンチャンス主義による増製物についての実演を適用除外とするものである。

> 3　第1項の規定は、実演（前項各号に掲げるものを除く。以下この条において同じ。）の録音物又は録画物で次の各号のいずれかに該当するものの譲渡による場合には、適用しない。
> 　一　第1項に規定する権利を有する者又はその許諾を得た者により公衆に譲渡された実演の録音物又は録画物

> 二　第103条において準用する第67条第１項の規定による裁定を受けて公衆に譲渡された実演の録音物又は録画物
> 三　第103条において準用する第67条の２第１項の規定の適用を受けて公衆に譲渡された実演の録音物又は録画物
> 四　第１項に規定する権利を有する者又はその承諾を得た者により特定かつ少数の者に譲渡された実演の録音物又は録画物
> 五　国外において、第１項に規定する権利に相当する権利を害することなく、又は同項に規定する権利に相当する権利を有する者若しくはその承諾を得た者により譲渡された実演の録音物又は録画物

- ３項は、１項の譲渡権は、本項各号に該当する実演の録音・録画物の譲渡による場合には働かない旨を規定する。実演家の譲渡権の消尽についての規定である。
- 実演のうち前項各号で挙げたものについてはもとより譲渡権が及ばないので、本項の対象から除かれる（かっこ書）。前項各号の録画物に固定された実演を除いた実演の録画物に該当するものとしては、映画著作物とはいえないような単に実演を固定カメラで自動撮影したようなものなどが挙げられる（加戸612頁参照）。
- 本項消尽規定は強行規定なので、当事者間の契約により消尽を否定することは認められず、また、消尽の有無は個々の有体物について判断されるので、一の固定物について権利が消尽していたとしても他の固定物については別途判断がなされる。
- 本項各号に該当する録音・録画物の譲渡については、実演家の譲渡権が消尽し権利が及ばないことになる。

- １号は、譲渡権者又はその許諾を得た者により日本国内において公衆に譲渡された実演の録音・録画物を、１項の譲渡権の消尽に係る物として挙げる。つまり、以後これらの物を譲渡する際には、当該譲渡権が働かないということである（２号～５号において同じ）。
- 当該録音・録画物については、最初の譲渡又は許諾の際に譲渡権者が権利を行使する機会が与えられているので、その後の譲渡については円滑な流通を

優先し、実演に係る譲渡権は消尽するものとした。いわゆる国内消尽を認めるものである。

- 2号は、裁定を受けて公衆に譲渡された実演の録音・録画物を、1項の譲渡権の消尽に係る物として規定する。
- 本号は、権利者不明の場合の著作物等利用の円滑化の要請を受けて平成21年に新設された、著作隣接権者が不明等の場合の実演等利用のための裁定制度（103条で準用する67条1項）の規定に合わせて設けられたものである。
- 著作隣接権者に代わって行政庁が出した代位的な許諾をもって適法な譲渡がなされたと解し、譲渡権を消尽させるものである。

- 3号は、裁定申請中の実演等利用の規定の適用を受けて公衆に譲渡された実演の録音・録画物を、1項の譲渡権の消尽に係る物として規定する。
- 本号も、権利者不明の場合の著作物等利用の円滑化の要請に答えるべく平成21年に設けられた、裁定申請中でも一定条件の下で実演等の利用を可能とする新規定（103条で準用する67条の2（1項を除く））に合わせて定められたものである。
- かかる新規定の趣旨を全うする意味で、当該ケースも通常の譲渡と同様に扱い、権利が消尽するとしたものである。

- 4号は、譲渡権者又はその承諾を得た者により、日本国内において特定かつ少数の者に譲渡された実演の録音・録画物を、1項の譲渡権の消尽に係る物として挙げる。
- 本号も、国内消尽規定だが、本号では、特定かつ少数の者へ譲渡された場合を対象としており、公衆への提供を条件とする譲渡権が及ばない行為による譲渡ということになるので、譲渡権者の有する許諾権は機能せず、そのため、譲渡権者の「許諾」ではなく「承諾」という表現になっている。1号と併せ、最初の譲渡先が公衆か特定かつ少数の者かを争うことなく、譲渡権者が譲渡を認めたときは権利が消尽するとしたものである。

- 5号は、国外において、1項の譲渡権に相当する権利を害することなく、又

は当該権利を有する者若しくはその者の承諾を得た者により譲渡された実演の録音・録画物を、1項の譲渡権の消尽に係る物として掲げる。いわゆる国際消尽を認めるものであり、国際取引の安全と円滑な流通を図る趣旨の規定である。

- 本号録音・録画物に該当するための譲渡（消尽の前提となる譲渡）の具体的ケースとしては、①1項の譲渡権に相当する権利を認める外国において、当該権利者又はその許諾（承諾）を得た者により公衆（特定かつ少数の者）に譲渡された場合、②1項の譲渡権に相当する権利を認める外国において、制限規定の適用等により、当該権利を害することなく公衆に譲渡がされた場合、③1項の譲渡権に相当する権利を認めない外国において譲渡がされた場合、がある。これらの譲渡がされた後の譲渡については、1項の譲渡権は働かないこととなる。

※なお、権利者の承諾を得ずに特定かつ少数の者に譲渡された場合、その国の譲渡権に相当する権利が公衆への提供を条件としているならば、そのような特定かつ少数の者への譲渡は、譲渡権に相当する権利を害することなく譲渡された場合になるので、その場合も権利が消尽するのではないかとの疑問も生じ得る。これについては、実演・レコード条約8条2項では消尽に係る最初の譲渡について「譲渡（実演家の許諾を得たものに限る）」とあり、その意味するところは、適法に実演家の意思に沿ってなされる譲渡ということであろうから、当該譲渡の際に事実上の許諾に当たる承諾がないのであれば、権利は消尽せず、当該特定かつ少数の者が次に公衆に譲渡する際には許諾が必要になるものと解される（この場合、「承諾」をもって消尽するとする規定（本項4号のような規定）が、「許諾を得たものに限る」とする条約規定に違反するものでないのかは疑問ではあるが、取引の実情等を考えた場合、販売等の場面でいったん権利者が譲渡を認めたのであれば、一律譲渡に係る権利を消尽させるとするのが適当な解釈であるといえる）。ちなみに、②の制限規定等により権利が消尽する場合の、「実演家の許諾を得たものに限る」の解釈については、当該制限規定等により実演家の許諾権は働かないので許諾を得る必要はないということになろう。

第4章第2節

> **（貸与権等）**
> **第95条の3** 実演家は、その実演をそれが録音されている商業用レコードの貸与により公衆に提供する権利を専有する。

- 95条の3第1項は、実演家の貸与権についての規定である。実演家は、実演が録音されている商業用レコードの貸与により、実演を公衆に提供する排他的権利を有するとする。
- 貸レコード業界の拡大により実演家の利益にも影響が生じるとして、昭和59年に著作者及びレコード製作者についての貸与権と合わせて規定されたものであるが、本条の貸与権はレコード製作者の貸与権と同様、商業用レコードの貸与に限り認められるものであり、また、権利行使の期間についても最初の販売から12月までとされている（2項）。
- 商業用レコードに限定されているのは、レンタル業の対象となる実演固定物のメインと考えられる商業用レコードと映画のビデオのうち、映画のビデオに係る実演については、いったん許諾を受けて録画された実演については録音・録画権や放送・有線放送権が及ばないとするワンチャンス主義が基調となっており、したがって、レンタルビデオについては貸与権を及ぼさないとするのがそれとのバランスに資すると考えられ、本項貸与の対象から除かれたためである。
- 本項の貸与権及び3項の報酬請求権は、当初、国内の実演家にのみ認められていたが、外国レコードの貸与の割合が低くはないことなどから、実演家の国際的保護の充実を図る必要が生じたため、その立法政策として、平成3年法改正において実演家等保護条約による保護を受ける外国の実演家にも当該権利が認められることとなった。また、平成6年のTRIPS協定締結に係る法改正では、WTO加盟国に係るレコードの実演家に対して、更に平成14年の実演・レコード条約締結に係る法改正では同条約により保護を受ける実演家について、それぞれ貸与権が認められた。
- なお、本項における実演家等保護条約（ローマ条約）の締約国の実演家の保護が、同条約の内国民待遇規定によるものではない点には留意が必要である（立法政策上の理由による）。

※実演家等保護条約の内国民待遇は、同条約の定める権利についてのみ内国民と同様に扱うことで足りるとするもので、ベルヌ条約の内国民待遇が、同盟国である外国の著作者に対し自国の著作者に与えている保護と同様の保護を与えなければならないとするのとは異なる（前者をローマ型、後者をベルヌ型ともいう）。実演家等保護条約では、実演家の貸与権の規定はなく、また、実演の行為地が外国の締約国の場合や、実演が、条約上保護されるレコード及び放送に係る場合について内国民待遇を与えるとするに止めているので（同条約2条1項(a)・2項、同4条）、わが国における扱いにおいて、締約国である外国の実演家に対し必ずしも貸与権を与えなければならないとするものではない。

2　前項の規定は、最初に販売された日から起算して1月以上12月を超えない範囲内において政令で定める期間を経過した商業用レコード（複製されているレコードのすべてが当該商業用レコードと同一であるものを含む。以下「期間経過商業用レコード」という。）の貸与による場合には、適用しない。

- 2項は、実演家の貸与権の行使期間について規定する。最初に販売された日から1月以上12月以下で政令で定める期間とするが、この期間は、販売された同一の商業用レコードについての権利行使期間であり、貸与権の保護期間ではない点に留意が必要である。保護期間は実演から50年であり、その間は、別々の商業用レコードが製作されるごとに、12月以下の権利行使期間が与えられることになる。
- 商業用レコードの同一性は、複製されている全レコード（収録されている全内容）の同一性により判断され、支持媒体の違いは問題とされないが（内容が同一であればCDとテープでも同じ商業用レコードである）、同じ実演による場合でも、シングル盤とアルバムとでは別な商業用レコードと判断される。同一と判断されると、その効果として、例えば支持媒体ごとに最初の発売日が違っていても、起算日（販売日）は同日のものとして扱われる。
- 本条の商業用レコードについては固定の許諾の有無を問わないので、無許諾で録音され製作された商業用レコードについても、貸与権は最初の販売から最大でも12月までしか行使できないことになる。

- 販売から1月以上12月を超えない範囲とするのは、発売直後の商業用レコードの公衆への貸与が販売と著しく競合する点と、一定期間経過によりその競合関係が薄れた後にまで貸与権を認めると、実演家を保護し過ぎることになり、貸レコード業者との利益バランスが崩れることになる点を考慮したものである。これも、関係者間の利益を調整しつつ著作権に準じた保護を与えるという著作隣接権の趣旨の実現を図ったものである（加戸616頁）。
- 「政令で定める期間」は、現在のところ、上限の12月とされている（施行令57条の2）。

> 3　商業用レコードの公衆への貸与を営業として行う者（以下「貸レコード業者」という。）は、期間経過商業用レコードの貸与により実演を公衆に提供した場合には、当該実演（著作隣接権の存続期間内のものに限る。）に係る実演家に相当な額の報酬を支払わなければならない。

- 3項は、貸与権の行使期間が経過した後の、実演家の報酬請求権について規定する。貸レコード業者は、期間経過商業用レコードの貸与により実演を公衆に提供した場合、当該実演家に相当額の報酬を支払う義務を有する。
- 当該実演についての著作隣接権の存続期間を経過した後は、当該支払いは不要である。
- 「貸レコード業者」とは、営利目的で反復継続的に商業用レコードを公衆にレンタルする業者であり、非営利の図書館や有償で単発的に商業用レコードを他人に貸与した者等は含まない。
- 報酬の「相当な額」は協議又は裁定により定められるが、貸与権行使期間内の使用料の額よりは低額であっても、ある程度それに近い額をいうと解される（加戸619頁）。

> 4　第95条第5項から第14項までの規定は、前項の報酬を受ける権利について準用する。この場合において、同条第10項中「放送事業者等」とあり、及び同条第12項中「第95条第1項の放送事業者等」とあるのは、「第95条の3第3項の貸レコード業者」と読み替えるものとする。

- 4項は、前項の報酬請求権について、95条5項から14項までの商業用レコードの二次使用料請求権の行使に係る規定を準用することを定める。
- 前項報酬請求権に準用されると、95条のうち、5項は、国内の実演家からなる特定の指定団体がある場合の当該指定団体のみによる報酬請求権行使の独占性、6項は指定団体の指定要件、7項は指定団体の権利行使応諾義務、8項は指定団体の裁判上・裁判外の権限、9項は指定団体の文化庁長官への報告・資料提出義務等、10項は当事者間協議による報酬額の定め、11項は文化庁長官の報酬額についての裁定、12項は裁定手続及び補償金に係る規定の準用、13項は10項協議による定め・行為に対する独占禁止法の不適用、14項は必要事項の政令委任、についての規定ということになる。
- 準用する95条10項中「放送事業者等」とあり、及び同条12項中「第95条第1項の放送事業者等」とあるのは、「第95条の3第3項の貸しレコード業者」と読み替える。
- 準用される95条5項について、文化庁長官は、報酬を受ける権利を行使すべき団体として、(社)日本芸能実演家団体協議会(現在の(公社)日本芸能実演家団体協議会(芸団協))を1985(昭和60)年2月に指定している。
- 指定要件を満たす指定団体が存在する場合には、毎年、指定団体と貸レコード業者又はその団体との間で行われる協議により報酬額が定められ、協議が不成立のときには、当事者は、文化庁長官の裁定を求めることができる。
- その他、準用する各項の詳細については、対応する95条の解説を参照されたい。

> 5　第1項に規定する権利を有する者の許諾に係る使用料を受ける権利は、前項において準用する第95条第5項の団体によって行使することができる。

- 5項は、実演家がその貸与権の行使により使用料を受ける場合にも、前項の報酬請求権に係る指定団体があるときには、当該指定団体によって当該使用料を受ける権利の行使ができる旨を規定する。
- 貸与権の行使として許諾権を発動し、その使用許諾の対価として使用料を受ける権利を有する場合に、3項の報酬請求権と合わせて一括処理できるよう

に規定したものである。
- 使用料を受ける権利については、各権利者が個々に権利行使することも可能であるが、指定団体による権利行使の方が当事者双方にとって便宜であり、実際、そのように運用されている。ただし、独占禁止法との関係上、許諾権自体について指定団体による権利行使を認めるとする旨の規定はしなかった（加戸621頁）。

> 6　第95条第7項から第14項までの規定は、前項の場合について準用する。この場合においては、第4項後段の規定を準用する。

- 6項は、前項の指定団体による使用料を受ける権利の行使がなされる場合に、95条7項から14項までの規定を必要な読み替え（4項後段）と共に準用する旨を定める。
- 4項の場合と同様の趣旨及び内容である。
- なお、本項は既に該当する指定団体が存在する場合の規定なので、団体の指定要件を定めた95条6項は、準用から除かれている。

第3節　レコード製作者の権利

> **（複製権）**
> **第96条**　レコード製作者は、そのレコードを複製する権利を専有する。

- 96条は、レコード製作者が、そのレコードを複製する排他的権利を有することを規定する。
  ※レコード製作者の著作隣接権は、音の固定行為を保護するものであり、行為の成果物であるレコードを直接保護するものではないと解する（斉藤117頁）。
- 「レコード製作者」とは、「レコードに固定されている音を最初に固定した者」（2条1項6号）であり、本節はその最初の音の固定行為について知的創作性を認め、また、著作物の公衆伝達の媒介役としてのレコード製作者の価値を

重視して、排他的権利である著作隣接権をレコード製作者についても認めるとしたものである。

- ただし、「音を固定した者」という場合、物理的に録音機器を操作した者というより、固定行為に法律的主体性を有する者を指すとされるので、レコード会社の従業員が職務上最初の録音を行った場合には、レコード会社がレコード製作者になると解される（加戸30頁）。なお、レコード製作者と商業用レコードの製作者（レコード会社等）は異なる概念である点は留意する。

- 「レコードを複製」という場合、録音されている音を別の支持物に固定する場合と、録音物自体を増製（リプレス等）する場合が該当するが、いずれの行為についても本条複製権は及ぶ。ただし、ここで注意を要するのは、別の支持物に固定するという場合、映画などの視聴覚的固定物に最初に録音された音だけを（次に）録音する行為には、本条複製権は働かないということである。例えば、映画のサウンドトラックとして甲が音を録音した場合、その固定された音はレコード音ではないので（2条1項5号かっこ書）、当該サウンドトラックへの固定が最初の固定だとすると、甲はレコードを製作したことにも複製したことにもならず、したがって、その音を別の支持物に複製する行為についてのレコード製作者の複製権は存在しないことになるのである（この場合、映画の著作権は働く）。しかし、その後、当該別の支持物に固定された音（もっぱら影像とともに再生するように固定されたものを除く）をサントラ盤レコードとして乙が更に録音した場合には、その音を最初に映画のサウンドトラックに固定した甲が、そのサントラ盤レコードのレコード製作者ということになり（2条1項6号）、以後、そのサントラ盤レコードの複製には、甲の本条複製権が働くということになる。

- 一方、既にレコードとして固定されている音を複製する場合は、支持物の如何を問わず、つまり、レコード以外の視聴覚的形態（2条1項5号かっこ書の「もの」に当たる場合）において固定する行為についても、本条のレコード製作者の複製権が働く。

- サントラ盤レコードの場合、最初に基の映画のサウンドトラックに音を固定した者がレコード製作者であり、また、ラジオ放送のための録音物についても、最初に録音した者がレコード製作者となるので、映画製作者や放送事業者がレコード製作者となるケースもあるということになる。この場合の放送

事業者は、放送事業者の複製権（98条）と本条複製権の双方の行使が可能であり、当該複製行為は、刑事上の観念的競合（一の行為が複数の罪名に該当すること）に当たるといえる（加戸624頁）。
- 同一の音を複数の者が同時に録音した場合は、その複数の者がそれぞれレコード製作者となり、自身の行った録音についてのみ本条複製権を行使し得る。

> （送信可能化権）
> 第96条の2　レコード製作者は、そのレコードを送信可能化する権利を専有する。

- 96条の2は、レコード製作者は、そのレコードの送信可能化について排他的権利を有することを規定する。
- 従来、レコード製作者には、公衆送信についての権利は与えられておらず、したがって、商業用レコードの音楽を無断でインターネットで送信したとしても、レコード製作者は何ら権利の主張ができなかった。その不都合を解消したのが本条である。
    ※なお、複数のチャンネルを使って一定の間隔で同一番組を放送することにより、視聴者が視聴開始時間をある程度選択できる、いわゆる、ニアビデオオンデマンドについては、形式的には「放送」に該当するので、本条の権利は及ばないといえるが、チャンネル数が極端に多いものについては、本質的にはオンデマンド送信に近い機能を発揮するため、「送信可能化」に該当するとして、本条の権利対象とするのが妥当な解釈といえる（斉藤196頁）。
- インターネット上で音楽ファイル交換プログラムを頒布することにより音楽の著作物を送信可能化の状態にする行為は、本条の送信可能化権を侵害するものであるとされた（東京地決平14.4.9「ファイルログ著作隣接権事件」）。
- 立法の経緯、その他の留意点については、実演家の送信可能化権（92条の2第1項）と同様であるのでそちらを参照されたい。

(商業用レコードの二次使用)
第97条　放送事業者等は、商業用レコードを用いた放送又は有線放送を行つた場合（営利を目的とせず、かつ、聴衆又は観衆から料金（いずれの名義をもつてするかを問わず、レコードに係る音の提示につき受ける対価をいう。）を受けずに、当該放送を受信して同時に有線放送を行つた場合を除く。）には、そのレコード（第8条第1号から第4号までに掲げるレコードで著作隣接権の存続期間内のものに限る。）に係るレコード製作者に二次使用料を支払わなければならない。

- 97条1項は、放送事業者等がレコード製作者に支払う二次使用料について、つまり、レコード製作者が二次使用料を受ける権利について規定する。放送事業者等が商業用レコードを用いて放送等した場合、原則、その商業用レコードに係るレコード製作者に二次使用料を支払わなければならないとする。
- 実演の場合、商業用レコードを用いた放送・有線放送が想定外の使用効果をもたらす結果、生の実演の機会を奪ってしまうという傾向にあるので、実演家に放送事業者等からの二次使用料を受ける権利を認めるのであるが、本項の場合、そのような理由は当てはまらない（放送によりむしろ商業用レコードの売れ行きは伸びる傾向にある）。本項は、レコード製作者に放送・有線放送権を認めなかったことの代償の意味で、商業用レコード使用による通常以上の利益を上げた放送事業者等に、収益の一部還元としての二次使用料の支払いを求めるものである（法益均衡論）。
- 非営利かつ無料で同時再送信する有線放送が本項対象から除かれる点については、94条の2かっこ書と同様である。
- 本項が対象とするレコードは、著作隣接権の存続期間内のものであり、かつ、8条各号に規定するものから5号及び6号に規定するレコードを除いたものである。同条5号のTRIPS協定により保護されるレコードを除外するのは、同協定には二次使用料についての規定がなく、同協定の内国民待遇は、著作隣接権の場合、同協定に規定された権利についてのみ与えればよいとされているからである。また、同条6号のレコード保護条約により保護されるレコードを除いているのは、同号が保護対象とする同条約により保護義務を

負うレコードというのが、無許諾の複製から保護されるべきレコードであるので、許諾を得て製作された商業用レコードを許諾を要しない放送等で使用する場合の調整規定である本項とは別目的の保護対象として観念されるレコードということになり、そのようなものを本項の対象として直接当てはめるのは不自然なことだからと考えられる。

> 2　第95条第2項及び第4項の規定は、前項に規定するレコード製作者について準用し、同条第3項の規定は、前項の規定により保護を受ける期間について準用する。この場合において、同条第2項から第4項までの規定中「国民をレコード製作者とするレコードに固定されている実演に係る実演家」とあるのは「国民であるレコード製作者」と、同条第3項中「実演家が保護を受ける期間」とあるのは「レコード製作者が保護を受ける期間」と読み替えるものとする。

- 2項は、レコード製作者の二次使用料を受ける権利について、実演家の二次使用料を受ける権利の規定を準用するとしたものである。当該権利の保護範囲及び保護期間に関して、相互主義を適用するための規定である。
- 読み替えて準用した各条文内容についてみると、95条2項は、実演家等保護条約において商業用レコードの二次使用に関する権利の規定を適用しないとする国以外の締約国の国民であるレコード製作者については、わが国でも二次使用料を受ける権利を認める旨を、同じく同条4項は、実演・レコード条約において特定利用に留保して二次使用に関する権利を認める締約国の国民であるレコード製作者については、わが国においてもその制限の範囲で二次使用料を受ける権利を認める旨を、更に同じく同条3項は、日本国民をレコード製作者とするレコードについて実演家等保護条約の締約国により与えられる二次使用に関する権利の保護期間がわが国より短い場合は、その締約国国民をレコード製作者とするレコードについては、わが国でもその締約国が与える保護期間に限り二次使用料を受ける権利を認める旨を、それぞれ規定するものとなる。

> 3 第1項の二次使用料を受ける権利は、国内において商業用レコードの製作を業とする者の相当数を構成員とする団体（その連合体を含む。）でその同意を得て文化庁長官が指定するものがあるときは、当該団体によつてのみ行使することができる。

- 3項は、1項の二次使用料を受ける権利は、国内の商業用レコード製作業者の相当数を構成員とする団体でその同意を得て文化庁長官が指定するものがあるときは、その団体によってのみ行使することができる旨を規定する。
- 本項は、実演家の二次使用料を受ける権利（95条1項）についての同条5項と同様の規定ぶりになっているが、本条1項は法益均衡論による規定であり、実演家の機械的失業に対する補填のための規定である95条1項とは立法趣旨が多少異なるものなので、本項と95条5項の趣旨も厳密には異なるものといえる。しかし、当事者の便宜等に関していえば、両者の二次使用料を受ける権利の性格は共通するものなので、95条5項と同様に、特定の指定団体によってのみ権利行使がなされるシステムとして規定された。
- 本条の場合、1項の二次使用料を受ける権利を有するのは「レコード製作者」であるのに対し、本項で権利行使を認める団体の構成員は「商業用レコードの製作を業とする者」である点には留意が必要である。これは、商業用レコードのジャケット等には商業用レコードの製造業者のみが表示されることが多く、商業用レコードの使用者が実際のレコード製作者について判断するのが困難であることや、商業用レコードの製造者がレコード製作者であるケースが大多数であること、更に、現存するレコードに係る団体が商業用レコード製造業者の団体であることなどの理由によるものである。
- 本項規定の指定団体として「（社）日本レコード協会」（現在の（一社）日本レコード協会）が、1971（昭和46）年3月に文化庁長官により指定されている。
- その他、95条5項との共通事項については、適宜同項の説明を参照されたい。

> 4 第95条第6項から第14項までの規定は、第1項の二次使用料及び前項の団体について準用する。

- 4項は、実演家の二次使用料を受ける権利についての規定（95条）のうち、指定団体の指定要件（同条6項）、指定団体の権利行使応諾義務（同条7項）、指定団体の裁判上・裁判外の権限（同条8項）、指定団体の報告・資料提出義務等（同条9項）、二次使用料の額の当事者間協議による定め（同条10項）、二次使用料の額についての文化庁長官の裁定（同条11項）、裁定手続き及び補償金に関する規定の準用（同条12項）、独占禁止法の不準用（同条13項）、必要な事項の政令委任（同条14項）についての規定を、本条1項の二次使用料及び前項の団体に準用する旨を定める。二次使用料を受ける権利を実効あらしめるこれらの規定は、95条と本条とで共通するものだからである。
- 各規定の説明は、95条を参照されたい。

> （譲渡権）
> 第97条の2　レコード製作者は、そのレコードをその複製物の譲渡により公衆に提供する権利を専有する。

- 97条の2第1項は、レコード製作者の譲渡権について規定する。レコード製作者は、複製物の譲渡によりそのレコードを公衆に対し排他的に提供することができるとする。
- 本項も、実演・レコード条約が頒布権を認めたことに対応して設けられたものである点は実演家の譲渡権と同様であり、また、複製物の譲渡がレコード利用の主要手段であることが立法の一因となっている点も実演家の譲渡権と共通する。
- WIPO条約上の「頒布権」とわが国の「譲渡権」の関係等については、26条の2を参照されたい。

> 2　前項の規定は、レコードの複製物で次の各号のいずれかに該当するものの譲渡による場合には、適用しない。

- 2項は、レコード製作者の譲渡権の消尽について規定する。
- 原則として、一度適法に譲渡されたレコード複製物についてレコード製作者

の譲渡権は消尽する点、当該消尽規定が強行規定である点、及び個々の有体物について消尽が判断される点については、実演家の譲渡権と同様である。
- 本項の各号に、消尽規定の対象となるレコード複製物を列挙する。

一　前項に規定する権利を有する者又はその許諾を得た者により公衆に譲渡されたレコードの複製物
二　第103条において準用する第67条第1項の規定による裁定を受けて公衆に譲渡されたレコードの複製物
三　第103条において準用する第67条の2第1項の規定の適用を受けて公衆に譲渡されたレコードの複製物
四　前項に規定する権利を有する者又はその承諾を得た者により特定かつ少数の者に譲渡されたレコードの複製物
五　国外において、前項に規定する権利に相当する権利を害することなく、又は同項に規定する権利に相当する権利を有する者若しくはその承諾を得た者により譲渡されたレコードの複製物

- 1号は、譲渡により前項の譲渡権が消尽するものとして、譲渡権者又はその許諾を得た者により日本国内において公衆に譲渡されたレコードの複製物を挙げる。
- 当該レコード複製物については、最初の譲渡又は許諾の際に譲渡権者が権利を行使する機会が与えられているので、その後の譲渡については、円滑な流通を優先し譲渡権は消尽するものとした。いわゆる、国内消尽を認めるものである。

- 2号は、譲渡により前項の譲渡権が消尽するものとして、裁定を受けて公衆に譲渡されたレコードの複製物を挙げる。
- 本号は、権利者不明の場合の著作物等利用の円滑化の要請により平成21年に新設された、著作隣接権者が不明等の場合の実演等利用のための裁定制度（103条で準用する67条1項）の規定に合わせて設けられたものである。
- 著作隣接権者に代わって行政庁が出した代位的な許諾をもって適法な譲渡がなされたと解し、譲渡権を消尽させるものである。

- 3号は、譲渡により前項の譲渡権が消尽するものとして、裁定申請中の実演等利用の規定の適用を受けて公衆に譲渡されたレコードの複製物を挙げる。
- 本号も、権利者不明の場合の著作物等利用の円滑化の要請に答えるために平成21年に設けられた、裁定申請中でも一定条件の下で実演等の利用を可能とする新規定（103条で準用する67条の2（1項を除く））に合わせて定められたものである。
- かかる新規定の趣旨を全うする意味で、当該ケースも通常の譲渡と同様に扱い、権利が消尽するとしたものでる。

- 4号は、譲渡により前項の譲渡権が消尽するものとして、譲渡権者又はその承諾を得た者により、日本国内において特定かつ少数の者に譲渡されたレコードの複製物を挙げる。
- 本号も国内消尽規定だが、ここでは、特定かつ少数の者へ譲渡された場合を対象としており、公衆への提供を条件とする譲渡権が及ばない行為による譲渡ということになるので、譲渡権者の有する許諾権は機能せず、そのため、譲渡権者の「許諾」ではなく「承諾」という表現になっている。1号とあわせ、最初の譲渡先が公衆か特定かつ少数の者かを争うことなく、譲渡権者が譲渡を認めたときは権利が消尽するとしたものである。

- 5号は、譲渡により前項の譲渡権が消尽するものとして、国外において、譲渡権に相当する権利を害することなく、又は当該権利を有する者若しくはその者の承諾を得た者により譲渡されたレコードの複製物を挙げる。いわゆる、国際消尽を認めるもので、国際取引の安全と円滑な流通を図る趣旨の規定である。
- 具体的には、①譲渡権に相当する権利を認める外国において、当該権利者又はその許諾（若しくは承諾）を得た者により公衆（若しくは特定かつ少数の者）に譲渡された場合、②譲渡権に相当する権利を認める外国において、制限規定の適用等により、当該権利を害することなく公衆に譲渡ながされた場合、③譲渡権に相当する権利を認めない外国において譲渡がなされた場合、がある。

> **（貸与権等）**
> 第97条の3　レコード製作者は、そのレコードをそれが複製されている商業用レコードの貸与により公衆に提供する権利を専有する。

- 97条の3第1項は、レコード製作者の貸与権について規定する。レコード製作者は、そのレコードが複製されている商業用レコードの貸与により、そのレコードを公衆に提供する排他的権利を有するとする。
- 本項も95条の3第1項と同様、貸レコード業の増大により商業用レコードのレンタルがレコード利用の主要な手段となり、レコード製作者が商業用レコードの複製物から得られるはずの経済的利益に影響を与えるようになったことを受けて、昭和59年に設けられた規定である。
- 制度趣旨及び権利行使期間等の保護内容は、実演家の貸与権（95条の3）と同様である。この場合、基本的な趣旨は実演家の貸与権と同じだとしても、実演家と比べた場合にレコード製作者の方が商業用レコードの貸与による直接の不利益は大きいといえる。それでも実演家の貸与権と同様の保護内容としたのは、関係者の利益を調整しつつ著作権に準じた保護を与えるとする著作隣接権の趣旨を尊重し、過度の権利者保護を避けようとしたためとされる（加戸637頁）。
- 本項貸与権は、実演家等保護条約により保護義務を負うレコード、レコード保護条約の締約国国民を製作者とするレコード、WTO加盟国に係るレコード製作者によるレコード、及び実演・レコード条約により保護義務を負うレコードについても認められる。

> 2　前項の規定は、期間経過商業用レコードの賃与による場合には、適用しない。

- 2項は、期間経過商業用レコードについては1項の貸与権が及ばないことを規定する。
- 「期間経過商業用レコード」とは、「最初に販売された日から起算して1月以上12月を超えない範囲内において政令で定める期間を経過した商業用レコー

ド（複製されているレコードのすべてが当該商業用レコードと同一であるものを含む）」（95条の3第2項）であり、「政令で定める期間」は、現在のところ12月である（施行令57条の2）。

- その他留意点は、95条の3第2項を参照されたい。

> 3　貸レコード業者は、期間経過商業用レコードの貸与によりレコードを公衆に提供した場合には、当該レコード（著作隣接権の存続期間内のものに限る。）に係るレコード製作者に相当な額の報酬を支払わなければならない。

- 3項は、貸レコード業者が期間経過商業用レコードを貸与する場合について、提供されたレコードの著作隣接権の存続期間内には、相当額の報酬をそのレコードに係るレコード製作者に支払わなければならないことを規定する。
- 「貸レコード業者」とは「商業用レコードの公衆への貸与を営業として行う者」（95条の3第3項）のことである。
- その他留意点は、95条の3第3項を参照されたい。

> 4　第97条第3項の規定は、前項の報酬を受ける権利の行使について準用する。

- 4項は、国内において商業用レコードの製作を業とする者の相当数を構成員とする団体（その連合体を含む。）でその同意を得て文化庁長官が指定するものがあるときは、当該団体によってのみ二次使用料を受ける権利を行使することができるとする97条3項の規定を、前項報酬請求権行使について準用することを定める。
- 「当該団体」として「（社）日本レコード協会」（現在の（一社）日本レコード協会）が、1985（昭和60）年2月に文化庁長官により指定された。

> 5　第95条第6項から第14項までの規定は、第3項の報酬及び前項において準用する第97条第3項に規定する団体について準用する。この場合においては、第95条の3第4項後段の規定を準用する。

- 5項は、3項の報酬請求権について、95条6項から14項までの商業用レコードの二次使用料請求権の行使に係る規定を準用することを定める。
- 3項報酬請求権に準用されると、95条のうち、6項は指定団体の指定要件、7項は指定団体の権利行使応諾義務、8項は指定団体の裁判上・裁判外の権限、9項は指定団体の文化庁長官への報告・資料提出義務等、10項は当事者間協議による報酬額の定め、11項は文化庁長官の報酬額についての裁定、12項は裁定手続及び補償金に係る規定の準用、13項は10項協議による定め・行為に対する独占禁止法の不適用、14項は必要事項の政令委任、についての規定ということになる。
- 準用する95条10項中において「放送事業者等」とあり、及び同条12項中「第95条第1項の放送事業者等」とあるのは、「第95条の3第3項の貸しレコード業者」と読み替える。
- 指定要件を満たす指定団体が存在する場合には、毎年、指定団体と貸レコード業者又はその団体との間で行われる協議により報酬額が定められ、協議が不成立のときには、当事者は、文化庁長官の裁定を求めることができる。
- その他、準用する各項の詳細については、対応する95条の解説を参照されたい。

> 6 第1項に規定する権利を有する者の許諾に係る使用料を受ける権利は、第4項において準用する第97条第3項の団体によつて行使することができる。

- 6項は、レコード製作者の貸与権を有する者の許諾に係る使用料を受ける場合にも、4項の報酬請求権に係る指定団体があるときには、当該指定団体によって当該使用料を受ける権利の行使ができる旨を規定する。
- 立法趣旨等は、95条の3第5項と同様である。

> 7 第5項の規定は、前項の場合について準用する。この場合において、第5項中「第95条第6項」とあるのは、「第95条第7項」と読み替えるものとする。

- 7項は、4項で準用する97条3項の指定団体により許諾に係る使用料を受ける権利を行使する場合に、95条7項から14項までの規定を必要な読み替え（95条の3第4項）と共に準用する旨を規定する。
- 5項と同様、95条の解説を適宜参照されたい。
- なお、本項は、既に該当する指定団体が存在する場合の規定なので、団体の指定要件を定めた95条6項は準用から除かれている。

第4節　放送事業者の権利

> （複製権）
> 第98条　放送事業者は、その放送又はこれを受信して行なう有線放送を受信して、その放送に係る音又は影像を録音し、録画し、又は写真その他これに類似する方法により複製する権利を専有する。

- 98条は、放送事業者の複製権について規定する。放送事業者は、自身の行う放送又はその放送を受信して行う有線放送（9条の2第1号かっこ書の同時再送信）を受信して、その放送に係る音又は影像を録音・録画する権利又は写真その他これに類似する方法により複製する権利を専有するとする。
- 本条は、放送に係る録音・録画物及び写真的複製物が存在することにより、それを用いて行う公衆への放送番組の伝達がなされてしまうのを防止するためのものであり、特に、本条に係る固定行為を禁ずることで、固定物を用いて行う放送・有線放送についても実質的な権利行使を可能とするのがねらいといえる。再放送等について定めた次条1項は、原則録音・録画物を用いた放送等を保護対象とはしていないからである。具体的には、複製許諾の際にその後の放送等利用についての契約を交わし、実質的な担保を得る方法が採られる。
- 本条における保護の客体は、「放送に係る音又は影像」つまり、放送波に乗った音声信号又は影像信号に変換されている音又は影像であって、創作物的な意味での放送番組、あるいは放送される著作物や実演そのものではない。し

たがって、放送内容が著作物や実演でなくとも、その放送に係る音や影像に本条複製権は及ぶこととなり、逆に、著作物や実演を放送する場合でも、あくまで当該複製権が及ぶのはその音又は影像についてということになる。

- また、「放送に係る音又は影像」という場合、その音や影像が結果的に同一のものであっても、音や影像が変換されている放送信号ごとに個別のものとして扱われるので、複数の放送局から同一の音又は影像に係る放送が送信された場合には、それぞれの放送ごとに本条の複製権は及ぶこととなる。放送事業者はその放送につき、再放送権及び有線放送権を有するが（99条1項）、再放送され、又は有線放送された音や影像についての複製権までは有していない。それについては、当該再放送又は有線放送を行った放送事業者等が有することになるのである（本条中の「…又はこれを受信して行う有線放送を受信して、その放送に係る音又は影像を…」という場合の音・影像と、異時再送信される有線放送に係る音又は影像とは権利の帰属が異なる点留意が必要である。前者は有線放送事業者が権利を持たない同時再送信（9条の2第1号かっこ書）のケースなので、その音・映像はあくまで「その放送」つまり元の放送に係る音又は影像であり、それについては元の放送の放送事業者の複製権が及ぶが、後者は当該有線放送（異時再送信としてのもの）に係る音又は影像であり、こちらには元の放送事業者の複製権は及ばないのである）。
- なお、録音・録画という場合、最初の固定のみならずその後の増製をも含むので（2条1項13号・14号）、本条においても、再放送等のための最初の固定のみならず、放送とは関係しない支持物への増製にも権利が及ぶことになる。保護の実効性を図るためである。
- 「写真その他これに類する方法により複製」とあるのは、放送されたテレビ画面を写真撮影し、更にそれを増製する場合などを指す。
- 本条規定について複製の対象を音又は影像とした場合、スクランブルをかけて放送されたものを受信し、その後に復号して送信するような送信形態においては、「その放送に係る音又は影像」がスクランブルをかけたものとも解されるため、復号後の音や影像に複製権が及ばないとの不都合な解釈の余地が生じるという点が問題視される（斉藤199頁）。

第4章第4節

> **（再放送権及び有線放送権）**
> **第99条** 放送事業者は、その放送を受信してこれを再放送し、又は有線放送する権利を専有する。

- 99条1項は、放送を受信して再送信する場合において、当該放送に係る放送事業者は、再放送又は有線放送する権利を専有することを規定する。この場合、放送事業者の専門的業務ともいえる再放送等が対象行為なので、当該権利者である放送事業者が再放送等するケースをイメージし易く、当該放送事業者が独占的に自らの系列局によってのみ再放送等できるという側面で捉えがちであるが、あくまで他の著作権法上の権利と同様に捉えるならば、第三者が再放送等するときは、原放送の放送事業者の許諾を要するという規定である。
- 本項の趣旨を考える場合、単に放送に準知的創作性のようなものを認めて放送事業者を保護するという直接的な解釈より、放送という圧倒的な公衆伝達機能を重視して設けられた規定であるとする解釈に重きが置かれる点に留意しなければならない。
  ※92条2項1号では、同時再送信の場合は実演家の有線放送権が及ばないと規定し、実演家は有線放送権を主張できないことにしているのだが、それは、公衆伝達機能の強い放送という媒体を取り扱う放送事業者に、放送後の実演の管理も担わせようとして設けられた本項規定の効果に期待してのものであるともいえる。具体的には、原放送の許諾時にその放送後の利用について特約を付することで、実演家は、本項の権利を有する放送事業者に無断有線放送を排除してもらえることになり、放送事業者の方は、自由に実演を有線放送できるようになるというものである。そして、それにより最も頻度が多いであろう有線による同時再送信における実演利用の円滑化が図られると考えたのである（ただし、近年の有線放送の多角化等を受けて実演家の利益が再考され、同時再送信による有線放送の場合でも、有線放送事業者は実演家に相当額の報酬を支払わなければならないとする規定が平成18年法改正で追加された（94条の2））。
- 著作権法上の財産権は、利用行為の客体についての権利を有する者に専有権を与えるという形で規定されるが、本項の場合の送信行為の客体は、放送等

に含まれる実演等ではなく、原放送事業者の所産としての「放送（波）・有線放送（波）」である。したがって、再放送等をする場合、著作物や実演等を含まない放送（マラソンの実況等）であれば放送事業者の許諾で済むのであるが、放送に著作物や実演等が含まれる場合は、原則それらの著作物や実演等に関する権利者の許諾も要することになる。実際的なところで言えば、著作物や異時再送信の場合の実演等については、再放送や再送信の有線放送についても公衆送信権や有線放送権が働くのである。上記本項の趣旨を考えると、この場合も当初の放送の際に許諾契約を交わしておくことが便宜となろう。

- 理論上、原放送の再放送を受信して行う再々放送等の場合には、原放送事業者の権利は及ばず、再放送をした放送事業者の権利のみが働くことになる。本項の権利は、放送を直接受信し再放送等する場合について及ぶものであり、その再放送を更に再放送等する場合や公衆へ伝達する場合には及ばない（ただし、100条のケースは例外である）。

- なお、わが国のネットワーク放送の現状において、放送を受信して行う再放送については、放送事業者の著作隣接権とは別枠の契約上の処理がされており、通常のテレビ放送に用いるマイクロ・ネット放送の場合でも、再度の送信が原放送を利用したことにはならないとされている。したがって本項規定の権利のうち再放送権は、海賊放送局が現れた場合などの特殊なケースでしか意味を持たず、実質的に本項が対象とするのは、放送を受信して行う有線放送であるといえる。

> 2　前項の規定は、放送を受信して有線放送を行なう者が法令の規定により行なわなければならない有線放送については、適用しない。

- 2項は、前項の例外として、放送を受信して行う有線放送が法令で義務付けられている場合は、放送事業者の権利が及ばない旨規定する。

- 具体的な法令として「有線テレビジョン放送法」があり、総務大臣指定の難視聴区域における有線テレビジョン放送事業者（CATV事業者）に、当該区域内の全テレビジョン放送を受信し同時再送信する義務を課している（同法13条1項）。なお、この義務規定による再送信には、前項の著作隣接権は及ばないが、著作権については何ら規定されていないので、それについては許諾を

第4章第4節

要することとなる（加戸647頁）。

> **（送信可能化権）**
> **第99条の2**　放送事業者は、その放送又はこれを受信して行う有線放送を受信して、その放送を送信可能化する権利を専有する。

- 99条の2は、放送事業者の送信可能化権について規定する。放送事業者は、自身の放送又はその放送を受信して行う有線放送を受信して、その放送を送信可能化する排他的権利を有するとする。
- インターネットなどにおける送信容量の拡大により、受信した放送等をサーバに蓄積しオンデマンドで公衆に送信する形態が定着しつつあることから、実演家・レコード製作者に認められていた送信可能化権を放送事業者にも認めるべきであるとする声が多くなり、それを受けて平成14年に設けられたのが本条規定である。
- 受信した放送番組をそのままインターネットで送信する行為は、放送の再放送・有線放送ではなく自動公衆送信に該当し、放送事業者は、当該ネット送信については送信可能化権のみ行使することができるということである。
  ※実演・レコード条約では送信可能化（利用可能化）について、「公衆のそれぞれが選択する場所及び時期において利用が可能となるような状態に置くこと」と規定している（同条約10条・14条）。
- 本条は「（放送等を受信して）これを送信可能化する」とはせず、「《放送等を受信して》その放送を送信可能化する」としているので、放送に係る音又は影像の録音・録画物を用いる送信可能化は除かれることになり（2条1項8号）、よって、送信可能化のうち、情報が記録された記録媒体をサーバーの公衆送信用記録媒体として加える行為、及び情報が記録された記録媒体をサーバーの公衆送信用記録媒体に変換する行為は、本条の権利の対象とはならないことになる（送信可能化の類型については2条1項9号の5参照）。なお、録音・録画物の作成については放送事業者の複製権（98条）が働くので、そちらで権利行使が可能である。
  ※地上波アナログ放送のテレビチューナーを内蔵し、それにより受信する放送を各

利用者からの求めに応じてデジタルデータ化し、このデータをあらかじめ設定された単一の機器（当該利用者の端末）宛てにインターネットを介して自動的に送信するといった機能を有する機器（ベースステーションという）を、当該利用者の所有の形で自身の事務所内に設置しその機能に基づく送信サービスを提供する者の当該行為について送信可能化権侵害等が問われた事案では、①当該装置（ベースステーション）は、そこに入力される情報を受信者からの求めに応じインターネット接続により自動的に送信する機能を有するものであり、また、当該受信者（利用者）は公衆に当たるので（当該サービスは契約により何人も受けられることから当該利用者はサービス提供者から見て不特定の者である「公衆」に該当するとする）、ベースステーションによる本件送信は自動公衆送信ということになり（2条1項9号の2）、よって、本件ベースステーションは（たとえ単一機器宛の送信機能しか有しないとしても）自動公衆送信装置に該当するといえること、②当該サービス提供者が自身の事務所のアンテナと各ベースステーションを接続等する行為は、ベースステーションへの継続的な放送の入力に当たり、入力された放送が自動的に送信される状態が当該サービス提供者により作出されている本件ケースでは、その入力者が送信の主体と解されること、などから、当該利用者からの求めに応じベースステーションに放送を入力する当該行為は、公衆からの求めに応じインターネットに接続された自動公衆送信装置に情報を入力する行為である送信可能化（2条1項9号の5）に当たり、それを利用者端末まで送信する行為は公衆送信（2条1項7号の2）に当たるとされ、送信可能化権（99条の2）及び公衆送信権（23条1項）の侵害が認められた（最判平23.1.18「インターネット経由テレビ番組視聴サービス『まねきTV』事件」）。

（テレビジョン放送の伝達権）
第100条　放送事業者は、そのテレビジョン放送又はこれを受信して行なう有線放送を受信して、影像を拡大する特別の装置を用いてその放送を公に伝達する権利を専有する。

- 100条は、放送事業者の伝達権について規定する。放送事業者は、そのテレビジョン放送又はこれを受信して行う有線放送を受信し、影像を拡大する特別

な装置を用いて当該放送を公に伝達する排他的権利を有するとする。
- 本条は、超大型テレビジョン受像機や大型プロジェクターなどを用いてテレビジョン放送を公衆に視聴させるケースを想定したものであるが、この場合、本来のテレビジョン放送が予定する範囲や程度を超えた映画的利用がなされることになるので、それに対応した個別の権利を認める規定である。したがって、本条の対象となる放送は「テレビジョン放送」であり、伝達手段は「影像を拡大する特別の装置」を用いたものとなる。
- テレビジョン放送を直接受信して行う場合のほか、テレビジョン放送を受信して行う有線放送を受信して行う場合も対象となる。
- 本条は、実演家等保護条約13条(d)と共通する内容の規定ではあるが、当該条約規定は、スポーツイベント等の興行場の観客数の減少に対処するためのものであり、多数の者が同時に視聴できる装置による伝達を映画的な特別の利用として別途権利を認めるとする本条の趣旨とはややニュアンスを異にしている。
- 放送・有線放送を受信して影像を拡大する特別な装置を用いて公に伝達する場合、非営利かつ無料であれば、送信される著作物について著作権(23条2項の伝達権)は制限されるが(38条3項)、本条の放送事業者の伝達権は制限を受けない(102条1項で38条3項を不準用)。営利性にかかわらず、放送・有線放送の特別な利用形態に対し権利を及ぼすとする本条の趣旨を全うするものである。
- なお、ラジオ放送については、今日のわが国での普及度や使用形態等を勘案した場合、放送事業者に伝達権を専有させるのは妥当でないと考えられるため、本条の対象とはされなかった。

第5節　有線放送事業者の権利

（複製権）
第100条の2　有線放送事業者は、その有線放送を受信して、その有線放送に係る音又は影像を録音し、録画し、又は写真その他これに類似する方

法により複製する権利を専有する。

- 100条の2は、有線放送事業者の複製権について規定する。有線放送事業者は、自身の行う有線放送を受信して、その有線放送に係る音又は影像を録音・録画する権利又は写真その他これに類似する方法により複製する権利を専有するとする。

- 放送事業者の複製権は、その放送を受信して行う有線放送を更に受信して行う複製にも及ぶとされているが（98条）、本条複製権は、有線放送を受信して行う放送を更に受信して行う複製には及ばない。そのような複製は放送事業者の複製権が及ぶ範囲にあることから、それについて有線放送事業者にも権利を認めると複数の複製権の重複により権利関係が複雑化することが予想されるため、本条の対象とはされなかった。したがって、その範囲での複製について有線放送事業者は、放送事業者との利益調整の合意により利益確保を図ることになる。

- ちなみに、「放送を受信して行う」有線放送は、受信した放送を難視聴解消等のためそのまま有線送信するものであって、そこに準創作性は認められないことから、本法著作隣接権の保護対象から除外されており（9条の2第1号かっこ書）、有線放送事業者の直接の権利対象とはなっていない。したがって、そのような有線放送を受信して行う複製についても有線放送事業者の権利ではなく放送事業者の権利で対処することとし、98条のような規定となった。

- その他の留意点等は、放送事業者の複製権（98条）と同様である。

（放送権及び再有線放送権）
第100条の3　有線放送事業者は、その有線放送を受信してこれを放送し、又は再有線放送する権利を専有する。

- 100条の3は、有線放送事業者は、自身の有線放送を受信して行う再送信としての放送又は再有線放送について、排他的権利を有することを規定する。趣旨、規定内容とも放送事業者の再放送権・有線放送権と同様である。

第4章第5節

- 有線放送を受信して放送するケースは、わが国放送界での実態においては存在しないものであるが、有線放送を受信して行なわれる、いわゆるミニ放送などはこれに該当し、その場合本条が働くこととなる。一方、有線放送を受信して再有線放送するケースとしては、貸しビル業者が有線放送を受信してビル内の個々の会社等に有線送信する場合などが該当する（加戸654頁）。
- なお、有線放送については、再送信を義務付ける法令規定等がないので、99条2項のような例外規定は設けられていない。

> （送信可能化権）
> 第100条の4　有線放送事業者は、その有線放送を受信してこれを送信可能化する権利を専有する。

- 100条の4は、有線放送事業者は、自身の有線放送を受信してこれを送信可能化する排他的権利を有することを規定する。
- 有線放送を受信して行う放送を更に受信して行う送信可能化、及び放送を受信して行う有線放送を更に受信して行う送信可能化を本条の対象としないのは、100条の2の場合と同じ理由による。
- その他、平成14年に追加規定された旨、及び固定物を用いた送信可能化は対象とならない旨等は、放送事業者の送信可能化権（99条の2）と同様である。

> （有線テレビジョン放送の伝達権）
> 第100条の5　有線放送事業者は、その有線テレビジョン放送を受信して、影像を拡大する特別の装置を用いてその有線放送を公に伝達する権利を専有する。

- 100条の5は、有線放送事業者は、その有線テレビジョン放送を受信して、影像を拡大する特別な装置を用いて公に当該有線放送を伝達する排他的権利を有することを規定する
- 「有線テレビジョン放送」及び「影像を拡大する特別の装置」を対象とする

点は放送事業者の伝達権（100条）と同様である。
- 有線テレビジョン放送を受信して放送される場合、及び放送を受信して有線テレビジョン放送がされる場合の利用について規定がないのは、100条の2の場合と同じ理由による。
- その他、趣旨・留意点等については、放送事業者の伝達権（100条）と同様である。

第6節　保護期間

> （実演、レコード、放送又は有線放送の保護期間）
> 第101条　著作隣接権の存続期間は、次に掲げる時に始まる。
> 　一　実演に関しては、その実演を行つた時
> 　二　レコードに関しては、その音を最初に固定した時
> 　三　放送に関しては、その放送を行つた時
> 　四　有線放送に関しては、その有線放送を行つた時

- 101条1項は、著作隣接権の存続期間の始期について規定する。本項各号に掲げる時に始まるとする。
- 実演についてはその実演を行った時（1号）、レコードについてはその音を最初に固定した時（2号）、放送についてはその放送を行った時（3号）、有線放送についてはその有線放送を行った時（4号）をそれぞれ著作隣接権の始期とする。

> 2　著作隣接権の存続期間は、次に掲げる時をもつて満了する。
> 　一　実演に関しては、その実演が行われた日の属する年の翌年から起算して50年を経過した時
> 　二　レコードに関しては、その発行が行われた日の属する年の翌年から起算して50年（その音が最初に固定された日の属する年の翌年から起算して50年を経過する時までの間に発行されなかつたときは、その音

第4章第7節

>　　が最初に固定された日の属する年の翌年から起算して50年）を経過した時
> 三　放送に関しては、その放送が行われた日の属する年の翌年から起算して50年を経過した時
> 四　有線放送に関しては、その有線放送が行われた日の属する年の翌年から起算して50年を経過した時

- 2項は、著作隣接権の存続期間の終期について規定する。本項各号に掲げる時をもって満了するとする
- 実演についてはその実演が行われた日（1号）、レコードについてはその発行がされた日（2号）、放送についてはその放送がされた日（3号）、有線放送についてはその有線放送がされた日（4号）のそれぞれが属する年の翌年から起算して50年経過時に、それぞれに係る著作隣接権の存続期間が満了すると規定する。いわゆる暦年計算主義によるものである。
- なお、先行する放送の固定物を用いて後日改めて放送する場合、その放送内容が同一であっても、当該後の放送についての著作隣接権の終期は当該後の放送がされた日の属する年の翌年を起算日として計算される。この場合、先行する放送の保護期間が満了した後にその固定物を用いて行う放送であっても同様である。
  - ※この点、放送を著作権制度で保護するイギリスでは、先行放送を受けて同一内容について行う後の放送の保護期間は、先の放送の保護期間に合わせて終了することとしている。

第7節　実演家人格権の一身専属性等

> （実演家人格権の一身専属性）
> 第101条の2　実演家人格権は、実演家の一身に専属し、譲渡することができない。

- 101条の2は、実演家人格権の一身専属性及び不可譲渡性について規定する。
- 「実演家の一身に専属し」とは、実演家の人格価値を保護する実演家人格権の性格を示すものであり、相続や代理による権利行使（訴訟代理等は除く）の対象とならないことを意味するものである。
- 「譲渡することができない」とあることから、質権の設定や差し押さえもできないことになる。

（実演家の死後における人格的利益の保護）
第101条の3　実演を公衆に提供し、又は提示する者は、その実演の実演家の死後においても、実演家が生存しているとしたならばその実演家人格権の侵害となるべき行為をしてはならない。ただし、その行為の性質及び程度、社会的事情の変動その他によりその行為が当該実演家の意を害しないと認められる場合は、この限りでない。

- 101条の3は、実演を公衆に提供・提示する者は、原則、死亡した当該実演家が生存していたとしたならば実演家人格権侵害となるべき行為をしてはならないことを規定する。
- 実演家の一身専属的権利である実演家人格権は、実演家の死亡によりその存続の理由がなくなるものともいえるが、貴重な文化的所産である実演の価値を国民が享受するためには、実演家の人格的利益の尊重は不可欠なものであり、よって実演家の死後についても一定の人格的利益の保護を認めるとしたものである。
- 著作者の人格的利益保護を規定する60条では「著作者が存しなくなった後において」とあるのに対し、本条では「実演家の死後において」と規定する。実演の主体が法人等であることは観念できないからである。
- 「実演家が生存しているとしたならばその実演家人格権の侵害となるべき行為」とは、氏名表示権（90条の2第1項）若しくは同一性保持権（90条の3第1項）を侵害する行為又は侵害擬制行為（113条）のいずれかに相当する行為をいう。
- 本条の禁止について期間の制限はない。国民全体の利益保護の意味が強い規

第4章第8節

定だからである。
- 実演家人格権の侵害に相当する行為であっても、その行為の性質・程度・社会的事情の変動・その他により、その行為が実演家の意を害しないと認められる場合は、本条の禁止の対象とならない（ただし書）。時代の変化等を考慮し、現存の実演家への保護との整合性を図るものである。

第8節　権利の制限、譲渡及び行使等並びに登録

> （著作隣接権の制限）
> 第102条　第30条第1項、第30条の2から第32条まで、第35条、第36条、第37条第3項、第37条の2（第1号を除く。次項において同じ。）、第38条第2項及び第4項、第41条から第42条の4まで、第44条（第2項を除く。）並びに第47条の4から第47条の9までの規定は、著作隣接権の目的となつている実演、レコード、放送又は有線放送の利用について準用し、第30条第2項及び第47条の10の規定は、著作隣接権の目的となつている実演又はレコードの利用について準用し、第44条第2項の規定は、著作隣接権の目的となつている実演、レコード又は有線放送の利用について準用する。この場合において、同条第1項中「第23条第1項」とあるのは「第92条第1項、第99条第1項又は第100条の3」と、同条第2項中「第23条第1項とあるのは「第92条第1項又は第100条の3」と読み替えるものとする。

- 102条1項は、著作権の制限規定（30条1項等）の準用により、著作隣接権を制限する規定である。著作隣接権は著作物の利用と密接に関連することから、著作権制限規定を準用する形で規定が設けられた。
- 本項で準用されるのは、著作隣接権として、実演家、レコード製作者、放送又は有線放送事業者に認められる利用と関連する著作権についての制限規定である。
- 具体的には、まず、30条1項（私的使用のための複製）、30条の2（付随対象著

426

作物の利用)、30条の3（適法利用の検討過程における利用)、30条の4（技術の開発等のための試験の用に供するための利用)、31条（図書館等における複製)、32条（引用)、35条（学校その他の教育機関における複製等)、36条（試験問題としての複製等)、37条3項（視覚障害者等のための必要な方式での複製等)、37条の2（1号を除く)（聴覚障害者等向けの貸出しのための複製)、38条2項（営利を目的としない有線放送等）及び4項（営利を目的としない貸与)、41条（時事の事件の報道のための利用)、42条（裁判手続等における複製)、42条の2（行政機関情報公開法等による開示のための利用)、42条の3（公文書管理法等による保存等のための利用)、42条の4（国立国会図書館法によるインターネット資料の収集のための複製)、44条（2項を除く)（放送事業者による一時的固定）並びに47条の4（保守、修理等のための一時的複製)、47条の5（送信の障害の防止等のための複製)、47条の6（送信可能化された情報の送信元識別符号検索等のための複製等)、47条の7（情報解析のための複製等)、47条の8（電子計算機における著作物の利用に伴う複製）及び47条の9（情報通信技術を利用した情報提供の準備に必要な情報処理のための利用）の規定が、実演、レコード、放送又は有線放送の利用について準用される。この場合、掲げられた著作権制限規定中「著作物」とあるのは「実演、レコード、放送又は有線放送」と読み替えられることになる。更に、44条1項の準用に際しては、「23条1項（著作者の公衆送信権)」とあるのは「92条1項（実演家の放送権・有線放送権)、99条1項（放送事業者の放送権・有線放送権）又は100条の3（有線放送事業者の放送権・有線放送権)」に読み替えられる。

- 次に、30条第2項（私的録音録画の補償金支払い）及び47条の10（複製権の制限により作成された複製物の譲渡）の規定が、実演又はレコードの利用について準用される。この場合は、著作権制限規定中の「著作物」は「実演又はレコード」と読み替えられる。
- さらに、44条2項（有線放送事業者による一時的固定）の規定が、実演・レコード又は有線放送の利用について準用される。この場合は、著作権制限規定中の「著作物」は「実演、レコード又は有線放送」と読み替えられる。また、44条2項の準用に際しては「23条1項（著作者の公衆送信権)」は「92条1項（実演家の放送権・有線放送権）又は100条の3（有線放送事業者の放送権・有線放送権)」に読み替えられる。

- 本項準用規定を適用した場合の条文について、44条1項の規定を実演について準用する場合を例に掲げると、「放送事業者は、92条1項に規定する権利を害することなく放送することができる実演を、自己の放送のために、自己の手段又は当該実演を同じく放送することができる他の放送事業者の手段により、一時的に録音し、又は録画することができる。」となる。
- 30条1項（私的使用目的の複製）の規定が放送又は有線放送の利用について準用されるにもかかわらず、同条2項（補償金の支払い）の規定が当該利用に準用されないのは、放送・有線放送された番組がデジタル方式で録音・録画されたとしても、放送・有線放送事業者の目的はすでに達成されているので、その録音・録画物の存在が放送・有線放送事業者の利益を害することはあまり考えられないからである。
- 32条（引用）の準用において引用が認められる場合とは、あくまで実演、レコード、放送又は有線放送自体を引用する必要がある場合（実演家の演技力を批評する目的での実演の一部引用等）であり、著作物の引用が目的で、その著作物を包含する実演等を引用することを認めるものと解してはならない（加戸671頁）。
- 34条（学校教育番組の放送等）を準用しないのは、教育目的とはいえ、当該放送等と直接的に関わりを持つ実演家や放送・有線放送事業者の許諾権を一方的に制限するのは酷であり、当事者間で解決するのが望ましいと考えられるからである。
- 38条3項（営利を目的としない伝達）を準用しないのは、著作隣接権として認められる伝達権は、テレビジョン放送又は有線テレビジョン放送を拡大装置により伝達する場合に限定された権利であり（100条、100条の5）、当該権利は、テレビジョン放送等の特異な利用のケースを規制するためにあえて認めたものであることから、非営利の場合の一般的な伝達権を制限した38条3項の準用より優先されるべきものと考えられるからである。
- その他の準用されていない著作権制限規定は、著作隣接権と共通しない利用についての著作権に係るものである。

2　前項において準用する第32条、第37条第3項、第37条の2若しくは第42条の規定又は次項若しくは第4項の規定により実演若しくはレコード

> 又は放送若しくは有線放送に係る音若しくは影像（以下「実演等」と総称する。）を複製する場合において、その出所を明示する慣行があるときは、これらの複製の態様に応じ合理的と認められる方法及び程度により、その出所を明示しなければならない。

- 2項は、前項の著作隣接権の制限規定のうちの一定の規定やその他の規定の適用により実演等を複製する場合において、その出所明示の慣行がある場合には、その複製の態様に応じ合理的と認められる方法・程度によりその出所を明示するべきことを規定する。
- 出所明示が要求され得る複製に係る規定とは、前項で準用する32条（引用）、37条3項（視覚障害者のための必要な方式での複製）、37条の2（1号を除く）（聴覚障害者等向けの貸出しのための複製）又は42条（裁判手続等における複製）であり、更に、次項（視覚障害児童等のために録音された実演等の複製）又は4項（視覚障害者等のために録音された実演等の複製）が該当する。これら規定による複製に際し出所明示の慣行があるときには、出所を明示しなければならない。
- 「複製の態様に応じ合理的と認められる方法及び程度により」とは、48条1項と同旨の規定であり、実演の出所としては、実演家の氏名、実演の題目・場所・年月日等、レコードの出所としては、レコード製作者又は商業用レコード製作者の名称、レコードの名称・第一固定年月日・第一発行年月日等、放送の出所としては、放送事業者又は放送局の名称、番組タイトル、放送年月日等、有線放送の出所としては、有線放送事業者又は有線放送局の名称、番組のタイトル、有線放送年月日等が挙げられる。

> 3　第33条の2第1項の規定により教科用図書に掲載された著作物を複製することができる場合には、同項の規定の適用を受けて作成された録音物において録音されている実演又は当該録音物に係るレコードを複製し、又は同項に定める目的のためにその複製物の譲渡により公衆に提供することができる。

- 3項は、障害により教科用図書掲載の著作物使用が困難な児童等の学習の用に供するためにその著作物使用に必要な方式での複製ができる場合に、その

方式で作成された録音物に録音されている実演又はその録音物に係るレコードを複製し、又はその複製物の譲渡による公衆への提供をすることができる旨を規定する。

- 33条の2第1項では、平成20年法改正により、教科用図書に掲載された著作物を表現形式を変えて複製することも認めることにしため、印刷物を録音物に変えて複製する場合等に新たな著作隣接権の保護対象が生じることとなった。本項は、そのような複製において生じた実演又はレコードの複製等を認めるとする規定である（平成21年法改正で追加）。なお、33条の2は、本来的に視覚障害者を対象としたものなので、本項では録音に係るものについてのみ規定している。
- 「同項に定める目的のために」とは、視覚障害等の障害により教科用図書掲載の著作物利用が困難な児童又は生徒の学習の用に供するために（33条の2第1項）ということである。

> 4　視覚障害者等の福祉に関する事業を行う者で第37条第3項の政令で定めるものは、同項の規定により視覚著作物を複製することができる場合には、同項の規定の適用を受けて作成された録音物において録音されている実演又は当該録音物に係るレコードについて、複製し、又は同項に定める目的のために、送信可能化を行い、若しくはその複製物の譲渡により公衆に提供することができる。

- 4項は、視覚障害者等に係る福祉関係事業者で政令で定めるものは、視覚著作物の利用が困難な視覚障害者等の用に供するために必要な方式での複製ができる場合には、その方式で作成された録音物に録音されている実演又はその録音物に係るレコードを複製し、又はその目的のために送信可能化し、若しくはその複製物の譲渡による公衆への提供をすることができる旨を規定する。
- 37条3項では、平成21年法改正により、特定事業者が、視覚障害者等が利用するために必要な方法により視覚著作物を複製することを認めるが、その「方法」には文字を音声にする等の方法が含まれるため、その方法での複製により新たな著作隣接権の保護対象が生じ得ることとなった。本項は、そのよう

な複製において生じた実演又はレコードの複製等を認めるとする規定である。なお、本条１項で準用される37条３項により利用が認められる実演等は、視覚障害者等の用に供するための複製をする前の元の実演等のことであり、本項対象の実演等とは異なる点留意する。
- 「視覚障害者等の福祉に関する事業を行う者で第37条第３項の政令で定めるもの」とは、視聴覚障害者情報提供施設等を設置して視覚障害者等のために情報を提供する事業を行う者（施行令２条１項１号）、又は、視覚障害者等のために情報を提供する事業を行う法人のうち、視覚障害者等のための複製又は自動公衆送信（送信可能化を含む。）を的確かつ円滑に行うことができる技術的能力、経理的基礎その他の体制を有するものとして文化庁長官が指定するもの（同２号）をいう。
- 「同項に定める目的のために」とは、視覚著作物について、視覚により表現が認識される方式ではその利用が困難な者の用に供するために（37条３項）ということである。

> ５　著作隣接権の目的となつている実演であつて放送されるものは、専ら当該放送に係る放送対象地域において受信されることを目的として送信可能化（公衆の用に供されている電気通信回線に接続している自動公衆送信装置に情報を入力することによるものに限る。）を行うことができる。ただし、当該放送に係る第99条の２に規定する権利を有する者の権利を害することとなる場合は、この限りでない。

- ５項は、放送される実演は、放送事業者の送信可能化権を害しないことを条件に、その放送の放送対象地域でのみ受信されることを目的として入力型同時再送信のための送信可能化をすることができることを規定する。
- 平成23年の地上デジタル放送への全面移行に向け、その補完路としてのIPマルチキャスト放送等による放送の同時再送信を円滑に行えるよう、平成18年法改正において、自動公衆送信についても実演家の権利制限規定を設けたものである。IPマルチキャスト放送は、ネットワーク上で多数の者に向け同時に送られた同内容のデータ（番組）について、そのネットワークの末端から受信者がリクエストした番組を受信者の元に個別に送信する仕組みであり、

著作権法上は「自動公衆送信」に該当するため、放送・有線放送とは別に権利制限規定を設ける必要性があったということである。
　※難視聴対策のためのIPマルチキャスト放送の利用は、特に社会的要請の高いものである。

- 「放送された」ではなく「放送される」とあるのは、同時再送信を想定したものである。放送された実演をいったん固定して異時再送信する場合（放送を蓄積した後にIPマルチキャスト放送を行う場合も含む）は対象とならない。

- 「放送対象地域」とは、放送法2条2項2号の「放送対象地域」を想定したもので、放送区分ごとの同一の放送番組の放送を同時に受信できることが相当と認められる一定の区域として総務大臣が放送普及計画において定めているものをいう。通常は県域単位で定められる。放送法による「放送対象地域」が定められていない放送の場合は、電波法14条3項3号で定める「放送区域」が、本項「放送対象地域」となる。

- 「専ら」とは、受信者の全てが放送対象地域内において受信することを意味するものである。放送対象地域外で受信される場合には本項の送信可能化は認められない。権利者があらかじめ想定し得る範囲での利用を超える可能性があるからである。

- 「送信可能化（公衆の用に供されている電気通信回線に接続している自動公衆送信装置に情報を入力することによるものに限る。）」とは、本項で認められるのは、送信可能化のうち再送信に際し放送の蓄積を伴わない入力型のものであるということであり、具体的には、IPマルチキャスト放送を想定した「入力型自動公衆送信」のための送信可能化を指すものである。なお、本項は92条の2第1項の送信可能化権の一部を制限するものであるので、認められる行為もそれに合わせ「送信可能化」とされる。

- 本項規定の送信可能化が認められるのは、放送事業者の許諾を得ている場合に限られる（ただし書）。

6　前項の規定により実演の送信可能化を行う者は、第1項において準用する第38条第2項の規定の適用がある場合を除き、当該実演に係る第92条の2第1項に規定する権利を有する者に相当な額の補償金を支払わなければならない。

- 6項は、前項で実演の送信可能化を行う者は、原則、送信可能化権を有する実演家に相当額の補償金を支払わなければならないことを規定する。
- 前項の同時再送信は、権利者の一部利益に優先して実演等の円滑利用を図るとする著作隣接権制度の趣旨に合わせて認められたものであるが、当該送信自体は、原放送とは別の新たな利用行為なので、権利者に何らかの権利行使の機会を与えるべきであるとして設けられたのが本項の補償金制度である。
- 「第1項において準用する第38条第2項の規定の適用がある場合」とは、非営利かつ無料で同時再送信する場合である。

> 7 前2項の規定は、著作隣接権の目的となつているレコードの利用について準用する。この場合において、前項中「第92条の2第1項」とあるのは、「第96条の2」と読み替えるものとする。

- 7項は、前2項の放送の同時再送信円滑化のための実演家の権利制限規定を、レコードの利用について準用することを規定する。
- 放送されるレコードは、放送事業者の送信可能化権を害しないことを条件に、その放送の放送対象地域でのみ受信されることを目的として入力型同時再送信のための送信可能化をすることができ、その場合は、原則、送信可能化権（96条の2）を有するレコード製作者に相当額の補償金を支払わなければならない、という内容になる。
- 規定の趣旨等は、前2項と同様である。

> 8 第39条第1項又は第40条第1項若しくは第2項の規定により著作物を放送し、又は有線放送することができる場合には、その著作物の放送若しくは有線放送について、これを受信して有線放送し、若しくは影像を拡大する特別の装置を用いて公に伝達し、又はその著作物の放送について、これを受信して同時に専ら当該放送に係る放送対象地域において受信されることを目的として送信可能化（公衆の用に供されている電気通信回線に接続している自動公衆送信装置に情報を入力することによるものに限る。）を行うことができる。

- 8項は、著作権制限規定によって時事問題の論説・政治上の演説・公開陳述等を放送・有線放送できる場合（39条1項、40条1項2項）には、これらの放送・有線放送を受信して行う有線放送若しくは影像拡大特別装置による伝達、又はその放送の同時再送信のための所定の送信可能化をすることができる旨を規定する。

- 39条1項又は40条1項若しくは2項の著作権制限規定は、対象となる論説・演説等が、その性質上、広く公衆に伝達されかつ自由に利用されるべきものであることから、それらを放送・有線放送する等の利用行為を認めるものである。同様の理由により、それらを受信してさらに公衆に伝える有線放送や伝達等についても、放送事業者・有線放送事業者の権利を制限するのが妥当であるとして設けられたのが本項である。

- 本項規定により制限されるのは、有線放送、影像拡大特別装置による伝達及び送信可能化であり、放送については制限対象となっていない点に留意が必要である。放送という利用形態の規模や経済的価値等を考慮した場合、放送事業者等の自主性を尊重して当事者間で権利処理させるのが妥当と考えられるからである。

- 送信可能化については、IPマルチキャスト放送による放送の同時再送信の円滑利用のために、平成18年法改正で加えられたものである（詳細は5項参照）。

> 9　次に掲げる者は、第91条第1項、第96条、第98条又は第100条の2の録音、録画又は複製を行つたものとみなす。

- 9項は、本条で準用される著作権の制限規定の適用を受けて作成された実演等の複製物を、その作成の目的以外の目的のために使用した者等であるとして本項各号に掲げる者は、録音・録画権等の侵害をしたものとみなす旨を規定する。著作隣接権の制限規定の趣旨を徹底するためものであり、著作権制限規定の趣旨を徹底する49条と同旨のものであるので、同条の説明を参照されたい。

> 一　第1項において準用する第30条第1項、第30条の3、第31条第1項第1号若しくは第3項後段、第35条第1項、第37条第3項、第37条の

> 2第2号、第41条から第42条の3まで、第42条の4第2項、第44条第1項若しくは第2項又は第47条の6に定める目的以外の目的のために、これらの規定の適用を受けて作成された実演等の複製物を頒布し、又は当該複製物によつて当該実演、当該レコードに係る音若しくは当該放送若しくは有線放送に係る音若しくは影像を公衆に提示した者

- 1号は、録音・録画権等を侵害したものとみなされる対象として、本号で挙げる著作権制限規定の準用により作成された実演等の複製物を、当該各規定の目的以外の目的で頒布し、又はその複製物によりその実演等を公衆に提示した者を掲げる。
- 「頒布」とは、有償・無償を問わず、複製物を公衆に譲渡又は貸与することであり（2条1項19号）、有形複製物を公衆に提供する場合をいう。
- 「当該複製物によつて当該実演…を公衆に提示」とは、無形的利用により著作物を公衆に伝える場合を指す。録音・録画物の再生によりそこに収録された実演等を公衆に視聴させることなどが該当し、放送・有線放送による場合も含む。
- 以下、本号で掲げる制限規定の条文番号にその規定の目的をかっこ書で付して示す。

　30条1項（私的使用目的）、30条の3（適法利用の検討過程における利用）、31条1項1号又は3項後段（図書館利用者の調査研究の用に供する目的）、35条1項（学校等の授業の過程における使用に供する目的）、37条3項（視覚著作物の利用が困難な視覚障害者等の用に供する目的）、37条の2第2号（聴覚障害者等向けの貸出しの用に供する目的）、41条（時事の事件の報道の目的）、42条（裁判手続き、立法又は行政の目的）、42条の2（著作物の公衆への提供又は提示目的）、42条の3（公文書管理法等による保存等のための利用）、42条の4第2項（インターネット資料の提示目的）、44条1項（自己の放送目的）、同2項（自己の有線放送目的）、47条の6（送信可能化された情報の送信元識別符号の検索及びその結果の提供目的）

> 二　第1項において準用する第44条第3項の規定に違反して同項の録音物又は録画物を保存した放送事業者又は有線放送事業者

- 2号は、録音・録画権等を侵害したものとみなされる対象として、自己の放送等のために一時的に固定した物を、固定後（放送等をしたときはその後）6月の期間を超えて保存（44条3項ただし書の公的記録保存所にする保存を除く）した放送事業者等を掲げる。この場合、その期間の超過時点から複製（録音・録画）したものとみなされる。
- 放送事業者等による一時的固定として認められる保存期間（準44条3項）を超えてその固定物を保存することは、その超過の時から当該固定物を廃棄等するまでの間、継続的に録音・録画権等を侵害していることになる。よって、その廃棄等の時点から時効が始まる。

> 三　第1項において準用する第47条の4第1項若しくは第2項の規定の適用を受けて同条第1項若しくは第2項に規定する内蔵記録媒体以外の記録媒体に一時的に記録された実演等の複製物を頒布し、又は当該複製物によつて当該実演、当該レコードに係る音若しくは当該放送若しくは有線放送に係る音若しくは影像を公衆に提示した者

- 3号は、録音・録画権等を侵害したものとみなされる対象として、記録媒体内蔵複製機器の保守・修理又は交換において必要と認められる一時的複製（準47条の4第1項・2項）による実演等の複製物を、頒布し、又はこれら複製物によってこれら実演等を公衆に提示した者を掲げる。
- いずれも、複製物を頒布等すること自体が、本来の目的以外の使用となる場合の規定である。
- 「当該複製物によつて当該実演…を公衆に提示」とは、その複製物を用いてネット送信する場合などである。

> 四　第1項において準用する第47条の4第3項又は第47条の5第3項の規定に違反してこれらの規定の複製物を保存した者

- 4号は、録音・録画権等を侵害したものとみなされる対象として、記録媒体内蔵複製機器の保守・修理又は交換における必要性から作成した複製物（準47条の4第1項・2項）、又はサーバ管理事業者等が送信障害防止や送信効率

化のための必要性から作成した複製物（準47条の5第1項・2項）について、それぞれ複製を認めた理由がもはや当てはまらない状況であるためにその複製物の保存を認めないとする規定（準47条の4第3項、準47条の5第3項）に反してこれら複製物を保存した者を掲げる。
- 本号も、2号同様、その複製物が廃棄等されてから時効期間が始まる。

> 五 第1項において準用する第30条の4、第47条の5第1項若しくは第2項、第47条の7又は第47条の9に定める目的以外の目的のために、これらの規定の適用を受けて作成された実演等の複製物を用いて当該実演等を利用した者

- 5号は、録音・録画権等を侵害したものとみなされる対象として、技術開発等のための試験の用に供する目的で作成された複製物（準30条の4）、サーバ管理事業者等により送信障害防止や送信効率化のための必要性から作成された複製物（準47条の5第1項・2項）、電子計算機による情報解析のための必要性から作成された複製物（準47条の7）又は情報通信技術を利用した情報提供の準備に必要な情報処理のために作成された複製物（準47条の9）を、それらの目的以外の目的のために用いてその複製物に係る実演等を利用した者を掲げる。

> 六 第1項において準用する第47条の6ただし書の規定に違反して、同条本文の規定の適用を受けて作成された実演等の複製物を用いて当該実演等の送信可能化を行つた者

- 6号は、録音・録画権等を侵害したものとみなされる対象として、情報検索サービス等を行う事業者が当該サービスの提供上の必要性から作成した実演等の複製物を送信可能化することが著作隣接権侵害であることを知った後に、当該複製物を用いた送信可能化を行った当該事業者を掲げる。この場合の著作隣接権侵害となる送信可能化には、国内で行われたとしたならば著作隣接権侵害となる国外での送信可能化も含む。

> 七　第1項において準用する第47条の8の規定の適用を受けて作成された実演等の複製物を、当該実演等の同条に規定する複製物の使用に代えて使用し、又は当該実演等に係る同条に規定する送信の受信（当該送信が受信者からの求めに応じ自動的に行われるものである場合にあつては、当該送信の受信又はこれに準ずるものとして政令で定める行為）をしないで使用して、当該実演等を利用した者

- 7号は、録音・録画権等を侵害したものとみなされる対象として、コンピュータにおいて、実演等を当該実演等の複製物を用いて利用する場合、又は、無線通信等の送信がされる実演等を当該送信を受信して利用する場合（これらの利用又は当該複製物の使用が著作隣接権を侵害しない場合に限る。）に、これらの利用のための情報処理の過程において、当該情報処理を円滑かつ効率的に行う目的で作成された複製物を、当該目的に代えて使用し、又は当該送信の受信（政令で定める行為を含む）をしないで使用することにより当該実演等を利用した者を掲げる。

- 「政令で定める行為」とは、1項で準用する47条の8の規定の適用を受けて作成された実演等の複製物を使用して当該実演等を利用する場合に、その利用に必要なものとして送信される信号の受信（施行令7条の6第1項・2項）、つまり、実演等の送信の求めに応じて、ブラウザ・キャッシュの使用に必要なものとして送信される信号の受信をいう。

> 八　第33条の2第1項又は第37条第3項に定める目的以外の目的のために、第3項若しくは第4項の規定の適用を受けて作成された実演若しくはレコードの複製物を頒布し、又は当該複製物によつて当該実演若しくは当該レコードに係る音を公衆に提示した者

- 8号は、録音・録画権等を侵害したものとみなされる対象として、33条の2第1項の目的（視覚障害等の障害により教科用図書掲載の著作物利用が困難な児童又は生徒の学習の用に供する目的）又は37条3項の目的（視覚著作物について、視覚により表現が認識される方式ではその利用が困難な者の用に供する目的）以

外の目的のために、3項（教科用拡大図書等作成のための著作物の複製が認められる場合の実演等の複製等）若しくは4項（視覚障害者等のための著作物の複製が認められる場合の実演等の複製等）により作成された実演等の複製物を頒布し、又は当該複製物により当該実演等を公衆に提示した者を掲げる。

- 1号と同旨の規定であるが、1項で準用されていない著作権制限規定を受けてのみなし規定であるので、別立てで設けられたものである。「頒布」、「複製物によつて当該実演…を公衆に提示」については、1号と同様である。

（実演家人格権との関係）
第102条の2 前条の著作隣接権の制限に関する規定（同条第7項及び第8項の規定を除く。）は、実演家人格権に影響を及ぼすものと解釈してはならない。

- 102条の2は、著作隣接権の制限規定は、実演家人格権を制限するものと解してはならないことを規定する。
- 50条と同旨の確認的規定であるので、50条解説（→268頁）を参照されたい。

（著作隣接権の譲渡、行使等）
第103条 第61条第1項の規定は著作隣接権の譲渡について、第62条第1項の規定は著作隣接権の消滅について、第63条の規定は実演、レコード、放送又は有線放送の利用の許諾について、第65条の規定は著作隣接権が共有に係る場合について、第66条の規定は著作隣接権を目的として質権が設定されている場合について、第67条、第67条の2（第1項ただし書を除く。）、第70条（第3項及び第4項を除く。）、第71条から第73条まで並びに第74条第3項及び第4項の規定は著作隣接権者と連絡することができない場合における実演、レコード、放送又は有線放送の利用について、それぞれ準用する。この場合において、第63条第5項中「第23条第1項」とあるのは「第92条の2第1項、第96条の2、第99条の2又は第100条の4」と、第70条第5項中「前項」とあるのは「第103条において

準用する第67条第1項」と読み替えるものとする。

- 103条は、著作隣接権の譲渡・行使等について、著作権の規定を準用することを定めたものである。著作権と著作隣接権は、いずれも著作権法において独立した権利として存在するものなので、財産権として共通する性格に係る規定については準用という形をとったものである。
- 準用するのは、61条1項（著作権の譲渡）、62条1項（相続人の不存在の場合等における著作権の消滅）、63条（著作物の利用の許諾）、65条（共有著作権の行使）、66条（質権の目的となった著作権）、67条（著作者不明等の場合における著作物の利用）、67条の2（第1項ただし書を除く）（裁定申請中の著作物の利用）、70条（3項及び4項を除く）（裁定に関する手続き及び基準）、71条（文化審議会への諮問）、72条（補償金の額についての訴え）、73条（補償金の額についての異議申立ての制限）並びに74条3項及び4項（補償金等の供託）の規定であり、これらの規定を、各規定が著作権について適用される場合と同様のケースにおいて著作隣接権に準用する。
- 準用に際し、「著作権」は「著作隣接権」と、「著作権者」は「著作隣接権者」と、「著作物」は「実演・レコード・放送又は有線放送」とそれぞれ読み替える。なお、63条4項の「著作物」の読み替えには「レコード」は含まないと考えられる（そもそも、レコード製作者には放送・有線放送についての排他的権利がない）。
- 63条5項中の「第23条第1項」は、著作隣接権としての送信可能化権の規定である「第92条の2第1項、第96条の2、第99条の2又は第100条の4」と読み替え、70条5項中の「前項」は、著作隣接権に準用された裁定規定についての「第103条において準用する第67条第1項」と読み替えてそれぞれ準用する。
- なお、67条以下の条文の準用は、経済財政改革の基本方針2007等における権利者不明の場合の著作物等利用の円滑化の趣旨を受けて、著作隣接権者が不明の場合にも対応できるよう規定されたものであり、67条や67条の2と併せて平成21年に改正されたものである。これにより、著作隣接権についても著作権の場合と同様の裁定制度が認められることとなった。

> (著作隣接権の登録)
> 第104条　第77条及び第78条(第3項を除く。)の規定は、著作隣接権に関する登録について準用する。この場合において、同条第1項、第2項、第4項、第8項及び第9項中「著作権登録原簿」とあるのは、「著作隣接権登録原簿」と読み替えるものとする。

- 104条は、77条(著作権の登録)及び78条(登録手続等)の規定を、著作隣接権に係る登録について準用する旨を規定する。
- 著作権の登録の場合と同様に、著作隣接権の財産権としての取引の安全と、手続の確実を担保するためのものである。
- 78条3項(実名登録の官報告示)が準用されないのは、著作権の場合、無名・変名著作物について実名登録されると保護期間が延長される効果が生じるため、その周知方を図る必要性も生じるが、著作隣接権の場合、保護期間は行為日を基準とするため、実名の登録によりその期間が変わることはなく、よって告示の必要もないと判断されたからである。
- 78条中の「著作権登録原簿」は、「著作隣接権登録原簿」と読み替える。政令では、著作権登録原簿、出版権登録原簿及び著作隣接権登録原簿をあわせて、「著作権登録原簿等」とし、その他登録手続等について規定している(施行令13条～45条)。
- 基本的な内容は著作権の登録の場合と同様なので、そちら(77条、78条)を参照されたい。

第5章
Chapter5

私的録音録画補償金

第5章　私的録音録画補償金

（私的録音録画補償金を受ける権利の行使）
第104条の2　第30条第2項（第102条第1項において準用する場合を含む。以下この章において同じ。）の補償金（以下この章において「私的録音録画補償金」という。）を受ける権利は、私的録音録画補償金を受ける権利を有する者（以下この章において「権利者」という。）のためにその権利を行使することを目的とする団体であつて、次に掲げる私的録音録画補償金の区分ごとに全国を通じて一個に限りその同意を得て文化庁長官が指定するもの（以下この章において「指定管理団体」という。）があるときは、それぞれ当該指定管理団体によつてのみ行使することができる。
一　私的使用を目的として行われる録音（専ら録画とともに行われるものを除く。以下この章において「私的録音」という。）に係る私的録音録画補償金
二　私的使用を目的として行われる録画（専ら録音とともに行われるものを含む。以下この章において「私的録画」という。）に係る私的録音録画補償金

- 104条の2第1項は、私的録音録画補償金を受ける権利は、録音・録画の区分に応じた指定管理団体がある場合、当該団体によってのみ行使し得ることを規定する。権利の集中管理を実現するものである。
- 著作権・著作隣接権は、本来、権利者自身が権利行使すべきものであるが、30条2項（102条1項において準用する場合を含む）で定める私的録音録画の場合は利用者数が非常に多く、権利者がその利用状況を把握し権利行使するのは事実上困難なことから、集中管理システムにより権利処理の円滑化を図り、権利者及び利用者の便宜に資することとしたのである。指定管理団体が全ての権利者に代わって私的録音補償金又は私的録画補償金の支払い請求をするシステムを採る。
- 「権利者」とは、私的録音録画補償金を受ける権利を有する者であり、30条

第5章

2項の著作権者、102条1項で準用される場合の30条2項の実演家・レコード製作者が該当する。
- 「指定管理団体」とは、権利者のために私的録音録画補償金を受ける権利を行使する団体であり、権利者により構成される。録音と録画の区分について、それぞれ全国で1つに限って文化庁長官が指定するものである。指定がなされた場合は官報に告示され（準施行令46条）、また、指定管理団体が指定要件を備えなくなった場合等には、文化庁長官は、指定を取り消すことができる（施行令57条の8）。

- 1号は、上記区分の1つとして、私的録音に係る私的録音録画補償金を挙げる。
- 「私的録音」には、専ら録画と共にするものは含まれない。それについては次号で対処するとして棲み分けを図っている。
- 本号区分に係る指定管理団体として（一社）私的録音補償金管理協会が文化庁長官により指定されている。

- 2号は、もう1つの区分として、私的録画に係る私的録音録画補償金を挙げる。
- 「私的録画」には、専ら録音と共にするものも含まれる。テレビ番組の録画等は本号の対象となる。
- 本号区分に係る指定管理団体として（一社）私的録画補償金管理協会が文化庁長官により指定されている。

> 2　前項の規定による指定がされた場合には、指定管理団体は、権利者のために自己の名をもって私的録音録画補償金を受ける権利に関する裁判上又は裁判外の行為を行う権限を有する。

- 2項は、指定管理団体が、権利者のために自己の名義で私的録音録画補償金を受ける権利についての行為全般を行う権限を有することを規定する。
- 本条の指定管理団体は、実演家の二次使用料に係る権利行使団体（95条5項）とは異なり、権利者からの申込み等に拠らずに権利行使することができる。

本条の集中管理システムは、利用者数・利用機会が極めて多数であり利用状況の把握が困難であるという私的録音録画の特性に対応したものであるので、利用状況の把握・予測ができない権利者による申込み等を要件とするのは趣旨に合わないことになるからである。
- 「裁判上又は裁判外の行為」とあるように、指定管理団体には、当該権利に関する、権利者のための行為全般の権原が認められ、民事訴訟上の当事者能力も有することになる。

（指定の基準）
第104条の3　文化庁長官は、次に掲げる要件を備える団体でなければ前条第1項の規定による指定をしてはならない。

- 104条の3は、文化庁長官は、本条各号で掲げる要件を備える団体以外のものを、前条の指定管理団体として指定することができない旨規定する。
- 本条各号は、前条の指定管理団体として指定を受ける際の基準となる要件を掲げるものであり、そのうち1つでも満たさない場合は指定を受けることができない。

一　一般社団法人であること。

- 1号は、指定の要件として、一般社団法人であることを掲げる。当該指定管理団体が、権利者の総意を代表して権利行使するものであることから、一般的非営利法人である一般社団法人であることを要件としたものである。
  ※なお、公益法人制度改革の一環として、2008年12月より「一般社団法人」は一般社団・財団法人法に基づく非営利法人となり、その公益性は特に問われないものとなったが、従来、本号においては、指定管理団体の公益性を評価して、当時の民法上の公益法人を意味する一般社団法人であることを要件に掲げていた。現行の一般社団法人の場合、公益性の認定を受けることにより、更に公益社団法人となるのだが、現行の本号ではそこまでの要件は求めていない。

第 5 章

> 二　前条第 1 項第 1 号に掲げる私的録音録画補償金に係る場合については イ、ハ及びニに掲げる団体を、同項第 2 号に掲げる私的録音録画補償金に係る場合についてはロからニまでに掲げる団体を構成員とすること。
> 　　イ　私的録音に係る著作物に関し第21条に規定する権利を有する者を構成員とする団体（その連合体を含む。）であつて、国内において私的録音に係る著作物に関し同条に規定する権利を有する者の利益を代表すると認められるもの
> 　　ロ　私的録画に係る著作物に関し第21条に規定する権利を有する者を構成員とする団体（その連合体を含む。）であつて、国内において私的録画に係る著作物に関し同条に規定する権利を有する者の利益を代表すると認められるもの
> 　　ハ　国内において実演を業とする者の相当数を構成員とする団体（その連合体を含む。）
> 　　ニ　国内において商業用レコードの製作を業とする者の相当数を構成員とする団体（その連合体を含む。）

- 2号は、指定の要件として、私的録音に係る指定管理団体又は私的録画に係る指定管理団体のそれぞれについて、イからニに掲げる団体のうち該当するものを構成員としなければならないことを掲げる。
- 各指定管理団体の権利行使の実効性・正当性を担保するために、イからニの団体のうち、私的録音又は私的録画と関係する権利者からなる団体を各指定管理団体の構成員とするものである。
- イは私的録音に係る著作物についての複製権者で構成される団体であり、ロは私的録画に係る著作物についての複製権者で構成される団体である。いずれも国内でそれぞれの著作物についての複製権者の利益を代表するものである。
- ハは国内で実演を業とする者の相当数からなる団体であり、ニは国内で商業用レコード製作を業とする者の相当数からなる団体である。
- 私的録音に係る指定管理団体はイ、ハ及びニの団体を構成員とする。現在の

指定管理団体である（一社）私的録音補償金管理協会（sarah）の場合、その構成員のうち（一社）日本音楽著作権協会（JASRAC）がイの団体、（公社）日本芸能実演家団体協議会がハの団体、そして（一社）日本レコード協会（RIAJ）が二の団体である。

- 私的録画に係る指定管理団体はロから二の団体を構成員とする。現在の指定管理団体である（一社）私的録画補償金管理協会（SARVH）の場合、その構成員のうち、私的録画著作権者協議会（JASRAC等11団体よりなる連合体）がロの団体、（公社）日本芸能実演家団体協議会がハの団体、そして（一社）日本レコード協会（RIAJ）が二の団体ということになる。

> 三　前号イから二までに掲げる団体がそれぞれ次に掲げる要件を備えるものであること。
> 　　イ　営利を目的としないこと。
> 　　ロ　その構成員が任意に加入し、又は脱退することができること。
> 　　ハ　その構成員の議決権及び選挙権が平等であること。

- 3号は、指定の要件として、前号の各権利者団体がそれぞれ本号イないしハの要件を備えるべきことを掲げる。

- イは団体が非営利であることを挙げる。この場合、法人格なき社団であっても構わない。

- ロは構成員の加入・脱退の任意性を挙げる。団体が連合体の場合、連合体の個々の構成団体の任意性が担保されていれば、その構成団体の構成員の任意性までは要求されない。

- ハは、構成員の議決権・選挙権の平等性を挙げる。この場合、役員の被選挙資格、団体が連合体の場合の構成団体の構成員の議決権・選挙権の平等性までは要件とされない。

> 四　権利者のために私的録音録画補償金を受ける権利を行使する業務（第104条の8第1項の事業に係る業務を含む。以下この章において「補償金関係業務」という。）を的確に遂行するに足りる能力を有する

第5章

> こと。

- 4号は、指定の要件として、補償金関係業務の的確な遂行能力を有することを掲げる。
- 業務遂行の適格性として、定款その他規程等による人的組織・業務執行体制の具備のほか、職員等の事務処理能力も判断対象となる。
- 104条の8第1項の事業（著作権等の保護に関する事業・著作物の創作の振興普及に資する事業）に係る業務を明記したのは、当該業務の重要性等を考慮したものである。

> （私的録音録画補償金の支払の特例）
> 第104条の4　第30条第2項の政令で定める機器（以下この章において「特定機器」という。）又は記録媒体（以下この章において「特定記録媒体」という。）を購入する者（当該特定機器又は特定記録媒体が小売に供された後最初に購入するものに限る。）は、その購入に当たり、指定管理団体から、当該特定機器又は特定記録媒体を用いて行う私的録音又は私的録画に係る私的録音録画補償金の一括の支払として、第104条の6第1項の規定により当該特定機器又は特定記録媒体について定められた額の私的録音録画補償金の支払の請求があつた場合には、当該私的録音録画補償金を支払わなければならない。

- 104条の4第1項は、特定機器又は特定記録媒体の購入者は、その購入の際に、指定管理団体より、一括支払としての当該特定機器・特定記録媒体に係る私的録音録画補償金の支払請求があった場合には、その支払をしなければならないことを規定する。
- 本来、特定機器・特定記録媒体によって私的録音・録画をする者は、その利用の都度自ら著作権者等に補償金を支払うのが原則であるが（30条2項）、私的録音・録画の場合、利用の範囲が広く回数も非常に多いため権利者が実体を把握するのが困難であり、また、利用者のプライバシーに立ち入ることにも限度があるため、実行は不可能に近い。そこで、現実的権利行使の方法と

して原則の特例という形で設けられたのが、本項の補償金一括支払方式ということである。なお、特例として規定を置くのは、将来的に原則に沿った個別利用ごとの支払手段を可能とする技術の進歩を期待してのものといえる。

- 「特定機器」とは、30条2項の政令で定める機器であり、施行令1条で詳細に規定されている。端的にいえば、録音機器については、DAT・DCC・MDの各レコーダー、CD-R・CD-RW方式の各CDレコーダーが該当し、録画機器については、DVCR、D-VHS、MVDiscレコーダー、DVD-RW・DVD-RAM方式の各DVDレコーダーのほか、平成21年よりBlu-rayDiscレコーダーが指定されている。
- 「特定記録媒体」とは、30条2項の政令で定める記録媒体であり、施行令1条の2で規定されている。上記「特定機器」に対応した媒体ということである。
- 「購入する者」について、かっこ書に「当該特定機器又は特定記録媒体が小売に供された後最初に購入するものに限る」とあるのは、流通途中での購入者（卸業者から購入する小売業者等）は、補償金支払義務者から除かれることを示すものである。私的録音・録画を行うのは、当該機器や媒体を小売店から購入するエンドユーザーであると考えられるからである。なお、購入のタイミングで補償金を請求するのは、それが、利用者と特定機器等との結びつきを最も容易かつ客観的に把握し易い機会だからである。
- 本項での補償金の支払は、「当該特定機器又は特定記録媒体を用いて行う私的録音又は私的録画に係る私的録音録画補償金の一括の支払」であり、本来、個別の利用ごとに支払われるべき補償金を、包括的に前払するものである。具体的な金額については、104条の6の規定により指定管理団体が文化庁長官の認可を受けて定める。
- 本項の一括での補償金支払の場合も、30条2項の原則的支払の場合（104条の2第1項）と同様、指定管理団体のみが請求を行うことができる。具体的利用がなされる前段階での請求であるので、全権利者を代表する形で当該団体により権利行使されるのが妥当だからである。
- 一括の支払の形での請求は、本項特例による場合のみ認められ、また、「その購入に当たり、…支払の請求があった場合には」とあるように、本項特例の方法による請求をするためには、購入時の請求が要件となる。なお、本項特

例の方法による請求をするか否かは、指定管理団体の判断に委ねられており、特例による一括支払を請求しないとき、あるいは出来ないときには、30条2項の原則に戻って、個々の利用行為ごとに指定管理団体が支払請求をすることになる。

> 2 前項の規定により私的録音録画補償金を支払つた者は、指定管理団体に対し、その支払に係る特定機器又は特定記録媒体を専ら私的録音及び私的録画以外の用に供することを証明して、当該私的録音録画補償金の返還を請求することができる。

- 2項は、前項規定により私的録音録画補償金を支払った者は、対象となる特定機器等を専ら私的録音・録画以外に用いることを証明して、当該補償金の返還請求をすることができる旨規定する。
- 前項の補償金一括支払請求方式は、購入者が私的録音・録画行為を行う蓋然性が高いと想定して設けられたものなので、実際には私的録音・録画を全く行わない場合にまで補償金を支払うことになり、それをそのまま負担させておくのは妥当とはいえない。そこで、立証を条件に、支払った補償金の返還請求を認めることにしたものである。
- 証明は指定管理団体に対して行い、指定管理団体は、返還手続の詳細を定め、返還するか否かの判断を行う。なお、証明には購入後の一定期間の事実等が必要であることから、購入時に私的録音・録画を否定して補償金の支払を拒むことは認められない。

> 3 第1項の規定による支払の請求を受けて私的録音録画補償金が支払われた特定機器により同項の規定による支払の請求を受けて私的録音録画補償金が支払われた特定記録媒体に私的録音又は私的録画を行う者は、第30条第2項の規定にかかわらず、当該私的録音又は私的録画を行うに当たり、私的録音録画補償金を支払うことを要しない。ただし、当該特定機器又は特定記録媒体が前項の規定により私的録音録画補償金の返還を受けたものであるときは、この限りでない。

- 3項は、1項の規定により私的録音録画補償金が支払われた特定機器・特定記録媒体で私的録音・録画を行う者には、30条2項規定の補償金支払義務は生じないことを規定する。1項の一括支払は、その後の全利用についての補償金の前払を意味するものなので、当然の内容である。ただし、30条2項の私的録音録画補償金と本条1項の私的録音録画補償金とでは、一応の区別をされたい。
- 前項規定により補償金の返還を受けた後に、その返還に係る特定機器等により私的録音・録画を行う場合は、30条2項による補償金支払義務が新たに生じる（ただし書）。この場合でも、権利行使をするのは指定管理団体である。

（製造業者等の協力義務）
第104条の5　前条第1項の規定により指定管理団体が私的録音録画補償金の支払を請求する場合には、特定機器又は特定記録媒体の製造又は輸入を業とする者（次条第3項において「製造業者等」という。）は、当該私的録音録画補償金の支払の請求及びその受領に関し協力しなければならない。

- 104条の5は、指定管理団体が前条1項の私的録音録画補償金の一括支払を請求する場合の、支払請求・受領に関する製造業者等の協力義務について規定する。
- 前条規定の特例による一括支払方式は、購入時に補償金支払を求めるものなので、購入行為を把握し得る立場の者の協力があって初めて実効性が生まれるものである。この場合、具体的な購入時に関わるという意味での小売業者より、販売価格に補償金を上乗せし、購入された後にその上乗せ分を権利者に支払える立場にある者という意味で、更には、特定機器等の存在により利用者と権利者の利益調整の必要性が生じていることへの責任を有する者という意味において、特定機器等の製造業者又は輸入業者が協力義務者として規定された。
- 具体的義務内容・手続等については、指定管理団体と製造業者等との間で決定される。

第5章

- 本条の協力義務を果たさない場合についての罰則規定はないが、民事上の責任追及は可能と解する。

> （私的録音録画補償金の額）
> 第104条の6　第104条の2第1項の規定により指定管理団体が私的録音録画補償金を受ける権利を行使する場合には、指定管理団体は、私的録音録画補償金の額を定め、文化庁長官の認可を受けなければならない。これを変更しようとするときも、同様とする。

- 104条の6第1項は、指定管理団体が私的録音録画補償金の支払請求をする場合には、その補償金の額を定め、その額の設定又は変更について文化庁長官の認可を受けなければならないことを規定する。
- 私的録音録画補償金は、制度の円滑な運用・実施を可能とし、関係者に適切な利益配分がなされるよう統一的かつ妥当な金額としなければならないことから、指定管理団体の判断のほか、文化庁長官の認可を要することにした。この場合、指定管理団体は、金額を定めて文化庁長官に認可申請する。
- 本条で認可対象となる私的録音録画補償金とは、30条2項の原則により利用ごとに請求する場合、及び104条の4第1項の一括支払の特例により請求する場合のいずれの場合も含むものである。ただし、いずれも指定管理団体が請求する場合である。
- 補償金の額を変更する場合も、文化庁長官の認可を要する。

> 2　前項の認可があつたときは、私的録音録画補償金の額は、第30条第2項の規定にかかわらず、その認可を受けた額とする。

- 2項は、前項の認可があった場合には、その認可を受けた額が私的録音録画補償金の額となることを規定する。
- この場合の私的録音録画補償金の額とは、あくまで指定管理団体が権利行使する場合の額であり、認可を受けた額を一律30条2項の補償金の額とみなすものではない点に留意する。つまり、指定管理団体が存在しなくなった場合

> 3　指定管理団体は、第104条の4第1項の規定により支払の請求をする私的録音録画補償金に係る第1項の認可の申請に際し、あらかじめ、製造業者等の団体で製造業者等の意見を代表すると認められるものの意見を聴かなければならない。

- 3項は、指定管理団体が、一括支払方式で請求する補償金についての認可の申請をする際には、所定の製造業者等の団体の意見を聴く義務があることを規定する。
- 104条の4第1項で規定する補償金の一括支払請求をする場合には、製造業者等に一定の協力義務が課されており（104条の5）、その具体的手段は当該補償金を上乗せした金額での特定機器又は特定記録媒体の販売等であるので、この場合の補償金の額は製品の売上に影響を与えるなど当該製造業者の事業活動とも密接に関連しているものといえる。そこで、認可申請する補償金の額を定めるに当たっては、指定管理団体に製造業者等の団体の意見を聴かせてそれを反映させるように規定したものである。
- 「製造業者等の団体で製造業者等の意見を代表すると認められるもの」として、特定機器について（一社）電子情報技術産業協会が、特定記録媒体について（一社）日本メディア工業会が挙げられる。
  ※ただし、日本メディア工業会は2013年3月で解散している。ネットワーク及びクラウド技術等の発展により、特定記録媒体の相対的位置づけが低下したと判断されたことによるとされる。

> 4　文化庁長官は、第1項の認可の申請に係る私的録音録画補償金の額が、第30条第1項（第102条第1項において準用する場合を含む。）及び第104条の4第1項の規定の趣旨、録音又は録画に係る通常の使用料の額その他の事情を考慮した適正な額であると認めるときでなければ、その認可をしてはならない。

- 4項は、1項の認可申請に係る補償金の額について、諸々の事情を考慮し適

第5章

正であると判断される場合以外、文化庁長官は、その認可をしてはならないことを規定する。

- 「第30条第1項の規定の趣旨」とは、既に自由利用が定着し、権利者の経済的損失も少ないと考えられる私的使用の複製を認めることで著作物利用の促進を図ることであり、「第104条の4第1項の規定の趣旨」とは、権利者と利用者の利益調整を考慮しつつ、円滑な制度と妥当な金額徴収を実現することである。
- 「録音又は録画に係る通常の使用料の額その他の事情」とは、補償金一括払いのケースと通常の個別に利用料を支払うケースとのバランスを考慮する際の判断材料としての通常の使用料額、デジタル方式固有の事情、諸外国の事情、更に私的使用により権利者が受ける不利益の程度などをいうものと考えられる（加戸703頁）。

> 5　文化庁長官は、第1項の認可をしようとするときは、文化審議会に諮問しなければならない。

- 5項は、1項の認可をする場合、文化庁長官は、文化審議会に諮問する義務があることを規定する。
- より多くの関係者の意見を反映させ、補償金額の妥当性を担保するものである。

> （補償金関係業務の執行に関する規程）
> 第104条の7　指定管理団体は、補償金関係業務を開始しようとするときは、補償金関係業務の執行に関する規程を定め、文化庁長官に届け出なければならない。これを変更しようとするときも、同様とする。

- 104条の7第1項は、指定管理団体が補償金関係業務を開始する際の、その業務執行規程の設定義務、及びその設定又は変更についての文化庁長官への届け出義務について規定する。
- 補償金関係業務規程には、一括支払の場合に受ける補償金の分配に関する事

項、補償金の返還に関する事項、共通目的事業のための支出に関する事項、手数料に関する事項、更には私的録音録画補償金の額の公示に関する事項を定めなければならない。

> 2　前項の規程には、私的録音録画補償金（第104条の4第1項の規定に基づき支払を受けるものに限る。）の分配に関する事項を含むものとし、指定管理団体は、第30条第2項の規定の趣旨を考慮して当該分配に関する事項を定めなければならない。

- 2項は、指定管理団体は、前項の規程中に104条の4第1項で規定する一括支払請求に係る補償金の分配に関する事項を規定し、その際、30条2項の趣旨を考慮してその分配関連事項を定めるべきことを規定する。
- 特例である一括支払請求による場合でも、権利者保護のためには、原則である30条2項の利用行為に対応した補償金支払の趣旨は担保される必要があるため、この場合の補償金分配関連規定を定めるに当たっては、同項の趣旨を考慮すべきことを義務付けた。
- 具体的な分配の仕組み（分配の基準・手続・分配資料等）については、指定管理団体が自主的に決定する。

> （著作権等の保護に関する事業等のための支出）
> 第104条の8　指定管理団体は、私的録音録画補償金（第104条の4第1項の規定に基づき支払を受けるものに限る。）の2割以内で政令で定める割合に相当する額を、著作権及び著作隣接権の保護に関する事業並びに著作物の創作の振興及び普及に資する事業のために支出しなければならない。

- 104条の8第1項は、指定管理団体は、104条の4第1項の一括支払による補償金のうち所定の割合相当額を、いわゆる共通目的事業のために支出しなければならないことを規定する。
- いわゆる共通目的事業とは「著作権及び著作隣接権の保護に関する事業並び

に著作物の創作の振興及び普及に資する事業」とされる権利者全体の共通利益となる事業であり、本項は、一括支払方式による限界（利用行為と補償金の厳密な対応関係の把握、公平分配等の限界）を補うために、当該事業への補償金の一部割り当てによる間接的分配を図るものである。

- 本項規定はその趣旨から、104条の4第1項規定による一括支払を受ける補償金についてのみ適用される。
- 「2割以内」とあるのは、補償金本来の支払に当たる権利者への分配分を、最低8割は確保するのが妥当と判断されてのことである。
- 「政令で定める割合」とするのは、一括支払請求制度の定着状況や分配資料の精度等の具体的事情に対応した割合を柔軟に定めることができるように規定したものである。現在のところ施行令57条の6では、2割と規定する。制度周知化のための広報事業等への支出も考慮されているとされる。

> 2　文化庁長官は、前項の政令の制定又は改正の立案をしようとするときは、文化審議会に諮問しなければならない。

- 2項は、文化庁長官は、共通目的事業への支出割合を定める政令の制定・改正の立案に際し、文化審議会に諮問する義務を負うことを規定する。
- 補償金を受ける権利が私権であること等を考慮し、手続きの慎重を図るものである。

> 3　文化庁長官は、第1項の事業に係る業務の適正な運営を確保するため必要があると認めるときは、指定管理団体に対し、当該業務に関し監督上必要な命令をすることができる。

- 3項は、文化庁長官は、共通目的事業に係る業務の適正な運営確保に必要な場合には、指定管理団体に対し、一定の命令をし得ること規定する。
- 共通目的事業への支出が権利者全体の利益に関わる公益性の高いものであることから、文化庁長官に、共通目的事業関係業務についての監督上の命令権限を与え、適正な制度運営を担保しようとするものである。「監督上」とあるのは、104条の9の規定により文化庁長官に与えられる補償金関係業務につ

いての監督権限を受けてのものである。

> （報告の徴収等）
> 第104条の9　文化庁長官は、指定管理団体の補償金関係業務の適正な運営を確保するため必要があると認めるときは、指定管理団体に対し、補償金関係業務に関して報告をさせ、若しくは帳簿、書類その他の資料の提出を求め、又は補償金関係業務の執行方法の改善のため必要な勧告をすることができる。

- 104条の9は、文化庁長官は、指定管理団体の補償金関係業務の適正な運営確保に必要なときは、当該団体に対し、業務報告・資料提出の要求、又は必要な改善勧告をすることができる旨を規定する。
- 指定管理団体は、著作権等の私権を行使する団体であり、本来、個々の権利者の意思に沿うよう私的自治の原則により運営上の規制も図られるべきものであるが、他方、当該団体の存在により個々の権利者の権利行使は制限され、当該団体の適正な業務運営によってのみ各権利者の適切な権利保護が可能となるものであるため、その補償金関係業務について文化庁長官に監督権限を与え、適正な業務運営を担保しようとするものである。

> （政令への委任）
> 第104条の10　この章に規定するもののほか、指定管理団体及び補償金関係業務に関し必要な事項は、政令で定める。

- 104条の10は、本章規定のほか、指定管理団体・補償金関係業務に関して必要な事項は、政令に委任することを規定する。
- 現在のところ、施行令11章（私的録音録画補償金に関する指定管理団体等）のうち、57条の7（業務の休廃止）、57条の8（指定の取消）、及び57条の9（準用）が該当する政令である。

第6章 紛争処理

第6章　紛争処理

> （著作権紛争解決あつせん委員）
> 第105条　この法律に規定する権利に関する紛争につきあつせんによりその解決を図るため、文化庁に著作権紛争解決あつせん委員（以下この章において「委員」という。）を置く。

- 105条1項は、本法規定の権利に関する紛争のあっせんによる解決を図るため、文化庁に委員を置くことを規定する。
- 本条以下で規定する著作権紛争解決あっせん制度は、著作権法規定の権利に関する紛争を、その権利内容の専門性等を考慮した上で訴訟前段階において簡易・迅速に処理解決するために設けられたものである。あっせん制度は仲裁とは異なり当事者の自主的解決を促すものであるため、あっせん内容についての当事者双方の合意があっせん成立の絶対要件となる。
- 「この法律に規定する権利」とは、著作者人格権、著作権、出版権、実演家人格権、著作隣接権及び二次使用料又は報酬を受ける権利を指し、「紛争」とは、権利侵害の有無、権利の帰属、権利に係る契約の解釈、損害や補償金等の額などについての争いをいう。
- 「著作権紛争解決あっせん委員」とは行政機関である文化庁の付属機関を指すものであり、構成メンバーである委員個人を指すものではない。国家行政組織上の外局と区別するために「委員会」ではなく「委員」としたものである（加戸713頁）。

> 2　委員は、文化庁長官が、著作権又は著作隣接権に係る事項に関し学識経験を有する者のうちから、事件ごとに3人以内を委嘱する。

- 2項は、あっせん委員の委嘱について規定する。委員は、文化庁長官が、著作権等関係の学識経験者から、事件ごとに3人以内を委嘱すると定める。
- 「事件ごとに」とあるように、あっせん委員は常設機関ではなく、事件ごと

第6章

に委嘱され構成されるものである。
- 「学識経験者」とは、著作権法や民法専攻の大学教員、著作権等事件を専門とする弁護士、著作権実務専門家などを指し、これらの者の中から、通常は3人の委員を各界バランスよく選び委嘱することとなる。なお、事件によっては1人又は2人の委員構成となることもあり得る。

> （あつせんの申請）
> 第106条　この法律に規定する権利に関し紛争が生じたときは、当事者は、文化庁長官に対し、あつせんの申請をすることができる。

- 106条は、本法規定の権利に関する紛争が生じた場合、当事者が文化庁長官にあっせんの申請をすることができる旨を規定する。
- あっせん制度の趣旨が、当事者同士の互譲の精神による紛争の自主的解決促進にあることから、その申請は当事者の自由意思に委ねることとしたものである。
- あっせんについて、当事者の一方からの申請も可能であるが、その場合、あっせんが開始されるには他方当事者の同意が必要となる。
- あっせんは、既に裁判に係属している紛争についても申請可能である。一方、あっせんの申請は時効中断事由とはならない。

> （手数料）
> 第107条　あつせんの申請をする者は、実費を勘案して政令で定める額の手数料を納付しなければならない。

- 107条1項は、あっせんの申請者が、その手数料を納付すべきことを規定する。
- 「あっせんの申請をする者」とあることから、当事者の一方のみが申請をするときは、その者が全額負担をすることとなる。
- 「政令で定める額の手数料」については、事件1件につき4万6千円とされる（施行令59条）。ちなみに、本項規定の手数料は還付されない。

※本項の手数料は、収入印紙をもって納付しなければならないとする（施行規則23条）。

> 2　前項の規定は、同項の規定により手数料を納付すべき者が国等であるときは、適用しない。

- 2項は、前項における手数料の納付者が国等である場合には、前項の規定を適用しない旨を定める。つまり、これらの者は手数料の納付は不要ということである。
- 「国等」とは、「国又は独立行政法人のうち業務の内容その他の事情を勘案して政令で定めるもの」（70条2項）であり、この場合の政令で定める独立行政法人とは「独立行政法人情報通信研究機構」ほか、政令別表に掲げられるものである（施行令65条）。

> （あつせんへの付託）
> 第108条　文化庁長官は、第106条の規定に基づき当事者の双方からあつせんの申請があつたとき、又は当事者の一方からあつせんの申請があつた場合において他の当事者がこれに同意したときは、委員によるあつせんに付するものとする。

- 108条は、文化庁長官が、委員にあつせんを付託する場合について規定する。当事者双方からのあつせん申請、又は一方当事者からのあつせん申請と他方当事者の同意があった場合には、申請を受け付けた文化庁長官が、委員によるあつせんに付することを規定する。

> 2　文化庁長官は、前項の申請があつた場合において、事件がその性質上あつせんをするのに適当でないと認めるとき、又は当事者が不当な目的でみだりにあつせんの申請をしたと認めるときは、あつせんに付さないことができる。

- 2項は、あっせんの申請がなされた場合に、事件の性質上あっせんをするのが不適当であり、又は不当目的でみだりにされた申請であると認められるときには、文化庁長官は、あっせんに付さないことができる旨を規定する。
- 「事件がその性質上あつせんをするのに適当でない」場合とは、事件が互譲の精神になじまないような、事実確認（真の著作者、著作物の公表時等）についての争いや、極度に対立する主張がなされている争いについてのものである場合などである。
- 「当事者が不当な目的でみだりにあつせんの申請をした」場合とは、嫌がらせであっせん申請をしている場合などである。
- 本項における認定判断の主体は、文化庁長官である。

> （あつせん）
> 第109条　委員は、当事者をあつせんし、双方の主張の要点を確かめ、実情に即して事件が解決されるように努めなければならない。

- 109条1項は、委員があっせんをする上で努めるべき責務内容について規定する。
- 「当事者をあつせんし」とは、当事者双方の合意による自主的解決に向け、委員が間に入って取りはからうことである。
- 「双方の主張の要点を確かめ」とは、紛争における主要な事実内容とそれに関わる両当事者の意思を確認することであり、それを基に双方の合意点を探りあっせんの成立を目指すこととなる。
- 「実情に即して事件が解決される」とは、単なる法律的判断基準だけではなく、その当事者間に固有の状況や心情なども具体的に考慮した上で事件が解決されるということである。

> 2　委員は、事件が解決される見込みがないと認めるときは、あっせんを打ち切ることができる。

- 2項は、事件が解決の見込みがないと認められる場合の、委員によるあっせ

ん打ち切りについて規定する。
- あっせんが成立するためには、当事者双方があっせん案に対し合意することが要件となるため、両者又は一方の当事者があっせん案を頑なに拒否する場合、一方当事者が訴訟提起する場合、あるいは両者の主張が相当以上かけ離れている場合などは、あっせんによる解決の見込みがないケースと考えられる。したがってこれらの場合、あっせんの打ち切りがなされるものと思われるが、その判断はすべて委員に委ねられている。

> （報告等）
> 第110条　委員は、あつせんが終わつたときは、その旨を文化庁長官に報告しなければならない。

- 110条1項は、あっせん終了について、委員が文化庁長官へ報告する義務を有することを規定する。
- 施行令63条1項では、本項報告について「あつせんの経過及び結果を記載した書面をもつてしなければならない」と規定する。
- 文化庁からあっせんを付託された委員が、その経過・結果を文化庁長官へ報告することでその任務を終えることとなる。

> 2　委員は、前条の規定によりあつせんを打ち切つたときは、その旨及びあつせんを打ち切ることとした理由を、当事者に通知するとともに文化庁長官に報告しなければならない。

- 2項は、あっせんを打ち切った場合、委員はその旨及び理由を当事者及び文化庁長官へ通知・報告する義務を有することを規定する。
- 本項の通知・報告は書面によるべきことが、施行令63項2項で規定されている。

第6章

> （政令への委任）
> 第111条　この章に規定するもののほか、あつせんの手続及び委員に関し必要な事項は、政令で定める。

- 111条は、あっせんの手続等についての本章規定以外の必要事項は、政令（施行令）で定めることを規定する。
- 現行施行令では、あっせんの申請（同58条）、手数料（同59条）、他の当事者への通知等（同60条）、あっせんに付した旨の通知等（同61条）、委員長（同62条）、報告等（同63条）、委員の退任（同64条）についてそれぞれ定める。

第7章
Chapter7

権利侵害

第7章　権利侵害

> **（差止請求権）**
> **第112条**　著作者、著作権者、出版権者、実演家又は著作隣接権者は、その著作者人格権、著作権、出版権、実演家人格権又は著作隣接権を侵害する者又は侵害するおそれがある者に対し、その侵害の停止又は予防を請求することができる。

- 112条1項は、差止請求権について規定する。著作権者等は、自身の著作権等を侵害し又は侵害するおそれのある者に対し、その侵害の停止又は予防を請求できるとする。
- わが国民法上、差止請求権についての明文規定はなく、旧著作権法（明治32年法）においても存在しなかったが、学説・判例では、物権的請求権あるいは人格権に基づく差止請求権が従来より認められてきた。そこで、現行著作権法では、物権的権利である著作権等あるいは人格権である著作者人格権等の侵害について差止請求できることを明確にし、円滑な権利行使の実現を図ることとしたのである。
- 対象となる権利は、著作者人格権・著作権・出版権・実演家人格権・著作隣接権の5つであり、請求できる者は、それぞれに対応する、著作者・著作権者・出版権者・実演家・著作隣接権者である。

※損害賠償請求についての判例ではあるが、同一の著作物について、著作財産権侵害に基づく損害賠償請求と著作者人格権に基づく損害賠償請求があわせて請求された場合の訴訟物の個数が問題となった事案では、「著作財産権と…著作者人格権とは、それぞれ保護法益を異にし、また…両者は、法的保護の態様を異にしている。したがって、当該著作物に対する同一の行為により著作財産権と著作者人格権とが侵害された場合であっても、著作財産権侵害による精神的損害と著作者人格権による精神的損害とは両立しうるものであって、両者の賠償を訴訟上併せて請求するときは、訴訟物を異にする2個の請求が併合されている」とし、それぞれ別の訴訟物である旨が示された（最判昭61.5.30「パロディ事件」第二次上

第7章

告審)。同判決の見解は、差止請求権の事案にも妥当するとされる。それは、差止請求について別異に解すべき理由はないからとされる (百選4版205頁)。なお、支分権ごとの訴訟物の扱いについては、実務上、著作者人格権については、公表権、氏名表示権又は同一性保持権ごとに訴訟物を観念するのではなく、著作者人格権として1個の訴訟物として扱われる。人格的利益保護として共通するという見解による。一方、著作財産権については、複製権と翻案権については、両者の明確な区分が困難等の理由により、同一の訴訟物とする裁判例があるが (東京高判平14.9.6「どこまでも行こう事件」控訴審)、複製権侵害に基づく差止請求権と公衆送信権侵害に基づく差止請求権の訴訟物は別個とする見解もある。この場合、保護法益の同一性を重視するのか、保護態様の異質性を重視するのかにより結論が異なるとされる (百選4版205頁)。

- 著作権等を「侵害する」とは、正当な権原なくして権利の目的物を利用し、他人の権利を害することをいうと解する。
- 著作権又は著作隣接権の一部譲渡があった場合の譲渡部分の侵害については、譲受人が請求権者となる。
- 無名・変名著作物に係る著作者人格権又は著作権の侵害については、発行者が請求権者となる (118条1項)。
- 共同著作物に係る著作者人格権又は著作権の侵害については、各著作者又は各著作権者が単独で差止請求することができ (117条1項)、共有に係る著作権又は著作隣接権の侵害については、各権利者が単独で差止請求することができる (117条2項)。
- 権利行使の相手方の故意・過失は問題とならず、また、相手方が善意・無過失の場合でも請求できる。
- 著作権等侵害の主体性 (侵害行為者が誰であるのか) については、直接的に利用行為をした者 (物理的な行為主体) を侵害主体とするのが通常であろうが、間接侵害的事案においては、その行為者を手足として用いることでその行為についての強い管理支配権を有し、その行為による経済的利益が帰属する主体が侵害主体に当たるとする解釈がなされてきた (いわゆる手足理論によるものであり、この場合、直接的行為者が権利侵害していることが前提である)。

※キャバレーでのバンド演奏による著作権侵害が問題となった事案では、キャバレー営業者が実質的に演奏曲目選定の支配権を持ちバンド演奏による営業上の

多大な利益を挙げていることから、バンドを手足として使っている当該営業者について侵害主体性が認められるとされた（名古屋高決昭35.4.27「中部観光事件」）。その他、手足理論による裁判例として、「ナニワ観光事件」（大阪高判昭45.4.30）、「ビートルフィーバー事件」（東京地判昭54.8.31）等がある。

- 《カラオケ法理》　その後、営業者等による間接侵害事案について、①著作物利用の管理支配性、及び、②当該利用による営業上の利益の帰属、を指標として、直接的利用行為者（物理的行為者）ではない事業主等に当該利用行為による著作権侵害の主体性を規範的（擬制的）に拡張して認めるとする、利用主体拡張の法理（いわゆる、カラオケ法理）が最高裁により示され（最判昭63.3.15「クラブキャッツアイ事件」）、それ以降、当該法理がカラオケ関連の事案を中心に定着し、最近では情報通信関連の事案においても用いられるようになっている。カラオケ法理では、規範的利用主体（事業主等）による強度の管理支配性（物理的行為者の自由意思が働く余地がほとんど認められないもの）までは要求しておらず、当該行為の直接の意思が物理的行為者にある場合にも事業主等に管理支配性があるとする点で、上記手足理論よりも更に物理的利用行為との関与が弱い者に侵害主体性を認めようとするものである。また、直接的行為自体に権利侵害性が認められない場合（この場合、幇助もない）でも、間接的立場にある事業者等の侵害主体性が認められ得るとする（通常、支分権における公衆性等は行為者との関係で判断されるので（加戸72～73頁）、この場合、支分権該当性や権利制限該当性は規範的利用主体を基準として判断される）。

※「クラブキャッツアイ事件」では、カラオケスナックでの客自身の歌唱行為が演奏権侵害とはならないことから（22条の「公に」の要件を満たさない、又は、38条1項の非営利行為に当たる等の解釈による）、幇助を理由とした店経営者への法的責任追求も困難であることを受け、それならばと、経営者の管理・支配及び利益帰属を根拠にして、当該経営者自身についての演奏権侵害を認めた。その他、カラオケ法理を利用又は拡張した裁判例としては、カラオケボックスでの歌唱についても、客の歌唱は店の管理下のものであり、店は場と装置の提供により営業上の利益を得ているとして経営者の侵害主体性を認めた「カラオケルームネットワーク事件」（大阪地決平9.12.12）や「ビッグエコー事件」（東京高判平11.7.13）、更に、カラオケ以外の事案でも、ピア・ツー・ピア方式の音楽ファイル交換サービス提供業について、自動公衆送信行為・送信可能化行為に当たる

ファイル交換を直接行うのは利用者側であるとしつつ、共有フォルダ内の情報提供等をする当該サービス提供事業者の、①行為の内容・性質、②管理性、③営利性を根拠に（これは、カラオケ法理の要件である②③に①要件が加えられた侵害主体概念拡張の法理とされる（百選4版192頁））、当該事業者にも侵害主体性を認めた「ファイルローグ事件」(東京地判平15.12.17（平17.3.31控訴棄却))、ユーザーが、楽曲音源データをサービス提供者が提供するユーザーソフトにより自己のパソコンで携帯電話用ファイルに圧縮し、ネットによりサービス提供者管理のサーバーのストレージにアップロードして蔵置し、そして、そこからそのユーザーが任意に携帯電話にダウンロードして楽曲を楽しめるようにするといった内容のサービスについて、当該圧縮ファイルの蔵置と当該サーバーはサービス提供者の管理支配下にあり、個人レベルで同様の利用を実現するのは相当程度困難であることなどを理由に、当該圧縮ファイルの蔵置における複製行為の主体は当該サービス提供者であるとし、更に、当該ユーザーへの送信は、サービス提供者のシステム設計によりその者の管理支配下にあるものであり、また、誰でも当該サービスの利用会員になり得るのだから、サービス提供者から見た場合のユーザーは公衆に当たるとして自動公衆送信についても当該サービス提供者の侵害主体性を認めた「MYUTA事件」(東京地判平19.5.25）などがある。

※上記裁判例の他、カラオケ法理の延長線上の問題として、インターネットを利用したテレビ番組視聴サービスに関する以下の①から④までに代表される一連の事案が生じている。①テレビ番組を録画するソフトウェアがインストールされたパソコンを事務所内に設置し、利用者がインターネットによる当該パソコン操作で番組録画をしそれを自身のパソコンに保存して視聴することを可能とするサービスを提供した事業者に対し、複製権（98条）侵害が問われた「録画ネット事件」(知財高決平17.11.15）では、当該事業者についての当該複製行為の管理性、保守名目の費用による営利性を根拠にカラオケ法理が適用され、侵害の成立が認められた。②テレビ受信用アンテナと接続されるチューナー部分と録画用HDを備えたサーバーを集合住宅に1台設置し、そのサーバーと当該集合住宅各戸にそれぞれ設置されたビューワーを接続してなる集合住宅向けハードディスクビデオレコーダーシステムにより、各居住者（ユーザー）がそれぞれのビューワーからテレビ番組を個別にあるいは全番組を録画予約することで、1週間分のテレビ番組を録画し、それをユーザーの指示により再生し、番組視聴することが

できるようにするサービスについて、当該サービス提供者の複製権侵害等が問われた「選撮見録（よりどりみどり）事件（控訴審）」（大阪高判平19.6.14）では、当該録画行為の侵害性について、同一番組が複数ユーザーにより録画予約された場合でも、実際に録画されるのは最初の予約の1回のみであることから、当該録画（複製）は、最初の予約者が他人のために行なう複製にもなるため、私的使用目的の複製の制限規定（30条1項）の適用は受けられず、よって複製権侵害を構成するとされ、侵害の主体性について、当該ユーザーによる形式的な複製行為は当該システムの構成自体に由来するもので、当該サービス提供者に技術的に支配されていることから、実質的には当該サービス提供者の支配管理下にあり、また、当該サービス提供者は、当該システム商品の販売や保守等により営業上の利益を得ているとしてカラオケ法理が適用され、当該サービス提供者の侵害主体性が認められた。③利用者からの求めに応じアナログ放送を受信しデジタル化して自動的に送信する機能を有する他社製機器（ベースステーションという）を当該利用者から預かって事務所内に設置し、インターネットで各利用者の端末（パソコン等）に個別に送信する方式により番組を視聴させるサービスを提供する事業者に対し、送信可能化権（99条の2）及び公衆送信権（23条）の侵害が問われた「まねきTV事件」（最判平23.1.18）では、当該ベースステーションがあらかじめ設定された単一の端末宛てに1対1の送信をする機能しか有しないとしても、当該サービスの利用契約は不特定多数を対象とするものであることから、その不特定の者つまり公衆からの求めに応じ受信した放送を自動的に送信する機能を果たしているベースステーションは「自動公衆送信装置」に当り、またこの場合、事務所のアンテナと各ベースステーションを接続し放送が継続的に入力されるよう管理する当該事業者の行為は、自動公衆送信装置への情報の入力つまり送信可能化に当り、ベースステーションから利用者の端末機器への本件番組の送信は当該事業者による公衆送信に当たるとして、送信可能化権侵害及び公衆送信権侵害が認められた。④サービス提供者が製造等したロクラクⅡという機器（放送の受信、複製及び子機への送信機能を持つ親機と、1対1で親機への操作機能と親機からの受信機能を持つ子機とからなる）によるテレビ放送複製配信サービスについて、複製権（21条、98条）侵害が問われた「ロクラクⅡ事件」（最判平23.1.20）で最高裁は、当該複製の主体は利用者であってその利用は私的利用に当たるとした原審（知財高判平21.1.27）を覆し、サービス提供者自身の管理下で放送を受信

してしてその情報を複製機器（親機）に入力する行為は、当該複製実現の枢要をなす行為であるとして、当該サービス提供者の当該複製の主体性を認め、当該サービスの違法性を示した。これら①から④までの判決例は、事業者が提供するサービスにおけるシステムの構成等により、当該サービスを享受するには、ユーザーによる形式的な権利侵害行為が前提となってしまうような事案であり、その場合、当該システムの支配管理性や利益性如何によっては、そのサービス事業者に侵害主体性を認めるとするものである。

※カラオケ法理については、本来、条文に規定のない類型の間接侵害の問題として検討すべき事項（立法なしに差止を認めるのか、認めるとして物理的な直接行為者の侵害性を要するのか否か等）に触れることなく、一方的に背後者を規範的（擬制的）な直接行為者と捉えて侵害主体性を認める強引な手法であり、また、同理論適用における規範的認定要件とされる管理支配性と利益性の根拠も不明確で、直接侵害者や侵害成立範囲が不当に広がるおそれがあるといった批判があり（百選4版191頁）、「ロクラクⅡ事件」最高裁判決においても、その補足意見として、カラオケ法理はあくまで一般的な法解釈の手段であり、固定的な要件を持つ独自の法理であるかのように一人歩きしているとすれば反省すべきである旨が述べられている。更に、カラオケ法理の拡張解釈については、著作権法が、利用実態の把握が困難な「著作物」という無体物に係る侵害態様について、支分権（21条等）、みなし侵害行為（113条）、権利制限規定（30条等）といった具体的な形で規定を設け法的安定性を図ろうとしているのに対し、それを蔑ろにするおそれがあるものであるとする指摘がなされる（中山481頁等）。

- 間接侵害的事案において侵害主体性が問われるもう1つのケースとして、物理的な直接利用者を幇助する場合が挙げられる。カラオケ法理が適用される場合より更に物理的利用行為との関与が弱いケースであるが、これについて、著作権侵害の幇助者であっても、一定の場合には、侵害主体に準じる者として差止請求の対象となり得るとする判決が出されるに至っている（大阪地判平15.2.13「ヒットワン事件」）。

※「ヒットワン事件」では、通信カラオケリース業者が、当該カラオケについて演奏・上映の許諾を得ていないカラオケスナック等に対し、情を知りながらカラオケ装置をリースしていたという事実内容について、カラオケスナックが直接利用主体であり、カラオケリース会社がその幇助者であると認定した上で、その幇助

行為について、①カラオケ装置の不可欠性、②著作権侵害行為に対する幇助者の管理・支配の程度、③幇助者の利益と著作権侵害行為の結び付き等を総合的に判断し、その結果、侵害と密接に関連し、幇助行為中止の条理上の義務があり、かつ、その中止により侵害が除去されると認められる以上、当該幇助者は侵害主体に準じる立場にあるといえるのだから、本項の「著作権を侵害する者又は侵害するおそれがある者」に当たるとして、その者についての差止責任（幇助行為を停止する責任）を認めた。

※「ヒットワン事件」と同様な事案で、これに先立って判決が出されていた「ビデオメイツ事件」（最判平13.3.2）では、カラオケリース業者に対し、条理に基く注意義務を果たしておらず、その懈怠とカラオケパブ経営者の著作権侵害による損害との間に相当因果関係があるとして、不法行為責任が認められていた（差止の対象とはされなかった）。「幇助」について不法行為責任を検討する際、幇助行為と損害との相当因果関係を認めて一般不法行為（民709条）として解する場合と、直接行為と損害との相当因果関係があれば、幇助行為と損害の相当因果関係までは要しないとする共同不法行為（民719条2項）として解する場合がある。これについて、土地宝典を貸し出すと共に、コピー機の利用を提供することで結果的にその土地宝典の複製権侵害を招いた国側に対し、違法複製を阻止する何らの具体的措置を講じておらず、当該土地宝典の無断複製行為を幇助した点について過失があるといえるとし、民法719条2項の共同不法行為責任を認めた裁判例がある（知財高判平20.9.30「土地宝典事件」控訴審）。

- 「侵害する者」に対しては「侵害の停止」を請求できるが、この場合、現に行われている著作権等の侵害について停止を求めることができるのであり、侵害発生と同時に本項の権利行使が可能となり、侵害行為が止んだと同時にその権利が消滅する。
- 「侵害をするおそれのある者」に対しては「侵害の予防」を請求できるが、この場合、著作権等の侵害はまだ生じていないので、「おそれ」の有無については慎重に判断する必要がある。被請求人の過去の侵害行為の有無や現在の態度、準備行為の程度などを考慮して判断される。「予防」の請求とは、準備行為の停止・除去や、将来の該当行為についての不作為請求などである。
    ※請求の根拠となる著作物（新聞）が口頭弁論終結時に存在せず、将来発生することとなる場合に差止請求ができるのかが問われた事案では、「《将来の給付の》訴

えが認められるためには、権利発生の基礎をなす事実上及び法律上の関係（請求の基礎たる関係）が存在していることが必要であり、したがって、将来発生する著作権に基づく差止請求を無条件に認めることはできない」としつつ、新聞の場合については、これまでと同様の一定の編集方針に従い編集著作物として発行される蓋然性が高く、これまでと同様の編集著作権侵害行為が行われることが予測されるといった事情があるならば、著作権法112条、民訴法226条の各規定の趣旨、並びに新聞発行の定期的な継続反復性等に鑑み、「将来の給付請求として、当該新聞が発行されることを条件として、予測される侵害行為に対する予防を請求することができるものと解する」とされた（東京高判平6.10.27「ウォール・ストリート・ジャーナル事件」控訴審）。

> 2　著作者、著作権者、出版権者、実演家又は著作隣接権者は、前項の規定による請求をするに際し、侵害の行為を組成した物、侵害の行為によつて作成された物又は専ら侵害の行為に供された機械若しくは器具の廃棄その他の侵害の停止又は予防に必要な措置を請求することができる。

- 2項は、著作者等が差止請求をするに際し、侵害行為組成物、侵害行為による作成物又は侵害行為にのみ供された機械等についての廃棄その他の侵害の停止・予防に必要な措置の請求をすることができる旨を規定する。前項の差止請求権の実効性を担保するために必要な具体的措置を認めるものである。
- 「侵害の行為を組成した物」とは、著作物等の無形的利用に際して使用されたものであり、例えば、無断の演奏や放送に使用されたテープ・無断で展示された絵画などを指す。
  ※ライブハウスの経営者を演奏権侵害の侵害主体と認定し差止請求が認められた事案では、当該侵害を停止又は予防するために必要な措置として、当該店舗（ライブハウス）設置のピアノの撤去と、その他の楽器の搬入禁止が命じられた（大阪高判平20.9.17「デサフィナード事件」控訴審）。
- 「侵害の行為によつて作成された物」とは、権利を侵害することで有形的に作成された複製物であり、例えば、無断で作成された小説のコピー、演奏レコードの無断複製物などである。
- 「専ら侵害の行為に供された機械若しくは器具」とは、専ら侵害物の作成・

侵害手段としての使用に用いられた機械・器具をいい、専ら無断複製に用いられたコピー機、海賊版作成用の紙型・版木などである。この場合、海賊版用の紙型や版木等、それ自体が侵害目的で存在するものは勿論、コピー機等のように本来的機能が必ずしも侵害目的ではないものでも、過去に侵害行為に供された事実や、将来的に侵害の用に供されるであろう蓋然性の判断等によっては、「専ら」の要件を満たすとして廃棄の対象となされ得る。

※上記「デサフィナード事件」控訴審では、撤去命令がなされたピアノについて、「ピアノは、本来、《JASRACの》管理著作物以外の楽曲の演奏の用にも供し得るものではあるが、現実の使用態様が主として管理著作物の無断演奏に供されるもので、その状態が今後も継続するおそれがある場合に…その撤去を求めることは、本件店舗における《経営者による》演奏権の侵害を停止又は予防するために必要な行為に該当する」とし、「専ら」の要件を満たす旨が示されている。ただし、同判決では、ライブの形態によっては当該店舗経営者が演奏主体とならない場合を認めており、そのような形態のライブにおいても当該ピアノが使用されていたこと等を考えると、当該ピアノが「専ら」当該経営者による演奏権侵害の用に供された物とするには無理があるとする指摘もある（百選4版189頁）。

- 「その他の侵害の停止又は予防に必要な措置」とは、例えば、侵害者に対して以後の侵害行為に対する保証金等の担保提供を求める措置や、本項廃棄の対象ではない機械・器具等であって侵害の用に供される危険性のあるものの使用差止等の措置が考えられる。
- 侵害の用に供された機械等が侵害者の所有に係る物でない場合は、その機械等を侵害の行為を組成したものとして所有者である第三者に廃棄請求するのは難しいが、その機械等が専ら侵害行為に用いられる物である場合の侵害蓋然性を根拠とした当該第三者への予防請求と共にする廃棄請求は可能と解する。

（侵害とみなす行為）

第113条　次に掲げる行為は、当該著作者人格権、著作権、出版権、実演家人格権又は著作隣接権を侵害する行為とみなす。

　一　国内において頒布する目的をもつて、輸入の時において国内で作成

> したとしたならば著作者人格権、著作権、出版権又は著作隣接権の侵害となるべき行為によつて作成された物を輸入する行為
> 二　著作者人格権、著作権、出版権又は著作隣接権を侵害する行為によつて作成された物（前号の輸入に係る物を含む。）を、情を知つて、頒布し、頒布の目的をもつて所持し、若しくは頒布する旨の申出をし、又は業として輸出し、若しくは業としての輸出の目的をもつて所持する行為

- 113条は、形式的には侵害行為ではないが、侵害につながる蓋然性の高い一定の行為を、著作権等の侵害行為とみなすとする規定である。権利者の保護の万全を図るためのものであり、これらの行為に対しては、民事的請求権等が認められることとなる。

- １項は、著作者人格権、著作権、出版権、実演家人格権又は著作隣接権についての侵害相当行為により作成された物の、輸入、頒布又は頒布目的の所持行為を、それぞれの権利を侵害する行為とみなす規定である。

- １号は、侵害行為とみなすものとして、国内頒布目的で、輸入時に国内で作成したとしたなら侵害品に該当する物を輸入する行為を挙げる。
- 本来なら権利行使の対象とはならない国外での作成に係る物であっても、海賊版のように、実質的に侵害物に該当するものがわが国市場に置かれると、権利者側に多大な不利益を与えることになるため、そのような事態につながる輸入行為を侵害と擬制するとしたものである。
- 「頒布」はあくまで国内の頒布を目的とするものである。
- 現実の作成時ではなく、輸入時を基準に侵害性が判断され、そこで判断された個別の権利（著作権なのか著作隣接権なのか等）について侵害が擬制される。
- 輸入する者の故意・過失は問われない。

- ２号は、侵害行為とみなすものとして、権利侵害品（輸入時に国内法に照らせば侵害と評価される行為により作成された輸入物品を含む）について、情を知って行う頒布、頒布目的の所持、頒布する旨の申出、業としての輸出及び業と

しての輸出目的の所持を掲げる。

- 著作権等の権利侵害品を情を知りながら頒布する行為は、権利者の損害を拡大させるものなので当該権利の侵害と擬制される。この場合、頒布行為の相手方を特定し立証することが現実には困難なため、頒布の前段階の頒布目的の所持についても権利侵害とみなすこととした。

    ※例えば、本号により複製権侵害とみなされる頒布行為が、譲渡権侵害にも該当する場合は、重畳的に双方の侵害が成立することとなる。

    ※違法出版物を出版した本人が頒布する行為について、出版と頒布の一連の行為全体が複製権を侵害する行為に該当するとした裁判例がある（東京高判平12.5.23「剣と寒紅事件」）。

- 更に、近年における経済の国際化に伴う形で模倣品や海賊版の国境を越えた取引が顕著となっており、それによる反社会勢力等への資金の流出が問題視されていることから、そのような事態を未然に防止するため、海賊版等の権利侵害品について情を知りながら業として輸出し、又は業としての輸出目的で所持する行為を権利侵害とみなすこととした（平成18年法改正）。この場合、次項3号とは異なり、「業として」（反復継続性）が要件となる。1回の行為は頒布に当たらない私的使用に見えるもの（個人への送付等）を行い、それを反復継続し海外で売り捌くような脱法的行為を禁止するためのものだからである。

    ※頒布行為には当たらない海外の特定少数の者への権利侵害品の反復継続的輸出行為等を、関税法上の取締り対象とし得るよう、著作権法において業としての「輸出」を侵害行為の対象として明記してほしいとの要請があったとされる（加戸742頁）。

- 「情を知つて」とは、権利侵害品であることを知っていること（悪意であること）を指すが、具体的に誰がいつ作成したのかまで知っている必要はない。また、その物品等の取得時に善意であっても、その後の所持時、頒布等の行為時に悪意であれば「情を知つて」に該当することとなるが、過失により善意である場合には、知らなかったことには変わりがないため「情を知つて」に当たらない。当該要件が付される理由は、本号に掲げる頒布等の行為の場合、流通過程における多くの者がその主体に該当し得るため、特に悪質性の高い者に対象をしぼる必要があるからである。

第7章

※「情を知つて」いたことの立証について、対象物が侵害品である旨の判決が確定している場合は、その判決による客観的事実に基づく証明が可能であるが、侵害品であることが争われている段階では、非侵害を主張する行為者の主観的要件（侵害品であることを知っていたこと）を立証することは困難といえる。しかし、裁判所は、侵害であるとの仮処分決定等、当該「物」が侵害品であることの蓋然性を客観的に認める公権的判断が示され、それを行為者が知ったこと（決定の告知を受けた等）の立証で足りるとした（東京地判平7.10.30「システムサイエンス事件」）。

- 「所持」とは、支配の意思をもって財物を事実上自己の支配下に置く行為（倉庫に保管等）をいう（加戸744頁）。
- 一方、近年の商取引におけるデジタル技術やネットワーク技術の普及で、インターネット販売等における権利侵害品の頒布による被害が増大する中、頒布の現場や頒布目的の所持を物理的に把握し立証することが困難となっていることを受け、頒布目的の所持の更に前段階の頒布の申出行為についても、権利侵害に直結する準備行為に当たるとして権利侵害とみなすこととした（平成21年法改正）。なお、本号の「輸出」は、私的使用に見せかけた個人宛ての送付等を本来対象としたものなので、その申出がなされることは考えにくく、よって「輸出の申出」は規定されていない。

2　プログラムの著作物の著作権を侵害する行為によつて作成された複製物（当該複製物の所有者によつて第47条の3第1項の規定により作成された複製物並びに前項第1号の輸入に係るプログラムの著作物の複製物及び当該複製物の所有者によつて同条第1項の規定により作成された複製物を含む。）を業務上電子計算機において使用する行為は、これらの複製物を使用する権原を取得した時に情を知つていた場合に限り、当該著作権を侵害する行為とみなす。

- 2項は、プログラム著作物の違法複製物を、情を知って取得し、業務上使用する行為を著作権侵害とみなすとする規定である。
- 著作権法制においては、著作物等の利用（複製や送信等）には権利を及ぼし、その使用（見る、聴く等）には権利を及ぼさないとするのが基本的姿勢である

が、プログラムの場合、コンピュータで使用されることに経済的価値が認められることから、プログラム著作物の複製物の使用について別途権利を認めるべきとの主張がなされる。しかし、一方で、使用権まで認めるとプログラムの流通等が阻害されるとの懸念も生じるため、権利者の利益とプログラムの円滑な流通の調整が必要となる。そこで、本項では、プログラム著作物の権利者にとって特に被害が大きいとされる、違法複製物の業務上の使用についてのみ権利侵害とみなすこととした。

- プログラムの違法複製物とは、「著作権を侵害する行為によつて作成された複製物」であり、主に無断複製・無断翻案によるものであるが、違法複製物を47条の3第1項の規定（プログラム著作物の複製物所有者による複製）により複製等したものや、輸入時において国内では侵害に該当するとされる行為により国外で作成されたもの、更にそれを47条の3第1項規定により複製等したものも含まれる（かっこ書）。同規定を介して違法性を回避する脱法行為や、実質的に侵害同様と評価される行為による複製を防ぐためである。
- 「業務上」とは、事業や事務として社会的立場上行うことであり、営利性は問わない。
- 「複製物を使用する権原を取得した時」とは、複製物の譲渡・貸与を受けた時であり、円滑な流通の見地より権原取得時を善意判断の基準としたものである。よって、その後に悪意となって使用しても侵害とはならない。
- 「情を知つて」とは、違法複製物であることを知ってということであり、円滑な流通に配慮し、悪意であった場合にのみ侵害とみなすことにしたものである。

---

3 次に掲げる行為は、当該権利管理情報に係る著作者人格権、著作権、実演家人格権又は著作隣接権を侵害する行為とみなす。
一 権利管理情報として虚偽の情報を故意に付加する行為
二 権利管理情報を故意に除去し、又は改変する行為（記録又は送信の方式の変換に伴う技術的な制約による場合その他の著作物又は実演等の利用の目的及び態様に照らしやむを得ないと認められる場合を除く。）
三 前2号の行為が行われた著作物若しくは実演等の複製物を、情を知

> つて、頒布し、若しくは頒布の目的をもつて輸入し、若しくは所持し、又は当該著作物若しくは実演等を情を知つて公衆送信し、若しくは送信可能化する行為

- 3項は、著作者人格権、著作権、実演家人格権又は著作隣接権に係る権利管理情報（2条1項21号）について行う本項各号該当の行為を、これらの権利を侵害する行為とみなす規定である。
- コンピュータによる著作権等の適正な保護・管理において不可欠といえる権利管理情報の重要性に鑑み、当該情報の改変等の行為を権利侵害の準備的行為と捉えて権利侵害行為とみなすとすることで、著作権等の実効性を確保する規定である。
- 「著作者人格権、著作権、実演家人格権又は著作隣接権」を対象とするのは、これらが、権利管理情報の改変等により権利侵害が起こるおそれのある権利だからである。
- この場合の「著作隣接権」には、実演家・レコード製作者の有する放送二次使用料・貸与報酬を受ける権利も含まれる。

- 1号は、侵害行為とみなすものとして、権利管理情報として虚偽情報を故意に付加する行為を挙げる。
- 虚偽の情報に基づいて自動的に権利処理がなされると、著作権等侵害が生じるおそれがあるとして規定されたものである。例えば、著作権者が認めない利用許諾条件が権利管理情報として付加されると、本来侵害に該当するはずのその条件に従った第三者の著作物利用が適法なものと誤って判断され、見逃されてしまう等である。
- 本号では、行為者の故意が要件とされる。権利保護と著作物等の円滑利用とのバランスを考慮するものである。

- 2号は、侵害行為とみなすものとして、権利管理情報を故意に除去又は改変する行為を挙げる。
- 情報技術が普及した今日において、無数の情報の中から違法著作物を見つけ出すためには権利管理情報による管理が不可欠であり、したがって、権利管

理情報が除去されると違法な複製物等を見逃す可能性が高くなり、改変されると権利処理において混乱をきたす等の問題が生じる。そこで本号では、それら除去・改変行為を侵害行為とみなし、権利保護の万全を図ることとしたのである。

- 本号においても権利保護と著作物等の円滑利用とのバランスを考慮し、行為者の故意を要件とした。したがって、著作物等の利用者が、権利管理情報の存在を認識せずに結果としてその情報を除去させた場合などは侵害とはみなされない。
- かっこ書の「記録又は送信の方式の変換に伴う技術的な制約」とは、著作物等を圧縮・復元・縮小・拡大等により記録・送信する際に伴う技術的制約であり、これらを含め、著作物等の正当な利用の目的・態様において避けられない制約により権利管理情報が除去・改変される場合は、本号の対象とはならない。

- 3号は、侵害行為とみなすものとして、権利管理情報についての前2号のみなし侵害行為が行われた著作物等の複製物を、情を知って、頒布し、頒布目的で輸入・所持し、又は、当該著作物等を、情を知って、公衆送信・送信可能化する行為を挙げる。
- 本号で掲げた行為は、権利管理情報が違法に操作された著作物等を広く市場に出回らせる行為なので、前2号と同様にみなし侵害行為として規制するとしたものである。
- この場合の「情を知って」とは、1号又は2号の行為により違法な権利管理情報の操作がなされた著作物等であることを知ってという意味である。取引の安全確保のための要件である。

4　第94条の2、第95条の3第3項若しくは第97条の3第3項に規定する報酬又は第95条第1項若しくは第97条第1項に規定する二次使用料を受ける権利は、前項の規定の適用については、著作隣接権とみなす。この場合において、前条中「著作隣接権者」とあるのは「著作隣接権者（次条第4項の規定により著作隣接権とみなされる権利を有する者を含む。）」と、同条第1項中「著作隣接権」とあるのは「著作隣接権（同項

> の規定により著作隣接権とみなされる権利を含む。)」とする。

- 4項は、実演家又はレコード製作者が有する有線放送若しくは貸与に係る報酬又は放送二次使用料を受ける権利を、前項規定の適用において著作隣接権とみなすとする規定である。
- 具体的には、放送される実演を有線放送した場合に実演家に支払われる報酬（94条の2）、期間経過商業用レコードの貸与により実演・レコードを公衆に提供した場合に実演家・レコード製作者にそれぞれ支払われる報酬（95条の3第3項、97条の3第3項）又は商業用レコードを放送等した場合に実演家・レコード製作者にそれぞれ支払われる二次使用料（95条1項、97条1項）を受ける権利に係る権利管理情報を改変等する行為（前項1号～3号規定の行為）は、著作隣接権の侵害とみなすとするものである。
- 本項第2文は、第1文を受けて、差止請求権に係る著作隣接権及び著作隣接権者（112条）には、有線放送若しくは貸与に係る報酬又は放送二次使用料を受ける権利及びその権利を有する者がそれぞれ含まれること明記した技術的読替え規定である。この場合、あくまで前項の適用上の読替えであり、他のみなし侵害規定等の適用に当てはまるものではない点留意する。

> 5 国内において頒布することを目的とする商業用レコード（以下この項において「国内頒布目的商業用レコード」という。）を自ら発行し、又は他の者に発行させている著作権者又は著作隣接権者が、当該国内頒布目的商業用レコードと同一の商業用レコードであつて、専ら国外において頒布することを目的とするもの（以下この項において「国外頒布目的商業用レコード」という。）を国外において自ら発行し、又は他の者に発行させている場合において、情を知つて、当該国外頒布目的商業用レコードを国内において頒布する目的をもつて輸入する行為又は当該国外頒布目的商業用レコードを国内において頒布し、若しくは国内において頒布する目的をもつて所持する行為は、当該国外頒布目的商業用レコードが国内で頒布されることにより当該国内頒布目的商業用レコードの発行により当該著作権者又は著作隣接権者の得ることが見込まれる利益が不当に害されることとなる場合に限り、それらの著作権又は著作隣接権を侵

> 害する行為とみなす。ただし、国内において最初に発行された日から起算して7年を超えない範囲内において政令で定める期間を経過した国内頒布目的商業用レコードと同一の国外頒布目的商業用レコードを輸入する行為又は当該国外頒布目的商業用レコードを国内において頒布し、若しくは国内において頒布する目的をもって所持する行為については、この限りでない。

- 5項は、国外頒布目的商業用レコードを、国内頒布目的で輸入する行為、又は国内で頒布し若しくは国内頒布目的で所持する行為について、一定条件を満たす場合には著作権・著作隣接権の侵害行為とみなすとするいわゆる「音楽レコードの還流防止措置」の規定である。俗に「レコード輸入（制限）権制度」とも呼ばれる。

- 日本のレコード会社が、物価水準の低い外国で日本の商業用レコードを販売する場合、現地物価水準に合わせた低価格での販売ライセンスを現地レコード会社に与えることが多いが、その低価格販売された商業用レコードを買い受けた卸業者等が当該レコードを日本国内で販売するとなると、日本のレコード会社が国内で販売する商業用レコード（再販売価格維持制度で保護される国内正規品）の売上げに悪影響を与えることになるので、一定条件の下、国外頒布目的商業用レコードを輸入する行為等を権利侵害行為とみなすことにしたものである。

- ただし本項は、海外向けとはいえ適法に作成され適法に譲渡等された本来違法とはいえない商業用レコードについての行為を、日本の音楽文化の海外普及促進の見返りとして制限する規定であることから、一定の条件をすべて満たす場合にのみ適用を認めることとした。

- 具体的にその条件とは、①国内で発行されている国内頒布目的商業用レコードと同一の国外頒布目的商業用レコードであること、②情を知ってすること、③国内での頒布を目的としていること、④国外頒布目的商業用レコードが輸入・販売されることで、国内頒布目的商業用レコード発行により見込まれる権利者の利益が不当に害されること、⑤国内頒布目的商業用レコードが最初に国内で発行された日から政令で定める期間を経過していないこと、の5つである。

- ①については、既にされている国内頒布目的商業用レコードの発行についての権利者が、それと同一の国外頒布目的商業用レコードを国外で発行させている（自ら発行する場合も可）ことが必要となる。日本における国内頒布目的商業用レコードの市場が形成されて初めて、本項が想定する同一の国外頒布目的商業用レコードの還流による権利者の不利益が観念されるからである。
- ②の「情を知って」とは、①の事実を知ってということであり、取引の安全確保のための要件であるが、本要件は主観要件であるため、その立証のためには国外頒布目的商業用レコードである旨の表示をレコードジャケット等に示しておくことが事実上必須となる。
- ③は、頒布目的でなければ権利者の利益を害する蓋然性は低いことから要件とされたものである。よって、私的使用目的で輸入するのであれば権利侵害とはみなされない。
- ④は、本項の目的である、安価な国外頒布目的商業用レコードの還流による権利者の不当な不利益防止をそのまま要件とするものである。還流した場合でも、権利者の利益が不当に害されない場合には権利侵害とみなす必要はないということである。
- ⑤で、政令で定める期間を経過していないことを要件とするのは、本来適法なはずの商業用レコードの輸入等を制限するのは、国内頒布目的商業用レコードの市場がひと段落して安定するまでの間で十分であると考えられるからである。「政令で定める期間」は、現在4年とされる（施行令66条）。したがって、国内頒布目的商業用レコードを最初に発行した日から起算して4年経過後は、自由に国外頒布目的商業用レコードを日本に輸入し販売することができる。

> 6　著作者の名誉又は声望を害する方法によりその著作物を利用する行為は、その著作者人格権を侵害する行為とみなす。

- 6項は、著作者の名誉又は声望を害するような著作物利用行為を、その著作者人格権の侵害行為とみなす規定である。
- 著作者の創作意図に反した著作物利用により、著作者の品位・信用・社会的評価といったものが害されるのを防止する規定であるが、3つの著作者人格

権のうちのいずれの侵害と擬制されるのかは明記されておらず、包括的に著作者人格権侵害とみなすとしている。その意味では、民法上の名誉毀損に対する権利に近い名誉・声望保持のための第4の著作者人格権と呼べる権利を間接的に認めたものともいえる。

※本項は、ベルヌ条約6条の2(1)に基づくものとされる（加戸756頁）。同条約ではローマ改正会議以降、著作物の完全性（同一性）に係る権利侵害の要件について名誉声望侵害要件説と精神的利益侵害要件説が対立してきたが、本法においては、20条1項（同一性保持権）で名誉声望侵害要件は排除されており、本項によって両説の融合が図られたとされる（百選4版177頁）。

- 本項にいう「名誉又は声望を害する行為」とは、著作者の個人的な感情を害する行為ではなく、社会的に名誉・声望を低下させる行為と考えるべきとされる（中山516頁）。最高裁判決においても「著作者の声望名声とは、著作者がその品行、徳行、名声、信用等の人格的価値について社会から受ける客観的評価、すなわち社会的声望名声を指す」とする（最判昭61.5.30「パロディ事件」第二次上告審）。

※本項に該当する具体的行為としては、①著作者が本来意図しなかったであろう場所への著作物の設置利用（芸術作品である裸婦画をヌード劇場の立看板に使う等）、②文学作品の品位を損なう利用（香り高い文芸作品を商業ベースの広告文書中に収録して出版する等）、③芸術的美術作品を実用的デザイン目的の創作と誤認させるような利用（美術作品をおよそ芸術性を感じさせることのない物品包装紙のデザインとして創作されたような印象を与える利用等）、④創作時における著作者の宗教的霊感等を感じさせなくする利用（荘厳な宗教音楽を喜劇用楽曲と合体して演奏する等）、⑤著作者の創作能力についての評価を傷つけるような利用（言語の著作物を悪文の例として利用する等）などの行為が挙げられる（加戸755～756頁参照）。ただし、①から④までについては、ベルヌ条約改正会議で名誉声望侵害要件説と対立した精神的利益侵害要件説の侵害態様の例示として挙げられたものであり、名誉声望侵害を要件とする本項適用のケースの例示としては違和感を覚えるとの指摘がある（百選4版177頁）。

※自らの書籍の中で、他人の新聞記事を引用しながらその他人を批判したことについて、本項の該当性が問題となった事案では、「その引用自体、全体として正確性を欠くものでなく、前後の文脈等に照らして、当該著作物の趣旨を損なうとはい

えないときは、他人の著作物の利用態様により著作者の名誉又は声望を害するおそれがあるとはいえないのだから、当該引用された著作物の内容を批判、非難する内容を含むものであったとしても、同項（113条6項）規定の著作者人格権の侵害にはならない」とされた（東京高判平14.11.27「古河市兵衛の生涯事件」控訴審）。

- 本項適用に当たっては、著作者の名誉・声望が害されたことの具体的立証は不要であり、社会通念に照らしそのおそれがあると判断されることで足りる（加戸756頁）。ただし、18条から20条までの著作者人格権侵害規定と重畳的に適用可能な場合には、より容易で明確な立証が可能であるそれらの規定が用いられることが多いものと考えられる。
- なお、本項で著作者人格権侵害とみなされる行為は、60条の「著作者人格権の侵害となるべき行為」に該当する。

（善意者に係る譲渡権の特例）

第113条の2　著作物の原作品若しくは複製物（映画の著作物の複製物（映画の著作物において複製されている著作物にあつては、当該映画の著作物の複製物を含む。）を除く。以下この条において同じ。）、実演の録音物若しくは録画物又はレコードの複製物の譲渡を受けた時において、当該著作物の原作品若しくは複製物、実演の録音物若しくは録画物又はレコードの複製物がそれぞれ第26条の2第2項各号、第95条の2第3項各号又は第97条の2第2項各号のいずれにも該当しないものであることを知らず、かつ、知らないことにつき過失がない者が当該著作物の原作品若しくは複製物、実演の録音物若しくは録画物又はレコードの複製物を公衆に譲渡する行為は、第26条の2第1項、第95条の2第1項又は第97条の2第1項に規定する権利を侵害する行為でないものとみなす。

- 113条の2は、譲渡を受けた著作物等の複製物等が譲渡権の消尽規定（26条の2第2項各号等）に該当しないことについて善意無過失の者が、当該著作物等の原作品や複製物等を公衆に譲渡する行為は、譲渡権（26条の2第1項等）を侵害する行為ではないとみなす規定である。

- 譲渡権の消尽規定（26条の2第2項、95条の2第3項、97条の2第2項）、譲渡権の制限規定（47条の10、102条1項）と共に、譲渡権による保護と円滑な著作物の流通確保の調整の観点から設けられた規定である。

  ※本条はあくまで消尽規定に該当しないことにつき善意無過失の者を救う規定であり、作成自体の違法性について善意無過失の者を救うものではない点、留意が必要である。

- 市場に出回る著作物等の複製物等は、適法な譲渡等により譲渡権が働かないものとなっていることが通常であることからすると、最初に違法な譲渡がなされ譲渡権が消尽しないまま流通している場合に、その外形から譲渡権が消尽したものと信頼して取引した者に対し譲渡権が行使されるのは、取引安全の見地より妥当ではない。そこで、譲渡権が消尽していないことについて取得時に善意無過失の譲受人については、取得後当該複製物等を公衆に譲渡等しても侵害行為ではないとみなすことにしたのである。

  ※113条1項2号では、違法複製物の取得時に善意であっても、頒布時に情を知っている場合は侵害行為とみなされるため、本条により譲渡権侵害が否定される場合であっても、同号により侵害とみなされる場合がある点に留意する。本条と113条1項2号とは、取引安全の確保と権利者の利益侵害の拡大防止という異なる趣旨体系の規定として存在することに起因する。

- 「著作物の…複製物」には、映画の著作物の複製物（映画中で複製されている著作物についてのものも含む）は含まれない。映画著作物の複製物については頒布権（26条）が認められ、譲渡権の対象ではないからである（26条の2第1項かっこ書）。ただし、頒布権の消尽を認める判例（最判平14.4.25「中古ソフト事件」上告審）と本条の趣旨とを考え合わせると、ゲームソフト等一部の映画著作物の複製物については、本条適用について一考の余地はある。

- 本条適用の要件は、公衆への譲渡を行う主体が、複製物等の譲渡を受けた時に善意無過失であることであるが、その判断時が複製物等の「譲渡を受けた時」とされるのは、取引安全と円滑な流通を考慮した場合、譲受時の外形判断が尊重されるべきであると考えられるからであり、また、他の法律においても同様の規定内容となっているからである（半導体集積回路の回路配置に関する法律24条1項等）。したがって、譲受時に善意無過失であれば、その者がその後悪意になって譲渡したとしても譲渡権侵害とはならない。

- なお、本条規定により侵害を免れた場合でも、譲渡権自体が消尽するわけではないので、その後の取引における譲受時に悪意有過失者があれば譲渡権侵害とされる。

> **（損害の額の推定等）**
> **第114条** 著作権者、出版権者又は著作隣接権者（以下この項において「著作権者等」という。）が故意又は過失により自己の著作権、出版権又は著作隣接権を侵害した者に対しその侵害により自己が受けた損害の賠償を請求する場合において、その者がその侵害の行為によって作成された物を譲渡し、又はその侵害の行為を組成する公衆送信（自動公衆送信の場合にあつては、送信可能化を含む。）を行つたときは、その譲渡した物の数量又はその公衆送信が公衆によつて受信されることにより作成された著作物若しくは実演等の複製物（以下この項において「受信複製物」という。）の数量（以下この項において「譲渡等数量」という。）に、著作権者等がその侵害の行為がなければ販売することができた物（受信複製物を含む。）の単位数量当たりの利益の額を乗じて得た額を、著作権者等の当該物に係る販売その他の行為を行う能力に応じた額を超えない限度において、著作権者等が受けた損害の額とすることができる。ただし、譲渡等数量の全部又は一部に相当する数量を著作権者等が販売することができないとする事情があるときは、当該事情に相当する数量に応じた額を控除するものとする。

- 114条は、著作権等を故意又は過失で侵害した者に対し損害賠償請求（民709条）をする場合における、損害額算定についての特別規定である。この場合の損害とは財産的なものを指すので、基本的に著作者人格権及び実演家人格権の侵害のケースは想定していない。
- 民法709条により逸失利益を請求する際に権利者側が立証すべき要件は、①加害者の故意・過失、②権利侵害、③損害の発生、④侵害と損害の因果関係、⑤損害額、の5つとされる。しかし、有体物についての侵害の場合とは異なり、無体物である著作物等が無断利用された場合の侵害と因果関係のある損

害の範囲の立証は困難であり、よってその損害額の算定も困難なケースが多く生じることとなる。そこで、本条は、損害額算定の特別ルールを定め、そのルールに従って損害額を算定した場合には上記④⑤の立証は不要とすることで、権利者の立証負担の軽減を図ることとした。
- なお、特許法等には①の故意・過失要件について侵害者の過失を推定する規定（特103条）があるため、②の侵害が立証されれば、自動的に①についても推定されることになり、加害者側に立証責任が転換されることになるが、著作権法にはそのような推定規定がないため、①についても権利者側が立証しなければならない点に留意する。特許権等の侵害においては、他人の特許発明等に依拠したか否かは問われず、また、特許発明等の内容が公報等により公示されるため、侵害者の過失推定規定を設けるに十分な理由があるといえるが、著作権法においては、他人の著作物等に依拠したものか否かが重要であるため、過失の推定はなじまず、また、登録・公示が原則なされないため、侵害者の過失推定は当然には認められないということである。ただし、著作権侵害の前提としての依拠性が認められているのであれば、故意・過失の立証は比較的容易にできるものと考えられる。

- 1項は、著作権等侵害に対して権利者側が損害賠償請求する際の、第1の損害額算定ルールとして、「侵害者の譲渡等数量」×「権利者がその侵害の行為がなければ販売することができた物（正規品）の単位数量当たりの利益額」により算出される額を、権利者の販売等の能力相応額を超えない限度で損害額とすることができるとする規定である。独占的権利である著作権等に係る製品の場合、侵害品と正規品とは市場において代替関係にあるとの考え方を原則とするルールであり、例外的事情がある場合には、侵害者の立証により相当額が控除されることになる。なお、第1のルールであるとはいっても、本条特別規定中最も新しく設けられた規定である（平成15年法改正による）。
- 本条2項による、従前の算定方法と異なり、侵害者の利益額に左右されずに逸失利益分を確保することができ、また、損害額立証のための主な証拠資料が侵害者側にあるという不都合も解消されている点において、より権利者の立証負担を軽減した規定であるといえる。
- 本項は財産的損害額の算定規定なので、対象となる権利は、著作権、出版権、

第7章

及び著作隣接権の3つである。
- 「侵害の行為によつて作成された物を譲渡し」とは、無断複製等により作成された物を有償又は無償で譲渡し、ということであり、「侵害の行為を組成する公衆送信（自動公衆送信の場合にあつては、送信可能化を含む。）を行つたとき」とは、無断で著作物等をインターネット配信等したときということである。かっこ書は、送信可能化権しか持たない著作隣接権者でも、受信複製物について本項規定による賠償請求ができることの法的根拠を明確にするためのものである。この場合、譲渡等数量としてカウントされるためには、「送信可能化」だけでは足りず、実際にダウンロードされ受信複製物が作成されたことが必要となる点留意する。
- 「譲渡等数量」には、有体の侵害製品の譲渡数量のほか、違法配信による複製物（受信複製物）の数量、つまり海賊版のダウンロード数量も含まれる。
- 「著作権者等がその侵害の行為がなければ販売することができた物（受信複製物を含む。）」とは、侵害品と市場における代替関係がある正規品のことであり、受信複製物も含まれる。
- 「販売その他の行為を行う能力に応じた額を超えない限度において」とは、権利者の販売等の能力を超えた侵害品の譲渡等数量全てについて、権利者が販売し得たとするのは合理的でないので、権利者の販売体制等に応じた譲渡等数量を限度として損害額が定められることを意味する。販売等の能力の有無については、権利者側が立証するものである。
- 「販売その他の行為を行う能力」とは、販売する能力、生産する能力等である。
- 「販売することができないとする事情」とは、代替品の存在、販売市場の相違、侵害者の営業努力や知名度、更には侵害品固有の顧客吸引力などであり、権利者が想定する譲渡等数量を修正するようなあらゆる事情を指す。これについては、侵害者側が立証することとなり、それが認められると「当該事情に相当する数量に応じた額」が控除されることとなる。

2　著作権者、出版権者又は著作隣接権者が故意又は過失によりその著作権、出版権又は著作隣接権を侵害した者に対しその侵害により自己が受けた損害の賠償を請求する場合において、その者がその侵害の行為によ

> り利益を受けているときは、その利益の額は、当該著作権者、出版権者又は著作隣接権者が受けた損害の額と推定する。

- 2項は、著作権等侵害に対して権利者側が損害賠償請求する際の、第2の損害額算定ルールとして、侵害者がその侵害行為によって利益を受けているときはその利益の額を権利者の損害額と推定することを規定したものである。
- 本項の対象となる権利は、前項同様、財産的権利である著作権、出版権、及び著作隣接権である。
- 「その者が侵害の行為により利益を受けているとき」とは、侵害行為がなかったならばと仮定した場合に想定される「その者」の財産総額より、侵害行為が発生した場合の「その者」の現実の財産総額が増えている場合をいい、その差額を「利益の額」とする。したがって、侵害行為前の財産総額よりその後の同総額が減っている場合でも、侵害行為がなければもっと減額していたであろうと判断されるのであれば「利益を受けているとき」に該当する。
- ※現行114条1項が設けられる前の事案によるものであるが、プログラム著作物の使用について、いわゆる「ペイド・アップ方式」（顧客が販売代金を支払って正規品を購入することで、プログラムの正規複製品をインストールして複製し、それを使用することができる地位を獲得する契約態様であり、その後無制限に使用できるとするもの）が採用されている状況下で、無許諾でそのプログラムの複製品がインストールされ使用された場合の権利者側の受けた損害額について、裁判所は、本項又は次項により、「正規品小売価格と同額と解するのが最も妥当である」とし、当該正規品小売価格を超える侵害者側の営業利益は、その者の営業行為により得られた利益であり、侵害行為と相当因果関係があるとはいえないから、本項の「《侵害行為により得られた》利益」には当たらないとした（東京地判平13.5.16「東京リーガルマインド事件」）。なお、同事案では、訴訟提起後に被告（侵害者）が、当該無断インストールによるプログラムを抹消した上で正規品を購入していることから、それにより過去の無断使用分もカバーされ損害は生じていないとする主張が被告側よりなされたが、裁判所は、「その行為（当該正規品についての所定の条件の下での使用許諾申込みを承諾する行為）により発生した法律関係が、顧客と著作権者らとの間において既に成立した権利義務関係（損害賠償請求権の存否又は多寡）に影響を及ぼすものではない」として退けている（被

告側は正規品購入額支払のほかに賠償分を二重に支払うのは、最後まで正規品を購入しなかった場合等と比べ不均衡である旨主張しているが、正規品購入は将来にわたり使用する地位を確保するもので、過去の無断複製行為についての賠償は別であるとする）。

- 権利者側が上記「利益の額」を立証すれば、それに対する侵害者側の権利者が被った損害額についての本証がない限り、その「利益の額」をもって権利者が受けた「損害の額」とされる。
- 「損害の額と推定する」とあることから、侵害者側による立証があれば、権利者側の主張する「損害の額」の推定は覆されることになるが、この場合、「侵害者にX円の利益があった」との内容から法律上の推定規定により導き出された「権利者にX円の損害があった」という結論を覆すためには、「侵害者の利益はX円より少ない」ことの立証（反証）では足りず、「権利者の損害はX円より少ない」ことの立証（本証）をしなければならないことには留意する。したがって、権利者側が一応の根拠のある「損害の額」（例えば「販売価格」×「販売部数」－「通常の諸経費」の式によるもの等）の立証をすれば、侵害者側の立証（本証）がより困難なのが通常であることから、その「損害の額」が認められる可能性は高いものといえる。

> 3　著作権者、出版権者又は著作隣接権者は、故意又は過失によりその著作権、出版権又は著作隣接権を侵害した者に対し、その著作権、出版権又は著作隣接権の行使につき受けるべき金銭の額に相当する額を自己が受けた損害の額として、その賠償を請求することができる。

- 3項は、著作権等侵害に対して権利者側が損害賠償請求する際の、第3の損害額算定ルールとして、その著作権等の行使につき受けるべき金銭の額に相当する額を権利者の「損害の額」とすることができることを規定する。賠償額として最低でも使用料相当額は受けられることを保証するものであり、前項のような推定規定ではなく法定規定なので、侵害者側の立証により覆されることはない。本条1項及び2項の適用については、逸失利益分の賠償という性質上、権利者自身が製品販売等を行っていることが前提となるが（ただし、適用要件とはされていない）、著作物の場合は事業対象とされないことも多

いため、特許法等に比べ、権利者の事業実施を前提としない本項の存在価値は大きいものといえる。

※本項と同様の規定である商標法38条3項について、「侵害者は、損害の発生があり得ないことを抗弁として主張立証して、損害賠償の責を免れることができるものと解する」(いわゆる損害不発生の抗弁)とした判例があるが(最判平9.3.11「小僧寿し事件」)、産業法である商標法と本法とでは制度目的が異なり、損害不発生の判断も異なると考えられるため、同判例を短絡的に本項に当てはめるのは妥当とはいえないであろう。

- 本項で対象となる権利は、財産的権利のうちの著作権と著作隣接権、そして出版権である。

 これまでは、出版権者は財産的権利を有していながら複製等の許諾権能は(条文上)認められていなかったため、使用料というものが概念されないとして本項主体の対象とはされてこなかった。しかし、平成26年法改正により80条3項で、「出版権者は、複製権等保有者の承諾を得た場合に限り、他人に対し、その出版権の目的である著作物の複製又は公衆送信を許諾することができる。」と規定されたため、新たに出版権者が本項(及び次項)の対象とされることになった。

- 本項ルールでは権利者の損害の如何に関わらず賠償請求できるので、権利者は、上記民法709条の立証要件(→492頁)のうち④⑤のみならず、③の損害の発生についても立証することを要しない。

- 「著作権、出版権又は著作隣接権の行使につき受けるべき金銭の額」とは、著作物利用についての印税額や実演利用についての報酬額などの、使用料として社会的慣行上の相場が認められる金銭額をいう。ただし、従来は「通常受けるべき金銭の額」と規定されていたのを、平成12年法改正で「通常」を除く「受けるべき金銭の額」と改められたことで(「通常」の額では、いわゆる「侵害し得」を防止できないため改正された)、あくまで一般的な相場額にとらわれるというのではなく、個別具体的事情をも考慮した金銭額の認定が可能であることが明確にされた。

※教科書掲載著作物(詩・童話等)の著作者と、副教材を営利目的で出版する教材会社との間で、当該著作物を国語テスト等の副教材へ掲載したことについてその使用料相当額(使用料率)が争われた事案では、当該著作物掲載行為が過去の使

用（侵害）についてのものであることから、図書教材への著作物利用で定められている一般的使用料率（これらは通常、将来の使用を前提に定められる）をそのまま適用するのではなく、両者の自由な交渉により合意成立すると思われる使用料率によるのが妥当とし、その上で、本件ケースについて具体的に検討し、当該掲載が教育上の必要性等を有するものである反面、その掲載においては省略・改変等の著作者側の不利益を伴うこと等を勘案し、一般的な使用料率とされる文芸作品の単行本の著作権使用料率（10％）と、将来的な教材への著作物利用の使用料率（5％）の間の8％とするのが相当であるとされた（東京高判平16.6.29「国語教科書準拠教材事件」控訴審）。

- 通常の使用料の認定について、（一社）日本音楽著作権協会や（公社）日本文芸家協会などでは、著作物使用料規程が定められており、これらに従って算出された金額については問題なく賠償を受けられるもの考えられる。

> 4 前項の規定は、同項に規定する金額を超える損害の賠償の請求を妨げない。この場合において、著作権、出版権又は著作隣接権を侵害した者に故意又は重大な過失がなかつたときは、裁判所は、損害の賠償の額を定めるについて、これを参酌することができる。

- 4項は、前項の規定が、同項で認められた損害額以上の賠償請求を妨げるものではないことを規定する。前項は最低限の賠償額として使用料相当分を保証するものなので、実際の損害額がそれを超えている場合には、権利者の立証により、使用料額を上回る賠償請求が認められるとするものである。
- 「同項に規定する金額」とは、「著作権、出版権又は著作隣接権の行使につき受けるべき金銭の額に相当する額」のことであり、「損害の賠償の請求を妨げない」とは、「同項に規定する金額」を上回る賠償請求が可能であることをいう。
- 後段は、通常の使用料を超える賠償請求がなされた場合に、裁判所は、侵害者の故意又は重大な過失がないことを参酌して賠償額を定めることができることを規定する。この場合でも、通常の使用料額を下回るような賠償額とすることはできない。
- 「重大な過失」とは、善良な管理者としての注意義務違反が甚だしい場合を

いい、故意でなくともこのような場合には賠償額の減額は認められないものと考えられる。
- 「故意又は重大な過失がなかつたときは…これを参酌することができる」とは、侵害行為が侵害者の軽過失によるという点、つまり、侵害者においてその行為が侵害行為であると認識することが必ずしも容易ではないこともある点を判断の基礎に取り入れて賠償額を軽減できるとする、いわゆる軽過失参酌規定であることを意味する。なお、軽過失であれば「故意又は重大な過失がなかつたとき」に当たるわけであるが、それでも裁判所は、必要がなければ裁量によりそのことを参酌しなくともかまわないということになる。

（具体的態様の明示義務）
第114条の2　著作者人格権、著作権、出版権、実演家人格権又は著作隣接権の侵害に係る訴訟において、著作者、著作権者、出版権者、実演家又は著作隣接権者が侵害の行為を組成したもの又は侵害の行為によつて作成されたものとして主張する物の具体的態様を否認するときは、相手方は、自己の行為の具体的態様を明らかにしなければならない。ただし、相手方において明らかにすることができない相当の理由があるときは、この限りでない。

- 114条の2は、著作権等の侵害に係る訴訟において、権利者側が侵害に係るものとして主張する物の具体的態様を、相手方（侵害者）が否認するときには、その相手方は、相当な理由がある場合を除いて、自己の行為の具体的態様を明示する必要があることを規定する。権利者側の立証負担を軽減し、審理促進を図るものである。
- 侵害に対する差止請求訴訟や損害賠償訴訟では、原告である権利者側が主張する侵害の存在について被告が否認する場合、被告は積極否認（否認の理由を付したもの）をする必要はあるものの、立証責任は権利者側にあるのが原則である。しかし、著作権等侵害においては、侵害行為を権利者側が立証するのが困難な場合が多いことから、権利者側の主張する具体的侵害態様について被告が否認するときには、自己の行為の具体的態様をも明らかにしなけれ

ばならないことを規定した。訴訟の争点整理への被告の積極参加を促すため、積極否認の考え方を一歩進めて立証責任の転換を図ったものである。

- 「侵害の行為を組成したもの…として主張する物」とは、権利侵害行為に用いられた物のことであり、無断で映画を上映した場合に用いられたDVD等が該当する。
- 「侵害の行為によつて作成されたものとして主張する物」とは、権利侵害によって作成された物のことであり、無断でコピーして作成されたDVD等が該当する。
- ただし書の「相手方において明らかにすることができない相当の理由があるとき」とは、権利者側の主張に係る物に「営業秘密」が含まれる場合等であり、この場合には被告側の明示義務は課されない。

（書類の提出等）

第114条の3　裁判所は、著作者人格権、著作権、出版権、実演家人格権又は著作隣接権の侵害に係る訴訟においては、当事者の申立てにより、当事者に対し、当該侵害の行為について立証するため、又は当該侵害の行為による損害の計算をするため必要な書類の提出を命ずることができる。ただし、その書類の所持者においてその提出を拒むことについて正当な理由があるときは、この限りでない。

- 114条の3第1項は、著作権等の侵害訴訟において、裁判所は、一方当事者の申立てにより、他方当事者に対し、侵害行為の立証又は損害計算のための必要書類の提出を命ずることができる旨を規定する。侵害を受けた権利者側の損害額立証等の負担をより軽減させ、114条等の規定を実効あらしめようとするものである。
- この場合の申立は、原告又は被告の双方ができものである点留意する。
- 「損害の計算をするため必要な書類」については、事案に応じ裁判所が個別具体的に判断するものであるが、売上帳、仕入帳、受注伝票綴、発注伝票綴等が一般的である。
- ただし書「その書類の所持者においてその提出を拒むことについて正当な理

由」とは、書類中に営業秘密が含まれる場合等のほか、相手方が書類を所持していないケースも該当すると解する。

> 2　裁判所は、前項ただし書に規定する正当な理由があるかどうかの判断をするため必要があると認めるときは、書類の所持者にその提示をさせることができる。この場合においては、何人も、その提示された書類の開示を求めることができない。

- 2項は、前項の書類の所持者がその提出を拒む正当な理由があるかどうかの判断に際し必要なときは、裁判所は、書類所持者にその提示をさせることができる旨を規定する。いわゆる、インカメラ手続についての規定であり、営業秘密がいたずらに開示されるのを防ぎつつ、「正当な理由」の有無の判断を可能とするものである。
- 「正当な理由」の有無については、営業秘密開示による書類所持者の受ける不利益と、書類不提出による訴訟当事者の受ける不利益とを比較衡量して判断される。
- 提示された書類については、何人も開示請求できないとする。

> 3　裁判所は、前項の場合において、第1項ただし書に規定する正当な理由があるかどうかについて前項後段の書類を開示してその意見を聴くことが必要であると認めるときは、当事者等（当事者（法人である場合にあつては、その代表者）又は当事者の代理人（訴訟代理人及び補佐人を除く。）、使用人その他の従業者をいう。第114条の6第1項において同じ。）、訴訟代理人又は補佐人に対し、当該書類を開示することができる。

- 3項は、前項のインカメラ手続において、提示書類について意見を聴く必要があると認められる場合、裁判所は、当事者等、訴訟代理人又は補佐人に対しその書類を開示することができる旨規定する。立証の容易化と営業秘密保護とのバランスを図るものである。
- 前項のインカメラ手続は、裁判官と書類提出を求められた者によってのみなされるため、当該書類の提出命令を申し立てた者が、手続に全く関与できな

いまま判断されるという問題が生じる。そこで、裁判所が、申立人等にも意見を聴く必要があると認める場合には、その裁量で、提出を求められた者以外の当事者等にも当該書類の開示をすることができるものとした。
- 本項規定により書類開示を受けた当事者等・訴訟代理人・補佐人に対しては、通常、秘密保持命令（114条の6）が発せられ、営業秘密の保護が担保される。
- 「当事者等」とは、当該訴訟の当事者（法人なら代表者）又はその代理人、使用人その他の従業者であり、訴訟代理人、補佐人とは区別される。

> 4　前3項の規定は、著作者人格権、著作権、出版権、実演家人格権又は著作隣接権の侵害に係る訴訟における当該侵害の行為について立証するため必要な検証の目的の提示について準用する。

- 4項は、前項までの書類提出命令・インカメラ審理・書類開示についての規定は、著作権等の侵害訴訟における当該侵害行為立証のための必要な検証物の提示について準用することを定める。
- 「検証」とは、裁判官がその五官の作用により、物、場所又は人についての存在や状態を直接観察し認識する処分であり、その認識により証拠調べがなされる場合をいう。
- 「検証の目的」とは、検証の目的となるもの、つまり検証物のことである。
- 「当該侵害の行為について立証するため」とあるのは、損害額の計算上必要な場合と区別するためである。そちらについては書類提出命令で十分対処できると考えられるからである。

> （鑑定人に対する当事者の説明義務）
> 第114条の4　著作権、出版権又は著作隣接権の侵害に係る訴訟において、当事者の申立てにより、裁判所が当該侵害の行為による損害の計算をするため必要な事項について鑑定を命じたときは、当事者は、鑑定人に対し、当該鑑定をするため必要な事項について説明しなければならない。

- 114条の4は、著作権等の侵害訴訟において、裁判所が損害計算のための必要

事項について鑑定を命じた場合、当事者はその鑑定に必要な事項の説明義務があることを規定する。

- 侵害訴訟における損害額計算のための書類提出命令（104条の3第1項）により必要書類が提出されても、実際にはその分量が膨大であったり、略号記号等が含まれていたりすることから、書類内容の迅速かつ正確な理解が困難な場合が多い。そこで、専門家に鑑定を命じた場合の当該鑑定に係る必要事項について、当事者の説明義務を課したものである。なお、本条は財産的損害額計算のための規定なので、著作者人格権及び実演家人格権に係る侵害訴訟は対象とされない。
- 「鑑定」とは、その分野の学識経験を持つ第三者にその専門的な経験則を報告させ、その意見を裁判官の判断における証拠資料とする制度をいう。
- 「鑑定人」としては、公認会計士や情報処理技術者等が指定されることが考えられる。
- 当事者が本条説明義務を果たさなかった場合の罰則規定は設けられていないが、その旨が報告されることにより裁判官の心証に影響を与える可能性は高い。
- なお、本条鑑定は、当事者（本条説明義務を有する者でない方）の申立てにより、裁判所が命ずる。

（相当な損害額の認定）

第114条の5　著作権、出版権又は著作隣接権の侵害に係る訴訟において、損害が生じたことが認められる場合において、損害額を立証するために必要な事実を立証することが当該事実の性質上極めて困難であるときは、裁判所は、口頭弁論の全趣旨及び証拠調べの結果に基づき、相当な損害額を認定することができる。

- 114条の5は、著作権等の侵害訴訟において、損害発生が認定される場合であって、損害額立証に必要な事実がその性質上立証困難なものであるときは、裁判所は口頭弁論の全趣旨等に基づいた相当損害額の認定をすることができる旨を規定する。

- 著作権等侵害訴訟での立証負担を軽減した114条の損害額算定規定等に拠ってもなお算定が困難な場合を救済するために設けられたものであり、損害額立証の負担軽減を図った民事訴訟法248条と同趣旨の規定といえる。
- ただし、民事訴訟法248条では「…損害の性質上その額を立証することが極めて困難であるとき…」とあるのが、本条では「…損害額を立証するために必要な事実を立証することが当該事実の性質上極めて困難であるとき…」とされる。民事訴訟法の「損害の性質上…困難」とは、例えば、幼児が死亡した場合の将来利得などのように、個別具体的かつ厳密な損害額立証が困難であることが損害の性質上一義的である場合（この場合仮説に基づいた一定の基準により認定する他ない）を想定した規定であるが、著作権等侵害の場合、損害の性質が同じであっても、侵害行為発覚の前後で立証の困難性が異なる場合等（違法演奏の回数の立証等）が主に問題となるため、本条では、立証困難の理由を「損害の性質」に求めるのではなく、「立証するために必要な事実」の「当該事実の性質」に求める規定としたのである。
- 上記必要事実の立証が「当該事実の性質上極めて困難」と認められた場合、裁判所は「口頭弁論の全趣旨及び証拠調べの結果に基づき、相当な損害額を認定することができる」とする。例えば、侵害行為発覚後の侵害規模を基に発覚前の侵害に係る損害額を認定したり、一地方での侵害規模を基に全国規模における相当損害額を認定したりすることが認められることになる。
- 本条は財産的損害額認定のための規定なので、著作者人格権及び実演家人格権に係る訴訟は対象とされない。

（秘密保持命令）
第114条の6　裁判所は、著作者人格権、著作権、出版権、実演家人格権又は著作隣接権の侵害に係る訴訟において、その当事者が保有する営業秘密（不正競争防止法（平成5年法律第47号）第2条第6項に規定する営業秘密をいう。以下同じ。）について、次に掲げる事由のいずれにも該当することにつき疎明があつた場合には、当事者の申立てにより、決定で、当事者等、訴訟代理人又は補佐人に対し、当該営業秘密を当該訴訟の追行の目的以外の目的で使用し、又は当該営業秘密に係るこの項の規定に

よる命令を受けた者以外の者に開示してはならない旨を命ずることができる。ただし、その申立ての時までに当事者等、訴訟代理人又は補佐人が第1号に規定する準備書面の閲読又は同号に規定する証拠の取調べ若しくは開示以外の方法により当該営業秘密を取得し、又は保有していた場合は、この限りでない。
　一　既に提出され若しくは提出されるべき準備書面に当事者の保有する営業秘密が記載され、又は既に取り調べられ若しくは取り調べられるべき証拠（第114条の3第3項の規定により開示された書類を含む。）の内容に当事者の保有する営業秘密が含まれること。
　二　前号の営業秘密が当該訴訟の追行の目的以外の目的で使用され、又は当該営業秘密が開示されることにより、当該営業秘密に基づく当事者の事業活動に支障を生ずるおそれがあり、これを防止するため当該営業秘密の使用又は開示を制限する必要があること。

- 114条の6第1項は、著作権等侵害訴訟において、当事者が、自身の保有する営業秘密が準備書面に記載等されていること（1号）、及び、それが開示等されることで事業活動に支障を生ずるおそれがあるため、その防止のための当該営業秘密の開示制限等が必要なこと（2号）を疎明したときは、その者の申立てにより、裁判所は、他の当事者等に秘密保持命令を発することができる旨を規定する。
- 著作権等侵害訴訟においては、いわゆるインカメラ手続（114条の3第2項）等により当事者の営業秘密が審理に表れることが多いことから、当該営業秘密の価値の低下を防ぐ目的で設けられた規定である。
- 「営業秘密」とは、不正競争防止法2条6項で定義される技術上又は営業上の情報であり、①秘密管理性、②（事業活動における情報としての）有用性、③非公知性、を要件とする。
- 「疎明」とは、裁判官をして一応確からしいという推測を抱かせることをいう。
- 「準備書面」とは、民事訴訟において、口頭弁論で陳述しようとする事項を記載した書面で、口頭弁論に先立って提出されるものをいう。
- 当事者が申立てのために疎明すべき内容は、①提出に係る準備書面に営業秘

第7章

密が記載されていること、又は取り調べに係る証拠内容に営業秘密が含まれること（1号）と、②当該営業秘密の当該訴訟追行目的以外での使用、又は開示により、その営業秘密に基づく事業活動に支障を生ずるおそれがあり、その防止のために当該営業秘密の使用又は開示の制限を要すること（2号）、の2点である。

- 秘密保持命令の内容は、①当該営業秘密を当該訴訟の追行の目的以外の目的で使用しないこと、②当該営業秘密を秘密保持命令を受けた者以外の者に開示しないこと、の2点である。
- なお、当該営業秘密についての申立て前に、当事者等、訴訟代理人又は補佐人が、当該訴訟における準備書面の閲覧や証拠取調べ以外の方法でその秘密を取得又は保有した場合には、秘密保持命令は発せられない（ただし書）。秘密保持命令は、訴訟において関係する営業秘密が提示されるのを促すためのものであり、他の理由で取得した営業秘密について関知するものではないからである。

2　前項の規定による命令（以下「秘密保持命令」という。）の申立ては、次に掲げる事項を記載した書面でしなければならない。
一　秘密保持命令を受けるべき者
二　秘密保持命令の対象となるべき営業秘密を特定するに足りる事実
三　前項各号に掲げる事由に該当する事実

- 2項は、前項の秘密保持命令の申立て方法について規定する。事の重要性から、本項1号から3号までの規定事項を記載した書面に拠ることとする。
- 「秘密保持命令の対象となるべき営業秘密を特定するに足りる事実」（2号）とは、準備書面等のどの部分が営業秘密かを示すことなどであり、営業秘密の具体的内容の説明まで求めるものではない。

3　秘密保持命令が発せられた場合には、その決定書を秘密保持命令を受けた者に送達しなければならない。

- 3項は、秘密保持命令が発せられた場合、その決定書を名宛人（秘密保持命令

の対象者）へ送達しなければならないことを規定する。名宛人についての手続を保障するためである。
- 名宛人とは、インカメラ審理（114条の3第3項）での書類開示に関わる当事者等、訴訟代理人及び補佐人である。

> 4　秘密保持命令は、秘密保持命令を受けた者に対する決定書の送達がされた時から、効力を生ずる。

- 4項は、秘密保持命令は、その決定書が送達された時から効力を生ずる旨規定する。
- 秘密保持命令を発する決定については、早期に効力を確定させる必要上、即時抗告が認められていないので、決定書が命令を受けた者に送達された時点をもってその効力が生じるとした。

> 5　秘密保持命令の申立てを却下した裁判に対しては、即時抗告をすることができる。

- 5項は、秘密保持命令の申立て却下の決定に対する即時抗告を認めた規定である。
- 即時抗告を認める場合には明文規定を要することから置かれた規定であるが、逆にいえば、秘密保持命令を発する決定への即時抗告は認められないことを意味するものであり、その点次条3項と異なるので留意を要する。秘密保持命令は迅速な対応が求められるため、要件を満たすと判断されたならまず発令の決定を確定させ、それに不服の場合は次条の取消の申立てにより事後的に解除させるという構図を採った。
- 即時抗告は、裁判告知を受けた日から1週間の不変期間内に提起しなければならないとする（民訴332条）。

第7章

> **(秘密保持命令の取消し)**
> **第114条の7** 秘密保持命令の申立てをした者又は秘密保持命令を受けた者は、訴訟記録の存する裁判所(訴訟記録の存する裁判所がない場合にあつては、秘密保持命令を発した裁判所)に対し、前条第1項に規定する要件を欠くこと又はこれを欠くに至つたことを理由として、秘密保持命令の取消しの申立てをすることができる。

- 114条の7第1項は、秘密保持命令発令の要件が欠いていた場合又は欠くに至った場合に、その申立人又は受命者は、訴訟記録の存する裁判所に当該秘密保持命令の取消の申立てをすることができる旨を規定する。
- 秘密保持命令は、発令の決定に対しては不服申立てが認められておらず、また、一度発せられると無期限に効力を有するものなので、そもそも発令の決定要件を欠いていた場合や、事後的に要件を満たさなくなった場合等、命令の効果を解除する必要がある場合を考慮し設けられた規定である。
- 「秘密保持命令を受けた者」のみならず「秘密保持命令の申立てをした者」も取消の申立てができる。該当するケースとして、対立していた訴訟当事者が協力関係に変わった場合等が考えられる。
- 申立て先が、発令した裁判所ではなく「訴訟記録の存する裁判所」とされるのは、要件具備の判断には訴訟記録が必要であり、上訴等と共に訴訟記録が移動することによる。ただし、訴訟記録がなくなった場合等には、「秘密保持命令を発した裁判所」に申立てすることとなる(かっこ書)。
- 本項の申立て理由として、①発令時に秘密保持命令の申立て要件を欠くこと、②発令後に秘密保持命令の申立て要件が欠けるに至ったこと、のいずれかに該当することを挙げる。①を理由とする場合、取消申立人は、秘密保持命令申立てが要件を満たしていないことの反証をすることで足り、当該秘密保持命令が要件を満たすことの立証責任は、相手方である秘密保持命令申立人が負う。一方、②による場合は、取消申立人が事後的取消事由について立証責任を負う。この場合、発令時の秘密保持命令申立要件は満たしていたことになり、事後的取消理由はそれに対する抗弁的事実に当たるからである。

> 2　秘密保持命令の取消しの申立てについての裁判があつた場合には、その決定書をその申立てをした者及び相手方に送達しなければならない。

- 2項は、秘密保持命令取消の申立てに係る裁判があった場合、その決定書を取消申立人及び相手方に送達すべきことを規定する。
- 「秘密保持命令の取消しの申立てについての裁判があつた場合」には、取消の申立てを認容する場合及び却下する場合の両方が含まれる。この点、前条3項との違いに留意する。

> 3　秘密保持命令の取消しの申立てについての裁判に対しては、即時抗告をすることができる。

- 3項は、秘密保持命令取消の申立てに係る裁判に対し、即時抗告が認められることを規定する。
- この場合、秘密保持命令の発令時のような迅速性は求められないことから、認容・却下いずれの決定についても即時抗告の機会が与えられる。

> 4　秘密保持命令を取り消す裁判は、確定しなければその効力を生じない。

- 4項は、秘密保持命令を取り消す裁判は、確定しなければ効力を生じないことを規定する。
- 「効力」とは、秘密保持命令が解除されることであり、即時抗告の不変期間経過等により決定が確定するまでは、秘密保持命令は有効に働くこととなる。

> 5　裁判所は、秘密保持命令を取り消す裁判をした場合において、秘密保持命令の取消しの申立てをした者又は相手方以外に当該秘密保持命令が発せられた訴訟において当該営業秘密に係る秘密保持命令を受けている者があるときは、その者に対し、直ちに、秘密保持命令を取り消す裁判をした旨を通知しなければならない。

- 5項は、秘密保持命令を取り消す裁判がなされた場合に、当該取消しの申立てに係る当事者以外で当該秘密保持命令を受けている者があるときには、裁判所は、直ちに、当該秘密保持命令を取り消す裁判がされた旨をその者に通知すべきことを規定する。
- 本項は、「申立てをした者又は相手方」以外の「当該営業秘密に係る秘密保持命令を受けている者」に対し、その者が受けている当該秘密保持命令が解除されることを通知する旨の規定ではない点に留意する（解除対象者には「送達」される）。
- 複数の者が秘密保持命令を受けた場合、その命令を受けた者同士間での当該営業秘密の開示は適法なものとされるが、そのうちの一部の者について当該命令が解かれた場合、他の受命者がそれを知らずに命令解除された者に当該営業秘密を開示すると違法行為として扱われてしまうことから、引き続き秘密保持義務を負う者に、開示可能な対象者を了知させるために設けられた規定である。

（訴訟記録の閲覧等の請求の通知等）
第114条の8　秘密保持命令が発せられた訴訟（すべての秘密保持命令が取り消された訴訟を除く。）に係る訴訟記録につき、民事訴訟法（平成8年法律第109号）第92条第1項の決定があつた場合において、当事者から同項に規定する秘密記載部分の閲覧等の請求があり、かつ、その請求の手続を行つた者が当該訴訟において秘密保持命令を受けていない者であるときは、裁判所書記官は、同項の申立てをした当事者（その請求をした者を除く。第3項において同じ。）に対し、その請求後直ちに、その請求があつた旨を通知しなければならない。

- 114条の8第1項は、秘密保持命令が発せられた訴訟に係る訴訟記録について、秘密記載部分の閲覧等請求を当事者に限って認めるとする決定（民訴92条1項）があった場合において、当事者からその秘密記載部分の閲覧等の請求があり、かつ、その請求手続をした者が当該秘密保持命令を受けていない者であるときには、裁判書記官は、その秘密記載部分の閲覧等の制限をする

よう申立てた当事者に、直ちに、その旨を通知すべきことを規定する。閲覧等制限の申立てをした当事者（営業秘密保有者）に、新たに秘密保持命令の申立をするきっかけを与えるためのものである。

- 民事訴訟法は、訴訟記録の閲覧請求を何人にも認め（同法91条1項）、その謄写等についても条件付きで第三者に認めているが（同3項等）、当事者が、私生活上の重大な秘密や営業秘密が訴訟記録中に含まれることを疎明した場合には、その秘密記載部分の閲覧等を（他の）当事者に限って認める決定をすることができるとするのが同法92条1項の規定である。本項は、その民事訴訟法92条1項の特別規定ということになる。
- 「秘密記載部分の閲覧等を当事者に限るとする決定」がなされても、当該「当事者」には、秘密保持命令を受けていない当事者（例えば、秘密保持命令を受けた当事者の使者や代理人等）も含まれるため、それらの者が当事者であることを理由に閲覧等の請求手続をすると、その手続過程等で知った営業秘密を開示するおそれがあることから、それらの者に対する秘密保持命令の申立てができるよう秘密保有当事者にその旨を通知することとしたのである。
- 秘密保持命令が発せられた訴訟のうち、すべての秘密保持命令が取り消されたものは本項の対象から除かれる（かっこ書）。もはや保護すべき営業秘密はなくなっているからである。
- 本項は、基本的に、秘密保持命令を受けていない当事者から秘密記載部分の閲覧等の請求があった場合を想定しているのであろうが、秘密記載部分の閲覧等の請求をした当事者と、その請求手続を行った者が同一人である必要はなく、したがって、当該請求をした当事者が秘密保持命令を受けていたとしても、その請求手続を行った者が秘密保持命令を受けていない当事者であれば本項適用の要件を満たすこととなる。
- 「秘密記載部分の閲覧等」とは、「当該訴訟記録中当該秘密が記載され、又は記録された部分の閲覧若しくは謄写、その正本、謄本若しくは抄本の交付又はその複製」とされる（民訴92条1項柱書）。
- 本項で裁判書記官が通知する当事者は、秘密記載部分の閲覧等の制限の申立て（民訴92条1項）をした当事者であるが、その者がその秘密記載部分の閲覧等を請求した者である場合は、当該通知はする必要がない（かっこ書）。

第7章

> 2　前項の場合において、裁判所書記官は、同項の請求があつた日から2週間を経過する日までの間（その請求の手続を行つた者に対する秘密保持命令の申立てがその日までにされた場合にあつては、その申立てについての裁判が確定するまでの間）、その請求の手続を行つた者に同項の秘密記載部分の閲覧等をさせてはならない。

- 2項は、前項の通知をした場合、裁判書記官は、秘密記載部分の閲覧等請求があった日から原則2週間経過する日まで、その請求手続をした者に当該秘密記載部分の閲覧等をさせてはならないことを規定する。通知を受けた当事者（営業秘密保有者）に、秘密記載部分の閲覧等の請求手続をした者に対する秘密保持命令を発するか否かの判断期間を与える規定であり、その間は、請求手続をした者の当該閲覧等を制限するとしたものである。
- 請求日から2週間以内にその請求手続をした者への秘密保持命令の申立てがなされた場合には、その申立てについて裁判が確定するまで、その者の秘密記載部分の閲覧等は制限される（かっこ書）。

> 3　前2項の規定は、第1項の請求をした者に同項の秘密記載部分の閲覧等をさせることについて民事訴訟法第92条第1項の申立てをした当事者のすべての同意があるときは、適用しない。

- 3項は、秘密記載部分の閲覧等の請求した者にその閲覧等させることについて、秘密記載部分の閲覧等制限の申立てをした当事者全員の同意があるときは、その申立てをした当事者への通知（1項）や、請求手続者の秘密記載部分の閲覧等の制限（2項）はしないとする規定である。
- 本項では、秘密記載部分の閲覧等の請求手続をした者ではなく、その請求をした者に閲覧等させることを同意の対象としているので、請求した者と手続した者が別人であって、その手続者が同意の対象者でも秘密保持義務者でもない場合について疑義の余地はあるが、規定の趣旨としては、秘密保持命令を受けていない当事者の当該閲覧等について、全ての営業秘密保有者の同意があれば秘密保持命令発令のための規定の適用はいらないということであ

る。

> **（名誉回復等の措置）**
> **第115条** 著作者又は実演家は、故意又は過失によりその著作者人格権又は実演家人格権を侵害した者に対し、損害の賠償に代えて、又は損害の賠償とともに、著作者又は実演家であることを確保し、又は訂正その他著作者若しくは実演家の名誉若しくは声望を回復するために適当な措置を請求することができる。

- 115条は、著作者等が、故意・過失で著作者人格権等を侵害した者に対し、損害賠償に代え又は損害賠償とともに、著作者等であることの確保、又は訂正や名誉・声望回復のための適当な措置を請求し得ることを規定する。人格的利益が損なわれた場合の、原状回復的措置を認めたものである。
- 対象となる権利は、人格的権利である著作者人格権と実演家人格権であり、よって、本条の措置請求ができるのは著作者又は実演家ということになる。
- 「損害の賠償に代えて、又は損害の賠償とともに」とは、損害賠償請求をするとしないとにかかわらず、名誉回復等の措置を請求できるということである。著作者人格権及び実演家人格権の侵害についても、民法上の損害賠償請求（民709条）ができることを前提とした規定である。
- 「著作者又は実演家であることを確保…するために適当な措置」とは、主に氏名表示権が侵害された場合に、自分が著作者等であることを知らしめるための措置をいう。
- 「訂正その他著作者若しくは実演家の名誉若しくは声望を回復するために適当な措置」とは、主に、同一性保持権を侵害された場合、あるいは、113条6項の名誉・声望保持権に係るみなし侵害がされた場合を想定した原状回復的措置をいうと考えられるが、公表権又は氏名表示権が侵害された場合でも、訂正や名誉・声望の回復が望まれるケースにおいては採られ得る措置である。
  ※この場合の「名誉声望」とは、「著作者がその品性、徳行、名声、信用等の人格的価値について社会から受ける客観的評価、すなわち社会的声望名誉」を指し、名誉感情は含まれないものと解されるので、著作者人格権が侵害された場合すべて

第7章

において名誉声望の回復的措置が認められるものではないとされる（最判昭61.5.30「パロディ事件」第二次上告審）。ただし、「著作者であることを確保する措置」と「訂正する措置」については、文言上、名誉・声望が害されていることは不要と解される。

- 「適当な措置」とは、新聞や雑誌への謝罪広告や訂正広告の掲載が一般的であるが、場合によっては、既に頒布済みの侵害品の回収も適当な措置となり得る。「適当」か否かは、侵害の性質・程度と措置内容の妥当性とを比較衡量し、最終的には裁判所が判断する。謝罪広告については、既に他の方法により名誉回復がなされている場合や、侵害態様が悪質でない場合には認められない傾向にあるとされる（中山504頁）。

※本項と同旨の民法723条の解釈において、謝罪広告は謝罪の意思表明を義務付けるものであり、憲法19条（思想及び良心の自由）に違反するのではないかとの見解があるが、判例は、単に事態の真相を告白し、陳謝の意を表明するにとどまる程度のものであれば憲法19条に違反しない旨を示している（最判昭31.7.4「謝罪広告事件」）。

※自らの研究論文を無断で改変等され転用された研究員が、著作者人格権（氏名表示権・公表権・同一性保持権）侵害につき謝罪広告を求めた事案では、当該論文の学術論文としての先行性が重視されると共に、侵害者側が当該研究員の社会的名誉を回復させるための適当な措置をとっていなかったことなどが考慮され、その請求が認められた（東京高判平8.10.2「市史事件」控訴審（上告は棄却））。

※市の公園に設置されている銅像に、当該銅像の制作を依頼した者の通称がその制作者として刻まれていることについて、当該銅像の実際の制作者である彫刻家が、当該依頼者に対し、真の制作者が誰であるのかとその表示を改めるべき旨を当該銅像の所有者等である当該市の市長に通知するよう求めた事案では、裁判所は、当該通知により当該銅像の制作者表示の変更が容易になることを認め、当該通知を「著作者であることを確保するための適切な措置」に当たるとした（知財高判平18.2.27「ジョン万次郎像事件」控訴審）。

> （著作者又は実演家の死後における人格的利益の保護のための措置）
> 第116条　著作者又は実演家の死後においては、その遺族（死亡した著作者又は実演家の配偶者、子、父母、孫、祖父母又は兄弟姉妹をいう。以下この条において同じ。）は、当該著作者又は実演家について第60条又は第101条の3の規定に違反する行為をする者又はするおそれがある者に対し第112条の請求を、故意又は過失により著作者人格権又は実演家人格権を侵害する行為又は第60条若しくは第101条の3の規定に違反する行為をした者に対し前条の請求をすることができる。

- 116条1項は、著作者又は実演家（以下本条解説で「著作者等」とする）の死後における人格的利益保護のための措置として、その遺族に一定の保全行為を認める規定である。
- 遺族とは、死亡した著作者等の配偶者、子、父母、孫、祖父母又は兄弟姉妹であり、その著作者等の代弁者に最もふさわしいと思われる者として本項かっこ書に挙げている。これらの者が存しなくなったところで本項の請求権は消滅することとなる。
- 著作者等が存しているとしたならばその著作者人格権等の侵害となるべき行為を禁止する規定（60条、101条の3）の実効性を図るため、そのような違反行為をした者あるいはするおそれのある者に対する差止請求権及び必要な措置請求権（112条）を、更に故意・過失で著作者人格権等の侵害又は60条若しくは101条の3の規定違反をした者に対する名誉回復等の措置請求権（115条）を、それぞれ認める。なお、本項は人格的利益の保全規定と考えられるため、損害賠償請求は認めていない。
  - ※個人宛の手紙の受取人らが、その差出人（三島由紀夫）の死後にその遺族の許諾なしに当該手紙を公表した事案について、裁判所は、著作権法が、著作者の死後におけるその著作者の人格的利益を保護する権利をその遺族に認めているとした上で、「その権利者である遺族に『無断で公表、出版した』ものであることをも明らかにすることが、三島由紀夫の名誉声望を回復するために適当な措置の一つとなることは、明らかというべき」とし、広告文の掲載を命じた（東京高判平12.5.23「剣と寒紅事件」控訴審）。

- これら違反行為が著作者等の生存中から行われていた場合でも、本項適用の対象となる。「死後においては」は、「請求をすることができる」に係るものである。

> 2　前項の請求をすることができる遺族の順位は、同項に規定する順序とする。ただし、著作者又は実演家が遺言によりその順位を別に定めた場合は、その順序とする。

- 2項は、前項の請求権行使をする遺族の順位について規定する。前項規定通りの順序、つまり、配偶者、子、父母、孫、祖父母、兄弟姉妹の順でその請求ができるとする。
- 同一順位の者が複数存在する場合は、それぞれの者が単独で請求権を行使することができる。
- 先順位者が請求権の行使をしない場合に、後順位者がそれに反して請求権行使することは認められない。権利行使するか否かの先順位者の判断は後順位者の意思より優先されるべきであり、そうしないと、信頼度の高い順に権利を認めるとした前項規定の趣旨が没却されることにもなるからである。
- 著作者等が遺言によりその順位を別途定めたときは、それに従うとする（ただし書）。著作者等の意思を尊重するものである。

> 3　著作者又は実演家は、遺言により、遺族に代えて第1項の請求をすることができる者を指定することができる。この場合において、その指定を受けた者は、当該著作者又は実演家の死亡の日の属する年の翌年から起算して50年を経過した後（その経過する時に遺族が存する場合にあつては、その存しなくなつた後）においては、その請求をすることができない。

- 3項は、著作者等の遺言により、遺族に代わる1項の請求権者を指定することができることを規定する。
- 著作者等の意思を最も適切に代弁し得る者を、個別具体的に判断し指定できるものとする規定である。

- この場合、著作者等の死亡日の属する年の翌年から起算して50年経過後（当該経過時に遺族がいる場合は、その死後）においては、遺族に代わって行う1項の請求はできないとする。本項指定を受けた者が法人等の団体の場合に、半永久的に当該請求権行使が可能となるのを防ぐためである。
- 本項期間内に指定された者が存しなくなった場合は、1項の遺族による請求が可能となる。

（共同著作物等の権利侵害）
第117条　共同著作物の各著作者又は各著作権者は、他の著作者又は他の著作権者の同意を得ないで、第112条の規定による請求又はその著作権の侵害に係る自己の持分に対する損害の賠償の請求若しくは自己の持分に応じた不当利得の返還の請求をすることができる。

- 117条1項は、共同著作物の著作者人格権等の侵害について、各著作者等が個別に権利行使できることを明確にする規定である。
- 共同著作物の著作者人格権侵害については、各著作者が単独で差止請求（112条）を、共同著作物の著作権侵害については、各著作権者が、単独での差止請求（112条）又は各自の持分についての損害賠償請求（民709条）・不当利得返還請求（民703条）をすることができるとする。
- 一般に、共有財産権侵害についての妨害排除請求は、共同著作物の著作権の場合も含め、各権利者が単独でその財産権全体について請求することができると解され、共同著作物の著作者人格権の行使についても、各著作者の人格的利益がそこに混然融合していることからすると、保全目的の差止請求については、各著作権者の単独行使が認められると解されるものであり、また、共同著作物の著作権侵害に係る損害賠償請求・不当利得請求については、可分債権と捉え各自がその持分に応じて単独請求できるとするのが通説とされてきた。ただ、条文では、64条1項では共同著作物の著作者人格権の行使について、65条2項では共有著作権（同条1項定義による）の行使について、それぞれ権利者全員の合意によるべきことを規定しており、これら積極的権利内容実現の意味での権利行使と、本項に掲げる侵害に対する救済措置として

第7章

の権利行使が混同されて解釈される可能性があるため、本項でそのような誤認解釈を防ぐための確認的規定を設けたのである。
- 「自己の持分」は、共同著作物作成における貢献度により定まると考えられるが、貢献度が不明の場合は、各自の持分は相均しいものと推定される（民250条）。
- 本項で共同著作物の著作者人格権侵害について損害賠償請求及び名誉回復措置請求を対象としていないのは、その著作物の中に不可分に混然融合している各著作者の人格的利益の侵害について単独での代償請求を認めるのは妥当でないと解されるからである。したがって、これらの請求は共同で行うべきものと解される。

> 2　前項の規定は、共有に係る著作権又は著作隣接権の侵害について準用する。

- 2項は、前項の共同著作物に係る著作権侵害についての規定を、共有に係る著作権又は著作隣接権の侵害について準用することを規定する。
- 共有に係る著作権の行使についての65条2項、あるいは共有に係る著作隣接権の行使についての103条の規定により、民事的救済としての権利行使も共有権利者全員の合意によってのみ行うことができるとの誤解が生じるのを防ぐための規定である。

> （無名又は変名の著作物に係る権利の保全）
> 第118条　無名又は変名の著作物の発行者は、その著作物の著作者又は著作権者のために、自己の名をもつて、第112条、第115条若しくは第116条第1項の請求又はその著作物の著作者人格権若しくは著作権の侵害に係る損害の賠償の請求若しくは不当利得の返還の請求を行なうことができる。ただし、著作者の変名がその者のものとして周知のものである場合及び第75条第1項の実名の登録があつた場合は、この限りでない。

- 118条1項は、無名又は変名の著作物の発行者が、その著作物の著作者又は著

作権者のために、自己の名をもって、差止請求等の民事的救済措置請求をすることができる旨を規定する。
- 差止請求等の権利保全行為は、実名をもって行う必要があるが、本項は、実名を明かしたくないとする著作者の意思を尊重しつつ権利の保全を可能とするために、発行者にその保全行為を認めるものである。したがって、誰のものであるかが周知の変名に係る著作物の場合や実名登録があったものの場合は、実名を明かしたとの同視し得るケースなるので、本項の適用はない（ただし書）。「発行者」とする理由は、著作者又は著作権者の意思を実務上最も的確に代弁し得る立場の者であると考えられるからである。
- 具体的に認められるのは、差止請求（112条）、名誉回復等の措置請求（115条）、著作者等の死後における人格的利益保護のための措置請求（116条1項）、損害賠償請求（民709条）及び不当利得返還請求（民703条）である。
- 発行者は、「その著作物の著作者又は著作権者のために、自己の名をもつて」請求権を行使することができるとするが、それは、発行者が代理人としてではなく、原告として訴訟提起することができることを意味するものである。代理人として提起したのでは、著作者の意思に反して、代理される当事者名（著作者名）が明示されることになるため、そのような事態を避けるために特例的に認められた規定ということである。

> 2　無名又は変名の著作物の複製物にその実名又は周知の変名が発行者名として通常の方法により表示されている者は、その著作物の発行者と推定する。

- 2項は、無名又は変名の著作物の複製物にその実名又は周知の変名が発行者名として通常の方法により表示されている者を、当該著作物の発行者と推定する旨の規定である。
- 本項は、前項の権利保全行為を行い得る発行者が誰なのかを判断する際の推定規定であり、したがって、「無名又は変名の著作物の複製物」であることが前提となる。
- 推定される発行者は、相手方の反証がない限り発行者として前項の権利保全行為を行うことができる。

- なお、第一発行とそれ以降の発行が別の発行者によりなされる場合等には、複数の発行者に権利保全行為を認めるのが権利者保護に資すると考えられるため、発行者について、最初のあるいは直近の発行に係るなどの条件は付されなかった（加戸810頁）。

第8章

罰　則

第8章　罰　則

> 第119条　著作権、出版権又は著作隣接権を侵害した者（第30条第1項（第102条第1項において準用する場合を含む。第3項において同じ。）に定める私的使用の目的をもつて自ら著作物若しくは実演等の複製を行つた者、第113条第3項の規定により著作権若しくは著作隣接権（同条第4項の規定により著作隣接権とみなされる権利を含む。第120条の2第3号において同じ。）を侵害する行為とみなされる行為を行つた者、第113条第5項の規定により著作権若しくは著作隣接権を侵害する行為とみなされる行為を行つた者又は次項第3号若しくは第4号に掲げる者を除く。）は、10年以下の懲役若しくは1000万円以下の罰金に処し、又はこれを併科する。

- 119条1項は、著作権、出版権又は著作隣接権を侵害した者に対する罪刑を規定したものであり、当該侵害者は、10年以下の懲役若しくは1000万円以下の罰金に処し、又はこれを併科するとする。これら権利の保護の実効性を図るために、罪刑法定主義の下、一般刑法とは別に著作権法において独自の侵害罪について定めたものである。
- 著作権法においては、刑法の総則に対する特別の規定は設けられていないので、本項の罪については刑法総則が適用される（刑法8条）。
- 刑法総則では原則、故意犯（刑法38条1項）、既遂犯（刑法44条）が処罰対象であり、著作権法上その例外規定もないので、本項においても故意犯、及び既遂犯が処罰対象となる。
- 刑法3条では、国外で所定の罪を犯した日本国民に対し刑法を適用する旨を定めるが、刑法施行法27条1号で、著作権法に掲げる罪は刑法3条の例に従うとするので、国外で本項規定の罪を犯した日本国民についても本項罰則が適用されることになる。
- 刑事上の犯罪行為者については自然人主義が採られるので、処罰の対象となるのは原則物理的に行為を行った個人ということになるが、処罰目的を完全

第8章

に達成するための例外として、両罰規定も設けられている（124条）。

- 本項対象の著作権・出版権・著作隣接権の侵害者からは、次項3号・4号で別途罪刑を規定する者（113条1項又は同条2項規定のみなし侵害行為者）のほか、私的使用目的の複製のうち民事上侵害とされる複製（30条1項各号（102条1項で準用する場合も含む）の侵害に該当する複製）を行った者、権利管理情報に係るみなし侵害行為（113条3項）を行った者、及び不当な国外頒布目的商業用レコードの頒布等に係るみなし侵害行為（113条5項）を行った者は除かれる。これらの者は、民事上の責任は負うとしても、刑事責任を負うほどの悪質な行為者とはいえない等の理由によるものである（ただし120条の2で特に悪質な場合の罰則を設けている）。

- 本項該当の侵害者については、「10年以下の懲役若しくは1000万円以下の罰金に処し、又はこれを併科する」とする。わが国政府が近年掲げている知的財産立国の実現のため、高度情報化における大量かつ高品質の著作物のコピーの流通による権利侵害の拡大を防止し、文化的・経済的活動を支える著作権を特許権等と同等に保護することをねらいとして、平成18年法改正により「5年以下の懲役若しくは500万円以下の罰金」であった罰則が引き上げられたものである。ただし、これら罰則の主たる目的が財産的利益の保護にあることから、引き上げの対象は財産的権利である著作権等を直接侵害した場合に限ることとし、人格的権利である著作者人格権・実演家人格権についての侵害及び113条規定のみなし侵害については従来のままとした。

- また、それより前の平成16年法改正においては、他の知的財産法に先駆ける形で「併科規定」が設けられた。懲役刑と罰金刑の両方を科すことができるとするもので、懲役刑の場合の多くが執行猶予付きとなることで事実上「侵害し得」となっていたのを是正するためのものである。

- 本項刑事罰は親告罪であり、権利者からの告訴がなければ控訴を提起することができない（123条1項）。

2　次の各号のいずれかに該当する者は、5年以下の懲役若しくは500万円以下の罰金に処し、又はこれを併科する。

- 2項は、同項各号いずれかに該当する者についての罪刑を規定する。該当者

は、5年以下の懲役若しくは500万円以下の罰金に処し、又はこれを併科するとする。
- 前項が財産的利益の保護強化を図るための財産権の直接的侵害への罪刑を定めた規定であるのに対し、本項は、人格的権利の侵害行為や財産権の間接的侵害行為に対する罰則規定である。
- 各号におけるこれらの行為は直接に財産的被害を与えるものではないので、平成18年法改正における罰則の引き上げ対象とはされず、いずれも「5年以下の懲役若しくは500万円以下の罰金に処し、又はこれを併科する」との内容が引き継がれた。
- 本項刑事罰は親告罪であり、権利者からの告訴がなければ控訴を提起することができない（123条1項）。
- 本項各号についての刑法の一般的解釈等については、前項と同様であるので、そちらを参照されたい。

> 一　著作者人格権又は実演家人格権を侵害した者（第113条第3項の規定により著作者人格権又は実演家人格権を侵害する行為とみなされる行為を行つた者を除く。）

- 1号は、本項刑罰対象者として、著作者人格権又は実演家人格権を侵害した者を掲げる。
- この場合の侵害者からは、権利管理情報に係るみなし侵害行為（113条3項）を行った者は除かれる。前項同様、刑罰を与えるほどの悪質な行為者ではないとの判断による。

> 二　営利を目的として、第30条第1項第1号に規定する自動複製機器を著作権、出版権又は著作隣接権の侵害となる著作物又は実演等の複製に使用させた者

- 2号は、本項刑罰対象者として、営利目的で自動複製機器の供与を行い、著作権等侵害となる複製に使用させた者を掲げる。
- 前項では、刑罰対象となる著作権等侵害者のうちから、公衆のために設置さ

れた自動複製機器を用いて私的使用目的の複製をする者（30条1項1号により著作権の制限規定が働かず民事上侵害行為者とされる者）は、刑罰を与えるまでの悪質性はないとして除かれているが、自動複製装置を営利目的で設置し利用者自らに複製行為をさせる者は、全体としてみた場合、自らが複製物を提供するのと同視できるか、あるいは少なくとも複製権侵害を教唆・幇助する形で、実質的に侵害行為の原因を作出している者といえる。そにもかかわらず、行為上正犯となる利用者自身が前項規定により刑罰の対象とならないのを逆手にとる形で、従犯である設置業者の幇助行為も刑罰を免れるとする解釈（共犯従属説）や、正犯である利用者より従犯である設置業者の刑は軽くなるとの扱い（刑法63条）がなされたのでは、結果的に社会正義に反することになるため、本号で、このような設置業者についての独自の刑罰規定を設けたのである。

- 本号に該当するための要件は、①営利目的であること、②公衆使用目的で設置された自動複製機器が使用に供されること、③著作権等侵害となる複製行為に使用させるものであること、の3つである。このうち、①については、サービス等の一環として間接的に利益を得る場合も含まれると考えられる。②については、リースにより当該機器を設置する場合も該当する。③について、本号中、30条1項1号規定の自動複製機器とあることから、私的使用目的のケースのみを対象と考えがちであるが、業務・販売目的のケースも当然に該当する点には留意が必要である。

- なお、本号の場合、設置業者が利用者の権利の有無（許諾を受けているのか等）をチェックしないとすれば、個々の事案について故意に侵害を幇助したとはいい切れないことにもなるが、それを理由に故意犯を否定し罰を免れ得るのでは制度趣旨を没却しかねないので、違法複製の可能性を否定し得ない形で使用させた場合の未必の故意が認められるものと解される（加戸822頁）。

　三　第113条第1項の規定により著作権、出版権又は著作隣接権を侵害する行為とみなされる行為を行つた者

- 3号は、本項刑罰対象者として、著作権、出版権若しくは著作隣接権の侵害行為と同質の行為により作成された物品の頒布目的の輸入行為（113条1項1

号）を行った者と、情を知って、上記権利に係る侵害物品の頒布、頒布目的の所持若しくは頒布の申出、又は業としての輸出若しくは業としての輸出目的の所持の各行為（同項2号）のいずれかを行った者を掲げる。
- 財産的権利のみなし侵害行為を行った者について、前項の直接侵害者に対するものより軽い刑罰を定めたものである。

> 四　第113条第2項の規定により著作権を侵害する行為とみなされる行為を行つた者

- 4号は、本項刑罰対象者として、プログラムの違法複製物を、その使用権原取得時に情を知って業務上電子計算機において使用する者を掲げる。
- プログラムの違法複製物には、複製物所有者が自らの使用上必要限度で作成が認められるプログラム著作物の複製物（47条の3第1項）、侵害行為と同質の行為により作成された物の頒布目的の輸入行為（113条1項1号）に係るプログラム著作物の複製物、更に、その複製物を、複製物所有者の使用上の必要限度で認められる複製（47条の3第1項）により作成されたプログラム著作物の複製物のいずれもが含まれる。
- 当該行為の詳細については、113条2項（→482頁）を参照されたい。

> 3　第30条第1項に定める私的使用の目的をもつて、有償著作物等（録音され、又は録画された著作物又は実演等（著作権又は著作隣接権の目的となつているものに限る。）であつて、有償で公衆に提供され、又は提示されているもの（その提供又は提示が著作権又は著作隣接権を侵害しないものに限る。）をいう。）の著作権又は著作隣接権を侵害する自動公衆送信（国外で行われる自動公衆送信であつて、国内で行われたとしたならば著作権又は著作隣接権の侵害となるべきものを含む。）を受信して行うデジタル方式の録音又は録画を、自らその事実を知りながら行つて著作権又は著作隣接権を侵害した者は、2年以下の懲役若しくは200万円以下の罰金に処し、又はこれを併科する。

- 3項は、私的使用目的で有償著作物等の著作権等を侵害する自動公衆送信を

第8章

受信して行うデジタル方式の録音・録画を、自らその事実を知りながら行って著作権等を侵害した者は、2年以下の懲役若しくは200万円以下の罰金に処し、又はこれを併科する旨を定める。

- 平成21年法改正において、違法な自動公衆送信と知りながらそれを受信して行う録音・録画については、私的使用目的であっても違法とする規定が設けられたが（30条1項3号）、刑事罰対象としなかったこともありその実効性は十分とはいえなかった。本項は、そのような違法なダウンロードの一部について刑事罰を科すこととし、制度の実効性を図るものである。
- 本項で対象とする著作物は有償著作物等であり、したがって、著作権者等が無償で公開しているプライベートビデオなどをダウンロードしても、本項刑事罰は科されない。
  ※「有償著作物等」とは、「録音され、又は録画された著作物又は実演等（著作権又は著作隣接権の目的となっているものに限る。）であつて、有償で公衆に提供され、又は提示されているもの（その提供又は提示が著作権又は著作隣接権を侵害しないものに限る。）」であり、具体的には、CDとして販売されていたり有料配信されている音楽作品や、DVDとして販売されていたり有料配信されている映画などである。有償での提供・提示がなされないテレビドラマなどはこれに該当しない。また、市販の漫画本を撮影した動画については、漫画作品自体が録音・録画された状態で提供されているものではないので、有償著作物等には当たらないとされる（文化庁HP）。
- 本項は、故意犯のみを刑事罰対象としており、自らその事実をを知りながら行うことが本項適用の要件となる。
  ※「その事実」とは、「有償著作物等」であること及び「著作権又は著作隣接権を侵害する自動公衆送信」であることを指す。
- 本項刑事罰は、親告罪であり、権利者からの告訴がなければ控訴を提起することができない（123条1項）。

第120条　第60条又は第101条の3の規定に違反した者は、500万円以下の罰金に処する。

- 120条は、著作者又は実演家の死後に、それらの者の人格的利益を侵害する行為をした者を罰する規定である。侵害者は、500万円以下の罰金に処するとする。
- 死亡した著作者又は実演家の人格的利益に対する侵害行為の違法性を追及すると同時に、死亡した者の遺した文化的遺産を公益的立場から保護するという意味合いも込めて設けられた規定である。ただし、著作者等の死後の行為ということで、500万円以下の罰金刑のみで、懲役刑は科されていない。
- 本条規定は、私権である人格権を保護するものであるが、親告罪とはなっていない（123条）。その理由は、著作者等の生前の人格権規定に比べると本条の場合、著作者等個人の法益保護というより公益的保護の色合いが強いものであり、また、著作者等の死後相当の年月の経過により子孫との精神的連帯性は薄れるものであることなどから、訴追に関しては検察官の判断に委ねるのがより妥当であると考えられるためである。
- 死亡した著作者又は実演家の遺族（配偶者・2親等以内の血族）にあっては、60条又は101条の3の規定に違反した者に対し民事上の救済を求めることができるが（116条1項）、それとは別に、刑事上の訴追を求める場合には告発することが可能である（刑訴239条1項）。
- その他、刑法の一般的解釈等は119条1項と同様である。

第120条の2 次の各号のいずれかに該当する者は、3年以下の懲役若しくは300万円以下の罰金に処し、又はこれを併科する。

- 120条の2は、同条各号のいずれかに該当する者についての罪刑を規定する。該当者は、3年以下の懲役若しくは300万円以下の罰金に処し、又はこれを併科するとする。
- 本条は、技術的保護手段の回避装置等の公衆への譲渡等、業としての技術的保護手段の回避行為、営利目的の権利管理情報の改変等、及び営利目的の国外頒布目的商業用レコードの輸入等を行う者についての罰則規定である。
- 技術的保護手段の回避による複製・業としての技術的保護手段の回避行為・権利管理情報の改変等・国外頒布目的商業用レコードの輸入等は、民事上の

侵害行為とみなされるものの（30条1項2号、113条3項、113条5項）、直接的な侵害行為ではなく、その分悪質性は少ないとして119条では刑罰の対象から除かれている行為である。しかし、これらの行為を意図的に誘発させたり、営利目的で行ったりする場合などは、その悪質性は決して少なくないとして新たに刑罰の対象としたのが本条規定である。いずれも、3年以下の懲役若しくは300万円以下の罰金、又はこれらの併科とされ、直接的侵害の場合より軽い内容となっている。

- 本条についても、刑法の一般的解釈等は119条1項（→523頁）を参照されたい。

> 一　技術的保護手段の回避を行うことをその機能とする装置（当該装置の部品一式であつて容易に組み立てることができるものを含む。）若しくは技術的保護手段の回避を行うことをその機能とするプログラムの複製物を公衆に譲渡し、若しくは貸与し、公衆への譲渡若しくは貸与の目的をもつて製造し、輸入し、若しくは所持し、若しくは公衆の使用に供し、又は当該プログラムを公衆送信し、若しくは送信可能化する行為（当該装置又は当該プログラムが当該機能以外の機能を併せて有する場合にあつては、著作権等を侵害する行為を技術的保護手段の回避により可能とする用途に供するために行うものに限る。）をした者

- 1号は、本条刑罰対象者として、技術的保護手段の回避のための装置やプログラム複製物を公衆に譲渡・貸与し、譲渡・貸与目的で製造・輸入・所持し、公衆の使用に供し、又は公衆送信・送信可能化した者を掲げる。
- 情報技術が進んだ今日、技術的保護手段によって公衆への提供における保護が可能となっている著作物等が数多く存在するようになったが、本号は、その保護手段を回避する装置等が社会に出回ることで、著作物等の違法利用が格段に広がってしまうのを防ぐための規定である。この場合、技術的保護手段を回避して行う私的利用のための複製行為そのものは、刑罰の対象から除かれているのに対し（119条1項かっこ書）（ただし有償著作物等のダウンロードの場合は対象となり得る）、その準備行為である本号規定の行為の方は刑罰の対象とされている。それは、社会全体に与える影響を考えた場合、個人規模

での複製より、公衆へそのような回避装置等を広める行為の方がより甚大な被害を及ぼしかねず悪質であると考えられるためである。したがって、本号規定はすべて公衆を対象とした行為を罰するものである。

- 本号かっこ書の「当該装置の部品一式であつて容易に組み立てることができるもの」とは、当該装置の組み立てキットの類を指すものであり、装置となる前段階の状態で譲渡等することで侵害行為の成立を免れ得るような不合理を排除するねらいで掲げられたものである。
- 当該装置等が当該機能以外の機能を併せ持つ場合には、著作権等を侵害する行為を技術的保護手段の回避により可能とする用途に供するために本号の各行為をした者が対象となる（後のかっこ書）。

  ※従来は、「技術的保護手段の回避を行うことを専らその機能とする装置」等を本号の対象としていたが、平成24年法改正で「技術的保護手段」に暗号化方式のものが加えられたため、本号条文から「専ら」が削除され、後のかっこ書が設けられた。暗号化方式の装置等は、複製等の支分権対象行為を制限するほかに視聴等の行為も制限するため、その場合にも本号が合理的に適用し得るように変更されたものである。

二　業として公衆からの求めに応じて技術的保護手段の回避を行つた者

- 2号は、本条刑罰対象者として、業として公衆からの求めに応じて技術的保護手段の回避を行った者を挙げる。
- 技術的保護手段を回避する行為は通常、複製等の行為と一緒に行われることが多く、その回避行為自体を規制しても侵害行為を事前に防ぐのが困難である場合が多いことから、原則それ自体は規制の対象とされていない。しかし前号のように、回避用の装置を広める行為等は、それを規制することでその先の違法な複製等を抑えられることから罰則対象とされている。とすれば、技術的保護手段の回避行為のうち本号のように人が直接その回避を行うサービスを業として提供するようなケースも、違法行為を広く誘発するという効果に関していえば前号の装置の譲渡等の場合と変わりがないものといえることになり、よって、当該回避行為についても前号と同様の趣旨により刑罰の対象としたのである。

- 本号該当の具体的なケースとしては、依頼者から著作物等の複製物を預かり、その複製物中に技術的保護手段として記録されている信号を除去・改変して返却するようなサービスを有料で行う場合等が挙げられる。

> 三　営利を目的として、第113条第3項の規定により著作者人格権、著作権、実演家人格権又は著作隣接権を侵害する行為とみなされる行為を行つた者

- 3号は、本条刑罰対象者として、営利目的で権利管理情報の改変等を行った者を挙げる。
- 113条3項では、権利管理情報の改変等を侵害行為とみなし民事上の責任が生ずるとするが、当該改変等は侵害の準備的行為であることから直接侵害の場合と差を設け、刑事罰の対象から除くとしている（119条1項かっこ書）。しかし、そのような準備的行為であっても、営利目的で行う場合は悪質性が高まるといえることから、直接侵害に対するものより軽い内容ではあるが、刑罰を科すことにしたものである。
- なお、権利管理情報の改変等による影響は、公益よりその情報に係る著作権者等の私益に及ぶ側面が大きいと考えられることから、本号の罪については親告罪とされる（123条1項）。

> 四　営利を目的として、第113条第5項の規定により著作権又は著作隣接権を侵害する行為とみなされる行為を行つた者

- 4号は、本条刑罰対象者として、いわゆる還流防止措置に係る国外頒布目的商業用レコードの輸入等を、営利目的で行った者を挙げる。
- 113条5項では、物価水準の低い国で販売された安価な商業用レコードがわが国で流通することを防止するために、そのような商業用レコードの輸入等を一定条件の下侵害とみなすことにしているが、当該商業用レコードは元々適法に作成されたものであること等を考慮し、刑罰の対象からは除くとしている（119条1項かっこ書）。しかし、この場合も前号と同様、営利目的の場合は悪質であるとして刑罰（直接侵害の場合よりは軽い）の対象とした。

- なお、本号の罪も前号と同様の理由により親告罪とされている（123条1項）。

> **第121条** 著作者でない者の実名又は周知の変名を著作者名として表示した著作物の複製物（原著作物の著作者でない者の実名又は周知の変名を原著作物の著作者名として表示した二次的著作物の複製物を含む。）を頒布した者は、1年以下の懲役若しくは100万円以下の罰金に処し、又はこれを併科する。

- 121条は、著作者名として偽名を表示した著作物の複製物を頒布した者についての処罰規定である。当該頒布した者は、1年以下の懲役若しくは100万円以下の罰金に処し、又はこれを併科するとする。
- 本条は、著作者名詐称について、詐欺的行為としての側面と著作名義者の人格的利益の毀損の側面とから犯罪行為と捉え罰則を科すものである。ただし、著作権法上の権利を侵害するものではないので、119条より軽い1年以下の懲役若しくは100万円以下の罰金、又はこれらの併科とした。
- 著作者名詐称の具体的ケースとして、①自身の著作物に（著名な）他人の氏名等を表示する場合、②他人の著作物（著作者不明のもの等）に自分の氏名等を表示する場合、③他人の著作物に（著名な）別の他人の氏名等を表示する場合が挙げられる。
- 偽名を表示した著作物の複製物には、原著作物の著作者名が偽名表示された二次的著作物の複製物も含まれる。
- 本条は、著作者名詐称についての罪とされるが、実際に罰せられるのは、虚偽の著作者名が表示された複製物を情を知って頒布した者である点は留意が必要である。通常の感覚では、複製物に偽名を表示しそれを発行する者が処罰の対象とされるのが自然であると思われるが、現行法における「発行」が適法に頒布される場合をいうものである以上（3条1項）、本条の行為に「発行」の語を用いるのは問題であり、また、偽名の表示を行った段階で詐欺とするのも難しいことから、発行者や表示者を処罰の対象とするのではなく「頒布した者」をその対象としたのである。この場合、頒布目的で偽名を表示した複製物を作成し又は作成させた者も、共同正犯として罰せられるとされる。

また、頒布者が情を知らないで頒布した場合には、当該複製物の作成者の側に頒布行為の主体的意思があるとして、その作成者等が処罰の対象になり得るとされる（加戸838〜839頁）。

- 本条は、複製物についての罰則規定なので、例えば、他人の作風を真似た絵画の原作品（当該他人の新作であると誤認させるもので、贋作のことではない）にその他人の氏名等を偽名表示しても適用対象とはならないが（ただし、私文書偽造罪の対象とはなり得る）、当該絵画の印刷物に偽名表示をした場合はその適用対象となり得る。なお、贋作は他人の著作物の複製物に当たるとされるが、だとすると、その贋作に当該他人の氏名等を表示しても著作者名の詐称行為とはならないので、本条が適用されることはない（この場合も、私文書偽造罪の対象とはなり得る）（加戸839頁）。
- いわゆる代作については、形式的に本条の適用対象に該当するものともいえるが、本条の趣旨が、世間に対する詐欺的行為、及び詐称に係る著作名義人の人格的利益の毀損に対する処罰にあるとすれば、代作の場合これらの違法性は必ずしも認められるものではないので、処罰の対象から外れるケースが多いものと考えられる。
- 一方、本条は、頒布行為を処罰対象としているので、放送や実演等の無形的利用において著作者名を偽って示しても、本条が適用されることはない。
- 本条の罪は、非親告罪とされる。その他、刑法の一般的解釈については119条1項と同様である。

第121条の2 次の各号に掲げる商業用レコード（当該商業用レコードの複製物（2以上の段階にわたる複製に係る複製物を含む。）を含む。）を商業用レコードとして複製し、その複製物を頒布し、その複製物を頒布の目的をもつて所持し、又はその複製物を頒布する旨の申出をした者（当該各号の原盤に音を最初に固定した日の属する年の翌年から起算して50年を経過した後において当該複製、頒布、所持又は申出を行つた者を除く。）は、1年以下の懲役若しくは100万円以下の罰金に処し、又はこれを併科する。

- 121条の2は、同条各号に掲げる商業用レコードについて、商業用レコードとしての複製等を行った者についての処罰規定である。その者は、1年以下の懲役若しくは100万円以下の罰金に処し、又はこれを併科するとする。
- 商業用レコードの製造業者（リプレッサー）が適法に外国レコードの原盤の提供を受けて製造した商業用レコードを、更に商業用レコードとして複製する等の行為を行う者を対象にしたものである。
- わが国のレコード業界においては、商業用レコード製造業者が、著作隣接権の保護対象とされない外国原盤レコードを高額なロイヤリティを支払って（原盤供給契約を交わして）外国のレコード製作者から提供してもらい、それから商業用レコードを製作するケースが多く見られる。しかし、そのようにして作成された商業用レコードが著作権法上の保護対象ではない（8条各号に該当しない）ことを理由に自由な複製等を認めたのでは、不正な競争を煽り、当該レコード製造業者の利益も著しく害されることとなる。そこで本条は、著作隣接権制度の補完を図るため、そのような商業用レコードを更に商業用レコードとして複製等する行為に対して新たに罰則を設け、著作権法上の権利を有しないこれら商業用レコード製造業者（リプレッサー）を不正な競争から保護することにしたのである。
- 本条は、8条により著作権法上の保護対象とされるレコード以外のレコードを原盤とする商業用レコードを対象とするものであり、8条に該当するレコードを原盤とする商業用レコードの無断複製については、119条1項の著作隣接権侵害の罪としてそちらで処罰される。
  ※本条制定当時のわが国著作権法により保護されるレコードは、日本国民が音を最初に固定したレコード及び日本国内で音が最初に固定されたレコードのみに限定されていたため（8条1号・2号）、現在に比べ本条の存在意義は大きいものであったといえる。
- 本条各号の商業用レコードには、1回及び複数回の複製に係る複製物も含まれる（前のかっこ書）。
- 本条の対象となる具体的行為は、各号規定の商業用レコードを商業用レコードとして複製し、その複製物を頒布し、その複製物を頒布の目的をもって所持し、又はその複製物を頒布する旨の申出をする行為であり、商業用レコードとしてではない形でのこれらの行為は処罰の対象とならない。なお、平成

第8章

　21年法改正で、侵害品の頒布の申出行為を権利侵害とみなすこととした（113条1項2号）のに合わせ、本条対象行為に「その複製物を頒布する旨の申出」が加えられた。

- 本条は、著作隣接権制度の補完を目的とするものであり、また、該当する商業用レコードの複製等を罰することで実質保護されるのはその基となる外国原盤レコードであることからすると、処罰対象となる複製等の行為は、（レコードの著作隣接権の存続期間と同じ）原盤に音を最初に固定した日の属する年の翌年から起算して50年が経過するまでの間に行われたものに限定するのがバランスに資するものであるとしてそのように規定された（後のかっこ書）。
- 本条規定の行為は、著作権法上の権利を直接侵害するものではないので、前条同様、1年以下の懲役若しくは100万円以下の罰金、又はこれらの併科とされた。一方、本条はレコード製造業者の利益保護に関わる側面が大きいことから、親告罪とされている（123条1項）。
- その他、刑法の一般的解釈等については119条1項と同様である。

> 一　国内において商業用レコードの製作を業とする者が、レコード製作者からそのレコード（第8条各号のいずれかに該当するものを除く。）の原盤の提供を受けて製作した商業用レコード

- 1号は、本条で複製等が禁止される商業用レコードとして、国内で商業用レコード製造を業とする者が、外国のレコード製作者からそのレコードの原盤提供を受けて製作したものを挙げる。
- 当該原盤レコードは、8条各号のいずれにも該当しないものであり、それは、実演家等保護条約等に未加入の国に係るもの、又は、実演家等保護条約締約国あるいはレコード保護条約締約国に係るもののうち、わが国がそれぞれの条約に加入する前に音が最初に固定されたレコードである。これらの条約は、加入前のものについての遡及的効力は認めていない（平成元年改正法附則2項、昭和53年改正法附則2項）。
- 本号は、次号のようにレコード製作者の国籍条件を付していないが、それは、国内の商業用レコード製造業者の製作する商業用レコードについては、条約と無関係に保護対象としていたことを受けて（旧法下においては該当する条約

に未加入あるいは条約が未作成であった)、既得権的に保護範囲を維持したものである。

> 二　国外において商業用レコードの製作を業とする者が、実演家等保護条約の締約国の国民、世界貿易機関の加盟国の国民又はレコード保護条約の締約国の国民（当該締約国の法令に基づいて設立された法人及び当該締約国に主たる事務所を有する法人を含む。）であるレコード製作者からそのレコード（第8条各号のいずれかに該当するものを除く。）の原盤の提供を受けて製作した商業用レコード

- 2号は、本条で複製等が禁止される商業用レコードとして、国外で商業用レコードの製作を業とする者が、実演家等保護条約の締約国の国民、WTO加盟国の国民又はレコード保護条約の締約国の国民（いずれも法人を含む）であるレコード製作者からそのレコードの原盤提供を受けて製作したものを挙げる。
- 本号は、国外の商業用レコード製造業者が作成したいわゆる輸入盤商業用レコードを無断で複製等するケースが増加したことを受けて設けられた規定である。わが国がレコード保護条約に加入する前に音が最初に固定されたレコード原盤については著作隣接権が及ばず、また、外国のリプレッサーが製造した商業用レコードについては前号の適用もないことから、このような不正な複製等を防止するために本号の存在が必要となったのである。
- 本号で原盤のレコード製作者について国籍条件を付しているのは、世界中の全てのレコードが保護対象となってしまうのを避けるためである。本条の制度趣旨が著作隣接権制度を補完することにあるとすれば、著作隣接権により保護すべきレコードの範囲を大きく超えて本号による保護を与えるのは、制度バランス上妥当でないからである。
- 本号においても、8条各号のいずれにも該当しない原盤レコードによるものが対象であり、具体的に妥当するケースとしては、実演家等保護条約締約国あるいはレコード保護条約締約国の国民であるレコード製作者により、わが国がこれらの条約にそれぞれ加入する前に音が最初に固定された原盤レコードを、国外のリプレッサーが譲り受けてそれを基に製作した商業用レコード

を複製等する場合が挙げられる。ただし、レコード保護条約加入後実演家等保護条約加入前に作成されたレコードのうち、レコード保護条約締約国国民であるレコード製作者によるレコードについては、著作隣接権で保護される。なお、WTO加盟国に係るレコードは50年遡及して保護されることとなったため、実質的に本号の対象外となり、著作隣接権で保護される。ちなみに、本号の原盤レコード製作者の国籍条件において、8条4号では対象としている実演・レコード条約締約国の国民である場合が挙げられていないのは、同条約は遡及効が原則であるためすべて著作隣接権による保護を受けることになり、本号の対象となる具体的ケースが生じないからだと考えられる。

第122条 第48条又は第102条第2項の規定に違反した者は、50万円以下の罰金に処する。

- 122条は、出所明示義務違反をした者に対する罰則規定である。当該違反者は、50万円以下の罰金に処するとする。
- 著作権又は著作隣接権の制限規定を受けて著作物や実演等を利用する場合における出所明示義務に違反した者を処罰し、当該義務の履行を促すものである。
- 出所明示は、著作物等の保護の実効性を図るものであり、本条はその明示義務の履行を促すことを主な目的としたものといえるので、懲役刑は科されず、罰金の上限は50万円とされる。また、公益的側面が大きい規定であることから、非親告罪とされる（123条1項）。
- その他、刑法の一般的解釈等は119条1項と同様である。

第122条の2 秘密保持命令に違反した者は、5年以下の懲役若しくは500万円以下の罰金に処し、又はこれを併科する。

- 122条の2第1項は、114条の6の秘密保持命令に違反した者に対する罰則規定である。当該違反者は、5年以下の懲役若しくは500万円以下の罰金に処

し、又はこれを併科するとする。
- 営業秘密の保護の実効性を図るためのものであり、平成16年に、産業財産権法四法及び不正競争防止法における同制定と同時に設けられた規定である。
- 平成17年の不正競争防止法改正に伴い、懲役刑・罰金刑の上限が引き上げられ（3年から5年・300万円から500万円）、懲役と罰金刑の併科が導入された。
- 本条の罪は営業秘密に関わるものなので、親告罪とされる（123条1項）。

> 2　前項の罪は、国外において同項の罪を犯した者にも適用する。

- 2項は、国外で秘密保持命令違反をした者についても、1項と同様の罰則を適用する旨を規定する。
- 営業秘密の性格上、それが国外で開示されたとしても国内で開示された場合と保護法益に係る影響に変わりがないことから、国外犯であっても罰するとしたものである。
- 本項も、平成17年の不正競争防止法改正における同内容の立法に合わせて設けられた規定である。もっとも著作権法の場合、刑法施行法27条1号で「著作権法に掲げたる罪は刑法3条の例に従う」とされ、刑法3条では「この法律は、日本国外において次に掲げる罪を犯した日本国民に適用する」とあることからすれば、本項がなくとも国外犯に対し処罰することができるのであるから、本項は確認的規定であるともいえる。

> **第123条**　第119条、第120条の2第3号及び第4号、第121条の2及び前条第1項の罪は、告訴がなければ公訴を提起することができない。

- 123条1項は、親告罪となる罪について規定する。
- 著作権等の侵害等の罪（119条）、権利管理情報の営利目的の改変等の罪（120条の2第3号）、国外頒布目的商業用レコードの営利目的での輸入等の罪（同条4号）、外国原盤商業用レコード無断複製の罪（121条の2）及び秘密保持命令違反の罪（122条の2第1項）については、被害者の告訴がなければ公訴を提起できないとする。

第8章

- これらが親告罪とされる理由を検討すると、119条、120条の2第3号、4号の罪については、関係する保護法益が私権についてのものであり、また、権利者等が事後追認又は事後許諾し得るものであることから、刑事責任の追及については権利者の意思に従うのが妥当といえるからであり、121条の2の罪の場合も、関わる保護法益が主に商業用レコード製造業者の経済的利益であることから、こちらも刑事責任追及については当該レコード製造業者の意思に従うべきものといえるからである。一方、122条の2第1項の罪の場合は、裁判審理において営業秘密が公開されるリスクを伴うものであるため、起訴するか否かの判断は営業秘密の保有者の意思に委ねるのが適当と考えられるからである。

  ※著作権侵害罪を親告罪とした理由として、人格権としての側面を有する点が挙げられることも多いが、著作財産権を著作者人格権から離れて見た場合には、合理的理由にはならないとする（百選4版223頁）。

- 刑事訴訟法では「犯罪により害を被った者」を告訴権者とするが（刑訴230条）、本項対象の罪の場合でいうと、119条、120条の2第3号・4号については侵害を受けた権利者が、121条の2については商業用レコード製造業者が、122条の2については営業秘密の保有者がそれぞれ該当する。

  ※親告罪の告訴権について、最高裁は、「映画著作物の著作権者から…独占的にビデオグラムの形態により複製・頒布・上映することを許諾されたいわゆる独占的ビデオ化権者であっても、著作権者の許諾を得ていない者によって当該映画著作物がビデオ化され、著作権が侵害された場合には、刑訴法230条にいう『犯罪により害を被った者』に当り、告訴権を有すると解するのが相当である」とした（最判平7.4.4「海賊版ビデオ販売事件」）。

- 被害者の死後に告訴できるのは、配偶者、直系親族又は兄弟姉妹であるが（刑訴231条2項）、著作者等の死後における人格的利益保護の措置請求（116条1項）ができる者（配偶者、直径の血族又は兄弟姉妹）と異なる点、及び遺族間に請求順位がない点は留意されたい。民事的請求に比べ、告訴は、より公的意味合いを帯びたものだからである。なお、死亡した被害者が明示した意思に反する場合には、告訴はできない（刑訴231条2項ただし書）。

- 告訴権者が複数いる場合には単独で告訴することができ、告訴期間（犯人を知った日から6箇月（刑訴235条1項））は各人につき個別に判断される（刑訴

> 2　無名又は変名の著作物の発行者は、その著作物に係る前項の罪について告訴をすることができる。ただし、第118条第1項ただし書に規定する場合及び当該告訴が著作者の明示した意思に反する場合は、この限りでない。

- 2項は、無名又は変名の著作物の発行者は、原則、その著作物について親告罪となる罪について告訴することができる旨を規定する。
- 実名の公表を避けたいとする著作者の意思を尊重しつつ、受けた被害に対する刑事的責任の追及を可能とするための規定である。
- 118条1項ただし書に規定する場合とは、「著作者の変名がその者のものとして周知のものである場合及び第75条第1項の実名の登録があつた場合」であり、これらは、いずれも著作者の存在が割れている場合であるので、著作者の実名を明らかにすることなく刑事訴追を可能とするという本項趣旨に当てはまることはなく、よって発行者の告訴権は認められない。また、刑事的責任追及については著作者の意思を尊重するという観点から、著作者の明示した意思に反する場合も発行者による告訴を認めないとした。
- 本項は、著作者や著作権者の告訴権行使を妨げるものではないので、それらの権利者は、それぞれの告訴期間内において別途告訴することができる。

> 第124条　法人の代表者（法人格を有しない社団又は財団の管理人を含む。）又は法人若しくは人の代理人、使用人その他の従業者が、その法人又は人の業務に関し、次の各号に掲げる規定の違反行為をしたときは、行為者を罰するほか、その法人に対して当該各号に定める罰金刑を、その人に対して各本条の罰金刑を科する。

- 124条1項は、法人の代表者や人の代理人等が、その法人又は人の業務に関し、本項各号に挙げる規定違反をした場合、行為者を罰するほか、その法人や人に対しても刑罰を科すことを規定する。その法人に対して当該各号に定める

第8章

罰金刑を、その人に対して各本条の罰金刑を科するとする。
- 本項は、法人等の業務に従事する者が、その業務に関して所定の罰則規定違反をした場合、行為者である当該従業者を罰するほか、使用者（雇用主）である法人等にも罰金刑（懲役刑は科されない）を科するとする両罰規定について定めたものである。
- 著作物等の無断複製や無断送信などが、法人等の業務において頻繁に行われている状況下では、具体的行為者である従業者のみを罰しても権利保護の実効性は図られず、この場合、むしろ使用者である法人等に犯罪の主体性があると考えるのが実情に即すとして設けられた規定である。
- 「法人」には「法人格を有しない社団又は財団で代表者又は管理人の定めがあるものを含む」とするが（2条6項）、本項かっこ書は、これら法人格なき団体の管理人を（代表者がいなくとも）法人の代表者と扱う旨を明記している。
- 「法人」に対する罰金刑については、各号で規定する。
- 「人」とは、個人事業者である使用者のことである。「人」に対しては、一律、行為者と同額の罰金刑が科される。
- 本項が働くのは、あくまで従業者の行為が使用者である法人等の業務上の行為である場合に限られる。それについては、当該行為の効果が最終的に帰属するのが法人等であるか否かで判断されるとする（加戸855頁）。
- 本項各号列記以外の部分（柱書）の末尾は「科する」とされていることからも、各号に該当する違反行為があった場合は、法人等の使用者側の故意を要件とすることなく、行為者の処罰と一体的に当該法人等が罰せられることとなる。

一　第119条第1項若しくは第2項第3号若しくは第4号又は第122条の2第1項　3億円以下の罰金刑

- 1号は、本項両罰規定の対象となる違反行為に係る規定として、119条1項（著作権、出版権若しくは著作隣接権を侵害する行為）、同条2項3号（著作権、出版権若しくは著作隣接権のみなし侵害行為）、同項4号（プログラム著作物の違法複製物を、情を知って取得し、業務上使用する行為）及び122条の2第1項（秘密保持命令に違反する行為）を挙げ、使用者である法人に対する罰として、3億円

以下の罰金刑を掲げる。
- 両罰規定の対象を明記すると共に、使用者である法人に対する罰金刑の上限をより重くする、いわゆる法人重課について規定したものである。
- 財産権である著作権等の侵害の場合、法人による違法複製等がなされるとその被害規模は甚大なものとなることから、事業主である法人に対しては、十分な抑止力となる重い罰金刑を科すこととした。また、秘密保持命令違反行為を行った従業者の属する法人についても、秘密保持命令による営業秘密保護の実効性を十分確保するために法人重課の対象とした。
- 一方、使用者が「人」つまり個人事業者である場合には、本号で掲げる各本条の罰金刑（著作権侵害であれば1000万円以下の罰金）が科せられる。
- 平成18年法改正により、法人等に対する罰金の上限が、1億5千万円から3億円に引き上げられた。

> 二　第119条第2項第1号若しくは第2号又は第120条から第122条まで　各本条の罰金刑

- 2号は、本項両罰規定の対象となる違反行為に係る規定として、119条2項1号（著作者人格権又実演者人格権を侵害する行為）、同項2号（自動複製機器を侵害品の複製に使用させる行為）、120条（著作者等が存しなくなった後の人格権侵害相当行為）、120条の2（技術的保護手段の回避装置等の公衆への譲渡等（1号）、業としての技術的保護手段の回避行為（2号）、営利目的の権利管理情報の改変等（3号）、営利目的の国外頒布目的商業用レコードの輸入等（4号））、121条（著作者名詐称に係る著作物の複製物の頒布）、121条の2（外国レコードの原盤等の提供を受けて製造した商業用レコードの商業用レコードとしての複製）及び122条（出所明示義務違反行為）を掲げ、使用者である法人に対する罰として、各本条の罰金刑を掲げる。
- 両罰規定の対象を明記すると共に、使用者である法人に対する罰金刑を行為者に対する罰金刑と同じ内容とする旨規定したものである。
- 著作者人格権や実演家人格権の侵害の場合は、財産権侵害の場合とは異なり、法人等が侵害に関わることで必ずしも被害が拡大するとはいえないため、法人重課の対象とはしていない。また、119条2項2号及び120条から122条ま

第 8 章

での罰則規定は、権利そのものを侵害する行為に対するものではないので、法人重課の対象とすることは見合わされた。
- 本号の場合も、使用者が個人事業者である場合には、本号で掲げる各本条の罰金刑（著作者人格権侵害であれば500万円以下の罰金）が科せられる。

> 2　法人格を有しない社団又は財団について前項の規定の適用がある場合には、その代表者又は管理人がその訴訟行為につきその社団又は財団を代表するほか、法人を被告人又は被疑者とする場合の刑事訴訟に関する法律の規定を準用する。

- 2項は、法人格を有しない社団又は財団について前項の両罰規定が適用される場合、その代表者又は管理人がその訴訟行為について当該社団又は財団を代表し、法人を被告人等とする場合の刑事訴訟法等の規定を準用することを定める。
- 刑事訴訟法上の規定、例えば、被告人又は被疑者が法人の場合はその代表者がその訴訟行為について法人を代表し（刑訴27条1項）、数人が共同して法人を代表する場合はその訴訟行為について各人がその法人を代表する（同2項）等については、法人格なき社団又は財団の場合、その代表者又は管理人をこれらの規定でいう代表者として準用し、法人と同様の扱いにより両罰規定が適用されることとなる。

> 3　第1項の場合において、当該行為者に対してした告訴又は告訴の取消しは、その法人又は人に対しても効力を生じ、その法人又は人に対してした告訴又は告訴の取消しは、当該行為者に対しても効力を生ずるものとする。

- 3項は、両罰規定が適用される場合、行為者に対してした告訴又は告訴の取り消しは法人等に対しても効力を有し、法人等に対してした告訴又は告訴の取り消しは行為者に対しても効力を有することを規定する。
- 告訴が犯人特定を目的とするものではなく、犯罪事実の申告による公訴提起の契機を与えるものであること、及び、両罰規定が行為者と法人等を一体的

に処罰する性格のものであることからすれば、当然の内容を規定したものといる。
- 被害者は、行為者又は法人等のいずれかについて告訴又はその取り消しをすることで、両者に対する効力を生じさせることができる。

> 4 第1項の規定により第119条第1項若しくは第2項又は第122条の2第1項の違反行為につき法人又は人に罰金刑を科する場合における時効の期間は、これらの規定の罪についての時効の期間による。

- 4項は、両罰規定の適用により行為者である自然人と法人等が処罰される場合、刑事訴訟法250条2項により自然人と法人とで公訴時効の期間が異なるといった事態が生じるのを避けるために、該当するケースにおいては、法人等についての時効期間は自然人についての時効期間によるとする規定である。
- 刑事訴訟法250条2項では、「人を死亡させた罪であって禁固刑以上の刑に当たるもの以外の罪」については長期15年未満の懲役刑の場合は7年（同4号）、長期10年未満の懲役刑の場合は5年（同5号）、そして長期5年未満の懲役刑又は罰金刑の場合は3年（同6号）を時効期間とする。したがって、本法119条1項（10年以下の懲役）、同2項（5年以下の懲役）及び122条の2第1項（5年以下の懲役）については、行為者に懲役刑が科された場合に、罰金刑のみの法人等とはその時効期間に差異が生じ得ることとなる。本項はこのような不都合を解消するためものである。
- 本項で掲げられた規定以外の本法罰則規定については、懲役が5年以上のものはないので、時効期間は行為者も法人等も3年となり、よって本項規定の適用を受ける必要はない。

資料

索引
関係条約

判例・裁判例索引

最高裁判所

最判昭31．7．4「謝罪広告事件」………514

最判昭53．9．7「ワン・レイニー・ナイト・イン・トーキョー事件」………10, 31, 32, 140

最判昭55．3.28「パロディ事件」第一次上告審………6, 135, 140, 156, 182, 183

最判昭59．1.20「顔真卿自書建中告身帖事件」上告審………7, 83, 230, 235

最判昭61．5.30「パロディ事件」第二次上告審………417, 489, 514

最判昭63．3.15「クラブキャッツアイ事件」………143, 473

最判平5．3.30「智恵子抄事件」上告審………11, 98

最判平7．4．4「海賊版ビデオ販売事件」………540

最判平7．6．8「ウォール・ストリート・ジャーナル事件」………98

最判平9．3.11「小僧寿し事件」………497

最判平9．7.17「ポパイ・ネクタイ事件」上告審………81, 95, 160, 276

最判平10．6.25「『Asahi』ロゴマーク事件」上告審………83

最判平10．7.17「本多勝一反論権事件」上告審………135

最判平12．9．7「ゴナ書体事件」上告審………82

最判平13．2.13「ときめきメモリアル事件」上告審………135

最判平13．3．2「ビデオメイツ事件」………477

最判平13．6.28「江差追分（北の波濤に唄う）事件」上告審………6, 26, 27, 28, 156

最判平13.10.25「キャンディ・キャンディ事件」上告審………95, 159, 160

最判平14．4.25「中古ソフト事件」上告審………48, 88, 148, 491

最判平15．4.11「RGBアドベンチャー事件」上告審………108

最判平16．2.13「ギャロップレーサー事件」上告審………7

最判平19.12.18「シェーン事件」上告審………274

最判平21.10．8「チャップリン事件」上告審………107

最判平23．1.18「インターネット経由テレビ番組視聴サービス『まねきTV』事件」………22, 50, 419, 475

最判平23．1.20「ロクラクⅡ事件」………475, 476

高等裁判所

名古屋高決昭35．4.27「中部観光事件」………473

大阪高判昭45．4.30「ナニワ観光事件」………473

東京高判昭46．2．2「地球儀用世界地図事件」………85

資料

東京高判昭58. 4.26「ヤギ・ボールド事件」………82
東京高判昭60.10.17「藤田嗣治絵画複製事件」控訴審………182, 183
東京高判昭62. 2.19「当落予想表事件」………10
東京高判平 3.12.17「木目化粧紙事件」………45
東京高判平 3.12.19「法政大学懸賞論文事件」控訴審………138
東京高決平 4. 3.31「IBFファイル事件」………91
東京高判平 5. 9. 9「三沢市勢映画製作事件」………162
大阪高判平 6. 2.25「数学論文野川グループ事件」控訴審………7
東京高判平 6.10.27「ウォール・ストリート・ジャーナル事件」控訴審………478
東京高判平 7. 1.31「永禄建設事件」控訴審………97
東京高判平 7. 5.16「出る順宅建事件」控訴審………102
東京高判平 8.10. 2「市史事件」控訴審………514
東京高判平 9. 9.25「全米女子オープン事件」………48, 97
東京高判平10. 2.12「四谷大塚問題解説書事件」控訴審………108
東京高判平10. 7.13「スウィートホーム事件」控訴審………289
東京高判平10. 8. 4「俳句添削事件」控訴審………139
東京高判平11. 2.24「キング・クリムゾン事件」控訴審………114, 115
東京高判平11. 3.18「三国志Ⅲ事件」控訴審………88, 95, 135
東京高判平11. 7.13「ビッグエコー事件」………473
東京高判平11.10.28「知恵蔵事件」控訴審………97
東京高判平12. 4.25「脱ゴーマニズム宣言事件」控訴審………139
東京高判平12. 5.23「剣と寒紅事件」控訴審………78, 282, 481, 515
東京高判平12. 9.19「赤穂浪士事件」控訴審………6, 28, 32, 140, 156
東京高判平13.10.30「交通安全スローガン事件」控訴審………78
東京高判平14. 4.11「絶対音感事件」控訴審………183, 184
大阪高判平14. 6.19「コルチャック先生事件」控訴審………157
仙台高判平14. 7. 9「ファービー人形事件」控訴審等………5
東京高判平14. 9. 6「どこまでも行こう事件」控訴審………27, 472
東京高判平14.10.29「ホテル・ジャンキーズ電子掲示板事件」控訴審………10, 140, 157
東京高判平14.11.27「古河市兵衛の生涯事件」控訴審………490
東京高判平15. 6.19「ナクソス島のアリアドネ事件」控訴審………279
東京高判平15. 8. 7「快傑ライオン丸事件」控訴審………283
東京高判平15. 9.25「マクロス事件Ⅱ」………23
名古屋高判平16. 3. 4「社交ダンス教室事件」控訴審………49

東京高判平16．3.31「DEAD OR ALIVE 2事件」………135
東京高判平16．6.29「国語教科書準拠教材事件」控訴審………498
東京高判平16．8.25「アニメ声優事件」控訴審………289
大阪高判平16．9.29「グルニエ・ダイン事件」控訴審………84
東京高判平17．3．3「2ちゃんねる事件」控訴審………145
東京高判平17．3.31「ファイルローグ事件」………474
知財高判平17．6.14「武蔵事件」控訴審………156，158
大阪高判平17．7.28「チョコエッグ事件」………46
知財高判平17.10．6「YOL事件」控訴審………78
知財高決平17.11.15「録画ネット事件」………474
知財高判平18．2.27「ジョン万次郎像事件」控訴審………514
知財高判平18．3.29「スメルゲット事件」控訴審………88，89
東京高判平18．4.26「ブブカスペシャル7事件」控訴審………115
知財高判平18．8.31「システムK 2事件」控訴審………284，285
知財高判平18．9.26「江戸考古学研究事典事件」控訴審………28
知財高判平18.12．6「国語ドリル事件」控訴審………198
知財高判平18.12.26「宇宙開発事業団プログラム事件」控訴審………110
大阪高判平19．6.14「選撮見録（よりどりみどり）事件」控訴審………475
知財高判平20．2.25「プロ野球選手パブリシティ事件」控訴審………115
知財高判平20．3.27「Von Dutchロゴ登録事件」控訴審………325
知財高判平20．7.17「ライブドア裁判傍聴記事件」控訴審………92
大阪高判平20．9.17「デサフィナード事件」控訴審………478，479
知財高判平20．9.30「土地宝典事件」控訴審………477
知財高判平20.12.24「北朝鮮事件」控訴審………60

地方裁判所
大阪地判昭26.10.18「学習用日本地図事件」………85
東京地判昭39.12.26「高速道路パノラマ地図事件」………11
東京地決昭39．9.25「オリンピック標章事件」………81
長崎地佐世保支決昭48．2．7「博多人形事件」………44
大阪地判昭51．4.27「パリー市鳥瞰図事件」………85
東京地判昭51．5.26「サザエさん事件」………81
東京地判昭51．6.29「マーク・レスター事件」………114
東京地判昭52．7.22「舞台装置設計図事件」………165
東京地判昭52.11.14「ライダーマン事件」………81
富山地判昭53．9.22「富山住宅地図事件」………85

資料

東京地判昭54．3.30「現代世界総図事件」………11
神戸地姫路支判昭54．7．9「仏壇彫刻事件」………43，44，45
東京地判昭54．8.31「ビートル・フィーバー事件」………282，473
東京地判昭57.12．6「スペース・インベーダー・パートⅡ事件」………90
東京地判昭59．9.28「パックマン事件」………10，48，87
福岡地大牟田支判昭59．9.28「日刊情報事件」………92
東京地判昭60．2.13「新潟鉄工事件」………110
東京地判昭60．3．8「ディグダグ事件」………48，88，90
大阪地判昭60．3.29「商業広告事件」………29
東京地判昭62．7.10「真田広之ブロマイド事件」………89
東京地判平元.10．6「レオナール・フジタ・カタログ事件」………236
福島地決平 3．4．9「シノブ設計事件」………34
大阪地判平 4．4.30「丸棒矯正機械設計図事件」………8，86
大阪地判平 5．3.23「TBS 事件」………214
東京地判平 6．4.25「城の定義事件」………79
東京地判平 7．5.31「ぐうたら健康法事件」………142
京都地判平 7.10.19「アンコウ行灯事件」………26
東京地判平 7.10.30「システムサイエンス事件」………482
東京地判平 7.12.18「ラストメッセージ in 最終号事件」………78
東京地判平 9．4.25「スモーキングスタンド事件」………8，86
東京地判平 9．9．5「ダリ事件」………236
大阪地決平 9.12.12「カラオケルームネットワーク事件」………473
東京地判平 9.12.22「PC-VAN OLT 名誉毀損事件」………10
東京地判平10．2.20「バーンズ・コレクション展事件」………184，236
東京地判平10.10.29「SMAP インタビュー（大研究）事件」………29，108
東京地判平10.10.30「血液型と性格事件」………135，185
東京地判平10.11.20「ベジャール事件」………143
東京地判平10.11.27「壁の世紀事件」………141
東京地判平10.11.30「版画の写真事件」………89
東京地判平11．1.29「古文単語語呂合わせ事件」………8
東京地判平11．3.26「Dolphin Blue 事件」………88
大阪地判平11．9.21「装飾文字『趣』事件」………82
東京地判平11．9.28「新橋玉木屋事件」………10
大阪地判平11.10．7「中古ソフト（大阪）事件」………47，87
東京地判平12．2.29「中田英寿事件」………53

大阪地判平12．3.30「積算くん事件」………86，141
東京地判平12．5.16「スターデジオ事件」………253
東京地判平12．9.28「戦後日本経済の50年事件」………297
東京地判平13．1.23「ふぃーるどわーく多摩事件」………85
東京地判平13．5.16「東京リーガルマインド事件」………495
東京地中間判平13．5.25「自動車データベース事件」………100
東京地判平13．5.30「交通安全スローガン事件」………78
東京地判平13．6.13「絶対音感事件」………184
東京地判平13．7.25「バス車体絵画事件」………233，235
東京地　平14．3.25「宇宙戦艦ヤマト事件」………112
東京地決平14．4．9「ファイルログ著作隣接権事件」………404
東京地決平14．4.11「ファイルローグ仮処分事件」………16
東京地判平15．1.29「ファイルローグ事件中間判決」………145
東京地判平15．1.31「電車線設計用プログラム事件」………91，94
大阪地判平15．2.13「ヒットワン事件」………476，477
東京地判平15．2.26「ビラ写真事件」………184
東京地決平15．6.11「ノグチ・ルーム移築事件」………84，137
東京地判平15.12.17「ファイルローグ事件」………474
東京地判平16．6.18「NTT リース事件」………155
京都地判平18.12.13「Winny 幇助事件」………145
東京地判平16.11.12「創英知的財産権入門事件」………109
京都地判平16.11.30「Winny ファイル交換事件」………145
大阪地判平17．1.17「セキスイツーユーホーム事件」………132
東京地判平18．7.11「ローマの休日仮処分事件」………274
東京地判平19．4.12「創価学会写真事件」………184
東京地判平19．4.27「HEAT WAVE 事件」………283
東京地判平19．5.25「MYUTA 事件」………50，474
東京地判平20．2.26「社保庁 LAN 電子掲示板事件」………216
東京地判平20．7．4「博士イラスト事件」………157

資料

用語索引

アルファベット

AACS……40
AFN（米軍放送網）……19, 72
Amazon……336
B-CAS 方式……40
Blue-rayDisc……451
CATV……19
CD-R……451
CD-RW……451
CGMS……39
CPRA →実演家著作隣接権センター
CSS……38, 40, 168
DAT……451
DBMS →データベースマネージメントシステム
DCC……451
DTCP……40
DVCR……451
DVD-RAM……451
DVD-RW……451
D-VHS……451
Google……249
HDCP……40
Heritrix……223
HTML……250
IP マルチキャスト放送……193, 206, 207, 308, 431
ISRC……41
JASRAC……158, 388, 449, 498
LAN……17, 22, 216
MD……451
MVDisc……451

NHK……228, 382
OS……24
RIAJ →日本レコード協会
robots.txt……250
sarah →私的録音補償金管理協会
SCMS……38, 167
SNS……16, 255
SOFTEC……329
TRIPS 協定……6, 59, 60, 61, 62, 64, 70, 73, 92, 278, 385, 398, 405
URL……250
WARP……223
WIPO 著作権条約……6, 59, 60
WIPO 実演等条約→実演・レコード条約
WTO……64, 65, 70, 73, 538
WTO 協定……279
Yahoo！……249

あ行

挨拶文……78
アイデア……5, 91, 93, 156
アイデア保護……98
あっせん制度……463
アップロード……21, 56
アニメーション……274
アプリケーション・プログラム……24, 25
ありふれた表現……9
アルゴリズム……91, 94
暗号型アクセスガード……39, 40
暗号化方式……38, 168, 531
アンビルト……34, 84
依拠……10, 27, 32, 140
異時再送信……374, 415
意思表示説……161
意匠法……43

554

遺族……515
一時的固定……228, 229
一話完結型……160
一話完結形式……276
一部譲渡……356
一部分ずつを遂次公表して完成する著作物
　……276, 277
逸失利益……493
一般社団・財団法人法……286, 447
一般社団法人……447
一般社団法人及び一般財団法人に関する法
　律→一般社団・財団法人法
一般的使用料率……498
一般不法行為……477
居直り侵害行為……171
違法コピー……38
違法なダウンロード……528
違法配信による複製物……494
インカメラ手続……501
印刷その他の機械的又は化学的方法
　……339
インターネット……21
インターネット資料……221
インターネットテレビ……18
インターネット配信……169
インターネットプロバイダ……243
インターネット放送……376, 377
インタラクティブ型……16
インタラクティブ送信……18, 20
引用……182
引用該当性……184
引用の目的上正当な範囲……184
ウェブサイト……222, 250
写しの交付……218
写り込み……171

映画コンテンツ……274
映画製作者……23, 118, 160
映画著作物に収録された実演の増製
　……372
映画著作物の著作権者……12
映画著作物の利用……275
映画的利用……148
映画の効果に類似する……47, 87
映画の著作物……35, 37, 47, 87, 147,
　160, 209, 286
映画の著作物の著作者……112
映画の著作物の保護期間……273
映画の盗撮……165
映画の盗撮の防止に関する法律……165
映画文化製作者連盟……209
映画化……28
営業秘密……500, 501, 505
映写幕その他の物……36
影像……31
映像拡大特別装置による伝達……434
映像著作物……162
映像を拡大する特別の装置……420
営利法人……50
営利を目的としない上演等……204
閲覧……218
遠隔講義……196
演劇的に演じ……12
演劇用著作物……33
演述著作物……77
演奏……35, 50
演奏権……142
応募作品の著作物……284
公に……142
応用美術……43
オークション……237

555

資料

屋外の場所……231
屋外の場所に恒常的に設置……234
音が固定される媒体……14
音を固定した者……14, 403
音を専ら映像とともに再生する……372
オブジェクト・プログラム……24, 90
オリジナルコピー……147
音楽制作者連盟……388
音楽の著作物……79
音楽レコードの還流防止装置……487
音事協→JASRAC
音制連→音楽制作者連盟
オンデマンド……418
オンデマンド送信……20, 243
オンライン資料……222

か行

開示請求……501
解説用小冊子……235
海賊版……239, 480
回避……168
改変……134
解法……93
外面的形式……6
買戻し特約付譲渡方式……51
楽劇的著作物……310
学識経験者……464
学習指導要領……186
確知……318
拡張説……214
確認的規定……44
確認的規定説……97
雅号……78
過失……142
過失の推定……493

貸レコード業……411
貸レコード業者……400, 412
カスタマイズ……238
学校教育の目的……186
学校教育番組の放送……192
学校その他の教育機関……194
家庭用受信装置による伝達……207
可分債権……517
カラオケ法理……145, 473, 476
換価手続……295
慣行……344
官公資料の著作物……185
贋作……534
間接侵害事案……476
鑑定……503
鑑定人に対する当事者の説明義務……502
還付請求……320
官報で告示……188, 190, 313, 323, 325, 392, 446
管理支配権……472
管理支配性……473
管理支配性と利益性……476
還流防止装置に係る国外頒布目的商業用レコードの輸入……532
キー局……227, 378, 380, 382
機械語……24
機械的失業に対する補償……384
期間経過商業用レコード……399, 411
期間経過商業用レコードの貸与……486
機器交換……241
期限付き譲渡……283
疑似シンクパルス方式……39
技術開発等のための試験……437
技術思想……86
技術的保護手段……38, 40, 167

556

技術的保護手段の回避……167, 530, 531
技術の開発又は実用化のための試験の用に供するための利用……175
既遂犯……523
機能的著作物……8
規範的認定要件……476
規範的利用主体……473
義務的開示……125
規約……93
脚色……28
キャッシュサーバ……243, 245, 246
キャッシング……246
キャッチフレーズ……8, 78
キャラクター……81, 156
キャンセラー……167
教育機関における複製……194
教科書特定図書等促進法……189, 191
教科書図書等への掲載……186
教科用拡大図書等の作成のための複製……189
教科用図書……186, 429
教科用の図書その他の複製物……190
狭義の著作隣接権……363, 364
教師用指導書……188
行政機関……119
行政機関情報公開法……119, 125, 128, 133, 218, 327, 328, 369
行政機関情報公開法等により開示のための利用……217
行政機関の保有する個人情報の保護に関する法律→行政機関情報公開法
行政事件訴訟法の取消し訴訟……316
強制執行による持分の移転……295
行政手続法……327

行政不服審査法の異議申立て……313, 316, 317
供託……188, 300, 319
供託所……319
供託金……392
共通目的事業……457, 458
共同購入方式……51
共同性要件……29
共同著作権の行使……294
共同著作物……12, 29, 270
共同著作物の著作権侵害……517
共同著作物の著作者人格権侵害……517
共同著作物の著作者人格権の行使……291
共同不法行為……477
業として……19
業として輸出……481
共有者全員の合意……295
共有者の連帯性確保……295
共有著作権の持分譲渡……284
共有に係る著作物……518
共有に係る著作隣接権……518
業務上の使用……483
許可……151
虚偽情報を故意に付加する行為……484
許諾……151, 287, 396, 410
許諾に係る条件……288
許諾に係る利用方法……288
許諾を得ないレコードの複製からのレコード製作者の保護に関する条約→レコード保護条約
記録媒体内蔵複写機器……240, 241, 436
記録又は送信の方式の変換に伴う技術的な制約……485
禁止権……287
禁転載……211

資料

勤務規則……111
具体的態様の明示義務……499
具体的表現……33
国の機関等においてされた公開の演説・陳述……212
組み立てキット……531
クラウド・サービス……254
クラシカルオーサー……112
経過規定……107
軽過失参酌規定……499
経済財政改革の基本方針2007……300, 302, 440
経済的利用可能性……30
刑事訴訟法……540, 544, 545
継続的刊行物等の公表の時……276
継続的公衆送信行為……345
継続的出版行為……344
芸団協→日本芸能実演家団体協議会
芸能的……12
刑法施行法……523
刑法総則……523
契約解釈の手法……283
ゲームソフト……88, 135, 148, 168
劇場用映画……47
結合著作物……30, 79
原稿その他の原品……343
言語の著作物……77, 146
検索エンジンビジネス……249
検索結果提供用記録……251
原作品……7, 83, 117, 146, 149, 230, 235, 237
原作品を破棄……136
滅失の形で所有権を失った場合……239
検証……502
原状回復的措置……513

検証の目的……502
建築芸術……83
建築の著作権に係る増改築……137
建築の著作物……33, 56 83, 233
建築物の内部の複製……233
原著作者……26
言著作物……26, 94, 156, 158, 260, 275
検定教科書用図書……186
限定説……43, 214
検討過程における利用……174
原盤提供契約……535
権利管理情報……1, 484, 486
権利管理情報の改変等……532
権利管理情報を故意に除去又は改変する行為……484
権利行使の付加条件……288
権利質……297
権利者の権利と著作隣接権との関係……365
権利の集中……106
権利の集中管理……445
権利の目的とならない著作物……101
権利濫用……80, 98, 157
故意・過失……472, 480, 492, 513
故意犯……523, 528
コイン式複写機……177
合意……30, 291, 296, 463
行為地主義……61, 63, 65, 66, 68
公益法人……447
公開の美術の著作物等の利用……232
公衆……22, 37, 49, 53, 150, 155, 394, 419
公衆送信……16, 336, 341, 355
公衆送信化権……419
公衆送信権……144

公衆送信用記録媒体……23
公衆によって直接受信……16
公衆の用に供されている電気通信回線
　……22
口述……35, 36, 50, 146
口述権……146
恒常的に設置……231
公序良俗……342
公正な慣行……131
公正な慣行に合致……183, 184
公正な慣行に合致反しないと認められる改変……371
公正利用……171
公的記録保存所……229
公的法人……50
高等学校の通信教育用学習図書……188
合同授業……196
高度な美術性……46
公表……56
公表権……116, 513
公文書管理条例……122, 128
公文書管理法……120, 122, 128, 133, 369
公文書管理法等……219, 220
公文書管理法等による保存のための利用
　……219
公平の原則……45
公務員等の職務遂行に係る情報開示
　……125
合理的と認められる方法及び程度……258, 429
顧客吸引力……114, 173
国外……42
国外頒布目的商業用レコード……487
国際消尽……153, 397, 410
告示……325

国籍主義……66, 67, 72, 74
国籍の基準……68, 69, 70
告訴期間……540
告訴権者……540
告訴権者の推定……105
国内……42
国内消尽……396, 409
国内で実演を業とするもの……448
国内で商業レコード製作を業とするもの
　……448
国立公文書館等……120, 128
国立国会図書館……177, 180, 221
国立国会図書館の使用に係る記録媒体
　……223
国立国会図書館法……221, 223
国立国会図書館法によるインターネット資料及びオンライン資料の収集のための複製……221
個性の発露……8
個性の露出……32
国会図書館等の長等……219, 220
国庫に帰属……286, 320
固定……31, 47, 87
固定の基準……68, 69, 70
固定物……229
固定物賃貸契約……380
異なる内容の放送番組……379
コピーガード……39, 40
雇用関係……108
コンパイラ……24
コンピュータ内部の技術的処理過程
　……253

さ行

サーバ……22, 243, 418

資料

罪刑法定主義……523
債権者代位権……288
最終部分……277
再製……31
再送信……308
裁定……299, 307, 309, 310, 391, 401, 408, 409, 413, 440
裁定申請中の著作物の利用……302
裁定に係る複製物……301
裁定のあった年月日……301
裁定をしてはならないケース……312
裁定をしない処分……304, 313, 314
サイトへの誘導……251
再ネット……378, 380
裁判上又は裁判外の行為……447
裁判手続きにおける公開の陳述……211
裁判手続きにおける複製……215
再放送……417
再放送権及び有線放送権……416
債務不履行責任……291
債務不履行における損害賠償請求……288
裁量的開示……125．127
サウンドトラック……14, 36, 372, 403
サウンドトラック盤レコード……372, 376
差止請求……517
差止請求権……471
冊、号又は回を追って公表する著作物……276
作家専属制……309
参加約束……161
サンフランシスコ平和条約……279
視覚障害者等……201
視覚著作物……201, 202, 430
始期……423
磁気ディスク……325

指揮命令関係……108
試験問題としての複製……197
施行直前含有説……274
自己の著作の名義……110
自己の持分……517
事実行為説……161
事実の性質上極めて困難……504
時事の事件の報道のための利用……213
時事問題……210, 434
時事問題に関する論説の転載……210
自然人主義……523
思想・表現二分論……6
思想又は感情を表現……5
字体……82
質権……297, 318, 356, 358
質権の目的となった著作権……297
視聴覚障害者等のための複製……200
視聴覚的実演条約……66
視聴覚的実演に関する北京条約→視聴覚的実演条約
実演……12, 35
実演，レコード，放送又は有線放送の保護期間……423
実演・レコード条約……63, 66, 69, 144, 148, 149, 153, 278, 375, 376, 377, 387, 393, 394, 398, 406, 408, 411
実演家，レコード製作者及び放送機関の保護に関する国際条約→実演家等保護条約
実演家……13, 363
実演家人格権……425, 439, 471, 480, 513, 525
実演家人格権の一身専属制……424
実演家著作隣接権センター……388
実演家等保護条約……62, 63, 68, 72, 371, 378, 385, 398, 406, 411, 420, 537

実演家に支払われる報酬……486
実演家の死後における人格的利益の保護
　……425
実演家の氏名表示権……366
実演家の譲渡権……393
実演家の貸与権……398
実演家の貸与権の行使期間……399
実演家の同一性保持権……370
実演家の報酬請求権……400
実演家名表示……366
実演等利用のための裁定……396
実演利用により生じる債権的権利……363
質権者の承諾……337
質権の移転……324
質権の消滅……324
質権の処分の制限……324
質権の設定……324
質権の変更……324
実質的な創作……11
実費を勘案して政令で定める額……310，
　326
実名……105
実名等表示……272
実名登録……271，320，324，325
実名登録の効果……321
指定管理団体……446，447，459
指定団体……408，413
指定登録機関……329
私的使用……165
私的使用目的……141
私的独占の禁止及び公正取引の確保に関す
　る法律→独占禁止法
私的録音……448
私的録音に係る私的録音録画補償金
　……446

私的録音補償金管理協会……446，449
私的録音録画補償金……445，450，453
私的録音録画補償金の額……454
私的録音録画補償金の支払の特例……450
私的録画……448
私的録画に係る私的録音録画補償金……446
私的録画補償金管理協会……446
時点同時説……274
自動公衆送信……20，264，419，432
自動公衆送信される著作物の公表……56
自動公衆送信装置……22，243，245，475
自動公衆送信を受信して行うデジタル方式
　の録音・録画……527
自動複製機器……166，525
市販の目的をもって製作……15
支分権……282
死亡した著作者又は実演家の人格的利益
　……529
氏名権……114
氏名表示権……130，268，366，513
社会的事情の変動……281，426
謝罪広告……514
写真その他これに類する方法により複製
　……415
写真等著作物……172
写真の著作権……48
写真の著作物……57，88
終期……424
集合著作物……30
修正的解釈……289
重大な過失……498
周知の変名……271
授業の過程……195
主従関係……183
受信複製物……494

出所明示……183, 258, 429, 538
出所明示請求……258
出所明示の慣行……259
出版権……142, 335, 471, 480, 493, 495, 497, 523
出版権者……53, 55, 56
出版権消滅請求……344
出版権設定契約……337
出版権登録原簿……358
出版権の譲渡……356
出版権の消滅の請求……348
出版権の存続期間……346
出版権の登録……357
出版行為……336, 347
出版行為を行う義務……344
出版社名……258
準共有……294
純粋美術……43
純粋美術と同視し得るもの……45
準備書面……505
書……82
使用……165, 265
上映……35
上映権……35, 87, 144
上演……35, 50
上演権……142
障害者の権利に関する条約……201
障害のある児童及び生徒のための教科書用特定図書の普及の促進等に関する法律
　→教科書特定図書等促進法
商業用レコード……14, 15
商業用レコードの製作を業とする者……407
商業用レコードの製造業者……535
商業用レコードの貸与……398, 411

商業用レコードの二次使用……384, 405
商業用レコードの二次使用料……65, 67, 70
商業用レコードの二次使用料請求件……61
商業用レコードの二次使用料の受け取り団体……388
商業用レコードへの録音……309
消極的行使……292
消尽……48, 87, 88, 148, 237, 357, 395, 396, 408, 490
肖像権……114
肖像写真……89
承諾……152, 289, 396, 410
譲渡権……149, 393, 408
譲渡権の消尽……150
譲渡権の消尽規定……491
譲渡権の制限規定……491
譲渡等数量……493, 494
情報……100
情報解析……252
情報解析のための複製等……251
情報検索サービス……249, 437
情報公開条例……123, 126, 127, 133, 369
情報公開法……218
情報通信技術を利用した情報提供……437
情報通信技術を利用した情報提供の準備に必要な情報処理のための利用……254
情報の集合物……24
情報の選択又は体系的な構成……99
使用料相当額……496, 497, 498
情を知って……481, 483, 485
情を知って行う頒布……480
職務上作成……109
職務著作……12, 30, 106

用語索引

職務著作に係るプログラムの著作物の保護期間……273
所持……482
書体……82
初日不算入の原則……278
処分の制限……324
所有権に基づく使用の収益……230
書類開示……502
侵害し得……524
侵害と損害の因果関係……492
侵害とみなす行為……479
侵害のおそれのある者……477
侵害の行為によって作成された物……478
侵害の行為を組成したもの……478
侵害の停止……477
侵害の停止又は予防に必要な措置……479
侵害の予防……477
侵害品固有の顧客吸引力……494
侵害品と正規品……493
人格的利益の保全……515
信義に反して……293
信号付加形式……38, 167
親告罪……539, 540
親告罪の告訴権……540
申請中利用……302
申請中利用者……304
身体障害者福祉法……204
シンボルマーク……80
スクランブル……40
図形の著作権……84
ストリーミング方式……18
ストレージサービス……243
スローガン……8, 78
静止画放送……19

政治上、経済上又は社会上の時事問題……210
政治上の演説……211, 434
政治上の演説等の利用……211
精神的利益侵害要件説……489
製造業者等の協力義務……453
世界貿易機関→WTO
施行地……42
積極的行使……292, 296, 298
積極否認……500
設計図面……33, 34
絶版等資料……179
節録利用……184
善意・無過失……472
善意者に係る譲渡権の特例……490
全国視聴覚教育連盟……209
戦時加算義務……279
全集その他の編集物……340
全体で一話……276
選択の幅……32, 98
相関関係説……157
相互主義……278, 385, 386, 387, 406
創作性のある表現部分……28
創作性の判断……8
創作的関与……29
創作的規定……44
創作的に表現……5, 7
創作的表現説……140, 156
創作年月日の登録……323, 324
創作目的……46
送信可能化……20, 21, 22, 56, 145, 432, 434, 475
送信可能化権……376, 404, 418, 422
送信可能化された情報……250

563

資料

送信可能化された情報の送信元識別符号の
　検索等のための複製……248
送信可能化に用いる自動公衆送信装置
　……290
送信可能化の回数……290
送信効率化……436
送信障害防止……436
送信の障害の防止等のための複製……242
送信元識別符号……249, 250
増製……31
創設的規定説……96
相続その他一般承継……295, 357
相対的権利……9
相当額の報酬……382, 383, 400, 412, 418
ソーシャル・ネットワーキング・サービス
　→ SNS
ソース・プログラム……24, 90
即時抗告……507, 509
素材の選択又は配列……95
素材の抽象化……97
素材の認定……97
訴訟代理人……502
訴訟物……33, 158, 471
その他氏名に代えて用いられるもの
　……366
疎明……300, 505
損害額算定についての特別規定……492
損害額と推定……495
損害の額……496
損害の計算をするため必要な書類……500
損害の発生……492
損害賠償請求……492
損害不発生の抗弁……497
存続期間の始期……269

た行

第1号出版権者……343, 345, 346
第2号出版権者……344, 345
第一公表年月日……322
第一公表年月日登録……324
第一発行年月日……322
第一発行年月日登録……324
大系的に構成……25
題号……134, 258
代作……534
第三者対抗要件……357
ダイジェスト版……28
タイプフェイス……82
貸与……51
貸与権……154, 398, 411
ダウンロード……169
単位数量当たりの利益額……493
団体名義の著作権の保護期間……272
担保金……302, 304, 306, 319
地図……85
地方公文書館等……122, 128
中継するための送信……246
抽象的表現……33
聴覚障害者等……204
聴覚障害者のための複製……202
聴覚著作物……203, 204
彫刻の増製……234
調査研究の用に供する……178
調整する……325
直接感性的……6
直接感得性……27
直接感得性説……156
直接的行為者……472
著作権……114, 471, 480, 484, 493, 495,
　497, 523

564

著作権、出版権又は著作隣接権の行使につき受けるべき金銭の額……497
著作権管理事業者……158
著作権者の死亡……286
著作権者不明等の場合における著作物の利用……299
著作権侵害の主体……472
著作権制限規定……351
著作権等の保護に関する事業のための支出……457
著作権登録……324
著作権登録原簿……324
著作権登録原簿の謄本……326
著作権の移転……284
著作権の終期……269
著作権の譲渡……282
著作権の存続期間……269
著作権分科会……315
著作権紛争解決あっせん委員……463
著作者……11
著作者が存しなくなった後における人格的利益の保護……280
著作者主義……59
著作者人格権……113, 116, 268, 280, 471, 480, 484, 513, 525
著作者人格権の一身専属制……280
著作者人格権の侵害となるべき行為……490
著作者人格権又は著作権の侵害……472
著作者人格権を行使する代表者……293
著作者全員の合意……291
著作者の作成意図……5
著作者の氏名表示……367
著作者の推定……104

著作者又は実演家の死後における人格的利益の保護のための措置……515
著作者名……104, 130, 258, 259
著作者名詐称……533
著作者名表示義務規定……268
著作者隣接権……471, 480, 484
著作物……5, 77
著作物主義……59
著作物の公表……55
著作物の送信可能化……290
著作物の同一性……32
著作物の発行……52
著作物の放送……307
著作物の保護期間……269
著作物の利用の許諾……287
著作物への修正・増減……345
著作物利用を廃絶する意思……312
著作隣接権……12, 363, 365, 494, 495, 497, 523
著作隣接権登録原簿……441
著作隣接権の譲渡・行使……440
著作隣接権の制限……426
著作隣接権の存続期間……423, 424
著作隣接権の登録……441
直感的得性説……140
著名性……158
追求権……114
手足理論……472
定義……78
提供……56, 105
提示……56, 105
ディスプレイ装置……147
データ・ファイル……91
データベース……24
データベースの著作物……99, 252

データベースの部分を構成する著作物……100
データベースマネージメントシステム……25, 100
データ放送……18
テープネット……227
テープネット放送……382
デジタルデータ……191
デジタル方式機器……170
デジタル方式の録音又は録画……170
手数料……326
撤回権……114, 350
デッドコピー……33, 157
テレビジョン放送の伝達権……419
テレビ放送複製配信サービス……475
電気通信設備……17
展示……56, 146, 155, 190, 230
点字……200
電子計算機……24
電子計算機における著作物の利用に伴う複製……252
電子計算機による情報解析……437
電子計算機を用いて点字を処理する方式……200
展示権……55, 57, 83, 146
電子情報技術産業協会……455
電子書籍……335, 339
電子透かし……42
点字データ……200
電磁的記録……180, 191, 339, 343
点字図書……202
電子配信業者……336
電磁方式……38
伝達……211, 213
伝達権……145

電波法……19, 193, 432
同意……292, 296
同一性保持権……87, 134, 370, 513
同一の構内……17
同一の種類の権利……160
同時再送信……193, 206, 373, 383, 415, 416, 417, 431
当事者訴訟……316
同時発行……60
独占禁止法……392
独占権……287
特定……155
特定かつ多数の者……49, 150, 152, 410
特定機器……451
特定記録媒体……451
特定送信……243
特定送信装置……243
特定歴史公文書等……120, 220, 369
独立行政法人通則法……121
独立行政法人等……121
独立行政法人等情報公開法……121, 126, 133, 218, 369
図書館資料……177
図書館資料の保存……179
図書館その他の施設……177
図書館等における複製……176
特許審査等の行政手続……217
特掲……285
撮り込み……172
トレードマーク……80

な行

内国民待遇……61, 65, 67, 73, 278, 385
内部資料として必要な限度……216
内面的形式……6

内容による制限付移転……282
無方式主義……115
生実演……373
難視聴解消目的等の再送信……206
難視聴区域における有線テレビジョン放送事業者……417
ニア・オンデマンド送信……20
ニアビデオオンデマンド……404
二元的構成……268
二次使用料……405, 406, 408, 486
二次使用料の額の決定……390
二次的著作物……26, 94, 156
二次的著作物の利用……158
二次的著作物の利用に関する原著作者の権利……284
二段階テストの手法……141
日本音楽著作権協会→JASRAC
日本芸術家協会……498
日本芸能実演家団体協議会……382, 388, 401, 449
日本国民……59
日本版フェアユース……171, 172, 174, 176, 254
日本放送協会→NHK
日本民間放送連盟……382
日本メディア工業会……455
日本レコード協会……407, 412, 449
入学親権その他の学識技能に関する試験又は検定……198
入力型自動公衆送信……432
ネット局……227, 378, 380, 382
ネットワークに接続……22
納本制度……181

は行

バージョンアップ……138, 238
ハードディスク……240
パソコン点訳……200
発意と責任……23
発意に基づき……107
バックアップ……181, 238, 245
バックアップサーバ……243
発行地主義……60
発行の基準……68, 69
発信地主義……72, 74
発明……10
パブリシティ権……7, 114
パブリック・ドメイン……7
万国著作権条約……54, 59, 60, 115
万国著作権条約の実施に伴う著作権法の特例に関する法律……151
反証……496
販売することができない事情……494
販売その他の行為を行う能力に応じた額……494
頒布……37, 147, 261, 263, 353, 435, 480
半復継続性……481
頒布権……37, 48, 87, 147, 149, 154
頒布権の消尽を認める判例……491
頒布する旨の申出……480
頒布目的の所持……480
ピア・ツー・ピア方式……16, 144
非営利……205
非営利かつ無料で同時再送信する有線放送……383, 384
非営利かつ無料での複製物による貸与……208
非営利かつ無料での有線放送等……206
非営利法人……50, 447

資料

非営利無料での受信装置による公の伝達……207
非営利目的の視聴覚教育施設……209
非公知性……505
被写体……88
美術工芸品……43
美術の著作物……43, 57, 80, 231, 233
美術の著作物等の原作品の所有者による展示……230
美術の著作物等の譲渡等に申出に伴う複製……236
美術の著作物等の展示に伴う複製……235
非親告罪……534, 538
ビデオオンデマンド……18
ビデオゲーム……87
ビデオソフト……148, 209
秘密管理性……505
秘密記載部分の閲覧等……511
秘密保持命令……502, 504, 506, 538, 543
秘密保持命令が発せられた訴訟……510
秘密保持命令の取消し……508
表現形式上の本質的特徴……28, 32, 135, 140, 156
表現上の本質的特徴……6, 26, 27
表見代理……294
表現の選択の幅……8
表現物……8
表現方法……8, 86
ファースト・セール・ドクトリン……150
ファイル交換サービス……145
ファイル交換ソフト……22
ファイル交換プログラム……404
フェアユース……171
フォワードプロキシ……246
不開示請求……369

不可譲渡性……280, 425
複製……31, 32
複製権……139, 402, 414, 420
複製権侵害……33
複製権等保持者……336, 341, 348
複製権等保有者の承認……356
複製権等保有者の同意……356
複製物……149
複製物の保存……263
不公正な取引方法……392
付随対象著作物……171, 172
不正競争防止法……158, 539
物上代位……298
物理的行為者……473
物理的利用行為……473, 476
不当利益返還請求……271
舞踊の著作物……143
舞踊又は無言劇の著作物……79
ブラウザ・キャッシュ……438
ブラウザ・キャッシング……265
フラッシュメモリ……240
振付……80
プロキシ（代理）サーバ……246
プログラミング言語……24
プログラム……23
プログラム言語……93
プログラム著作物の違法複製物……482
プログラム著作物の複製物の所有者による複製……238
プログラムの違法複製物……527
プログラムの著作権……90
プログラムの著作物……90, 111, 323
プログラムの著作物に係る登録の特例に関する法律……328
プログラムの著作物の登録……328

プロジェクター……420
文化審議会……315
文化審議会に諮問……456, 458
文化審議会への諮問……314
文化庁長官の認可……454
文化的所産の公正な利用……4
文化の発展に寄与……4
文芸、学術、美術、音楽の範疇に属する
　　……5, 10
文献複写機器……166
文書著作物……77
文書又は図画……336, 339
分離利用不可能性……30
併科規定……524
ペイド・アップ方式……495
ベースステーション……419, 475
ベルヌ型……399
ベルヌ条約……43, 52, 59, 60, 65, 87,
　88, 115, 134, 165, 270, 278, 399, 489
ベルヌプラス……134
編曲……27, 225
編曲権……158, 284
変形……27, 225, 226
変形権……284
編集著作物……95
編集著作物の著作者……98
編集物……96
編集物の部分を構成する著作物……99
返信効率化……437
変名……105
変名の著作物……271
ポイント・ツー・ポイント送信……18
法益均等論……405
方式主義……115
報酬……205

幇助……477
幇助行為中止の条理上の義務……477
法人……50
法人格なき社団……449
法人格なき社団又は財団……544
法人格なき団体……50, 59
法人擬制説……106
法人実在説……106
法人重課……543
法人著作……106
法人等……107
放送……18
放送区域……193, 206, 432
放送権……373
放送権及び再有線放送権……421
放送される実演……374
放送される実演の有線放送……383
放送事業者……19, 162, 227
放送事業者等による一時的固定……227,
　262
放送事業者等の団体……391
放送事業者の送信可能化権……418
放送事業者の伝達権……419
放送事業者の複製権……414
放送信号……415
放送に係る音又は映像……414
放送対象地域……193, 206, 432
放送の技術的手段……227
放送のための技術的手段……162
放送のための固定……378
放送のための固定物等による放送……381
放送の同時再送信……308
放送の同時再送信としての有線放送
　……228

放送の同時再送信のための自動公衆送信……210, 212
放送博物館・放送文化ライブラリー……229
放送番組の3箇月間保存義務……229
放送法……193, 229, 432
報道……214
報道,批評,研究その他の引用の目的上正当な範囲内……183
報道の目的上正当な範囲内……214
報道目的……212, 213
法律行為……292
法律効果……292
法律要件……292
保護期間の計算方法……277
保佐人……502
保守,修理のための一時的複製……239
補充的解釈……289
補償金……170, 187, 190, 194, 199, 209, 304, 305, 306, 307, 308, 318, 319, 408, 413, 433, 458
補償金一括支払方式……451
補償金関係業務……450, 456, 459
補償金支払義務者……199
補償金の額……315
補償金の額についての異議申立ての制限……316
補償金の額についての訴え……315
補償金の供託……299, 317
補償金の変換請求……452
補償金分配関連規定……457
ホストコンピュータ……22, 243
保全行為……280
保存期間……436

翻案……26, 28, 32, 225, 226, 239, 251, 252
翻案権……87, 156, 284
翻案権侵害……33
本質的違法性……157
本質的特徴説……157
本証……496
翻訳……27, 225, 226
翻訳、翻案による利用……224
翻訳権……156, 284
翻訳物の言著作物……54, 57

ま行

マージ理論……9, 78, 98
マイクロ・ウェーブ……18
マイクロ・ネット放送……382, 417
マジコン……40
○C表示……115
○P表示……364
漫画喫茶……155
未公表の著作物……116
ミニFM放送局……19
ミニ放送……422
未必の故意……526
ミラーリング……244
民間放送事業者……228
民間放送連盟記録保存所……229
民事執行法……293
民事訴訟法……504, 511
無形な再製……33
無形的利用……55, 105, 130, 142, 435
無線送信……17
無線通信……18
無体物……7
無徴収……205

用語索引

無報酬……205
無名……271
無名又は変名で公表された著作物……320
無名又は変名の著作物の発行者……518, 541
無名又は変名の著作物の保護期間……270
無名又は変名の著作物の保護期間著作物に係る権利の保全……518
名誉・声望……514
名誉・声望保持権……513
名誉回復等の措置……513
名誉声望侵害要件説……489
名誉又は声望……370, 489
明瞭区別性……183
メモリカード……135
文字……82
文字放送……19
模写作品……28
モダンオーサー……112
持分の移転……295
持分放棄……295
専ら侵害の行為に供された機械若しくは器具……478
文部科学省教科書……186

や行

薬事行政手続……217
やむを得ないと認められる改変……135, 138, 371
遺言……516
遺言で指定する者……321
有形的な再製……31, 33
有形的利用……105, 130
ユーザーインターフェイス……85
有償著作物等……528

有線音楽局……19
有線送信……16, 18, 20
有線テレビジョン放送の伝達権……422
有線テレビジョン放送法……417
有線電気通信……17, 19
有線による同時再送信……373
有線放送……16, 19
有線放送権……373
有線放送事業者……164, 228, 421, 422
有線放送事業者の複製権……421
有線放送のための技術的手段……164
有体物……7
有用性……505
輸出……480, 482, 527
輸出目的の所持……481
輸入……480, 526
用益権……335
用字又は用語の改変……136
要約……135
要約引用……185
要約行為……28
翌日起算……347

ら行

リアルタイム字幕……204, 226
利益の額……495, 496
立証するために必要な事実……504
立法者意思説……274
リピート放送……379, 381
リプレス……31, 403
リプレッサー……14, 535
利用……264, 268
利用行為地ごとの分割譲渡……283
利用主体拡張の法理……473

資料

両罰規定……524, 542
利用方法……301, 303
類似性……27, 140, 156
類似的……31
レイアウト……97
例示説……43
歴史公文書等……120, 219
暦年計算主義……277, 424
レコード……14
レコード原盤製作者……15
レコード製作者……14, 363, 402
レコード製作者の譲渡権……408
レコード製作者の貸与権……411
レコードの発行……58
レコードの複製物……408
レコード保護条約……61, 67, 71, 405, 411, 537
レコード輸入（制限）権制度……487
レコード利用により生ずる債権的権利
　……364

連合国特例法……279
レンタルサーバ……243
労働組合法……286
ローマ型……399
ローマ型内国民待遇……61, 67, 71
ローマ条約→実演家等保護条約
濾過テストの手法……141
録音……31
録音・録画権等の侵害……434
録音権及び録画権……371
録音され、又は録画されている実演
　……375
録画……31
ロゴマーク……3
ロボット型検索エンジン……250
論説……210

わ行

ワンチャンス主義……66, 372, 374, 377, 378, 395 398

1896年5月4日にパリで補足され、1908年11月13日にベルリンで改正され、1914年3月20日にベルヌで補足され並びに1928年6月2日にローマで、1948年6月26日にブラッセルで、1967年7月14日にストックホルムで及び1971年7月24日にパリで改正された1886年9月9日の文学的及び美術的著作物の保護に関するベルヌ条約
〔昭和50年3月6日条約第4号〕

同盟国は、文学的及び美術的著作物に関する著作者の権利をできる限り効果的かつ統一的に保護することをひとしく希望し、1967年にストックホルムで開催された改正会議の作業の重要性を認めて、ストックホルム会議が採択した条約の第1条から第20条まで及び第22条から第26条までの規定を変更することなく、同条約を改正することを決定した。よつて、下名の全権委員は、その全権委任状を示し、それが良好妥当であると認められた後、次のとおり協定した。

第1条
　この条約が適用される国は、文学的及び美術的著作物に関する著作者の権利の保護のための同盟を形成する。

第2条
(1)　「文学的及び美術的著作物」には、表現の方法又は形式のいかんを問わず、書籍、小冊子その他の文書、講演、演説、説教その他これらと同性質の著作物、演劇用又は楽劇用の著作物、舞踊及び無言劇の著作物、楽曲（歌詞を伴うかどうかを問わない。）、映画の著作物（映画に類似する方法で表現された著作物を含む。以下同じ。）、素描、絵画、建築、彫刻、版画及び石版画の著作物、写真の著作物（写真に類似する方法で表現された著作物を含む。以下同じ。）、応用美術の著作物、図解及び地図並びに地理学、地形学、建築学その他の科学に関する図面、略図及び模型のような文芸、学術及び美術の範囲に属するすべての製作物を含む。

(2)　もつとも、文学的及び美術的著作物の全体又はその1若しくは2以上の種類について、それらの著作物が物に固定されていない限り保護されないことを定める権能は、同盟国の立法に留保される。

(3)　文学的又は美術的著作物の翻訳、翻案、編曲等による改作物は、その原作物の著作者の権利を害することなく、原著作物として保護される。

(4)　立法上、行政上及び司法上の公文書並びにその公的な翻訳物に与えられる保護は、同盟国の法令の定めるところによる。

(5)　素材の選択又は配列によつて知的創作物を形成する百科辞典及び選集のような文学的又は美術的著作物の編集物は、その編集物の部分を構成する各著作物の著作者の権利を害することなく、知的創作物として保護される。

(6)　前記の著作物は、すべての同盟国において保護を受ける。この保護は、著作者及びその承継人のために与えられる。

(7)　応用美術の著作物及び意匠に関する

法令の適用範囲並びにそれらの著作物及び意匠の保護の条件は、第7条(4)の規定に従うことを条件として、同盟国の法令の定めるところによる。本国において専ら意匠として保護される著作物については、他の同盟国において、その国において意匠に与えられる特別の保護しか要求することができない。ただし、その国においてそのような特別の保護が与えられない場合には、それらの著作物は、美術的著作物として保護される。

(8) この条約の保護は、単なる報道にすぎない時事の記事又は雑報については適用されない。

第2条の2

(1) 政治上の演説及び裁判手続においてされた陳述につき前条に定める保護の一部又は全部を排除する権能は、同盟国の立法に留保される。

(2) 報道の目的上正当な範囲内において、公に行われた講演、演説その他これらと同性質の著作物を新聞雑誌に掲載し、放送し、有線により公に伝達し及び第11条の2(1)に規定する公の伝達の対象とする場合の条件を定める権能も、また、同盟国の立法に留保される。

(3) もっとも、著作者は、(1)及び(2)に規定する著作物を編集物とする排他的権利を享有する。

第3条

(1) 次の者は、次の著作物について、この条約によつて保護される。

(a) いずれかの同盟国の国民である著作者 その著作物(発行されているかどうかを問わない。)

(b) いずれの同盟国の国民でもない著作者 その著作物のうち、いずれかの同盟国において最初に発行されたもの並びに同盟に属しない国及びいずれかの同盟国において同時に発行されたもの

(2) いずれの同盟国の国民でもない著作者でいずれかの同盟国に常居所を有するものは、この条約の適用上、その同盟国の国民である著作者とみなす。

(3) 「発行された著作物」とは、複製物の作成方法のいかんを問わず、著作者の承諾を得て刊行された著作物であつて、その性質にかんがみ公衆の合理的な要求を満たすような数量の複製物が提供されたものをいう。演劇用若しくは楽劇用の著作物又は映画の著作物の上演、音楽の著作物の演奏、文学的著作物の朗読、文学的又は美術的著作物の伝達又は放送、美術の著作物の展示及び建築の著作物の建設は、発行を意味しない。

(4) 最初の発行の国を含む2以上の国において最初の発行の日から30日以内に発行された著作物は、それらの国において同時に発行されたものとみなす。

第4条

次の者は、前条に定める条件が満たされない場合にも、この条約によつて保護される。

(a) いずれかの同盟国に主たる事務所又は常居所を有する者が製作者である映画の著作物の著作者

(b) いずれかの同盟国において建設された建築の著作物の著作者又はいずれかの同盟国に所在する不動産と一体となつている絵画的及び彫塑的美術の著作物の著作者

第5条
(1) 著作者は、この条約によつて保護される著作物に関し、その著作物の本国以外の同盟国において、その国の法令が自国民に現在与えており又は将来与えることがある権利及びこの条約が特に与える権利を享有する。
(2) (1)の権利の享有及び行使には、いかなる方式の履行をも要しない。その享有及び行使は、著作物の本国における保護の存在にかかわらない。したがつて、保護の範囲及び著作者の権利を保全するため著作者に保障される救済の方法は、この条約の規定によるほか、専ら、保護が要求される同盟国の法令の定めるところによる。
(3) 著作物の本国における保護は、その国の法令の定めるところによる。もつとも、この条約によつて保護される著作物の著作者がその著作物の本国の国民でない場合にも、その著作者は、その著作物の本国において内国著作者と同一の権利を享有する。
(4) 次の著作物については、次の国を本国とする。
　(a) いずれかの同盟国において最初に発行された著作物については、その同盟国。もつとも、異なる保護期間を認める2以上の同盟国において同時に発行された著作物については、これらの国のうち法令の許与する保護期間が最も短い国とする。
　(b) 同盟に属しない国及びいずれかの同盟国において同時に発行された著作物については、その同盟国
　(c) 発行されていない著作物又は同盟に属しない国において最初に発行された著作物でいずれの同盟国においても同時に発行されなかつたものについては、その著作者が国民である同盟国。ただし、次の著作物については、次の国を本国とする。
　　(i) いずれかの同盟国に主たる事務所又は常居所を有する者が製作者である映画の著作物については、その同盟国
　　(ii) いずれかの同盟国において建設された建築の著作物又はいずれかの同盟国に所在する不動産と一体となつている絵画的及び彫塑的美術の著作物については、その同盟国

第6条
(1) 同盟に属しない国がいずれかの同盟国の国民である著作者の著作物を十分に保護しない場合には、その同盟国は、最初の発行の時において当該同盟に属しない国の国民であつて、かつ、いずれの同盟国にも常居所を有していない著作者の著作物の保護を制限することができる。最初の発行の国がこの権能を行使する場合には、他の同盟国は、そのように特殊な取扱いを受ける著作物に対し、最初の発行の国において与えられる保護よりも厚い保護を与えることを要しない。
(2) (1)の規定に基づく制限は、その実施前にいずれかの同盟国において発行された著作物についてその著作者が既に取得した権利に影響を及ぼすものであつてはならない。
(3) この条の規定に基づいて著作者の権利の保護を制限する同盟国は、その旨を、その保護の制限の対象となる国及

びその国民である著作者の権利に対する制限を明記した宣言書により、世界知的所有権機関事務局長（以下「事務局長」という。）に通告する。事務局長は、その宣言をすべての同盟国に直ちに通報する。

第6条の2

(1) 著作者は、その財産的権利とは別個に、この権利が移転された後においても、著作物の創作者であることを主張する権利及び著作物の変更、切除その他の改変又は著作物に対するその他の侵害で自己の名誉又は声望を害するおそれのあるものに対して異議を申し立てる権利を保有する。

(2) (1)の規定に基づいて著作者に認められる権利は、著作者の死後においても、少なくとも財産的権利が消滅するまで存続し、保護が要求される国の法令により資格を与えられる人又は団体によつて行使される。もつとも、この改正条約の批准又はこれへの加入の時に効力を有する法令において、(1)の規定に基づいて認められる権利のすべてについて著作者の死後における保護を確保することを定めていない国は、それらの権利のうち一部の権利が著作者の死後は存続しないことを定める権能を有する。

(3) この条において認められる権利を保全するための救済の方法は、保護が要求される同盟国の法令の定めるところによる。

第7条

(1) この条約によつて許与される保護期間は、著作者の生存の間及びその死後五十年とする。

(2) もつとも、同盟国は、映画の著作物については、保護期間が、著作者の承諾を得て著作物が公衆に提供された時から50年で、又は、著作物がその製作の時から50年以内に著作者の承諾を得て公衆に提供されないときは、製作の時から50年で満了することを定める権能を有する。

(3) 無名又は変名の著作物については、この条約によつて許与される保護期間は、著作物が適法に公衆に提供された時から50年で満了する。ただし、著作者の用いた変名がその著作者を示すことについて疑いがない場合には、保護期間は、(1)に定める保護期間とする。無名又は変名の著作物の著作者が第一文の期間内にその著作物の著作者であることを明らかにする場合には、適用される保護期間は、(1)に定める保護期間とする。同盟国は、著作者が50年前に死亡していると推定する十分な理由のある無名又は変名の著作物を保護することを要しない。

(4) 写真の著作物及び美術的著作物として保護される応用美術の著作物の保護期間を定める権能は、同盟国の立法に留保される。ただし、その保護期間は、それらの著作物の製作の時から25年よりも短くてはならない。

(5) 著作者の死後の保護期間及び(2)から(4)までに定める保護期間は、著作者の死亡の時又は(2)から(4)までに規定する事実が発生した時から始まる。ただし、これらの保護期間は、死亡の年又はそれらの事実が発生した年の翌年の1月1日から計算する。

(6) 同盟国は、前記の保護期間よりも長

い保護期間を許与する権能を有する。
(7) この条約のローマ改正条約に拘束される同盟国であつて、この改正条約の署名の時に効力を有する国内法令において前記の保護期間よりも短い保護期間を許与するものは、この改正条約に加入し又はこれを批准する場合にも、それらの保護期間を維持する権能を有する。
(8) いずれの場合にも、保護期間は、保護が要求される同盟国の法令の定めるところによる。ただし、その国の法令に別段の定めがない限り、保護期間は、著作物の本国において定められる保護期間を超えることはない。

第7条の2
　前条の規定は、著作権が著作物の共同著作者の共有に属する場合にも適用する。ただし、著作者の死亡の時から計算する期間は、共同著作者のうちの最後の生存者の死亡の時から計算する。

第8条
　文学的及び美術的著作物の著作者でこの条約によつて保護されるものは、その著作物に関する権利の存続期間中、その著作物を翻訳し又はその翻訳を許諾する排他的権利を享有する。

第9条
(1) 文学的及び美術的著作物の著作者でこの条約によつて保護されるものは、それらの著作物の複製（その方法及び形式のいかんを問わない。）を許諾する排他的権利を享有する。
(2) 特別の場合について(1)の著作物の複製を認める権能は、同盟国の立法に留保される。ただし、そのような複製が当該著作物の通常の利用を妨げず、かつ、その著作者の正当な利益を不当に害しないことを条件とする。
(3) 録音及び録画は、この条約の適用上、複製とみなす。

第10条
(1) 既に適法に公衆に提供された著作物からの引用（新聞雑誌の要約の形で行う新聞紙及び定期刊行物の記事からの引用を含む。）は、その引用が公正な慣行に合致し、かつ、その目的上正当な範囲内で行われることを条件として、適法とされる。
(2) 文学的又は美術的著作物を、授業用に、出版、放送、録音又は録画の方法でその目的上正当な範囲内において適法に利用することについては、同盟国の法令又は同盟国間の現行の若しくは将来締結される特別の取極の定めるところによる。ただし、そのような利用は、公正な慣行に合致するものでなければならない。
(3) (1)及び(2)に規定する引用及び利用を行うに際しては、出所（著作者名が表示されているときは、これを含む。）を明示する。

第10条の2
(1) 新聞紙若しくは定期刊行物において公表された経済上、政治上若しくは宗教上の時事問題を論議する記事又はこれと同性質の放送された著作物を新聞雑誌に掲載し、放送し又は有線により公に伝達することを、そのような掲載、放送又は伝達が明示的に禁止されていない場合に認める権能は、同盟国の立法に留保される。ただし、その出所は、常に明示しなければならない。この義

務の違反に対する制裁は、保護が要求される同盟国の法令の定めるところによる。
(2) 写真、映画、放送又は有線による公の伝達により時事の事件を報道する際に、その事件の過程において見られ又は聞かれる文学的又は美術的著作物を報道の目的上正当な範囲内で複製し及び公衆に提供する場合の条件についても、同盟国の法令の定めるところによる。

第11条
(1) 演劇用又は楽劇用の著作物及び音楽の著作物の著作者は、次のことを許諾する排他的権利を享有する。
　　(i) 著作物を公に上演し及び演奏すること（その手段又は方法のいかんを問わない。）。
　　(ii) 著作物の上演及び演奏を何らかの手段により公に伝達すること。
(2) 演劇用又は楽劇用の著作物の著作者は、その著作物に関する権利の存続期間中、その著作物の翻訳物についても、(1)の権利を享有する。

第11条の2
(1) 文学的及び美術的著作物の著作者は、次のことを許諾する排他的権利を享有する。
　　(i) 著作物を放送すること又は記号、音若しくは影像を無線で送るその他の手段により著作物を公に伝達すること。
　　(ii) 放送された著作物を原放送機関以外の機関が有線又は無線で公に伝達すること。
　　(iii) 放送された著作物を拡声機又は記号、音若しくは影像を伝えるその他の類似の器具を用いて公に伝達すること。
(2) (1)に定める権利を行使する条件は、同盟国の法令の定めるところによる。ただし、その条件は、これを定めた国においてのみ効力を有する。その条件は、著作者の人格権を害するものであつてはならず、また、協議が成立しないときに権限のある機関が定める公正な補償金を受ける著作者の権利を害するものであつてはならない。
(3) (1)の規定に基づいて与えられた許諾には、別段の定めがない限り、放送される著作物を音又は影像を固定する器具を用いて記録することの許諾を含まない。もつとも、放送機関が自己の手段により自己の放送のために行う一時的記録の制度は、同盟国の法令の定めるところによる。当該法令は、その一時的記録が資料として特別の性質を有することを理由として、これを公的な記録保存所に保存することを認めることができる。

第11条の3
(1) 文学的著作物の著作者は、次のことを許諾する排他的権利を享有する。
　　(i) 著作物を公に朗読すること（その手段又は方法のいかんを問わない。）。
　　(ii) 著作物の朗読を何らかの手段により公に伝達すること。
(2) 文学的著作物の著作者は、その著作物に関する権利の存続期間中、その著作物の翻訳物についても、(1)の権利を享有する。

第12条
　　文学的又は美術的著作物の著作者

は、その著作物の翻案、編曲その他の改作を許諾する排他的権利を享有する。

第13条

(1) 各同盟国は、自国に関する限り、音楽の著作物の著作者又は音楽の著作物とともにその歌詞を録音することを既に許諾している歌詞の著作者が、その音楽の著作物を録音すること又はその歌詞を当該音楽の著作物とともに録音することを許諾する排他的権利に関し、留保及び条件を定めることができる。ただし、その留保及び条件は、これを定めた国においてのみ効力を有する。その留保及び条件は、協議が成立しないときに権限のある機関が定める公正な補償金を受ける著作者の権利を害するものであつてはならない。

(2) 音楽の著作物の録音物であつて、1928年6月2日にローマで署名された条約及び1948年6月26日にブラッセルで署名された条約の第13条(3)の規定に基づきいずれかの同盟国において作成されたものは、その国がこの改正条約に拘束されることとなつた日から2年の期間が満了するまでは、その音楽の著作物の著作者の承諾を得ることなくその国において複製することができる。

(3) (1)及び(2)の規定に基づいて作成された録音物であつて、そのような録音が適法とされない同盟国に利害関係人の許諾を得ないで輸入されたものは、差し押さえることができる。

第14条

(1) 文学的又は美術的著作物の著作者は、次のことを許諾する排他的権利を享有する。

　(i) 著作物を映画として翻案し及び複製すること並びにこのように翻案され又は複製された著作物を頒布すること。

　(ii) このように翻案され又は複製された著作物を公に上演し及び演奏し並びに有線により公に伝達すること。

(2) 文学的又は美術的著作物を原作とする映画の作品を他の美術形式に翻案することは、その映画の作品の著作者の許諾の権利を害することなく、原作物の著作者の許諾を必要とする。

(3) 前条(1)の規定は、適用されない。

第14条の2

(1) 映画の著作物は、翻案され又は複製された著作物の著作者の権利を害することなく、原著作物として保護されるものとし、映画の著作物について著作権を有する者は、原著作物の著作者と同一の権利（前条に定める権利を含む。）を享有する。

(2)(a) 映画の著作物について著作権を有する者を決定することは、保護が要求される同盟国の法令の定めるところによる。

　(b) もつとも、法令が映画の著作物の製作に寄与した著作者を映画の著作物について著作権を有する者と認める同盟国においては、それらの著作者は、そのような寄与をすることを約束したときは、反対の又は特別の定めがない限り、その映画の著作物を複製し、頒布し、公に上演し及び演奏し、有線で公に伝達し、放送し、他の方法で公衆に伝達し並びに字幕

を挿入し及び吹替えをすることに反対することができない。

(c) (b)に規定する約束の形式が(b)の規定の適用上書面による契約(これに相当する文書を含む。)によるべきかどうかの問題は、映画の著作物の製作者が主たる事務所又は常居所を有する同盟国の法令によつて決定される。もつとも、その約束が書面による契約(これに相当する文書を含む。)によるべきことを定める権能は、保護が要求される同盟国の立法に留保される。この権能を行使する同盟国は、その旨を宣言書により事務局長に通告するものとし、事務局長は、これを他のすべての同盟国に直ちに通報する。

(d) 「反対の又は特別の定め」とは、(b)に規定する約束に付されたすべての制限的条件をいう。

(3) (2)(b)の規定は、国内法令に別段の定めがない限り、映画の著作物の製作のために創作された脚本、せりふ及び音楽の著作物の著作者並びに映画の著作物の主たる制作者については、適用しない。その法令において(2)(b)の規定をその主たる制作者について適用することを定めていない同盟国は、その旨を宣言書により事務局長に通告するものとし、事務局長は、これを他のすべての同盟国に直ちに通報する。

第14条の3

(1) 美術の著作物の原作品並びに作家及び作曲家の原稿については、その著作者(その死後においては、国内法令が資格を与える人又は団体)は、著作者が最初にその原作品及び原稿を譲渡した後に行われるその原作品及び原稿の売買の利益にあずかる譲渡不能の権利を享有する。

(2) (1)に定める保護は、著作者が国民である国の法令がこの保護を認める場合に限り、かつ、この保護が要求される国の法令が認める範囲内でのみ、各同盟国において要求することができる。

(3) 徴収の方法及び額は、各同盟国の法令の定めるところによる。

第15条

(1) この条約によつて保護される文学的及び美術的著作物の著作者が、反証のない限り当該著作物の著作者と認められ、したがつて、その権利を侵害する者に対し同盟国の裁判所に訴えを提起することを認められるためには、その名が通常の方法により当該著作物に表示されていることで足りる。この(1)の規定は、著作者の用いた名が変名であつても、それがその著作者を示すことについて疑いがない限り、適用される。

(2) 映画の著作物に通常の方法によりその名を表示されている自然人又は法人は、反証のない限りその映画の著作物の製作者と推定される。

(3) 無名の著作物及び(1)に規定する変名の著作物以外の変名の著作物については、著作物にその名を表示されている発行者は、反証のない限り著作者を代表するものと認められ、この資格において、著作者の権利を保全し及び行使することができる。この(3)の規定は、著作者がその著作物の著作者であることを明らかにしてその資格を証明した時から、適用されなくなる。

(4)(a) 著作者が明らかでないが、著作者

がいずれか一の同盟国の国民であると推定する十分な理由がある発行されていない著作物について、著作者を代表し並びに著作者の権利を各同盟国において保全し及び行使することを認められる権限のある機関を指定する権能は、当該一の同盟国の立法に留保される。
(b) (a)の規定に基づいて指定を行う同盟国は、指定された機関についてすべての情報を記載した宣言書によりその旨を事務局長に通告するものとし、事務局長は、その宣言を他のすべての同盟国に直ちに通報する。

第16条
(1) 著作者の権利を侵害するすべての製作物は、当該著作物が法律上の保護を受ける同盟国において差し押さえることができる。
(2) (1)の規定は、当該著作物が保護を受けない国又は受けなくなつた国において作成された複製物についても適用する。
(3) 差押えは、各同盟国の法令に従つて行う。

第17条
この条約は、法令又は諸規程により、権限のある機関が必要と認める場合に、著作物又は製作物の頒布、上演又は展示を許可し、取り締まり又は禁止することとする各同盟国政府の権能を何ら害するものではない。

第18条
(1) この条約は、その効力発生の時に本国において保護期間の満了により既に公共のものとなつた著作物以外のすべての著作物について適用される。
(2) もつとも、従来認められていた保護期間の満了により保護が要求される同盟国において公共のものとなつた著作物は、その国において新たに保護されることはない。
(3) 前記の原則の適用は、これに関する同盟国間の現行の又は将来締結される特別の条約の規定に従う。このような規定がない場合には、各国は、自国に関し、この原則の適用に関する方法を定める。
(4) (1)から(3)までの規定は、同盟への新たな加盟の場合及び保護が第7条の規定の適用により又は留保の放棄によつて拡張される場合にも適用される。

第19条
この条約は、同盟国の法令が定める一層寛大な規定の適用を求めることを妨げるものではない。

第20条
同盟国政府は、相互間で特別の取極を行う権利を留保する。ただし、その取極は、この条約が許与する権利よりも広い権利を著作者に与えるもの又はこの条約の規定に抵触する規定を有しないものでなければならない。この条件を満たす現行の取極の規定は、引き続き適用される。

第21条
(1) 開発途上にある国に関する特別の規定は、附属書に定める。
(2) 附属書は、第28条(1)(b)の規定に従うことを条件として、この改正条約の不可分の一部をなす。

第22条
(1)(a) 同盟は、この条から第26条までの規定に拘束される同盟国で構成する

総会を有する。
(b) 各同盟国の政府は、1人の代表によって代表されるものとし、代表は、代表代理、顧問及び専門家の補佐を受けることができる。
(c) 各代表団の費用は、その代表団を任命した政府が負担する。
(2)(a) 総会は、次のことを行う。
  (i) 同盟の維持及び発展並びにこの条約の実施に関するすべての問題を取り扱うこと。
  (ii) 世界知的所有権機関(以下「機関」という。)を設立する条約に規定する知的所有権国際事務局(以下「国際事務局」という。)に対し、改正会議の準備に関する指示を与えること。ただし、この条から第26条までの規定に拘束されない同盟国の意見を十分に考慮するものとする。
  (iii) 機関の事務局長の同盟に関する報告及び活動を検討し及び承認し、並びに機関の事務局長に対し同盟の権限内の事項についてすべての必要な指示を与えること。
  (iv) 総会の執行委員会の構成国を選出すること。
  (v) 執行委員会の報告及び活動を検討し及び承認し、並びに執行委員会に対し指示を与えること。
  (vi) 同盟の事業計画を決定し及び2年予算を採択し、並びに決算を承認すること。
  (vii) 同盟の財政規則を採択すること。
  (viii) 同盟の目的を達成するために必要と認める専門家委員会及び作業部会を設置すること。
  (ix) 同盟の構成国でない国並びに政府間機関及び国際的な非政府機関で総会の会合にオブザーバーとして出席することを認められるものを決定すること。
  (x) この条から第26条までの規定の修正を採択すること。
  (xi) 同盟の目的を達成するため、他の適当な措置をとること。
  (xii) その他この条約に基づく任務を遂行すること。
  (xiii) 機関を設立する条約によって総会に与えられる権利(総会が受諾するものに限る。)を行使すること。
(b) 総会は、機関が管理業務を行っている他の同盟にも利害関係のある事項については、機関の調整委員会の助言を受けた上で決定を行う。
(3)(a) 総会の各構成国は、一の票を有する。
(b) 総会の構成国の2分の1をもって定足数とする。
(c) 総会は、(b)の規定にかかわらず、いずれの会期においても、代表を出した国の数が総会の構成国の2分の1に満たないが3分の1以上である場合には、決定を行うことができる。ただし、その決定は、総会の手続に関する決定を除くほか、次の条件が満たされた場合にのみ効力を生ずる。すなわち、国際事務局は、代表を出さなかった総会の構成国に対し、その決定を通知し、その通知の日から3箇月の期間内に賛否又は棄権を書面によって表明するよう要請

する。その期間の満了の時に、賛否又は棄権を表明した国の数が当該会期の定足数の不足を満たすこととなり、かつ、必要とされる多数の賛成がなお存在する場合には、その決定は、効力を生ずる。
(d) 第26条(2)の規定が適用される場合を除くほか、総会の決定は、投じられた票の3分の2以上の多数による議決で行われる。
(e) 棄権は、投票とみなさない。
(f) 代表は、一の国のみを代表し、その国の名においてのみ投票することができる。
(g) 総会の構成国でない同盟国は、総会の会合にオブザーバーとして出席することを認められる。
(4)(a) 総会は、事務局長の招集により、2年ごとに1回、通常会期として会合するものとし、例外的な場合を除くほか、機関の一般総会と同一期間中に同一の場所において会合する。
(b) 総会は、執行委員会の要請又は総会の構成国の4分の1以上の要請があつたときは、事務局長の招集により、臨時会期として会合する。
(5) 総会は、その手続規則を採択する。

第23条
(1) 総会は、執行委員会を有する。
(2)(a) 執行委員会は、総会の構成国の中から総会によつて選出された国で構成する。更に、その領域内に機関の本部が所在する国は、第25条(7)(b)の規定が適用される場合を除くほか、当然に執行委員会に議席を有する。
(b) 執行委員会の各構成国の政府は、1人の代表によつて代表されるものとし、代表は、代表代理、顧問及び専門家の補佐を受けることができる。
(c) 各代表団の費用は、その代表団を任命した政府が負担する。
(3) 執行委員会の構成国の数は、総会の構成国の数の4分の1とする。議席の数の決定に当たつては、4で除した余りの数は、考慮に入れない。
(4) 総会は、執行委員会の構成国の選出に当たり、衡平な地理的配分を考慮し、また、同盟に関連して作成される特別の取極の締約国が執行委員会の構成国となることの必要性を考慮する。
(5)(a) 執行委員会の構成国の任期は、その選出が行われた総会の会期の終了時から総会の次の通常会期の終了時までとする。
(b) 執行委員会の構成国は、最大限その構成国の3分の2まで再選されることができる。
(c) 総会は、執行委員会の構成国の選出及び再選に関する規則を定める。
(6)(a) 執行委員会は、次のことを行う。
 (i) 総会の議事日程案を作成すること。
 (ii) 事務局長が作成した同盟の事業計画案及び2年予算案について総会に提案をすること。
 (iii) 削除
 (iv) 事務局長の定期報告及び年次会計検査報告を、適当な意見を付して、総会に提出すること。
 (v) 総会の決定に従い、また、総会の通常会期から通常会期までの間に生ずる事態を考慮して、事務局長による同盟の事業計画の実施を

確保するためすべての必要な措置をとること。

(vi) その他この条約に基づいて執行委員会に与えられる任務を遂行すること。

(b) 執行委員会は、機関が管理業務を行つている他の同盟にも利害関係のある事項については、機関の調整委員会の助言を受けた上で決定を行う。

(7)(a) 執行委員会は、事務局長の招集により、毎年１回、通常会期として会合するものとし、できる限り機関の調整委員会と同一期間中に同一の場所において会合する。

(b) 執行委員会は、事務局長の発意により又は執行委員会の議長若しくはその構成国の４分の１以上の要請に基づき、事務局長の招集により、臨時会期として会合する。

(8)(a) 執行委員会の各構成国は、一の票を有する。

(b) 執行委員会の構成国の２分の１をもつて定足数とする。

(c) 決定は、投じられた票の単純多数による議決で行われる。

(d) 棄権は、投票とみなさない。

(e) 代表は、一の国のみを代表し、その国の名においてのみ投票することができる。

(9) 執行委員会の構成国でない同盟国は、執行委員会の会合にオブザーバーとして出席することを認められる。

(10) 執行委員会は、その手続規則を採択する。

第24条

(1)(a) 同盟の管理業務は、工業所有権の保護に関する国際条約によつて設立された同盟事務局と合同した同盟事務局の継続である国際事務局が行う。

(b) 国際事務局は、特に、同盟の諸内部機関の事務局の職務を行う。

(c) 機関の事務局長は、同盟の首席行政官であり、同盟を代表する。

(2) 国際事務局は、著作者の権利の保護に関する情報を収集し及び公表する。各同盟国は、著作者の権利の保護に関するすべての新たな法令及び公文書をできる限り速やかに国際事務局に送付する。

(3) 国際事務局は、月刊の定期刊行物を発行する。

(4) 国際事務局は、同盟国に対し、その要請に応じ、著作者の権利の保護に関する問題についての情報を提供する。

(5) 国際事務局は、著作者の権利の保護を促進するため、研究を行い及び役務を提供する。

(6) 事務局長及びその指名する職員は、総会、執行委員会その他専門家委員会又は作業部会のすべての会合に投票権なしで参加する。事務局長又はその指名する職員は、当然にこれらの内部機関の事務局の職務を行う。

(7)(a) 国際事務局は、総会の指示に従い、かつ、執行委員会と協力して、この条約（第22条から第26条までの規定を除く。）の改正会議の準備を行う。

(b) 国際事務局は、改正会議の準備に関し政府間機関及び国際的な非政府機関と協議することができる。

(c) 事務局長及びその指名する者は、改正会議における審議に投票権なし

で参加する。
(8)　国際事務局は、その他国際事務局に与えられる任務を遂行する。

第25条
(1)(a)　同盟は、予算を有する。
　(b)　同盟の予算は、収入並びに同盟に固有の支出、諸同盟の共通経費の予算に対する同盟の分担金及び場合により機関の締約国会議の予算に対する拠出金から成る。
　(c)　諸同盟の共通経費とは、同盟にのみでなく機関が管理業務を行つている1又は2以上の他の同盟にも帰すべき経費をいう。共通経費についての同盟の分担の割合は、共通経費が同盟にもたらす利益に比例する。
(2)　同盟の予算は、機関が管理業務を行つている他の同盟の予算との調整の必要性を考慮した上で決定する。
(3)　同盟の予算は、次のものを財源とする。
　(i)　同盟国の分担金
　(ii)　国際事務局が同盟の名において提供する役務について支払われる料金
　(iii)　同盟に関する国際事務局の刊行物の販売代金及びこれらの刊行物に係る権利の使用料
　(iv)　贈与、遺贈及び補助金
　(v)　賃貸料、利子その他の雑収入
(4)(a)　各同盟国は、予算に対する自国の分担額の決定上、次のいずれかの等級に属するものとし、次に定める単位数に基づいて年次分担金を支払う。

等級Ⅰ	25
等級Ⅱ	20
等級Ⅲ	15
等級Ⅳ	10
等級Ⅴ	5
等級Ⅵ	3
等級Ⅶ	1

　(b)　各国は、既に指定している場合を除くほか、批准書又は加入書を寄託する際に、自国が属することを欲する等級を指定する。いずれの国も、その等級を変更することができる。一層低い等級を選択する国は、その旨を総会に対しその通常会期において表明しなければならない。その変更は、その会期の年の翌年の初めに効力を生ずる。
　(c)　各同盟国の年次分担金の額は、その額とすべての同盟国の同盟の予算への年次分担金の総額との比率が、その国の属する等級の単位数とすべての同盟国の単位数の総数との比率に等しくなるような額とする。
　(d)　分担金は、毎年1月1日に支払の義務が生ずる。
　(e)　分担金の支払が延滞している同盟国は、その未払の額が当該年度に先立つ2年度においてその国について支払の義務の生じた分担金の額以上のものとなつたときは、同盟の内部機関で自国が構成国であるものにおいて、投票権を行使することができない。ただし、その内部機関は、支払の延滞が例外的なかつ避けることのできない事情によるものであると認める限り、その国がその内部機関において引き続き投票権を行使することを許すことができる。
　(f)　予算が新会計年度の開始前に採択されなかつた場合には、財政規則の

定めるところにより、前年度の予算をもつて予算とする。

(5) 国際事務局が同盟の名において提供する役務について支払われる料金の額は、事務局長が定めるものとし、事務局長は、それを総会及び執行委員会に報告する。

(6)(a) 同盟は、各同盟国の1回限りの支払金から成る運転資金を有する。運転資金が十分でなくなつた場合には、総会がその増額を決定する。

(b) 運転資金に対する各同盟国の当初の支払金の額及び運転資金の増額の部分に対する各同盟国の分担額は、運転資金が設けられ又はその増額が決定された年のその国の分担金に比例する。

(c) (b)の比率及び支払の条件は、総会が、事務局長の提案に基づきかつ機関の調整委員会の助言を受けた上で定める。

(7)(a) その領域内に機関の本部が所在する国との間で締結される本部協定には、運転資金が十分でない場合にその国が立替えをすることを定める。立替えの額及び条件は、その国と機関との間の別個の取極によつてその都度定める。その国は、立替えの義務を有する限り、当然に執行委員会に議席を有する。

(b) (a)の国及び機関は、それぞれ、書面による通告により立替えをする約束を廃棄する権利を有する。廃棄は、通告が行われた年の終わりから3年を経過した時に効力を生ずる。

(8) 会計検査は、財政規則の定めるところにより、1若しくは2以上の同盟国又は外部の会計検査専門家が行う。これらの同盟国又は会計検査専門家は、総会がこれらの同盟国又は会計検査専門家の同意を得て指定する。

第26条

(1) 第22条からこの条までの規定の修正の提案は、総会の構成国、執行委員会又は事務局長が行うことができる。その提案は、遅くとも総会による審議の6箇月前までに、事務局長が総会の構成国に送付する。

(2) (1)の諸条の修正は、総会が採択する。採択には、投じられた票の4分の3以上の多数による議決を必要とする。ただし、第22条及びこの(2)の規定の修正には、投じられた票の5分の4以上の多数による議決を必要とする。

(3) (1)の諸条の修正は、その修正が採択された時に総会の構成国であつた国の4分の3から、それぞれの憲法上の手続に従つて行われた受諾についての書面による通告を事務局長が受領した後1箇月で効力を生ずる。このようにして受諾された(1)の諸条の修正は、その修正が効力を生ずる時に総会の構成国であるすべての国及びその後に総会の構成国となるすべての国を拘束する。ただし、同盟国の財政上の義務を増大する修正は、その修正の受諾を通告した国のみを拘束する。

第27条

(1) この条約は、同盟の制度を完全なものにするような改善を加えるため、改正に付される。

(2) このため、順次にいずれかの同盟国において、同盟国の代表の間で会議を行う。

(3) 第22条から前条までの規定の修正についての前条の規定が適用される場合を除くほか、この改正条約（附属書を含む。）の改正には、投じられた票のすべての賛成を必要とする。

第28条

(1)(a) 各同盟国は、この改正条約に署名している場合にはこれを批准することができるものとし、署名していない場合にはこれに加入することができる。批准書及び加入書は、事務局長に寄託する。

(b) 各同盟国は、その批准書又は加入書において、批准又は加入の効果が第1条から第21条までの規定及び附属書には及ばないことを宣言することができる。もつとも、附属書第6条(1)の規定に基づく宣言を既に行つている同盟国は、その批准書又は加入書において、批准又は加入の効果が第1条から第20条までの規定に及ばないことのみを宣言することができる。

(c) (b)の規定に従い(b)にいう規定及び附属書について批准又は加入の効果を排除した各同盟国は、その後いつでも、批准又は加入の効果をそれらの規定及び附属書に及ぼすことを宣言することができる。その宣言は、事務局長に寄託する。

(2)(a) 第1条から第21条までの規定及び附属書は、次の二の条件が満たされた後3箇月で効力を生ずる。

(i) 少なくとも五の同盟国が、(1)(b)の規定に基づく宣言を行うことなくこの改正条約を批准し又はこれに加入すること。

(ii) スペイン、アメリカ合衆国、フランス及びグレート・ブリテン及び北部アイルランド連合王国が、1971年7月24日にパリで改正された万国著作権条約に拘束されること。

(b) (a)に規定する効力発生は、遅くともその効力発生の3箇月前までに(1)(b)の規定に基づく宣言を付さない批准書又は加入書を寄託した同盟国について効果を有する。

(c) 第1条から第21条までの規定及び附属書は、(b)の規定が適用されない同盟国で(1)(b)の規定に基づく宣言を行うことなくこの改正条約を批准し又はこれに加入するものについては、事務局長がその批准書又は加入書の寄託を通告した日の後3箇月で効力を生ずる。ただし、それよりも遅い日が寄託された批准書又は加入書において指定されている場合には、第一条から第21条までの規定及び附属書は、その国について、そのように指定された日に効力を生ずる。

(d) (a)から(c)までの規定は、附属書第6条の規定の適用に影響を及ぼすものではない。

(3) 第22条から第38条までの規定は、この改正条約を批准し又はこれに加入する同盟国（(1)(b)の規定に基づく宣言を行つたかどうかを問わない。）については、事務局長がその批准書又は加入書の寄託を通告した日の後3箇月で効力を生ずる。ただし、それよりも遅い日が寄託された批准書又は加入書において指定されている場合には、第22条

から第38条までの規定は、その国について、そのように指定された日に効力を生ずる。

第29条
(1) 同盟に属しないいずれの国も、この改正条約に加入することができるものとし、その加入により、この条約の締約国となり、同盟の構成国となることができる。加入書は、事務局長に寄託する。
(2)(a) この条約は、同盟に属しないいずれの国についても、(b)の規定に従うことを条件として、事務局長がその加入書の寄託を通告した日の後3箇月で効力を生ずる。ただし、それよりも遅い日が寄託された加入書において指定されている場合には、この条約は、その国について、そのように指定された日に効力を生ずる。
 (b) (a)の規定による効力発生が前条(2)(a)の規定による第1条から第21条までの規定及び附属書の効力の発生に先立つ場合には、(a)にいう国は、その間は、第1条から第21条までの規定及び附属書に代えて、この条約のブラッセル改正条約第1条から第20条までの規定に拘束される。

第29条の2
 この条約のストックホルム改正条約第22条から第38条までの規定に拘束されない国によるこの改正条約の批准又はこれへの加入は、機関を設立する条約第14条(2)の規定の適用上、ストックホルム改正条約第28条(1)(b)(i)に定める制限を付した同改正条約の批准又はそれへの加入とみなされる。

第30条
(1) 批准又は加入は、(2)、第28条(1)(b)及び第33条(2)の規定並びに附属書に基づく例外が適用される場合を除くほか、当然に、この条約のすべての条項の受諾及びこの条約に定めるすべての利益の享受を伴う。
(2)(a) この改正条約を批准し又はこれに加入する同盟国は、附属書第5条(2)の規定に従うことを条件として、従前の留保の利益を維持することができる。ただし、批准書又は加入書の寄託の時にその旨の宣言を行うことを条件とする。
 (b) 同盟に属しないいずれの国も、この条約に加入する際に、附属書第5条(2)の規定に従うことを条件として、当分の間は翻訳権に関する第8条の規定に代えて、1896年にパリで補足された1886年の同盟条約第5条の規定を適用する意図を有することを宣言することができるものとし、この場合において、同条約第5条の規定は、その国において一般に使用されている言語への翻訳についてのみ適用されるものと当然に了解される。いずれの同盟国も、附属書第1条(6)(b)の規定に従うことを条件として、このような留保を行う国を本国とする著作物の翻訳権に関し、その留保を行う国が与える保護と同等の保護を与える権能を有する。
 (c) いずれの同盟国も、事務局長にあてた通告により、このような留保をいつでも撤回することができる。

第31条
(1) いずれの国も、自国が対外関係について責任を有する領域の全部又は一部

についてこの条約を適用する旨を、当該領域を指定して、批准書若しくは加入書において宣言し又は、その後いつでも、書面により事務局長に通告することができる。

(2) (1)の宣言又は通告を行つた国は、当該領域の全部又は一部についてこの条約が適用されなくなる旨を、事務局長にいつでも通告することができる。

(3)(a) (1)の規定に基づいて行われた宣言は、その宣言を付した批准又は加入と同一の日に効力を生ずるものとし、(1)の規定に基づいて行われた通告は、事務局長によるその通報の後3箇月で効力を生ずる。

(b) (2)の規定に基づいて行われた通告は、事務局長によるその受領の後12箇月で効力を生ずる。

(4) この条の規定は、いずれかの同盟国が(1)の規定に基づく宣言を行うことによつてこの条約を適用する領域の事実上の状態を、他の同盟国が承認し又は黙示的に容認することを意味するものと解してはならない。

第32条

(1) この改正条約は、同盟国相互の関係においては、それが適用される範囲において、1886年9月9日のベルヌ条約及びその後の改正条約に代わる。従来実施されていた諸条約は、この改正条約を批准せず又はこれに加入しない同盟国との関係においては、全面的に又はこの改正条約が第1文の規定に基づいてそれらの条約に代わる範囲を除き、引き続き適用される。

(2) 同盟に属しない国でこの改正条約の締約国となるものは、(3)の規定に従うことを条件として、この改正条約に拘束されない同盟国又はこの改正条約に拘束されるが第28条(1)(b)の規定に基づく宣言を行つた同盟国との関係において、この改正条約を適用するものとし、自国との関係において次のことを認める。

(i) 当該同盟国が、その拘束される最新の改正条約を適用すること。

(ii) 当該同盟国が、附属書第1条(6)の規定に従うことを条件として、保護をこの改正条約に規定する水準に適合させる権能を有すること。

(3) 附属書に定める権能のいずれかを利用した同盟国は、この改正条約に拘束されない他の同盟国との関係において、その利用した権能に関する附属書の規定を適用することができる。ただし、当該他の同盟国がその規定の適用を受諾していることを条件とする。

第33条

(1) この条約の解釈又は適用に関する2以上の同盟国の間の紛争で交渉によつて解決されないものは、紛争当事国が他の解決方法について合意する場合を除くほか、いずれか一の紛争当事国が、国際司法裁判所規程に合致した請求を行うことにより、国際司法裁判所に付託することができる。紛争を国際司法裁判所に付託する国は、その旨を国際事務局に通報するものとし、国際事務局は、それを他の同盟国に通報する。

(2) いずれの国も、この改正条約に署名し又は批准書若しくは加入書を寄託する際に、(1)の規定に拘束されないことを宣言することができる。(1)の規定は、その宣言を行つた国と他の同盟国

との間の紛争については、適用されない。
(3) (2)の規定に基づく宣言を行つた国は、事務局長にあてた通告により、その宣言をいつでも撤回することができる。

第34条
(1) いずれの国も、第29条の2の規定が適用される場合を除くほか、第1条から第21条までの規定及び附属書が効力を生じた後は、この条約の従前の改正条約に加入し又はそれらを批准することができない。
(2) いずれの国も、第1条から第21条までの規定及び附属書が効力を生じた後は、ストックホルム改正条約に附属する開発途上にある国に関する議定書第5条の規定に基づく宣言を行うことができない。

第35条
(1) この条約は、無期限に効力を有する。
(2) いずれの同盟国も、事務局長にあてた通告により、この改正条約を廃棄することができる。その廃棄は、従前のすべての改正条約の廃棄を伴うものとし、廃棄を行つた国についてのみ効力を生ずる。他の同盟国については、この条約は、引き続き効力を有する。
(3) 廃棄は、事務局長がその通告を受領した日の後1年で効力を生ずる。
(4) いずれの国も、同盟の構成国となつた日から5年の期間が満了するまでは、この条に定める廃棄の権利を行使することができない。

第36条
(1) この条約の締約国は、自国の憲法に従い、この条約の適用を確保するために必要な措置をとることを約束する。
(2) いずれの国も、この条約に拘束されることとなる時には、自国の国内法令に従いこの条約を実施することができる状態になつていなければならないと了解される。

第37条
(1)(a) この改正条約は、英語及びフランス語による本書1通について署名するものとし、(2)の規定に従うことを条件として、事務局長に寄託する。
 (b) 事務局長は、関係政府と協議の上、ドイツ語、アラビア語、スペイン語、イタリア語、ポルトガル語及び総会が指定する他の言語による公定訳文を作成する。
 (c) これらの条約文の解釈に相違がある場合には、フランス文による。
(2) この改正条約は、1972年1月31日まで、署名のために開放しておく。その日までは、(1)(a)にいう本書は、フランス共和国政府に寄託する。
(3) 事務局長は、すべての同盟国政府に対し、及び要請があつたときは他の国の政府に対し、この改正条約の署名本書の認証謄本2通を送付する。
(4) 事務局長は、この改正条約を国際連合事務局に登録する。
(5) 事務局長は、すべての同盟国政府に対し、署名、批准書又は加入書の寄託、批准書又は加入書に付された宣言の寄託、第28条(1)(c)、第30条(2)(a)若しくは(b)又は第33条(2)の規定に基づいて行われた宣言の寄託、この改正条約のいずれかの規定の効力の発生、廃棄の通告、第30条(2)(c)、第31条(1)若しくは(2)、第33条(3)又は第38条(1)の規定に基づいて

行われた通告及び附属書に規定する通告を通報する。

第38条
(1) この改正条約を批准しておらず又はこれに加入していない同盟国でストックホルム改正条約第22条から第26条までの規定に拘束されていないものは、希望するときは、1975年4月26日まで、それらの規定に拘束される場合と同様にそれらの規定に定める権利を行使することができる。それらの権利を行使することを希望する国は、その旨の書面による通告を事務局長に寄託するものとし、その通告は、その受領の日に効力を生ずる。それらの国は、第1文の日まで、総会の構成国とみなされる。
(2) すべての同盟国が機関の加盟国とならない限り、機関の国際事務局は同盟事務局としても、事務局長は同盟事務局の事務局長としても、それぞれ、職務を行う。
(3) すべての同盟国が機関の加盟国となつたときは、同盟事務局の権利、義務及び財産は、機関の国際事務局が承継する。

附属書

第1条
(1) 国際連合総会の確立された慣行により開発途上にある国とされるいずれの国も、この附属書が不可分の一部をなすこの改正条約を批准し又はこれに加入する場合において、その経済状態及び社会的又は文化的必要性にかんがみ、この改正条約に定めるすべての権利の保護を確保するための措置を直ちにとることができないと認めるときは、その批准書若しくは加入書の寄託の際に又は第5条(1)(c)の規定に従うことを条件としてその後いつでも、事務局長に寄託する通告により、次条若しくは第3条に定める権能又はこれらの双方の権能を利用することを宣言することができる。そのような国は、次条に定める権能を利用する代わりに、第5条(1)(a)の規定に基づく宣言を行うことができる。
(2)(a) この改正条約第1条から第21条までの規定及びこの附属書がこの改正条約第28条(2)の規定に従つて効力を生ずる時から10年の期間が満了する前に通告された(1)の規定に基づく宣言は、その期間が満了する時まで効力を有する。その宣言は、現に経過中の10年の期間の満了の15箇月前から3箇月前までの間に事務局長に寄託する通告により、更に10年間ずつ全体的又は部分的に更新することができる。
(b) この改正条約第1条から第21条までの規定及びこの附属書がこの改正条約第28条(2)の規定に従つて効力を生ずる時から10年の期間が満了した後に通告された(1)の規定に基づく宣言は、現に経過中の10年の期間が満了する時まで効力を有する。その宣言は、(a)の第2文に定めるところにより更新することができる。
(3) (1)に規定する開発途上にある国でなくなつた同盟国は、(2)の規定に基づく宣言の更新を行うことができなくなるものとし、また、宣言を正式に撤回するかどうかを問わず、現に経過中の10年の期間の満了の時又は開発途上にあ

る国でなくなつた後3年の期間の満了の時のうちいずれか遅い時に、(1)にいう権能を利用することができなくなる。

(4) (1)又は(2)の規定に基づく宣言が効力を有しなくなつた時に、この附属書に基づいて与えられた許可に基づいて作成された複製物の在庫がある場合には、その複製物は、それが無くなるまで引き続き頒布することができる。

(5) この改正条約に拘束される国であつて、(1)に規定する国の状態と同様の状態にある特定の領域についてのこの改正条約の適用に関しこの改正条約第31条(1)の規定に基づく宣言又は通告を寄託したものは、その領域に関し、(1)の宣言及び(2)の更新の通告を行うことができる。その宣言又は通告が効力を有する間は、この附属書は、その宣言又は通告が行われた領域について適用される。

(6)(a) いずれかの同盟国が(1)にいう権能のいずれかを利用しているという事実は、他の同盟国が、その権能を利用している同盟国を本国とする著作物に対し、この改正条約第1条から第20条までの規定に従つて与えるべき保護よりも低い保護を与えることを許すものではない。

(b) この改正条約第30条(2)(b)の第2文に規定する相互主義を適用する権能は、(3)の規定に従つて適用される期間が満了する日まで、第5条(1)(a)の規定に基づく宣言を行つた同盟国を本国とする著作物について行使することができない。

第2条

(1) この条に定める権能を利用することを宣言した同盟国は、印刷その他類似の複製形式で発行された著作物に関し、権限のある機関がこの条に定める条件でかつ第4条の規定に従つて与える非排他的かつ譲渡不能の許可の制度をもつて、この改正条約第8条に規定する排他的翻訳権の代わりとすることができる。

(2)(a) (3)の規定に従うことを条件として、ある著作物の翻訳が、その著作物の最初の発行の時から3年の期間又は(1)に規定する同盟国の法令が定める一層長い期間が満了した後においても、翻訳権を有する者又はその者の許諾を得た者により、その国において一般に使用されている言語で発行されていない場合には、その国の国民は、その著作物をその言語に翻訳し、かつ、その翻訳を印刷その他類似の複製形式で発行するための許可を受けることができる。

(b) 許可は、(a)に規定する言語で発行された翻訳が絶版になつている場合にも、この条の規定に従つて与えることができる。

(3)(a) 1又は2以上の先進同盟国において一般に使用されていない言語への翻訳については、1年の期間をもつて(2)(a)に定める3年の期間の代わりとする。

(b) (1)に規定する同盟国は、当該言語が一般に使用されている先進同盟国の全員一致の合意があるときは、当該言語への翻訳について、その合意に従つて定められる一層短い期間(この期間は、1年よりも短くては

ならない。）をもつて(2)(a)に定める3年の期間の代わりとすることができる。もつとも、当該言語が英語、スペイン語又はフランス語である場合には、第1文の規定は、適用されない。その合意は、それを行つた政府が事務局長に通告する。

(4)(a) この条の規定に基づく許可は、3年の期間の満了を条件として受けられる許可については次のいずれかの日から6箇月の期間が満了するまで、1年の期間の満了を条件として受けられる許可については次のいずれかの日から9箇月の期間が満了するまで、与えてはならない。

　　(i) 許可を申請する者が第4条(1)の手続を行つた日

　　(ii) 翻訳権を有する者又はその者の住所が明らかでない場合には、許可を申請する者が、許可を与える権限のある機関に提出した許可の申請書の写しを第4条(2)に定めるところに従つて発送した日

　(b) 申請が行われた言語への翻訳が翻訳権を有する者により又はその者の許諾を得て(a)の6箇月又は9箇月の期間内に発行された場合には、この条の規定に基づく許可を与えてはならない。

(5) この条の規定に基づく許可は、教育又は研究を目的とする場合にのみ、与えることができる。

(6) 著作物の翻訳が、翻訳権を有する者により又はその者の許諾を得て、当該国において同種の著作物に通常付される価格と同程度の価格で発行された場合において、その翻訳が、許可に基づいて発行された翻訳と同一の言語によるものであり、かつ、ほぼ同一の内容のものであるときは、この条の規定に基づいて与えられた許可は、消滅する。許可の消滅前に既に作成された複製物は、それが無くなるまで引き続き頒布することができる。

(7) 主として図画から成る著作物については、本文を翻訳し及びその翻訳を発行し、かつ、図画を複製し及び発行するための許可は、次条の条件も満たされる場合に限り、与えることができる。

(8) 著作者が著作物の頒布中の複製物をすべて回収した場合には、この条の規定に基づく許可を与えてはならない。

(9)(a) 印刷その他類似の複製形式で発行された著作物を翻訳するための許可は、(1)に規定する同盟国に主たる事務所を有する放送機関がその国の権限のある機関に対して行う申請に基づき、その放送機関にも与えることができる。ただし、次のすべての条件が満たされることを条件とする。

　　(i) その翻訳が、(1)に規定する同盟国の法令に従つて作成され及び取得された複製物から行われること。

　　(ii) その翻訳が、教育を目的とする放送又は特定の分野の専門家向けの科学技術情報の普及を目的とする放送において専ら使用されるためのものであること。

　　(iii) その翻訳が、(1)に規定する同盟国の領域における受信者向けに適法に行われる放送（専らそのような放送のために適法に行われた録音又は録画を用いて行う放送を含

む。) において、専ら(ii)の目的のために使用されること。

　　(iv) その翻訳の使用が、営利性を有しないこと。

(b) この(9)の規定によつて与えられた許可に基づいて放送機関が行つた翻訳の録音又は録画は、当該許可を与えた権限のある機関が属する国に主たる事務所を有する他の放送機関も、(a)に定める目的及び条件で、かつ、その翻訳を行つた放送機関の同意を得て、使用することができる。

(c) 許可は、(a)に定める基準及び条件が満たされることを条件として、専ら教育活動において使用されるために作成されかつ発行された視聴覚的固定物と一体となつている本文の翻訳のためにも、放送機関に与えることができる。

(d) (1)から(8)までの規定は、(a)から(c)までの規定に従うことを条件として、この(9)の規定に基づいて与えられる許可の付与及び行使について適用する。

第3条

(1) この条に定める権能を利用することを宣言した同盟国は、権限のある機関がこの条に定める条件でかつ次条の規定に従つて与える非排他的かつ譲渡不能の許可の制度をもつて、この改正条約第9条に規定する排他的複製権の代わりとすることができる。

(2)(a) (7)の規定に従つてこの条の規定が適用される著作物については、その著作物のある特定の版の複製物が、その版の最初の発行の日から起算して次の(i)又は(ii)のいずれかの期間が満了した後においても、複製権を有する者又はその者の許諾を得た者により、(1)に規定する同盟国において同種の著作物に通常付される価格と同程度の価格でその国において一般公衆に又は教育活動のために頒布されていない場合には、その国の国民は、教育活動における使用のため、その価格又は一層低い価格でその版を複製しかつ発行するための許可を受けることができる。

　　(i) (3)に定める期間

　　(ii) その国の法令が定める一層長い期間

(b) (a)に規定する頒布が行われた場合において、その頒布に係る版の許諾を得た複製物が、(a)に規定する期間の満了の後に、当該国において同種の著作物に付される価格と同程度の価格で当該国において一般公衆に又は教育活動のために6箇月の間頒布されていないときは、その版を複製しかつ発行するための許可を、この条に定める条件で与えることができる。

(3) (2)(a)(i)にいう期間は、5年とする。ただし、

　　(i) 自然科学及び科学技術に関する著作物については、3年とする。

　　(ii) 小説等のフィクション、詩、演劇用の著作物、音楽の著作物及び美術書については、7年とする。

(4)(a) この条の規定に基づく許可は、3年の期間の満了を条件として受けられる許可については、次のいずれかの日から6箇月の期間が満了するまで、与えてはならない。

(i) 許可を申請する者が次条(1)の手続を行つた日
　　(ii) 複製権を有する者又はその者の住所が明らかでない場合には、許可を申請する者が、許可を与える権限のある機関に提出した許可の申請書の写しを次条(2)に定めるところに従つて発送した日
　(b) ３年の期間以外の期間の満了を条件として受けられる許可の場合において次条(2)の規定が適用されるときは、許可は、申請書の写しの発送の日から３箇月の期間が満了するまで、与えてはならない。
　(c) (a)又は(b)の６箇月又は３箇月の期間内に(2)(a)に規定する頒布が行われた場合には、この条の規定に基づく許可を与えてはならない。
　(d) 著作者が複製及び発行のための許可が申請された版の頒布中の複製物をすべて回収した場合には、許可を与えてはならない。
(5) 次の場合には、著作物の翻訳を複製しかつ発行するための許可をこの条の規定に基づいて与えてはならない。
　　(i) その翻訳が、翻訳権を有する者により又はその者の許諾を得て発行されたものでない場合
　　(ii) その翻訳が、許可が申請された国において一般に使用されている言語によるものでない場合
(6) 著作物のいずれかの版の複製物が、複製権を有する者により又はその者の許諾を得て、(1)に規定する同盟国において同種の著作物に通常付される価格と同程度の価格でその国において一般公衆又は教育活動のために頒布される場合において、その版が、許可に基づいて発行された版と同一の言語によるものであり、かつ、ほぼ同一の内容のものであるときは、この条の規定に基づいて与えられた許可は、消滅する。許可の消滅前に既に作成された複製物は、それが無くなるまで引き続き頒布することができる。
(7)(a) (b)の規定が適用される場合を除くほか、この条の規定が適用される著作物は、印刷その他類似の複製形式で発行された著作物に限定される。
　(b) この条の規定は、適法に作成された視聴覚的固定物であつて保護を受ける著作物であるもの又は保護を受ける著作物を収録したものを視聴覚の形式で複製すること及びそれと一体となつている本文を許可が申請された国において一般に使用されている言語に翻訳することについても、適用する。ただし、当該視聴覚的固定物が、専ら教育活動において使用されるために作成されかつ発行されたものであることを条件とする。

第４条

(1) 第２条又は前条の許可は、許可を申請する者が、権利を有する者に対し翻訳及びその翻訳の発行若しくは版の複製及び発行の許諾を求めたが拒否されたこと又は相当な努力を払つたが権利を有する者と連絡することができなかつたことを当該国の規則に従つて立証する場合に限り、与えることができる。許可を申請する者は、権利を有する者に対し許諾を求めると同時に、(2)に規定する国内的又は国際的情報センターにその旨を通報しなければならない。

(2) 許可を申請する者は、権利を有する者と連絡することができなかつた場合には、著作物にその名を表示されている発行者に対し、及び発行者がその主たる事務所を有していると推定される国の政府が事務局長に寄託した通告で指定した国内的又は国際的情報センターに対し、許可を与える権限のある機関に提出した申請書の写しを書留航空便で送付する。

(3) 第2条又は前条の規定によつて与えられた許可に基づいて行われた翻訳又は複製に係るすべての複製物には、その発行に際し、著作者の名が表示されていなければならない。これらの複製物には、著作物の題名を表示するものとする。翻訳の場合には、これらの複製物に著作物の原題名を表示しなければならない。

(4)(a) 第2条又は前条の規定に基づいて与えられる許可は、複製物の輸出には及ばないものとし、それが申請された国の領域内で翻訳又は複製に係る複製物を発行することについてのみ有効とする。

(b) (a)の規定の適用上、いずれかの領域からその領域について第1条(5)の規定に基づく宣言を行つた国への複製物の送付は、輸出とみなす。

(c) 第2条の規定に基づき英語、スペイン語及びフランス語以外の言語への翻訳の許可を与えた国の政府機関その他の公の機関がその許可に基づいて発行された翻訳の複製物を他の国に送付する場合には、その複製物の送付は、次のすべての条件が満たされるときは、(a)の規定の適用上、輸出とみなさない。

(i) 受取人が、当該許可を与えた権限のある機関が属する国の国民であること又はそのような国民から成る団体であること。

(ii) その複製物が、教育又は研究のためにのみ使用されること。

(iii) その複製物の送付及びその後の受取人への頒布が、営利性を有しないこと。

(iv) その複製物が送付された国が、当該許可を与えた権限のある機関が属する国との間でその複製物の受領若しくは頒布又はその双方を許可することについて合意しており、かつ、当該許可を与えた権限のある機関が属する国の政府がその合意を事務局長に通告していること。

(5) 第2条又は前条の規定によつて与えられた許可に基づいて発行されたすべての複製物には、その許可が適用される国又は領域においてのみその複製物が頒布されるものである旨の表示を適当な言語で記載しなければならない。

(6)(a) 次のことを確保するため、適当な国内措置をとる。

(i) 許可が、翻訳権又は複製権を有する者のため、二の関係国における関係者の間で自由に取り決める利用の許諾の場合に通常支払われる使用料の基準に合致する公正な補償金を伴うこと。

(ii) (i)の補償金の支払及び移転が行われること。通貨に関する国内規制が存在する場合には、権限のある機関は、国際的に交換可能な通

貨又はこれに相当するものによる補償金の移転を確保するため、国際的な機構を利用してあらゆる努力を払う。
 (b) 著作物の正確な翻訳又は版の正確な複製を確保するため、国内法令により適当な措置をとる。

第5条

(1)(a) 第2条に定める権能を利用することを宣言することができる国は、この改正条約を批准し又はこれに加入する際に、その宣言の代わりに次の宣言を行うことができる。
　　(i) この改正条約第30条(2)(a)の規定が適用される同盟国については、翻訳権に関し、その規定に基づく宣言
　　(ii) この改正条約第30条(2)(a)の規定が適用されない国（同盟に属しない国でないものをも含む。）については、同条(2)(b)の第1文に規定する宣言
 (b) 第1条(1)に規定する開発途上にある国でなくなった同盟国については、この(1)の規定に基づいて行われた宣言は、同条(3)の規定に従って適用される期間が満了する日まで効力を有する。
 (c) この(1)の規定に基づいて宣言を行つた同盟国は、その後は、その宣言を撤回した場合にも、第2条に定める権能を利用することができない。

(2) 第2条に定める権能を利用した同盟国は、その後は、(1)の規定に基づく宣言を行うことができない。もつとも、(3)の規定の適用が妨げられることはない。

(3) 第1条(1)に規定する開発途上にある国でなくなつた同盟国は、同条(3)の規定に従って適用される期間の満了の2年前までは、その国が同盟に属しない国でないという事実にかかわらずこの改正条約第30条(2)(b)の第1文の規定に基づく宣言を行うことができる。その宣言は、第1条(3)の規定に従って適用される期間が満了する日に効力を生ずる。

第6条

(1) 同盟国は、この改正条約の作成の日からこの改正条約第1条から第21条までの規定及びこの附属書に拘束されることとなる時まではいつでも、次のことを宣言することができる。
　　(i) 当該同盟国が、この改正条約第1条から第21条までの規定及びこの附属書に拘束されるとしたならば第1条(1)に規定する権能を利用することができるであろう国の場合には、(ii)の規定に従い第2条若しくは第3条若しくはその双方の規定の適用を認める国又はこの改正条約第1条から第21条までの規定及びこの附属書に拘束される国を本国とする著作物について、第2条若しくは第3条又はその双方の規定を適用すること。もつとも、その宣言において、第2条の規定に代えて前条の規定を適用する旨を述べることができる。
　　(ii) 自国を本国とする著作物について、(i)の規定に基づく宣言又は第1条の規定に基づく通告を行つた国がこの附属書を適用することを認めること。

(2) (1)の規定に基づく宣言は、書面によつて行うものとし、事務局長に寄託する。宣言は、寄託の日に効力を生ずる。
　以上の証拠として、下名は、正当に委任を受けて、この改正条約に署名した。
　1971年7月24日にパリで作成した。(注)
署名（略）

著作権に関する世界知的所有権機関条約（WIPO著作権条約）〔平成14年2月15日条約第1号〕

前文
締約国は、
　文学的及び美術的著作物に関する著作者の権利の保護をできる限り効果的かつ統一的に発展させ及び維持することを希望し、
　新たな経済的、社会的、文化的及び技術的発展によって生ずる問題について適当な解決策を与えるため、新たな国際的な規則を導入するとともに現行の規則の一部についてその解釈を明確にする必要があることを認め、
　情報及び通信に係る技術の発展及び融合が文学的及び美術的著作物の創作及び利用に重大な影響を与えることを認め、
　文学的及び美術的著作物の創作を促進する上で著作権の保護が特に重要な要因であることを強調し、
　ベルヌ条約に反映されているように、著作者の権利と特に教育、研究及び情報の入手のような広範な公共の利益との間の均衡を保つ必要があることを認めて、
　次のとおり協定した。
第1条　ベルヌ条約との関係
(1)　この条約は、文学的及び美術的著作物の保護に関するベルヌ条約によって設立された同盟の構成国である締約国については、同条約第20条に規定する特別の取極を構成する。この条約は、ベルヌ条約以外の条約といかなる関係も有するものではなく、また、この条約以外の条約に基づくいかなる権利及び義務に影響を及ぼすものでもない。
(2)　この条約のいかなる規定も、文学的及び美術的著作物の保護に関するベルヌ条約に基づく既存の義務であって締約国が相互に負うものを免れさせるものではない。
(3)　この条約において、「ベルヌ条約」とは、文学的及び美術的著作物の保護に関するベルヌ条約の1971年7月24日のパリ改正条約をいう。
(4)　締約国は、ベルヌ条約第1条から第21条までの規定及び同条約の附属書の規定を遵守する。
第2条　著作権の保護の範囲
　著作権の保護は、表現されたものに及ぶものとし、思想、手続、運用方法又は数学的概念自体に及ぶものではない。
第3条　ベルヌ条約第2条から第6条までの適用
　締約国は、この条約に定める保護について、ベルヌ条約第2条から第6条までの規定を準用する。
第4条　コンピュータ・プログラム
　コンピュータ・プログラムは、ベルヌ条約第2条に定める文学的著作物と

して保護される。その保護は、コンピュータ・プログラムの表現の方法又は形式のいかんを問わず与えられる。

第5条　データの編集物（データベース）

素材の選択又は配列によって知的創作物を形成するデータその他の素材の編集物は、その形式のいかんを問わず、知的創作物として保護される。その保護は、当該データその他の素材自体に及ぶものではなく、また、当該編集物に含まれるデータその他の素材について存在する著作権を害するものでもない。

第6条　譲渡権

(1) 文学的及び美術的著作物の著作権は、その著作物の原作品及び複製物について、販売その他の譲渡による公衆への供与を許諾する排他的権利を享有する。

(2) この条約のいかなる規定も、著作物の原作品又は複製物の販売その他の譲渡（著作者の許諾を得たものに限る。）が最初に行われた後における(1)の権利の消尽について、締約国が自由にその条件を定めることを妨げるものではない。

第7条　貸与権

(1) 次に掲げるものの著作者は、当該著作物の原作品又は複製物について、公衆への商業的貸与を許諾する排他的権利を享有する。

　(i) コンピュータ・プログラム
　(ii) 映画の著作物
　(iii) レコードに収録された著作物であって締約国の国内法令で定めるもの

(2) (1)の規定は、次の場合には適用しない。

　(i) コンピュータ・プログラムについては、当該コンピュータ・プログラム自体が貸与の本質的な対象でない場合
　(ii) 映画の著作物については、商業的貸与が当該著作物に関する排他的複製権を著しく侵害するような広範な複製をもたらさない場合

(3) (1)の規定にかかわらず、レコードに収録された著作物の複製物の貸与に関して著作者に対する衡平な報酬の制度を遅くとも1994年4月15日以降継続して有している締約国は、レコードに収録された著作物の商業的貸与が著作者の排他的複製権の著しい侵害を生じさせていないことを条件として、当該制度を維持することができる。

第8条　公衆への伝達権

ベルヌ条約第11条(1)(ii)、第11条の2(1)(i)及び(ii)、第11条の3(1)(ii)、第14条(1)(ii)並びに第14条の2(1)の規定の適用を妨げることなく、文学的及び美術的著作物の著作者は、その著作物について、有線又は無線の方法による公衆への伝達（公衆のそれぞれが選択する場所及び時期において著作物の使用が可能となるような状態に当該著作物を置くことを含む。）を許諾する排他的権利を享有する。

第9条　写真の著作物の保護期間

締約国は、写真の著作物については、ベルヌ条約第7条(4)の規定によらないこととする。

第10条　制限及び例外

(1) 締約国は、著作物の通常の利用を妨げず、かつ、著作者の正当な利益を不

当に害しない特別な場合には、この条約に基づいて文学的及び美術的著作物の著作者に与えられる権利の制限又は例外を国内法令において定めることができる。
(2) ベルヌ条約を適用するに当たり、締約国は、同条約に定める権利の制限又は例外を、著作物の通常の利用を妨げず、かつ、著作者の正当な利益を不当に害しない特別な場合に限定する。

第11条 技術的手段に関する義務
　締約国は、著作者によって許諾されておらず、かつ、法令で許容されていない行為がその著作物について実行されることを抑制するための効果的な技術的手段であって、この条約又はベルヌ条約に基づく権利の行使に関連して当該著作者が用いるものに関し、そのような技術的手段の回避を防ぐための適当な法的保護及び効果的な法的救済について定める。

第12条 権利管理情報に関する義務
(1) 締約国は、この条約又はベルヌ条約が対象とする権利の侵害を誘い、可能にし、助長し又は隠す結果となることを知りながら次に掲げる行為を故意に行う者がある場合に関し、適当かつ効果的な法的救済について定める。さらに、民事上の救済については、そのような結果となることを知ることができる合理的な理由を有しながら次に掲げる行為を故意に行う者がある場合に関しても、これを定める。
　(i) 電磁的な権利管理情報を権限なく除去し又は改変すること。
　(ii) 電磁的な権利管理情報が権限なく除去され又は改変されたことを知りながら、関係する著作物又は著作物の複製物を権限なく頒布し、頒布のために輸入し、放送し又は公衆に伝達すること。
(2) この条において、「権利管理情報」とは、著作物、著作物の著作者、著作物に係る権利を有する者又は著作物の利用の条件に係る情報を特定する情報及びその情報を表わす数字又は符号をいう。ただし、これらの項目の情報が著作物の複製物に付される場合又は著作物の公衆への伝達に際して当該著作物とともに伝達される場合に限る。

第13条 適用期間
　締約国は、この条約に定めるすべての保護について、ベルヌ条約第18条の規定を適用する。

第14条 権利行使の確保に関する規定
(1) 締約国は、自国の法制に従い、この条約の適用を確保するために必要な措置について定めることを約束する。
(2) 締約国は、この条約が対象とする権利の侵害行為に対し効果的な措置（侵害を防止するための迅速な救済措置及び追加の侵害を抑止するための救済措置を含む。）がとられることを可能にするため、権利行使を確保するための手続を国内法において確保する。

第15条 総会
(1)(a) 締約国は、その総会を設置する。
　(b) 各締約国は、1人の代表によって代表されるものとし、代表は、代表代理、顧問及び専門家の補佐を受けることができる。
　(c) 各代表団の費用は、その代表団を任命した締約国が負担する。総会は、世界知的所有権機関（WIPO）

に対し、国際連合総会の確立された慣行に従って開発途上国とされている締約国及び市場経済への移行過程にある締約国の代表の参加を容易にするために財政的援助を与えることを要請することができる。
(2)(a) 総会は、この条約の存続及び発展並びにこの条約の適用及び運用に関する問題を取り扱う。
 (b) 総会は、政府間機関が締約国となることの承認に関し、第17条(2)の規定により与えられる任務を遂行する。
 (c) 総会は、この条約の改正のための外交会議の招集を決定し、当該外交会議の準備のために世界知的所有権機関事務局長に対して必要な指示を与える。
(3)(a) 国である締約国は、それぞれ一の票を有し、自国の名においてのみ投票する。
 (b) 政府間機関である締約国は、当該政府間機関の構成国でこの条約の締約国である国の総数に等しい数の票により、当該構成国に代わって投票に参加することができる。当該政府間機関は、当該構成国のいずれかが自国の投票権を行使する場合には、投票に参加してはならない。また、当該政府間機関が自らの投票権を行使する場合には、当該構成国のいずれも投票に参加してはならない。
(4) 総会は、世界知的所有権機関事務局長の招集により、2年に1回、通常会期として会合する。
(5) 総会は、臨時会期の招集、定足数、種々の決定を行う際に必要とされる多数（この条約の規定に従うことを条件とする。）その他の事項について手続規則を定める。

第16条　国際事務局
　世界知的所有権機関国際事務局は、この条約の管理業務を行う。

第17条　締約国となる資格
(1) 世界知的所有権機関の加盟国は、この条約の締約国となることができる。
(2) 総会は、この条約が対象とする事項に関し権限を有し及びそのすべての構成国を拘束する自らの法制を有する旨並びにこの条約の締結につきその内部手続に従って正当に委任を受けている旨を宣言する政府間機関が、この条約の締約国となることを認める決定を行うことができる。
(3) 欧州共同体は、この条約を採択した外交会議において(2)に規定する宣言を行っており、この条約の締約国となる資格を有するものとする。

第18条　この条約に基づく権利及び義務
　各締約国は、この条約に別段の定めがある場合を除くほか、この条約に基づくすべての権利を享有し、すべての義務を負う。

第19条　署名
　この条約は、1997年12月31日まで、世界知的所有権機関の加盟国及び欧州共同体による署名のために開放しておく。

第20条　効力発生
　この条約は、三十の国の批准書又は加入書が世界知的所有権機関事務局長に寄託された後3箇月で効力を生ずる。

第21条　締約国について効力が生ずる日

この条約は、次に掲げる日から締約国を拘束する。
(i) 前条に規定する三十の国については、この条約が効力を生じた日
(ii) (i)の国以外の国については、当該国が世界知的所有権機関事務局長に批准書又は加入書を寄託した日から3箇月の期間が満了した日
(iii) 欧州共同体については、前条の規定によるこの条約の効力発生の後にその批准書又は加入書が寄託された場合には、その寄託の日から3箇月の期間が満了した日。この条約の効力発生以前に当該文書が寄託された場合には、この条約の効力発生の日から3箇月の期間が満了した日
(iv) 欧州共同体以外の政府間機関で締約国となることを認められたものについては、その加入書が寄託された日から3箇月の期間が満了した日

第22条 留保の禁止
　この条約には、いかなる留保も付することができない。

第23条 廃棄
　いずれの締約国も、世界知的所有権機関事務局長にあてた通告により、この条約を廃棄することができる。廃棄は、同事務局長がその通告を受領した日から1年で効力を生ずる。

第24四条 言語
(1) この条約は、ひとしく正文である英語、アラビア語、中国語、フランス語、ロシア語及びスペイン語による原本1通について署名する。
(2) 世界知的所有権機関事務局長は、いずれかの関係国の要請により、すべての関係国と協議の上、(1)に規定する言語以外の言語による公定訳文を作成する。この(2)の規定の適用上、「関係国」とは、世界知的所有権機関の加盟国であって当該公定訳文の言語をその公用語又は公用語の一とするもの並びに欧州共同体及び締約国となる資格を有する他の政府間機関であって当該公定訳文の言語をその公用語の一とするものをいう。

第25条 寄託者
　この条約の寄託者は、世界知的所有権機関事務局長とする。

実演及びレコードに関する世界知的所有権機関条約（WIPO実演等条約＝実演・レコード条約）
〔平成14年7月12日条約第8号〕

前文
締約国は、
　実演家及びレコード製作者の権利の保護をできる限り効果的かつ統一的に発展させ及び維持することを希望し、
　経済的、社会的、文化的及び技術的発展によって生ずる問題について適当な解決策を与えるため、新たな国際的な規則を導入する必要があることを認め、
　情報及び通信に係る技術の発展及び融合

が実演及びレコードの生産及び利用に重大な影響を与えることを認め、
実演家及びレコード製作者の権利と特に教育、研究及び情報の入手のような広範な公共の利益との間の均衡を保つ必要があることを認めて、
次のとおり協定した。

第1章　一般規定
第1条　他の条約との関係
(1) この条約のいかなる規定も、1961年10月26日にローマで作成された実演家、レコード製作者及び放送機関の保護に関する国際条約（以下「ローマ条約」という。）に基づく既存の義務であって締約国が相互に負うものを免れさせるものではない。
(2) この条約に基づいて与えられる保護は、文学的及び美術的著作物の著作権の保護に変更を加えるものではなく、また、いかなる影響も及ぼすものではない。したがって、この条約のいずれの規定も、これらの著作権の保護を害するものと解することはできない。
(3) この条約は、他の条約といかなる関係も有するものではなく、また、他の条約に基づくいかなる権利及び義務に影響を及ぼすものでもない。
第2条　定義
この条約の適用上、
　(a)　「実演家」とは、俳優、歌手、演奏家、舞踊家その他文学的若しくは美術的著作物又は民間伝承の表現を上演し、歌唱し、口演し、朗詠し、演奏し、演出し又はその他の方法によって実演する者をいう。
　(b)　「レコード」とは、実演の音その他の音又は音を表すものの固定物（映画その他の視聴覚的著作物に組み込まれて固定されたものを除く。）をいう。
　(c)　「固定物」とは、音又は音を表すものの収録物であって、装置を用いることにより知覚し、再生し又は伝達することができるものをいう。
　(d)　「レコード製作者」とは、実演の音その他の音又は音を表すものの最初の固定について主導し、かつ、責任を有する自然人又は法人をいう。
　(e)　固定された実演又はレコードの「発行」とは、権利者の同意を得て、当該固定された実演又はレコードの複製物を公衆に提供することをいう。ただし、当該複製物が相当な数量で提供される場合に限る。
　(f)　「放送」とは、公衆によって受信されることを目的とする無線による音の送信、映像及び音の送信又はこれらを表すものの送信をいう。衛星によるこれらの送信も「放送」である。暗号化された信号の送信は、暗号解除の手段が放送機関により又はその同意を得て公衆に提供される場合には、「放送」である。
　(g)　実演又はレコードの「公衆への伝達」とは、実演の音又はレコードに固定された音若しくは音を表すものを放送以外の媒体により公衆に送信することをいう。第15条の規定の適用上、「公衆への伝達」は、レコードに固定された音又は音を表すものを公衆が聴くことができるようにすることを含む。

第3条　この条約に基づく保護の受益者

(1) 締約国は、他の締約国の国民である実演家及びレコード製作者に対して、この条約に定める保護を与える。
(2) 「他の締約国の国民」とは、この条約のすべての締約国がローマ条約の締約国であるとしたならば、同条約に規定する保護の適格性の基準を満たすこととなる実演家又はレコード製作者をいう。締約国は、当該適格性の基準に関して、前条に定める定義を適用する。
(3) ローマ条約第5条3の規定又は同条の規定の適用上同条約第17条の規定を用いる締約国は、世界知的所有権機関（WIPO）事務局長に対し、これらの規定に定めるような通告を行う。

第4条　内国民待遇
(1) 各締約国は、この条約において特に与えられる排他的権利及び第15条に規定する衡平な報酬を請求する権利に関して自国民に与える待遇を、前条(2)に規定する他の締約国の国民に与える。
(2) (1)に規定する義務は、他の締約国が第15条(3)の規定によって認められている留保を付する場合には、その留保の範囲においては適用しない。

第2章　実演家の権利
第5条　実演家人格権
(1) 実演家は、その財産的権利とは別個に、当該財産的権利が移転された後においても、現に行っている実演（音に関する部分に限る。）及びレコードに固定された実演に関して、これらの実演に係る実演家であることを主張する権利（これらの実演を利用する態様により削除することがやむを得ない場合を除く。）及びこれらの実演の変更、切除その他の改変で、自己の声望を害するおそれのあるものに対して異議を申し立てる権利を保有する。
(2) (1)の規定に基づいて実演家に認められる権利は、実演家の死後においても、少なくとも財産的権利が消滅するまで存続し、保護が要求される締約国の法令により資格を与えられる人又は団体によって行使される。もっとも、この条約の批准又はこれへの加入の時に効力を有する法令において、(1)の規定に基づいて認められる権利のすべてについて実演家の死後における保護を確保することを定めていない締約国は、それらの権利のうち一部の権利が実演家の死後は存続しないことを定める権能を有する。
(3) この条において認められる権利を保全するための救済の方法は、保護が要求される締約国の法令の定めるところによる。

第6条　実演家の固定されていない実演に関する財産的権利
実演家は、その実演に関して、次のことを許諾する排他的権利を享有する。
　(i) 固定されていない実演の放送又は公衆への伝達を行うこと（実演が既に放送されたものである場合を除く。）。
　(ii) 固定されていない実演を固定すること。

第7条　複製権
実演家は、レコードに固定されたその実演について、直接又は間接に複製すること（その方法及び形式のいかんを問わない。）を許諾する排他的権利

を享有する。

第8条 譲渡権
(1) 実演家は、レコードに固定されたその実演の原作品及び複製物について、販売その他の譲渡による公衆への供与を許諾する排他的権利を享有する。
(2) この条約のいかなる規定も、固定された実演の原作品又は複製物の販売その他の譲渡（実演家の許諾を得たものに限る。）が最初に行われた後における(1)の権利の消尽について、締約国が自由にその条件を定めることを妨げるものではない。

第9条 貸与権
(1) 実演家は、実演家自身による又は実演家の許諾に基づく譲渡の後も、締約国の国内法令で定める範囲において、レコードに固定されたその実演の原作品又は複製物について、公衆への商業的貸与を許諾する排他的権利を享有する。
(2) (1)の規定にかかわらず、レコードに固定された実演の複製物の貸与に関して実演家に対する衡平な報酬の制度を遅くとも1994年4月15日以降継続して有している締約国は、レコードの商業的貸与が実演家の排他的複製権の著しい侵害を生じさせていないことを条件として、当該制度を維持することができる。

第10条 固定された実演の利用可能化権
実演家は、レコードに固定されたその実演について、有線又は無線の方法により、公衆のそれぞれが選択する場所及び時期において利用が可能となるような状態に置くことを許諾する排他的権利を享有する。

第3章 レコード製作者の権利
第11条 複製権
レコード製作者は、そのレコードについて、直接又は間接に複製すること（その方法及び形式のいかんを問わない。）を許諾する排他的権利を享有する。

第12条 譲渡権
(1) レコード製作者は、そのレコードの原作品及び複製物について、販売その他の譲渡による公衆への供与を許諾する排他的権利を享有する。
(2) この条約のいかなる規定も、レコードの原作品又は複製物の販売その他の譲渡（レコード製作者の許諾を得たものに限る。）が最初に行われた後における(1)の権利の消尽について、締約国が自由にその条件を定めることを妨げるものではない。

第13条 貸与権
(1) レコード製作者は、レコード製作者自身による又はレコード製作者の許諾に基づく譲渡の後も、そのレコードの原作品及び複製物について、公衆への商業的貸与を許諾する排他的権利を享有する。
(2) (1)の規定にかかわらず、レコードの複製物の貸与に関してレコード製作者に対する衡平な報酬の制度を遅くとも1994年4月15日以降継続して有している締約国は、レコードの商業的貸与がレコード製作者の排他的複製権の著しい侵害を生じさせていないことを条件として、当該制度を維持することができる。

第14条 レコードの利用可能化権
レコード製作者は、そのレコードに

について、有線又は無線の方法により、公衆のそれぞれが選択する場所及び時期において利用が可能となるような状態に置くことを許諾する排他的権利を享有する。

第4章　共通規定
第15条　放送及び公衆への伝達に関する報酬請求権
(1)　実演家及びレコード製作者は、商業上の目的のために発行されたレコードを放送又は公衆への伝達のために直接又は間接に利用することについて、単一の衡平な報酬を請求する権利を享有する。
(2)　締約国は、実演家若しくはレコード製作者又はその双方のいずれが利用者に対して単一の衡平な報酬を請求するかについて、その国内法令において定めることができる。締約国は、単一の衡平な報酬を配分する条件について実演家とレコード製作者との間に合意がない場合には、当該条件を定める国内法令を制定することができる。
(3)　いずれの締約国も、(1)の規定を特定の利用にのみ適用すること、(1)の規定の適用を他の方法により制限すること又は(1)の規定を適用しないことを、世界知的所有権機関事務局長に寄託する通告において、宣言することができる。
(4)　この条の規定の適用上、有線又は無線の方法により、公衆のそれぞれが選択する場所及び時期において利用が可能となるような状態に置かれたレコードは、商業上の目的のために発行されたものとみなす。

第16条　制限及び例外

(1)　締約国は、実演家及びレコード製作者の保護に関して、文学的及び美術的著作物の著作権の保護について国内法令に定めるものと同一の種類の制限又は例外を国内法令において定めることができる。
(2)　締約国は、この条約に定める権利の制限又は例外を、実演又はレコードの通常の利用を妨げず、かつ、実演家又はレコード製作者の正当な利益を不当に害しない特別な場合に限定する。

第17条　保護期間
(1)　この条約に基づいて実演家に与えられる保護期間は、実演がレコードに固定された年の終わりから少なくとも50年とする。
(2)　この条約に基づいてレコード製作者に与えられる保護期間は、レコードが発行された年の終わりから、又はレコードへの固定が行われてから50年以内に発行されなかった場合には当該固定が行われた年の終わりから、少なくとも50年とする。

第18条　技術的手段に関する義務
　締約国は、実演家又はレコード製作者によって許諾されておらず、かつ、法令で許容されていない行為がその実演又はレコードについて実行されることを抑制するための効果的な技術的手段であって、この条約に基づく権利の行使に関連して当該実演家又はレコード製作者が用いるものに関し、そのような技術的手段の回避を防ぐための適当な法的保護及び効果的な法的救済について定める。

第19条　権利管理情報に関する義務
(1)　締約国は、この条約が対象とする権

利の侵害を誘い、可能にし、助長し又は隠す結果となることを知りながら次に掲げる行為を故意に行う者がある場合に関し、適当かつ効果的な法的救済について定める。さらに、民事上の救済については、そのような結果となることを知ることができる合理的な理由を有しながら次に掲げる行為を故意に行う者がある場合に関しても、これを定める。

(i) 電磁的な権利管理情報を権限なく除去し又は改変すること。

(ii) 電磁的な権利管理情報が権限なく除去され又は改変されたことを知りながら、実演又は固定された実演若しくはレコードの複製物を権限なく頒布し、頒布のために輸入し、放送し、公衆に伝達し又は公衆により利用が可能となる状態に置くこと。

(2) この条において、「権利管理情報」とは、実演家、実演家の実演、レコード製作者、レコード、実演若しくはレコードに係る権利を有する者又は実演若しくはレコードの利用の条件に係る情報を特定する情報及びその情報を表す数字又は符号をいう。ただし、これらの項目の情報が固定された実演若しくはレコードの複製物に付される場合又は固定された実演若しくはレコードを公衆に伝達し若しくは公衆により利用が可能となる状態に置くに当たって当該固定された実演若しくはレコードとともに公衆に伝達され若しくは公衆により利用が可能となる状態に置かれる場合に限る。

第20条 方式

　この条約に定める権利の享有及び行使には、いかなる方式の履行をも要しない。

第21条 留保

　第15条(3)の規定が適用される場合を除くほか、この条約には、いかなる留保も付することができない。

第22条 適用期間

(1) 締約国は、この条約に定める実演家及びレコード製作者の権利について、文学的及び美術的著作物の保護に関するベルヌ条約第18条の規定を準用する。

(2) (1)の規定にかかわらず、締約国は、第5条の規定の適用を、この条約が自国について効力を生じた後に行われた実演に制限することができる。

第23条 権利行使の確保に関する規定

(1) 締約国は、自国の法制に従い、この条約の適用を確保するために必要な措置について定めることを約束する。

(2) 締約国は、この条約が対象とする権利の侵害行為に対し効果的な措置（侵害を防止するための迅速な救済措置及び追加の侵害を抑止するための救済措置を含む。）がとられることを可能にするため、権利行使を確保するための手続を国内法令において確保する。

第5章 管理条項及び最終条項

第24条 総会

(1)(a) 締約国は、その総会を設置する。

(b) 各締約国は、1人の代表によって代表されるものとし、代表は、代表代理、顧問及び専門家の補佐を受けることができる。

(c) 各代表団の費用は、その代表団を

任命した締約国が負担する。総会は、世界知的所有権機関に対し、国際連合総会の確立された慣行に従って開発途上国とされている締約国及び市場経済への移行過程にある締約国の代表の参加を容易にするために財政的援助を与えることを要請することができる。

(2)(a) 総会は、この条約の存続及び発展並びにこの条約の適用及び運用に関する問題を取り扱う。

(b) 総会は、政府間機関が締約国となることの承認に関し、第26条(2)の規定により与えられる任務を遂行する。

(c) 総会は、この条約の改正のための外交会議の招集を決定し、当該外交会議の準備のために世界知的所有権機関事務局長に対して必要な指示を与える。

(3)(a) 国である締約国は、それぞれ一の票を有し、自国の名においてのみ投票する。

(b) 政府間機関である締約国は、当該政府間機関の構成国でこの条約の締約国である国の総数に等しい数の票により、当該構成国に代わって投票に参加することができる。当該政府間機関は、当該構成国のいずれかが自国の投票権を行使する場合には、投票に参加してはならない。また、当該政府間機関が自らの投票権を行使する場合には、当該構成国のいずれも投票に参加してはならない。

(4) 総会は、世界知的所有権機関事務局長の招集により、2年に1回、通常会期として会合する。

(5) 総会は、臨時会期の招集、定足数、種々の決定を行う際に必要とされる多数（この条約の規定に従うことを条件とする。）その他の事項について手続規則を定める。

第25条　国際事務局

　　世界知的所有権機関国際事務局は、この条約の管理業務を行う。

第26条　締約国となる資格

(1) 世界知的所有権機関の加盟国は、この条約の締約国となることができる。

(2) 総会は、この条約が対象とする事項に関し権限を有し及びそのすべての構成国を拘束する自らの法制を有する旨並びにこの条約の締結につきその内部手続に従って正当に委任を受けている旨を宣言する政府間機関が、この条約の締約国となることを認める決定を行うことができる。

(3) 欧州共同体は、この条約を採択した外交会議において(2)に規定する宣言を行っており、この条約の締約国となる資格を有するものとする。

第27条　この条約に基づく権利及び義務

　　各締約国は、この条約に別段の定めがある場合を除くほか、この条約に基づくすべての権利を享有し、すべての義務を負う。

第28条　署名

　　この条約は、1997年12月31日まで、世界知的所有権機関の加盟国及び欧州共同体による署名のために開放しておく。

第29条　効力発生

　　この条約は、三十の国の批准書又は加入書が世界知的所有権機関事務局長に寄託された後3箇月で効力を生ず

る。
第30条　締約国について効力が生ずる日
　　この条約は、次に掲げる日から締約国を拘束する。
　　(i)　前条に規定する三十の国については、この条約が効力を生じた日
　　(ii)　(i)の国以外の国については、当該国が世界知的所有権機関事務局長に批准書又は加入書を寄託した日から3箇月の期間が満了した日
　　(iii)　欧州共同体については、前条の規定によるこの条約の効力発生の後にその批准書又は加入書が寄託された場合には、その寄託の日から3箇月の期間が満了した日。この条約の効力発生以前に当該文書が寄託された場合には、この条約の効力発生の日から3箇月の期間が満了した日
　　(iv)　欧州共同体以外の政府間機関で締約国となることを認められたものについては、その加入書が寄託された日から3箇月の期間が満了した日
第31条　廃棄

いずれの締約国も、世界知的所有権機関事務局長にあてた通告により、この条約を廃棄することができる。廃棄は、同事務局長がその通告を受領した日から1年で効力を生ずる。

第三32条　言語
(1)　この条約は、ひとしく正文である英語、アラビア語、中国語、フランス語、ロシア語及びスペイン語による原本1通について署名する。
(2)　世界知的所有権機関事務局長は、いずれかの関係国の要請により、すべての関係国と協議の上、(1)に規定する言語以外の言語による公定訳文を作成する。この(2)の規定の適用上、「関係国」とは、世界知的所有権機関の加盟国であって当該公定訳文の言語をその公用語又は公用語の一とするもの並びに欧州共同体及び締約国となる資格を有する他の政府間機関であって当該公定訳文の言語をその公用語の一とするものをいう。
第33条　寄託者
　　この条約の寄託者は、世界知的所有権機関事務局長とする。

実演家、レコード製作者及び放送機関の保護に関する国際条約（ローマ条約=実演家等保護条約）
〔平成元年10月3日条約第7号〕

締約国は、実演家、レコード製作者及び放送機関の権利を保護することを希望して、次のとおり協定した。

第1条
　　この条約に基づいて与えられる保護は、文学的及び美術的著作物の著作権の保護に変更を加えるものではなく、また、いかなる影響も及ぼすものではない。したがって、この条約のいずれの規定も、これらの著作権の保護を害するものと解することはできない。

第2条
1 この条約の適用上、内国民待遇とは、保護が要求される締約国の国内法によって与えられる次の待遇をいう。
    (a) 当該締約国の国民である実演家に対し、当該締約国の領域において行われ、放送され又は最初に固定された実演に関して与えられる待遇
    (b) 当該締約国の国民であるレコード製作者に対し、当該締約国の領域において最初に固定され又は最初に発行されたレコードに関して与えられる待遇
    (c) 当該締約国の領域に主たる事務所を有する放送機関に対し、その領域にある送信機から送信される放送に関して与えられる待遇
2 内国民待遇は、この条約において明示的に保障する保護及び明示的に定める制限に従うものとする。

第3条
    この条約の適用上、
    (a) 「実演家」とは、俳優、歌手、演奏家、舞踊家その他文学的又は美術的著作物を上演し、歌唱し、口演し、朗詠し若しくは演奏し又はその他の方法によって実演する者をいう。
    (b) 「レコード」とは、実演の音その他の音の専ら聴覚的な固定物をいう。
    (c) 「レコード製作者」とは、実演の音その他の音を最初に固定した自然人又は法人をいう。
    (d) 「発行」とは、レコードの複製物を相当な数量で公衆に提供することをいう。
    (e) 「複製」とは、固定物の複製物を作成することをいう。
    (f) 「放送」とは、公衆によって受信されることを目的とする無線による音の送信又は影像及び音の送信をいう。
    (g) 「再放送」とは、放送機関が他の放送機関の放送を同時に放送することをいう。

第4条
締約国は、次の場合のいずれかに該当する場合には、実演家に対して内国民待遇を与える。
    (a) 実演が他の締約国において行われる場合
    (b) 実演が次条の規定に基づいて保護されるレコードに収録される場合
    (c) レコードに固定されていない実演が第6条の規定に基づいて保護される放送によって送られる場合

第5条
1 締約国は、次の場合のいずれかに該当する場合には、レコード製作者に対して内国民待遇を与える。
    (a) レコード製作者が他の締約国の国民である場合（国籍の基準）
    (b) 音の最初の固定が他の締約国において行われた場合（固定の基準）
    (c) レコードが他の締約国において最初に発行された場合（発行の基準）
2 非締約国において最初に発行されたレコードがその最初の発行の日から30日以内に締約国においても発行されたとき（同時発行）は、そのレコードは、当該締約国において最初に発行されたものとみなす。
3 締約国は、国際連合事務総長に寄託する通告により、発行の基準又は固定の基準のいずれかを適用しない旨を宣

言することができる。この通告は、批准、受諾若しくは加入の時に又はその後いつでも寄託することができる。もっとも、批准、受諾又は加入の後に寄託する場合には、通告は、その寄託の後6箇月で効力を生ずる。

第6条

1 締約国は、次の場合のいずれかに該当する場合には、放送機関に対して内国民待遇を与える。
  (a) 放送機関の主たる事務所が他の締約国にある場合
  (b) 放送が他の締約国にある送信機から送信された場合

2 締約国は、国際連合事務総長に寄託する通告により、放送機関の主たる事務所が他の締約国にあり、かつ、放送が当該他の締約国にある送信機から送信された場合にのみ放送に保護を与える旨を宣言することができる。この通告は、批准、受諾若しくは加入の時に又はその後いつでも寄託することができる。もっとも、批准、受諾又は加入の後に寄託する場合には、通告は、その寄託の後6箇月で効力を生ずる。

第7条

1 この条約によって実演家に与えられる保護は、次の行為を防止することができるものでなければならない。
  (a) 実演家の承諾を得ないでその実演を放送し又は公衆に伝達すること（放送又は公衆への伝達に利用される実演が、それ自体既に放送されたものである場合及び固定物から行われるものである場合を除く。）。
  (b) 実演家の承諾を得ないでその固定されていない実演を固定すること。
  (c) 次に掲げる場合に、実演家の承諾を得ないでその実演の固定物を複製すること。
    (i) 最初の固定自体が実演家の承諾を得ないで行われたとき。
    (ii) 実演家が承諾した目的と異なる目的のために複製が行われるとき。
    (iii) 最初の固定が第15条の規定に基づいて行われた場合において、同条に掲げる目的と異なる目的のために複製が行われるとき。

2(1) 実演家が放送を承諾した場合における再放送、放送のための固定及びそのような固定物の放送のための複製に対する保護は、保護が要求される締約国の国内法の定めるところによる。
 (2) 放送のために作成された固定物の放送機関による使用についての条件は、保護が要求される締約国の国内法に従って定める。
 (3) (1)及び(2)の国内法は、実演家が放送機関との関係を契約によって定めることを妨げてはならない。

第8条

締約国は、国内法令により、同一の実演に2以上の実演家が参加する場合におけるその権利の行使についてこれらの実演家を代表する者を決定する方法を定めることができる。

第9条

締約国は、国内法令により、文学的又は美術的著作物を実演しないが芸能的な性質を有する行為を行う者に対してこの条約に定める保護を及ぼすことができる。

第10条

レコード製作者は、そのレコードを直接又は間接に複製することを許諾し又は禁止する権利を享有する。

第11条

締約国は、レコードに関するレコード製作者若しくは実演家又はその双方の権利の保護の条件として国内法により一定の方式に従うことを要求する場合において、発行されたレコードの複製物であって市販されているもののすべて又はその容器に、保護が求められていることが明らかになるような適当な方法で最初の発行の年とともに℗の記号が表示されているときは、その要求が満たされたものと認める。もっとも、その表示には、当該複製物又はその容器にレコード製作者又はレコード製作者の許諾を得た者がその名、商標その他の適当な表示によって明らかにされていないときはレコード製作者の権利を保有する者の名を含めるものとし、当該複製物又はその容器に主たる実演家が明らかにされていないときは固定が行われた国において当該実演家の権利を保有する者の名も含めるものとする。

第12条

商業上の目的のために発行されたレコード又はその複製物が放送又は公衆への伝達に直接使用される場合には、単一の衡平な報酬が、使用者により実演家若しくはレコード製作者又はその双方に支払われる。当該報酬の配分の条件については、当事者間に合意がない場合には、国内法において定めることができる。

第13条

放送機関は、その放送に関し、次の事項を許諾し又は禁止する権利を享有する。

(a) 放送の再放送
(b) 放送の固定
(c) 次の複製
 (i) 放送機関の承諾を得ないで作成された放送の固定物の複製
 (ii) 第15条の規定に基づいて作成された放送の固定物の複製であって、同条に掲げる目的と異なる目的のために行われるもの
(d) 料金を支払うことによって公衆が入場することができる場所で行われるテレビジョン放送の公衆への伝達。ただし、この権利を行使する条件は、当該権利の保護が要求される国の国内法の定めるところによる。

第14条

この条約に基づいて与えられる保護期間は、次に掲げる年の終わりから20年よりも短くてはならない。

(a) レコード及びレコードに収録された実演に関しては、固定が行われた年
(b) レコードに収録されていない実演に関しては、実演が行われた年
(c) 放送に関しては、放送が行われた年

第15条

1 締約国は、国内法令により、次の行為については、この条約が保障する保護の例外を定めることができる。

(a) 私的使用
(b) 時事の事件の報道に伴う部分的使用
(c) 放送機関が自己の手段により自己

の放送のために行う一時的固定
 (d) 教育目的又は学術的研究目的のためのみの使用
2　1の規定にかかわらず、締約国は、国内法令により、実演家、レコード製作者及び放送機関の保護に関しては、文学的及び美術的著作物の著作権の保護に関して国内法令に定める制限と同一の種類の制限を定めることができる。ただし、強制許諾は、この条約に抵触しない限りにおいてのみ定めることができる。

第16条

1　いずれの国も、この条約の締約国となった時に、この条約に定めるすべての義務を負い、及びすべての利益を享受する。ただし、締約国は、国際連合事務総長に寄託する通告により、いつでも、次のことを宣言することができる。
 (a) 第12条に関し、
  (i) 同条の規定を適用しないこと。
  (ii) 一定の使用について同条の規定を適用しないこと。
  (iii) 他の締約国の国民でないレコード製作者のレコードについて同条の規定を適用しないこと。
  (iv) 他の締約国の国民であるレコード製作者のレコードについて同条に定める保護を与える場合に、その保護の範囲及び期間を、自国民によって最初に固定されたレコードについて当該他の締約国が与える保護の範囲及び期間に制限すること。ただし、自国における受益者と同様の者に対して当該他の締約国が保護を与えていないという事実をもって、保護の範囲の相違があるものと解してはならない。
 (b) 第13条に関し、同条(d)の規定を適用しないこと。締約国がこの宣言を行う場合には、他の締約国は、当該宣言を行う締約国に主たる事務所を有する放送機関に対し、同条(d)に規定する権利を与える義務を負わない。
2　1の通告が批准書、受諾書又は加入書の寄託の日の後に行われる場合には、宣言は、その通告の寄託の後6箇月で効力を生ずる。

第17条

　1961年10月26日において固定の基準のみに基づいてレコード製作者に保護を与えている国は、批准、受諾又は加入の時に国際連合事務総長に寄託する通告により、第5条の規定の適用上固定の基準のみを用い、並びに前条1(a)の(iii)及び(iv)の規定の適用上国籍の基準の代わりに固定の基準を用いる旨を宣言することができる。

第18条

　第5条3、第6条2、第16条1又は前条の規定に基づく通告を寄託した国は、国際連合事務総長に新たな通告を寄託することにより、先の通告の範囲を縮小し又はその通告を撤回することができる。

第19条

　この条約のいかなる規定にもかかわらず、実演家がその実演を影像の固定物又は影像及び音の固定物に収録することを承諾したときは、その時以後第7条の規定は、適用しない。

第20条

1　この条約は、いずれかの締約国についてこの条約が効力を生ずる日前に当該締約国において取得された権利を害するものではない。
2　いずれの締約国も、自国についてこの条約が効力を生ずる日前に行われた実演若しくは放送又はその日前に固定されたレコードについては、この条約を適用する義務を負わない。

第21条

　この条約に定める保護は、実演家、レコード製作者及び放送機関について別途確保されるいかなる保護も、害するものではない。

第22条

　締約国は、相互間で特別の取極を行う権利を留保する。ただし、その取極は、この条約によって与えられる権利よりも広い権利を実演家、レコード製作者若しくは放送機関に与えるものであるか又はこの条約に抵触する規定を有しないものでなければならない。

第23条

　この条約は、国際連合事務総長に寄託する。この条約は、1962年6月30日まで、実演家、レコード製作者及び放送機関の国際的保護に関する外交会議に招請された国であって万国著作権条約の締約国又は文学的及び美術的著作物保護国際同盟の構成国であるものによる署名のために開放しておく。

第24条

1　この条約は、署名国によって批准され又は受諾されなければならない。
2　この条約は、前条の会議に招請された国及び国際連合の加盟国（いずれについても、万国著作権条約の締約国又は文学的及び美術的著作物保護国際同盟の構成国である場合に限る。）による加入のために開放しておく。
3　批准、受諾又は加入は、批准書、受諾書又は加入書を国際連合事務総長に寄託することによって行う。

第25条

1　この条約は、6番目の批准書、受諾書又は加入書の寄託の日の後3箇月で効力を生ずる。
2　その後は、この条約は、批准書、受諾書又は加入書を寄託した国について、その寄託の日の後3箇月で効力を生ずる。

第26条

1　締約国は、自国の憲法に従い、この条約の適用を確保するために必要な措置をとる。
2　各国は、批准書、受諾書又は加入書の寄託の時に、国内法によりこの条約を実施することができる状態になっていなければならない。

第27条

1　いずれの国も、批准、受諾若しくは加入の時に又はその後いつでも、国際連合事務総長にあてた通告により、自国がその国際関係について責任を有する領域の全部又は一部（当該領域に万国著作権条約又は文学的及び美術的著作物の保護に関する国際条約が適用されている場合に限る。）について、この条約を適用する旨を宣言することができる。この通告は、その受領の日の後3箇月で効力を生ずる。
2　第5条3、第6条2、第16条1、第17条及び第18条の通告は、1に規定する領域の全部又は一部についてその適

用を及ぼすことができる。

第28条

1　締約国は、自国について又は前条に規定する領域の全部若しくは一部についてこの条約を廃棄することができる。

2　廃棄は、国際連合事務総長にあてた通告によって行うものとし、通告の受領の日の後12箇月で効力を生ずる。

3　締約国は、自国についてこの条約が効力を生じた日から五年の期間が満了するまでは、廃棄の権利を行使することができない。

4　締約国は、万国著作権条約の締約国又は文学的及び美術的著作物保護国際同盟の構成国のいずれでもなくなった時以後は、この条約の締約国でなくなる。

5　この条約は、前条に規定する領域について、その領域に万国著作権条約又は文学的及び美術的著作物の保護に関する国際条約のいずれもが適用されなくなった時以後は、適用されない。

第29条

1　この条約の効力発生の時から5年を経過した後は、いずれの締約国も、国際連合事務総長にあてた通告により、この条約を改正するための会議の招集を要請することができる。国際連合事務総長は、その要請をすべての締約国に通報する。国際連合事務総長による通報の日の後6箇月以内に締約国の2分の1以上の国が当該要請に同意する旨を同事務総長に通告する場合には、同事務総長は、この旨を国際労働事務局長、国際連合教育科学文化機関事務局長及び文学的及び美術的著作物保護国際同盟事務局長に通報するものとし、これらの事務局長は、第32条に規定する政府間委員会と協力して改正会議を招集する。

2　この条約の改正の採択には、改正会議に出席した国の3分の2以上の多数による賛成票を必要とする。もっとも、その多数には、改正会議の時におけるこの条約の締約国の3分の2以上を含むことを条件とする。

3　この条約の全部又は一部を改正する条約が採択された場合には、その改正条約に別段の定めがない限り、

(a)　批准、受諾又は加入のためのこの条約の開放は、当該改正条約が効力を生ずる日に終止する。

(b)　この条約は、当該改正条約を締結していない締約国の間の関係において又はこれらの締約国との関係において、引き続き効力を有する。

第30条

　この条約の解釈又は適用に関して2以上の締約国間に生ずる紛争で交渉によって解決されないものは、紛争当事国が他の解決方法について合意する場合を除くほか、いずれか一の紛争当事国の要請により、決定のため国際司法裁判所に付託される。

第31条

　第5条3、第6条2、第16条1及び第17条の規定の適用を妨げることなく、この条約には、いかなる留保も付することができない。

第32条

1　次の任務を有する政府間委員会を設置する。

(a)　この条約の適用及び運用に関する

問題を研究すること。
 (b) この条約の改正に関し、提案を収集し及び文書を準備すること。
2 政府間委員会は、衡平な地理的配分に十分な考慮を払って選出される締約国の代表者から成る。政府間委員会の委員の数は、締約国の数が12以下のときは6人、13以上18以下のときは9人、19以上のときは12人とする。
3 政府間委員会は、すべての締約国の過半数によってあらかじめ承認された規則に従い、国際労働事務局長、国際連合教育科学文化機関事務局長及び文学的及び美術的著作物保護国際同盟事務局長が準備し、それぞれ1票を有する締約国間で行われる選挙により、この条約の効力発生の日の後12箇月で構成される。
4 政府間委員会は、議長及び役員を選出する。政府間委員会は、その手続規則を定める。この規則は、特に、政府間委員会の将来の運営について及び締約国間における交替を確保するような将来の委員の選出方法について規定するものとする。
5 政府間委員会の事務局は、国際労働事務局、国際連合教育科学文化機関及び文学的及び美術的著作物保護国際同盟事務局の職員であってこれらの三の機関の事務局長によりそれぞれ指名されたもので構成する。
6 政府間委員会の会合は、委員の過半数が必要と認めるときはいつでも招集されるものとし、国際労働事務局、国際連合教育科学文化機関及び文学的及び美術的著作物保護国際同盟事務局の本部において順次開催される。
7 政府間委員会の委員の費用は、当該委員の政府が負担する。

第33条
1 この条約は、ひとしく正文である英語、フランス語及びスペイン語により作成する。
2 更に、ドイツ語、イタリア語及びポルトガル語によりこの条約の公定訳文を作成する。

第34条
1 国際連合事務総長は、第23条の会議に招請された国及び国際連合の加盟国に対し、また、国際労働事務局長、国際連合教育科学文化機関事務局長及び文学的及び美術的著作物保護国際同盟事務局長に対し、次の事項を通報する。
 (a) 批准書、受諾書又は加入書の寄託
 (b) この条約の効力発生の日
 (c) この条約に規定するすべての通告、宣言又は通報
 (d) 第28条の4及び5に定める事態の発生
2 国際連合事務総長は、また、国際労働事務局長、国際連合教育科学文化機関事務局長及び文学的及び美術的著作物保護国際同盟事務局長に対し、第29条の規定に従って同事務総長に通告された要請及びこの条約の改正に関して締約国から受領した通告を通報する。

以上の証拠として、下名は、正当に委任を受けてこの条約に署名した。

許諾を得ないレコードの複製からのレコード製作者の保護に関する条約（レコード保護条約）
〔昭和53年10月11日条約第17号〕

締約国は、

許諾を得ないレコードの複製が広く行われ及び増加していること並びにこのことが著作者、実演家及びレコード製作者の利益を害していることを憂慮し、

レコード製作者をそのような行為から保護することが、レコードにその実演が録音されている実演家及びレコードにその著作物が録音されている著作者の利益ともなることを確信し、

国際連合教育科学文化機関及び世界知的所有権機関がこの分野において行つた活動の価値を認め、

既に効力を有している国際協定を何ら害しないこと、特に、実演家、放送機関及びレコード製作者に保護を与えている1961年10月26日のローマ条約の一層広範な受諾を何ら害しないことを希望して、

次のとおり協定した。

第1条 定義

この条約の適用上、

(a) 「レコード」とは、実演の音その他の音の専ら聴覚的な固定物をいう。
(b) 「レコード製作者」とは、実演の音その他の音を最初に固定した自然人又は法人をいう。
(c) 「複製物」とは、レコードから直接又は間接にとつた音を収録している物品であつて、当該レコードに固定された音の全部又は実質的な部分を収録しているものをいう。
(d) 「公衆への頒布」とは、レコードの複製物を直接又は間接に一般公衆に提供する行為をいう。

第2条 保護の原則

各締約国は、他の締約国の国民であるレコード製作者を、その者の承諾を得ないで行われる複製物の作成及びその者の承諾を得ないで作成された複製物の輸入（公衆への頒布を目的とする作成又は輸入に限る。）から保護し並びにそれらの複製物の公衆への頒布から保護する。

第3条 保護の手段

この条約を実施するための手段は、各締約国の国内法令の定めるところによるものとし、著作権その他特定の権利の付与による保護、不正競争に関連する法令による保護及び刑罰による保護のうちいずれかのものを含む。

第4条 保護期間

与えられる保護期間は、各締約国の国内法令の定めるところによる。もつとも、国内法令が特定の保護期間を定める場合には、当該保護期間は、レコードに収録されている音が最初に固定された年の終わりから又はレコードが最初に発行された年の終わりから、20年よりも短くてはならない。

第5条 保護の方式

締約国は、国内法令に基づきレコード製作者の保護の条件として方式の履行を要求する場合において、許諾を得

て作成されたレコードの複製物であつて公衆に頒布されたもののすべて又はその容器に最初の発行の年とともに㋑の記号が、保護の求められていることが明らかになるような適当な方法で、表示されているときは、その要求が満たされたものと認める。もつとも、その表示には、当該複製物又はその容器にレコード製作者、その承継人又は排他的な許諾を得た者がその名、商標その他の適当な表示によつて明らかにされていないときは、レコード製作者、その承継人又は排他的な許諾を得た者の名を含める。

第6条 保護の制限、強制許諾

著作権その他特定の権利による保護又は刑罰による保護を与える締約国は、レコード製作者の保護に関し、文学的及び美術的著作物の著作者の保護に関して認められる制限と同一の種類の制限を国内法令により定めることができる。もつとも、強制許諾は、次のすべての条件が満たされない限り、認めることができない。

(a) 複製が、教育又は学術的研究のための使用のみを目的として行われること。

(b) 強制許諾に係る許可が、その許可を与えた権限のある機関が属する締約国の領域内で行われる当該複製についてのみ有効であり、かつ、当該複製物の輸出については適用されないこと。

(c) 強制許諾に係る許可に基づいて行われる複製について、作成される当該複製物の数を特に考慮して(b)の権限のある機関が定める公正な補償金が支払われること。

第7条 実演家の保護、不遡及等

(1) この条約のいかなる規定も、国内法令又は国際協定に基づいて著作者、実演家、レコード製作者又は放送機関に確保される保護を制限し又は害するものと解してはならない。

(2) レコードにその実演が固定されている実演家が保護を受ける権利を有する場合には、その保護の範囲及びその保護を受けるための条件は、各締約国の国内法令の定めるところによる。

(3) いずれの締約国も、自国についてこの条約が効力を生ずる前に固定されたレコードについては、この条約を適用することを要しない。

(4) 1971年10月29日においてレコード製作者に対し最初の固定の場所のみを基礎として保護を与えている締約国は、世界知的所有権機関事務局長に寄託する通告により、レコード製作者の国籍を基準とする代わりに最初の固定の場所を基準とする旨を宣言することができる。

第8条 国際事務局

(1) 世界知的所有権機関国際事務局は、レコードの保護に関する情報を収集し及び公表する。各締約国は、レコードの保護に関するすべての新たな法令及び公文書をできる限り速やかに当該国際事務局に送付する。

(2) (1)の国際事務局は、いずれの締約国に対しても、その要請に応じ、この条約に関する問題について情報を提供するものとし、この条約に定める保護を促進するため、研究を行い及び役務を提供する。

(3) (1)の国際事務局は、国際連合教育科学文化機関及び国際労働機関のそれぞれの権限に属する問題については、それらの機関と協力して(1)及び(2)に定める任務を遂行する。

第9条 寄託、批准等

(1) この条約は、国際連合事務総長に寄託する。この条約は、1972年4月30日まで、国際連合、国際連合と連携関係を有する専門機関若しくは国際原子力機関の加盟国又は国際司法裁判所規程の当事国による署名のために開放しておく。

(2) この条約は、署名国によつて批准され又は受諾されなければならない。この条約は、(1)の加盟国又は当事国による加入のために開放しておく。

(3) 批准書、受諾書又は加入書は、国際連合事務総長に寄託する。

(4) いずれの国も、この条約に拘束されることとなる時に、国内法令に従いこの条約を実施することができる状態になつていなければならないと了解される。

第10条 留保

この条約に対するいかなる留保も、認められない。

第11条 効力の発生

(1) この条約は、5番目の批准書、受諾書又は加入書の寄託の後3箇月で効力を生ずる。

(2) この条約は、5番目の批准書、受諾書又は加入書の寄託の後に批准し、受諾し又は加入する各国については、世界知的所有権機関事務局長が第13条(4)の規定に従つて当該国の文書の寄託を各国に通報した日の後3箇月で効力を生ずる。

(3) いずれの国も、批准、受諾若しくは加入の時に、又はその後いつでも、国際連合事務総長にあてた通告により、自国がその国際関係について責任を有する領域の全部又は一部についてこの条約を適用する旨を宣言することができる。その通告は、それが受領された日の後3箇月で効力を生ずる。

(4) もつとも、(3)の規定は、いずれかの締約国が(3)の規定に基づいてこの条約を適用する領域の事実上の状態を、他の締約国が承認し又は黙示的に容認することを意味するものと解してはならない。

第12条 廃棄

(1) いずれの締約国も、国際連合事務総長にあてた書面による通告により、自国について又は前条(3)の領域の全部若しくは一部について、この条約を廃棄することができる。

(2) 廃棄は、国際連合事務総長が(1)の通告を受領した日の後12箇月で効力を生ずる。

第13条 署名、通告等

(1) この条約は、ひとしく正文である英語、フランス語、ロシア語及びスペイン語による本書1通について署名する。

(2) 世界知的所有権機関事務局長は、関係政府との協議の上、アラビア語、オランダ語、ドイツ語、イタリア語及びポルトガル語による公定訳文を作成する。

(3) 国際連合事務総長は、世界知的所有権機関事務局長、国際連合教育科学文化機関事務局長及び国際労働機関事務

局長に対して次の事項を通告する。
  (a) この条約の署名
  (b) 批准書、受諾書又は加入書の寄託
  (c) この条約の効力発生の日
  (d) 第11条(3)の規定に従つて通告される宣言
  (e) 廃棄通告の受領
(4) 世界知的所有権機関事務局長は、第9条(1)の加盟国又は当事国に対し、(3)の規定に基づいて受領した通告及び第7条(4)の規定に基づいて行われた宣言を通報する。同事務局長は、また、当該宣言を国際連合教育科学文化機関事務局長及び国際労働機関事務局長に通告する。
(5) 国際連合事務総長は、第9条(1)の加盟国又は当事国に対し、この条約の認証謄本2通を送付する。

以上の証拠として、下名は、正当に委任を受けてこの条約に署名した。

1971年10月29日にジュネーヴで作成した。

著者略歴

石川健太郎　弁理士

1989年青山学院大学法学部私法学科卒業。
音楽関連業務に従事する傍ら、2010年弁理士登録。
現在、木宮国際特許事務所所属。

カバーデザイン
勝美印刷株式会社

立法と判例による
著作権法条文の解説
2014年（平成26年）11月26日　初　版　発　行

　　著　者　　石　川　健太郎
　　©2014　　ISHIKAWA Kentaro
　　発　行　　一般社団法人発明推進協会
　　発行所　　一般社団法人発明推進協会
　　　　　　　所在地　〒105-0001
　　　　　　　　　　　東京都港区虎ノ門2-9-14
　　　　　　　電　話　東京　03（3502）5433（編集）
　　　　　　　　　　　東京　03（3502）5491（販売）
　　　　　　　ＦＡＸ．東京　03（5512）7567（販売）

乱丁・落丁本はお取替えいたします。　印刷　株式会社丸井工文社
ISBN978-4-8271-1242-9　C3032　　　　　　　Printed in Japan

本書の全部または一部の無断複写複製を
禁じます（著作権法上の例外を除く）。

発明推進協会ホームページ：http://www.jiii.or.jp/